AF231418

Techniques de référencement web

Sur le même thème

D. Roch. – **Optimiser son référencement WordPress.**
N°67429, 3e édition, 2017, 370 pages.

O. Andrieu. – **Référencement Google, mode d'emploi.**
N°67967, 5e édition, 2020, 256 pages.

O. Andrieu. – **Réussir son référencement web – 2020-2021.**
N°67903, 10e édition, 2020, 666 pages.

Dans la même collection

A. Martin, E. Demange – **Réussir sa stratégie de contenu.**
N°67948, 2e édition, 2020, 436 pages.

S. Daumal. – **Design d'expérience utilisateur.**
N°67456, 2e édition, 2018, 224 pages.

A. Visonneau. – **Stratégies de design UX.**
N°67754, 2e édition, 2020, 288 pages.

C. Lallemand, G. Gronier. – **Méthodes de design UX.**
N°67398, 2e édition, 2018, 712 pages.

A. Boucher. – **Expérience utilisateur mobile.**
N°14025, 2015, 304 pages.

A. Boucher. – **Ergonomie web & UX Design.**
N°13736, 2020, 448 pages.

I. Canivet. – **Bien rédiger pour le Web.**
N°14110, 4e édition, 2017, 730 pages.

Retrouvez nos bundles (livres papier + e-book) et livres numériques sur
http://izibook.eyrolles.com

DESIGNWEB

4e ÉDITION

ALEXANDRA MARTIN
MATHIEU CHARTIER
PRÉFACE D'OLIVIER ANDRIEU

Techniques de référencement web

Audit et suivi SEO

Éditions EYROLLES

ÉDITIONS EYROLLES
61, bd Saint-Germain
75240 Paris Cedex 05
www.editions-eyrolles.com

En application de la loi du 11 mars 1957, il est interdit de reproduire intégralement ou partiellement le présent ouvrage, sur quelque support que ce soit, sans l'autorisation de l'Éditeur ou du Centre Français d'exploitation du droit de copie, 20, rue des Grands Augustins, 75006 Paris.

© Éditions Eyrolles, 2021, ISBN : 978-2-416-67986-1

© Groupe Eyrolles, 2018 : 978-2-212-67607-5, 2016 : 978-2-212-14333-1, 2015 : 978-2-212-14040-8

Préface

Depuis de nombreuses années, j'ai eu l'occasion de participer à des dizaines, voire des centaines de conférences et de formations sur ce domaine si passionnant qu'est le SEO. Souvent, à la fin de ces « prestations », les gens viennent discuter avec vous, poser des questions, demander des éclaircissements sur certains points ou par rapport à leurs besoins spécifiques. Parfois, également, des participants vous expliquent qu'ils ont beaucoup appris en lisant vos livres, en parcourant votre site, en suivant une de vos formations. Ça fait bien sûr très plaisir, non seulement parce que ça flatte l'ego (ça, on pourrait s'en passer assez rapidement, d'autant plus que le mien n'est pas fondamentalement développé), mais surtout parce que cela vous montre que le travail que vous faites n'est pas vain et qu'il aide d'autres personnes. N'est-ce pas là l'essence même de notre existence ? De nombreux emails très sympathiques vous indiquent également que, parfois, un de vos ouvrages a suscité des vocations. Le plaisir que cela procure est évident, et cela vous pousse à faire toujours mieux pour les éditions suivantes...

Alexandra et Mathieu, les auteurs du livre que vous tenez entre les mains, font partie des personnes qui m'ont contacté, un jour, pour me dire qu'ils avaient commencé à « mettre les mains dans le cambouis des moteurs » à l'aide, entre autres, d'un de mes ouvrages. Ils ont fait preuve d'une gentillesse et d'une humilité qui, au-delà des qualités humaines que l'on peut ainsi discerner, sont, à mon avis, un ingrédient essentiel pour devenir un bon référenceur (avec la bière et une certaine habileté au poker). Bref, ce sont « des gens bien » et qui sont toujours restés à mes yeux dans ce « créneau humain » depuis que je les connais. J'ai été d'autant plus intéressé par leur projet à l'époque qu'il me semblait combler un manque dans notre domaine : un ouvrage qui s'adresse avant tout aux développeurs, avec une vision technique du référencement. Non seulement pour une personne qui connaît déjà plus ou moins le monde du SEO et qui veut se perfectionner au niveau du code, mais également l'inverse, c'est-à-dire le développeur pointu dans son métier mais qui cherche à mieux appréhender le référencement naturel. Je suis certain que ce livre répondra à cette double attente. D'ailleurs, le fait qu'il en soit à cette quatrième édition, six ans après, parle pour lui.

Car le défi est important : depuis vingt ans que je navigue dans les méandres du Web et que je fais des audits SEO, j'ai pu me rendre compte à quel point les sites web n'étaient pas toujours développés en prenant en compte les critères de pertinence de Google – ce qui nécessite parfois de reprendre à zéro un projet. Tout cela parce que les développeurs n'étaient, le plus souvent, pas sensibilisés aux arcanes des moteurs de recherche et à leur fonctionnement. De plus, ils n'étaient pas généralement conscients de tous les outils qu'il était possible d'utiliser et de créer pour optimiser et suivre un site ainsi que sa visibilité.

Car si le SEO n'est pas toujours technique, il l'est cependant souvent. Et que serait un contenu de bonne qualité s'il n'était pas mis en valeur par un site « 100 % Google and Bing friendly » ? La technique, le code, la conception, c'est la base sur laquelle tout le reste va se construire au fur et à mesure. Imaginez-vous construire une maison sans fondations solides et pérennes ?

Je formule donc le vœu que ce livre aide à la fois les développeurs et les spécialistes SEO aux joies du codage. Et, comme il paraît que la programmation informatique est prévue dans les années qui viennent dès le plus jeune âge au programme scolaire de nos chères têtes blondes, je souhaite le meilleur à cet ouvrage : devenir, dans le futur, un manuel scolaire reconnu pour que les sites web que nos enfants créeront soient nativement adaptés et réactifs aux critères de pertinence des moteurs de recherche.

Olivier Andrieu

Éditeur du site Abondance.com

Avant-propos

Pourquoi ce livre ?

Ce livre a été rédigé afin de répondre aux dernières contraintes imposées par le monde du référencement web. Non pas que le SEO change radicalement de manière quotidienne, mais il faut bien avouer que des nouveautés ne cessent de montrer le bout de leur nez et que nous devons être de plus en plus aguerris pour répondre à ces évolutions.

Certaines thématiques sont souvent balayées au sein des articles sur la Toile, voire dans des ouvrages dédiés au référencement. Les auteurs ont souhaité fournir des réponses précises et détaillées sur certains de ces sujets en passant à la fois par la technique, la programmation et l'usage avancé d'outils disponibles sur le marché. Leur volonté a aussi été portée sur l'analyse et le suivi des données, ainsi que sur l'audit de sites pour trouver les forces et faiblesses des pages web en termes de SEO ; c'est pourquoi une majeure partie du livre est consacrée à ces sujets.

Ce livre a été rédigé pour donner des explications avancées sur les évolutions des moteurs de recherche, mais aussi sur des critères précis et techniques de référencement. En définitive, le contenu est partagé assez équitablement entre théorie, technique, suivi et audit de sites web. Toutefois, tous les sujets ne peuvent pas être traités avec la même minutie, ce qui explique que des choix ont été effectués pour tenter d'apporter un maximum de savoir et de consistance aux lecteurs, tout en mixant pédagogie et technique. Chaque programme fourni peut être vu comme un complément des informations écrites ; il constitue un supplément intéressant à la lecture et à la pratique avancée du SEO. Cependant, si vous utilisez ces codes, vous devrez faire appel à moult compétences techniques dans plusieurs langages web.

Nombre d'ouvrages de qualité existent sur le sujet, non sans rappeler ceux d'Olivier Andrieu, de Daniel Roch ou même de Mathieu Chartier, l'un des auteurs de ce livre, mais ils s'adressent généralement aux débutants en matière de référencement. Ici, la volonté des auteurs a été d'adapter leurs connaissances pour des spécialistes, des développeurs ou webmasters qui souhaitent passer un cap dans ce métier. Les débutants ne sont pas exclus et peuvent tout à fait comprendre les propos tenus, mais certaines parties imposent toutefois une bonne connaissance technique des langages et du Web ; bien que les auteurs fassent leur maximum pour clarifier les contenus, des difficultés peuvent être ressenties à cause des termes techniques et des concepts de base qu'il convient de maîtriser a minima pour tout bien comprendre. Les auteurs ont toutefois tout mis en œuvre pour tenter d'éclaircir de nombreux points afin de ne laisser aucun lecteur dans la panade.

Le livre peut être lu de manière linéaire puisque les auteurs ont suivi la logique méthodologique du référencement en débutant avant tout par l'indexation des pages web, puis en continuant par les optimisations du positionnement pour conclure avec des méthodes de suivi et d'audit approfondies. Pour les plus spécialistes, la lecture peut également se faire de manière décousue afin de répondre aux besoins directs, puisque les sections littéraires ont aussi une certaine indépendance. L'ouvrage ne procède pas toujours à un traitement des sujets les uns après les autres, mais bel et bien à une logique respectant les étapes du référencement naturel, en évitant au maximum les redites. Par exemple, les auteurs pourront évoquer le fonctionnement d'un moteur de recherche dans le premier chapitre concernant l'indexation et faire de même dans le second chapitre sur le positionnement, sachant que chaque chapitre développerait les détails qui concernent sa thématique. L'objectif reste d'être cohérent avec les sujets évoqués, et non de faire ressortir toutes les informations à la suite, sans logique de fonctionnement.

Pour complétez les contenus du livre, certains programmes fournissent exemples et cas pratiques pour vous aider. Vous retrouverez l'ensemble de ces codes et programmes à l'adresse https://bit.ly/3c7ikkp ou sur la fiche de l'ouvrage sur https://www.edition-eyrolles.com.

À propos des auteurs

Consultante en référencement, Alexandra Martin accompagne les professionnels dans la mise en place de leur stratégie de visibilité globale sur le Web depuis 2008. Formée dans le monde du marketing, la SEO est devenue une passion insatiable qu'elle partage depuis plusieurs années sur son blog www.miss-seo-girl.com au travers d'articles variés et à la portée de tous. Retrouvez-la sur son compte Twitter @Miss_Seo_Girl et sur son blog pour découvrir ou redécouvrir son univers.

Mathieu Chartier est un ancien archéologue reconverti au Web à la fin des années 2000 après avoir suivi un master professionnel dans ce domaine. Passionné par la technique web et le référencement dès ses premières heures, il a logiquement développé ces aspects au travers de ses ouvrages, de son blog professionnel (https://blog.internet-formation.fr) mais aussi dans son activité de consultant, formateur et webmaster multitâches. Vous pouvez le retrouver sur Twitter (@Formation_web) ou sur son blog, n'hésitez pas à lui poser des questions ou à lui demander conseil en matière de SEO...

Mathieu Chartier, Olivier Andrieu et Alexandra Martin

Téléchargement des programmes

Le livre contient de nombreux programmes et codes dans plusieurs langages comme JavaScript, PHP, HTML/CSS, Visual Basic Script (VBS) voire Python. Vous pouvez télécharger la grande majorité via l'URL ci-dessous afin de vous éviter de tout recopier manuellement (seuls les codes très courts ne sont pas toujours inclus).

https://www.mathieu-chartier.com/codes

Remerciements

Nous tenons à remercier toutes les personnes qui nous ont aidés et suivis lors de la rédaction de ce livre, à commencer par les éditions Eyrolles qui nous ont donné la chance de réaliser ce rêve.

Nos premières pensées vont vers nos proches, nos amis et bien sûr notre famille dont la patience, la tolérance, le soutien et l'amour ont été nos forces pour mener à bien ce projet éditorial. Nos esprits et nos cœurs se tournent vers nos moitiés respectives, Yann et Anne-Sophie, ainsi que vers d'autres personnes bien trop nombreuses pour être marquées à l'encre noire, bien que nous puissions glisser au moins quelques noms : Gaby, Denis, Ilou, Julien, Guillaume, Rodrigo, Manu, Vanessa, Benoit, Audrey, Frédérique, Marine, Yannis, Éric, Élena, Chrystelle, Christophe, Sandra, Cynthia, Carine, Céline et tant d'autres sans qui nous ne saurions rien…

Par ailleurs, il nous est impossible de citer tous les référenceurs, marketeurs et développeurs qui ont pu nous aider activement ou inconsciemment mais voici tout de même une liste de noms qui comptent à nos yeux et sans qui la discipline serait fade : Olivier Duffez, Sylvain Peyronnet, Ève Demange, Laurent Bourrelly, Thomas Cubel, Ronan Chardonneau, Edouard Ouvrard, Daniel Roch, Aymeric Bouillat, Isabelle Canivet, Ferréole Lespinasse, Sylvain Richard, Sébastien Monnier, Renaud Joly et tous les autres spécialistes que nous n'avons plus la place de nommer…

Cette liste non exhaustive de spécialistes à qui nous tenons ne pourrait être complète sans présenter notre préfacier Olivier Andrieu, dont les livres nous ont sensibilisés au métier, et sans qui le référencement n'aurait pas la même saveur en France. Nous tenons à le féliciter pour tout ce qu'il a apporté à la sphère SEO avec une humilité sans faille et une passion communicative, mais aussi à le remercier pour son soutien et son aide. Nous tenons aussi à rendre hommage à Laurent Bourrelly qui nous a accompagné pour les parties concernant les cocons sémantiques, tout comme Olivier Duffez en ce qui concerne les pages zombies. Ce sont ces soutiens qui nous donnent du courage pour toujours faire mieux, à chaque édition de l'ouvrage, mais aussi qui nous permettent de vous proposer des contenus complets et chapeautés par les experts de chaque spécialité du référencement.

Enfin, nous tenons à remercier l'ensemble des lecteurs de nos blogs respectifs, www.miss-seo-girl.com et blog.internet-formation.fr, et espérons que vous continuerez à nous être fidèles.

Nous vous aimons tous, merci pour votre soutien inégalable.

Alexandra Martin et Mathieu Chartier

Table des matières

Introduction **1**

  Historique de Google et Bing 1

    Quelques dates et chiffres clés côté Google/Bing .1

    Évolutions des moteurs de recherche 5

    Peut-on vivre sans Google ? 9

  La programmation au service du référencement 10

    Typologie des langages 10

    Socle technique pour programmer sur le Web 14

    Gérer les animations avec JavaScript, jQuery, Prototype et consorts... 16

    Bases de PHP 18

    Conclusion sur la programmation 21

CHAPITRE 1
Maîtriser les techniques d'indexation **23**

  Rappel des fondamentaux 23

    Fonctionnement général d'un moteur 24

    Qu'est-ce que le crawl budget ? 32

    Rôle et importance de l'ergonomie 34

    Méthodologie d'indexation 35

  Maîtriser les Sitemaps XML 38

    Origines et usages 38

    Étapes de création 39

    Soumettre des fichiers Sitemap 40

    Créer un Sitemap index 41

    Concevoir un Sitemap XML 42

    Autres types de fichiers Sitemap 43

    Exemples d'outils d'aide à la création de fichiers Sitemap 45

    Créer son propre générateur avec PHP et MySQL 46

  Utiliser les API pour indexer les pages automatiquement 54

    Utiliser l'URL Submission API de Bing .54

    Indexer avec l'API Search Console de Google 57

  Désindexation (robots.txt et autres méthodes...) 70

    Rôle du déréférencement 70

    Limiter les accès des crawlers avec l'attribut « rel » 71

Gestion des metas robots 72
Désindexer avec un fichier robots.txt 74
Désindexer des pages avec l'en-tête X-Robots-Tag 81
Retirer une URL via les Webmaster Tools 83
Autres techniques d'optimisation 84
Référencement des actualités 106
Google Actualités et le Publisher Center 106
Bing News et l'interface Bing Pubhub 108

CHAPITRE 2
Optimiser le positionnement par la technique 111

Rappels des fondamentaux 111
Méthodologie du positionnement 111
Les optimisations internes 113
Les optimisations externes 121
Diversité, valeur et poids des critères SEO 125
Améliorer les contenus grâce à la sémantique et l'intelligence artificielle 127
Évolutions de l'IA et de la sémantique dans les moteurs 127
Optimiser les contenus avec précision 137
Référencement vocal (AEO) et positions 0 147
Performances web et Core Web Vitals 153
De la performance web à l'UX (SXO) 153
Travailler avec les fichiers .htaccess des serveurs Apache 164
ASP, ASP.Net et configuration des serveurs IIS de Microsoft 187
Réduire la taille des ressources web 196
Combiner les fichiers CSS et JS 197
Optimiser les images 203
Optimiser les webfonts 220
Utiliser des scripts asynchrones et optimisés 222
Booster les performances avec CSS Containment 235
Ergonomie mobile et sites mobiles 237
Pourquoi posséder un site mobile-friendly ? 237
Différentes alternatives mobiles 242
Exemples de mises en application 247
App Store Optimization (ASO) 257
Sécurité des sites web et HTTPS 259
Rôle et impact du HTTPS 259
Choix d'un certificat SSL 261
Migration vers HTTPS 262
Attention aux target="_blank" 264
Netlinking interne et externe 265
Critères de valorisation des liens 265
Comment améliorer le maillage interne ? 269
Obtenir de bons liens externes 280

Racheter des noms de domaines expirés 284
Réseaux de sites et private blogs network (PBN) .287
Faire du SEO local 291
Particularités du SEO local 291
Contourner la géolocalisation forcée 298
Positionnement sur des requêtes locales 299
Gérer les pages zombies 301
Méthode des pages zombies 301
Principes de détection 302
Créer un système de hashtags optimisé SEO avec PHP 304

Chapitre 3
Facteurs bloquants et pénalités Google 309

Principales mises à jour des moteurs de recherche .309
Google Panda 310
Google Phantom et Quality Update 312
Google Penguin 313
Les EMD (Exact Match Domain) 316
Google Page Layout 318
Google PayDay Loan 320
Redirections mobiles spammy pour faire de l'affiliation 321
Sites piratés 323
Update Google Fred 326
Qualité des contenus chez Bing 326
Bing et la lutte contre les réseaux de sites (PBN) .327
Yandex Minoussink et AGS 328
Facteurs bloquants et solutions alternatives 329
Frames 329
Listes déroulantes avec liens HTML 330
Formulaires et accès limités 332
ActionScript et sites Full Flash 334
Ajax et JavaScript non optimisés 336
Cookies et sessions 341
Typologie des pénalités 343
Différencier les sanctions manuelles ou algorithmiques 344
Sandbox 345
Baisse de PageRank 345
Déclassement 345
Liste noire 346
Comment faire pour sortir d'une pénalité Google ? 346
Quelques causes de pénalités 349
Spamdexing 350
Keyword stuffing 352
Cloaking 353

Doorway ou pages satellites 358
Contenus dupliqués et DUST 359
Content spinning ou génération de textes 364
Paid linking 365
Rich snippets abusifs 366
Affiliation et publicité spammy 366
Réseaux de sites (PBN) 367
Negative SEO 367

CHAPITRE 4
Le suivi du référencement **371**
Suivre l'indexation 371
Voir le site avec l'œil du spider 372
Suivre les pages indexées 383
Suivre le positionnement 407
Du mouvement dans les SERP ? 407
Suivre les positions et les requêtes 411
Suivre les backlinks avec des outils 428
Google Analytics et ses secrets 432
Présentation et usage de l'outil 432
Méthodes de tracking 439
Filtres et rapports pour le SEO 446
Suivre la fréquence du crawl en direct 453
Peut-on contrer les not provided ? 454
Analyse de logs 456
Analyse qualitative et ROI 463

CHAPITRE 5
L'audit SEO **467**
L'audit technique 468
Le nom de domaine 468
Le fichier robots.txt 470
Le fichier sitemap.xml 471
La qualité du code source 472
Les URL 474
Compatibilité de votre site 475
Qualité mobile et design UX 476
Les erreurs 404 et leur page dédiée 477
Hiérarchisation et structure interne 479
Fil d'Ariane 480
Publicité et pop-ups 480
Logo cliquable 481
Favicon 482
Rich snippets 483

Hébergements et serveurs 484

Audit de contenu 487

La balise <title> 488

La balise meta description 488

L'utilisation des titres internes avec <hn> (<h1> à <h6>) 488

Sémantique et structure HTML 489

Les contenus textuels 492

Choix et utilisation des mots-clés 495

Longue traîne 495

Contenu dupliqué 495

Les contenus des médias 496

La fréquence de mise à jour 497

Le maillage interne 497

Audit de popularité 498

Analyse des backlinks 498

Les réseaux sociaux 501

Techniques avancées et outils d'audit 504

De bons outils sur le marché 504

Suivre les données avec PHP 512

Check-list de l'audit SEO 547

ANNEXE
Sources de veille SEO 555

Ressources techniques 555

Interfaces pour les webmasters 555

Documentation et blogs officiels des moteurs de recherche 556

Antipénalités, réexamen et vie privée 556

Soumission manuelle aux moteurs de recherche 556

Sources généralistes sur le référencement 557

Baromètres, études chiffrées et statistiques 557

Simulateurs de robots d'indexation 558

Outils d'obtention, d'analyse et de suivi des liens 558

Outils de recherche de mots-clés 559

Outils d'analyse des contenus et des mots-clés 560

Outils d'analyse de la lisibilité des textes 560

Générateurs de données structurées 561

Audit SEO, aide et suivi 561

Outils antiplagiat et duplicate content 562

Analyse du PageSpeed et de la vitesse de chargement 563

Réseaux sociaux 563

Index 565

Introduction

Tout au long de ce livre, nous allons étudier des techniques avancées en matière de référencement, parfois peu exploitées ou méconnues, afin d'être plus visible et de gagner des positions dans les moteurs de recherche.

Nous traiterons d'une multitude de sujets mais nous insisterons essentiellement sur les parties les plus techniques de la discipline ainsi que sur le suivi et l'audit d'un site web en matière de SEO. Si vous n'êtes pas encore à l'aise avec le vocable relatif à ce domaine, vous pouvez vous référer à l'excellent glossaire de Facemweb (source : https://goo.gl/NpzVN9) qui vous permettra d'appréhender sans aucun souci la suite de cet ouvrage.

Pour que l'entrée en matière ne soit pas trop brutale pour les moins connaisseurs d'entre vous, nous allons tout d'abord présenter dans cette introduction un rapide historique des deux moteurs principaux du marché en France, Google et Bing. Nous vous présenterons ensuite les bases techniques essentielles à maîtriser pour comprendre les codes proposés tout au long des chapitres qui composent ce livre. Nous vous souhaitons une agréable lecture…

Historique de Google et Bing

Quelques dates et chiffres clés côté Google/Bing

Historique de Google

Tout commence grâce à la passion démesurée de l'informatique de deux étudiants de l'université de Stanford, Larry Page (22 ans) et Sergey Brin (21 ans), qui se rencontrent en 1995 et deviendront rapidement des amis mais aussi de futurs grands noms du Web.

Dès 1996, ils débutent leur aventure commune avec la création d'un premier moteur de recherche nommé « BackRub ». Ce moteur fonctionnait uniquement via les serveurs de l'université de Standford et était relativement gourmand en bande passante au point d'être abandonné à la demande de l'université.

Une entreprise planétaire

En 2013, la société comptait plus de 50 000 salariés à travers le monde. Tous proviennent d'horizons différents et sont polyglottes, afin de mieux représenter les utilisateurs internationaux de Google.
Les bureaux sont appelés « Googleplex » et la société en dénombre pas moins de soixante-dix dans plus de quarante pays à travers le monde, dont un à Paris.

Il ne faudra pas longtemps pour que le projet revoie le jour sous l'effigie de « Google » puisque dès le 4 septembre 1998, les deux amis créent la société éponyme à Mountain View en Californie, dans la Silicon

Valley. Les deux fondateurs engagèrent rapidement leur premier salarié, Craig Silverstein, et leur société devint la puissante entreprise que nous connaissons.

Figure I–1
Larry Page et Sergey Brin
dans leur jeunesse

Depuis 2011, le PDG de Google est Larry Page. C'est la seconde fois qu'il occupe ce poste depuis la naissance de Google. Il a juste cédé sa place entre 2001 et 2011 à Eric Schmidt, ancienne tête pensante de Google et actuellement président exécutif.

Le nom Google a pour origine un terme mathématique, « googol » en anglais, désignant le chiffre 1 suivi de 100 zéros (10100). Ce terme traduit l'ambition des deux fondateurs de gérer un volume infini d'informations sur la Toile. Une rumeur circule et précise qu'au moment de l'enregistrement, une erreur de frappe surgit et au lieu de taper « googol », le mot Google fut tapé et conservé. Le nom de domaine google.com a été déposé le 15 septembre 1997.

Pourquoi tant de « O » ?

Quand nous procédons à une recherche, Google propose un nombre incalculable de pages en bas des résultats. Dans ce cas, la lettre « O » de Google se multiplie comme le terme mathématique « googol » le désigne et devient « goooooogle ».

Le slogan de Google est « Don't be evil », traduit littéralement par « Ne soyez pas malveillants ». Il souligne la volonté de Google de toujours faire les choses correctement d'un point de vue éthique (bien que cela puisse être discuté parfois). Google tente d'appliquer cette règle au sein de sa société et demande la même chose aux référenceurs. Ne soyez pas malhonnêtes, ne trichez pas, soyez fair-play et respectez les consignes. Cette devise s'applique à la lettre et explique les nombreuses pénalités appliquées par le moteur de recherche.

En SEO, on différencie ainsi les « White Hat » (internautes « propres »), les « Grey Hat » (référenceurs qui essaient de rester dans les consignes) ainsi que les « Black Hat » (référenceurs mal intentionnés ou qui outrepassent les consignes) mais tout cela n'est en réalité qu'une histoire de jargon… Il faut surtout retenir que Google édicte des *guidelines* qu'il est préférable de respecter, mais des Black Hat sont aussi des référenceurs qui font progresser la discipline avec leurs découvertes, il faut donc aussi admettre qu'ils jouent un rôle parfois favorable au SEO.

Google se caractérise par un historique riche, rempli d'événements majeurs. À dire vrai, la société est en perpétuelle évolution depuis sa naissance en 1998. Elle rachète sans cesse des entreprises, lance de nouveaux services ou met à jour l'existant. Nous pouvons citer notamment Analytics, AdWords, Gmail, YouTube, Chrome, Google+, etc., autant de services que Google met gratuitement à disposition de ses utilisateurs, bien que certains n'aient pas duré tels que Google Wave ou encore l'illustre agrégateur iGoogle.

Terminons notre tour d'horizon par un historique daté de Google :

- octobre 2000 : lancement de Google AdWords ;
- septembre 2002 : Google Actualités (avec déjà 4 000 sources d'actualités) est lancé ;
- avril 2004 : naissance du service Gmail ;
- août 2004 : Google annonce son entrée en bourse à Wall Street ;
- février 2005 : lancement de Google Maps ;
- juin 2005 : naissance de Google Earth ;
- novembre 2005 : mise en place de Google Analytics ;
- 2006 : lancement de Picasa (janvier), de Google Agenda (avril), de Google Trends (mai) et de Google Apps (août) ;
- octobre 2006 : rachat de YouTube ;
- novembre 2007 : lancement de l'OS mobile Android ;
- septembre 2008 : le navigateur Chrome est déployé ;
- octobre 2009 : accord avec Twitter pour insérer les tweets dans les résultats de recherche (ce partenariat n'est plus d'actualité) ;
- mars 2011 : lancement du bouton +1 pour « liker » les pages ;
- juin 2011 : naissance du réseau social Google+.

Plus d'informations sur l'historique

Pour en savoir plus sur l'historique détaillé de Google, vous pouvez consulter la page suivante : https://www.google.fr/about/company/history/.

Google est le leader du marché de la recherche web, nous le savons mais les statistiques nous le confirment constamment. Les chiffres sont éloquents tant Google a connu une progression fulgurante dès ses premiers pas dans le monde :

- En juin 2017 en France, Google détient environ 91 % de parts de marché (source : https://goo.gl/LUQqyR) devant Bing (5,44 %), Yahoo! (2,76 %) et DuckDuckGo (0,55 %).
- L'index de Google contient environ 30 trillions de documents.
- Google met à disposition de ses usagers près de 200 produits et services (API, apps mobiles…) dont Blogger, Agenda, Earth, Docs, Alerts, Data Studio, etc.
- Google a fait l'acquisition de plus de 100 entreprises dont certaines très connues comme Picasa (juillet 2004), Keyhole (octobre 2004, devenu ensuite Google Earth), Urchin Software (mars 2005, utilisé pour créer Google Analytics), YouTube (octobre 2006), FeedBurner (mai 2007, spécialiste du flux RSS et Atom) ou encore eBook Technologies (janvier 2011).

La stratégie de Google

L'objectif de Google est d'investir dans des entreprises spécialisées dans divers domaines d'activité afin d'étoffer son offre de produits et de services sans passer par des prestataires extérieurs. Google s'ouvre de plus en plus aux réseaux sociaux, au monde mobile, à la robotique, à la domotique et à l'e-commerce.

Historique de Bing

Bing est un moteur de recherche récent développé par Microsoft après avoir mis en place des technologies de recherche telles que Live Search, Windows Live Search (abandonné dès 2011) ou encore MSN Search. Il a été lancé officiellement le 3 juin 2009.

« Bing » provient d'une onomatopée inventée par Microsoft car ce nom était simple à retenir, fonctionnel et pouvait être apparenté au son émis nativement en cas de prise de décision sur Windows. Pour l'anecdote, Bing aurait pu ne jamais exister sous ce nom puisqu'il était à l'origine surnommé Kumo dans les captures de présentation en mars 2009 (source : http://goo.gl/zA70rd), ce qui montre que la firme cherchait un nom court, percutant et facilement mémorisable.

Figure I–2
Bing aurait pu s'appeler Kumo.

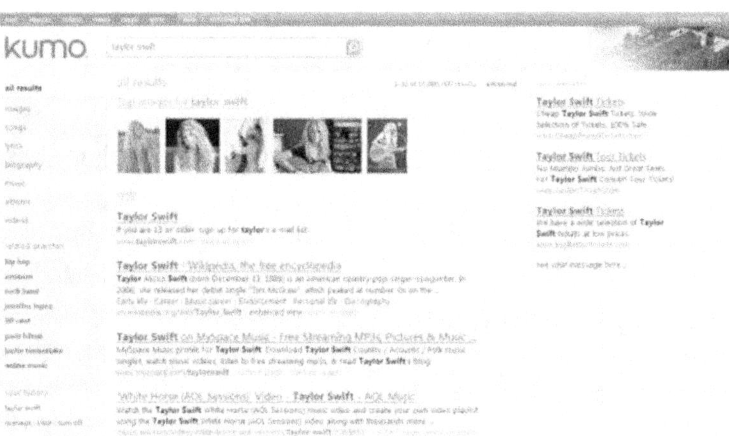

Dès le mois de juillet 2009, peu de temps après le lancement du moteur, un partenariat entre Microsoft et Yahoo! a été signé afin de fonder une alternative plus puissante et efficace contre Google. Désormais, la technologie de recherche de Bing est déployée sur le moteur de Microsoft mais aussi sur Yahoo!, bien que la gestion des liens sponsorisés soit quant à elle administrée essentiellement sur les compétences de Yahoo! et de ses ingénieurs.

En mai 2010, Microsoft a réussi à obtenir un partenariat avec les constructeurs de la marque BlackBerry afin que son moteur soit déployé de manière systématique sur ces supports mobiles.

Retenons également que le logo de Bing a été totalement revisité en 2013 à l'image de Windows 8 et de son *flat design*. Avant cette refonte, le moteur arborait un logo textuel bleu qui a été remplacé par un « b » schématique accompagné du mot « Bing » tout en jaune.

Évolutions des moteurs de recherche

Les moteurs de recherche ont tous connu des progressions nettes ses dernières années, que ce soit Google, Bing, Yahoo!, Baidu, Ask ou Yandex. Il est impossible de détailler toutes les évolutions, mais nous allons présenter rapidement ici quelques mises à jour et services qui ont modifié le visage de la recherche web dans le monde.

Quelques mises à jour de Google

Il est important de se rappeler que l'année 2009 a été marquante chez Google et que le moteur que nous utilisons quotidiennement n'a plus du tout la même allure… Cette année a marqué l'arrivée de la recherche en « temps réel » et de la recherche universelle avec Google Maps dans les résultats de recherche par exemple.

Parmi les évolutions les plus marquantes dans l'histoire de Google, il ne fait aucun doute que Google Caffeine, déployée dès juin 2010, a changé l'approche du moteur de recherche en termes d'indexation et de perception des pages web. Caffeine a été une mise à jour complète du système d'indexation des pages dans le moteur de recherche afin de booster énormément la méthode de crawl des robots et la qualité d'enregistrement. L'autre mise à jour majeure du moteur a certainement été Google MayDay, déployée un mois avant (mai 2010) et qui a permis de mieux interpréter les mots-clés et les requêtes larges issues de la « longue traîne ».

D'autres mises à jour ont aussi été importantes mais elles relèvent plutôt de l'acquisition ou de la création de nouveaux services, ainsi que de la mise en place de filtres et de pénalités de plus en plus exigeantes. Nous traiterons ce sujet plus en détail par la suite… Nous aurions pu citer également le développement de la recherche en temps réel, notamment autour du *Minty Fresh Indexing* destiné à enregistrer des pages quasiment en instantané afin de toujours proposer les meilleurs résultats aux internautes en temps et en heures.

Continuons notre tour des mises à jour avec le *Knowledge Graph* (ou « graphe de connaissances ») de Google destiné à apporter des informations complémentaires aux usagers lors des recherches. Lancé le 16 mai 2012 aux États-Unis, ce nouvel outil intégré dans les résultats de recherche a pour objectif de comprendre les attentes des internautes et de leur fournir des informations complémentaires sur leur recherche. Le processus se déroule en trois temps :

- l'analyse par Google de la recherche de l'internaute (analyse de chacun des mots-clés de la requête) ;
- la création de relations entre les mots-clés (Google fait appel à une gigantesque base de données pour nouer des liens sémantiques). Fin 2012, cette base de données contenait plus de 500 millions d'entités, ainsi que plus de 3,5 milliards de faits et de relations entre ces différents objets ;
- la proposition de résultats encore plus performants et des informations complémentaires sur la recherche effectuée.

Le Knowledge Graph de Google analyse le sens des requêtes et tente d'apporter des données supplémentaires pour agrémenter la recherche des internautes. Il est basé sur l'approche ontologique, un modèle de structuration des données pour lequel : un objet de base est une entité, un attribut est une caractéristique de l'objet, une relation est un lien entre plusieurs objets et une classe est un ensemble d'entités.

Il s'agit d'un modèle sémantique et intelligent qui comprend les entités du monde réel et les éventuelles relations qui les lient les unes aux autres. Le Knowledge Graph a donc participé à l'évolution de la recherche sémantique et a apporté une nouvelle vision de la recherche.

Figure I–3
La partie à droite est dédiée
au Knowledge Graph.

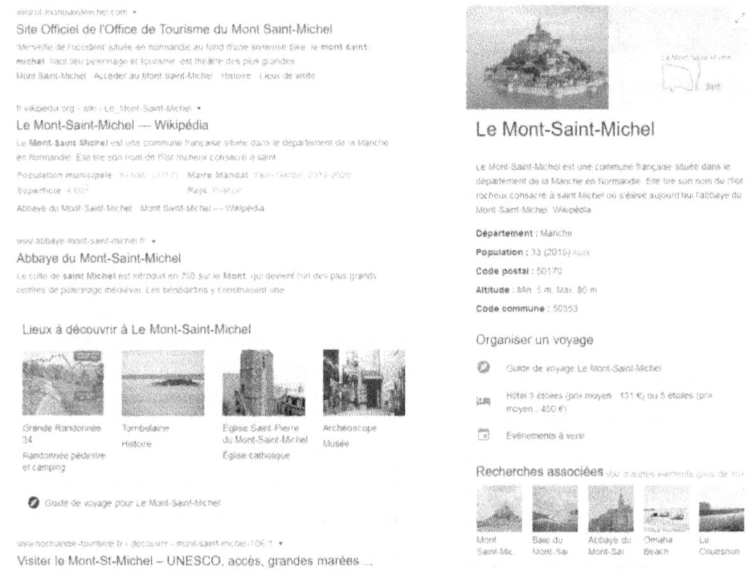

Dans les faits, cette évolution marquante de la recherche s'appuie sur des sources publiques telles que Wikipedia, Freebase (abandonnée peu à peu depuis 2015) et CIA World Factbook. Le Knowledge Graph s'applique surtout quand il s'agit de monuments célèbres, de personnalités, de lieux géographiques marquants, de films et musiques, d'œuvres d'art, mais également de sites de marques ou reconnus sur la Toile (mais dans une moindre mesure).

Pas d'impact sur le positionnement

Être dans le Knowledge Graph n'impacte pas directement le positionnement, mais l'effet inverse peut être imaginé. En effet, il est extrêmement rare de voir apparaître le bloc d'informations dans un autre contexte que sur une requête basée sur le nom de domaine d'un site, autrement dit pour une page positionnée en tête des résultats. En définitive, l'intérêt est de renforcer sa visibilité sur des requêtes fortes car les usagers auront du mal à ne pas faire confiance à un site bien positionné mais également présent dans la zone du Knowledge Graph.

Google effectue des milliers de mises à jour chaque année, que ce soit des Core Update ou des Quality Update, mais toutes ne sont pas décisives et permettent surtout d'ajuster les résultats et la qualité du moteur de recherche. Certaines adaptations sont plus notables que d'autres, telles que la Speed Update (juillet 2018) qui a ajouté la performance web comme critère pour mobile, ou encore Medic (août 2018) qui a affecté le secteur des sites de santé, du médical et du bien-être essentiellement. Hormis cela, les dernières mises à jour vraiment marquantes du moteur de recherche sont certainement Google Hummingbird (2014), RankBrain (2015), BERT (2019) et la November Update (2019), des algorithmes basés sur de l'intelligence artificielle et du deep learning destinés à mieux analyser et comprendre les contenus des pages web et les requêtes des internautes. Nous reviendrons en détail sur ces sujets dans le second chapitre.

Mises à jour de Bing

Bing est un moteur de recherche assez innovant qui reprend dans les grandes lignes ce que propose Google, ce qui lui a d'ailleurs valu des attaques dans sa courte histoire tant les analogies étaient nombreuses. En pratique, voici les fonctionnalités proposées : recherche d'actualités, de produits (abandonnée en 2013), d'images et de vidéos, Bing Maps (cartographie), recherches associées, historique des recherches, météo en direct, traducteur et calculatrice en ligne, Bing Rewards (un système de crédit présent seulement aux États-Unis) ou encore Bing Voyages.

La technologie de recherche de Microsoft est axée autour d'algorithmes tels que le BrowseRank, créé dès 2008 (source : http://goo.gl/rdxuqr), et le StaticRank que nous détaillerons plus tard.

Microsoft communique peu autour de ses mises à jour, sauf si ces dernières sont majeures. Nous allons dresser un rapide historique des mises à jour récentes et marquantes du moteur de recherche.

- Juin 2009 : dans la foulée du lancement de Bing, Microsoft a lancé Bing Travel (ou Bing Voyages) après le rachat du service Farecast en avril 2008 (initialement aux États-Unis).

- Décembre 2009 : Bing Maps est lancé pour contrer Google Maps. Dans les faits, ce type de service existait déjà chez Microsoft depuis 2005 avec Windows Live Local basé sur la technologie Microsoft MapPoint mais le nom de Bing Maps a été attribué en décembre 2009 afin de coller à la nouvelle politique commerciale de la firme. Le service utilise Silverlight de Microsoft et a connu nombre de mises à jour de cartes et de technologies dans son histoire, notamment le 15 décembre 2010 avec une mise à jour graphique de l'outil autour d'un nouveau fond de cartes (après une autre refonte du 7 décembre 2010) et le 12 juin 2013 via l'ajout de 270 To de données.

- Septembre 2010 : Bing Rewards a été annoncé et déployé aux États-Unis afin d'offrir un système de crédits en fonction des recherches des internautes et du temps de diffusion des annonces. Cet ingénieux système économique n'a pourtant pas encore été mis en place partout dans le monde.

- 10 mai 2012 : lancement du Knowledge Graph de Bing appelé Bing Snapshot, soit six jours seulement avant celui de Google (essentiellement déployé aux États-Unis). Le 31 mars 2014, Richard Qian de l'équipe d'indexation et sémantique de Bing a indiqué que plus de 150 millions d'entités ont été ajoutées dans Bing Snapshot (source : http://goo.gl/pnjufr).

- Mi-2013 : Bing déploie son système de produits sponsorisés dans la lignée d'un Google Shopping. Initialement, Microsoft avait déployé son comparateur de prix Bing Shopping (anciennement Microsoft Live Shopping) basé sur Ciao, racheté en 2008, mais ce service a été arrêté en octobre 2013 au profit des produits sponsorisés avec Bing Products Ads, accessibles par l'interface de gestion des liens payants du moteur.

- 11 octobre 2013 : Bing Snapshot accueille désormais les auteurs de contenus grâce au partenariat de Microsoft avec le service Klout (source : http://goo.gl/2xMlyA). L'outil permet donc de développer un Authorship à la manière de Google, nous détaillerons ce sujet dans les prochains chapitres.

- 16 juin 2014 : Microsoft annonce qu'il travaille sur un projet intitulé Bing Catapult (source : http://goo.gl/sqgC3y), une nouvelle infrastructure complète des data centers du moteur de recherche pour accélérer et améliorer l'indexation des pages web et la pertinence des résultats. Le déploiement a été réalisé début 2015 aux États-Unis, puis plus tard dans le monde entier.

- 14 mai 2015 : Bing annonce le déploiement d'un algorithme spécifique à la recherche mobile (source : http://goo.gl/AI08X3), un mois après avoir affiché un libellé « mobile-friendly » dans les SERP mobiles.

Figure I–4
Bing Snapshot, le graphe de
connaissances de Microsoft

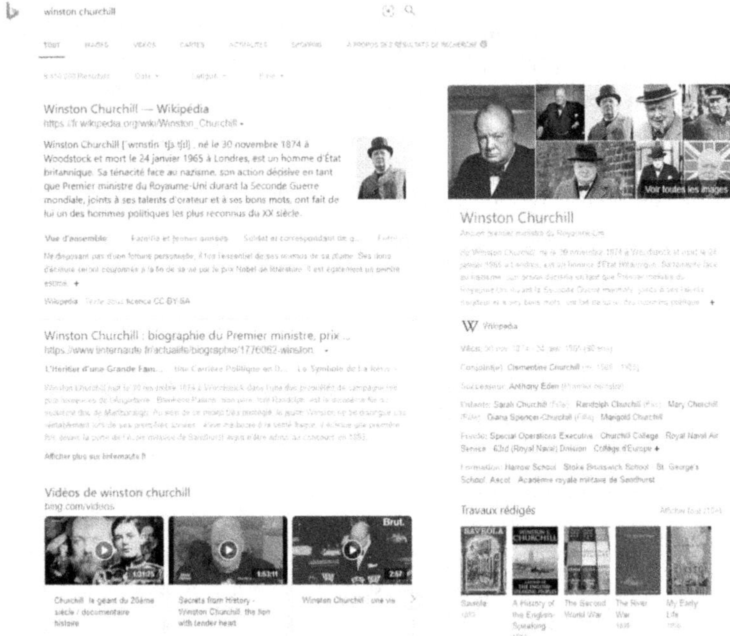

- 15 juin 2015 : Bing passe totalement en HTTPS avec SSL. Les URL du moteur de recherche sont désormais toutes sécurisées (source : https://goo.gl/5mSRIX).

- 1ᵉʳ juin 2017 : Bing Visual Search fait son apparition et permet à tout utilisateur de chercher dans Bing Images grâce à la reconnaissance des formes (source : https://goo.gl/ouCXhh). Le système a ensuite été mis à jour et amélioré plusieurs fois, notamment en 2018 et 2019.

- 16 octobre 2018 : Bing met à jour tout son système d'indexation (Bing Catapult, initié en 2014) afin de le rendre beaucoup plus performant et d'intégrer des notions de budgets de crawl.
  (source : https://bit.ly/2wD6kYF).

Il est souvent reproché à Bing de copier Google. Bien que cela ne soit pas toujours vrai quand nous comparons les dates de lancement des services, des similitudes sont à déplorer telles que la dernière en date avec *Bing Rich Captions*, un système équivalent aux extraits enrichis de Google que nous détaillerons bientôt...

Figure I–5
Prix, notes et catégories de produits
affichés avec Bing Rich Captions

Ce même phénomène de « copie » se retrouve avec la mise en œuvre des positions 0 que Bing a également appliquées dans son moteur de recherche après que Google a lancé la fonctionnalité. Le moteur de recherche a aussi introduit des algorithmes d'intelligence artificielle tels que BERT, mais pour cet exemple précis, Bing l'a déployé dès avril 2019, donc quelques mois avant Google, pourtant à l'initiative du projet (source : https://bit.ly/2XTxGou). C'est pourquoi, dans la capture suivante, vous pouvez observer à la fois une position 0 et une réponse à une question, permise par l'intégration d'algorithmes d'intelligence artificielle.

Figure I–6
Positions 0 dans Bing

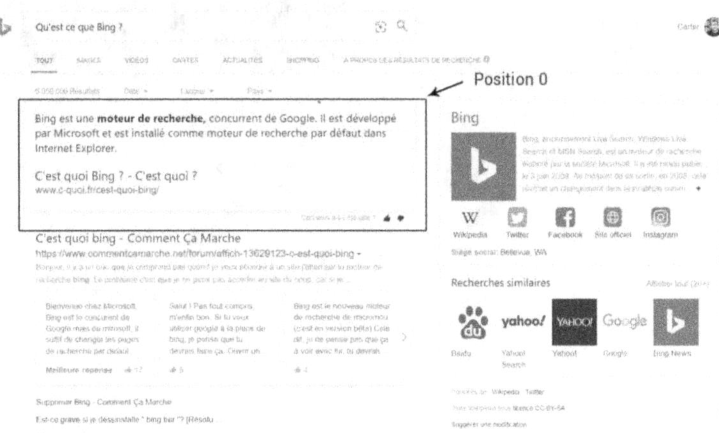

Dans les faits, les deux moteurs de recherche travaillent parfois main dans la main ou sur des projets similaires, ce qui peut expliquer les similitures entre les deux principaux outils de recherche au monde.

Peut-on vivre sans Google ?

Nous considérons souvent que Google est seul au monde, mais il ne faut jamais enterrer les concurrents qui ont parfois un rôle à jouer. Il suffit de suivre les différents baromètres des parts de marché dans le monde pour s'en rendre compte. Google domine, écrase parfois, mais n'est pas toujours prédominant, comme c'est le cas en Russie, en République Tchèque ou encore en Chine.

Aux États-Unis début 2016, les parts de visites sont plus réparties que dans d'autres pays, bien que Google domine avec 64 % devant près de 21,4 % pour Bing et 12,2 % pour Yahoo! (source : https://goo.gl/U2FNvV).

Si notre marché est francophone, force est de constater que Google domine outrageusement et cela explique en partie pourquoi nous évoquons essentiellement ce moteur de recherche au sein de cet ouvrage. Par ailleurs, Google communique bien plus que Microsoft au sujet de son outil, ce qui ne nous permet pas toujours d'être exhaustifs à propos de Bing.

L'institut AT Internet suit l'évolution des parts de marché des moteurs de recherche et montre l'avance considérable de Google sur ses concurrents en Europe occidentale. Nous évoquerons toutefois des moteurs « secondaires » français tels que Qwant ou Exalead pour leurs différences techniques et leurs innovations bien qu'ils ne bénéficient pas d'une place prédominante dans l'esprit des internautes.

Néanmoins, si nous ciblons un marché mondial ou tout du moins marqué par les pays comme la Russie ou la Chine, il est certain que nous devrons mieux maîtriser des moteurs de recherche tels que Yandex (presque 48 % de parts en Russie) ou Baidu (plus de 80 % de parts en Chine) notamment. La malice de Microsoft pour conquérir les résultats internationaux de Baidu en Chine montre que nous devons à tout prix nous focaliser sur ce moteur si nous voulons toucher les visiteurs chinois.

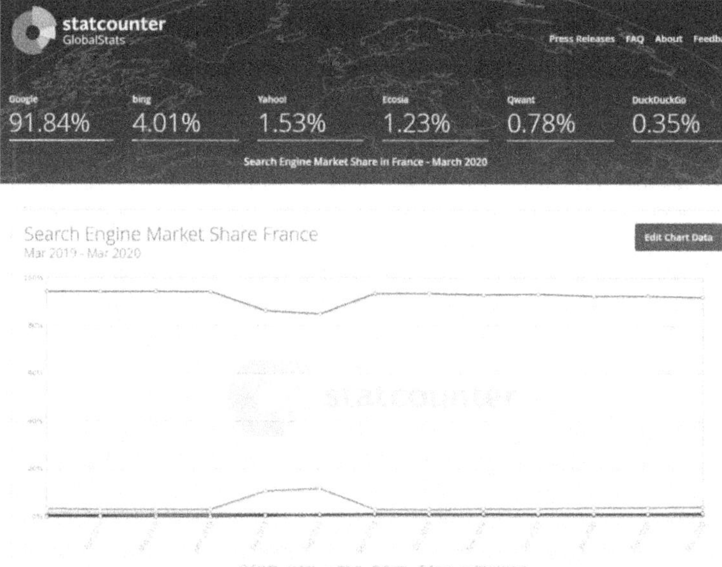

La programmation au service du référencement

Internet est un monde complexe dans lequel s'affrontent nombre de technologies et de services. Nous pensons souvent maîtriser le Web et ses spécificités, mais sa richesse est telle que nous ne faisons que rarement le tour de la question, et c'est peu dire…

Force est de constater que le référencement fait partie des disciplines en vogue à la portée de tout passionné disposant d'un socle de connaissances suffisant pour administrer des sites web. Malheureusement, trop de spécialistes se voient limités par la barrière du développement et du « code » qui pourrait leur permettre d'aller plus loin en imaginant des programmes adaptés à leurs besoins ou tout simplement en gagnant du temps de gestion. Certes, de nombreux développeurs réalisent cette tâche pour nous, mais cela implique souvent des frais que nous pourrions éviter si nos capacités en programmation étaient plus développées.

L'objectif de cette introduction est de fournir (ou rappeler) des bases en matière de développement, sans pour autant rentrer dans des détails obscurs puisque d'autres livres sont bien plus adaptés pour répondre à ce besoin. Néanmoins, nous allons nous remettre les idées en place voire apprendre des bases afin de pouvoir améliorer notre référencement en conséquence, comme nous le verrons au cours des divers programmes disponibles dans le livre.

Typologie des langages

Différencier les langages côté client et côté serveur

La diversité des langages est souvent le premier frein pour les non-initiés. Les choix sont si nombreux en informatique que nous ne savons jamais avec quel langage commencer et surtout pourquoi en utiliser un plutôt qu'un autre. En réalité, la Toile se limite à une quinzaine de langages spécifiques et n'est pas débordée comme la programmation informatique pure qui se compose de plusieurs dizaines d'écritures telles que C++, Ada, Cobol, PacBase, Visual Basic et tant d'autres. Tous ne sont pas obligatoires pour affronter la programmation. Dans cette infime collection, il est important de distinguer les langages initialisés côté client et côté serveur.

Le client correspond au navigateur web, c'est-à-dire l'ordinateur courant, tandis que le serveur est un logiciel installé sur une machine distante (souvent gérée par un hébergeur externe dans le cas des petites structures ou des particuliers).

Globalement, un langage qui s'exécute côté client peut afficher des contenus dans un navigateur et gérer des animations. A contrario, un langage côté serveur a une panoplie bien plus développée car il peut notamment s'interfacer avec des bases de données (comme PostgreSQL, MySQL, DB2, SQL Server, Oracle ou encore SQLite) mais aussi gérer des fichiers divers (PDF, CSV…), se connecter à des API (applications web), traiter des formulaires et permettre de créer des interfaces d'administration *(backoffice)*.

Les usages sont multiples et cette liste de fonctionnalités est non exhaustive. Il ne faut donc pas se tromper de langages selon les besoins, c'est pourquoi nombre de codes de ce livre seront basés sur des programmes exécutés côté serveur.

Côté client, les langages sont peu nombreux : HTML pour la mise en page (structure du document), CSS pour la mise en forme, JavaScript pour les animations et scripts divers (ou par le biais de bibliothèques telles que jQuery, Rico, Prototype, Mootools…), VBS ou JScript pour être compatible avec les technologies de Microsoft, Flash et enfin les applets Java ou ActiveX (Microsoft).

Côté serveur, la liste peut être plus longue, mais si nous nous arrêtons aux langages purement web, ceux-ci sont rares. Dans les faits, plusieurs langages sont issus du monde informatique et ont proposé des modules web avec le temps (comme Python ou Java). Nous pouvons citer des technologies telles que PHP, ASP et ASP.Net de Microsoft, Java (JSP et servlets), ColdFusion, Python, Perl ou Ruby. Tous reprennent les grandes lignes des langages de programmation, mais leur syntaxe et les techniques de développement peuvent totalement varier de l'un à l'autre.

Microsoft propose des technologies web

ASP et ASP.Net ne sont pas des langages de programmation, mais des technologie.s mises en place par Microsoft. Nous programmons en VBScript (« VBS » ou « Visual Basic Script ») et JScript pour ASP, ou en C# ou VB.Net en ASP.Net. Il faut maîtriser au moins un de ces langages pour développer avec les technologies de Microsoft.

Des sociétés comme Pypl (http://pypl.github.io/PYPL.html) ou Tiobe (http://www.tiobe.com/index.php/content/paperinfo/tpci/index.html) dressent chaque mois la liste des langages de développement informatique préférés des usagers. Sur le Web, le langage qui sort vainqueur côté serveur est PHP tant il est efficace et à la portée de tous. D'autres langages peuvent aussi être utilisés comme VBS ou C# pour les utilisateurs de serveurs Microsoft (IIS). Python et le langage R sont aussi en vogue car très répandus dans le domaine de l'intelligence artificielle, du machine et deep learning ou dans la Data Science. Nous pouvons aussi observer des technologies comme Swift ou Java, qui ont du succès grâce au développement d'applications mobiles sur iOS et Android…

Figure I–8
Liste des langages préférés
des développeurs

Worldwide, Mar 2020 compared to a year ago:

Rank	Change	Language	Share	Trend
1		Python	30.09 %	+3.9 %
2		Java	18.84 %	-1.7 %
3		Javascript	8.1 %	-0.1 %
4		C#	7.27 %	-0.0 %
5		PHP	6.08 %	-1.1 %
6		C/C++	5.86 %	-0.2 %
7		R	3.73 %	-0.2 %
8		Objective-C	2.42 %	-0.5 %
9		Swift	2.28 %	-0.1 %
10		Matlab	1.89 %	-0.1 %

Quel rôle pour le référencement ?

Connaître les différents langages, leur utilité et leur degré d'intérêt permet de sélectionner les technologies adaptées à chaque besoin. En référencement, il est important de distinguer tous ces langages car certains d'entre eux sont impitoyables et peuvent engendrer des pertes de trafic importantes. Il convient de rester méfiant pour toujours trouver le bon langage et le code idéal pour chaque usage.

Tout au long de notre périple, nous allons être confrontés à une multitude d'outils avec des méthodes de conception parfois bien différentes. En effet, nous n'utilisons pas WordPress comme Drupal, Joomla, Ruby on Rails (en Ruby), Django (en Python) ou encore un framework comme eZpublish, Symfony, CakePHP, Zend ou Play! (en Java et Scala). Il faut bien maîtriser le code pour se lancer dans l'utilisation de certains outils, c'est l'une des raisons qui explique le succès de WordPress, par exemple, tant son utilisation avancée reste accessible.

Lorsque les référenceurs doivent se plonger dans les codes pour optimiser les contenus, ils se limitent souvent aux balises HTML car cela reste le fondement essentiel de ce métier. Il est pourtant nécessaire d'aller plus loin pour automatiser des tâches, pour booster les performances de manière approfondie, ou tout simplement pour gérer des contenus profonds dissimulés dans des morceaux de code écrits avec d'autres langages. Dans ce cas, il est important d'avoir au moins les bases de développement pour se repérer mais aussi pour créer nos propres fonctions utiles pour le référencement. C'est tout l'objet de notre lecture…

Afin que tout soit bien clair après cette introduction, sachez que nous ne rappellerons que le B.A.-ba de la programmation dans peu de langages et que nous ne proposerons pas de codes orientés objet car cette syntaxe, aussi qualitative soit-elle, n'est pas forcément celle apprise et acquise au premier abord (seuls les développeurs les plus aguerris se tournent vers cette syntaxe et l'utilisent à son plein potentiel).

Par conséquent, nous ne traiterons que des bases HTML-CSS, PHP et JavaScript mais nous négligerons le reste, bien que ce livre présente quelques codes fondés sur la technologie ASP de Microsoft, voire Python. Nous devons faire des choix et réduire ces explications à quelques lignes auraient peu de valeur, nous préférons que vous vous orientiez vers des ouvrages exhaustifs sur ces sujets si vous craignez de ne pas comprendre tous les programmes commentés présents tout au long de notre propos.

> ### Différence entre développement procédural et POO
>
> Il faut savoir qu'il n'existe pas de réelles différences en matière de performance selon que nous codons avec la méthode procédurale ou orientée objet (POO), contrairement à ce que pléthore de développeurs avancent pour vanter les mérites de telle ou telle technique. Chacun est libre de coder comme il le souhaite tant que le résultat est fonctionnel, compréhensible (bien commenté notamment) et réutilisable par un tiers.
>
> WordPress est un bon exemple car son code open source balance entre les programmations procédurale et orientée objet, selon les développeurs qui interviennent à la source. Nous trouvons même des morceaux de codes en PHP 4, PHP 5 et PHP mélangés…

Connaître la programmation web a toujours fait débat dans le milieu du référencement. D'un côté, les réfractaires se refusent à coder la moindre ligne, car ils estiment que ce n'est pas toujours utile et que des spécialistes peuvent le faire à leur place. D'un autre côté, les partisans voient dans la maîtrise du code un plus non négligeable et surtout un moyen de mieux gérer leur référencement.

Force est de constater qu'un non-développeur ne peut pas tout faire en matière de référencement tant ses limites techniques l'empêchent d'imaginer des programmes automatisés ou même de répondre à certains besoins complexes. En effet, comment gérer le fichier `.htaccess` pour optimiser le référencement si nous ne connaissons pas le fonctionnement de la configuration d'un serveur Apache ? Comment améliorer un système multilingue si nous ne différencions pas la bonne méthode des mauvaises techniques ? Comment booster les performances d'un site sans pousser les langages dans leurs derniers retranchements ? Ce ne sont que des exemples, mais la liste pourrait facilement s'étendre si nous grattions un peu le sujet…

Désormais, les référenceurs sont nombreux sur le marché du travail et nombre d'agences préfèrent trouver la perle rare voire le couteau suisse plutôt que d'avoir un référenceur spécialiste uniquement de l'aspect webmarketing. Dans ce cas, avoir de bonnes connaissances techniques permet de sortir du lot et de trouver un poste plus polyvalent avec des possibilités accrues en matière d'optimisation. L'autre problématique vient de la taille réduite des entreprises et des start-ups relatives à Internet. Nous trouvons beaucoup de PME voire de TPE dans ce secteur, et nous n'avons donc pas toujours des développeurs à portée de main pour coder à notre place. Il faut par conséquent mettre les mains dans le cambouis pour trouver des solutions.

Au fond, souhaitons-nous être éternellement limité et dépendant d'autres personnes ou préférons-nous contrôler le référencement de A à Z ? Bien entendu, il n'est pas utile d'être un génie du développement ou de tout maîtriser, rassurez-vous. D'une part, cela est impossible et, d'autre part, seulement une infime partie serait directement utile pour gagner du temps et optimiser nos tâches. Retenons donc qu'une bonne maîtrise technique confère une réelle indépendance et une liberté dans l'exécution du métier, c'est pourquoi nous verrons diverses applications SEO dans la suite de notre lecture.

Et Google, qu'utilise-t-il comme langage ?

C'est une excellente question. Google est sûrement un symbole de ce qu'il faudrait réaliser dans tout projet web, à savoir une mixité des technologies. Ainsi, chaque langage est utilisé à bon escient pour répondre à des besoins précis. Google utilise donc des technologies diverses depuis toujours, puis en a ajouté au fur et à mesure selon les services qu'il a acquis ou créés.

En 2014, Jeff Nelson, un employé de Google, a fourni une amorce de réponse (source : https://goo.gl/VptmM5), que nous tenterons de compléter par la suite. Il a indiqué ceci :

- La partie Search est essentiellement programmée en C++ et Python (notamment pour des algorithmes).
- La partie Ads (publicité) s'appuie surtout sur un socle Java et SQL (base de données).
- Google Apps est développé avec un socle C++, Java et JavaScript.

Côté moteur de recherche, l'ancêtre historique de Google, Backrub, était programmé en C++ et Python. Ceci s'est confirmé par la suite et l'on peut découvrir, dans un document de l'université de Stanford, que « la majorité de Google est développé en C et C++ pour leur efficacité et peut fonctionner aussi bien sur Solaris que Linux » (source : https://goo.gl/5j7Ynx). Et GoogleBot alors ? Eh bien, ce même document explique que le serveur d'URL et le crawler de Google sont programmés en Python. Pour l'anecdote, Google avait même embauché le créateur de Python, Guido van Rossum, pour qu'il puisse travailler activement pour le moteur de recherche.

Si nous prenons d'autres exemples, sachez que les forums de Google et YouTube ont un gros socle programmé en Python (côté serveur), avec en front-end HTML, CSS et JavaScript (pour le côté client). Gmail s'appuie essentiellement sur du Java côté serveur et JavaScript côté client. Enfin, de nombreux outils fournis par Google sont quant à eux développés en C++.

Parallèlement à ce socle de quatre langages principaux (C++, Java, Python et JavaScript), Google utilise aussi des technologies moins connues ou propriétaires comme Sawzall pour les logs (source : https://goo.gl/UCi9EJ) ou Go pour moult applications (comme AlphaGo, le robot d'intelligence artificielle qui a battu le champion du monde du jeu de go).

Google est l'exemple même de ce qui se fait de mieux en matière de programmation, à savoir un savant mélange de technologies selon les besoins de chaque application, que ce soit en termes de performance, de maintenance des scripts, de compatibilité et bien entendu de résultat. Python, C++ et Java sont par exemple reconnus pour être bons pour le crawl de fichiers, tandis que JavaScript (et Ajax) est idéal pour l'applicatif côté client de manière asynchrone, etc. Google sait donc tirer le meilleur de chaque langage pour son développement.

Socle technique pour programmer sur le Web

Cette dernière partie de notre introduction permet de donner quelques bases de programmation en HTML, JavaScript et PHP. Si vous avez déjà une bonne maîtrise en ce qui les concerne, ou si vous préférez vous former à partir de tutoriels ou d'ouvrages dédiés (ce qui est recommandé pour aller dans les méandres des langages), vous pouvez d'ores-et-déjà passer à la lecture du Chapitre 1.

Langage HTML et mise en page

HTML est un langage de balisage commun qui se décompose en deux parties encadrées par des balises `<html>` et `</html>`.

- La « tête », balisée par `<head>` et `</head>`, contient les informations nécessaires au bon fonctionnement de la page, dont le titre de la page, si cher au référencement ou encore la balise permettant de relier le document à des styles CSS.
- Le « corps » est encadré par les balises `<body>` et `</body>` et contient toutes les données visibles par les utilisateurs, à savoir les contenus, les images, etc.

Ces deux parties insérées entre les balises `<html>` et `</html>` sont surmontées d'un doctype, c'est-à-dire une déclaration de type de document qui permet d'indiquer au navigateur et aux robots quelle version du langage est utilisée. Par exemple, si vous choisissez HTML 5, le doctype est simpliste :

```
<!DOCTYPE html>
```

Une fois cette structure initiale réalisée, vous pouvez démarrer en remplissant la tête du document avec les éléments essentiels (jeu de caractères à utiliser, titre et description du document, mots-clés associés, lien vers les styles CSS, scripts JavaScript…).

Quel charset utiliser ?

Le choix du jeu de caractères est primordial en développement web. Les Européens sont toujours partagés entre l'ISO-8859-1 (caractères occidentaux) et l'UTF-8 (tous types de caractères), mais il est fortement conseillé d'opter pour le second choix, bien plus polyvalent et compatible à l'international.

Voici à quoi peut ressembler notre début de page web en HTML :

```
<!DOCTYPE HTML>
<html lang="fr">
<head>
<meta charset="utf-8"/>
<title>Titre du document</title>
<meta name="description" content="Description du document"/>
<meta name="keywords" content="mot-clé 1, mot-clé 2, ..."/>
<link rel="stylesheet" type="text/css" href="style.css"/>
<script type="text/JavaScript">// Scripts potentiels...</script>
</head>
<body>
Contenu de la page (visible par les utilisateurs)
</body>
</html>
```

Il faut ensuite se concentrer sur le corps de la page qui contient les contenus des pages web à l'aide de balises « block » (qui forcent un retour à la ligne et prennent des dimensions si nécessaire) et « inline » (sans retour à la ligne ni largeur et hauteur configurables) plus ou moins nombreuses selon la version HTML utilisée.

Les balises de type « block » les plus connues sont `<div>` (bloc de contenu), `<h1>` (jusqu'à `<h6>`) et `<p>` (paragraphes de texte) tandis que les balises en ligne sont plus nombreuses, telles que `<span>` (balise pour styliser des parties de contenus), `<strong>` (mise en exergue représentée par une mise en gras), `<em>` (mise en avant avec affichage en italique) ou encore `<a>` (liens hypertextes).

Quel rôle pour le référencement naturel ?

La quasi-totalité de ces balises a un impact sur le référencement naturel, les mots-clés contenus entre ces éléments ont plus de valeur, à l'exception des éléments `<p>` et `<div>` qui sont « neutres ».

En HTML 5, nous trouvons davantage de balises structurelles telles que <header> (en-tête), <footer> (pied de page), <nav> (zone de navigation), <aside> (contenus annexes), <main> (contenu principal unique), <section> et <article> (contenus répétés ou non uniques). Ces différents éléments nous permettent de hiérarchiser l'architecture des documents (DOM) avec précision.

Enfin, avant de donner un exemple complet d'un corps de page, il faut savoir que les menus sont souvent réalisés à l'aide de balises de listes (<ul>…</ul>) dans lesquels chaque item de liste (<li>…</li>) contient un lien hypertexte.

```
<body>
<div id="bloc-general">
<header>
    <h1>Logo du site</h1>
</header>
<nav>
    <ul>
        <li><a href="page1.html">Page 1</a></li>
        <li><a href="page2.html">Page 2</a></li>
        <li><a href="page3.html">Page 3</a></li>
    </ul>
</nav>
<section>
    <article>
        Texte avec <strong>mise en gras</strong> et <em>mise en italique</em>.
    </article>
</section>
<footer>
    <p>Pied de page</p>
</footer>
</div>
</body>
```

Vous pourrez également rencontrer des balises de formulaire (comme <form>, <input />…) ou de tableaux (comme <table> ou encore <tr> et <td>), par exemple. Nous n'avons pas pu traiter l'ensemble des spécificités HTML ici, mais il est fortement conseillé de maîtriser ce langage tant il est primordial pour le référencement. Son compère, le CSS, est utile pour réaliser la mise en forme de vos pages web mais il ne joue pas de rôle majeur en SEO (il sert uniquement à permettre aux robots de vérifier le spam éventuel ou à obtenir un rendu visuel des pages).

Gérer les animations avec JavaScript, jQuery, Prototype et consorts…

Dans la lignée des langages exécutés côté client, JavaScript et toute sa panoplie de bibliothèques sont à connaître pour donner vie aux pages web tant les animations et les interactions générées par ces codes peuvent apporter un plus pour les utilisateurs. JavaScript représente certainement l'un des langages web les plus complets à ce jour mais sa maîtrise n'est pas toujours aisée tant il peut s'avérer capricieux, complexe, et tant sa syntaxe permet d'écrire les mêmes programmes de multiples manières (pas simple pour un profane de détecter qu'il s'agit parfois des mêmes résultats à la simple lecture du code). Néanmoins, il est important de garder en mémoire que le JavaScript et ses acolytes ne sont pas les plus grands amis de Google car une grande partie des codes sont bloquants pour les robots du moteur de recherche. Il convient donc de l'utiliser avec parcimonie et en connaissance de cause.

Généralement, la programmation est fondée sur un principe simple : l'usage de « variables », à savoir des entités créées pour être réutilisées comme bon nous semble en cas de besoin. Les variables peuvent recevoir une valeur fixe ou dynamique, ce qui leur permet d'interagir avec les programmes en fonction des données captées ou directement proposées par l'utilisateur.

En JavaScript, tout comme dans les bibliothèques associées, une variable est définie en ajoutant le mot-clé `var` ou `let` avant son nom (`var uneVariable`). Une variable peut prendre plusieurs types de valeurs, par exemple une chaîne de caractères, un numérique, une valeur nulle (`NULL`) ou encore un booléen (`true`/`false`).

Le deuxième point qui a fait le succès de la programmation est le système conditionnel qui permet d'effectuer des actions précises en fonction d'hypothèses fixées au préalable. Ce mécanisme fonctionne avec la syntaxe `if (condition) {…} else {…}`.

L'autre facteur essentiel à comprendre lorsque nous développons sur le Web est le système des boucles, dont l'objectif est de pouvoir répéter des actions autant de fois que nous le souhaitons. Trois types de boucles se retrouvent dans la majorité des langages :

- `while` signifie « pendant que la condition est vrai, fais ceci » et s'écrit `while (condition) {…}` ;
- `do … while` est à peu près équivalente, à la seule différence que le premier tour de boucle est réalisé, même si la condition n'est pas respectée à la fin du tour. Sa syntaxe est `do {…} while (condition)` ;
- `for` permet d'ajouter une incrémentation automatique et de parcourir des tableaux de données notamment. Elle s'écrit sous la forme `for (variable = valeur; condition; incrémentation) {…}`.

Hormis ces grandes règles de programmation, la force de JavaScript et des bibliothèques telles que jQuery ou Prototype (qui facilitent la vie des développeurs) est de pouvoir interagir avec les éléments HTML ou avec les propriétés CSS pour créer des animations ou modifier des éléments. Nous croiserons d'ailleurs quelques scripts au cours de notre lecture qui iront dans ce sens.

Les méthodes `getElementById();` ou `querySelector();` permettent de capter un contenu selon son identifiant unique. Voici un exemple de code en HTML et JavaScript :

```
<div id="bloc1">Texte écrit en vert avec CSS</div>
<a href="#" onclick="document.getElementById('bloc1').style.color = blue ;">Changer la
couleur du texte en bleu</a>
```

jQuery et les autres bibliothèques JavaScript élargissent encore davantage les possibilités tout en simplifiant l'écriture du code pour la majorité des modifications courantes. Par exemple, le changement de couleur s'écrirait ainsi en jQuery :

```
$("#bloc1").css('color','blue');
```

Enfin, le dernier concept à connaître avant de continuer notre parcours rapide des langages web est celui des fonctions. En programmation, tout ou presque n'est que fonction, c'est-à-dire des mini programmes qui permettent de gagner du temps et d'éviter de programmer plusieurs fois les mêmes scripts. La syntaxe est toujours de la forme suivante.

```
function NomDeLaFonction(arguments-optionnels) {
    // code de la fonction
}
```

Il ne s'agit que de bases à approfondir mais elles vous donnent la teneur de la programmation en JavaScript natif ou à l'aide des bibliothèques (notamment jQuery). Terminons notre rapide introduction par PHP.

Bases de PHP

Le langage PHP est l'un des plus répandus sur la Toile tant il est puissant et permet d'effectuer une multitude de tâches côté serveur. Nous n'allons pas beaucoup développer ce langage puisque les mêmes principes que ceux cités précédemment s'y retrouvent, à savoir les variables, les boucles, les conditions mais aussi la création des fonctions.

Baliser les codes PHP

Les codes PHP sont toujours encadrés par des balises `<?php … ?>` et se repèrent très vite dans le code.

En réalité, la différence majeure de syntaxe entre JavaScript et PHP réside dans les variables qui ne se basent pas sur le mot-clé `var` (ou `let`) mais tout simplement sur le signe du dollar `$` qui les précède. Ainsi, il suffit d'écrire `$uneVariable` pour créer une variable de notre choix. Pour le reste, les boucles conservent la même syntaxe, tout comme les systèmes conditionnels et les fonctions.

Un autre aspect majeur de PHP concerne le traitement des formulaires puisque nous utilisons sans cesse des champs ou des zones de texte pour interagir avec les utilisateurs (commentaires, formulaires de contact, backoffice…), c'est pourquoi une bonne maîtrise des types de données et de leur traitement est primordiale.

Figure I–9
Exemple de méthode GET
avec le paramètre « s »

Pour récupérer les informations issues des champs de formulaire, PHP met à disposition deux variables dites « super-globales » : `$_GET['name']` et `$_POST['name']`. Entre les crochets, il suffit d'indiquer la valeur de l'attribut `name` des champs de formulaire en HTML pour récupérer la valeur (`value`). Le choix entre GET et POST correspond à l'attribut `method` précisé dans la balise `<form>` en HTML.

Différences entre GET et POST

GET fait passer des paramètres dans les URI tandis que POST dissimule les informations. Nous préférons GET pour tout ce qui contient une pagination en général (galeries, moteur de recherche…) et la méthode POST lorsque nous envoyons des messages ou que nous passons des données sensibles (module d'identification avec mot de passe, formulaire de contact…).

```html
<form method="get" action="">
    <input type="text" name="recherche" />
    <input type="submit" name="bouton" value="Rechercher" />
</form>
```

```php
<?php
// Si le bouton est cliqué
if(isset($_GET['bouton'])) {
    // On affiche la requête saisie
    echo "Requête de recherche : ".$_GET['recherche'];
}
?>
```

Les formulaires présentent de nombreux risques en matière de sécurité. Il faut veiller à bien protéger les variables et leurs données dans la grande majorité des cas avec des fonctions spécifiques telles que `htmlspecialchars()`, `isnumeric()`, `addslashes()`, etc.

Enfin, terminons notre tour d'horizon des concepts avec celui des tableaux, disponibles aussi bien en PHP qu'en JavaScript, par exemple. Les tableaux jouent un rôle majeur car nous les utilisons sans cesse, notamment lorsque nous parcourons des bases de données ou lorsque nous souhaitons stocker de multiples valeurs au sein d'une variable.

En PHP, nous créons les tableaux « scalaires » en faisant appel à la fonction `array()`. Les items des tableaux sont séparés par des virgules comme dans l'exemple suivant :

```php
$tableau = array('item1', 'item2', 'item3', '…');
```

Et les tableaux en JavaScript ?

En JavaScript, le principe est identique mais nous devons ajouter le mot-clé `new` pour créer l'objet `tableau` comme dans
`var tableau = new Array('item1', 'item2…');`

Lorsqu'il s'agit de tableaux simples comme celui présenté ici, nous faisons appel aux valeurs en les ciblant à l'aide de leur « identifiant » dans le tableau. L'index du premier item est toujours « 0 », le second « 1 », et ainsi de suite. Si nous voulons récupérer la valeur `"item2"`, par exemple, le fait qu'elle soit en seconde position dans le tableau implique que nous devrons écrire ce qui suit :

```php
echo $tableau[1];
```

Il existe également des tableaux dits « associatifs » qui permettent de personnaliser les clés reliées à des valeurs, plutôt que d'être limité à des numéros sans lien logique avec les données. Dans ce cas, les items sont toujours séparés par des virgules, mais les clés et les valeurs sont distinguées par une « flèche », comme ici :

```php
$tableau = array('cle1'=>'valeur1', 'cle2'=>'valeur2', '…'=>'…');
```

Les bases de données ou tableaux complexes se présentent comme des tableaux placés dans des tableaux. Ils sont appelés « multidimensionnels » et peuvent avoir des tailles démesurées (un tableau multidimensionnel à deux niveaux correspond à ce que l'on pourrait retrouver dans une base de données de site web notamment).

```
$tableaumulti = array(
    0 => array('nom'=>'Martin', 'prenom'=>'Alexandra'),
    1 => array('nom'=>'Chartier', 'prenom'=>'Mathieu'),
    2 => array('nom'=>'Andrieu', 'prenom'=>'Olivier')
);
echo $tableaumulti[0]['prenom']; // Affiche Alexandra
```

Enfin, sachez qu'il existe une boucle particulière (foreach) qui permet de parcourir les tableaux rapidement. Elle se traduit par : « pour chaque item du tableau, parcourir les données ». Sa syntaxe est un peu particulière, comme le montre les exemples suivants :

```
$tab = array('nom'=>'Chartier', 'prenom'=>'Mathieu');
// Syntaxe : foreach($nom-tableau as $valeur-tableau) { … }
foreach($tab as $valeur) {
    echo $valeur; // Affiche "ChartierMathieu"
}
// 2e écriture : foreach($nom-tab as $cle-tab => $valeur-tab) { … }
foreach($tab as $cle => $valeur) {
    echo $cle; // Affiche "nom" puis "prenom"
    echo " : "; // Sépare les clés des valeurs par " : "
    echo $valeur; // Affiche "Chartier" puis "Mathieu"
}
```

Et les boucles de tableaux en JavaScript ?

C'est certainement la plus grande différence syntaxique qui existe entre PHP et JavaScript, tout du moins en ce qui concerne les grands principes de base de la programmation. En effet, il n'existe pas de fonction foreach() en JavaScript, mais une méthode homonyme applicable sur tout objet JavaScript dans quelques cas. Idéalement, il convient de passer par les fonctions for(… in …) { … } ou for(… of …) { … } qui correspondent davantage au foreach() de PHP.

Nous n'avons pas pu traiter tous les concepts intéressants de PHP ou de JavaScript tels que la concaténation, l'arithmétique ou encore la gestion des objets, mais nous vous invitons à vraiment intégrer ces concepts pour progresser. Il est fortement conseillé de se référer à la documentation officielle de PHP pour aller plus loin avec ce langage (http://www.php.net/manual/fr/).

PHP 7.0 a été déployé en décembre 2015 et se base sur le moteur PHPNG (next generation) qui fournit de nombreuses améliorations au langage, mais surtout en termes de performance. En effet, on estime que le gain est au minimum de 25 % de performance (jusqu'à 70 % pour certains programmes) juste en passant de PHP 5.6 à PHP 7. Le nouveau moteur améliore notamment la gestion du 64 bits, réduit le nombre d'instructions GPU par quatre et nécessite moins de mémoire pour des traitements équivalents à ceux de l'exversion. Il est donc fortement recommandé de migrer vers PHP 7 si vous souhaitez gagner en performance ; cela peut ainsi booster la vitesse des pages et améliorer le référencement et le taux de conversion.

Côté langage, PHP 7 apporte quelques nouveautés chères aux développeurs aguerris, comme le typage des données et des fonctions, ou encore des améliorations de sécurité ou de gestion des données. Nous ne citerons que deux exemples pour montrer les nombreux bienfaits de cette nouvelle mouture.

```php
/*===============*/
/*=== PHP 5.6 ===*/
/*===============*/
// Création d'une fonction : attention car tout type peut être indiqué
function afficheTexte($texte = "") {
    return $texte;
}
echo afficheTexte("Bonjour"); // Affiche Bonjour

// Récupération d'un nom dans l'URL
if($_GET['nom']) {
    $nom = $_GET['nom'];
} else {
    $nom = "Pas de nom";
}
/*===============*/
/*=== PHP 7.0 ===*/
/*===============*/
// Création d'une fonction : seule une chaîne de caractères est acceptée et retournée
function afficheTexte(string $texte = "") : string {
    return $texte;
}
echo afficheTexte("Bonjour"); // Affiche Bonjour

// Récupération d'un nom dans l'URL : une seule ligne de code
$nom = $_GET['nom'] ?? "Pas de nom";
```

Conclusion sur la programmation

D'autres langages peuvent être croisés lorsque nous faisons du Web tels que le Python avec son écriture très segmentée et imbriquée ainsi que ses fortes capacités de calcul, tant appréciées en intelligence artificielle et en deep learning. Java est un langage orienté objet courant et très typé également que l'on trouve dans certains projets, tout comme les technologies ASP voire ASP.Net si vous travaillez avec des environnements Microsoft.

Nous ne pouvons pas traiter de tous ces langages en quelques lignes, ce n'est pas le sujet du livre. Comme nous l'avons dit au début de ce chapitre, l'objectif est d'utiliser les forces de la programmation au profit du référencement, et bien que cela demande une mise à niveau ou quelques rappels, chacun sera libre d'approfondir les langages cités précédemment.

Retenons que nous devrons maîtriser HTML pour gérer notre référencement et que tous les autres langages qui gravitent autour de lui pourrons avoir un impact indirect sur notre travail, soit en améliorant l'ergonomie générale des sites web avec CSS, JavaScript ou même PHP, soit en nous permettant de créer nos propres outils pour automatiser des tâches et gagner en cadence. Une fois les techniques acquises, nos seules réelles limites sont notre imagination et notre créativité, sans quoi nous pourrions développer une multitude d'outils utiles pour les référenceurs.

Enfin, n'oublions pas non plus la suite Office de Microsoft et VBA (ou VBE pour Excel) qui peuvent aussi nous permettre de créer des macros puissantes pour classer et administrer des données ou encore générer des rapports, bien que cela soit indépendant du Web mais aide surtout le travail en amont et en aval du référenceur.

Nous allons désormais étudier plusieurs sujets connus dans le milieu SEO en allant dans les détails et en tentant de créer des programmes clés en main (dont certains peuvent être améliorés) pour nous aider dans nos tâches rébarbatives ou complexes.

1

Maîtriser les techniques
d'indexation

Rappel des fondamentaux

L'indexation est une composante fondamentale du référencement dont l'objectif est de faciliter l'enregistrement des pages dans les bases de données des moteurs. Souvent, les gestionnaires de sites ont tendance à optimiser le positionnement des pages avant de penser à les indexer, ne tombons pas dans cette mauvaise stratégie.

Pour rappel, les principales étapes successives à respecter dans une stratégie SEO sont les suivantes.

1 Analyse concurrentielle et de la faisabilité du marché : elle consiste à vérifier les sites concurrents existants sur le marché, à étudier leur stratégie de communication et à mesurer les capacités à lutter dans le même secteur d'activités.

2 Préparation du référencement : recherche d'expressions et de mots-clés, analyse des termes usités par les concurrents, étude de la longue traîne et de faisabilité sur les mots-clés sélectionnés.

3 Amélioration de l'indexation : optimisation des pages et de certains facteurs pour faire en sorte que les moteurs de recherche indexent le plus possible de pages du site web.

4 Optimisation du positionnement : amélioration des contenus, des codes sources et développements techniques spécifiques (HTTPS, ergonomie mobile, PageSpeed…). Nous traiterons ces points dans le prochain chapitre.

5 Audit et suivi des efforts consentis : ces étapes permettent de jauger la qualité du travail réalisé mais aussi de prévoir des ajustements pour améliorer encore les résultats. Il s'agit de phases majeures pour les référenceurs car une fois le gros du travail effectué, c'est le suivi continuel qui permet d'optimiser encore

davantage l'indexation et le classement des pages web. Cette étape permet aussi de réaliser des analyses statistiques et de calculer des retours sur objectifs ou sur investissements.

Dans ce chapitre, nous détaillerons quelques méthodes d'indexation parmi les plus connues afin d'optimiser ce maillon essentiel dans la chaîne du référencement. Toutes les techniques ne seront pas présentées mais parfois uniquement rappelées par commodité. N'hésitez pas à vous référer à d'autres ouvrages pour en savoir plus sur le sujet si vous manquez de connaissances.

Fonctionnement général d'un moteur

Du crawler au requêteur…

Comme dans toute discipline, il est généralement recommandé de savoir comment fonctionne la base avant de chercher à rentrer dans les détails profonds. Dans le cas des moteurs de recherche, tout part des crawlers (ou robots, ou *spiders*…). Ce sont ces programmes qui sont à la source de toutes les pages indexées dans les bases de données de Google, Bing, Yandex, Baidu (…) et qui nous sont ensuite gentiment restitués après nos recherches. Alors comment fonctionne réellement un crawler ?

Nous pouvons distinguer trois grandes étapes dans le fonctionnement d'un moteur de recherche.

1 Le *crawl* (réalisé par le crawler) : son rôle est uniquement de lire des liens et de les suivre, puis de composer une liste d'URL intéressantes à analyser de plus près (parfois appelée « *seed* »).

2 Le *fetch* (réalisé par l'*indexer*) : le moteur utilise les listes d'URL préétablies (seed) et crawle les pages en détail, en récupérant et inspectant les contenus. Dans cette étape, seuls les textes sont décortiqués et les plus intéressants d'entre eux sont enregistrés (indexés) dans les bases de données, avec des tables de correspondances (index inversés) pour corréler chaque URL avec des expressions récupérées.

3 Le *query processor* (réalisé par le requêteur) : son rôle est de restituer les résultats en fonction de nombreux algorithmes et de la requête de l'utilisateur. C'est ici que le positionnement prend tout son sens pour les référenceurs car il s'agit du résultat final et visible.

La capture suivante, issue d'un brevet de Google, montre l'ensemble des étapes décrites précédemment.

Figure 1–1
Les trois parties d'un moteur de recherche

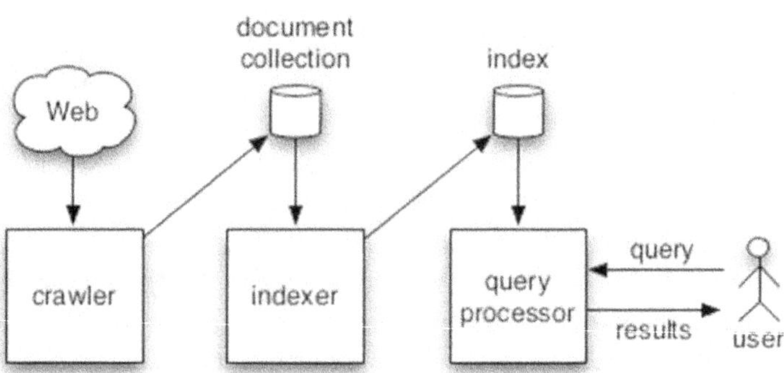

Dans tous les cas, chaque étape ne compte que pour un tiers, ce qui signifie que toutes ont un rôle à jouer, mais surtout que notre travail consiste à bien optimiser notre site web pour qu'il réponde aux besoins des trois.

Sur le papier, n'importe quelle page peut être crawlée, mais toutes ne seront pas forcément indexées ou restituées comme il se doit. Il s'agit donc de respecter scrupuleusement chaque étape en les comprenant bien.

Si l'on se concentre sur chaque phase, on constate qu'il convient de présenter des liens lisibles et fonctionnels ainsi que des pages et un serveur performants pour que le crawl s'effectue sereinement. Ensuite, il faut espérer que la qualité de nos contenus et de notre code source soit suffisamment élevée pour que l'indexation se déroule parfaitement. Enfin, si le positionnement est bien optimisé (voir le Chapitre 2 dédié à cette seule étape), on peut s'attendre à ce que le requêteur fasse ressortir notre site correctement dans les pages de résultats pour nos requêtes phares.

Google Caffeine, MayDay et Bing Catapult

Nous avons rapidement évoqué Google Caffeine et MayDay dans l'introduction, mais il est temps maintenant de les étudier un peu plus en détail, à la lumière du fonctionnement complet d'un crawler vu précédemment. Si, pendant longtemps, l'indexation (issue de l'indexer) se faisait uniquement une fois par mois (dans une période appelée la *Google Dance*), cela a désormais bien changé. En effet, ces deux mises à jour ont considérablement modifié l'indexation et la lecture des pages web par Googlebot, au même titre que Bing Catapult pour le moteur de Microsoft.

Google MayDay a été le premier changement marquant dans la compréhension de pages web et de leurs contenus. D'autres algorithmes avaient amélioré ces points précis, mais cela faisait de nombreuses années que l'infrastructure de Google stagnait en la matière. MayDay, dont le nom provient certainement du mois d'officialisation (mai 2010), a permis de mieux comprendre les requêtes issues de la longue traîne (requêtes à rallonge de plus de 3 voire 4 mots-clés).

Cela a affecté essentiellement le classement des pages, mais MayDay agissait en réalité dès l'indexation pour mieux comprendre les contenus page par page. Ce point est important car, auparavant, Google avait tendance à analyser les pages par « groupes » ou par ensembles. Les analyses individuelles ont commencé avec Google MayDay, très liée à la sortie de Google Caffeine dans la foulée.

Google Caffeine est une infrastructure née en 2009, mais qui n'a été officialisée dans le monde que le 8 juin 2010 (source : https://goo.gl/jzeJLD). Toute la technique d'indexation du moteur de recherche a été revue et corrigée, tant sur le plan des codes sources que sur l'infrastructure matérielle. Google a indiqué à l'époque que le rafraîchissement de l'index serait amélioré d'environ 50 % par rapport à l'ancienne structure. Caffeine a permis à Google de mieux indexer les ressources web (pages, images, vidéos, PDF…) et surtout beaucoup plus rapidement (de l'ordre de quelques secondes pour le *Minty Fresh Indexing* notamment). Pour faire simple, au lieu de faire remonter verticalement des données provenant des pages à indexer une fois par mois, Google a créé un système en temps réel, continu et capable de croiser les données pour les enregistrer à tout moment dans tous les sens possibles. Ainsi, lorsqu'une nouvelle image est détectée par GoogleBotImage dans une page pourtant déjà connue, cette dernière peut être indexée sans attendre une relecture complète, et ainsi de suite pour toutes les pages et tous les types de contenus existants (vidéos, images, PDF, textes…).

Lors d'un tweet du 18 mars 2017 de Gary Illyes (source : https://goo.gl/8tx1dS), le porte-parole de Google a indiqué que Caffeine gère notamment la lecture et l'interprétation des balises `meta noindex`. Ces dernières visent à indiquer à Google qu'il ne faut pas indexer la page, mais on constate ici que cette prise en compte se fait en amont. Si l'on analyse les propos de Gary Illyes, cela revient à dire que GoogleBot visite toutes les pages, même celles qui contiennent une metadonnée de désindexation, puis Google Caffeine interprète cette balise pour choisir s'il convient ou non de la désindexer. GoogleBot jouerait donc uniquement son rôle de crawler et Caffeine s'interfacerait entre l'index et la base de données. C'est intéressant, car cela montre à quel point cette infrastructure a révolutionné la gestion des contenus par Google.

Bing Catapult est moins connu que Google Caffeine mais reprend les grandes lignes de son infrastructure. Il faut dire que la communication de Microsoft est souvent discrète et que l'annonce n'a pas été une révolution le 16 juin 2014 (source : http://goo.gl/Azryvc), plusieurs années après la nouveauté de Google. Cependant, Bing Catapult a vraiment changé en profondeur l'indexation menée par Bingbot puisque ce ne sont pas seulement des programmes qui ont amélioré le crawl des robots, mais aussi l'infrastructure technique et matérielle *(hardware)*. Cela a permis au moteur de recherche de multiplier par deux, voire par trois, sa capacité et sa vitesse d'indexation. À l'instar de Google Caffeine, qui a évolué naturellement depuis ses premiers pas, Bing Catapult et le système d'indexation ont progressé, à tel point que Fabrice Canel, chef de projet dans l'indexation pour Bing, a annoncé de grands changements et de grands progrès à ce sujet, dont les premiers effets se sont fait ressentir dès octobre 2018 (source : https://bit.ly/2wD6kYF). Bing Catapult s'est donc encore amélioré et propose une indexation plus rapide, plus importante (plus de pages crawlées) tout en économisant de la bande passante. L'indexation a encore de quoi nous surprendre dans les années à venir…

L'agent utilisateur : simple ou Evergreen

Derrière chaque crawler se trouve un agent utilisateur, ou `user-agent`, qui représente le programme qui s'exécute. Il s'agit en théorie d'une simple identification permettant de savoir quel programme lit notre page, c'est à dire, la plupart du temps, le navigateur ou le terminal utilisé par l'utilisateur. Le crawler de GoogleBot est la version 41 de Google Chrome qui a souvent servi de base pour visiter les pages puis les indexer (donc pour les deux premières parties d'un moteur de recherche), tandis que Bing a utilisé d'anciennes versions de Microsoft Edge pendant plusieurs années.

Cela peut sembler anodin mais le rôle de l'agent utilisateur du crawler est primordial dans la lecture des liens et des contenus, notamment en ce qui concerne l'évolution des langages web côté client comme l'HTML, le CSS et surtout le JavaScript. Google Chrome 41 a commencé à être déployé en mars 2015, il est donc rapidement devenu obsolète au fil des ans. C'est pourquoi Google a changé de méthode en lançant un nouveau `user-agent` pour son crawler, Evergreen, évolutif dans le temps.

L'objectif est de pouvoir suivre les changements techniques et de les appliquer lorsque les contenus sont parcourus et lus dans les pages, sans être freiné voire bloqué par des contraintes résultantes d'une mauvaise lecture d'HTML ou de JavaScript par exemple. Ainsi, avec GoogleBot en version Evergreen, tous les contenus pourront être lus tels qu'ils sont et interprétés comme il se doit, ce qui devrait aider à mieux analyser et indexer les sites utilisant beaucoup de JavaScript ou les sites en Full-JavaScript, souvent mal compris jusque-là.

Pourquoi le nom Evergreen ?

Sur le plan étymologique, *evergreen* signifie sempervirent en français, un adjectif qui qualifie les plantes qui portent des feuilles toujours vertes, toute l'année. On peut parler de plantes à feuilles persistantes ou durables. Vous comprenez peut-être mieux l'analogie avec le nom du nouvel agent utilisateur de GoogleBot maintenant. Google et Bing ont juste souhaité rendre leurs programmes évolutifs dans le temps pour éviter les désagréments de lecture des pages, dus aux changements technologiques.

L'ancien agent utilisateur de Google avait cette forme :

```
Mozilla/5.0 (Linux; Android 6.0.1; Nexus 5X Build/MMB29P) AppleWebKit/537.36 (KHTML, like Gecko)
Chrome/41.0.2272.96 Mobile Safari/537.36 (compatible; Googlebot/2.1; +http://www.google.com/
bot.html)
```

Depuis décembre 2019 (source : https://bit.ly/33SXeDh), le nom et le fonctionnement du crawler suivent les évolutions de Chromium et donc des technologies techniquement lisibles par Google Chrome. Vous pouvez remarquer la présence des lettres « A.B.C.D. » qui s'adaptent selon la version de Chrome en place, d'où la notion de persistance amenée par le nom de code Evergreen.

```
Mobile :
Mozilla/5.0 (Linux; Android 6.0.1; Nexus 5X Build/MMB29P) AppleWebKit/537.36 (KHTML, like Gecko)
Chrome/A.B.C.D Mobile Safari/537.36 (compatible; Googlebot/2.1; +http://www.google.com/bot.html)

Ordinateur :
Mozilla/5.0 AppleWebKit/537.36 (KHTML, like Gecko; compatible; Googlebot/2.1; +http://
www.google.com/bot.html) Chrome/A.B.C.D Safari/537.36
```

Bing n'est pas en reste et a emboîté le pas à Google en créant lui aussi un crawler Evergreen pour éviter les mêmes problématiques de lecture et de suivi des évolutions technologiques. Avant, un agent utilisateur de Bing pouvait ressembler à cela :

```
Version ordinateur :
Mozilla/5.0 (compatible; bingbot/2.0; +http://www.bing.com/bingbot.htm)

Versions mobiles :
Mozilla/5.0 (iPhone; CPU iPhone OS 7_0 like Mac OS X) AppleWebKit/537.51.1 (KHTML, like Gecko)
Version/7.0 Mobile/11A465 Safari/9537.53 (compatible; bingbot/2.0; +http://www.bing.com/
bingbot.htm)
Mozilla/5.0 (Windows Phone 8.1; ARM; Trident/7.0; Touch; rv:11.0; IEMobile/11.0; NOKIA; Lumia
530) like Gecko (compatible; bingbot/2.0; +http://www.bing.com/bingbot.htm)
```

Depuis fin décembre 2019 (source : https://bit.ly/2ybJ6JF), BingBot a fait évoluer son user-agent pour mobile et pour ordinateur, qui prendra donc une forme évolutive à l'image de celui de GoogleBot (là encore, les lettres « A.B.C.D. » changeront en fonction de la version en cours d'usage par Bing et Microsoft Edge) :

```
Mobile :
Mozilla/5.0 (Linux; Android 6.0.1; Nexus 5X Build/MMB29P) AppleWebKit/537.36 (KHTML, like Gecko)
Chrome/A.B.C.D?Mobile Safari/537.36 Edg/A.B.C.D (compatible; bingbot/2.0; +http://www.bing.com/
bingbot.htm)

Ordinateur :
Mozilla/5.0 AppleWebKit/537.36 (KHTML, like Gecko; compatible; bingbot/2.0; +http://www.bing.com/
bingbot.htm) Chrome/A.B.C.D Safari/537.36 Edg/A.B.C.D
```

Bienvenue à Microsoft Edge Chromium : quel impact pour BingBot Evergreen ?

Microsoft Edge n'est plus depuis le 15 janvier 2020. C'est son successeur, Edge Chromium, qui reprend les rênes. Comme vous avez dû le constater, le mot « Chromium » n'est pas utilisé au hasard, tout simplement parce que Microsoft a fait le choix de s'appuyer sur le projet open source Chromium (avec son moteur de rendu, Blink) qui a servi de base à Google Chrome. La première annonce de ce changement avait été faite par Microsoft en décembre 2018 (source : https://bit.ly/2WGhDtP) et a été officialisée en 2020. Edge Chromium ressemble donc ouvertement à Google Chrome, à l'exception de quelques spécificités de chacun.

Microsoft et Google, au même titre que Brave ou Opera, souhaient apporter leur savoir-faire et leur expérience pour améliorer Chromium, et ainsi en faire bénéficier le plus grand nombre. Chaque navigateur possède bien sa propre version de Chromium (*fork*) mais peut faire profiter le projet commun de ses avancées.

BingBot en version Evergreen était donc déjà préparé à ce changement, et l'agent utilisateur s'appuie bien sur Edge Chromium, d'où la présence du nom de « Chrome » dans les lignes qui le décrivent.

La mise en place et l'utilisation de user-agent évolutifs est une excellente nouvelle pour les référenceurs et pour les possesseurs de sites web. Il ne s'agit pas d'une simple modification de nommenclature, mais bel et bien de la réfection de tout le système de lecture des pages web, avec de nombreux bienfaits pour les développeurs *front-end* (ou intégrateurs web) et *back-end* qui utilisent les dernières technologies du moment, notamment en JavaScript. Néanmoins, Google et Bing ont tenu à préciser que les crawlers Evergreen ne seront pas non plus capables de tout lire, contrairement aux navigateurs web créés précisément pour cela. Il pourra donc persister des divergences d'interprétation des codes et contenus, et donc quelques problèmes d'indexation. Retenons toutefois l'essentiel, à savoir une évolution plutôt positive des crawlers depuis plusieurs années qui vont dans le sens des usages et des concepteurs de sites et applications web.

Google et son index Mobile First

La révolution de l'indexation web a débuté avec l'index Mobile First annoncé par Google le 4 novembre 2016 (source : https://goo.gl/Hrq78g). L'idée d'un index mobile avait souvent été évoquée pour le moteur de recherche, mais cela n'avait jamais été aussi concret. L'annonce a fait l'effet d'une bombe dans la sphère SEO et pléthore de doutes en sont ressortis, bien qu'ils aient été en majeure partie levés avec le temps.

Dans la première phase de mise en place (jusqu'à septembre 2020), l'index Mobile First a eu pour objectif d'accompagner l'index *desktop* (index classique pour ordinateur), afin de classer les résultats de recherche en fonction de la qualité des sites mobiles. En effet, si l'index de Google a toujours pris en compte l'architecture et les contenus des sites pour ordinateur dans ses algorithmes de positionnement, c'est désormais la version mobile qui prédomine. Par conséquent, toute la réflexion lors de la conception des sites web est à revoir. Il faut notamment penser avant tout aux versions mobiles (généralement en responsive web design) plutôt qu'à celles pour ordinateur, comme nous le faisions encore.

Conception d'un site en « Mobile First »

La notion de site conçu en « Mobile First » est née par l'intermédiaire de l'entrepreneur Luke Wroblewski, spécialiste en design et ergonomie web. Fin 2009, il a publié un ouvrage au sujet du Mobile First (source : https://goo.gl/3y7g78), parallèlement à l'essor du responsive web design mis en avant par Ethan Marcotte. Il s'agit d'un concept qui consiste à créer l'interface et l'ergonomie d'un site mobile avant celle d'un site classique. L'objectif est ainsi de ne pas supprimer d'éléments dans les versions mobiles, mais aussi d'optimiser l'ergonomie avant de pouvoir profiter d'une version pour ordinateur qui s'adapterait plus facilement aux éventuelles contraintes techniques (l'inverse étant plus difficilement le cas).

Google a donc imaginé son index en incitant les webmasters à penser leur site avant tout pour les mobiles et non plus comme des sites pour ordinateurs, désormais moins utilisés dans le monde que les supports nomades.

Google a assuré que les classements de SERP ne devraient pas connaître de grands chamboulements lors de l'activation officielle de l'index Mobile First courant 2018. Dans les faits, quelques mouvements ont bel et bien été ressentis, mais à la marge. Qui plus est, la mise en place du nouvel index s'est déroulée en plusieurs étapes (par lots de centaines de milliers de pages) afin de ne pas trop perturber les SERP mobiles les premiers mois, mais aussi pour faciliter l'intégration de tests et de nouveaux algorithmes pour Google.

Depuis les premières annonces de novembre 2016, Google a souvent indiqué que les deux crawlers, mobile et *desktop* (ordinateur), cohabiteraient, bien que la valorisation des pages se ferait à partir de l'analyse des versions mobiles. Malgré tout, depuis septembre 2020, absolument toutes les pages web sont parcourues par le crawler, la coexistence des deux versions du robot est donc désormais plus que limitée à l'usage (source : https://bit.ly/371VpXU).

Dans les faits, l'index Mobile First risque tout de même d'avoir une incidence sur les classements définitifs. Cela s'explique par le fait que de nombreux sites mobiles manquent d'ergonomie, masquent trop de contenus ou utilisent des technologies peu appropriées pour une bonne indexation (notamment les nombreux frameworks JavaScript qui utilisent de fait un langage mal lu par le moteur de recherche). Ajoutons à cela le fait que Google valorise le critère de la vitesse de chargement des pages (PageSpeed) pour les sites mobiles depuis juillet 2018 (source : https://goo.gl/ESvEjC), ce qui n'avait jamais été le cas avant cette date.

> **Quid des sites non mobiles ?**
>
> Google a évidemment réfléchi aux sites web qui ne possèdent pas d'alternatives mobiles (web apps ou progressive web apps, responsive web design ou encore sites mobiles à part entière). L'index *desktop* restant en place, il aura pour objectif d'indexer encore les sites classiques, jusqu'à ce que Mobile First prenne le relais. La firme maintient donc que les sites non mobiles pourront encore apparaître dans les SERP. Toutefois les algorithmes de classement risquent de les faire chuter dans les listes de résultats à cause de leurs contenus inadaptés aux nouveaux critères de positionnement, même si cela demande à être confirmé sur la durée…

Ne pas avoir une version mobile de qualité sera bientôt révolu. Nous traiterons en détail des optimisations mobiles dans le deuxième chapitre de cet ouvrage, afin de vous aider à passer le cap de l'index Mobile First sans risque. Si ce dernier ne devrait pas bousculer les SERP selon les dires de Google, il reste primordial d'optimiser les sites mobiles, au moins pour les utilisateurs. Nous irons donc en ce sens, en espérant que cela ait une incidence positive pour le classement dans les résultats mobiles…

Les ChatBots et leurs rôles sur Internet

Les ChatBots sont des robots virtuels qui servent à entretenir des conversations avec les visiteurs d'un site en langage naturel. Ces technologies existent depuis des années, mais les récents progrès de l'intelligence artificielle, de l'apprentissage machine (*machine learning*) et de la compréhension sémantique offrent de nouvelles perspectives et entraînent la multiplication de ces outils. Les entreprises peuvent donc utiliser ces méthodes pour créer des assistants de messagerie, prêts à répondre aux internautes et mobinautes.

De nombreuses plates-formes ont senti le vent tourner et ont ainsi jeté toutes leurs forces dans cette bataille d'avenir, capitale pour les marques et les entreprises. Nous pouvons notamment citer Facebook, qui a racheté wit.ai en janvier 2015, une entreprise spécialisée dans le machine learning et la compréhension sémantique. La firme a alors développé une grande API ouverte, la Messenger Platform, afin que les usagers puissent créer leur propre ChatBot pour Facebook Messenger. Depuis quelques mois, il s'agit d'une véritable révolution et rares sont les grandes marques qui ne possèdent pas leur robot de discussion sur l'outil communautaire.

Facebook n'est pas le seul à avoir senti l'intérêt des ChatBots et des affaires que cela peut générer. Google a donc racheté api.ai en septembre 2016 pour contrer la Messenger Platform (source : https://api.ai). Cette solution est très complète et offre de nouvelles perspectives à la firme, qui pourrait inclure notamment des ChatBots dans ses applications de messagerie Duo et Allo. Avec api.ai, il est par exemple possible de créer des réponses intelligentes sur Twitter, permettant ainsi à un compte de répondre ou d'orienter un usager dans ses recherches.

Si l'intérêt pour les ChatBots est grandissant, c'est le résultat des progrès des technologies intelligentes, mais aussi et surtout parce qu'un grand monde économique s'ouvrira avec l'usage massif des mobiles. En effet, l'objectif est d'évoluer vers des ChatBots vocaux qui pourront guider ou aider les mobinautes lors de leurs recherches, de leurs déplacements, etc. Microsoft a donc également pris part au marché en créant, d'une part, la Skype Bot Platform pour son outil de messagerie et, d'autre part, le Bot Framework qui ouvre la création de ChatBots pour des outils comme Skype, Bing, Slack, Kik, Telegram, Cortana, Facebook Messenger et même pour des courriels (source : https://dev.botframework.com). Ainsi, de nombreuses plates-formes appartenant à Microsoft peuvent bénéficier de robots intelligents.

En matière de SEO, les ChatBots sont plus rares. Toutefois, Bing a lancé plusieurs robots conversationnels pour son moteur de recherche, notamment aux États-Unis (source : https://goo.gl/oY35pf). Le plus connu est le premier sorti, Monsoon, qui permet entre autres de s'informer sur les menus ou de réserver dans des restaurants de la Monsoon Bellevue à Seatlle. Il suffit d'interroger le robot dans Bing pour réserver voire payer en ligne son repas à venir.

Figure 1–2
Le robot Monsoon en action

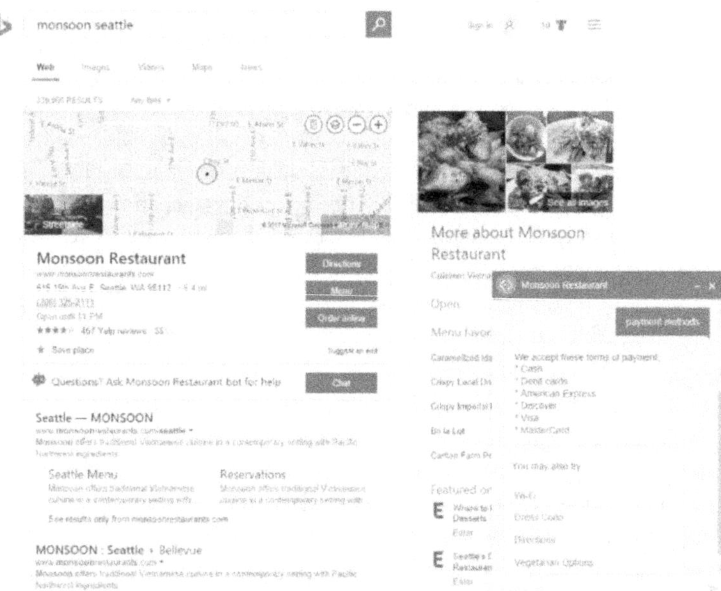

Bing a également introduit un système de requêtes qui permettent d'ajouter des ChatBots à ses applications préférées. Par exemple, taper « travel bots » aux États-Unis ajoute des robots spécialisés dans l'organisation de voyage directement dans Skype ou encore dans Facebook Messenger. Ainsi, il devient plus simple pour les utilisateurs d'organiser leurs voyages. Les marques internationales ou américaines ont donc tout intérêt à indexer leurs ChatBots dans la liste des robots de la Bot Platform de Microsoft.

Figure 1–3
La requête « travel bots » affiche
plusieurs ChatBots de voyage dans Bing.

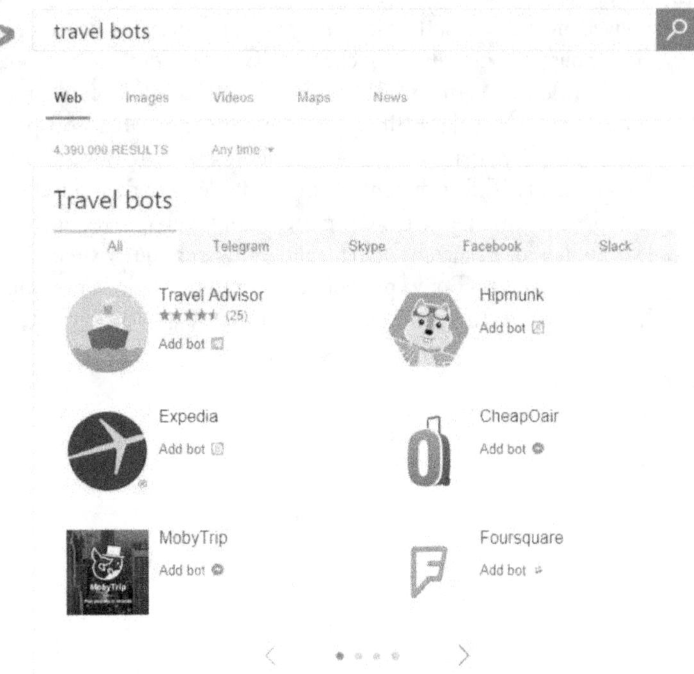

Microsoft est allé encore plus loin en créant le ChatBot (vraiment) intelligent : InfoBot. Ce dernier utilise le Bot Framework et de nombreuses technologies de *machine learning comprehension*. Grâce à cela, il peut répondre avec davantage de précision, mais aussi aider les concepteurs de sites web à créer leur propre ChatBot, sans mettre la main à la pâte. InfoBot est donc capable de générer lui-même des bots pour les usagers. Bien que le rôle d'Infobot soit avant tout d'informer les utilisateurs, Microsoft espère ainsi un développement important des ChatBots même pour les non-connaisseurs du code.

Figure 1–4
InfoBot de Bing informe les utilisateurs
et aide à la création de ChatBots.

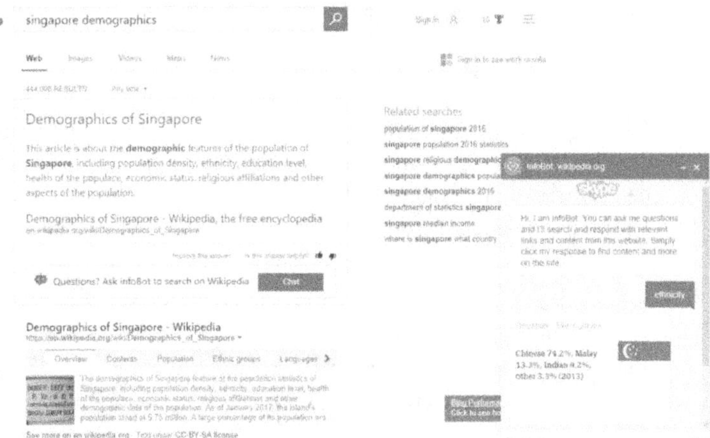

Terminons notre tour d'horizon des ChatBots de moteurs de recherche par le Contoso Bot de Bing. Une nouvelle fois, Microsoft s'est activé pour se démarquer de Google, plutôt timide dans le monde des Chat-Bots pour son moteur de recherche. Contoso Bot est un ChatBot ouvert pour toutes les entreprises. L'objectif est de permettre la création de robots intelligents qui répondront aux internautes pour les entreprises directement dans Bing. Ainsi, le moteur de Microsoft pourra aider les utilisateurs sans que ces derniers n'aient à visiter un site, à l'instar des *featured snippets* ou du Knowledge Graph de Google, mais sans les inconvénients. Effectivement, la méthode de Google empêche les entreprises de gagner en visibilité, en notoriété et entraîne même des pertes de visiteurs (quand les informations sont données directement dans les résultats de recherche, rares sont les usagers qui visitent un site pour obtenir la même réponse). En revanche, Contoso Bot va permettre aux entreprises de se positionner en tant qu'assistants de recherche dans le moteur et ne retire donc pas la place légitime qui leur revient.

Figure 1–5
Contoso Bot aide les entreprises
à utiliser leur propre ChatBot
dans les SERP de Bing.

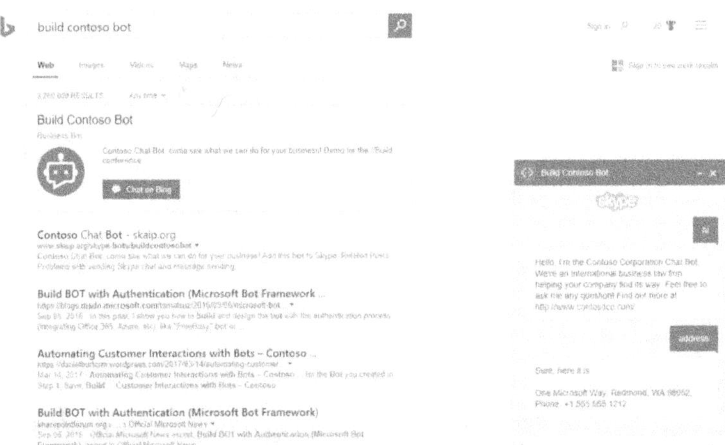

Les ChatBots en SEO restent encore faiblement utilisés à ce jour, mais tout porte à croire qu'une vraie révolution va naître avec les progrès de ces technologies. Des requêtes comme « travel bots » sur Bing montrent déjà l'intérêt pour les entreprises de s'indexer ou de participer aux développements des bots afin de ne pas être dépassées par des concurrents. Reste à savoir si ces nouvelles technologies seront pérennes et ne seront pas qu'un essai non transformé…

Qu'est-ce que le crawl budget ?

Le budget d'exploration, ou *crawl budget*, est une notion importante à connaître lorsque l'on veut se lancer dans le référencement naturel de sites web. Voyant les spécialistes dire presque tout et son contraire à ce sujet pendant des mois, Google a décidé de clarifier les choses en janvier 2017 avec une définition simple qui résume parfaitement le concept (source : https://goo.gl/H54LAA) et Bing a intégré cette notion de crawl budget dans son crawler en version Evergreen (source : https://bit.ly/2ybJ6JF).

Selon le leader de la recherche, le crawl budget peut se définir comme « le nombre d'URL que GoogleBot peut et veut explorer ». En d'autres termes, il s'agit de la capacité d'indexation de Googlebot et Bingbot pour chaque site, selon plusieurs facteurs : son intérêt pour le site et ses pages, la vitesse de chargement des pages, le nombre de pages d'erreurs trouvées, etc. Il convient donc de favoriser un meilleur budget d'exploration pour nos sites web afin d'inciter les robots à crawler plus régulièrement nos pages, mais aussi à en indexer un maximum. Dites-vous que meilleur est votre crawl budget, plus vous avez de chances d'être régulièrement exploré et indexé par les moteurs de recherche.

Dans la définition, nous retrouvons les verbes « vouloir » et « pouvoir », chacun ayant un rôle bien déterminé. On distingue donc le budget d'exploration en deux sous-parties :

- Crawl Rate : le taux de crawl correspond au nombre d'URL que GoogleBot peut crawler simultanément ou, en tout cas, pendant son passage. L'objectif du robot d'indexation est de visiter un maximum de pages lors de son crawl, sans pour autant gaspiller la bande passante disponible (à la fois pour lui, mais aussi pour les visiteurs réels des sites web).
- Crawl Demand : il s'agit ici du nombre d'URL que Google veut bien crawler, selon une rythmique déterminée. Si le moteur de recherche estime que le site a un fort intérêt pour son index, il voudra explorer davantage de pages que s'il est bondé de spams ou propose peu de contenus à forte valeur ajoutée, etc. Plusieurs facteurs tels que la fraîcheur des contenus, la popularité du site ou encore des mouvements sur le serveur sont susceptibles d'affecter la demande de crawl. Ainsi, Google peut venir explorer des pages plus ou moins souvent selon ses envies et la qualité estimée des sites web.

Il faut savoir que GoogleBot compte tous les types de ressources dans son calcul du crawl budget. En effet, le robot ne s'intéresse pas uniquement aux pages HTML ; il crawle tout, que ce soit des fichiers JavaScript, PDF, images, etc. Plus les pages web sont légères et rapidement chargées, plus le budget d'exploration affecté sera élevé. Et si le site web est intéressant et souvent renouvelé, la demande d'exploration suivra également.

Notion de crawl-delay

Pour optimiser les performances, tout webmaster peut indiquer aux robots la fréquence d'indexation qu'il souhaite, appelée « crawl-delay ». Cela évite généralement de perdre trop de bande passante en précisant au robot une fréquence minimale de passage. Cette condition est respectée et prise en compte dans le calcul du crawl budget. Le crawler de Google va même plus loin car il effectue des *ping* pour mesurer le temps de réponse des pages web. Cela lui permet de détecter des pages 404 par exemple, qu'il ajoutera automatiquement en fin de crawl (source : https://goo.gl/Ag8x9N), ou même un budget minimum d'exploration avant de se lancer.

L'intérêt d'obtenir un bon budget d'exploration est de favoriser la capacité d'indexation de vos sites web. Pour chaque ressource optimisée sur votre site, vous améliorez l'expérience utilisateur mais également vos chances d'être mieux exploré et indexé par GoogleBot et BingBot. Il existe donc certaines pratiques à éviter, ou tout du moins à utiliser avec parcimonie, en toute connaissance de cause. Google et Bing en ont fourni une petite liste :

- navigation à facettes (URL avec des paramètres dans des pages avec filtres) ;
- identifiants de session (URL identiques mais avec un paramètre de session variable) ;
- contenu en double sur le site (contenu dupliqué) ;
- pages d'erreurs « soft 404 » (pages qui renvoient un code 200, donc sans erreur, alors qu'il s'agit d'une vraie page d'erreur) ;
- pages piratées, contenu de mauvaise qualité et spams ;
- version AMP d'un site (version « canonique » pour les mobiles) ;
- version multilingue avec l'attribut `hreflang` (problème d'URL canoniques) ;
- nombre de fichiers JavaScript et CSS (plus il y a de ressources, plus GoogleBot prend de temps à crawler).

Vous pouvez constater que de multiples cas de figures peuvent affecter le calcul du budget d'exploration ; il convient donc de bien réfléchir à la conception des sites web si le besoin d'indexation est un facteur majeur pour vous. Imaginez que, pour une boutique en ligne très mal optimisée (elles contiennent souvent des contenus dupliqués ou des problèmes de DUST, des navigations à facettes et identifiants de session), chaque raté ou choix de conception peut causer la non-indexation (ou désindexation) des pages de catégories ou de produits, diminuant ainsi le potentiel de vente du site e-commerce.

Nous verrons dans la suite de cet ouvrage de nombreuses optimisations pour les images, le cache, les scripts JavaScript… Tout cela aura pour objectif d'améliorer l'expérience utilisateur (et souvent le taux de conversion), la vitesse de chargement des pages et, indirectement, le crawl budget. Certaines optimisations se révèleront assez techniques, cependant n'oubliez jamais que cela pourra avoir de réelles conséquences pour votre indexation, mais aussi votre positionnement, notamment sur mobile.

Rôle et importance de l'ergonomie

Qualité du code pour le crawl

L'indexation des pages web n'est qu'une histoire de crawl, c'est-à-dire de parcours des codes sources par les robots. En effet, les spiders (ou crawlers, bots, robots…) scrutent les pages, récupèrent dynamiquement les contenus ainsi que les liens internes et externes, puis suivent ces connexions pour passer de sites en sites.

Le traitement des contenus leur permet de calculer la pertinence des pages et de savoir s'ils doivent les conserver ou non dans l'index final. Néanmoins, c'est essentiellement le maillage interne (les liens) qui les intéressent car c'est ainsi qu'ils peuvent naviguer de sites en sites et trouver sans cesse de nouvelles données à indexer.

Les spécialistes considèrent souvent que la qualité du code source des pages n'est pas primordiale car elle ne permet pas d'être mieux positionné dans les pages de résultats. Certes, il ne s'agit pas d'un critère de valeur à part entière en matière de positionnement mais son rôle est en revanche indispensable pour l'indexation des pages.

Un robot n'aime pas être freiné dans sa course, il aime les pages claires, structurées et bien conçues afin de pouvoir crawler avec aisance et trouver de nouvelles pages. Il persiste des langages et des facteurs bloquants qui peuvent empêcher partiellement voire totalement le parcours des robots, ce qui constitue un véritable drame dans une phase d'indexation car les pages concernées seront pour la majorité ignorées et non retenues.

Ce phénomène a été évoqué plusieurs fois par des ingénieurs et porte-parole de Google, dont John Mueller en avril 2018 (source : https://bit.ly/2UiNfUI). Ce dernier a indiqué que GoogleBot récupère entièrement le <head> des pages HTML notamment (le robot n'ignore donc pas certaines balises comme on peut le lire ici ou là…) et de ce fait, si une erreur technique se produit, cela peut avoir de lourdes conséquences sur l'indexation. John Mueller a indiqué que beaucoup de sites intègrent des balises non valides dans le <head> (ce phénomène peut exister dans le <body> aussi) et que cela peut empêcher la fermeture du bloc. Pire, toutes les données qui suivent une balise invalide dans cette section ne sont ni lues, ni interprétées. Il convient donc d'être très prudent car ces erreurs d'intégration proviennent souvent de codes implémentés automatiquement par des programmes (comme des extensions de CMS tels que Drupal, WordPress, Joomla, ou via des frameworks JavaScript…), et leurs conséquences peuvent être fatales en SEO…

Nous reviendrons sur les facteurs bloquants dans le troisième chapitre mais retenez bien qu'un code propre, ergonomique et structuré est le meilleur moyen d'être apprécié par les robots…

Gérer les URL et le Bot Herding

Nous avons évoqué précédemment la qualité des codes sources ; il va de soi que la gestion des URL constitue un maillon majeur de la chaîne pour aider les spiders à passer de page en page. De nos jours, les spécialistes tentent même d'attirer les robots dans un sens de circulation jugé adéquat pour optimiser l'indexation ; cette méthode d'appât s'appelle le *Bot Herding* Le Bot Herding est une technique qui permet aux webmasters de mieux contrôler le parcours des robots à l'intérieur d'un site web.› (voir chapitre 2, section « Rank Sculpting et Bot Herding ».

Retenez qu'il est essentiel de construire des pages hiérarchisées et structurées, c'est-à-dire avec des menus lisibles par les moteurs de recherche et une bonne gestion des niveaux de profondeur du site. S'il existe des impasses dans un site, le robot ne peut plus effectuer son travail d'indexation et n'apprécie guère d'être stoppé dans sa démarche, il convient donc de prévoir des échappatoires dans chaque page pour rediriger le robot à notre guise vers les pages issues des mêmes thématiques ou importantes à nos yeux.

Le Bot Herding ainsi que la gestion des URL passent par un plan du site dessiné et détaillé pour voir comment réaliser la structure la plus ergonomique et efficiente possible. Si le squelette du site est adapté à un humain et facilite la navigation des visiteurs, dites-vous qu'il en sera de même pour les robots d'indexation…

Il n'existe pas de méthodes miracles pour faire des sites structurés. À la fin de ce livre, nous reviendrons en détail sur les points à respecter dans l'audit SEO, ce qui vous permettra d'envisager plusieurs possibilités. Mais pour ne pas entretenir trop de suspense, voici quelques rappels intéressants :

- réaliser des menus non bloquants avec des liens classiques en HTML est la meilleure solution pour permettre le crawl ;
- ajouter un plan du site constitué de nombreux liens vers les pages internes majeures (voire toutes les pages si le site n'est pas de trop grande envergure) facilite le crawl des robots lorsqu'ils découvrent cette page (il s'agit un peu de leur Saint Graal tant nous leur donnons de quoi manger…) ;
- utiliser des systèmes de tags optimisés (nuages de tags, hashtags…) permet de faciliter l'indexation mais aussi d'améliorer le positionnement. Nous étudierons certaines méthodes dans le prochain chapitre ;
- insérer un fil d'Ariane dans les pages web permet aux visiteurs de mieux se situer dans le site mais aussi aux robots d'avoir toujours des liens à parcourir pour rebondir de pages en pages. Un fil d'Ariane s'impose presque lorsqu'il s'agit de sites profonds et peut vraiment aider à l'indexation pour les moteurs de recherche ;
- installer des flux RSS ou Atom dans le site web afin de permettre un crawl de ces fichiers qui redirigent en général vers une dizaine d'articles ou de contenus. Comme ces flux de syndication se mettent à jour au fur et à mesure que des nouvelles actualités et de nouveaux articles sont publiés, les robots ont toujours des liens à suivre ;
- éviter d'utiliser trop de redirections ou tout du moins de mauvaises redirections entre les pages, cela peut engendrer des pénalités mais aussi freiner voire perdre les robots si elles ne sont pas bien maîtrisées.

Méthodologie d'indexation

Comme ce chapitre ne va pas rentrer dans le fond du sujet de tous les facteurs d'optimisation de l'indexation et que nous ne voulons pas vous laisser comme des âmes en peine, voici un rapide rappel des méthodes diverses et variées qui nous permettent de mieux enregistrer et afficher les pages web dans les index des moteurs.

- Créer un site structuré et ergonomique pour faciliter le crawl et permettre aux moteurs d'attribuer une pertinence maximale aux pages. Cette étape constitue un avantage pour les divers visiteurs et utilisateurs du site, son impact est donc double. Un bon maillage interne rend l'indexation plus simple et assure de bien meilleurs résultats, à condition d'éviter les facteurs ou langages bloquants (traités ultérieurement, voir chapitre 3).

- Obtenir un maximum de liens entrants de pages déjà indexées. Comme les bots scrutent les sites web de pages en pages, le fait d'obtenir des liens de sites déjà connus permet de se faire remarquer plus rapidement. La méthode est surtout intéressante quand il s'agit d'un site jeune car elle permet de faire connaître les pages aux divers crawlers du Web en peu de temps.

- Utiliser des flux de syndication (RSS ou Atom) ainsi que des parseurs (ou *scrapers*) pour proposer des portions dynamiques dans les pages web et fournir de nouveaux liens à suivre. Pour faciliter l'indexation, l'idéal est d'utiliser des annuaires ou des agrégateurs afin de se faire repérer plus rapidement par les robots. Si possible, n'hésitez pas à utiliser le protocole WebSub (autrefois appelé Push ou PubSubHubbub) pour accélérer l'indexation des articles et actualités sur Google (implanté par défaut dans WordPress…). Notez que cette étape n'est utile que si votre site propose des articles, des actualités ou des contenus souvent renouvelés, sinon les flux ont assez peu, voire pas du tout, d'intérêt.

- Réaliser des fichiers `sitemap.xml` et les indiquer aux divers moteurs de recherche pour les inciter à crawler de nombreuses pages et surtout en retenir un maximum dans l'index. Il s'agit de la meilleure alternative pour implanter les pages dans les moteurs de recherche, nous la détaillerons dans ce chapitre…

- Créer un fichier `robots.txt` pour choisir les pages à indexer ou non. Ce fichier a pour objectif de limiter l'indexation et d'éviter que des pages non souhaitées apparaissent dans les résultats de recherche (SERP). Cette méthode sera détaillée dans la section « Créer un fichier robots.txt » de ce chapitre.

- Optimiser l'affichage des pages web grâce aux extraits enrichis *(rich snippets)* afin d'occuper davantage d'espace dans les pages de résultats. Cette étape est souvent négligée par manque de technique ou de temps mais si nous le faisons, nous pouvons nettement améliorer la visibilité de nos pages au sein des SERP et améliorer le taux de clics.

Les moteurs gardent la mainmise sur l'indexation

N'oublions pas que les moteurs de recherche demeurent les seuls décideurs en matière d'indexation, ce qui signifie que les robots peuvent très bien crawler des pages sans jamais les afficher dans les SERP. Il faut donc faire le maximum pour que beaucoup de pages soient retenues mais rien ne garantit une totale indexation des sites web…

Jusqu'à l'été 2019, il était encore possible de suggérer des URL aux moteurs de recherche comme Google ou Bing via des formulaires dédiés mais les deux firmes ont décidé de supprimer ces possibilités car cela engendrait trop de demandes pour les crawlers. Quelques fonctionnalités vaguement équivalentes persistent dans les Bing Webmaster Tools et la Google Search Console, mais elles ne valent pas l'usage d'un bon fichier Sitemap.XML, comme nous le verrons par la suite dans ce chapitre.

S'adapter à l'évolution des pages de résultats

Au fil du temps, le design des pages de résultats (SERP) a évolué sur l'ensemble des moteurs de recherche. Le type et le nombre d'informations présentées se sont multipliés et les moteurs ont tenté d'adapter leur mise en page et leur mise en forme pour des raisons diverses. Les utilisateurs comme les référenceurs doivent s'ajuster et modifier leurs pages web pour qu'elles répondent aux tendances du moment, aussi bien en matière de données à afficher que pour la visibilité dans les pages. Par exemple, il n'est pas difficile d'imaginer que depuis le design très simple et épuré de Google en 1999, les SERP ont bien changé et que les experts du métier ont tout fait pour coller au mieux aux attentes du moteur pour se rendre visibles. Cette tendance s'est encore renforcée avec l'arrivée de la recherche universelle, puis avec le déploiement des extraits enrichis *(rich snippets)*, ou encore récemment avec l'affichage de photos ou d'icônes en parallèle des résultats.

Du côté des firmes, tantôt le design doit mieux faire ressortir les informations majeures du moment, tantôt les choix sont menés pour favoriser les liens sponsorisés ou la stratégie et les objectifs d'entreprise. Un moteur de qualité et complet doit en effet allier ses deux aspects. La prétendue gratuité des moteurs de recherche est tout simplement contre-balancée et financée par la publicité comme Google Ads ou Bing Ads, ou par des services premium complémentaires, etc. Et sans cette manne financière, nos moteurs de recherche seraient sûrement bien pauvres en matière de fonctionnalités. Pour ce qui est du design, ce type de choix explique peut-être pourquoi peu de moteurs favorisent le défilement infini sur ordinateur plutôt qu'une pagination page par page. En effet, il serait certainement plus difficile de différencier et valoriser le coût par clic pour chaque lien sponsorisé de cette manière, alors que cela relève pourtant du bon sens ergonomique. Et ce type de choix impacte les actions des référenceurs qui doivent tout faire pour chercher la fameuse « première page », de peur d'être gênés par cette pagination si peu utilisée.

Vous l'aurez compris, l'interface et le design des moteurs de recherche orientent les choix et techniques des référenceurs, et donc leur méthodologie, et ce, dès le départ du travail. Par exemple, si aucun extrait enrichi n'était affiché dans les pages de résultats, peu de sites intègreraient des données structurées (dont nous parlerons un peu plus tard dans ce chapitre). Si Google n'avait pas affiché la photo des profils Google+ dans les SERP à l'apogée de cet ancien réseau social, presque aucun webmaster n'aurait ajouté la balise `<link />` qui nouait un site web à cette fonctionnalité. Stratégiquement, nous devons donc nous fier à ce que les moteurs affichent selon les époques, et toujours adapter notre site web en temps réel.

Plusieurs phases ont impacté l'affichage dans les SERP et depuis quelques années, ce sont la combinaison de la recherche universelle, des extraits enrichis et des positions 0 qui influencent nos choix. Ce sera peut-être différent demain, mais nous ne serons pas forcément là pour le dire, alors gardez ce maître mot en tête : « adaptation ».

Figure 1–6
Exemple de SERP avec favicon
apparue en janvier 2020

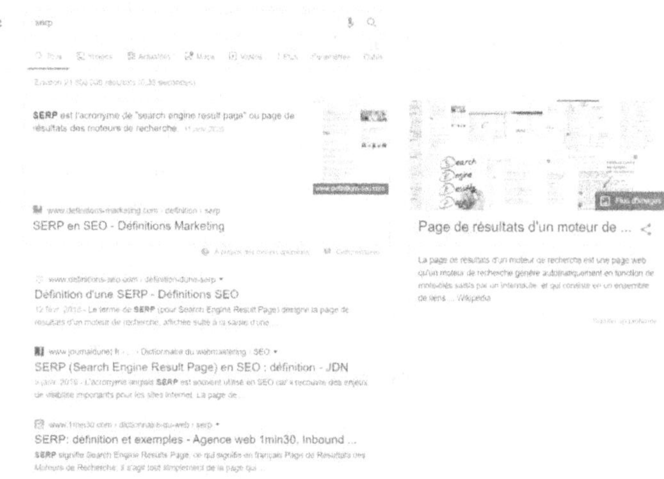

Pour citer des exemples récents, Google a souhaité déployer le même design sur ordinateur que sur mobile début 2020. Dans celui-ci, le moteur affiche une « favicon » (icône de site) à gauche du résultat de recherche, un titre en bleu comme historiquement, le fil d'Ariane de la page (et non l'URL) au-dessus du titre et le *snippet* (descriptif court) en-dessous du titre. Cette interface a été déployée le 13 janvier 2020 (source : https://bit.ly/3dwnzM0) et les webmasters se sont donc empressés d'ajouter des balises spécifiques dans leur code HTML pour absolument avoir une icône visible dans les résultats, faute de quoi leur visibilité aurait été amoindrie. C'est exactement dans ce type de situation que vous devrez vous adapter pour toujours être mieux vu que votre concurrent, ou tout simplement pour prendre plus d'espace dans l'écran, notamment au-dessus de la ligne de flottaison (ainsi, on repousse les autres résultats hors-écran…).

Maîtriser les Sitemaps XML

Origines et usages

Le protocole Sitemap a été lancé dès 2005 par Google afin de faciliter le travail d'indexation des pages web. Très rapidement, ce projet placé sous licence libre *(Creative Commons)* a été repris par d'autres moteurs tels que Bing, Exalead, Baidu et Yandex pour ne citer qu'eux. Créer son propre fichier Sitemap présente donc un réel intérêt pour optimiser l'enregistrement des pages. Si vous souhaitez en savoir davantage, toute la documentation officielle autour du protocole Sitemap est disponible à l'adresse suivante : http://www.sitemaps.org/fr/.

Le fichier Sitemap est un document XML qui recense la totalité des pages web à indexer, URL par URL. En réalité, il s'agit davantage d'un fichier XML de définition comme nous en rencontrons parfois dans certains scripts (galeries photo…). En d'autres termes, le fichier Sitemap se comporte plutôt comme un fichier texte balisé en XML, un peu comme le sont les pages web en HTML.

L'indexation par le biais de fichiers Sitemap s'est considérablement améliorée avec le temps. Presque tous les formats peuvent être indiqués dans ces documents, que ce soit de simples pages web en passant par des images, des fichiers PDF ou encore des vidéos.

> **Un Sitemap assure-t-il l'indexation des pages ?**
>
> La présence et la soumission d'un fichier Sitemap ne garantit pas que toutes les pages sont enregistrées dans l'index des moteurs, il s'agit juste d'une aide très complète pour favoriser l'indexation mais aucunement pour l'obliger…

Il est important de noter que le protocole Sitemap ne s'applique pas uniquement aux fichiers XML de définition tels que nous allons les optimiser. Il est également possible d'indiquer les URL des pages web via des flux de syndication RSS et Atom pour faciliter l'indexation (source : http://goo.gl/loorr), bien que cette méthode ne permette pas d'indiquer l'ensemble des pages. Bing utilise parfois cette technique mais elle donne simplement la possibilité aux moteurs d'accéder aux liens affichés dans les flux. Son avantage est d'offrir une rapidité d'indexation grâce à la syndication.

Il se peut que des fichiers Sitemap se retrouvent eux-mêmes indexés et soient donc accessibles via les SERP. Certes, les pirates du Web n'attendent pas l'indexation pour tester la lecture d'un fichier Sitemap mais cela signifie qu'il convient de ne pas indiquer les pages à risque sous peine de divulguer des informations vulnérables pour d'éventuelles attaques. L'idéal est d'indiquer dans les interfaces pour webmasters que les fichiers Sitemap doivent être retirés des SERP, cela limite les risques de visibilité.

> **Quel nom donner aux fichiers ?**
>
> Le nom des fichiers Sitemap est totalement libre, nous attribuons très souvent l'intitulé `sitemap.xml` mais il peut être complètement différent. Pour des raisons de sécurité et pour tromper l'ennemi, il convient même de modifier totalement cette règle de nommage pour limiter sa lecture par des tiers.

Étapes de création

Pour créer un fichier Sitemap manuellement, suivez une méthode simple.

1. Créer les pages web et leur attribuer un nom définitif. Si vous utilisez une réécriture d'URL, il faut évidemment prendre en compte les adresses web renommées.
2. Créer un fichier Sitemap de définition (ou plusieurs si un site en nécessite davantage) avec un éditeur de texte et l'enregistrer en prenant soin de modifier l'extension en .xml.
3. Le soumettre aux moteurs concernés via les interfaces pour webmasters (disponibles sur Google, Bing, Yandex et Baidu) ou directement dans un fichier `robots.txt` comme nous le verrons dans la sous-section « Ajout de fichiers sitemap.xml ».
4. Attendre que les robots parcourent et intègrent les données du plan de site envoyé, puis indexent les pages jugées pertinentes.

Nous l'avons dit précédemment, plusieurs fichiers XML peuvent être créés conjointement lorsque les besoins s'en ressentent. Cette technique est intéressante à bien des égards, elle permet notamment de ne pas mélanger les informations propres à l'indexation des pages, des PDF, des images et vidéos, etc. Une fois ces différents fichiers créés, il suffit de relier l'ensemble au sein d'un fichier d'index qui indique le chemin menant vers chaque plan de site.

Deux règles essentielles sont à respecter dans ces fichiers XML :

- aucun d'entre eux ne doit contenir plus de 50 000 URL. Il est rare d'atteindre ce chiffre mais, si tel est le cas, il convient de créer plusieurs fichiers distincts ;
- leur poids est limité à 50 Mo maximum (52 428 800 octets pour être totalement précis).

La création manuelle de fichiers Sitemap est de plus en plus rare tant les développeurs se sont habitués à utiliser des outils ou des générateurs. Mais il est primordial de savoir concevoir ce type de document, notamment si nous développons nous-mêmes notre site web et un générateur dynamique de Sitemap.

> **Lutter contre les surpoids…**
>
> Les fichiers Sitemap peuvent être compressés si nécessaire (au format Gzip). Dans ce cas, c'est le poids de l'archive qui est pris en compte et qui ne doit donc pas dépasser les 50 Mo. En revanche, la limitation des 50 000 URL est toujours valable. Pour l'anecdote, l'ancienne limite de poids était fixée à 10 Mo ; le protocole Sitemap a été mis à jour le 30 novembre 2016 (source : https://goo.gl/Y9M-Mje) afin de répondre aux nouveaux besoins des sites web en termes d'espace.
>
> Le site officiel *sitemaps.org* indique qu'il est autorisé de noter chaque URL ligne par ligne au sein d'un fichier texte, il s'agit alors de lister les pages à indexer.

Soumettre des fichiers Sitemap

Avant d'entrer dans le détail de la création des fichiers, nous allons voir comment soumettre le fichier aux moteurs de recherche. Il s'agit de la dernière tâche à accomplir pour que les robots prennent en compte les plans de site XML.

Deux solutions s'offrent à nous.

* Envoyer le fichier `sitemap.xml` ou `sitemap.xml.gz` via un client FTP tel que FileZilla ou WinSCP, puis le soumettre à l'aide des Webmasters Tools. Cette méthode est limitée car les moteurs compatibles avec le protocole n'ont pas toujours d'interface propre aux webmasters ; elle empêche donc l'optimisation de l'indexation dans ces cas précis, comme sur Exalead.
* Ajouter une ligne de code pour indiquer l'URL d'un fichier Sitemap au sein d'un fichier `robots.txt` et l'envoyer à la racine du serveur. Cette technique est conseillée car elle offre l'avantage d'être lue par tous les moteurs.

Dans un premier temps, intéressons-nous aux interfaces pour webmasters. Google, Bing, Baidu et Yandex possèdent leur propre outil, ce qui n'est pas le cas de moteurs comme Exalead, Qwant ou Ask à ce jour... Le principe est simple avec Bing Webmaster Center. Si ce n'est déjà fait, il convient tout d'abord de se créer un compte Microsoft, puis de suggérer son site à Bing via le compte Webmaster Center (http://www.bing.com/toolbox/webmaster). Ensuite, il faut cliquer sur *Plans de site* (ou *Sitemaps* en anglais) et indiquer l'URL complète menant vers le ou les fichier(s) Sitemap après avoir fait une demande de soumission (via le bouton dédié).

Figure 1–7
Ajout d'un fichier sitemap.xml
dans les Bing Webmaster Tools

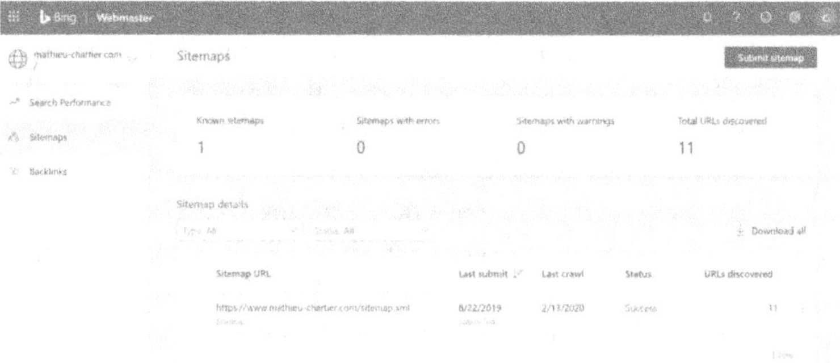

Chez Google, nous devons nous rendre dans l'interface Google Search Console, puis cliquer sur *Sitemaps* dans le menu de gauche. Le bouton *Envoyer* permet d'effectuer l'opération en quelques secondes. La totalité des fichiers qui ont été ajoutés pour chaque site est affichée à l'écran.

Figure 1–8
Soumettre un Sitemap
dans la Google Search Console

Le même procédé s'applique avec Yandex Webmaster Tools et Baidu Webmaster Platform et suit la même logique bien que les interfaces soient moins complètes que celles de leurs concurrents.

La seconde méthode consiste à indiquer une ou plusieurs URL menant vers des fichiers Sitemap en XML ou compressés au format Gzip via un fichier `robots.txt`. Cette méthode présente l'avantage d'autoriser la lecture de ces plans de site à tous les moteurs utilisant le protocole.

Dans notre fichier, il faut ajouter la commande `Sitemap:` pour chaque URL pointant vers des plans de site. Si vous possédez plusieurs fichiers, il suffit donc de multiplier ces lignes de commande. Voici un exemple concret de fichier `robots.txt` :

```
Sitemap: http://www.test.com/plansite.xml
Sitemap: http://www.test.com/plansitevideo.xml.gz
```

Créer un Sitemap index

Si un site impose l'usage de plusieurs fichiers Sitemap, il convient de réaliser un Sitemap index regroupant les URL de chaque fichier XML. La syntaxe est relativement simple et se limite à l'ajout d'un doctype XML et à quatre balises :

- `<sitemapindex>…</sitemapindex>` encadrent l'ensemble des informations du fichier d'index, à savoir la totalité des URL ;
- `<sitemap>…</sitemap>` encadrent les données relatives à chaque fichier Sitemap ;
- `<loc>…</loc>` sont placées entre les balises `<sitemap>` et indiquent l'adresse web du fichier Sitemap ciblé ;
- `<lastmod>…</lastmod>` sont optionnelles et sont placées entre les balises `<sitemap>`. Elles indiquent la dernière date de mise à jour du Sitemap ciblé. Deux formats de dates anglaises sont autorisés : `AAAA/MM/JJ` ou `AAAA-MM-JJThh:mm:ss+GMT` (exemple : 2013-12-25T20:15:53+00:00).

Les limites d'usage des Sitemaps index sont identiques à celles des Sitemaps XML classiques. Ainsi, vous ne pouvez pas indiquer plus de 50 000 URL ni dépasser un poids de 50 Mo. Cela laisse une grande marge de manœuvre puisque chaque Sitemap XML indexé pourra lui aussi contenir 50 000 URL et peser jusqu'à 50 Mo. En théorie, il est donc possible d'obtenir jusqu'à 2,5 milliards d'URL en utilisant toutes les capacités des Sitemaps.

Voici un exemple concret avec un fichier Sitemap compressé au format Gzip et un fichier classique en XML :

```xml
<?xml version="1.0" encoding="utf-8"?>
<sitemapindex xmlns="http://www.sitemaps.org/schemas/sitemap/0.9">
    <sitemap>
        <loc>http://www.test.com/sitemap-1.xml.gz</loc>
        <lastmod>2013-12-25</lastmod>
    </sitemap>
    <sitemap>
        <loc>http://www.test.com/sitemap-2.xml</loc>
    </sitemap>
</sitemapindex>
```

L'usage de multiples Sitemaps XML reliés à un index général est très intéressant en termes d'optimisation. Si cela ne change rien sur le plan de l'indexation, cela aide à mieux contrôler et suivre les pages indexées. Idéalement, il faudrait créer un fichier par page et l'ensemble serait lié à un Sitemap index (mais vous pouvez aussi faire de petits groupes d'URL). Ainsi, il serait possible de suivre les pages indexées, dans la Search Console par exemple, car l'interface affiche, pour chaque fichier, le nombre d'URL recensées et le nombre d'URL indexées. Un découpage minutieux en divers Sitemaps constitue une solution astucieuse pour suivre l'indexation.

Nous verrons dans le quatrième chapitre de ce livre, section « Suivre les pages dans les Sitemaps XML », comment transformer des Sitemaps XML classiques en Sitemaps index contenant des liens de fichiers XML à URL unique. Ainsi, la Google Search Console n'aura qu'une seule page à indexer par Sitemap XML et il sera donc possible de suivre avec précision l'indexation des pages. Même si cette méthode n'est pas toujours idéale pour des sites de taille importante, elle aidera au moins tous les possesseurs de sites web de taille limitée à moyenne.

Concevoir un Sitemap XML

La création de fichiers Sitemap ressemble à peu de choses près à celle des fichiers d'index. Nous renouvellerons donc certaines pratiques pour aboutir au résultat escompté. Plusieurs étapes permettent de concevoir le fichier XML de définition :

- doctype : `<?xml version="1.0" encoding="UTF-8"?>` ;
- ajout du bloc englobant tout le Sitemap avec les balises `<urlset>…</urlset>`, sachant que la première doit recevoir l'attribut `xmlns` (pour la version du protocole) sous la forme `<urlset xmlns="http://www.sitemaps.org/ schemas/sitemap/0.9">` ;
- intégration des balises XML `<url>…</url>` utiles pour chaque page web à indexer à l'intérieur du bloc `<urlset>…</urlset>`.

L'étape majeure est celle qui consiste à fournir les informations relatives à chaque URL du site. Quatre balises peuvent s'inscrire entre les balises `<url>` et `</url>` de chaque page web :

- `<loc>…</loc>` sont les seules balises obligatoires, elles encadrent l'adresse web de la page à indexer ;
- `<lastmod>…</lastmod>` précisent la date de dernière mise à jour de la page à indexer. Comme pour le fichier d'index, la date s'inscrit au format ISO 8601, sous la forme générique inversée `AAAA-MM-JJ` ou détaillée `AAAA-MM-JJThh:mm:ss+GMT` ;
- `<changefreq>…</changefreq>` indiquent au robot des moteurs la fréquence habituelle de modification de la page à indexer. Plusieurs valeurs fixes sont proposées par les concepteurs du protocole : `always`, `hourly`, `daily`, `weekly`, `monthly`, `yearly`, `never`. Il ne s'agit que d'une indication rarement suivie par les robots, mais évitez de noter des fréquences surréalistes ou illogiques. Par exemple, une page d'actualités sera mise à jour quotidiennement (`daily`) voire plusieurs fois par jour (`hourly`) tandis qu'une page de contact sera certainement statique plusieurs mois (`monthly`) ;
- `<priority>…</priority>` précisent la priorité d'indexation pour que les robots se concentrent davantage sur ces pages ciblées. Il s'agit d'affecter une valeur décimale entre 0 et 1, sachant que 0.5 est la valeur par défaut. Attention, il faut utiliser un point et non une virgule pour les valeurs décimales. Une priorité de 0.8 s'écrit `<priority>0.8</priority>` par exemple. En général, nous attribuons la valeur 1 aux pages principales, 0.8 au second niveau d'arborescence et jusqu'à 0.4 ou 0.5 pour les pages les moins importantes comme le plan de site ou les mentions légales.

Limitation des balises <loc>

Entre les balises <loc> et </loc>, les informations ne doivent pas dépasser 2 048 signes et le protocole utilisé doit être inscrit. Ainsi, l'indexation d'une page web implique que l'adresse commence par http:// ou https:// par exemple.

Toutes les informations apportées en complément des URL absolues des pages web doivent respecter la réalité. Ne vous amusez pas à entrer des données totalement faussées, cela n'a pas d'intérêt et les robots sauront repérer ce type de procédé. Les crawlers restent les seuls décideurs à tout point de vue, que ce soit pour indexer une page ou pour respecter les conditions que nous fixons dans le fichier Sitemap, telles que la fréquence ou la priorité. Voici un exemple détaillé de fichier Sitemap (avec trois pages) :

```xml
<?xml version="1.0" encoding="utf-8"?>
<urlset xmlns="http://www.sitemaps.org/schemas/sitemap/0.9">
    <url>
        <loc>http://www.test.com</loc>
        <priority>1</priority>
        <lastmod>2013-12-25</lastmod>
        <changefreq>daily</changefreq>
    </url>
    <url>
        <loc>http://www.test.com/categorie-principale.asp</loc>
        <priority>0.8</priority>
        <changefreq>monthly</changefreq>
    </url>
    <url>
        <loc>http://www.test.com/notice-legale.asp</loc>
        <priority>0.5</priority>
        <changefreq>yearly</changefreq>
    </url>
</urlset>
```

Encodage des fichiers Sitemap

Notons que le fichier Sitemap est encodé en UTF-8 dans nos exemples, ce qui facilite la reconnaissance des caractères spéciaux tels que les accents français. Si vous optez pour un encodage en ISO-8859-1 (ou ISO-Latin-1), il faudra encoder manuellement tous les caractères spéciaux qui peuvent se trouver dans des URL dynamiques. Ainsi, l'esperluette (&) devient & tandis que des guillemets se transforment en ".

Autres types de fichiers Sitemap

Le protocole Sitemap ne se limite pas seulement aux pages web classiques. En effet, nombre de formats peuvent être indexés. La liste suivante présente les formats actuellement autorisés :

- les images peuvent être ajoutées au Sitemap d'origine ou dans un fichier différent à condition de ne pas dépasser 1 000 URL par fichier ;
- les Sitemaps pour les sites mobiles sont autorisés et permettent d'indexer des URL spécifiques aux versions mobiles des sites web, comme http://m.test.com. Ces adresses peuvent s'ajouter dans le Sitemap d'origine, il suffit d'ajouter l'attribut xmlns:mobile="http://www.google.com/schemas/sitemapmobile/1.0" dans la balise ouvrante <urlset> et d'ajouter le marqueur <mobile:mobile/> dans chaque bloc <url> qui contient une adresse vers une page web mobile ;

- les vidéos doivent être indiquées dans un fichier XML distinct et de ce fait, seuls 50 000 blocs de données sont autorisés au maximum. Seuls les formats suivants sont tolérés : `.mpg`, `.mpeg`, `.mp4`, `.m4v`, `.mov`, `.wmv`, `.asf`, `.avi`, `.ra`, `.ram`, `.rm`, `.flv`, `.swf` ;
- les URL issues de pages d'actualités peuvent être indiquées dans un fichier à part. Ce Sitemap permet notamment d'indexer les articles dans Google News si le moteur les juge pertinents ;
- les fichiers Sitemap spécifiques à des géolocalisations sont en suspens depuis des mois. Ils permettaient notamment d'intégrer des URL pointant vers des fichiers au format KML ou GeoRSS contenant des coordonnées précises.

La diversité des Sitemaps

Google lit très bien tous les formats que nous venons de citer mais c'est loin d'être le cas de tous les moteurs de recherche. Nous devons donc créer des fichiers spécifiques pour les formats de fichiers non tolérés sur Bing, Yandex, Baidu et consorts…

Si vous désirez concevoir un Sitemap personnalisé pour les images, retenez qu'il est tout à fait possible d'ajouter les images au sein du fichier recensant les pages, cette méthode est même recommandée pour exploiter pleinement le fichier. Dans ce cas, vous devez ajouter l'attribut `xmlns:image` avec la valeur `"http://www.google.com/schemas/sitemap-image/1.1"` dans la balise ouvrante `<urlset>`, en parallèle de l'autre attribut `xmlns`. Ensuite, vous devez obligatoirement ajouter deux couples de balises à l'intérieur des blocs `<url>`…`</url>` :

- `<image:image>`…`</image:image>`, elles contiennent toutes les balises relatives à l'indexation des images, nous devons avoir autant de ces blocs que nous avons d'images ;
- `<image:loc>`…`</image:loc>`, elles indiquent l'URL de l'image.

Quatre autres marqueurs optionnels peuvent compléter les blocs :

- `<image:caption>`…`</image:caption>` pour ajouter une légende ;
- `<image:geo_location>`…`</image:geo_location>` pour indiquer une éventuelle zone géographique relative à l'image ;
- `<image:title>`…`</image:title>` pour donner un titre à l'image ;
- `<image:license>`…`</image:license>` pour afficher les droits relatifs à l'image.

Voici un très court exemple de fichier Sitemap d'images :

```
<?xml version="1.0" encoding="utf-8"?>
<urlset xmlns="http://www.sitemaps.org/schemas/sitemap/0.9"
xmlns:image="http://www.google.com/schemas/sitemap-image/1.1">
    <url>
        <loc>http://www.test.com/services.php</loc>
        <image:image>
        <image:loc>http://www.test.com/image1.jpg</image:loc>
        <image:title>Titre de l'image</image:title>
        <image:caption>Légende de l'image</image:caption>
        <image:geo_location>Nantes, France</image:geo_location>
        </image:image>
    </url>
</urlset>
```

Suivre l'avancement du protocole

Chaque format possède son propre mode de fonctionnement, aussi nous devons régulièrement suivre les avancées du protocole via le site officiel ou grâce à la documentation technique fournie par Google (source : http://goo.gl/AQLFYL). Force est de constater que les fichiers XML les plus courants sont ceux qui recensent les pages web voire les Sitemaps pour les images ou les actualités, les autres formats restent encore en retrait ou utilisés sur des sites spécifiques. Par exemple, un détenteur d'une plate-forme multimédia a tout intérêt à créer des Sitemaps dédiés aux formats vidéo.

Exemples d'outils d'aide à la création de fichiers Sitemap

Les outils, extensions ou encore modules permettant de faciliter le travail des développeurs qui souhaitent référencer leur site sont légion sur le Web. Certains CMS (« Content Management System », des logiciels en ligne de gestion de pages web) bénéficient du travail des contributeurs pour proposer des extensions et modules de qualité qui créent parfaitement les fichiers Sitemap dont nous avons besoin, ce qui nous évite souvent de passer par l'étape manuelle. Toutefois, tous les sites n'ont pas cette chance et il faut parfois recourir à cette solution plus fastidieuse.

Citons quelques exemples d'extensions pour chaque CMS :

- Prestashop possède son propre générateur de fichiers Sitemap, lequel est installé par défaut dans le module appelé Google Sitemap ;
- Google XML Sitemaps (source : http://goo.gl/dr2rCo) ou encore Google Sitemap (source : http://goo.gl/tQ4qIU) pour Wordpress ;
- JCrawler (source : http://goo.gl/id2LKY) pour Joomla 1.5 et Xmap (source : http://goo.gl/wC3M4i) pour les versions récentes ;
- XML Sitemap pour Drupal ;
- Sitemap (source : http://goo.gl/WA5VMk) sur Spip ;
- Google Sitemap (source : http://goo.gl/9DPvIf) ou encore Weeaar Sitemap pour Typo3 ;
- Advance Sitemap (source : http://goo.gl/G6y7nY) ou Extended Sitemap (payant) pour Magento ;
- Dynamic Sitemap ou Google Sitemap Generator (source : http://goo.gl/WEyLtG) pour osCommerce.

Parallèlement à ces modules et extensions pour CMS, nous trouvons également des services en ligne ou des scripts pour faciliter la conception des fichiers d'indexation. Parmi eux, nous pouvons citer par exemple :

- XML-Sitemaps : http://www.xml-sitemaps.com ;
- SitemapDoc : http://www.sitemapdoc.com ;
- My Sitemap Generator : http://www.my-sitemap.com ;
- Free Sitemap Generator : http://www.freesitemapgenerator.com.

Tous ont leurs propres qualités mais il faut admettre que la majorité des outils ne permet pas de créer de fichiers pour certains formats comme les PDF ou vidéos, ces derniers doivent souvent être écrits manuellement ou avec un code personnel. Toutefois, un service en ligne comme XML-Sitemaps est efficace pour générer les fichiers Sitemap courants car il utilise un robot pour parcourir tous les liens accessibles à partir d'une URL donnée. Ainsi, la création d'un fichier de moins de 500 URL ne prend que quelques minutes...

Figure 1–9
Paramétrage de l'outil
XML-Sitemaps

Figure 1–10
Génération automatique
puis téléchargement du fichier
dans différents formats

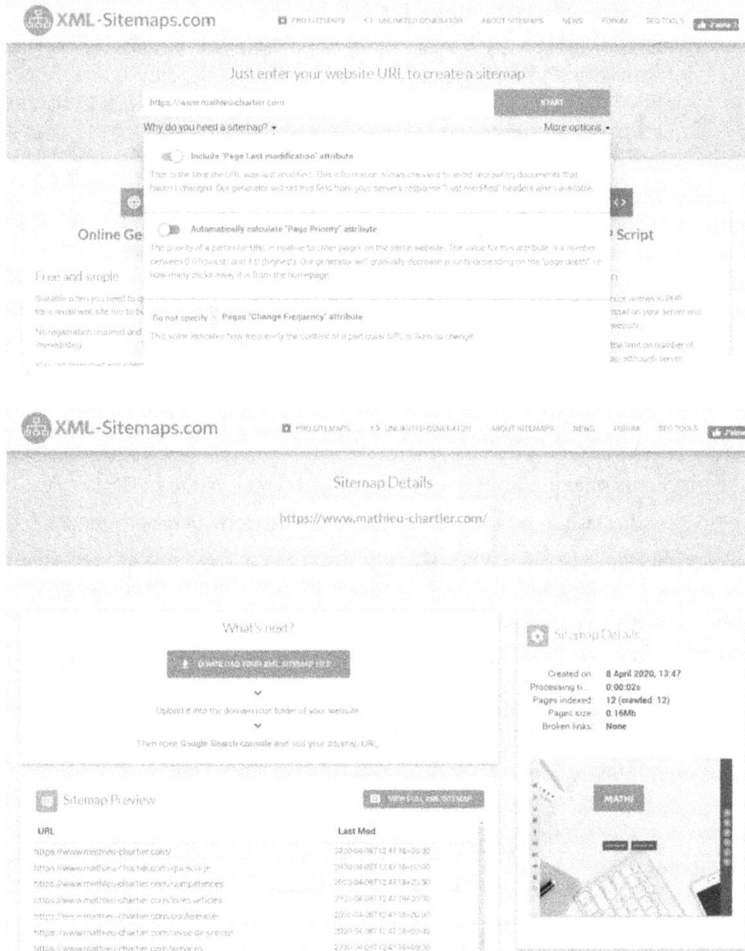

Créer son propre générateur avec PHP et MySQL

Nous avons vu précédemment que les outils à notre disposition, ainsi que certaines extensions, ne permettent pas de générer tous les fichiers Sitemap souhaités. Nous allons maintenant nous intéresser à la création de notre propre script en PHP pour lister toutes les pages web et documents contenus dans les sites web.

Les deux exemples de code présentés peuvent être améliorés et complétés mais l'objectif est avant tout de montrer comment mettre la technique au service du référencement, notamment pour indexer des fichiers tels que des PDF et des images. Les lignes de code qui suivent sont toutes commentées pour faciliter la lecture des scripts mais les plus néophytes pourront se sentir totalement perdus. Il est recommandé dans ce cas de se documenter à propos du couple de langages PHP/MySQL avec d'autres ouvrages spécialisés.

SitemapCrawler.php

Le premier script, `SitemapCrawler.php`, ne fonctionne qu'avec un site statique sans base de données. Son rôle est de lister tous les fichiers présents dans des dossiers ciblés afin de recenser leur nom et leur adresse pour les ajouter à la volée dans un fichier Sitemap généré automatiquement.

En d'autres termes, il s'agit d'une sorte de crawler interne qui comptabilise les fichiers à indexer selon la configuration réalisée, puis le script crée le fichier Sitemap correspondant avec le nom désiré. L'avantage du script est d'être rapide et de pouvoir ajouter ou ignorer tous les fichiers qui peuvent déranger. En contrepartie, il n'est fonctionnel que pour les sites statiques dont les noms de pages sont définis par les fichiers tels que `faq.php`, `index.html`, `contact.php`, `plan-de-site.html`, etc.

Pour le bon fonctionnement du script, nous devons régler l'URL d'origine à partir de laquelle le script va se lancer, ainsi que le nom du fichier Sitemap que nous souhaitons obtenir mais aussi l'URL qui sera affichée devant le nom des fichiers (par défaut, il s'agit de l'adresse `http` du site). Trois variables sont donc à définir :

- `$cheminBase` pour l'URL d'origine sachant qu'un point (valeur par défaut) équivaut au dossier courant dans lequel est placé le fichier `SitemapCrawler.php` (si nous le plaçons à la racine, il faut donc laisser la valeur par défaut) ;
- `$fichierSitemap` pour indiquer le nom du fichier Sitemap de destination (par défaut, `sitemapCrawler.xml`) ;
- `$URLSource` pour afficher le protocole ainsi que le nom de domaine dans le fichier XML de sortie. Nous devons veiller à placer le protocole `http` ou `https` selon les besoins.

De plus, nous devons paramétrer quelques facteurs afin de ne pas enregistrer des pages que nous ne souhaiterions pas voir indexées :

- `$extensionsJustes` est un tableau PHP qui contient toutes les extensions à lister dans le fichier Sitemap. Par exemple, si nous voulons indexer uniquement les fichiers HTML, PHP, ASP ainsi que les images en JPEG, nous entrons par défaut :

```php
$extensionsJustes = array('html','php','asp','jpg','jpeg');
```

- `$dossiersJustes` fonctionne de la même manière que le paramètre précédent sauf que son rôle est d'indiquer les dossiers que nous autorisons à crawler (en plus du dossier où se situe le script). Par exemple, si nous désirons uniquement indexer les dossiers d'images, nous indiquons par défaut :

```php
$dossiersJustes = array('img', 'image', 'images');
```

- `$fichiersIgnores` est également un tableau mais ce dernier a un rôle inverse puisqu'il interdit l'inscription des fichiers intégrés dans la variable. Si nous ne souhaitons pas lister les pages d'erreur, par exemple, nous pouvons noter :

```php
$fichiersIgnores = array('SitemapCrawler.php', '404.php', '403.php', '500.php');
```

Une fois la configuration initiale effectuée, il ne nous reste plus qu'à envoyer le script à la racine du répertoire contenant notre site web, puis à lancer le script dans le navigateur à l'aide de la syntaxe suivante :

http://www.monsite.com/SitemapCrawler.php. L'action est rapide et le navigateur affichera le nombre de fichiers ajoutés dans le fichier Sitemap XML ainsi que leur adresse propre.

La version du script dont voici le code complet génère automatiquement le Sitemap classique et celui des images, il faudrait ajouter quelques fonctions complémentaires pour aller plus loin et générer d'autres types de Sitemaps tolérés par le protocole.

```php
<?php
// Dossier de départ ('.' par défaut pour la racine, './NOM-DOSSIER' pour commencer dans un
// dossier spécifique)
$cheminBase = '.';

// URL de base à afficher dans le Sitemap (sans slash final)
$URLSource = 'http://'.$_SERVER['HTTP_HOST'];

// Nom à donner au fichier Sitemap et création du fichier
$fichierSitemap = 'sitemapCrawler.xml';
$sitemapXML = fopen($fichierSitemap,"w");

// Listes des extensions autorisées, des dossiers à scanner (en plus de $chemin) et des
// fichiers à ne pas indexer
$extensionsJustes = array('php', 'jpg', 'pdf');
$dossiersJustes = array('img');
$fichiersIgnores = array('404.php', '403.php', '500.php', '.htaccess', 'robots.txt',
'analyticstracking.php');
array_push($fichiersIgnores, substr($_SERVER['PHP_SELF'],1));

// On ajoute le doctype XML ainsi que la balise ouvrante <urlset>
fputs($sitemapXML, '<?xml version="1.0" encoding="utf-8"?>'."\n");
fputs($sitemapXML, '<urlset xmlns="http://www.sitemaps.org/schemas/sitemap/0.9"
xmlns:image="http://www.google.com/schemas/sitemap-image/1.1">'."\n");

// Fonctions qui permettent de lister les fichiers d'images
function is_Images($ext) {
    $listeExt = array('jpg', 'jpeg', 'png', 'gif', 'bmp', 'svg');
    if(in_array($ext,$listeExt)) {
        return true;
    }
}
// Fonction d'affichage de l'extension des fichiers dans le résumé
function is_Format($ext) {
    $listeWebSafe = array('html', 'htm', 'php', 'asp', 'aspx');
    if(!in_array($ext,$listeWebSafe)) {
        return true;
    }
}

// On liste tous les fichiers à partir d'un dossier donné
function CrawlFichier($chemin = '.', $URLBase = '', $extensionsOK = array(), $dossiersOK =
array(), $fichiersInterdits = array()) {
```

```php
// On ouvre le répertoire
$repertoire = opendir($chemin);
// On compte le nombre de fichiers ajoutés dans le Sitemap
$nb = 0; // On initialise à 0
$nb = $nb + $nb;
// Création de variables globales
global $sitemapXML, $nb;

// On boucle pour lister tous les dossiers et fichiers
while($fichier = readdir($repertoire)) {

// On récupère l'extension des fichiers listés
$extensions = strtolower(pathinfo($fichier,PATHINFO_EXTENSION));
// On exclut les répertoires inutiles './' et '../'
if($fichier != '.' && $fichier != '..' && is_dir($chemin.'/'.$fichier) && in_
array($fichier,$dossiersOK)) {

// On lance la fonction récursive jusqu'à la fin du crawl complet
CrawlFichier($chemin.'/'.$fichier, $URLBase, $extensionsOK, $dossiersOK,
$fichiersInterdits);

} elseif(in_array($extensions,$extensionsOK) && !in_array($fichier,$fichiersInterdits)) {

if($chemin == '.') {

// On ajoute les balises <url>...<url> avec <loc>URL</loc>
fputs($sitemapXML, "\t<url>\n");
fputs($sitemapXML, "\t\t<loc>".$URLBase.'/'.$fichier."</loc>\n");

if(is_Images($extensions)) {
fputs($sitemapXML, "\t\t<image:image>\n");
fputs($sitemapXML, "\t\t\t<image:loc>".$URLBase.'/'.$fichier."</image:loc>\n");
fputs($sitemapXML, "\t\t</image:image>\n");
echo "<small><em>".$URLBase.'/'.$fichier."</em> (image ".$extensions.")</small><br/>";
} elseif(is_Format($extensions)) {
echo "<small><em>".$URLBase.'/'.$fichier."</em> (fichier ".$extensions.")</small><br/>";
} else {
echo "<small><em>".$URLBase.'/'.$fichier."</em></small><br/>";
}
fputs($sitemapXML, "\t</url>\n");
$nb++; // on ajoute 1 au comptage

} elseif(!is_dir($fichier)) { // On vérifie qu'il s'agit d'un fichier
$cheminPropre = substr($chemin,1); // On nettoie l'URL de base
// On ajoute les balises <url>...<url> avec <loc>URL</loc>
fputs($sitemapXML, "\t<url>\n");
fputs($sitemapXML, "\t\t<loc>".$URLBase.$cheminPropre.'/'.$fichier."</loc>\n");

if(is_Images($extensions)) {
fputs($sitemapXML, "\t\t<image:image>\n");
fputs($sitemapXML, "\t\t\t<image:loc>".$URLBase.$cheminPropre.'/'.$fichier."
</image:loc>\n");
```

```php
fputs($sitemapXML, "\t\t</image:image>\n");
echo "<small><em>".$URLBase.$cheminPropre.'/'.$fichier."</em>
(image ".$extensions.")</small><br/>";
} elseif(is_Format($extensions)) {
echo "<small><em>".$URLBase.$cheminPropre.'/'.$fichier."</em> (
fichier ".$extensions.")</small><br/>";
} else {
echo "<small><em>".$URLBase.'/'.$fichier."</em></small><br/>";
}
fputs($sitemapXML, "\t</url>\n");
$nb++; // On ajoute 1 au comptage
        }
    }
}
}


// Lancement de la fonction récursive de crawl :
CrawlFichier('CHEMIN','TABLEAU-EXTENSIONS-IGNOREES')
CrawlFichier($cheminBase, $URLSource, $extensionsJustes, $dossiersJustes, $fichiersIgnores);

// On affiche le nombre de pages inscrites dans le fichier XML
global $nb;
echo "<h2>".$nb." pages ajoutées dans ".$fichierSitemap."</h2>";

// On finalise le fichier XML en fermant la balise </urlset>
fputs($sitemapXML, '</urlset>');
?>
```

Figure 1–11
Génération automatique du fichier
sitemapCrawler.xml
pour un site statique

```
http://www.mathieu-chartier.com/activites.php
http://www.mathieu-chartier.com/index.php
http://www.mathieu-chartier.com/img/orientations-magazine-2010-mathieu-chartier.jpg (image jpg)
http://www.mathieu-chartier.com/img/Chartier-Mathieu-centre-presse-22-03-2013-referencement-web.jpg (image jpg)
http://www.mathieu-chartier.com/img/guide-du-referencement-web-chartier-mathieu-first.jpg (image jpg)
http://www.mathieu-chartier.com/img/guide-du-referencement-web-chartier-mathieu.jpg (image jpg)
http://www.mathieu-chartier.com/img/orientations-magazine-2010-interview-mathieu-chartier.jpg (image jpg)
http://www.mathieu-chartier.com/menu.php
http://www.mathieu-chartier.com/Contrat de partenariat formateur V5.pdf (fichier pdf)
http://www.mathieu-chartier.com/footer.php
http://www.mathieu-chartier.com/competences-mathieu-chartier.php
http://www.mathieu-chartier.com/contact.php
http://www.mathieu-chartier.com/experience-mathieu-chartier.php
http://www.mathieu-chartier.com/livre-mathieu-chartier.php
```

14 pages ajoutées dans le fichier sitemapCrawler.xml

SitemapCrawlerBDD.php

Ce même type de procédé est réalisable avec des sites dynamiques. Dans ce cas, nous devons disposer d'une base de données bien conçue qui récupère toutes les informations importantes telles que l'URL des pages et fichiers ajoutés, voire également la date de création et de modification des documents et leur type. Dans notre exemple pour SitemapCrawlerBDD.php, nous allons utiliser une base de données type comme celle de WordPress. Certes, le script sera adapté en partie à ce CMS mais il peut allègrement être modifié pour des sites dynamiques divers. Il était plus simple de partir d'une base de données existante et massivement utilisée. Pour le reste, le fonctionnement est identique au premier code, il suffit de placer le fichier à la racine d'un site WordPress et de le lancer via le navigateur. Plusieurs informations doivent être recueillies dans le cas d'un site dynamique sur WordPress :

- l'URL de la page d'accueil ;
- les adresses des catégories quand elles existent ;
- les adresses de chaque article affiché et chaque page publiée ;
- les URL des fichiers attachés (images et PDF notamment).

Comme précédemment, il faut configurer quelques facteurs pour rendre le script fonctionnel (les deux derniers sont optionnels) :

- les identifiants de base de données pour pouvoir se connecter ;
- l'URL de base avec le protocole `http` ou `https` ;
- le nom du fichier Sitemap de sortie ;
- les extensions des fichiers d'images autorisées ;
- les noms de tables ou les requêtes SQL si nous souhaitons utiliser le script avec WordPress ou d'autres sites dynamiques ;
- l'écriture des URL dans le fichier Sitemap et dans le rendu affiché par le navigateur.

Par défaut, WordPress a tout prévu. La table `posts` stocke toutes les données relatives aux pages et aux fichiers associés. Par exemple, les URL non réécrites sont stockées dans la colonne `guid`, la date de création dans `post_date`, le type de contenu dans `post_type` ou encore l'alias (ou *slug*) des URL dans `post_name`. L'idéal est de jeter un œil dans une base de données WordPress ou de lire la documentation officielle pour ne pas être perdu. En réalité, seule l'architecture des catégories est complexe et il faut faire de multiples jointures de tables pour récupérer les informations. Nous trouvons cette requête dans la variable `$categoriesSQL` du script.

Figure 1–12
Génération du fichier
sitemapCrawlerBDD.xml
pour un site WordPress
ou dynamique

Page d'accueil
http://blog.internet-formation.fr

Catégories
http://blog.internet-formation.fr/category/referencement/
http://blog.internet-formation.fr/category/infos-en-stock/
http://blog.internet-formation.fr/category/prospective-web/
http://blog.internet-formation.fr/category/programmation/
http://blog.internet-formation.fr/category/webmarketing/

Groupe 1
http://blog.internet-formation.fr/faire-son-fichier-sitemap/ (11/06/2009 à 11:06:27)
http://blog.internet-formation.fr/wp-content/uploads/2009/06/xml3.png (fichier lié)

Groupe 2
http://blog.internet-formation.fr/parts-de-marche-navigateurs-avril-2009/ (11/06/2009 à 11:06:31)
http://blog.internet-formation.fr/wp-content/uploads/2009/06/navigateurs-200904-1.jpg (fichier lié)
http://blog.internet-formation.fr/wp-content/uploads/2009/06/navigateurs-200904-2.jpg (fichier lié)

Groupe 3
http://blog.internet-formation.fr/barometre-des-moteurs-de-recherche-avril-2009/ (12/09/2009 à 10:09:01)
http://blog.internet-formation.fr/wp-content/uploads/2009/06/moteurs-200905-1.png (fichier lié)
http://blog.internet-formation.fr/wp-content/uploads/2009/06/moteurs-200905-2.png (fichier lié)

Architecture des URL de WordPress

Dans l'exemple du script, les URL des pages et des articles reprennent le format %postname% des permaliens (nom de l'article dans WordPress) tandis que les catégories se basent sur la structure http://domaine.ext/category/slug-categorie. Il faudra modifier les résultats selon les besoins et la base de données utilisée.

SitemapCrawlerBDD.php offre l'avantage d'être plus précis et dynamique que le premier code que nous avons détaillé. Il sait tirer profit des bases de données pour obtenir plus d'informations. C'est pourquoi le Sitemap XML de sortie est plus détaillé dans ce second code. Il permet notamment de classer les images en fonction de leur liaison avec une page ou un article. Il contient également des balises <priority> et <lastmod> quand cela est possible, ce qui lui confère une plus grande souplesse.

Voici le script commenté et détaillé dans son ensemble. Il peut bien sûr être complété et amélioré, mais il donne déjà une base de ce qu'il est possible de faire avec des sites conçus manuellement.

```php
<?php
// Informations de connexion et d'identification
$serveur = 'localhost';
$BDD = 'crawler';
$utilisateur = 'root';
$motdepasse = '';
$serveurBDD = 'mysql:host='.$serveur.';dbname='.$BDD.'';

$connexion = new PDO($serveurBDD, $utilisateur, $motdepasse);
$connexion->setAttribute(PDO::ATTR_ERRMODE, PDO::ERRMODE_EXCEPTION);

// Requête SQL à personnaliser
$tables = "wp_posts";
$requeteSQL = "SELECT * FROM $tables WHERE (post_type='page' OR post_type='post' OR
post_type='page') AND post_status='publish'";

// URL de base à afficher dans le Sitemap (sans slash à la fin)
$URLSource = 'http://'.$_SERVER['HTTP_HOST'];

// Nom du fichier Sitemap et création du fichier
$fichierSitemap = 'sitemapCrawlerBDD.xml';
$sitemapXML = fopen($fichierSitemap,"w");

// Listes des extensions d'images pour le Sitemap Images
$fichiersJoints = array('jpg', 'jpeg', 'png', 'gif', 'bmp');

// Points de départ des comptages
$nb = 1;
$tour = 1;

// On ajoute le doctype XML ainsi que la balise ouvrante <urlset>
fputs($sitemapXML, '<?xml version="1.0" encoding="utf-8"?>'."\n");
fputs($sitemapXML, '<urlset xmlns="http://www.sitemaps.org/schemas/sitemap/0.9"
xmlns:image="http://www.google.com/schemas/sitemap-image/1.1">'."\n");
```

```php
// On ajoute la page d'accueil du site en début de fichier
fputs($sitemapXML, "\t<url>\n");
fputs($sitemapXML, "\t\t<loc>".$URLSource."</loc>\n");
fputs($sitemapXML, "\t\t<priority>1</priority>\n");
fputs($sitemapXML, "\t</url>\n");
echo "<strong>Page d'accueil</strong><br/>";
echo "<small><em>".$URLSource."</em></small><br/>";

// On ajoute les catégories si elles existent (requête complexe)
$categorieSQL = "SELECT * FROM wp_terms AS wterms INNER JOIN wp_term_taxonomy AS wtaxonomy ON
(wterms.term_id = wtaxonomy.term_id) WHERE wtaxonomy.taxonomy = 'category' AND wtaxonomy.
parent = 0 AND wtaxonomy.count > 0";

if(count($categorieSQL) > 0) {
    echo "<br/><strong>Catégories</strong><br/>";
    foreach($connexion->query($categorieSQL) as $categorie) {
        echo "<small><em>".$URLSource.'/category/' .$categorie['slug']."/</em></small><br/>";
        fputs($sitemapXML, "\t<url>\n");
        fputs($sitemapXML, "\t\t<loc>".$URLSource.'/category/'.$categorie['slug']."/</loc>\n");
        fputs($sitemapXML, "\t\t<priority>0.8</priority>\n");
        fputs($sitemapXML, "\t</url>\n");
        $nb++;
    }
}


// Boucle de récupération des données
foreach($connexion->query($requeteSQL) as $rangee) {

    $extensions = strtolower(pathinfo($rangee['guid'],PATHINFO_EXTENSION));

    if(!in_array($extensions,$fichiersJoints)) {
        echo "<br/><strong>Groupe ".$tour."</strong><br/>";
        echo " <small><em>".$URLSource."/".$rangee['post_name']."/ </em></small><br/>";
        fputs($sitemapXML, "\t<url>\n");
        fputs($sitemapXML, "\t\t<loc>".$URLSource."/".
        $rangee['post_name']."/</loc>\n");
        fputs($sitemapXML, "\t\t<lastmod>".date('Y-m-d',
        strtotime($rangee['post_modified'])).'T'.date('h:m:s+00:00',
        strtotime($rangee['post_modified']))."</lastmod>\n");
        $tour++;
        $nb++; // On incrémente à chaque tour de boucle
    }

    // On associe les URL à leurs fichiers associés (.jpg, .png...)
    $requeteSQL2 = "SELECT $colonnes FROM $tables WHERE post_parent='".$rangee['ID']."' AND
    (post_type='$condition1' OR post_type='$condition2')";

    foreach($connexion->query($requeteSQL2) as $url) {
    echo "<small><em>".$url['guid']."</em></small> (fichier lié)<br/>";
    fputs($sitemapXML,"\t\t<image:image>\n");
    fputs($sitemapXML,"\t\t\t<image:loc>".$url['guid']."</image:loc>\n");
```

```php
        fputs($sitemapXML,"\t\t\t<image:caption>".$url['post_title']."</image:caption>\n");
        fputs($sitemapXML,"\t\t\t<image:title>".$url['post_name']."</image:title>\n");
        fputs($sitemapXML,"\t\t</image:image>\n");
        $nb++; // On incrémente à chaque tour de boucle
        }

        if(!in_array($extensions,$fichiersJoints)) {
            fputs($sitemapXML, "\t</url>\n");
        }
}
echo "<h2>".$nb." pages ajoutées dans ".$fichierSitemap."</h2>";

// On finalise le fichier XML en fermant la balise </urlset>
fputs($sitemapXML, '</urlset>');
?>
```

La présentation de ces deux scripts s'est avérée assez technique. Les plus débutants doivent avant tout les tester pour comprendre le fonctionnement général, car cela fait énormément d'informations à ingurgiter. Ne soyez pas inquiets, il n'est pas toujours nécessaire de se mettre à l'ouvrage pour faire un bon référencement…

Autre méthode de génération de Sitemaps

Pour les développeurs les plus confirmés, sachez que d'autres générateurs de Sitemaps XML peuvent être créés à l'aide des robots PHP présentés dans l'ultime chapitre de ce livre (section « Développer son propre robot en PHP »). Avec cette autre méthode, le robot pourrait parcourir les pages et les enregistrer dans un fichier XML au fur et à mesure. Cela démontre l'étendue des possibilités pour arriver à nos fins sans avoir à tout réaliser manuellement…

En définitive, il serait intéressant de développer des scripts spécifiques aux formats vidéo, par exemple, pour générer des fichiers Sitemap précis ou encore pour les sites mobiles. Actuellement, ce n'est pas encore suffisamment développé mais sur le même principe que les deux codes précédents, nous pourrions générer tous les sites de Sitemap que nous souhaitons.

Utiliser les API pour indexer les pages automatiquement

Il existe toutes sortes d'API utilisables par les webmasters pour créer des programmes puissants et automatisés. Dans le cas de l'indexation, nous pouvons passer par les programmes qui permettent de générer des fichiers Sitemaps XML ou tout simplement de proposer des URL à l'indexation. Dans les deux cas, la finalité est de forcer les moteurs à crawler les pages pour les indexer, bien qu'ils restent les seuls décideurs dans cette situation. Avec les API, nous pourrons automatiser bon nombre de tâches facilement. Sachez cependant que les interfaces et règles d'usage peuvent évoluer très rapidement, c'est pourquoi il est possible de retrouver des différences entre les interfaces et programmes présentés ici et ceux que vous pourriez rencontrer dans la documentation ou sur la Toile quelques mois après la sortie de cet ouvrage.

Utiliser l'URL Submission API de Bing

Bing a développé une API dès janvier 2019 pour soumettre à l'indexation jusqu'à 10 000 URL par jour de manière automatisée (https://bit.ly/3bFvm8o), avec une documentation associée (https://www.bing.com/webmasters/

url-submission-api). Cette API offre notamment l'avantage d'envoyer des demandes à Bing à chaque fois qu'une nouvelle page est créée dans un site web dynamique par exemple, notamment via des CMS comme WordPress, Drupal, Joomla ou des frameworks tels que Symfony. Cette fonctionnalité vient compléter l'API du même type de Google et donc permettre une meilleure indexation automatique pour les deux principaux moteurs internationaux. L'API URL submission a même été complétée en novembre 2019 puis en janvier 2020 afin de donner aux webmasters davantage de possibilités (requêtes directes avec cURL, envois massifs d'URL…) très intéressantes (source : https://bit.ly/342RRBB).

Pour utiliser l'API, il faut déjà obtenir une clé d'accès, récupérée dans chaque propriété des Bing Webmaster Center, dans l'onglet « API Webmaster ». Il est possible d'en générer une nouvelle ou d'en supprimer une si nécessaire, mais la démarche reste plutôt intuitive et il est facile de récupérer la clé d'API générique. Ensuite, il ne reste qu'à programmer pour utiliser l'API. La documentation de Bing est orientée vers C# essentiellement mais il est possible d'utiliser d'autres langages, comme le PHP. Notons cependant qu'en JavaScript, de nombreux problèmes liés au mécanisme *Cross-origin resource sharing* (CORS) existent avec les API de Bing et il n'est donc pas toujours recommandé d'opter pour ce langage. On pourra par contre contourner les éventuels soucis via de l'Ajax avec PHP.

L'avantage des API de Bing, c'est qu'elles sont en général bien plus simples à utiliser que celles de Google, souvent remplies de surcouches de vérifications et de sécurisation qui freinent le développement aisé de programmes. Dans notre cas, nous allons utiliser PHP avec la fonction `file_get_contents()`, qui permet de faire une requête vers une URL. Il aurait été possible d'utiliser cURL également, compatible avec l'API et simple à mettre en œuvre avec PHP, mais le code aurait été un tout petit peu plus long et plus lent à exécuter qu'avec `file_get_contents()`…

L'API de Bing permet de recevoir les données en format SOAP, XML ou JSON. Le dernier étant communément utilisé, nous le préférons aux autres, bien que le choix de l'extension n'ait pas réellement d'importance. Par conséquent, nous allons devoir ajouter des entêtes HTTP pour indiquer aux Webmasters Tools qu'il s'agit de données en JSON. Il ne nous reste qu'à utiliser la clé d'API récupérée préalablement et le programme sera court et simple à mettre en œuvre.

Dans notre exemple, issu de la figure suivante, nous avons créé un petit formulaire en HTML pour accueillir des listes d'URL (une par ligne) à soumettre à l'indexation. Une fois le formulaire validé, le programme PHP s'exécute et transmet les URL à l'API avec la propriété rattachée, afin que les Webmasters Tools déterminent où placer ces nouvelles URL à crawler.

Figure 1–13
Création d'un petit formulaire HTML
de soumission d'URL à l'API de Bing

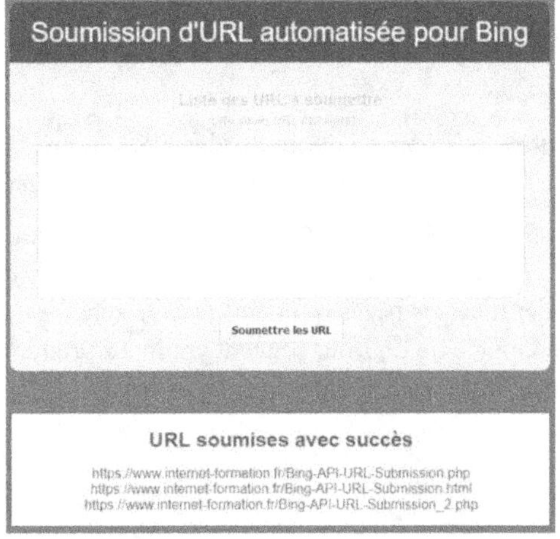

Voici maintenant le programme PHP qui s'exécute après la soumission du formulaire. Comme vous pouvez le constater, il est relativement court, avec l'usage d'une URL en POST pour la soumission à l'API (contenant la clé secrète), et un petit programme pour transmettre les données en JSON et les récupérer. Dans notre exemple, nous récupérons des données avec `$_POST[]` puisqu'il s'agit d'un formulaire, mais cela pourrait être sous d'autres formes dans vos propres programmes. Enfin, notons la particularité de la Submission API, qui retourne un tableau (*array*) avec un paramètre d de valeur `null` si tout est bon, et un message d'erreur dans les autres cas. Il ne faut donc pas s'attendre à une multitude de données en retour quand tout fonctionne...

```php
if(isset($_POST['submission'])) {
    // Clé et URL de l'API URL Submission de Bing
    $apiKey = "CLE_API_DANS_WEBMASTER_TOOLS";
    $requestURL = 'https://ssl.bing.com/webmaster/api.svc/json/SubmitUrlbatch?apikey='.$apiKey;

    // URL de la propriété
    $property = "URL_PROPRIETE_CIBLE";

    // Récupération des URL ligne par ligne
    $textarea = htmlspecialchars($_POST['submissions-url']);
    $urlArray = array_map('trim', explode("\n", htmlspecialchars($textarea)));

    // Création des champs à transmettre à l'API
    $jsonArray = array(
        "siteUrl" => $property,
        "urlList" => $urlArray
    );
    $fields = json_encode($jsonArray); // Encodage en JSON

    // Requête en JSON avec file_get_contents() et un contexte HTTP
    $options = array(
        'http' => array(
            'method'  => 'POST',
            'header'  => "Content-Type: application/json",
            'timeout' => 30,
            'content' => $fields,
        ),
    );
    $context  = stream_context_create($options);
    $API_query = file_get_contents($requestURL, false, $context);
    $response = json_decode($API_query, true);
}
```

Une fois le code exécuté, nous pouvons retrouver les URL ajoutés dans la section « Configurer mon site > Suggérer des URL » des Bing Webmaster Tools, comme dans la capture suivante.

Idéalement, il faudrait utiliser l'API dans des cas plus précis, comme à chaque création de page ou groupe de pages. Mieux encore, vous pourriez créer un programme de suivi des URL non indexées et automatiquement soumettre à l'indexation les pages qui n'ont pas été retenues en première lecture. Ce ne sont que des idées, mais les API de Google ou de Bing peuvent vraiment prendre toute leur valeur dans des programmes de ce type, en automatisant des tâches souvent chronophages.

Figure 1–14
Résultat de la soumission à l'indexation de
plusieurs URL via l'API de Bing

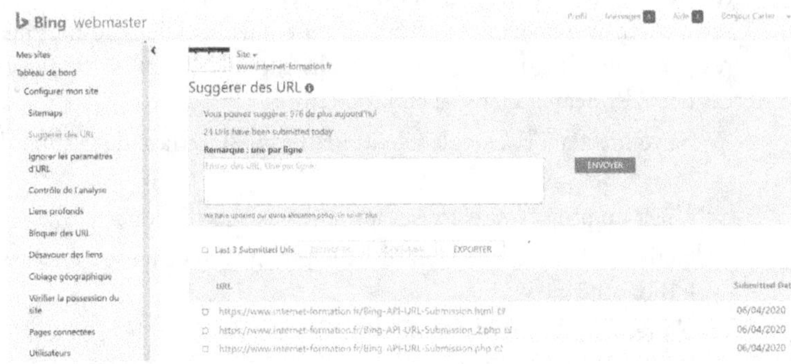

Indexer avec l'API Search Console de Google

Google propose de nombreuses API mais aucune n'est destinée à suggérer des URL à l'indexation. Il existe bien l'API Indexation, mais son objectif est d'indiquer au moteur qu'une URL doit être mise à jour ou supprimée, nous ne pouvons donc pas suggérer de pages par ce biais. Si votre objectif est uniquement de gérer les URL déjà connues par Google, alors c'est parfait, mais si vous souhaitez faciliter l'indexation de nouvelles pages, voire de pages non indexées, la solution idéale est de passer par l'API Search Console. Cette dernière permet de générer l'envoi de fichiers Sitemaps XML automatiquement, et donc favoriser les demandes de soumission.

Une solution d'appoint pour Google

L'API Search Console n'est qu'une solution intermédiaire, bien moins directe et pratique que l'API de Bing. En effet, l'idéal serait de pouvoir proposer des URL à la soumission directement mais cela ne semble plus possible. Nous devons donc passer par des Sitemaps XML. Cela signifie que pour automatiser les mêmes tâches qu'avec l'API Submission URL de Bing, il faudrait d'abord générer des fichiers Sitemaps à la volée, puis utiliser l'API Search Console pour transmettre ces fichiers au crawler. Ce n'est guère pratique mais c'est la seule solution pour automatiser l'indexation aisément, sachant que cette méthode pourrait être employée également avec la Webmaster API de Bing, qui permet aussi de soumettre des Sitemaps XML. Retenez donc cette astuce si elle vous semble plus simple à mettre en place.

Dans un premier temps, nous allons nous concentrer uniquement sur la soumission d'un Sitemap XML, la mission première d'une des fonctionnalités de l'API Search Console (il est également possible de lister les Sitemaps, récupérer des données...). Nous allons utiliser JavaScript et une combinaison d'Ajax/PHP pour arriver à nos fins.

Google fournit toute une liste de bibliothèques pour utiliser ses API, dans divers langages dont JavaScript, PHP, Java ou Python par exemple. Il convient donc de bien lire les documentations et s'appuyer sur les exemples fournis pour réussir à faire fonctionner la version de l'API utilisée sur le moment. Dans notre cas, une partie de la documentation générale (https://bit.ly/39IuVZC), le GitHub de la librairie Client en JavaScript (https://bit.ly/2wjvLOI) ainsi que l'outil de test de l'API Explorer seront nos meilleurs alliés pour réussir (quand un test est effectué, il est possible de voir le code JavaScript que Google a utilisé dans un onglet spécifique).

L'utilisation des API de Google peut s'avérer fastidieuse les premières fois, notamment à cause du système d'authentification nécessaire pour les faire fonctionner. Ce système peut être une simple clé d'API à fournir (cas rares), ou bien une identification du client complète avec clé d'API, clé de client (OAuth ou compte de service), environnement de travail, etc. Le plus fastidieux restant justement l'étape d'authentification car le reste du code n'est que pur plaisir à réaliser… Suivez donc scrupuleusement la méthodologie suivante dans le cas de l'API Search Console en JavaScript :

1 Se connecter à la Google Cloud Platform, l'interface de gestion des API de Google : https://bit.ly/2yGv4zY.

2 Créer un projet (ou réutiliser un projet existant, selon le cas).

3 Activer l'API Search Console à partir du projet ouvert en passant par la bibliothèque d'API (onglet « Bibliothèque »).

4 Entrer dans l'administration de l'API Search Console et se rendre dans l'onglet « Identifiants ».

5 Créer une clé d'API sans mettre de restriction d'usage.

Figure 1–15
Création d'une clé pour
l'API Search Console

Se rendre dans la section « Identifiants » et créer un identifiant OAuth (« ID Client OAuth ») en suivant les consignes suivantes : choisir le type « Application web » (et lui donner un nom) et absolument ajouter une origine d'utilisation JavaScript pour éviter les problèmes de CORS (blocage de scripts quand deux sources sont utilisées en JavaScript) en précisant le nom de domaine source à partir duquel le programme est utilisé (cela peut être « localhost » si nous travaillons en local, mais c'est ce n'est pas recommandé pour l'usage de l'API JavaScript). Récupérer l'ID client qui sera utile dans le programme (il est possible de le récupérer en éditant l'identifiant OAuth si besoin).

Ces étapes préalables sont obligatoires et la documentation peut parfois aider à bien les suivre, même s'il peut arriver que les dernières phases manquent de précision (notamment sur la création du client OAuth qui est parfois comparé à tort à un compte de service, alors que ce sont deux entités bien différentes). À présent nous devrions avoir tout ce dont nous avons besoin pour pour nous lancer dans l'aventure de l'API Search Console en JavaScript.

Pour réussir à utiliser la librairie Google Client en JavaScript (GAPI), il faut tout d'abord comprendre la marche à suivre pour arriver à nos fins. Tout d'abord, il convient d'initialiser le programme (c'est ici que l'ID Client OAuth intervient). Ensuite, forcer l'utilisateur à se connecter à son compte Google pour valider les droits d'usage de l'API (ici, nous utilisons le « scope » de l'API Search Console, fournie dans la documentation). Si l'authentification se déroule bien, on valide l'usage de l'API avec la clé d'API créée lors de l'activation. Et, enfin, on peut utiliser les fonctionnalités de l'API Search Console…

Figure 1–16
Création d'un ID Client OAuth
dans l'interface de gestion
des API de Google

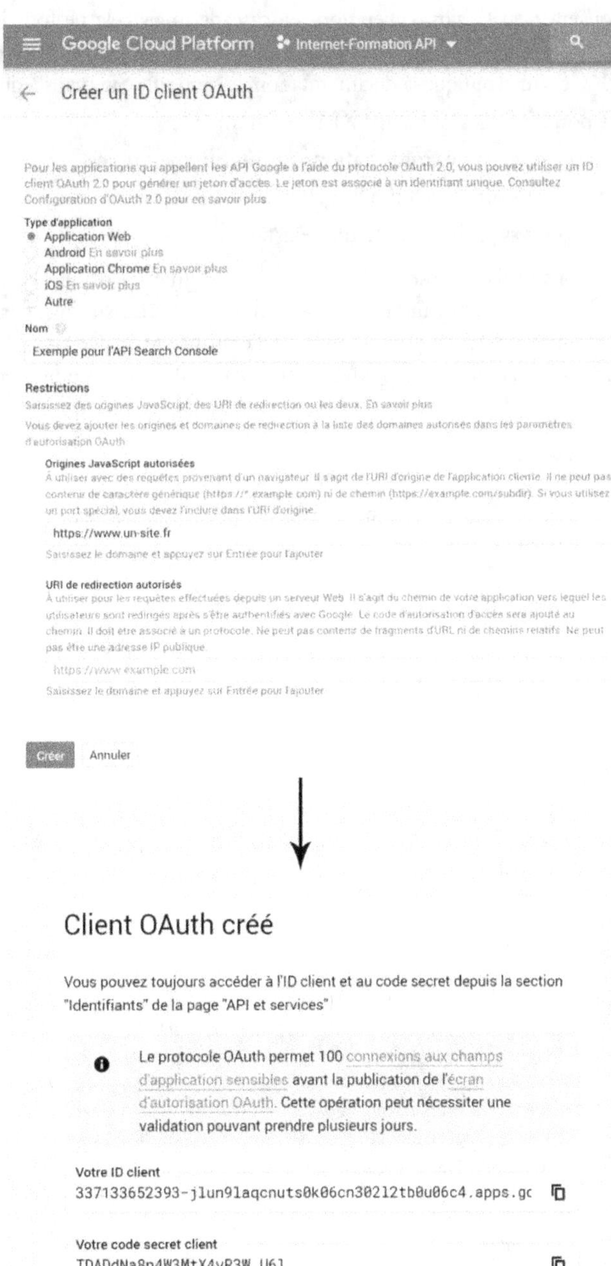

Vous constatez qu'il s'agit d'opérations en cascade, mais cela ne fonctionnera que dans cet ordre précis. Il faut d'abord passer toutes les étapes d'authentification et de validation, pour ensuite pouvoir utiliser les fonctionnalités de l'API. Comme l'indique la documentation, la section « Sitemaps » du programme contient quatre méthodes :

- `list` pour lister les Sitemaps XML existants ;
- `get` pour obtenir des informations sur un Sitemap précis ;
- `submit` pour soumettre un Sitemap ;
- `delete` pour supprimer un fichier existant.

Nous devrons utiliser la méthode `submit` pour soumettre un nouveau fichier Sitemap XML dans la Google Search Console (ou pour mettre à jour un fichier existant sur le serveur). Cette dernière demande deux paramètres simples : `siteUrl` pour l'URL de la propriété ciblée dans la Search Console, et `feedpath` pour le chemin vers le fichier Sitemap XML à soumettre. Voici un code fonctionnel :

```javascript
gapi.load('client', function() {
  gapi.auth2.init({
    // ID clients OAuth sous la forme 'YOUR_WEB_CLIENT_ID.apps.googleusercontent.com',
    clientId: 'VOTRE_CLIENT_ID_OAUTH.apps.googleusercontent.com',
  }).then(function() {
    // Demande les identifiants (OAuth2)
    return gapi.auth2.getAuthInstance().signIn({
      // Scope pour l'API Search Console
      scope: "https://www.googleapis.com/auth/webmasters https://www.googleapis.com/auth/
webmasters.readonly"
    }).then(function() {
        // Clé de l'API Search Console
        gapi.client.setApiKey("CLE_API_SEARCH_CONSOLE");

        // Exécute la requête REST
        return gapi.client.load("https://content.googleapis.com/discovery/v1/apis/webmasters/v3/rest")
        .then(function() {
          // Paramètres utiles
          var siteUrl = "URL_DE_LA_PROPRIETE";
          var feedpath = "URL_DU_FICHIER_SITEMAP";

          // Effectue la requête de l'API Search Console
          return gapi.client.webmasters.sitemaps.submit({
            'siteUrl': siteUrl,
            'feedpath': feedpath,
          }).then(function(response) {
            console.log(response.result);
          }, function(reason) {
            console.log('Erreur : ' + reason.result.error.message);
          });
        }, function(err) {
          console.error("Impossible de charger le client GAPI", err);
        });
    }, function(err) {
      console.error("Impossible de se connecter à l'API", err);
    });
  });
});
```

Nous savons désormais comment soumettre automatiquement un fichier Sitemap XML avec l'API Search Console et JavaScript. Mais si nous voulons aller plus loin, nous pouvons imaginer un programme qui récupère des URL à la volée pour les ajouter dans un fichier Sitemap XML à créer ou à modifier, puis qui soumet ce fichier à l'indexation avec l'API.

Comme il est impossible de modifier un fichier situé côté serveur en JavaScript natif, nous allons donc devoir utiliser un peu d'Ajax avec du PHP pour modifier le fichier Sitemap XML sélectionné (il faudra de fait créer un fichier PHP). Tout le reste sera réalisé en JavaScript. Voici la liste des tâches intéressantes que notre programme va réaliser dans l'ordre, montrant toute l'étendue de l'API Search Console quand on combine ses diverses fonctionnalités précises :

- se connecter et s'authentifier auprès de Google ;
- lister les propriétés d'un compte Google Search Console avec la méthode `sites` ;
- lister les sitemaps existants pour les sélectionner (et permettre de descendre dans les Sitemaps index également) ;
- récupérer une liste d'URL dans un formulaire HTML (cette étape pourrait être remplacée par une autre méthode de captation des URL à ajouter si nécessaire) ;
- ajouter ces adresses web dans le fichier Sitemap XML sélectionné ;
- soumettre le fichier à l'API Search Console avec la méthode `sitemap`.

Nous allons créer un fichier `Google-API-Search-Console.php` et insérer un formulaire HTML simple dans un premier temps, puis nous allons ajouter plusieurs fonctions JavaScript indépendantes dont le fonctionnement va être dynamique, en plusieurs étapes. Chaque phase va permettre d'afficher respectivement les propriétés existantes d'un compte Search Console, les Sitemaps XML qui en découlent, etc. Vous pourrez bien entendu récupérer ce code avec tous ceux de cet ouvrage (voir le lien dans l'avant-propos).

Voici tout d'abord notre HTML/CSS de base, avec deux commentaires HTML qui indiquent où recopier les codes PHP et JavaScript que nous allons découvrir dans un second temps :

```html
<!-- CODE PHP À COPIER ICI -->
<!DOCTYPE html>
<html>
<head>
  <meta charset="utf-8"/>
  <title>API Indexation de Google</title>
  <style>
    * {padding:0; margin:0;}
    body {background:#2B678C; font-family:arial, tahoma, sans-serif; color:#F6F8FA;
        text-align:center;}
    #global {display:inline-block; margin:5em;}
    #global h1 {padding:.5em .8em; background:#1E3E59; border-radius:10px 10px 0 0;
        font-weight:normal;}
    #global .bloc {margin-top:1.5em; border-top:1px solid #242424; padding-top:1em;
        display:none;}
    #global .bloc-selection-sitemap-index {margin-top:1.5em;}
    #global form {padding:2em 2em; background:#F2E8D5; border-radius:0 0 10px 10px;}
    #global form label {color:#F2B29B; font-size:1.2em; font-weight:bold; display:block;}
    #global form label span {color:#F2B29B; font-size:.8em; font-weight:normal;
        font-style:italic;}
```

```css
        #global form textarea {margin:1.2em 0; width:98%; min-width:98%; max-width:98%;
            min-height:10em; border:1px solid #F2B29B; font-family:inherit; padding:.5em 1%;}
        #global form select {border:1px solid #F2B29B; margin-top:1em; padding:.5em 1em;
            border-radius:5px;}
        #global form input[type="button"] {border:1px solid #F2B29B; margin-top:1em;
            padding:.5em 1em; border-radius:5px; font-weight:bold; cursor:pointer;}
        #global form input[type="button"]:hover {border:1px solid #2B678C;}
        #global #responses {display:none; color:#1E3E59; margin-top:3em; padding:1em;
            background:#fff; border:1px solid #1E3E59;}
        #global #responses #responses-infos h3 a {display:inline-block; font-size:1.1em;
            color:#242424; margin:.5em 0;}
        #global #responses #responses-URL {padding:1em 0 0 0;}
        #global #responses #responses-URL p {color:#444; text-align:left; margin-top:.5em;}
    </style>
</head>
<body>
<div id="global">
    <h1>Soumission d'URL automatisée pour Google</h1>
    <form id="submission-api">
        <div id="bloc-authentification">
            <label>S'authenfier auprès de Google</label>
            <input type="button" name="authentification" id="authentification"
                value="S'authentifier"/>
        </div>
        <div id="bloc-selection-propriete" class="bloc">
            <label>Sélectionner la propriété à utiliser</label>
            <select name="proprietes" id="proprietes"></select>
        </div>
        <div id="bloc-selection-sitemap" class="bloc selection-sitemap">
            <label>Sélectionner le sitemap XML à utiliser</label>
            <select name="sitemaps" id="sitemaps"></select>
        </div>
        <div id="bloc-soumission-url" class="bloc">
            <label>Liste des URL à soumettre<br/><span>(Une seule URL par ligne)</span></label>
            <div><textarea name="submissions-url" id="submissions-url"></textarea></div>
            <input type="button" name="submission" id="submission" value="Modifier et soumettre le sitemap"/>
        </div>
    </form>
    <div id="responses">
        <h2>URL soumises avec succès</h2>
        <div id="responses-infos"></div>
        <div id="responses-URL"></div>
    </div>
</div>
<!-- CODE JavaScript À COPIER ICI -->
</body>
</html>
```

Ensuite, ajoutons le code PHP comme indiqué, tout en haut du fichier. Ce dernier ne servira que lors de l'appel Ajax effectué à la fin du programme, juste avant la soumission du fichier à l'API Search Console :

```php
<?php
if(isset($_POST['sitemapUrl'])) {
    $sitemapUrl = htmlspecialchars(trim($_POST['sitemapUrl']));
    $filepath = $_SERVER['DOCUMENT_ROOT'].parse_url($sitemapUrl, PHP_URL_PATH); // Chemin du fichier
    $urlList = json_decode($_POST['urlList']);

    // Ouverture et mise à jour du fichier XML avec DomDocument()
    $xml = new DOMDocument('1.0', 'utf-8');
    $xml->preserveWhiteSpace = false;
    $xml->formatOutput = true;
    $xml->load($sitemapUrl);

    // Récupération du bloc <urlset> par défaut
    $urlset = $xml->firstChild;

    // Pour chaque URL, on créé le XML utile
    foreach($urlList as $url) {
        // Créé les éléments <url><loc>URL</loc></url>
        $url_block = $xml->createElement('url');
        $loc_block = $xml->createElement('loc', $url);
        $url_block->appendChild($loc_block);
        $urlset->appendChild($url_block);
    }

    // Sauvegarde le fichier modifié
    $xml->save($filepath);
    die();
}
?>
```

Enfin, nous devons ajouter toutes les fonctions JavaScript pour utiliser pleinement l'API (après avoir préalablement chargé le client JavaScript fourni par Google). Entre ces fonctions, on peut retrouver plusieurs détections d'événements JavaScript qui permettent de faire évoluer le formulaire automatiquement, au fur et à mesure de nos actions et de nos choix. Les commentaires donnent des précisions sur le rôle de chaque élément.

```html
<script src="https://apis.google.com/js/api.js"></script>
<script>
// Pas d'authentification par défaut
var authentification_API = false;

/*=========================*/
// Fonction d'authenfication
/*=========================*/
function authenfication_API() {
  gapi.load('client', function() {
    gapi.auth2.init({
```

```javascript
        // ID clients OAuth 2.0 sous la forme 'YOUR_WEB_CLIENT_ID.apps.googleusercontent.com',
        clientId: '337133652393-l5ukj8r5uom1u2doutimsfurqso17i04.apps.googleusercontent.com',
    }).then(function() {
      // Demande les identifiants (OAuth2)
      return gapi.auth2.getAuthInstance().signIn({
        // Scope pour l'API Search Console
        scope: "https://www.googleapis.com/auth/webmasters https://www.googleapis.com/auth/
webmasters.readonly"
      }).then(function() {
        // Clé de l'API Search Console
        // gapi.client.setApiKey("CLE_API_SEARCH_CONSOLE");
        gapi.client.setApiKey("AIzaSyAMm5bAKv-dyfCbRfpPJnVe7VSEycIeFRQ");

        // Exécute la requête REST
        return gapi.client.load("https://content.googleapis.com/discovery/v1/apis/webmasters/v3/
rest").then(function() {
          // On valide l'authentification à l'API (variable globale)
          authentification_API = true;

          // On lance la fonction de récupérer des propriétés de la Search Console
          getProperties();
        }, function(err) {
          console.error("Impossible de charger le client GAPI", err);
        });
      }, function(err) {
        console.error("Impossible de se connecter à l'API", err);
      });
    });
  });
}
document.querySelector('#authentification').addEventListener("click", function() {
  authenfication_API();
});

/*============================================*/
// Fonction de récupération des propriétés
/*============================================*/
function getProperties() {
  // On vérifie l'authentification
  if(authentification_API === true) {
    // Liste les propriétés
    return gapi.client.webmasters.sites.list({}).then(function(response) {
      // Récupération de la liste des propriétés
      var properties = response.result.siteEntry;

      // Ordonne les propriétés
      properties.sort(function(a,b) {
        var x = a.siteUrl.toLowerCase();
        var y = b.siteUrl.toLowerCase();
        return x < y ? -1 : x > y ? 1 : 0;
      });
```

```javascript
        // Récupération du <select> à remplir dans le formulaire HTML
        var select = document.querySelector("#proprietes");

        // Option par défaut
        var default_option = document.createElement('option');
        default_option.appendChild(document.createTextNode('Choisissez la propriété'));
        select.appendChild(default_option);

        // On créé une option HTML pour chaque propriété existante
        for(property in properties) {
          // Url de la propriété
          var propertyUrl = properties[property].siteUrl;

          // Création de la balise <option> avec ses paramètres
          var option = document.createElement('option');
          option.appendChild(document.createTextNode(propertyUrl));
          option.value = propertyUrl;

          // Ajout de l'option dans le <select>
          select.appendChild(option);
        }

        // Affiche le bloc de sélection des propriétés
        document.querySelector('#bloc-selection-propriete').style.display = "block";
      }, function(reason) {
        console.log('Erreur : ' + reason.result.error.message);
      });
  } else {
    // On s'identifie et relance la fonction si nécessaire
    authenfication_API();
    getProperties();
  }
}


/*========================================================*/
// Fonction de récupération des Sitemaps et Sitemaps index
/*========================================================*/
function getSitemaps(siteUrl, sitemapIndex, selecteurSelect) {
  // Désactive le paramètre sitemapIndex optionnel (global par défaut)
  sitemapIndex = (typeof sitemapIndex !== 'undefined') ? sitemapIndex : false;

  // Sélecteur pour le <select> à remplir (global par défaut)
  selecteurSelect = (typeof selecteurSelect !== 'undefined') ? selecteurSelect : "sitemaps";

  // On vérifie l'authentification
  if(authentification_API === true) {
    // On paramètre l'API selon les besoins
    if(sitemapIndex != false) {
      var JSON_args = {
        'siteUrl': siteUrl,
        'sitemapIndex': sitemapIndex
      };
    } else {
```

```javascript
    var JSON_args = {
      'siteUrl': siteUrl,
    };
  }

  // Effectue la requête de l'API Search Console
  return gapi.client.webmasters.sitemaps.list(JSON_args).then(function(response) {
    // Récupération de la liste des propriétés
    var sitemaps = response.result.sitemap;

    // Créé l'option ou un select selon le type de Sitemap
    if(sitemapIndex != false) {
      // Créé une DIV à afficher
      var bloc = document.createElement('div');
      bloc.setAttribute('id', 'sitemap-index');
      bloc.setAttribute('class', 'bloc-selection-sitemap-index');
      document.querySelector('#bloc-selection-sitemap').appendChild(bloc);

      // Ajoute le label
      var label = document.createElement('label');
      label.appendChild(document.createTextNode("Sélectionner le sitemap XML dans le Sitemap index"));
      bloc.appendChild(label);

      // Ajoute le select avec un name et un ID
      var select = document.createElement('select');
      select.setAttribute('name', 'sitemapIndexChild');
      select.setAttribute('id', 'sitemapIndexChild');
      select.setAttribute('class', 'sitemapIndexChild selection-sitemap');
      bloc.appendChild(select);
    } else {
      // Récupération du <select> à remplir dans le formulaire HTML
      var select = document.querySelector("#" + selecteurSelect);
    }

    // On vide les options existantes (ou non)
    select.innerHTML = "";

    // Option par défaut
    var default_option = document.createElement('option');
    default_option.appendChild(document.createTextNode('Choisissez le sitemap à compléter'));
    select.appendChild(default_option);

    // On créé une option HTML pour chaque propriété existante
    for(sitemap in sitemaps) {
      // Détermine si c'est un Sitemap index ou un Sitemap classique
      var isSitemapIndex = sitemaps[sitemap].isSitemapsIndex;

      // Url de la propriété
      var sitemapUrl = sitemaps[sitemap].path;
```

```javascript
      // Création de la balise <option> avec ses paramètres
      var option = document.createElement('option');
      option.appendChild(document.createTextNode(sitemapUrl));
      option.value = sitemapUrl;

      // Ajoute un attribut pour déterminer s'il s'agit d'un Sitemap index
      option.setAttribute('data-sitemap-index', isSitemapIndex);

      // Ajout de l'option dans le <select>
      select.appendChild(option);
    }

    // Affiche le bloc de sélection des Sitemaps XML
    document.querySelector("#bloc-selection-sitemap").style.display = "block";
  }, function(reason) {
    console.log('Erreur : ' + reason.result.error.message);
  });
} else {
  // On s'identifie et relance la fonction si nécessaire
  authenfication_API();
  getSitemaps();
}
}
document.querySelector('#proprietes').addEventListener("change", function() {
  getSitemaps(this.value);
  getSitemapChildrens();
});

/*===========================================*/
// Détection des Sitemaps index (si nécessaire)
// Affiche le bloc de formulaire
/*===========================================*/
function getSitemapChildrens() {
  document.querySelector('#bloc-selection-sitemap select').addEventListener("change", function() {
    // Récupère le dernier <select> pour les Sitemaps
    var selects = document.querySelectorAll("#bloc-selection-sitemap select");
    var lastSelect = selects[selects.length - 1];

    // Récupère le dernier <select> pour les Sitemaps
    var sitemapIndexBlocks = document.querySelectorAll(".bloc-selection-sitemap-index");
    var lastSitemapIndexBlock = sitemapIndexBlocks[sitemapIndexBlocks.length - 1];

    // Supprime le noeud recréé inutilement
    if(sitemapIndexBlocks.length == 1) {
      document.querySelector("#bloc-selection-sitemap").removeChild(lastSitemapIndexBlock);
    }

    // S'il s'agit d'un Sitemap classique ou index, on adapte...
    if(lastSelect.selectedOptions[0].getAttribute('data-sitemap-index') == "true") { // Sitemap Index
      // Récupère les données utiles
      var siteUrl = document.querySelector('#proprietes').value;
```

```javascript
        var sitemapIndexBool = lastSelect.value;
        var selectorSelect = lastSelect.id;

        // Relance la fonction pour créer un choix de Sitemaps XML
        getSitemaps(siteUrl, sitemapIndexBool, selectorSelect);
    }

    // Affiche la zone de texte pour ajouter des liens
    document.querySelector("#bloc-soumission-url").style.display = "block";
  });
}

/*==================================================*/
// Fonction de soumission du Sitemap choisi
// Ajax vers code PHP pour la mise à jour du Sitemap
/*==================================================*/
function submitSitemap(e) {
  // Récupération de l'URL de la propriété
  var siteUrl = document.querySelector('#proprietes').value;

  // Récupère l'URL du Sitemap initial (peut-être un Sitemap index...)
  var sitemapUrl = document.querySelector('#sitemaps').value;

  // Récupère la bonne URL de Sitemap à mettre à jour (la dernière choisie)
  var selects = document.querySelectorAll("#bloc-selection-sitemap select");
  var getSitemapUrl = selects[selects.length - 1].value;

  // Récupération des URL ligne par ligne
  var textarea = document.querySelector("textarea#submissions-url").value;
  urlArray = textarea.split("\n");

  // Chemin vers le fichier du script en PHP (visé par Ajax)
  var filePHP = "Google-API-Search-Console.php"; // NOM_FICHIER_PHP

  // Requête Ajax pour mettre à jour le fichier XML
  xhr = new XMLHttpRequest();
  xhr_params = "sitemapUrl="+getSitemapUrl+"&urlList="+JSON.stringify(urlArray);
  xhr.open("POST", filePHP, true);
  xhr.setRequestHeader("Content-Type", "application/x-www-form-urlencoded");
  xhr.onreadystatechange = function(r) {
    if(xhr.readyState == 4 && xhr.status == 200) {
      // Effectue la requête de l'API Search Console
      return gapi.client.webmasters.sitemaps.submit({
        'siteUrl': siteUrl,
        'feedpath': sitemapUrl,
      }).then(function(response) {
        // Ajoute un bloc d'information
        document.querySelector('#responses').style.display = "block";
        document.querySelector('#responses-infos').innerHTML = '<h3><a href="'+getSitemapUrl+'"
target="_blank">Ouvrir le sitemap</a></h3>';

        // Ajoute la liste des URL ajoutées dans le fichier Sitemap
        document.querySelector('#responses-URL').innerHTML = "";
```

```javascript
        for(url in urlArray) {
          var p = document.createElement('p');
          var em = document.createElement('p');
          p.appendChild(em).appendChild(document.createTextNode(urlArray[url]));
          document.querySelector('#responses-URL').appendChild(p);
        }
    }, function(reason) {
      console.log('Erreur : ' + reason.result.error.message);
    });
  }
};
xhr.send(xhr_params);

// Évite trop de soumissions...
e.preventDefault();
}
document.querySelector('#bloc-soumission-url #submission').addEventListener("click", submitSitemap);
</script>
```

La figure suivante montre le résultat d'un formulaire complet avec un Sitemap index soumis à l'indexation, après que le fichier Sitemap enfant a été mis à jour. Un bloc HTML s'affiche alors en bas de l'écran pour indiquer les URL ajoutées et un lien vers le fichier Sitemap mis à jour.

Figure 1–17
Formulaire complet de soumission d'URL
à l'indexation avec l'API Search Console

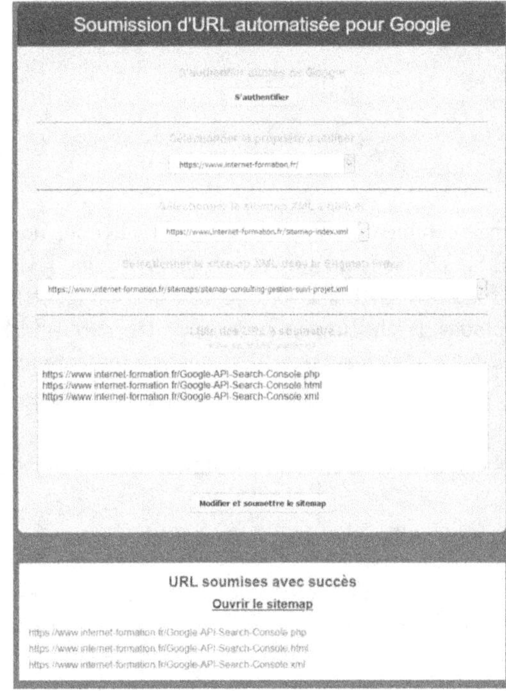

Il suffit ensuite de se rendre dans la Google Search Console pour vérifier si la soumission a bien fonctionné. Normalement, vous devriez voir un changement au niveau de la date de mise à jour de votre fichier Sitemap. S'il s'agit d'un Sitemap XML simple, le nombre d'URL découvertes peut également changer, mais si c'est un Sitemap index, alors seule la date peut fournir une indication, tant que GoogleBot n'a pas crawlé à nouveau le fichier enfant mis à jour par le programme (la capture suivante montre ce cas spécifique).

Figure 1–18
Vérification d'une soumission
de Sitemap index via l'API
dans la Google Search Console

Nous savons désormais comment proposer de nouvelles URL à l'indexation du côté de Google. Ce processus est certes plus fastidieux et plus lourd à mettre en œuvre qu'avec l'API Submission de Bing, mais cela permet de gérer les fichiers Sitemaps XML à la volée. Quelle que soit la méthode, comme nous l'avons rappelé depuis le début de notre propos, le plus important reste de favoriser l'indexation et de permettre aux crawlers de découvrir les pages le plus simplement possible. Ce type de programme est donc une réelle aide à la production.

Désindexation (robots.txt et autres méthodes…)

Rôle du déréférencement

L'objectif du déréférencement est de bloquer l'accès des crawlers à certains types de fichiers (images, vidéos…) ou à certaines pages (via leur URL). Plusieurs situations peuvent expliquer la volonté de supprimer ou bloquer des pages ou sections de sites web, comme en cas de zone privée ou de refonte par exemple. Les webmasters soumettent aux crawlers leurs souhaits de désindexation et doivent attendre que les effets s'appliquent. Les robots restent toutefois les décideurs et il peut arriver que des demandes de non-indexation (ou de désindexation) ne soient donc pas respectées.

En cas de refonte ou de suppression d'une page déjà indexée par le passé, les demandes de déréférencement peuvent être longues à être prises en compte, de l'ordre de plusieurs jours à plusieurs semaines. Il ne faut donc pas s'inquiéter si une page ne semble pas disparaître rapidement malgré l'usage des méthodes de désindexation. Cela s'explique par le fait que les robots ne lisent pas à chaque passage les demandes de blocage de crawl (c'est le cas notamment pour le fichier `robots.txt` que nous étudierons par la suite, il est lu seulement une fois de temps en temps par GoogleBot), mais aussi parce que le poids et la notoriété d'une page peuvent être suffisamment importants pour que le robot hésite voire refuse de supprimer l'URL de son index.

Généralement, il est possible de forcer la désindexation d'une page en appliquant certaines directives via un fichier `.htaccess` ou en PHP par exemple, juste en bloquant les robots d'indexation. Cela force la main et accélère le processus de suppression mais ces méthodes sont un peu plus complexes à mettre en œuvre.

> **Redirections VS désindexation**
>
> Il convient aussi de ne pas confondre désindexation et redirection lorsque l'on souhaite effectuer une refonte de site web. En effet, s'il est clair que certaines pages nécessitent de sortir des pages de résultats (désindexation), la grande majorité méritent de retrouver des faveurs via des pages équivalentes ou proches dans la nouvelle version du site (redirection). Les deux phénomènes permettent de supprimer peu-à-peu les anciennes URL dans les SERP, mais les méthodes sont différentes ou complémentaires.

Limiter les accès des crawlers avec l'attribut « rel »

Google et quelques autres moteurs de recherche utilisent l'attribut HTML `rel` pour permettre aux webmasters d'orienter les choix des crawlers, ou tout du moins pour leur fournir des indications sur les liens à suivre ou non. Historiquement, la valeur repère connue des SEO était `rel="nofollow"` et indiquait à GoogleBot de ne pas suivre les liens en question. Cela avait l'avantage d'offrir une sorte de contrôle sur le crawl mais la donne a évolué avec le temps.

Depuis quelques années, nous savons que GoogleBot, notamment, suit parfois les liens même s'ils sont indiqués en `nofollow`, mais Google affirme que cette valeur permet surtout de ne pas transmettre de valeur à la page cible (PageRank). Le 10 septembre 2019, la firme a donc décidé de faire évoluer l'attribut `rel` avec deux valeurs supplémentaires, donnant ainsi plus de précisions possibles pour les webmasters (source : https://bit.ly/2X01CiA).

Désormais, trois valeurs sont donc disponibles et peuvent être cumulées au sein de l'attribut HTML. Les deux nouvelles valeurs, `ugc` et `sponsored`, ne bloquent pas le suivi des liens, elles ne font que marquer sémantiquement et Google transmet ensuite du jus de liens (valeur du PageRank) selon la typologie du marquage. Nous trouvons donc ceci :

- `rel="nofollow"` : le sens de l'attribut est sensiblement identique depuis sa création, avec un rôle de régulateur du PageRank (pas de transmission de jus de liens) et un crawl bloqué (bien que Google suive parfois les liens malgré tout) ;
- `rel="ugc"` (UGC = « *User generated content* ») : cette valeur est destinée aux liens générés par des utilisateurs, comme des liens dans des commentaires, forums, livres d'or…
- `rel="sponsored"` : son rôle est de cibler les liens vers des contenus sponsorisés, des annonces, des sponsors ou tous types de sites proposant une compensation financière (telle que l'affiliation par exemple).

Google a souhaité diviser le rôle historique du `nofollow` en trois valeurs d'attributs différentes, chacune ayant un niveau de précision supplémentaire. Voici quelques exemples valides, avec ou sans cumulation de valeur, pour l'attribut `rel` :

```html
<!-- Lien externe d'un commentaire utilisateur sans suivi de lien -->
<a href="https://www.votre-site.fr" rel="external nofollow ugc">Commentaire</a>

<!-- Lien d'affiliation (sponsorisé) sans suivi de lien -->
<a href="https://www.votre-site.fr" rel="nofollow sponsored">Produit Amazon</a>

<!-- Lien vers une annonce -->
<a href="https://www.votre-site.fr" rel="sponsored">Annonce</a>

<!-- Lien sans suivi de lien et sans transmission de PageRank classique -->
<a href="https://www.votre-site.fr" rel="nofollow">Lien sans valeur</a>
```

Quelle valeur de PageRank pour nofollow ?

L'attribut `rel="nofollow"` ne transmet pas de jus de liens et Google divise le PageRank d'une page par le nombre de liens suivis dans la page. Si un lien contient cette valeur, il compte toutefois dans la division du jus de liens, sans pour autant profiter de sa valeur. Ainsi, si vous avez dix liens dans une page, dont deux avec `nofollow`, chaque lien pèsera un dixième malgré tout, mais les deux précédemment cités n'en profiteront pas…

Gestion des metas robots

Pour désindexer une page, l'idéal est généralement de créer un fichier `robots.txt`, comme nous le verrons à la fin de cette section. Pourtant, la méthode la plus répandue et la plus connue est celle des balises `meta robots` qui permettent de fournir des directives simples aux divers crawlers au sein d'une page.

Techniquement, il convient d'intégrer une balise HTML spécifique dans la section `<head>…</head>` d'une page web et les crawlers appliquent les directives après avoir visité la page. On peut donc gérer la désindexation de chaque page indépendamment, en changeant la valeur de la balise HTML, ou en la retirant (dans ce cas, l'indexation et le suivi des liens sont autorisés par défaut).

La balise se présente sous cette forme si vous souhaitez bloquer l'indexation :

```html
<meta name="robots" content="noindex, nofollow"/>
```

Plusieurs valeurs pour l'attribut `content` sont autorisées pour gérer l'indexation :
- `index, follow` (par défaut) ou `all` : tous les contenus peuvent être indexés et les liens suivis et valorisés ;
- `index, nofollow` : tous les contenus peuvent être indexés mais les liens ne doivent ni être suivis, ni valorisés ;
- `noindex, follow` : les contenus ne doivent pas être indexés mais les liens peuvent être suivis et valorisés ;
- `noindex, nofollow` ou `none` : les contenus et les liens ne doivent pas être pris en compte. C'est la valeur recommandée lorsque l'on souhaite désindexer une page pour un moteur de recherche.

Il suffit donc d'ajuster à notre guise la valeur de cette balise en fonction de vos volontés, pour chaque page de contenus. Cependant, la balise `meta robots` présente quelques inconvénients qu'il convient de prendre en considération :

* seule la désindexation des pages HTML peut être gérée. Tout autre type de donnée ou de média en est de fait exclu, comme les PDF, les vidéos, les fichiers XML, JavaScript, etc. ;
* la désindexation est moins fiable qu'avec un fichier `robots.txt`. En effet, dans ce cas, les crawlers visitent les pages voire les analysent, et dans un second temps, ils tentent d'appliquer les directives imposées. Mais ici, si la page semble pertinente aux yeux d'un moteur, il est fréquent qu'elle se retrouve quand même indexée, même avec une contre-indication. Sans vouloir faire de mauvaise analogie, cela reviendrait un peu à faire goûter un délicieux plat à quelqu'un, puis à lui interdire d'en manger. En laissant la page se faire crawler, on suscite l'intérêt du crawler et on dépense du crawl budget, donc si le moteur estime que la page vaut le coup, elle a plus de chance d'être indexée malgré nos refus explicites. Rappelez-vous toujours que seul le crawler décide, les webmasters ne font que fournir des demandes et des directives idéales…

Nous avons vu jusqu'à présent comment gérer la désindexation avec la balise `meta robots`, mais sachez qu'il existe d'autres valeurs susceptibles de fonctionner. Ces dernières ont pour objectif de modifier le comportement des crawlers en fonction des informations que nous souhaitons mettre en exergue ou non :

* `nosnippet` : indique au robot que l'on ne souhaite pas voir de snippet affiché dans les résultats de recherche (ce n'est pas forcément conseillé si on souhaite être visible.) ;
* `noarchive` (Google/Bing) ou `nocache` (Bing) : empêche l'affichage du lien vers la version en cache de la page (cela a pour limite d'empêcher le webmaster de connaître la date et l'heure de la dernière version connue par les moteur.) ;
* `noimageindex` (Google) : précise à Google que l'on ne souhaite pas indexer les images de la page ;
* `unavailable_after:[DATE_RFC_850]` (Google) : permet de limiter l'affichage d'une page dans les résultats de recherche jusqu'à une certaine date donnée (au format RFC 850) ;

Le 24 septembre 2019, Google a décidé d'ajouter de nouvelles valeurs pour la balise `meta robots` (source : https://bit.ly/2R0n6lg) pour permettre d'affiner encore davantage l'affichage des résultats dans les SERP. Bing lui a emboîté le pas dès le 8 avril 2020 afin de laisser aux webmasters le soin de mieux personnaliser leurs snippets (source : https://bit.ly/2y5SrT1). Voici ces nouvelles valeurs :

* `max-snippet:[NOMBRE_CARACTERES_AUTORISES]` : indique le nombre de caractère maximum que l'on souhaiterait afficher pour la description dans les pages de résultats. Jusqu'à présent, les snippets font tous peu ou prou la même longueur, cette option permet de changer cette valeur (et de se distinguer dans certains cas) ;
* `max-video-preview :[NOMBRE_SECONDES]` : spécifie la durée maximale (en secondes) d'une prévisualisation vidéo animée dans les résultats de recherche ;
* `max-image-preview:[TAILLE_IMAGE]` : précise les dimensions maximales d'une image de prévisualisation relative au résultat affiché (par exemple pour les résultats touchant aux recettes de cuisine). Plusieurs valeurs sont disponibles pour déterminer la taille de la miniature à afficher : `"none"` (pas d'image), `"standard"` (l'existant actuel) ou `"large"`.

L'attribut data-nosnippet

Google peut parfois générer lui-même un extrait de site pour l'afficher dans les résultats de recherche. Dans ce cas, il ponctionne des morceaux de textes dans la page afin de mieux répondre à la requête de l'utilisateur avec un snippet correspondant. Néanmoins, il peut arriver que nous ne souhaitions pas voir certaines parcelles de textes dans les SERP, alors Google a ajouté un attribut HTML pour éviter ce problème : `data-nosnippet`. Il suffit de l'utiliser dans des balises HTML pour que le moteur de recherche ne prenne pas le texte de la balise comme exemple dans sa description de résultat. L'exemple suivant montre le fonctionnement de l'attribut.

```
<!-- Exemple avec un <span> au milieu d'un texte -->
<p><span data-nosnippet>Blog Internet-Formation</span> est un blog de Mathieu Chartier</p>

<!-- Exemple d'un masquage complet d'une <div> (ce serait la même chose pour <section>) -->
<div data-nosnippet><p>Blog Internet-Formation est un blog de Mathieu Chartier</p></div>
```

Désindexer avec un fichier robots.txt

Principe général de fonctionnement du robots.txt

La désindexation des pages et des fichiers résulte généralement de plusieurs méthodes conjointes mais la plus efficace consiste à créer un fichier `robots.txt`. Véritable fichier texte déposé à la racine du serveur, il a pour vocation d'indiquer aux robots quelles pages doivent être suivies et surtout lesquelles doivent être indexées ou non. Son rôle peut être double puisqu'il permet de déréférencer des pages ou des documents que nous jugeons peu intéressants, et offre aussi la possibilité de nettoyer des URL présentes en doublon pour contrer d'éventuels contenus dupliqués.

Généralement, un crawler lit d'abord le fichier `.htaccess`, puis il s'intéresse au fichier `robots.txt` afin d'avoir une liste de paramètres à respecter avant de procéder à l'indexation et à l'enregistrement des données. Si le fichier est absent, il continue sa lecture et indexe tout ce qui lui semble pertinent lors de ses parcours successifs.

Le fichier `robots.txt` impose des contraintes pour être pleinement fonctionnel ; veillez à les respecter. Tout d'abord, le fichier doit impérativement se nommer `robots.txt` (au pluriel et avec l'extension d'un fichier texte). Par ailleurs, pensez à placer le fichier uniquement à la racine du serveur. Enfin, veillez à ne pas bloquer l'accès au fichier côté serveur ou via un fichier `.htaccess` par exemple (sur un serveur Apache). Ces trois conditions doivent être réunies pour que le fichier joue un rôle dans l'indexation.

La moindre faute dans le nom du fichier ou un mauvais placement du document fera qu'il sera ignoré par les robots. Enfin, assurez-vous également que le fichier `robots.txt` ne contient pas de lignes vides, car cela peut entraîner un dysfonctionnement dans certains cas. L'idéal est de placer une instruction par ligne, de vérifier si des sauts de ligne ont été effectués par mégarde et de bien les supprimer avant l'envoi du fichier sur le serveur. Enfin, il faut noter que la moindre erreur du serveur qui empêche la lecture du fichier `robots.txt` bloque totalement le crawl de GoogleBot (source : https://bit.ly/2QYNJxi).

Parmi les moteurs de recherche, Google possède une telle qualité d'indexation qu'il arrive à notifier de nombreuses pages web, même celles que nous ne souhaitons pas voir apparaître. Le déréférencement agit ainsi en amont pour pallier ces éventuels problèmes. Néanmoins, sachez que la présence d'un fichier `robots.txt` n'implique pas toujours une désindexation certaine des URL indiquées. Les moteurs restent les seuls maîtres et il arrive fréquemment que quelques pages passent au travers des mailles du filet que nous avons conçu grâce à notre fichier.

Voici plusieurs cas dans lesquels les moteurs de recherche peuvent outrepasser le fichier `robots.txt` :

* le moteur a indexé la page web avant que le fichier `robots.txt` ne soit mis en place et refuse de la supprimer ;
* le fichier est incorrect ou présente des erreurs d'écriture ;
* le fichier présente une erreur bloquante (ligne vide, fichier généré dynamiquement avec une erreur…) ;
* le robot ignore des commandes de son propre chef ;
* les pages web à déréférencer sont jugées pertinentes par le robot pour différentes raisons ou parce que des liens de qualité pointent vers ces pages ;
* le fichier `robots.txt` n'est pas pris en compte lors d'un crawl. En effet, nous savons depuis 2015 que GoogleBot ne lit pas le fichier à chaque visite (source : https://bit.ly/2R1i3qZ), donc il suffit d'avoir indiqué une nouvelle directive entre deux crawls et l'indexation peut alors s'effectuer malgré notre contre-indication.

Généralement, quand une page ou un document ne doit pas être indexé, il faut passer par l'interface Google Search Console ou Bing Webmaster Center pour supprimer ces adresses superflues grâce à l'option URL à supprimer. Il s'agit d'une méthode connexe pour obtenir des résultats satisfaisants sur le long terme.

> **Encodage du fichier robots.txt**
>
> Le fichier `robots.txt` doit être encodé en UTF-8 pour être fonctionnel, les autres encodages peuvent poser des problèmes de lecture.

Google a annoncé en juillet 2019 que le fichier `robots.txt` va devenir un standard du Web, il a donc fallu travailler avec les autres moteurs de recherche, dont Bing, pour trouver les directives à prendre en compte. La documentation de Google reprend ces règles générales et applicables pour tous les moteurs de recherche (source : https://bit.ly/3aAVHUV) et fournit un lien vers le standard web qui le concerne.

Étapes de création d'un robots.txt

Nous allons créer entièrement un fichier `robots.txt` pour comprendre les différentes étapes et manipulations à effectuer. Nous verrons par la suite des spécificités souvent méconnues et des outils pour nous faciliter la tâche, mais dans un premier temps, nous devons mettre la main à la pâte pour savoir comment fonctionne ce fichier si important pour le référencement.

Tout d'abord, sachez que peu d'instructions sont disponibles dans les fichiers `robots.txt`. Les plus courantes qui nous intéressent sont les suivantes :

* `user-agent:` pour indiquer le ou les robots qui devront prendre en compte les règles à suivre ;
* `allow:` pour autoriser l'indexation des pages, sachant que cette option est celle par défaut dans les moteurs de recherche puisqu'ils crawlent et indexent si le fichier est inexistant ;
* `disallow:` pour limiter l'enregistrement et le suivi de certains documents ou pages. C'est cette fonctionnalité qui nous intéresse pour le déréférencement.

Sachez que la casse est sans importance pour les directives, vous pouvez donc librement écrire avec ou sans majuscules. Toutefois, respectez la casse dans les adresses web à bannir ou à autoriser car elle est prise en compte dans ce cas. Ainsi, il n'y a pas de différence entre `Disallow:` et `disallow:`. En revanche, `Fichier.html` et `fichier.html` sont deux documents dissociés aux yeux des robots, nous devons donc respecter leur intitulé exact.

Après chacune de ces instructions, il suffit d'inscrire les données qui nous intéressent. Commençons par le cas de la directive `user-agent:` qui est la plus simple à comprendre. Nous devons préciser le ou les robots qui prendront en compte les règles de bonne conduite du fichier `robots.txt`. Il est important de bien connaître leur nom pour apporter de la précision. Voici quelques exemples :

- Googlebot pour les résultats classiques de Google ;
- Feedfetcher-Google pour les flux de syndication de Google ;
- Googlebot-News et Googlebot-Image respectivement pour les actualités et images ;
- Yandexbot pour le moteur russe Yandex ;
- Gigabot pour Gigablast ;
- Bingbot pour Bing de Microsoft ;
- Teoma pour Ask Jeeves ;
- Yahoo! Slurp pour Yahoo! ;
- Baiduspider pour le leader de la recherche chinoise Baidu ;
- Exabot pour Exalead ;
- Lexxebot pour le moteur de recherche Lexxe…

Il existe aussi des robots spécifiques à certains programmes mis en place par des applications ou scripts, donc la liste peut être infinie. Nous avons cité ici les robots principaux que nous rencontrerons dans notre démarche de référencement. Ainsi, pour bloquer l'accès de certaines adresses web à Google ou à Bing, il faudra écrire ceci :

```
user-agent: Googlebot
{ bloc d'instructions }
user-agent: Bingbot
{ bloc d'instructions }
```

Cet exemple montre que les robots parcourent le fichier `robots.txt` de haut en bas, comme pour les fichiers HTML classiques. Il suffit dans ce cas de placer les blocs d'instructions reliés à un robot précis les uns après les autres. La seule recommandation de Google est de porter attention à l'ordre des blocs et de ne pas générer de confusion entre les instructions, bien que ce type de procédé soit rarissime.

L'autre technique pour se faciliter la tâche est d'appliquer certaines actions à tous les robots d'un seul tenant. Pour ce faire, il suffit d'utiliser le caractère * qui permet d'englober la totalité des moteurs existants. Ainsi, la ligne suivante indique que tous les robots ne devront pas suivre ni indexer les pages indiquées dans les instructions qui suivront :

```
user-agent: *
```

En réalité, nous utilisons généralement un seul bloc d'instructions pour les pages car il serait étonnant d'accepter l'enregistrement de documents sur Bing et non sur Google par exemple. C'est pour cette raison que le caractère * est régulièrement utilisé par les référenceurs en matière de déréférencement web.

Le seul cas qui nous incite à utiliser divers groupes successifs d'instructions est Google car il s'agit d'un des rares moteurs à avoir des robots distincts pour certaines plates-formes. Ainsi, vous pouvez refuser l'indexation d'un dossier d'images à Googlebot-Image sans pour autant que Googlebot soit interdit d'accès. Il en va de même pour les actualités avec Googlebot-News ou les flux de syndication avec Feedfetcher. Si vous êtes dans ces cas précis, il est recommandé de procéder à un bloc d'instructions génériques, puis à des blocs spécifiques pour les robots complémentaires.

Une fois les robots ciblés, nous devons paramétrer les adresses web à interdire ou à autoriser. Dans notre cas, nous mettrons de côté les URL à indexer puisque ce cas est celui par défaut dans les moteurs (le fonctionnement est identique à ce qui va suivre donc si `allow:` vous intéresse, vous ne serez pas perdu(e)). Il est essentiel de retenir que chacune des URL inscrites dans le fichier `robots.txt` ne doit pas contenir le protocole d'origine (`http`, `https`…) et doit être précédée du caractère / (qui indique la racine du serveur).

Les robots d'indexation vont automatiquement déduire le protocole utilisé et appliquer le schéma d'adresse web suivant : `protocole://www.nom-de-domaine.ext/url-ou-dossier-pris-en-compte`. Le caractère / correspond au nom de domaine dans l'URL. Nous pouvons ensuite bloquer l'accès à des dossiers complets, à des pages web ou à des documents spécifiques si les moteurs les prennent en compte, tels que des fichiers PDF ou DOC, par exemple.

Spécificité des protocoles du Web

Si un fichier `robots.txt` interdit l'accès à un fichier nommé `exemple.php` sur un serveur FTP comme `ftp://www.monsite.com`, il ne bloquera pas l'indexation d'un fichier du même nom si ce dernier est situé sur un serveur HTTP ou HTTPS.

Il existe peu de méthodes pour bloquer l'accès des fichiers, nous allons toutes les présenter. Nous pouvons nommer un fichier par son vrai nom comme dans l'exemple suivant :

```
disallow: /un-fichier.html
```

Il est également possible de bloquer un répertoire complet, mais n'oubliez pas d'ajouter le caractère / à la fin de l'URL pour préciser que vous souhaitez déréférencer son contenu.

```
disallow: /repertoire-bloque/
```

Attention aux slashs

L'oubli du caractère / à la en fin de répertoire pose problème car cela indique aux robots que les fichiers commençant par la chaîne de caractères indiquée doivent être bloqués. Dans l'exemple, cela signifierait que des fichiers ou des pages comme `repertoire-bloque.html` ou `repertoire-bloque/un-fichier.php` seraient bloqués.
Attention également à ne jamais écrire l'instruction `disallow: /` car elle bloque l'ensemble de l'indexation !

Vous pouvez bien entendu mélanger les deux instructions pour limiter l'accès à des fichiers situés dans des répertoires donnés comme dans l'exemple suivant :

```
disallow: /repertoire/fichier-bloque.html
```

Comme les instructions sont prises dans l'ordre, il est parfois pratique de coupler les directives `allow` et `disallow` pour éviter d'écrire trop de lignes dans le fichier. Par exemple, si vous souhaitez laisser une seule page indexable dans un répertoire complet, vous pourriez écrire ceci :

```
disallow: /repertoire-a-supprimer/
allow: /repertoire-a-supprimer/page-a-indexer.html
```

Nous pouvons limiter l'indexation avec ce type de procédé, mais d'autres méthodes plus pointues sont également disponibles. En effet, certains caractères spéciaux, que nous retrouvons souvent dans les expressions régulières en développement web ou sur Google Analytics, précisent les adresses web à bloquer ou à autoriser. Concernant les fichiers `robots.txt`, peu de caractères sont accessibles mais ils offrent des avantages certains.

- Le caractère `*` signifie « tout » en langage informatique. Il permet d'indiquer une suite de caractères autorisés dans une instruction. Par exemple, la chaîne `fichie*` signifie que toutes les pages ou fichiers qui commencent par `fichie` et qui sont suivis ou non par d'autres caractères doivent être indexés ou déréférencés.

- Le caractère `$` marque la fin d'une chaîne de caractères. Il convient de ne l'utiliser qu'après le nommage d'une extension si vous ne voulez pas que l'instruction soit obsolète. Ainsi, l'instruction `disallow: /fichie*.php$` signifie que tous les fichiers contenant la chaîne `fichie` et se terminant uniquement par `php` sont bannis.

- Les caractères spéciaux peuvent être pris en compte en utilisant l'encodage `%` dans les chemins indiqués. Par exemple, une directive `disallow: /file-with-a-%2A.html` bloquerait l'accès au fichier `file-with-a-*.html`.

- Le caractère `#` permet d'ajouter des commentaires dans les fichiers `robots.txt`, comme dans d'autres langages web ou en Shell. Tout ce qui suit ce caractère dans une ligne est interprété comme un commentaire textuel destiné à apporter des précisions jugées utiles.

Nous pouvons aller encore plus loin pour construire des blocages significatifs et qui limitent l'indexation des URL portant des paramètres gênants comme c'est souvent le cas avec des langages web tels que PHP ou C#. Voici quelques exemples d'instructions que nous pouvons insérer dans un fichier `robots.txt` :

```
user-agent: *
# Interdire l'accès aux paramètres dans une URL en HTML
disallow: /*.html$
# Interdire l'accès aux sessions PHP (avec la chaîne SESSID)
disallow: /*SESSID*
```

Comment masquer les sessions dans les URL ?

Écrivez l'instruction `SetEnv SESSION_USE_TRANS_SID 0` dans un fichier `.htaccess` pour faire disparaître les variables de session dans les URL, c'est propre et cela évite les problèmes d'indexation et de contenus dupliqués.

```
# Bloquer tous les paramètres d'URL (méthode généraliste)
disallow: /*?*
# Bloquer l'accès aux images pour tous les moteurs
disallow: /images/
```

```
user-agent: Googlebot-Image
# Bloquer les images GIF pour Gooblebot-Image
disallow: /*.gif$
```

Enfin, il est à noter que les URL peuvent être inscrites dans le fichier `robots.txt` sous leur forme originelle avec l'adresse IP sur le serveur. Les URL portant un numéro de port dans un but de sécurisation sont également tolérées. Dans ces deux cas précis, l'indexation sera limitée aux fichiers accessibles uniquement avec l'adresse IP mentionnée ou le numéro de port indiqué.

> **Attention aux redirections trop nombreuses**
>
> Le standard Web du fichier `robots.txt` indique que les robots peuvent suivre jusqu'à cinq redirections pour atteindre les URL fournies. Si pour une quelconque erreur technique, une URL n'est pas disponible après cinq redirections, alors la directive sera ignorée.

Outils et spécificités des fichiers robots.txt

Il existe d'autres directives et spécificités qui peuvent être utilisées dans le fichier `robots.txt`. Ainsi, pendant très longtemps, les référenceurs ont utilisé la directive `noindex` pour bloquer l'indexation d'une page, mais cette dernière n'est plus effective à ce jour. D'autres perdurent toutefois, comme nous allons l'observer.

Limiter la surcharge serveur avec crawl-delay

L'instruction `crawl-delay` est prise en compte sur Bing, MSN et Ask depuis 2009 (source : https://bit.ly/3aL9Yyg), mais pas sur Google. Cette fonction permet d'indiquer aux robots un délai à respecter entre deux requêtes afin de décharger le serveur. En effet, il est possible qu'une indexation massive et simultanée par divers robots engendre des pertes de vitesse de chargement pour les internautes à cause d'une surcharge serveur. Dans ce cas, indiquer un délai d'indexation plus lent peut s'avérer très utile, comme dans l'exemple suivant :

```
user-agent: Bingbot
# Indique un délai de crawl de 5 secondes entre chaque requête
crawl-delay: 5
```

Google ne prend pas en compte l'instruction `crawl-delay`. Pour maîtriser la surcharge, connectez-vous à l'adresse https://www.google.com/webmasters/tools/settings puis sélectionnez une propriété. Il ne reste qu'à paramétrer la vitesse d'exploration maximale ou laisser GoogleBot gérer lui-même le crawl.

Figure 1–19
Paramétrage de la vitesse d'exploration dans la Google Search Console

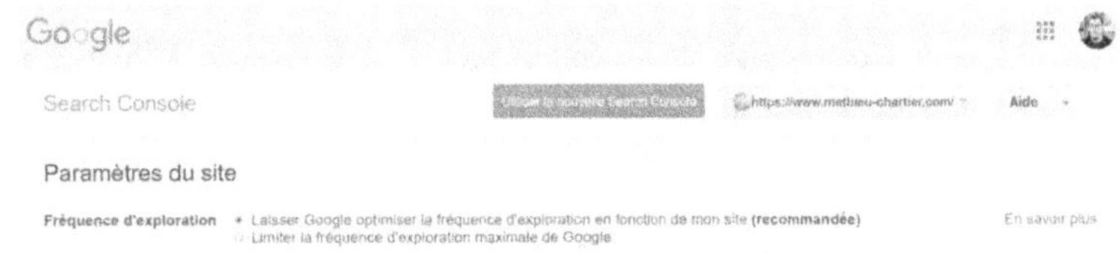

> **Mais où est passée l'option de réglages ?**
>
> Il peut arriver qu'aucune option ne soit disponible dans la rubrique Vitesse d'exploration. Si votre serveur est assez puissant et que Google a été configuré automatiquement, vous n'aurez pas à paramétrer le délai d'indexation.

Ajouter des fichiers sitemap.xml

L'instruction `sitemap:` peut s'avérer très utile pour indiquer aux moteurs de recherche le chemin d'accès direct vers un fichier `sitemap.xml`. Certains moteurs ont opté pour ce protocole, comme Google, Bing, Qwant, Ask et Exalead. Avec cette instruction, il n'est plus nécessaire de passer par les interfaces pour webmasters pour préciser l'adresse du fichier `sitemap.xml`.

Il s'agit même de la seule technique viable pour indiquer à des moteurs secondaires, tels qu'Exalead ou Qwant, le chemin d'accès à ce fichier. En effet, certains moteurs ne disposent pas d'interface pour les webmasters donc le fichier `robots.txt` reste la seule alternative pour trouver le fichier Sitemap. Voici comment procéder :

```
# Indique l'adresse du fichier sitemap.xml
sitemap: http://www.nom-de-domaine.ext/sitemap.xml
```

Où placer le fichier Sitemap ?

Il n'est pas obligatoire de placer le fichier `sitemap.xml` à la racine du site, vous pouvez aussi l'enregistrer dans un répertoire. Dans ce cas, il suffit alors d'indiquer l'adresse précise.

Si vous possédez plusieurs fichiers Sitemap, vous pouvez ajouter autant d'instructions que nécessaire pour atteindre le résultat escompté. Les moteurs gèrent bien ce procédé dans un fichier `robots.txt`.

Ne pas interdire l'accès aux fichiers Sitemap

Il arrive que les fichiers Sitemap soient indexés par les robots et affichés dans les SERP des moteurs. Il ne faut pas appliquer la syntaxe `disallow: /sitemap.xml` pour autant car cela bloquerait la lecture du fichier et contredirait l'instruction `sitemap:`.

Cas des ressources CSS et JavaScript

Google recommande de ne pas bloquer l'accès aux ressources CSS et JavaScript, quelle qu'en soit la finalité pour le site. Le moteur a fait de grands progrès en 2015 dans le crawl des fichiers CSS et JavaScript, notamment pour améliorer l'indexation et la lecture des pages web en Ajax. Par conséquent, il préfère avoir accès à un maximum d'informations pour mieux comprendre les pages, mieux les afficher et mieux respecter leur structure. Rien ne dit que cela affecte le positionnement, mais les pages web composées avec de l'Ajax sont aidées par ces nouveaux procédés de crawl.

Dans le cas d'un blocage total des ressources dans un fichier `robots.txt`, cela joue un mauvais tour aux robots de Google puisqu'ils n'ont plus accès aux contenus comme il le faudrait. Ce même procédé peut s'appliquer aussi pour les fichiers `.htaccess` ou `web.config`, qui ne doivent pas non plus bloquer l'accès aux feuilles de styles et aux scripts externes.

L'exemple de blocage le plus courant est celui de Google AdSense, dont le robot est Mediapartners-Google. La méthodologie est très simple à mettre en œuvre (source : http://goo.gl/SelEM) : elle consiste à supprimer les deux lignes suivantes au début du fichier `robots.txt` :

```
user-agent: Mediapartners-Google
disallow: /
```

Cette spécificité de Google AdSense n'est pas négligeable tant la régie est utilisée et constitue un exemple type de ressources bloquées. Google souhaite vraiment accéder au site comme si les robots constituaient un utilisateur lambda : il faut donc bloquer uniquement les fichiers ou répertoires inutiles, mais pas les ressources qui font fonctionner un site web.

Outils de création de fichiers robots.txt

Nous savons désormais comment construire manuellement des fichiers `robots.txt` optimisés et performants pour réussir notre déréférencement et tolérer la lecture de certains fichiers. Les petits sites web ne demandent pas de gros efforts en termes de désindexation, mais dès que les pages commencent à se multiplier, la donne change et se complexifie. Pour répondre aux problèmes de création d'un fichier `robots.txt`, nous disposons de nombreux outils sur la Toile, dont voici une liste non exhaustive :

- Robot Control Code Generation Tool : http://goo.gl/wa5x9t ;
- SeoBook : http://goo.gl/IIXF9D ;
- Générateur Internet MarketingNinjas : http://goo.gl/DyRAA ;
- Webophil : http://goo.gl/YLo7FI ;
- YellowPipe : http://goo.gl/ER6Ach ;
- générateur du site Aspirine : http://goo.gl/hNuZCI ;
- générateur du site HowRank : http://goo.gl/oc0ZHN.

Les différents CMS du marché disposent également d'extensions de ce type comme iRobots.txt SEO pour WordPress, RobotsTxt pour Drupal ou encore JCrawler pour Joomla notamment. D'autres CMS comme Prestashop mettent nativement un générateur de fichiers `robots.txt` à disposition des webmasters pour leur faciliter la tâche.

> **Limitation des générateurs**
>
> Notez que ces générateurs constituent une aide mais ne sont pas toujours parfaits. Qui plus est, ils n'offrent pas toutes les fonctionnalités que nous venons de découvrir. Par exemple, vous devrez ajouter manuellement les directives `noindex:` qui vous intéressent.

Désindexer des pages avec l'en-tête X-Robots-Tag

Le fichier `robots.txt` ainsi que les balises `meta robots` sont les deux méthodes les plus connues pour désindexer des pages ou des contenus dans les moteurs de recherche. Il existe pourtant une troisième technique, moins répandue, utilisant l'en-tête `X-Robots-Tag`.

Cette dernière offre l'avantage d'offrir une certaine souplesse dans la gestion de la désindexation. En effet, des en-têtes peuvent être appelés à tout moment à l'aide d'un langage côté serveur comme PHP, mais aussi directement dans les paramètres des serveurs (dans la configuration d'origine ou via des fichiers `.htaccess`). Il est donc plus simple de gérer une désindexation ponctuelle, pour un produit qui ne serait plus en stock par exemple, à l'aide de ces méthodes.

Toutes les valeurs et directives connues peuvent être utilisées avec l'en-tête `X-Robots-Tag`, à savoir :

- `index` et `noindex` ;
- `follow` et `nofollow` ;
- `all` (équivalent de « `index, follow` ») et `none` (équivalent de « `noindex, nofollow` ») ;
- `noarchive`, `notranslate`, `noimageindex`, `nosnippet` ou encore la directive `unavailable_after`.

Dans un fichier .htaccess pour un serveur Apache, nous pouvons par exemple ajouter les lignes suivantes pour gérer notre indexation :

```
# En-tête différencié selon les robots
Header set X-Robots-Tag "googlebot: index, nofollow"
Header set X-Robots-Tag "otherbot: noindex, nofollow"

# Bloquer l'archivage des pages
Header set X-Robots-Tag "noarchive"

# Indiquer à GoogleBot qu'il ne faut plus visiter et indexer la page à une date précise
Header set X-Robots-Tag "unavailable_after: 31 Dec 2018 23:59:59 PST"

# Empêcher Google de proposer une traduction de la page
Header set X-Robots-Tag "notranslate"

# Bloquer l'indexation des images d'un site
Header set X-Robots-Tag "noimageindex"

# Bloquer l'indexation des fichiers DOC et PDF
<FilesMatch "\.(doc|pdf)$">
Header set X-Robots-Tag "noindex, noarchive"
</Files>
```

Ce ne sont que des exemples, mais ces derniers peuvent aussi être appliqués sur des serveurs IIS ou Nginx. Pour le second cité, on peut donc imaginer des variantes comme celle-ci :

```
location ~* \.(txt|log|xml|css|js)$ {
add_header X-Robots-Tag noindex, noarchive;
}
```

Enfin, si vous souhaitez gérer l'en-tête X-Robots-Tag avec PHP, cela est très simple avec la fonction header() fournie par le langage. Il ne reste qu'à indiquer le type de directive ou de valeur qui vous intéresse :

```
// Indexation limitée mais liens suivis par les moteurs
header("X-Robots-Tag: noindex, follow", true);

// Désindexation des images d'un site
header("X-Robots-Tag: nosnippet", true);
```

La documentation de Google est fournie à ce sujet et devrait vous aider à trouver la solution qui vous convient (source : https://goo.gl/m78sEG). Elle indique notamment les directives et valeurs acceptées, ainsi que des variantes d'écritures selon les serveurs utilisés. Retenez juste qu'indiquer une valeur erronée ou non valable sera considéré comme du noindex par Google ; alors, il convient de prendre des précautions avant d'utiliser ce type de méthode (source : https://goo.gl/yWNrBu).

Retirer une URL via les Webmaster Tools

Malgré toutes les techniques de désindexation que nous avons vues précédemment, il peut arriver que les URL soient tout de même indexées contre notre volonté, notamment dans le cas d'une refonte d'un site web (avec des changements d'URL redirigées ou non). Souvent, ce problème est temporaire et peut disparaître après plusieurs passages des robots, mais dans bien des cas, les pages indésirables perdurent et nous posent de réels problèmes.

Dans ce cas, nous allons essentiellement chercher à supprimer l'affichage des pages non désirées dans les SERP. Et pour ce faire, les outils pour webmasters peuvent être d'une aide non négligeable, puisqu'ils proposent des interfaces de suppression d'URL. En général, la suppression est effective pour 90 à 180 jours selon le moteur, mais si nous avons bien effectué notre travail de désindexation, il arrive que les pages ne reviennent plus jamais après les avoir spécifiquement notifier dans les Webmaster Tools.

Dans la Google Search Console, il suffit de cliquer sur le bouton « Suppression » de la section « Index ». Une liste des URL à masquer est affichée (vide par défaut) et il ne reste qu'à effectuer de nouvelles demandes pour supprimer une adresse précise ou une liste d'adresses commençant par le même préfixe. Il est également possible de retirer uniquement des URL de cache si besoin.

Figure 1–20
Suppression temporaire (masquage)
d'une URL dans les résultats de recherche
de Google

Bing propose aussi de bloquer des URL pour ne plus les afficher. Comme pour Google, il est possible de bloquer uniquement l'URL de cache si on le souhaite, ou bien les deux. Masquer un répertoire complet est également envisageable, ce qui correspond à l'action de l'option « préfixe » de la Google Search Console.

Figure 1–21
Suppression temporaire d'une URL
dans les résultats de Bing

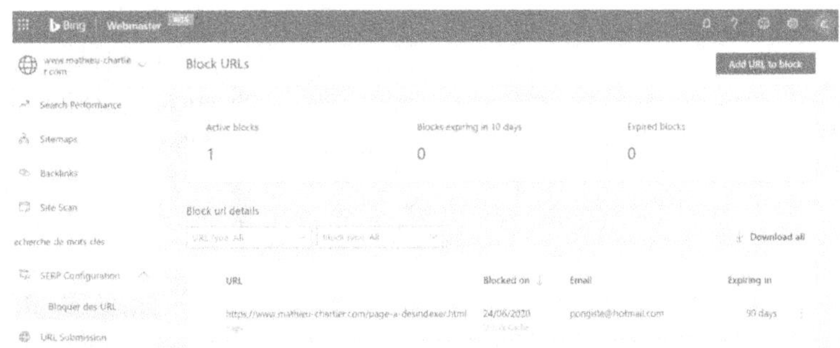

Cette option existe également dans Yandex Webmaster si nous souhaitons contrôler la désindexation dans le moteur russe. Il suffit de cliquer sur l'option dédiée dans les outils complémentaires.

Figure 1–22
Suppression d'une URL ou
d'un répertoire dans Yandex Webmaster

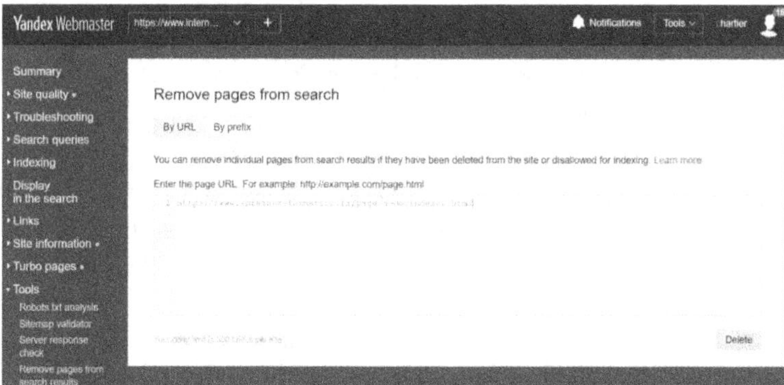

L'inconvénient du masquage des URL (ou répertoires) est son aspect éphémère. En général, les webmasters qui décident de supprimer une URL souhaitent plutôt que cela soit définitif. C'est pourquoi il est fortement recommandé de coupler ces méthodes avec une bonne technique de désindexation ou avec des redirections permanentes (voir Chapitre 2).

Autres techniques d'optimisation

Maîtriser les rich snippets

Présentation des extraits enrichis

Les extraits de code enrichis (rich snippets) permettent d'ajouter une surcouche sémantique dans le code des pages afin d'apporter un certain nombre de précisions utiles pour les robots. Ces données complémentaires ont pour rôle de mieux qualifier les contenus et faire comprendre la logique et la structure du code aux moteurs de recherche.

Prenons un exemple : si nous créons une fiche produit en xHTML, nous mettons en place plusieurs « champs » comme le bloc pour les photos du produit, le prix, la disponibilité, la description ou encore le titre. Tous seront souvent qualifiés sémantiquement par les mêmes balises en HTML, à savoir les <div>.

Par conséquent, comment Google peut-il différencier les blocs et mieux comprendre les contenus ainsi que notre structure de page ? Certes, les contenus sont une indication mais cela ne suffit pas. C'est en ce sens qu'interviennent les extraits de code enrichis, qui aident à la compréhension du code par les robots.

L'autre avantage des rich snippets nous concerne directement puisque certains balisages spécifiques améliorent l'affichage des résultats dans les SERP, ce qui octroie une visibilité accrue pour ces pages au détriment des concurrents. Certes, le positionnement web n'est pas augmenté par ce biais, mais si l'affichage est meilleur et que le résultat occupe plus de place à l'écran, il est fort probable que le taux de clics soit amélioré.

Tout l'intérêt des extraits de code enrichis se retrouve ici pour les référenceurs, bien que nous puissions éventuellement envisager un impact sur le positionnement dans les années à venir si Google trouve cette démarche valable.

De nombreuses analyses ont montré que les extraits de code enrichis amélioraient le taux de clics, réduisaient le taux de rebond dans les pages web visitées voire favorisaient le taux de conversion dans les boutiques en ligne.

En effet, les rich snippets sont nombreux et ont tous leur rôle à jouer, mais tous ne permettent pas d'afficher des informations supplémentaires dans les résultats de recherche. Tous les sites ne sont donc pas directement impactés par ces données sémantiques.

Souvent, ce sont les sites e-commerce qui en profitent ou les sites utilisant des systèmes de notation (blogs, sites de cuisine…) mais aussi les sites musicaux. Voici les informations les plus souvent affichées à l'aide des extraits de code enrichis :

- étoiles de notation et/ou nombre de votes ;
- nom, tarif et/ou disponibilité d'un produit ;
- titre, durée et album de musique ;
- numéro de téléphone et/ou adresse ;
- logo d'entreprise lorsque Google estime que cela est pertinent (possible à l'aide de l'attribut `rel="publisher"` placé dans une balise `<link />`).

Figure 1–23
Exemples de rich snippets affichés dans les SERP

La documentation de Google explique comment mettre en place des rich snippets (source : http://goo.gl/rpcPZ7).

1 Choisir un format de balisage parmi ceux autorisés : microdonnées avec Schema.org ou JSON-LD (recommandé par Google), ou encore RDFa (relativement simple à mettre en place autour d'attributs `property` notamment).

2 Effectuer le balisage des contenus à partir du format choisi.

3 Vérifier et tester l'exactitude du balisage à l'aide de l'outil en ligne mis à disposition par Google à l'adresse suivante : https://search.google.com/structured-data/testing-tool

Faut-il absolument intégrer des extraits de code enrichis ?

Les rich snippets sont utiles mais pas nécessairement pour tous les types de sites. Il faut savoir que Google peut pénaliser des sites qui abusent des extraits de code enrichis ou qui les utilisent à outrance alors que les pages ne le nécessitent pas forcément. Aussi, soyons vigilants et utilisons-les avec intelligence.

Nous allons étudier comment mettre en place des extraits de code enrichis selon les trois formats disponibles en nous basant sur trois exemples simples de données qui peuvent être affichées dans les SERP : une fiche produit, des coordonnées d'entreprise et un système de notation.

Figure 1–24
Exemple de test avec l'outil de Google

Microdonnées et Schema.org

Schema.org (https://schema.org) et les microdonnées représentent le format le plus conseillé à ce jour. S'il n'est pas meilleur que ces concurrents directs, il offre l'avantage d'avoir des attributs et des propriétés tolérées par le W3C et la spécification HTML 5. Nous verrons que les autres formats, notamment les microformats, ne présentent pas forcément les mêmes avantages.

Globalement, les microdonnées se basent sur trois attributs HTML.

- `itemscope` indique qu'un balisage Schema.org va être mis en place dans un bloc. Il faut ajouter cet attribut dans tous les blocs qui contiennent une sémantisation du code (`<div>`, `<header>`, `<article>`…).

- `itemtype` précise le type de sémantisation mis en place. Cela diffère en fonction des informations que nous souhaitons mettre en avant. Par exemple, le type pour présenter la fiche d'un film est `itemtype="http://schema.org/Movie"`, celui pour présenter une personne est `itemtype="http://schema.org/Person"` et celui pour afficher des informations concernant un produit est `itemtype="http://schema.org/Offer"`. La liste des attributs `itemtype` est disponible sur le site de Schema.org. Attention toutefois car il existe des sous-types intermédiaires, notamment pour les fiches produits, etc.

- `itemprop` correspond à la liste des propriétés à indiquer pour chaque information que nous souhaitons préciser. Il existe des listes de propriétés selon les types sélectionnés mais toutes ne sont pas utiles si vous souhaitez uniquement voir des informations affichées dans les SERP de Google.

Nous pouvons désormais envisager la mise en place de nos trois exemples simples pour visualiser comment utiliser les extraits de code enrichis. Pour ce faire, il suffit de suivre les indications et les tableaux de données fournis par le site Schema.org.

Pour les fiches produits, voilà ce qu'il est possible de réaliser :

```html
<div itemscope itemtype="http://schema.org/Product">
    <section itemprop="offers" itemscope itemtype="http://schema.org/Offer">
        <img itemprop="image" src="image-produit.jpg" />
        <h2 itemprop="name">Nom du produit</h2>
        <article itemprop="description">Description du produit</article>
        <div>
            <p itemprop="price">1000€</p>
            <p itemprop="sku">En stock</p>
        </div>
    </section>
</div>
```

Nous voyons ici que les attributs `itemtype` peuvent se confronter. En réalité, chaque type d'information contient des propriétés propres et des sous-propriétés accessibles via d'autres sous-types, c'est notamment le cas entre le type `Product` et le sous-type `Offer` qui permettent d'afficher le prix des produits et leur disponibilité.

Prenons maintenant l'exemple de la sémantisation de coordonnées pour des sociétés, associations ou entreprises en tout genre.

```html
<div itemscope itemtype="http://schema.org/Person">
    <h2 itemprop="name">Mathieu Chartier</h2>
    <img src="photo-profil.jpg" itemprop="image" />
    <p itemprop="jobTitle">Formateur et référenceur</p>
    <div itemprop="address" itemscope itemtype="http://schema.org/PostalAddress">
    <p itemprop="streetAddress">Avenue de la Fraternité</p>
    <p>
        <span itemprop="postalCode">86000</span> 
        <span itemprop="addressLocality">Poitiers</span>
    </p>
    <p itemprop="addressRegion">Poitou-Charentes</p>
    </div>
    <p itemprop="telephone">06 xx xx xx xx</p>
    <p>E-mail : <a href="mailto:contact@internet-formation.fr"
    itemprop="email">contact@internet-formation.fr</a></p>
    <p>Site web : <a href="http://www.internet-formation.fr"
    itemprop="url">www.internet-formation.fr</a></p>
</div>
```

Nous voyons que beaucoup d'informations peuvent être précisées à l'aide des propriétés `itemprop`. Il convient également de mélanger le type `Person` et le sous-type `PostalAdress` si nous souhaitons afficher toutes les données relatives à un lieu et une personne.

Pour les personnes morales, le type `PostalAdress` peut suffire. Il faudra ajouter la propriété `name` pour indiquer le nom de la société ou de l'association, par exemple.

Enfin, nous allons étudier comment mettre en place la sémantisation d'un système de notation sur un blog, par exemple, même si ce principe peut s'appliquer à presque tous les sites web.

```
<article itemscope itemtype="http://data-vocabulary.org/Review">
    <h2 itemprop="itemreviewed">Titre de l'article</h2>
    <h3>Publié par <span itemprop="reviewer">Alexandra Martin</span> le 5 mai.</h3>
    <p>Texte de l'article</p>
<div>
<p><span itemprop="count">10</span> personnes ont voté.</p>
<p>
    <span itemprop="rating" itemscope itemtype="http://data-vocabulary.org/Rating">
    <span itemprop="average">4.2</span>/
    <span itemprop="best">5</span>
</p>
</div>
</article>
```

Intégrer des systèmes de notation enrichis

Il existe d'autres méthodes pour afficher les notes, n'hésitez pas à vous appuyer sur les exemples fournis par Google dans ses documentations (source : http://goo.gl/78mnsM) ou sur le site officiel des microdonnées (source : http://schema.org).

RDFa

Le dernier procédé pour ajouter de la sémantique dans les codes HTML est le RDFa (*Resource Description Framework attributes*, http://rdfa.info), un des plus anciens à avoir été créé. Le code est bien plus marqué ici car de nouveaux espaces de noms ont été créés en XML à l'origine pour développer cette technique.

Le système RDFa est beaucoup plus complexe que les autres car il peut faire appel à plusieurs types de balisages différents comme celui de Dublin Core (dc dans les codes) ou tout simplement le vocable RDFa (source : http://rdf.data-vocabulary.org/rdf.xml). Selon le langage préféré, certaines différences sont notables.

Globalement, voici les attributs utiles en HTML pour mettre en place le balisage RDFa :

- xmlns indique le type d'espace de noms utilisé, par exemple Dublin Core ;
- typeof indique le type d'information sémantiquement décrite ;
- rel précise des relations avec d'autres documents ou ressources ;
- property indique les propriétés sémantiques ;
- content accompagne parfois property pour fournir le contenu sous la forme valide tolérée par le système RDFa.

Nous allons tenter de reprendre nos trois exemples dans ce format sémantique en commençant tout d'abord par les fiches produits.

```
<section prefix="foaf:http://xmlns.com/foaf/0.1/ gr:http://purl.org/goodrelations/v1#"
typeof="gr:Offering">
    <img rel="foaf:depiction" src="image-produit.jpg" />
    <h2 property="gr:name">Nom du produit</h2>
    <article property="gr:description">Description du produit</article>
    <div property="gr:hasPriceSpecification" typeof="gr:UnitPriceSpecification">
        <p><span property="gr:hasCurrencyValue">1000</span>
        <span property="gr:hasCurrency">€</span></p>
        <p>En stock></p>
    </div>
</section>
```

Les sociétés et personnes peuvent aussi être décrites avec RDFa :

```html
<div xmlns:v="http://rdf.data-vocabulary.org/#" typeof="v:Person">
    <h2 property="v:name">Mathieu Chartier</h2>
    <img src="photo-profil.jpg" class="photo" />
    <p property="v:title">Formateur et référenceur</p>
    <div rel="v:adress" typeof="v:Adress">
        <p property="v:street-address">Avenue de la Fraternité</p>
        <p>
            <span property="v:postal-code">86000</span> 
            <span property="v:locality">Poitiers</span>
        </p>
        <p property="v:region">Poitou-Charentes</p>
    </div>
    <p rel="v:tel">06 xx xx xx xx xx</p>
    <p>E-mail : <a href="mailto:contact@internet-formation.fr"
    property="v:email">contact@internet-formation.fr</a></p>
    <p>Site web : <a href="http://www.internet-formation.fr"
    property="v:url">www.internet-formation.fr</a></p>
</div>
```

Pour les personnes morales, il faut ajouter un sous-type avec `typeof="Organization"`, puis avec l'attribut `property="v:name"` pour indiquer la raison sociale.

La notation reprend un peu le même principe avec le type `v:review` :

```html
<article xmlns:v="http://rdf.data-vocabulary.org/#" typeof="v:Review">
        <h2 property="v:itemreviewed">Titre de l'article</h2>
        <h3>Publié par <span property="v:reviewer">Alexandra Martin</span>
                le <span property="v:dtreviewed" content="2015-05-05">5 mai</span>.</h3>
    <p>Texte de l'article</p>
    <div>
        <p><span property="v:count">10</span> personnes ont voté.</p>
        <p rel="v:rating">
            <span typeof="v:Rating">
            <span property="v:average">4.2</span>/
            <span property="v:best">5</span>
        </p>
    </div>
</article>
```

JSON-LD

JSON-LD est un format de balisage sémantique récent, dérivé de la notation standard en JSON (source : http://json-ld.org). Le suffixe « LD » signifie « Linked Data » ; cette écriture est donc utilisée pour servir de marqueur de données sous la forme de groupes « propriété : valeur ».

Google utilise, voire favorise, le format JSON-LD pour mettre en œuvre les extraits structurés (source : https://goo.gl/4dpk8b). Aussi, tous les types ainsi que toutes les propriétés et valeurs de `schema.org` sont compatibles avec JSON-LD. Ce n'est donc qu'un choix d'écriture en définitive, souvent préféré par Google.

L'usage des microdonnées est souvent maîtrisé par les webmasters car cela fait plusieurs années que `Schema.org` est implanté, mais l'insertion des propriétés spécifiques au sein des balises HTML est parfois fastidieux et chronophage. Le format JSON-LD se présente alors comme une alternative pratique car tout est concentré entre des balises `<script>`, souvent calées en bas des codes sources. Il convient juste de respecter le type `"application/ld+json"` pour que cela soit fonctionnel pour les moteurs de recherche.

Dans la documentation de Google au sujet des données structurées (source : https://goo.gl/l647ld), de nombreux exemples sont fournis pour chaque type de donnée. Les propriétés et valeurs possibles sont indiquées, qu'elles soient obligatoires ou non, et il ne reste qu'à personnaliser le rendu. Voici un exemple complet en JSON-LD pour une fiche-produit sur un site e-commerce :

```
  <script type="application/ld+json">
{
  "@context": "http://schema.org/",
  "@type": "Product",
  "name": "Nom du produit",
  "image": "http://www.boutique.com/image-produit.jpg",
  "description": "Description du produit",
  "brand": {
    "@type": "Thing",
    "name": "Nom de la marque du produit"
  },
  "offers": {
    "@type": "Offer",
    "priceCurrency": "EUR",
    "price": "99.99",
    "priceValidUntil": "2020-12-31",
    "availability": "InStock",
    "seller": {
      "@type": "Organization",
      "name": "Nom de la boutique"
    }
  }
}
</script>
```

L'avantage de la notation JSON-LD est de regrouper toutes les données structurées dans un même endroit, sans avoir à modifier les balises HTML. En outre, ce format reste assez lisible puisque toute la logique structurelle des marqueurs sémantiques est mise en avant par les tabulations et les types/sous-types de données (représentés par la propriété spécifique `"@type"`). En définitive, que ce soit en termes de lecture/écriture ou de maintenance des données structurées, le format JSON-LD se présente réellement comme la meilleure alternative.

Optez pour un générateur de données structurées en JSON-LD

Le site TechnicalSEO a publié un outil de génération de données structurées Schema.org en JSON-LD (source : https://goo.gl/HmF8nQ). Si vous avez des craintes dans la réalisation de ce balisage sémantique, ce type d'outil peut être une bonne solution pour vous aider. Le générateur est lié à l'outil de test des données structurées de Google afin de vous faire gagner du temps, mais aussi avec les documentations Schema.org pour chaque type de données. Il existe aussi l'excellent générateur JSON-LD de Web Code Tools si vous préférez une autre alternative (source : https://goo.gl/jWVGRk). Enfin, un autre outil moins complet est également disponible sur le site hallanalysis.com si ces derniers ne vous conviennent pas (source : https://goo.gl/gam8ZY).

Outil d'aide au balisage des extraits de code enrichis

Google a récemment mis en place un outil d'aide à la réalisation du balisage sémantique des pages web. En effet, nous ne sommes pas tous des techniciens hors pair et il peut s'avérer utile de disposer d'outils pour faciliter le travail. Certes, les sites officiels de chaque format présentent parfois des outils de création, mais le Markup Helper de Google semble être encore bien plus fiable (source : http://goo.gl/9YlFuB). L'outil est accessible à l'adresse https://bit.ly/39TJB8r ou via les Web Tools de la Google Search Console dans la section dédiée aux données structurées. L'outil met à disposition plusieurs solutions pour réaliser son balisage sémantique :

- création des balises sémantiques à partir d'une URL existante ou d'un code HTML donné pour les sites web ;
- création du balisage pour des e-mails HTML.

Une liste de types d'informations est proposée pour affiner le balisage au fur et à mesure. Cela peut prendre un peu de temps quand les pages sont complexes, mais il suffit en réalité de répéter la démarche suivante :

- entrez l'URL de votre site web ;
- sélectionnez le type de données parmi les choix disponibles ;
- cliquez sur les zones à qualifier dans votre site et indiquez le type d'information décrite ;
- affichez le code HTML généré par Google Markup Helper ;
- copiez ou téléchargez le code HTML généré pour remplacer votre page existante.

Figure 1–25
Outil d'aide au balisage fourni
par Google

La capture suivante montre l'évolution du balisage par simple clic sur les zones à utiliser comme référence. Après une sélection du texte, de l'URL ou d'une image par exemple, l'outil propose des champs associés et il suffit de choisir celui correspondant à la donnée ciblée. Si la page ne contient pas la valeur visible, vous pouvez ajouter une valeur supplémentaire avec un bouton dédié (c'est le cas dans la capture en ce qui concerne le champ « Auteur » notamment). Sachez toutefois que le balisage HTML généré par l'outil n'est pas toujours parfait, il contient parfois des erreurs HTML ou des invalidités avec la spécification du W3C.

Figure 1–26
Mise en place du balisage
avec Google Markup Helper

L'outil d'aide au balisage de Google est une bonne surprise qui ravira les moins techniciens d'entre nous mais restons toutefois vigilants en raison des erreurs engendrées. De plus, l'outil ne permet pas d'utiliser les microformats ou RDFa, il se contente uniquement des microdonnées avec Schema.org.

Retenons aussi que les SERP de Google affichent des informations complémentaires qui proviennent au moins aussi souvent des microdonnées que des autres formats. Il ne faut donc pas nécessairement privilégier Schema.org, les autres systèmes de balisage ont un réel rôle à jouer dans l'affichage de données dans les résultats du moteur de recherche.

Position 0 et Answer box

En quête vers la position 0

Par « Position Zéro », on entend tout ce qui est au-dessus de la première position en résultat naturel sur une page de résultats du moteur de recherche Google (SERP). Dans cette position 0, plusieurs types de résultats ressortent, sous plusieurs formes. Voici un petit échantillon des innombrables possibilités :

- Les résultats en provenance de Google Ads, reconnaissables à la mention « Annonce ». Si vous espérez être dans ce type de position 0, il n'y a pas d'autres solutions que passer par la case Ads.
- Les *Direct Answers*, *Answer box* ou *Onebox*, une réponse directe visible dans la SERP à une question posée par l'internaute. Pour ce type de résultat, Google fait appel à ses bases de données (Freebase, Wikidata). Nous n'avons pas la main sur ce type de résultat mais, en termes de visibilité, ils ont un fort intérêt pour les sites, entreprises et marques.

Parmi ces réponses directes présentées dans le moteur de recherche, nous avons là encore plusieurs types d'informations qui ressortent :

- Les partenariats, comme la météo, les résultats de certains sports ou d'élections, les horaires de cinéma, des convertisseurs de monnaie (euro en dollar par exemple)… Dans le cas d'un partenariat, Google affiche l'URL du partenaire, mais nous ne savons pas s'il s'agit des partenariats payants ou gratuits derrière cet affichage privilégié. Une chose est sûre, seuls quelques partenaires ou outils de Google peuvent apparaître ainsi.
- Les Easter Eggs, des fonctions cachées de Google qui s'amusent à mettre en place des « surprises » pour l'internaute sur certaines requêtes. Essayez de taper « do a barrel roll », « random generator », « color picker », « blink html » ou encore « spinner » dans la barre de recherche du moteur et vous verrez des résultats particuliers ressortir en position 0 (ou ailleurs parfois). Là encore, nous n'avons pas la main sur ce type de résultats.

- Les PAA (*People Also Ask*), pas encore présents en France métropolitaine mais outre-Atlantique. Google propose des questions supplémentaires en relation avec la question principale posée par l'internaute pour inciter ce dernier à aller plus loin dans sa démarche et lui apporter ainsi plus de réponses…

- Les POI (*Point Of Interest*) correspondent à un carrousel d'informations fourni par Google sur certaines requêtes. Nous ne savons pas vraiment où il trouve l'information, mais certainement dans ses bases de données. Comme pour le reste, nous n'avons pas la main dessus.

- La recherche universelle, dont les informations sont souvent issues de Wikipédia, Freebase, Wikidata et des outils Google (Images, Maps, News). Nous pouvons travailler sur la présence locale avec My Business et sur les balises de données structurées ayant un impact sur le Knowledge Graph pour essayer d'être présent, mais nous n'avons aucune garantie que cela fonctionne (source : https://goo.gl/RPyzHS).

- Les featured snippets, un encadré de résultats qui reprend des portions de contenus d'un site pour répondre à une question posée. C'est ce type de résultat qui intéresse le plus les référenceurs car, avec quelques astuces, il est possible de prendre la main sur cet espace privilégié. Nous verrons par la suite quelques pistes d'optimisation pour tenter d'apparaître dans les featured snippets…

Figure 1–27
Exemple de PAA non disponible
en France à ce jour

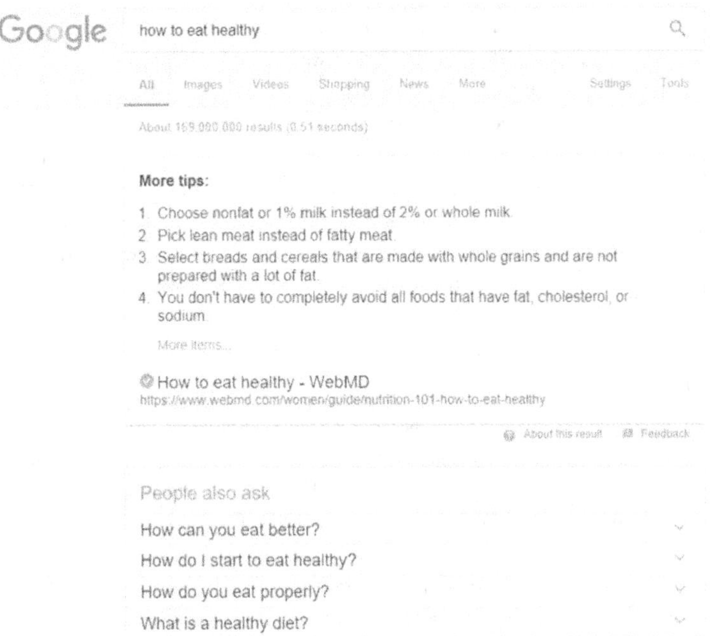

Si nous résumons, nous distinguons donc deux types principaux de réponses en position 0 de Google :

- Les Onebox, à savoir des réponses directes générées par Google grâce à ses données personnelles (Knowledge Graph, Easter Egg) ou encore à des partenaires. Il est donc très compliqué d'interagir sur ce type de résultat, Google ayant la main quasiment à 100 %.

- Les featured snippets correspondant à un petit contenu repris sur un site web externe et valorisé par une mise en page spéciale. Ce type d'extrait est toujours accompagné de son lien source et peut donc être d'une grande aide pour les sites sélectionnés (meilleur taux de clic et de conversion).

Bien que ces deux notions se rapprochent naturellement, il convient de ne pas les confondre. Les deux types de réponses se mettent dans une Answer box (bloc en position 0 au-dessus des SERP) mais se distinguent par la provenance de l'information affichée (données de Google ou contenu de sites externes).

Answer box : pourquoi Google a-t-il mis en place ce type de réponse ?

L'Answer box est une fonctionnalité avancée de Google qui propose à l'internaute la réponse à sa question sans que celui-ci soit obligé de cliquer sur un lien organique. Toutefois, il lui laisse le choix de le faire s'il souhaite avoir plus d'informations ; c'est pourquoi le lien de la source est toujours affiché en complément.

La multiplication des réponses affichées dans l'Answer box montre à quel point Google souhaite devenir un moteur de réponse et non plus un moteur de recherche au sens propre. Il ne cesse d'innover et cela se voit surtout au travers de ses évolutions (Panda, Penguin, Hummingbird, RankBrain, BERT). L'objectif de toutes ses mises à jour est de perfectionner son algorithme et de le rendre de plus en plus intelligent pour finalement offrir les meilleurs résultats aux internautes : des réponses pertinentes et des résultats précis pour améliorer l'expérience utilisateur. En soi, Google cherche à offrir des réponses aux usagers et non pas nécessairement des moyens de trouver ces réponses (en cliquant dans des sites notamment)…

Et si nous allons même plus loin, nous pouvons considérer que cette démarche glisse naturellement vers le web vocal et mobile. La stratégie d'avenir de Google passe clairement par le couple vocal/mobile. On le voit avec la mise en place de RankBrain ou de l'index Mobile First (pour ne citer qu'eux), avec la multiplication des recherches vocales sur Android TV ou même avec le développement de solutions comme l'assistant personnel Google Home… Les mobinautes n'utilisent plus le moteur de recherche comme avant et les mots-clés sont remplacés par les questions. Google va alors chercher dans son index la meilleure réponse pour la fournir oralement à l'internaute. Dans tous ces cas, il s'agit bel et bien d'un moteur de réponse, partant d'une recherche vocale. En résumé, retenez que 20 % des recherches mobiles sont faites en vocal et, d'après les projections, cela pourrait augmenter jusqu'à 50 % en 2020 (source : https://goo.gl/2QBfoq).

> ### Des réponses vocales dans les positions 0
>
> Nous savons que les contenus issus des positions 0 (et notamment des Answer box) sont utilisés en cas de réponse à une recherche vocale. L'assistant décrypte la requête vocale, la transforme en une requête écrite compréhensible, et annonce, si elle existe, la réponse issue de la position 0 à l'oral. Si aucune réponse n'est trouvée, l'assistant indique ne pas pouvoir répondre à l'utilisateur. Ce phénomène démontre l'importance pour les entreprises d'obtenir cette position si difficile à atteindre dans certains secteurs d'activités dépendant énormément de demandes orales.

Alors pourquoi parle-t-on en général plutôt de position 0 que de l'Answer box ? Tout simplement parce que la transition s'est faite en douceur et que les spécialistes ont dû adapter leur langage. Au fur et à mesure de l'évolution du moteur, nous avons assisté à un changement de l'anatomie des SERP. Si, naguère, la page de résultats était fondée sur 10 liens bleus, nous constatons qu'à ce jour, les types de résultats renvoyés par le moteur sont très diversifiés (Maps, Shopping, Adwords, Actualités, Knowledge Graph, Box, Pack Local). Si nous remontons de quelques années, un positionnement en première page suffisait amplement pour attirer des internautes vers son site. Cela n'est plus totalement vrai de nos jours et le trio de tête a vraiment un rôle primordial sur tout le reste des résultats (notamment car l'affichage sur mobile laisse moins de place aux autres résultats organiques). L'émergence des réponses apportées par Google au-dessus des SERP historiques est vue comme le Graal ; les spécialistes lui ont donc logiquement attribué le nom de position 0.

Featured snippet : des extraits vraiment enrichis…

Google définit lui-même les featured snippets dans sa documentation : « lorsqu'un internaute pose une question dans la recherche Google, un résumé de la réponse s'affiche parfois en haut des résultats, dans un bloc spécial appelé featured snippet (extrait optimisé). Ce bloc comprend un résumé de la réponse, extrait d'une page web, ainsi qu'un lien vers cette page, son titre et son URL. » (source : https://goo.gl/Kymzb7). La capture suivante montre à quoi ressemble un featured snippet présent dans la position 0 tant recherchée.

Figure 1–28
Affichage d'un featured snippet en position 0.

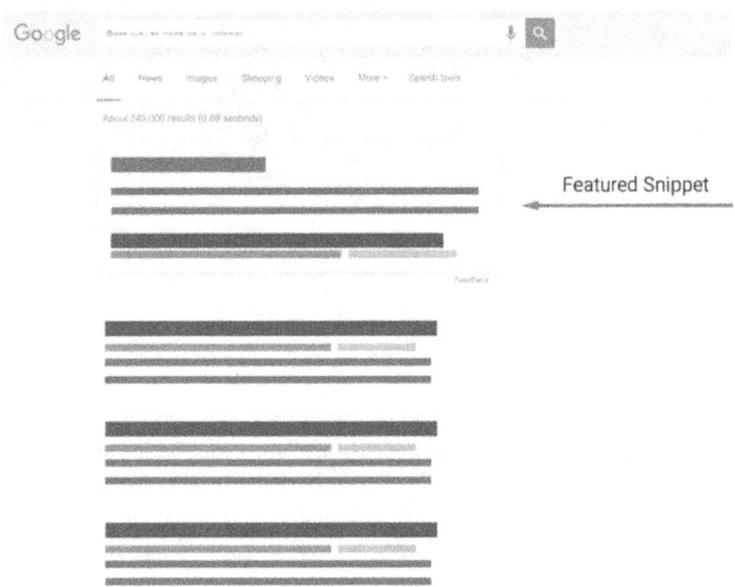

Les featured snippets apparaissent donc dans l'Answer box de Google. Il s'agit d'extraits optimisés d'une page web jugée pertinente, que Google reprend dans son bloc de réponse. Les featured snippets, comparés aux Onebox, ont la particularité de citer toujours le lien de la source en dessous du bloc de réponse. Une petite mention *À propos de ce résultat* peut également nous confirmer qu'il s'agit d'un featured snippet, car la mention n'est pas visible sur les Onebox.

Google fouille le contenu d'un site web pour trouver le meilleur résumé. Ce « résumé est extrait d'une page web de façon programmatique. Il se différencie des autres types d'extraits, car il est optimisé pour attirer l'attention de l'internaute sur la page de résultats » comme le cite lui-même Google dans sa documentation (source : https://goo.gl/66Ndbo).

Selon Moz.com (source : https://goo.gl/tVrGDU), un site américain très réputé en SEO, nous pouvons classer trois types de featured snippets :

* Les paragraphes à hauteur de 63 % des réponses affichées. Quelques lignes issues du site placées en position 0, le plus souvent une définition. L'objectif est de donner une réponse rapide à la question posée par l'internaute.

* Les listes à puces ou numérotées à hauteur de 19 % des réponses affichées. Le plus souvent, Google répond à la question en donnant les quelques étapes à suivre pour trouver une réponse à la question posée. C'est par exemple le style d'un tutoriel en ligne ou d'une recette de cuisine.

- Les tableaux d'information à hauteur de 16 % des réponses visualisées. Ici, Google va comparer deux éléments (ou plusieurs) et utiliser un tableau, voire des graphiques, pour mettre la réponse en forme.

Figure 1–29
Exemple d'un featured snippet
pour une recette de cuisine

Comment faire apparaître son site web dans l'Answer box de Google ?

À la question « *Comment faire pour qu'un extrait optimisé d'une page s'affiche dans l'Answer box ?* » (entendez par là un featured snippet dans le cas d'une page web), Google répond que cela n'est pas possible. Selon les dires de la firme : « Google détermine de façon programmatique qu'une page donnée contient une réponse possible à la question de l'internaute et affiche alors le résultat dans un extrait de page optimisé. » (source : https://goo.gl/zaEsFT).

Si nous devons croire Google, il est donc impossible de travailler et d'optimiser une page web pour arriver à faire apparaître des portions de contenus dans les featured snippets. Néanmoins, de nombreux tests ont été effectués par les spécialistes et il semblerait que certaines optimisations portent leur fruit. Alors certes, nous n'avons pas un contrôle total sur l'affichage de contenus dans les featured snippets, mais nous avons tout de même quelques pistes pour essayer d'y parvenir. Il s'agit ici uniquement de pistes d'optimisation et en aucun cas d'une vérité absolue validée et énoncée par Google :

- Google doit faire confiance au site pour le proposer en position 0. Ainsi, travaillez votre réputation et votre autorité (netlinking notamment). Cela passe par des articles originaux et de qualité, une ancienneté forte idéalement, une communauté fidèle autour du site, de bons backlinks, etc. Plus la confiance envers le site est forte, plus le nombre de chances d'apparaître est multiplié.

- Soyez pertinents aux yeux de Google et ayez une belle notoriété. Cette notoriété s'obtient avec des recommandations sur la toile, des votes et commentaires notamment. Et qui dit vote sur Internet, dit lien ! Cela passe donc par un profil de liens sain et performant.

- Travaillez vos pages et soignez l'optimisation *on-page* : structurez vos articles avec le balisage sémantique, utilisez les microdonnées, remplissez les attributs `alt` des images, utilisez des URL propres, employez les mots que vous visez dans les zones chaudes…

Certains tests non officiels soulignent également l'importance de certains critères (mais encore une fois pas de certitude) :

- Il faut déjà vérifier que, sur la requête que vous visez, Google affiche un featured snippet. Si ce n'est pas le cas, la tâche va être encore plus complexe car il faudra que le moteur arrive à se convaincre de l'utilité d'une telle réponse. Toutefois, on peut aussi voir le verre à moitié plein en se disant qu'il est plus simple d'obtenir une position 0 inexistante que de déloger un site déjà considéré comme pertinent par le moteur. Gardez donc espoir, si seul ce critère semble problématique.
- Définissez les questions que se posent vos visiteurs car le featured snippet est souvent proposé en réponse à une question précise (qui, quoi, comment, pourquoi).
- Proposez des articles longs et de qualité, afin de pouvoir répondre à la question envisagée.
- Les articles/pages doivent bien ressortir sur Google sur l'expression clé principale (en première page en général). Dans la majorité des cas, les sources choisies proviennent de pages qui ressortent sur de nombreuses autres expressions complémentaires ou variantes de l'expression principale.
- Le mot-clé principal se trouve dans les zones chaudes : l'URL, le plan de document, l'attribut `alt`, la balise `title`, la `meta description`, le `strong`...
- Le champ sémantique utilisé est riche : synonymes, singulier/pluriel, variations de l'expression, mots complémentaires... L'utilisation de la longue traîne sera bénéfique également pour atteindre la position 0.
- Des questions sont posées directement dans l'article, mais aussi dans les balises sémantiques `hn`. En d'autres termes, prenez les devants en répondant vous-même à la question dans vos contenus ; cela devrait inciter Google à vous choisir plutôt qu'un autre résultat.
- Une page qui bénéficie déjà d'un joli trafic naturel suscite davantage l'intérêt des internautes et donc de Google.
- Travaillez bien la balise `meta description` car, souvent, Google reprend ce contenu pour le featured snippet : 250 à 300 signes en insérant la requête principale.
- Isolez dans la rédaction de l'article un petit paragraphe qui répond parfaitement à la question (si Google ne reprend pas la balise `meta description`, il va piocher dans le contenu textuel de la page).
- Assurez-vous de la présence de microdonnées, notamment le breadcrumb (fil d'Ariane).

La taille et la popularité du site n'ont a priori aucun effet direct ; on retrouve dans les featured snippets aussi bien des sites importants que d'autres de moindre envergure. Toutefois, ce sont souvent des sources à forte notoriété SEO qui l'emportent. Ajoutons à cela un bémol, il semblerait que les sites de presse et d'actualité soient tout bonnement évités par Google (source : https://goo.gl/Lu95y1). Le moteur estime certainement que ces sources profitent déjà de la bonne visibilité offerte par Google Actualités, nul ne le sait...

Si nous résumons en quelques étapes comment faire pour sortir son site dans l'Answer box de Google.

- Rédigez un article de qualité et long d'au moins 1 000 mots.
- Répondez à la requête précisement en moins de 90 à 100 mots (c'est l'extrait qui doit être repris par Google), si possible assez haut dans la page.
- Utilisez un champ sémantique riche avec des synonymes et termes complémentaires.
- Utilisez la forme interrogative : posez des questions dans l'article.
- Structurez votre article avec un plan de document cohérent et optimisé.
- Utilisez les expressions clés dans les zones chaudes (URL, attribut `alt`, `title`, `strong`).

- Positionnez la page sur l'expression clé principale dans le top 5.
- Structurez votre page avec des microdonnées et des balises HTML 5.
- Travaillez la notoriété de l'article et l'engagement utilisateur.

Une grande enquête française sur la position 0, réalisée en 2017 conjointement par la société SEMrush et par Raphaël Doucet (consultant SEO de renom), offre quelques statistiques intéressantes à analyser (source : https://goo.gl/2QBfoq). Il s'agit de la première d'envergure menée en France et cela mérite toute notre attention. Voici quelques résultats notables :

- Les requêtes de type « comment » (question), « définition », « recette » semblent être favorisées. Selon la demande de l'utilisateur, le type de featured snippet diffère. Ainsi, pour la question « comment », c'est souvent une liste à puces (61,32 %) qui est mise en avant par exemple, plutôt qu'un paragraphe de réponse.

Figure 1–30
Résultats des requêtes les plus incitatives pour afficher des réponses en tant que featured snippet

Corrélation Type de requêtes, Featured snippets et répartition

Commence par	Total KW	Avec P0	%	P0 Liste	%	P0 Paragraphe	%	P0 Tableau	%
quel|quelle|quels|quelles	12665	3714	29.32%	853	22.97%	1416	38.13%	1445	38.91%
qui	4578	1502	32.81%	17	1.13%	1097	73.04%	388	25.83%
comment	94202	37745	40.07%	23146	61.32%	14498	38.41%	101	0.27%
définition|definition	23291	18461	79.26%	1	0.01%	18457	99.98%	3	0.02%
synonyme	7028	3550	50.51%	1465	41.27%	68	1.92%	2017	56.82%
faire	18539	6508	35.10%	3684	56.61%	2756	42.35%	68	1.04%
c'est quoi	2019	855	42.35%	0	0.00%	855	100.00%	0	0.00%
recette	66425	48074	72.37%	18357	38.18%	29698	61.78%	19	0.04%
symptome|symptomes	5000	2978	59.56%	1530	51.38%	1287	43.22%	161	5.41%

- Pour apparaître dans les featured snippets, il est nécessaire d'être présent en première page de Google dans les résultats naturels, voire dans le top 3.

Figure 1–31
Corrélation entre le positionnement des pages et les sources choisies pour apparaître dans l'Answer box de Google (featured snippet)

Probabilité d'apparaître en P0 selon son ranking naturel

Positions	%
1	32.94%
2	19.83%
3	15.12%
4	12.25%
5	9.67%
6	4.51%
7	2.53%
8	1.36%
9	0.75%
10	0.39%
10+	0.65%

• Les requêtes à faible volume de recherche semblent être privilégiées par le moteur de recherche. En d'autres termes, les requêtes de « niche » ou très ciblées ont plus de chance de voir des featured snippets affichés en position 0.

Figure 1–32
Analyse des volumes de recherche : plus une requête est ciblée ou à faible volume, plus la position 0 semble accordée à un résultat.

Fréquence de P0 selon volume de recherche de la requête

Volumes de la requête	Avec P0	%
100000+	73	0.01%
10000-100000	1641	0.21%
1000-10000	24254	3.15%
100-1000	252015	32.73%
10-100	554684	72.03%

L'Answer box est donc une bonne chose pour l'internaute, qui va gagner du temps en trouvant rapidement sa réponse. Google sait qu'il doit satisfaire l'internaute et n'hésite pas à le garder dans son écosystème le plus longtemps possible en lui offrant soit les bonnes réponses, soit les bons services, directement dans sa page de résultats. L'internaute n'est donc plus obligé de cliquer sur les liens bleus et cela pose un réel problème pour le SEO de demain.

Poussons le vice encore plus loin car Google a choisi une posture particulière vis-à-vis des positions 0 depuis le 22 janvier 2020 (source : http://bit.ly/37TnCOy), et cela pourrait freiner les ardeurs de certains référenceurs. En effet, jusqu'alors, Google puisait sa source dans les premiers résultats des SERP pour afficher des Answers box pertinentes. Dorénavant, les URL retenues comme les heureuses élues ne seront plus affichées dans les 10 premiers résultats (donc dans la première page des SERP). Ainsi, il convient de se poser la question en amont de l'intérêt d'une présence dans les Featured snippets.

Dans de nombreux cas, l'URL choisie comme source disparaît totalement des SERP et n'est donc proposée que dans l'encadré. Fort heureusement, les autres pages d'un même site qui répondrait de manière pertinente à la requête peuvent en revanche être proposées dans les SERP comme toujours. La capture suivante montre la première page de résultats à la recherche « Qu'est-ce qu'un featured snippet ? », on peut observer que le site definitions-marketing.com a été choisi comme l'heureux élu, mais cela signifie aussi que cette URL n'est plus disponible ailleurs dans les SERP. Cela provoque la remontée d'un autre site concurrent dans les 10 premiers et peut affecter le taux de clics si les utilisateurs sautent l'encadré de la position 0.

Toutefois, pas de panique ! Même si, à première vue, la position 0 peut sembler mauvaise pour le SEO (car les internautes n'ont plus besoin d'aller visiter votre site et que l'URL disparaît de la première page), sa présence n'est pas encore une fatalité, loin de là. En effet, être choisi en position 0 améliore la visiblité et idéalement, en conséquence, le taux de clic des heureux élus. Certes, quelques résultats perdent de la visibilité par ce biais, mais c'est la dure loi de Google. Comme ce sont essentiellement les requêtes les plus ciblées ou les moins recherchées qui semblent prioritaires, tout n'est pas perdu. Il faut juste se poser les bonnes questions et opter pour la meilleure stratégie selon vos besoins : si vous ciblez des requêtes vocales ou une position idéale, foncez, mais si vous préférez assurer votre place et votre taux de clics (CTR) dans les SERP, éviter d'optimiser vos contenus en conséquence.

Figure 1–33
L'URL choisie en tant que position 0 n'apparaît plus dans la première page des SERP.

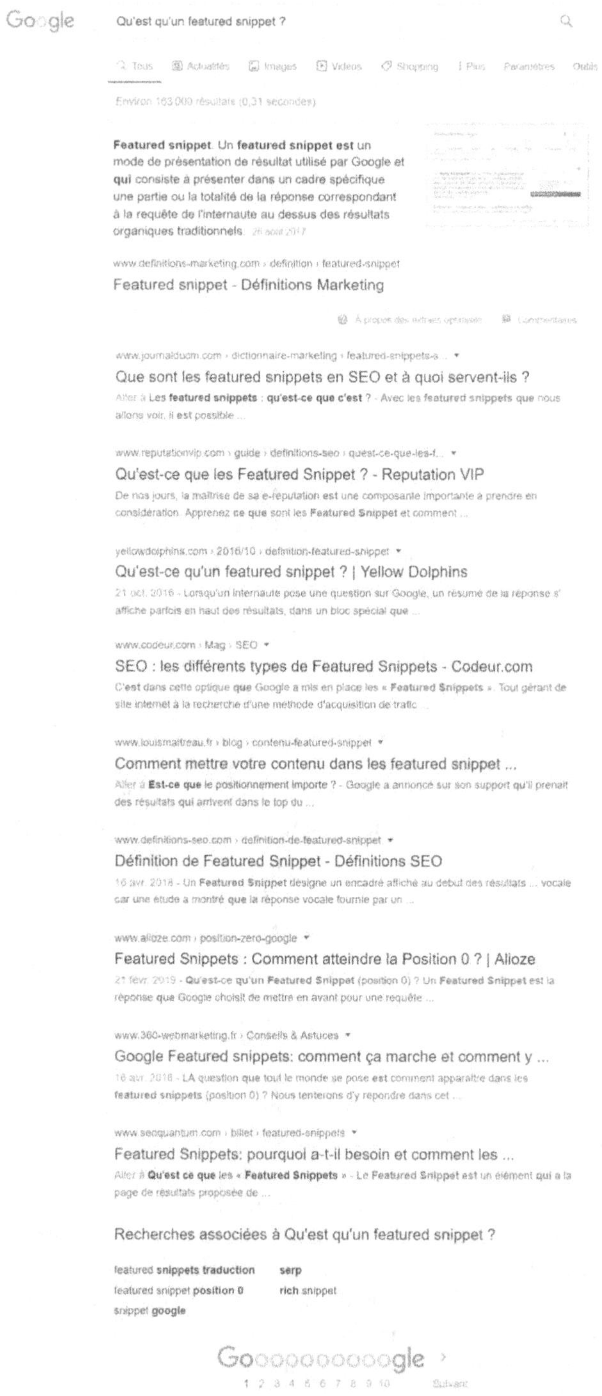

Bien utiliser les URL canoniques

Les URL canoniques sont des adresses web préférentielles indiquées aux robots des moteurs de recherche lorsque plusieurs pages aux contenus similaires ou quasi identiques se retrouvent confrontées entre elles et risquent de poser des problèmes de DUST (voir chapitre 3 à propos du *duplicate content*).

Prenons un exemple simple qui permet d'expliquer l'intérêt des URL canoniques : si une boutique en ligne contient des URL distinctes pour des fiches produits qui proposent des attributs divers, cela signifie que plusieurs adresses mènent vers la même fiche produit, à peu de choses près. Nous risquons alors de générer des contenus dupliqués par inadvertance voire de nous faire pénaliser. Voici à quoi pourraient ressembler des URL dupliquées :

```
http://www.example.com/produits?cat=robes&couleur=rouge&col=v
http://www.example.com/produits?cat=robes&couleur=vert&col=v
```

Ici, nous voyons un exemple de deux adresses web quelque peu différentes qui pointent en réalité vers la même page avec seulement quelques paramètres différents. Malheureusement, cela peut causer deux indexations et donc un ajout de contenus dupliqués dans les moteurs de recherche, ce qui peut vite être préjudiciable si des sanctions tombent…

L'attribut `rel="canonical"` a été prévu pour pallier ce type de problème. Il permet d'indiquer au robot la page mère (URL canonique) à indexer afin que les doublons soient ignorés par les moteurs.

La balise `<link />` est utilisée pour indiquer les URL canoniques dans toutes les pages doublonnées, elle doit absolument être placée dans la section `<head>…</head>` des pages web (ou envoyée dans les en-têtes HTTP). Le principe est simple, il suffit d'ajouter l'attribut `rel="canonical"` et l'attribut `href` contenant l'adresse de la page mère, comme dans l'exemple suivant :

```
<link href="http://www.example.com/produits?categorie=robes" rel="canonical" />
```

Il est important d'indiquer ces mêmes adresses dans un fichier Sitemap XML pour que les moteurs puissent déterminer les pages jugées comme importantes. Il convient donc de ne pas notifier les doublons dans ce listing de pages web.

Avant de se lancer dans la mise en place des URL canoniques, il est recommandé de bien choisir les pages canoniques et de vérifier leur bon fonctionnement. Par exemple, contrôlez la forme de l'URL indiquée (forme absolue ou relative) dans l'attribut `href`, l'exactitude de l'adresse (une page vers une page, une catégorie vers une catégorie, etc.) et que la balise n'est pas placée dans la balise `<body>` du code source HTML.

L'usage des URL canoniques impose quelques contraintes pour être pleinement fonctionnel :

* l'URL canonique notée dans la balise doit absolument exister et ne pas être une page de redirection ou redirigée ;
* la page mère (canonique) ne doit absolument pas contenir la balise `meta` : `<meta content="noindex,nofollow" name="robots" />`, qui empêche l'indexation de la page ;
* les pages ne doivent contenir qu'une seule balise `<link rel="canonical" href="URL" />` par page. S'il en existe plusieurs, toutes les adresses précisées seront ignorées. Il convient donc de se méfier des extensions dans les CMS qui génèrent des URL canoniques si vous en avez également mis en place par vous-même…

Comme nous l'avons vu, il existe deux méthodes pour indiquer des URL canoniques aux moteurs de recherche : soit avec la balise `<link />` en HTML, soit par l'envoi d'en-têtes HTTP. Nous allons donc étudier cette seconde méthode rapidement car elle peut avoir son utilité dans certains cas.

Voici à quoi peut ressembler l'en-tête HTTP d'une page web une fois chargée :

```
HTTP/1.1 200 OK
Host: www.site.com
Date: Fri, 05 Sep 2014 15:31:05 GMT
Content-Type: text/html; charset=utf-8
Server: Apache
X-Powered-By: PHP/5.3.16
Vary: Accept-Encoding,User-Agent
```

Il suffit de trouver le moyen d'ajouter une ligne supplémentaire sous la forme suivante :

```
Link: <URL_DE_LA_PAGE_CANONIQUE>; rel="canonical"
```

Pour envoyer des informations dans les en-têtes HTTP, il faut utiliser la fonction `header()`; en PHP. Dans notre cas, il convient d'indiquer l'URL canonique à envoyer, ce qui peut s'avérer utile et parfois plus simple à mettre en place lorsque nous créons ou utilisons un CMS. Voici l'utilisation de base :

```php
<?php
$URL = "http://www.site.com/page.php";
header('Link:<'.$URL.'>; rel="canonical"');
?>
```

Figure 1–34
Exemple d'adresses web paginées dirigées vers une page contenant tous les résultats

Le cas le plus fréquent d'URL en doublon provient des paginations mises en place sur les sites comme dans le cas de galeries multimédias, de listing de liens (annuaires, par exemple) ou encore de liste de produits (sites e-commerce en général). Tous ces exemples font l'objet de contenus dupliqués sanctionnés par Google, il convient alors d'utiliser les URL canoniques avec la bonne méthode (source : http://goo.gl/YyKJAU) :

- ne pas pointer vers la première page paginée lorsqu'il existe plusieurs pages de résultats mais plutôt vers une page qui affiche tous les résultats ou qui est « neutre » ;
- utiliser les attributs `rel="prev"` et `rel="next"` dans des balises `<link />` pour indiquer les pages précédentes et suivantes en cas de pagination car elles permettent d'indiquer aux robots la relation qui les concernent.

Les valeurs `prev` et `next` de l'attribut `rel` peuvent suffire pour indiquer la présence d'une pagination et d'éventuels contenus dupliqués. Cependant, Google a expliqué en mars 2019 ne plus prendre en compte ces valeurs pour l'indexation (source : http://bit.ly/2UwpBVp). Par conséquent, la mise en place des balises HTML spécifiques relève avant tout de l'optimisation de l'accessibilité du site plutôt que de l'affectation d'URL canoniques pour les paginations. Il semblerait que Google arrive à déterminer lui-même quelles URL sont reliées à une canonique donnée, il serait donc vivement recommandé d'indiquer d'ajouter une canonique pointant vers la page principale en cas de pagination ou d'utilisation d'une navigation à facettes (filtres de recherche) par exemple.

Si vous souhaitez tout de même mettre en place des URL de pages précédentes et suivantes, voici un exemple de mise en place avec `rel="prev"` et `rel="next"` pour les pages *n* (ici, 1 à 3) de l'adresse http://www.site.com/?page=n :

```
<!-- Page 1 -->
<link rel="next" href=" http://www.site.com/?page=2" />
<!-- Page 2 -->
<link rel="prev" href=" http://www.site.com/?page=1" />
<link rel="next" href=" http://www.site.com/?page=3" />
<!-- Page 3 -->
<link rel="prev" href=" http://www.site.com/?page=2" />
```

Il est également possible d'utiliser la variante `rel="previous"`, souvent méconnue mais valide.

Bien que les systèmes de gestion de contenus tels que WordPress, Drupal et autres disposent souvent de moyens pour gérer les pages précédentes et suivantes, il est parfois nécessaire d'implanter soi-même les attributs `rel` manuellement. Si vous gérez vos paginations dynamiquement avec PHP, vous pouvez utiliser la fonction suivante codée pour l'occasion. Il suffit de la lancer dans la section `<head>...</head>` de la page PHP contenant la pagination en la paramétrant à votre guise.

```php
function managePrevNext($param="page", $nbPages = 1) {
$parametre = htmlspecialchars($_GET[$param]);

// Récupération dynamique de l'URL (et des paramètres s'ils existent)
preg_match_all('#([^=])+([^?&\#])+#i', $_SERVER['QUERY_STRING'], $valueArgs);
$urlPage = $_SERVER['PHP_SELF'].'?';
foreach($valueArgs[0] as $arg) {
    $urlPage .= $arg;
    $urlPage = str_replace("&".$param."=".$parametre, "", $urlPage);
```

```php
}
$urlPage .= "&".$param."=";
$urlPage = str_replace("?".$param."=".$parametre."&", "?", $urlPage);

// Vérifie et sécurise la fonction contre d'éventuelles failles
if(is_numeric($parametre) && $nbPages > 1 && $parametre < ($nbPages+1)) {
    // Balises rel="prev" et rel="next" dynamiques
    $prev = '<link rel="prev" href="'.$urlPage.($parametre-1).'" />'."\n";
    $next = '<link rel="next" href="'.$urlPage.($parametre+1).'" />'."\n";

    // S'il s'agit de la première page
    if($parametre == 1) {
        echo $next;
    }
    // S'il s'agit de la dernière page
    if($parametre == $nbPages) {
        echo $prev;
    }
    // S'il s'agit des autres pages
    if($parametre > 1 && $parametre < $nbPages) {
        echo $prev;
        echo $next;
    }
}
}
```

Il suffit ensuite de lancer la fonction dans la section <head>...</head> en ajoutant les deux arguments demandés (voir code suivant). Tout d'abord, il faut préciser le nom du paramètre d'URL qui contient le numéro de la page (p ou page en général). Ensuite, il faut calculer le nombre total de pages de résultats et l'afficher en second argument de la fonction. La fonction affichera alors les balises <link /> adéquates en fonction du numéro de page.

```php
<?php managePrevNext(PARAMETRE_NAME_PAGE, NOMBRE_DE_PAGES); ?>
```

Il est tout à fait possible de conjuguer l'utilisation des relations canoniques et celles des pages précédentes ou suivantes mais il faut absolument veiller à ne pas se tromper dans les URL. Ainsi, vous pourrez conjuguer accessibilité pour les utilisateurs et performance en matière d'indexation.

Retenons néanmoins que la mise en place des balises canoniques précédentes ou suivantes n'est pas toujours aisée, d'autant plus que ces balises n'aident pas beaucoup à régler les sanctions causées par du *duplicate content* ou des problèmes de DUST (voir Chapitre 3). Il reste donc préférable de passer par des balises <link /> classiques (bien prises en compte par les robots de Google) pour indiquer l'URL canonique principale et éviter tout problème de ce type.

Les CMS courants proposent souvent des systèmes natifs d'installation de ces balises canoniques (notamment WordPress) ou disposent généralement d'extensions de qualité qui permettent de réduire les risques de duplication. Il n'est donc pas toujours nécessaire d'effectuer le travail manuellement pour que l'ensemble fonctionne.

Multilinguisme avec hreflang

Optimiser le référencement des sites multilangues n'est pas simple en règle générale. Nous ne rentrerons pas dans les détails obscurs de ces spécificités, mais il est bon de rappeler les grands principes.

- Il est recommandé de créer un sous-domaine ou un répertoire par langue, voire d'acheter un nom de domaine avec des extensions de pays pour chaque langue d'un site. Chaque option a ses avantages et inconvénients mais, en général, ce sont les sous-domaines qui remportent la mise pour des raisons de coûts et de facilité de gestion.

- Il convient de ne jamais mélanger de contenus en plusieurs langues au sein des pages web, car c'est le meilleur moyen pour noyer les mots-clés de chaque langage. Dans le même esprit, il est fortement déconseillé de créer des liens vers différentes langues sans avoir encore traduit les contenus ; sinon, c'est la porte ouverte aux contenus dupliqués.

Pour aller plus loin et améliorer la compréhension des sites multilangues, Google a créé le 5 décembre 2011 une balise `<link/>` avec un nouvel attribut `hreflang` (source : https://goo.gl/PTwht5). Cette balise HTML indique aux robots d'indexation les versions alternatives de chaque page, mais en fonction de leur langue d'origine.

Le système fonctionne un peu comme si le moteur possédait des versions canoniques de pages, dont chaque version est indexable mais bien différenciée dans l'index de Google. L'attribut n'est pas accompagné pour autant de l'attribut `rel="canonical"`, mais par la valeur `rel="alternate"` ainsi qu'un attribut `href` indiquant l'URL de chaque version de site (documentation : https://goo.gl/SMYP97).

Voici un exemple de code utilisant les attributs `hreflang` :

```
<link rel="alternate" hreflang="fr" href="http://www.site.com"/>
<link rel="alternate" hreflang="fr-ca" href="http://ca.site.com"/>
<link rel="alternate" hreflang="nl-be" href="http://be.site.com"/>
<link rel="alternate" hreflang="en" href="http://en.site.com"/>
<link rel="alternate" hreflang="zh-Tw" href="http://zh.site.com"/>
```

Comme vous le constatez, le code de langue se décompose en deux parties. La première représente la langue ciblée et la seconde la composante régionale (optionnelle). Par exemple, si nous ciblons des contenus en français pour les Suisses, il faut écrire `"fr-CH"`.

Si vous utilisez un outil de sélection de langues ou une redirection automatique en fonction de la source géographique des visiteurs, il faut ajouter une autre balise `<link/>` avec un attribut `hreflang` portant la valeur `"x-default"` (langue par défaut), comme ceci :

```
<link rel="alternate" hreflang="x-default" href="http://www.site.com"/>
```

Sachez qu'il est possible, pour une même langue, d'utiliser l'attribut `hreflang` à bon escient afin de mieux apparaître dans les différentes versions des moteurs de recherche. Prenons l'exemple du français, qui est une langue parlée dans de nombreux pays. Aux yeux des moteurs de recherche, si votre site web a une extension en `.fr`, cela signifie « France » et non « pays parlant le français ». De fait, vous risquez d'être bien moins visibles dans tous les pays francophones qui pourraient être intéressants pour votre site, simplement parce que Google et consorts le positionnerait derrière des sites web locaux. En utilisant l'attribut `hreflang` comme dans l'exemple suivant, vous pourrez en partie contrer ce déficit de visibilité et indiquer aux moteurs de recherche que votre site doit être visible dans ces autres pays. Cet exemple n'en est qu'un parmi tant d'autres, alors retenez que l'attribut `hreflang` peut s'avérer intéressant à bien des égards :

```
<link rel="alternate" hreflang="fr" href="http://www.site.fr"/>
<link rel="alternate" hreflang="fr-be" href="http://www.site.fr"/>
<link rel="alternate" hreflang="fr-ca" href="http://www.site.fr"/>
<link rel="alternate" hreflang="fr-mc" href="http://www.site.fr"/>
<link rel="alternate" hreflang="fr-ml" href="http://www.site.fr"/>
<link rel="alternate" hreflang="fr-sn" href="http://www.site.fr"/>
<link rel="alternate" hreflang="fr-ch" href="http://www.site.fr"/>
```

Référencement des actualités

Google Actualités et le Publisher Center

Intégrer les SERP de Google n'est pas impossible, comme nous avons pu le voir avec les techniques présentées dans ce chapitre. En revanche, se faire indexer et positionner dans les actualités du moteur de recherche est un peu plus complexe. Google a mis en place une interface spécifique, intitulée Publisher Center (publishercenter.google.com), pour aider les éditeurs de contenus à proposer leurs articles et brèves dans les pages de Google Actualités (ou Google News), voire dans les SERP de Google Web (grâce à la recherche universelle). Les résultats sont bien sûr également disponibles dans les applications mobiles proposant les actualités du moteur.

Google a disposé d'une interface pendant des années qui a cédé sa place au nouveau Publisher Center le 10 décembre 2019 (source : http://bit.ly/3b7al71). L'objectif du centre est de permettre à tous les éditeurs d'actualités (articles, brèves, etc.) d'être diffusés dans Google Actualités, après un simple remplissage d'un formulaire d'informations et avec quelques paramétrages. Il faut tout de même prévoir au préalable une validation de la propriété dans la Google Search Console pour pouvoir confirmer son inscription dans le Publisher Center.

La dernière mouture a connu quelques remous à sa sortie à cause de plusieurs bugs de prise en compte des actualités, mais aussi à cause de son interface faussement intuitive. Dans les faits, les menus ne sont pas mauvais, mais les options manquent parfois un peu de clarté ou de précisions pour les néophytes. Retenez donc que l'idéal est de remplir un maximum de champs pour que Google accepte de proposer votre site dans Google Actualités. La première fois, ce n'est jamais simple d'être validé par les modérateurs tant chaque thématique possède déjà de bons articles à proposer. Et comme Google n'accepte pas tous les sites sans réfléchir, il faut parfois recommencer l'opération plusieurs fois pour réussir à se faire indexer.

La première étape est d'ajouter une publication, à savoir un site proposant des actualités. Les informations générales, telles que le nom du site, la catégorie principale des sujets traités, une description globale du site, la langue principale, un contact ou encore l'URL du site seront demandées dans l'onglet « Général ». Vous pouvez également indiquer l'identifiant de suivi de Google Analytics si vous voulez suivre spécifiquement les informations provenant des actualités dans l'outil de statistiques.

L'onglet « Contenu » est le plus important puisqu'il s'agit ici d'indiquer le potentiel flux RSS sur lequel le robot pourrait s'appuyer pour l'indexation des actualités, mais aussi les sections (URL) du site proposant des contenus pour Google Actualités. Si vous êtes trop généraliste dans le choix de vos catégories de site, ou si vous ne précisez pas assez bien ces champs, il est fort probable que le site soit refusé après examen (qui prend souvent plusieurs semaines, donc autant ne pas s'amuser à perdre du temps inutilement).

Figure 1–35
Réglages des contenus à indexer
dans Google Actualités

Les onglets « Images » et « Annonces » permettent respectivement d'intégrer des logos pour le site et de relier un compte Google Adsense à la publication. Enfin, des options avancées permettent même d'aller jusqu'à personnaliser l'affichage en CSS des articles ou les polices à utiliser dans l'application Google Actualités. Autant dire que le Publisher Center a pensé à tout sur ce point.

Lorsque vous enregistrez votre publication, l'interface propose un récapitulatif avec les erreurs potentielles de validation et les champs obligatoires à remplir. On note que la grande majorité des champs attend une réponse pour que le site soit mis en attente de validation puis validé, ce qui peut parfois exclure certains bons sites. Mais si tout se passe bien, il ne restera qu'à attendre quelques semaines pour voir les résultats apparaître dans les SERP de Google Actualités, comme dans l'exemple suivant.

Figure 1–36
Affichage de résultats
dans Google Actualités, après
validation dans le Publisher Center

Retenez que si votre site est validé, il devient plus simple d'éditer les paramétrages par la suite, sans qu'il soit déclassé. Il est donc possible d'ajouter de nouvelles sections à suivre dans un second temps, tout en préservant sa place dans les actualités. Attention toutefois à ne pas abuser de ce procédé car des modérateurs peuvent voir les changements. En effet, le nouveau Publisher Center met la publication en statut « Brouillon » à chaque modification. Cela n'empêche pas les sources d'être proposées dans les SERP du moteur d'actualités, mais cela signifie que le site sera vérifié à nouveau pour contrôler si tout est toujours en règle.

Bing News et l'interface Bing Pubhub

Souvent laissé pour compte à cause de la toute puissance de Google, n'oublions pas que Bing propose également une section destinée aux actualités en tout genre. Bing News (ou Bing Actualités) est disponible sur ordinateur par un simple clic sur l'onglet « Actualités » du moteur de recherche, ou sur mobile via les applications Windows Phone, Android et iOS. Il s'agit sans aucun doute d'une très bonne alternative à Google Actualités, et tout référenceur se doit d'aller s'indexer (et se positionner) sur la plate-forme.

À l'instar du Publisher Center de Google, Bing a développé une interface spécifique appelée Bing Pubhub (pubhub.bing.com) pour les éditeurs de contenus d'actualités. Cela ne se limite pas uniquement aux grandes actualités mondiales, mais bel et bien à tous les articles pouvant être associés à des nouveautés dans des thématiques génériques ou précises. Ainsi, un blog, un site de presse en ligne, un site de revue de presse, un site de curation ou même une newsletter peuvent être pris en compte par Bing Pubhub pour fournir des actualités aux internautes.

Le principe d'indexation est simple et repose sur deux obligations : d'une part, le site doit être validé dans les Bing Webmaster Tools ; d'autre part, l'inscription doit être effective sur Bing Pubhub. Ensuite, il suffit de remplir des champs de formulaire pour fournir toutes les indications nécessaires à la prise en compte du site dans Bing News.

L'interface se découpe en plusieurs sections différentes :

- informations sur le site : plusieurs informations sont demandées, telles que le nom du site, l'URL, le type de site (blog, presse en ligne, newsletter, curation…), la géolocalisation de l'audience (mondiale, nationale, régionale ou locale), le type de contenus proposé (textes, images, vidéos, infographies, gifs…), l'adresse et la description du site ;
- sections des actualités : cet onglet permet d'indiquer les catégories ou pages d'un site à prendre en compte pour diffuser des actualités dans Bing News. Il convient de définir les URL exactes des catégories à cibler et de fournir leur thématique globale (peu de thèmes étant proposés, cela peut être assez large). Ce qui est intéressant, c'est qu'il est possible de proposer un flux RSS ou un fichier Sitemap XML pour que Bing News fasse sa curation de contenu. Cela facilite grandement la captation des actualités ;
- attributions : donne la possibilité de fournir un nom à vos sources d'actualités ainsi qu'une ou des langue(s) correspondante(s) pour que l'affichage dans les SERP corresponde à vos attentes ;
- contacts : l'onglet permet d'afficher des contacts relatifs au site qui publient des actualités.

Les captures suivantes présentent rapidement les deux premières sections de Bing Pubhub. Une fois votre inscription réalisée avec succès, il ne reste qu'à attendre la validation par les équipes du moteur de recherche (*pending* pendant quelque temps, avant d'obtenir le statut *active*) pour que les actualités ressortent dans les SERP de Bing Actualités.

Une fois votre site inscrit et validé, vos articles peuvent ressortir dans la section « Actualités » de Bing, comme dans la capture suivante. Bing News se chargera par la suite de récupérer automatiquement les derniers articles pour les proposer aux utilisateurs. Cependant, vérifiez de temps en temps si votre site n'a pas été retiré de l'index des actualités, ou si l'interface de Bing Pubhub vous a maintenu actif, il peut en effet arriver que des données ne soient pas conservées dans la durée en cas d'inactivité prolongée.

Figure 1–37
Formulaire d'information
de Bing Pubhub

Figure 1–38
Ajout d'un flux RSS pour la détection des
actualités pour Bing Pubhub et Bing News

Figure 1–39
Affichage de résultats d'actualités actifs
après validation dans Bing Pubhub

2

Optimiser le positionnement
par la technique

Nous avons vu dans le précédent chapitre qu'il était indispensable de penser à l'indexation des pages avant même de réfléchir à les positionner dans les résultats des moteurs de recherche.

Ceci étant dit, il nous faut maintenant savoir ce qu'il est possible de faire pour optimiser au mieux le classement des pages web afin d'augmenter considérablement la visibilité des sites mais aussi le nombre de visites.

Il existe de nombreux livres complets sur le sujet qui vous permettront de maîtriser pleinement chacun des critères pris en compte par les moteurs en termes de positionnement web. Nous ne traiterons ici que de cas spécifiques que la technique permet d'optimiser mieux que la théorie, aussi qualitative soit-elle.

Rappels des fondamentaux

Méthodologie du positionnement

Savoir se référencer est une chose, mais réussir à positionner les pages dans les SERP en est une autre. Il n'est pas toujours aisé de maîtriser les deux étapes ou d'obtenir d'aussi bonnes conclusions dans les deux cas. En effet, l'indexation est parfois difficile car les robots peuvent rapidement se montrer susceptibles. Mais lorsqu'il s'agit de classer les pages dans les SERP, ce phénomène est démultiplié et nous ramène à quelques vérités :

- les algorithmes de pertinence sont de plus en plus pointus, précis et efficaces ;
- la concurrence dans chaque domaine est grandissante et les places libres de plus en plus rares ;
- les facteurs de positionnement sont nombreux mais pas toujours applicables selon les sites web que nous contrôlons ;
- les vérités d'aujourd'hui ne sont pas toujours celles de demain.

Partant de ces postulats, nous savons déjà que la méthode à suivre pour positionner les pages est incertaine et que rien ne peut garantir de bons résultats, même si nous faisons en sorte de respecter à la lettre chaque facteur pris en compte par les moteurs.

Il est primordial d'intégrer cela car obtenir un mauvais classement n'est malheureusement pas toujours totalement de notre ressort. Nous devons justement savoir réagir promptement et efficacement pour rétablir l'ordre et gagner des positions sur certaines requêtes.

La méthodologie du positionnement présente des incertitudes mais une chose est sûre, elle doit suivre plusieurs étapes pour fonctionner :

* trouver les bons mots-clés est essentiel car ce sont sur ces termes et ces expressions que les moteurs vont s'appuyer pour positionner le site dans les SERP ;
* travailler la longue traîne, à savoir des expressions de plusieurs mots (au sens plus précis que les mots-clés majeurs), afin de pouvoir ressortir sur un nombre de requêtes bien plus larges et souvent bien mieux ciblées que les expressions généralistes ;

Figure 2–1
Concept de la longue traîne
(Chris Anderson, rédacteur en chef
du magazine Wired)

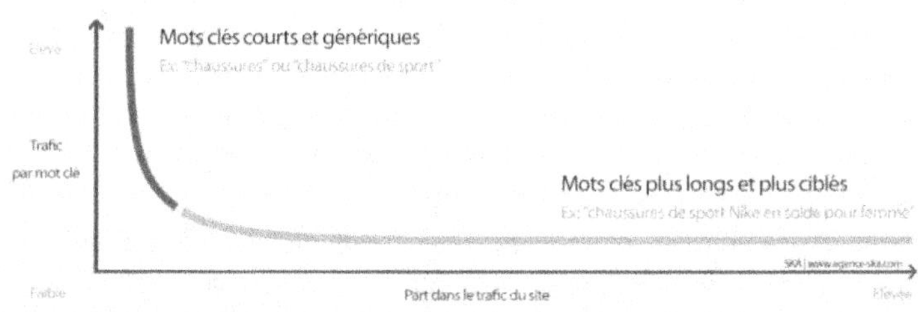

* optimiser les critères internes aux pages pour que les codes sources soient dans des conditions idéales pour convenir aux robots et aux algorithmes de pertinence ;
* profiter des facteurs de positionnement externes aux pages tels que le PageRank ou l'usage des réseaux sociaux pour conforter voire booster encore davantage le classement des pages.

Chaque moteur de recherche présente des interprétations variables des codes, des contenus et des critères externes mais dans leur ensemble, les principaux outils de recherche du marché s'appuient sur des facteurs similaires pour positionner les pages. Nous n'aurons donc pas à tout changer en fonction des moteurs et des marchés que nous ciblons.

Quelques différences entre les moteurs de recherche

Concernant les différences entre les moteurs de recherche, nous pouvons noter que Bing insiste davantage sur le comportement des internautes (nombre de visites, taux de rebond, nombre de pages vues…) que Google dans son classement final, mais il est également moins insistant sur le suivi des auteurs de contenu. Ces petites différences n'ont jamais impliqué les fondamentaux du positionnement…

Les optimisations internes

Nous avons rappelé qu'il était primordial de trouver de bons mots-clés à inscrire dans les pages web car ce sont eux qui forment le socle du positionnement pour les moteurs de recherche. En effet, les robots ne voient que des codes sources et extraient les contenus afin de les traiter dans un second temps. Ceci leur permet de qualifier les mots-clés contenus dans chaque page afin de noter chaque document à sa juste valeur en fonction de requêtes précises.

Une fois que nous possédons nos listes de mots-clés, il ne reste qu'à les placer dans des zones « chaudes » pour les valoriser, les mettre en exergue et donner aux robots de quoi manger. Plus nous comblons leur appétit et leur soif de pertinence, plus les pages web risquent de remonter sur des expressions précises. Rappelons donc une liste de facteurs pris en compte pour valoriser les termes clés...

Voici une illustration d'Isabelle Canivet, spécialiste de la rédaction web et auteure du livre Bien rédiger pour le Web, paru aux éditions Eyrolles. Elle pointe l'ensemble des « zones chaudes » des pages web, c'est-à-dire les blocs dans lesquels les mots-clés doivent se trouver pour avoir un impact sur le classement final.

Figure 2–2
Optimisation interne des pages
selon Isabelle Canivet

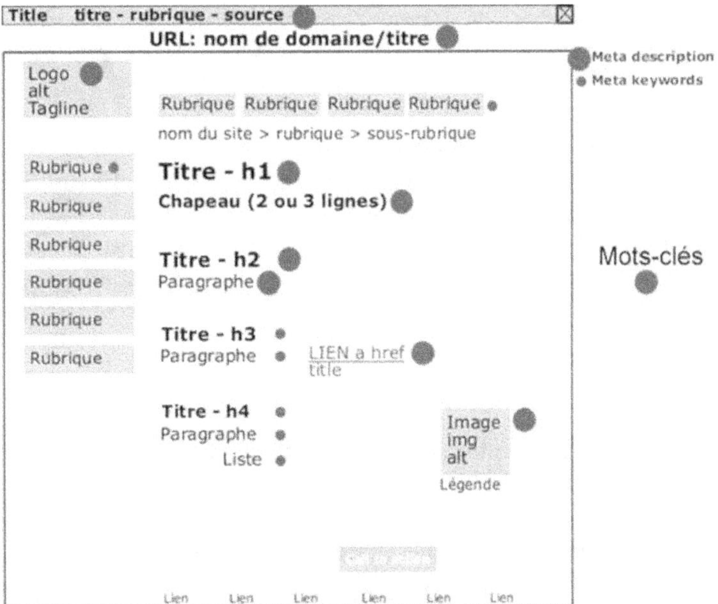

La balise <title>

Le principal critère de positionnement reste le titre des documents qualifié par les balises <title> placées dans la section <head> des pages HTML. Son rôle n'est pas toujours primaire dans le classement final mais il faut avouer que les titres ont un impact dans une large majorité de cas, quel que soit le moteur ciblé.

Les titres doivent être uniques et assez courts, utiliser des termes relatifs au contenu des pages optimisées et ne présenter quasiment aucun *stop words* (articles, conjonctions). Nous savons que Google et Bing présentent des <title> d'une longueur d'environ 60 caractères dans les SERP. Cela représente en général à peu près 7 à 8 mots-clés maximum, sans compter les mots creux (*stop words*).

En matière de graphisme, les blocs de résultats organiques (titre, lien du site et description) s'étendent sur une largeur maximale de 600 pixels dans les SERP de Google et de Bing, ce qui signifie donc que les titres des documents ne dépassent jamais cette taille (on observe même des <title> mesurant autour de 560 pixels de longueur pour Google et autour de 535 pixels pour Bing). Il est important de constater que les moteurs ne s'intéressent donc pas uniquement à la longueur des titres par un simple comptage des caractères, mais aussi en tenant compte de limites physiques en HTML/CSS (des extensions de navigateurs comme Measure It, Dimensions ou PixelZoomer permettent de faire ce type de mesures).

Figure 2–3
Analyse des dimensions en pixels
des blocs dans les pages de résultats
et des <title> de Google et de Bing

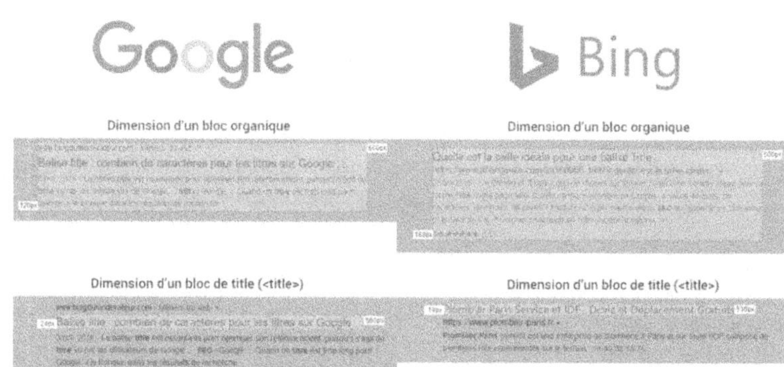

Notons toutefois que vos titres peuvent être plus longs que ces espaces affichés car il ne s'agit que de choix de design en réalité. Contrairement à ce que peuvent prétendre divers outils de suivi ou certains spécialistes du SEO, vous n'êtes pas obligé de vous limiter à 60 caractères ou 10 mots, vous pouvez très bien proposer des <title> de 100 signes avec 15 termes, tant que ces derniers demeurent pertinents et suffisamment optimisés pour correspondre aux contenus des pages. Attention surtout à ne pas suroptimisé ou tomber dans le spam, c'est le piège principal à éviter.

La plupart des CMS, Frameworks et autres plates-formes web génèrent les titres à partir des intitulés de menus ou des titres des articles. Cela permet de gagner du temps mais c'est souvent loin d'être la meilleure option pour optimiser le positionnement. Il est donc préférable d'opter pour des méthodes qui permettent de personnaliser entièrement les titres pour chaque page des sites web (extensions, codes personnels, modifications des thèmes natifs…).

Affichage et gestion des balises <title> par les moteurs

Les titres des documents rédigés entre les balises <title>...</title> sont très souvent mis en avant dans les moteurs de recherche pour présenter les pages. S'ils sont manquants ou jugés comme peu pertinents (ou *spammy*), les moteurs génèrent parfois leurs propres titres de remplacement. Il convient donc de rédiger des titres ni trop courts, ni trop longs, afin que ces derniers soient respectés et conservés en l'état par les moteurs de recherche.

Les métadonnées

Les métadonnées sont des informations accompagnant un fichier. Elles permettent d'apporter des précisions sur les documents. Dans les pages web, elles sont indiquées dans les balises <meta /> dont les variantes sont nombreuses.

Aucune n'a d'intérêt direct pour le positionnement, bien que ce fût le cas par le passé. De nos jours, il ne persiste que quelques balises de métadonnées intéressantes.

- La balise `meta description` permet d'ajouter un court texte qui résume le contenu des pages dans les SERP. À l'instar des titres mis en exergue dans les pages de résultats, les descriptions sont présentées aux internautes pour qualifier les contenus et inciter aux clics. Nous devons donc les travailler afin d'optimiser le taux de clics vers les pages cibles.

  Notez que depuis décembre 2017, selon Danny Sullivan en poste chez Google, les `meta description` ont été rallongées et autorisent désormais jusqu'à 320 signes (source : https://goo.gl/ULne2L). Des tests réalisés par Olivier Andrieu ont démontré que si la description dépasse la limite autorisée, Google tronque pour que cela tienne en quelques lignes dans les résultats de recherche (source : https://goo.gl/uEeGMc).

- Les balises `meta keywords` sont destinées à ajouter des listes de mots et expressions clés afin de préciser aux moteurs les termes qui qualifient le mieux les contenus internes. Il est admis qu'ils n'ont plus d'influence sur le positionnement. Ils pourraient même donner des indications aux moteurs concernant les mots-clés sur lesquels nous souhaitons être classé, ce qui risque de se retourner contre nous en définitive. Libre à vous de les remplir ou non mais quoi qu'il en soit, ne passez pas des heures pour cela tant ce facteur a perdu de son importance.

- Enfin, les métadonnées `robots` permettent de bloquer l'indexation au même titre que les fichiers `robots.txt`. Elles doivent être placées dans les pages à déréférencer avec un attribut `content` dont la valeur est `noindex, nofollow` si votre souhait est de bloquer l'accès aux robots. Son utilité est à nuancer si vous utilisez déjà un fichier `robots.txt`...

Pour rappel, les balises de métadonnées se présentent ainsi :

```
<meta name="description" content="description personnalisée" />
```

Il arrive fréquemment que les spécialistes considèrent que remplir les métadonnées est inutile car elles n'affectent pas le classement des pages web. En réalité, ces propos peuvent être nuancés car il faut bien distinguer deux états de fait :

- les critères de positionnement indiquent des zones dans lesquelles les mots-clés sont valorisés et mieux « notés » par les moteurs de recherche ;
- les zones « froides », par opposition aux zones optimisées, ont aussi un rôle à jouer et permettent d'inclure également des mots-clés qui peuvent influencer le positionnement final.

Nous devons considérer les métadonnées comme des zones froides qui ont un rôle à la fois visuel et incitatif dans les SERP, mais aussi car elles constituent des contenus à part entière. Il est peu probable que les moteurs captent tous les textes et ignorent les métadonnées. Étant donné que nous savons qu'elles sont réutilisées ensuite dans les résultats de recherche, nous devons donc au moins les travailler avec la même attention que les contenus textuels.

Description et titre, même combat !

Il arrive que les descriptions soient entièrement personnalisées par les moteurs de recherche s'ils estiment qu'elles sont imparfaites ou qu'elles sont exagérément truffées de mots-clés (*keyword stuffing*).

Le poids des métadonnées de description s'est encore affirmé depuis le 17 mars 2017 et la fermeture de l'annuaire DMOZ. En effet, Google a expliqué dans un communiqué officiel (source : https://goo.gl/oq4Ewk) qu'avant cette date, le moteur générait les snippets des pages de résultats en respectant un ordre logique de conception :

1 présence ou non de balise `meta description` remplie et pertinente ;

2 si aucune description n'est fournie ou si cette dernière n'est pas jugée pertinente, le moteur s'appuie sur les contenus internes à la page pour créer un snippet ;

3 si le contenu n'est pas pertinent, la description de l'annuaire DMOZ est utilisée en dernier recours.

Désormais, la troisième étape n'est plus possible avec la disparition du DMOZ, donc Google n'a plus que les contenus pour proposer un snippet de qualité aux visiteurs. Sauf que, dans bien des cas, la `meta description` est absente et les contenus peu pertinents pour générer un snippet intéressant.

L'exemple de la capture ci-après montre un site web qui n'a pas encore effectué son travail de référencement et notamment l'optimisation des descriptions. Malheureusement, son contenu interne ne propose qu'un calendrier géré avec JavaScript, donc Google ne voit que les données affichées, à savoir des jours et dates. Comme il s'agit de son dernier recours, le moteur génère le snippet avec ces contenus, aussi peu pertinent soient-ils. Ce type de cas est bien plus fréquent qu'on ne le pense ; il convient donc de bien remplir les descriptions sous peine de perdre toute crédibilité dans les SERP.

Figure 2–4

Exemple de snippet généré par Google
avec un contenu peu pertinent

Raison Arnaud - IR-Tennis
www.irtennis.fr/raison-arnaud/ ▾
12 août 2016 - avril 2017. Lun, Mar, Mer, Jeu, Ven, Sam, Dim. 27, 28, 29, 30, 31, 1, 2, 3, 4, 5, 6, 7, 8, 9, 10,
11, 12, 13, 14, 15, 16, 17, 18, 19, 20, 21, 22, 23.

Les contenus textuels

Les titres de documents et les métadonnées font partie des facteurs historiques des optimisations internes, mais les contenus sont à ce jour ce qui constitue le point fort des sites qui réussissent à se distinguer sur la Toile et dans les SERP. Nous devons donc les optimiser avec intelligence pour obtenir de bons résultats.

Titres internes

Les titres internes sont générés à l'aide des balises `<h1>` à `<h6>` en HTML (les titres des balises `<h1>` étant plus importants et grands que ceux des balises `<h6>`). Les termes insérés entre ces balises ont plus de poids pour les moteurs, mais il convient de ne pas faire de bourrage de mots-clés ni de créer des titres interminables.

S'il n'existe aucune longueur conseillée, sachez qu'il faut rester mesuré et présenter des titres internes en adéquation avec les contenus qui suivent mais aussi avec le `<title>` des pages rédigées. Les moteurs de recherche savent interpréter les contenus et détecter s'il s'agit de spam ou de contenus de mauvaise qualité. Nous détaillerons ce point lorsque nous évoquerons Google Panda (voir Chapitre 3, section « Google Panda »).

Généralement, il est conseillé de n'avoir qu'un seul titre `<h1>`, un ou plusieurs `<h2>` et `<h3>`, etc. Le titre le plus important de la page est souvent le logo, c'est pourquoi on lui assigne souvent une balise `<h1>`. À noter qu'il est toléré dans ce cas d'avoir un second titre de premier niveau pour les intitulés d'articles ou de pages. Au-delà, nous devons descendre d'un cran pour chaque titre de plus bas niveau, en respectant une certaine hiérarchie dans le code.

> **Gestion des titres dans les CMS**
>
> Les utilisateurs de backoffice ont souvent plus de facilité à gérer la hiérarchisation interne des pages car la grande majorité des thèmes graphiques imposent un <h2> dans les articles ou les pages, ce qui correspond aux titres rédigés par les auteurs dans les pages de création de contenus.

En cas de balise <title> manquante, Google s'inspire des titres internes pour générer un titre personnalisé et adapté à la requête des utilisateurs. Avoir une bonne structure interne avec notamment de bons titres en <h1>, <h2> et <h3> peut donc améliorer les variantes de titres générées dans les pages de résultats…

Rédiger et enrichir les codes

À l'instar des titres internes, il existe des méthodes pour mettre en avant certains contenus plus que d'autres. Cela passe par l'usage de balises HTML spécifiques qui mettent en exergue des termes clés afin que les moteurs sachent bien ce qui compte le plus à nos yeux.

Le couple principal est <strong>…</strong>, qui permet d'insister sur des mots précis. Sa représentation initiale est une mise en gras mais cela peut varier si le code CSS est modifié (possible pour cet élément, contrairement à <b> qui ne fait que mettre en gras). Il est primordial d'encadrer des expressions et des mots forts avec ce balisage pour les valoriser et optimiser certaines futures requêtes.

Pour certains moteurs de recherche, il arrive encore que les balises <em>…</em> (emphase en HTML) puissent jouer un petit rôle au même titre que <strong>, mais cela semble de moins en moins vrai. Ici, la représentation native est une mise en italique et peut donc s'avérer pratique dans certains cas.

Illustrations et multimédia

Les balises multimédia sont de plus en plus nombreuses depuis l'arrivée de l'HTML 5, mais toutes ne jouent pas encore de rôle majeur dans le positionnement des pages web. Nous savons toutefois que plusieurs éléments ont un impact sur la valorisation des contenus tant qu'ils ne sont pas suroptimisés.

- L'attribut alt des images permet d'indiquer un texte de remplacement qui sera accessible aux personnes malvoyantes mais aussi en cas de non-chargement des illustrations. Les textes et légendes contenus au sein des attributs alt ont plus de valeur pour les moteurs de recherche, nous devons donc les travailler avec précision.
- Les contenus représentés par les balises multimédia <iframe> et <embed> peuvent être accompagnés de balises <noframe> et <noembed> pour intégrer des contenus additionnels cachés ou de remplacement afin de qualifier les vidéos ou sons mis en place dans les pages web. Les autres balises telles que <object>, <audio> et <video> ne présentent pas ce type d'élément, il suffit d'intégrer les textes de remplacement à l'intérieur (entre les balises) pour obtenir le même résultat.

Quels que soient les contenus multimédia que vous mettez en avant, pensez toujours à ajouter ces textes de remplacement car leur rôle ne sera jamais négligeable pour le positionnement final des pages web. La majorité des outils de création de contenus comme WordPress ou Drupal mettent à disposition des champs pour spécifier ces contenus, seuls leurs intitulés varient d'un service à un autre…

Hypertextualité et ancres de liens

Les liens jouent aussi un grand rôle dans le classement des pages web. Certes, leur impact tient davantage des facteurs externes que des critères internes, mais il est indispensable de bien travailler les textes cliquables (ancres de liens) afin que les liens aient plus de poids pour la page visitée mais aussi pour la page ciblée par l'URL.

Au même titre que les balises <strong>, par exemple, les textes insérés entre les balises d'ancres <a>...</a> ont plus de poids pour les moteurs de recherche. Il est important de travailler la qualité des ancres de liens et de les faire varier pour des pages données afin d'éviter d'éventuelles sanctions. Nous reviendrons en détail sur ce point lorsque nous évoquerons Google Penguin (voir chapitre 3, section « Google Penguin »).

Retenez que les liens doivent avoir des textes cliquables optimisés et variés pour valoriser les pages web et améliorer le classement sur des requêtes données (qui correspondent ici aux ancres travaillées).

FreshRank, Freshness et mises à jour des contenus

Il est important de proposer des contenus mis à jour fréquemment pour valoriser les pages voire les sites web tout entiers. En effet, les moteurs de recherche considèrent les pages mises à jour comme plus pertinentes ; nous devons donc créer des zones mises à jour assez régulièrement pour améliorer le classement général du site.

Google a mis en place dès 2007 un algorithme intitulé *Query Deserved Freshness* (QDF), officialisé par l'ingénieur logiciel Amit Singhal le 3 juin 2007 (source : http://goo.gl/OST6GW). Ce premier algorithme du genre a permis au moteur de recherche de valoriser les pages web récentes ou d'actualité lorsque les requêtes imposaient de la fraîcheur de contenu. 17 % des requêtes étaient annoncées comme affectées dès 2007.

Si vous doutez encore de la pertinence de ce facteur, sachez que Google a également déposé un brevet le 18 mars 2008 intitulé « Information Retrieval Based on Historical Data » pour présenter la notion de FreshRank (source : http://goo.gl/bcHKs). L'objectif du brevet est de décrire en détail les facteurs liés à l'ancienneté et la mise à jour des pages web.

Dans la lignée du FreshRank, Google a déployé Freshness le 3 novembre 2011 (source : https://goo.gl/a9u3c4). 35 % des recherches ont été affectées par cette mise à jour favorisant les pages web aux contenus récents dans les SERP lorsque les recherches le nécessitent. Cela vise surtout deux types de requêtes :

* les requêtes changeantes comme celles sur des avis, des notes, des commentaires…
* les requêtes événementielles, soit pour des dates récurrentes (Noël, soldes, élections présidentielles, 14 juillet…), soit pour des actualités chaudes ou des tendances (informations et modes du moment). Les requêtes contenant ces types de mots-clés sont comprises par le moteur de recherche pour restituer les pages les plus récentes et pertinentes sur le sujet.

Enfin, Google a obtenu un nouveau brevet du même type appelé « Freshness based ranking » le 17 novembre 2015 (source : http://goo.gl/OhGMBh). Ce dernier est dans le même esprit que les précédents et offre au moteur de recherche la possibilité de favoriser le positionnement des pages web en fonction de la fraîcheur et des mises à jour de leurs contenus. Ce nouveau système ne se limite pas aux résultats naturels mais permet aussi à Google de favoriser le classement des ressources récentes sur Google Actualités, Images, Vidéos et même dans le moteur de recherche des blogs. Ainsi, de nombreuses requêtes et recherches des utilisateurs sont affectées en fonction de la proximité temporelle des contenus web.

Figure 2–5
Nouvel algorithme Freshness based
ranking obtenu par Google

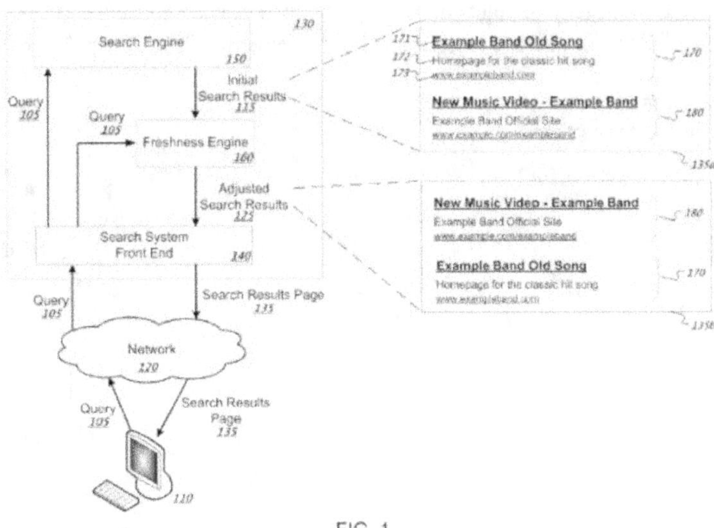

Sur Google, nous savons grâce aux algorithmes Freshness et FreshRank que les pages les plus fréquemment mises à jour gagnent des places dans les SERP pour une grande quantité des recherches. Sachez également que les pages anciennes, souvent commentées et visitées, vont aussi être mieux classées grâce à leur pertinence importante et à l'appui du comportement des internautes.

Gestion de l'écrit et de l'orthographe

Au sein des pages, nous devons toujours placer les contenus les plus importants le plus haut possible dans le code car les moteurs dévaluent peu à peu leur poids en fonction de leur placement dans les codes sources. Nous devons donc gérer les écrits et les zones à rédiger afin de ne pas tomber dans des pages peu valorisées.

De plus, il est de plus en plus important de rédiger proprement les contenus car la recherche sémantique développée par les principaux outils de recherche tels que Google, Bing et Yandex risque petit à petit de modifier leur vision de l'écrit. En effet, il est fort probable que les moteurs arrivent à terme à lire, comprendre et noter la qualité rédactionnelle au sein des pages web pour mieux classer les documents dans les SERP.

Nous savons, par exemple, que la qualité de l'orthographe joue un rôle sur Bing depuis l'annonce officielle présentée fin février 2014 (source : http://goo.gl/OnzLTe). Nul doute que d'autres moteurs dont Google appliqueront ce type de pratiques à l'avenir. Cela peut d'ailleurs être imaginé avec le déploiement d'algorithmes comme Google Hummingbird et RankBrain, dont l'objectif est de mieux comprendre les recherches conversationnelles…

En 2017, Google ne présente toujours pas l'orthographe et la grammaire comme des critères SEO au sens propre. En revanche, il est bien plus difficile qu'auparavant de se positionner sur des mots mal orthographiés, notamment grâce à la correction orthographique et aux suggestions proposées. De plus, les meilleurs résultats sont souvent ceux qui proposent un meilleur contenu selon Google (RankBrain passant à la moulinette tous les textes), donc avec un minimum de fautes et coquilles.

Résumons l'ensemble des facteurs d'optimisation interne par un schéma explicatif. Si vous voulez en savoir davantage à ce sujet, nous ne pouvons que vous conseiller de vous tourner vers d'autres lectures comme l'excellent ouvrage Réussir son référencement web d'Olivier Andrieu, publié aux éditions Eyrolles.

Figure 2–6
Résumé des optimisations
on page en SEO

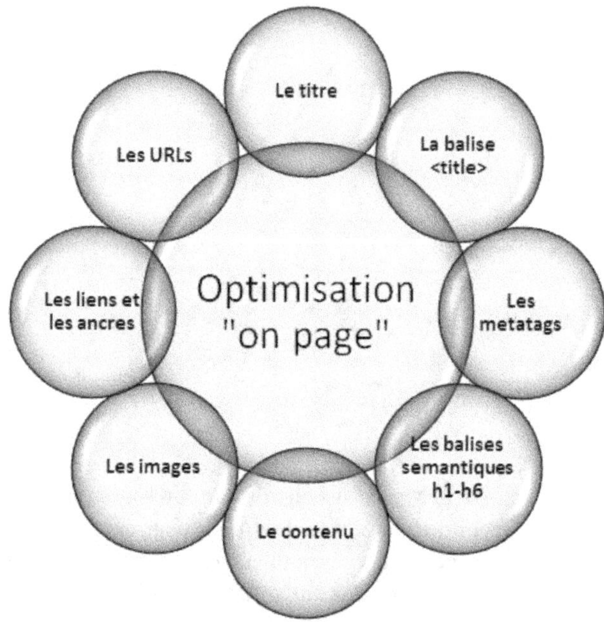

Ergonomie mobile, App Indexing et AMP HTML

Les supports mobiles prennent de plus en plus d'importance dans la vie quotidienne, et les moteurs de recherche l'ont bien compris, notamment Google. La firme s'est donc penchée sur des facteurs clés relatifs à la mobilité afin de valoriser les sites web et applications mobiles qui font des efforts pour aider le moteur mais surtout les mobinautes.

Plusieurs nouveautés ont connu une forte valorisation depuis 2015 de la part de Google (certains systèmes existaient déjà) avec un boost SEO accordé en contrepartie de leur mise en place.

- Le 21 avril 2015 a été marqué par ce que les webmasters ont appelé le « mobilegeddon », à savoir une modification profonde de l'algorithme de pertinence de Google Mobile afin de mieux valoriser les sites web compatibles mobiles. Cela signifie que les pages web créées sur une architecture adaptative (responsive web design) ou les sites web mobiles à part entière peuvent obtenir un meilleur positionnement dans les SERP mobiles.

- L'App Indexing est une méthode d'indexation que nous avons déjà évoquée dans le chapitre précédent. Pour favoriser sa mise en place, Google a annoncé accorder un boost de ranking aux liens profonds d'applications mobiles affichés dans les SERP lorsqu'ils proviennent de l'App Indexing. L'objectif est clairement de pousser les développeurs d'applications à utiliser l'API de Google et surtout de les forcer à indexer un maximum de liens profonds.

- Les Progressive Web Apps (PWA) ont été introduites en juin 2015 par Jack Russell de Google (source : https://goo.gl/ZqggyA). Il s'agit d'applications mobiles non natives, mais qui fournissent des fonctionnalités historiquement réservées aux applications natives sur iOS, Android, Windows Phone et consorts. L'avantage des Progressive Web Apps est d'offrir un développement plus simple à maintenir, moins coûteux, moins contraignant pour les utilisateurs, tout en profitant de quelques avantages des applications mobiles natives.

- AMP HTML est une réécriture de l'HTML destinée à accélérer considérablement l'affichage des pages web sur les supports mobiles. Il s'agit de versions statiques (une sorte de cache) des pages web qui économise beaucoup de temps de chargement (et téléchargement) des ressources web souvent gourmandes en bande passante (images, vidéos, PDF…).

> **Utiliser AMP HTML a-t-il un avantage en SEO ?**
>
> AMP est un projet open source soutenu par de nombreuses sociétés comme Google, Bing, Twitter, Pinterest ou encore Parse.ly. La réécriture HTML faite par AMP va évoluer dans le temps et s'améliorer pour accélérer de plus en plus de processus dans les pages web mobiles.
>
> Google et Bing n'ont pas confirmé de valorisation de positionnement pour les utilisateurs de l'AMP HTML, mais cela améliore considérablement les performances et le confort de navigation sur mobile ; ce n'est donc pas anodin. Qui plus est, les pages en AMP repérées par Googlebot-mobile remplacent régulièrement les pages classiques dans les SERP mobiles depuis 2016 quand les deux versions coexistent (source : http://goo.gl/ytsUqw).

L'arrivée de l'index Mobile First de Google change également la donne en matière de mobilité. En effet, les mobiles étant utilisés pour plus de 50 % des requêtes de recherche dans le monde depuis octobre 2015 (source : https://goo.gl/ziQKuW), Google souhaite mettre en avant les supports nomades. Par conséquent, que ce soit via AMP, Progressive Web Apps ou même du responsive web design, il va falloir penser « Mobile First » lors de la conception de vos futurs projets. Le simple fait de proposer un site non adapté et non optimisé pour les mobiles deviendra une lacune forte, à défaut d'en être déjà une au moment où vous lisez ces lignes.

Nous reviendrons en détail sur ces différents éléments associés aux supports mobiles dans ce chapitre afin que vous puissiez tirer profit au maximum des optimisations SEO à réaliser…

Les optimisations externes

Netlinking

Le *netlinking* correspond à toutes les techniques qui permettent d'obtenir des liens entrants vers les pages web d'un site. Il s'agit d'un des facteurs les plus importants pour le positionnement depuis l'arrivée de Google en 1998 avec son indétrônable PageRank.

PageRank, TrustRank, BrowseRank…

Les facteurs de netlinking sont nombreux et chaque moteur compose ses propres algorithmes pour mesurer la qualité et le nombre de liens entrants *(backlinks)* obtenus par les pages web.

Google s'est fait connaître avec le PageRank en 1998 qui permet de qualifier les pages web en fonction du nombre de liens obtenus. Plus une page obtient de liens pointant vers elle, plus sa note sur dix est élevée. De nos jours, ce critère a été couplé à la notion de TrustRank qui détermine la qualité des liens. Nous reviendrons en détail sur ces facteurs importants dans ce chapitre.

Chez Bing, Le couple PageRank/TrustRank a laissé sa place au BrowseRank qui réalise le même type de calcul et d'analyse du profil des liens obtenus par les pages pour les faire remonter dans les SERP. Bing dispose aussi d'un algorithme appelé StaticRank, souvent oublié par les spécialistes, mais qui permet de qualifier les contenus des pages web (son rôle est indépendant du netlinking).

Chaque moteur développe ses propres méthodes pour maîtriser la qualité du netlinking des sites web afin de classer plus ou moins bien les pages dans les résultats de recherche. Ces critères restent à ce jour essentiels pour réussir son positionnement web.

Aujourd'hui, l'abondance de liens est la cible de filtres et d'algorithmes suite aux abus commis par certains référenceurs peu délicats à ce sujet. La mise en place de systèmes de vérification de la qualité de netlinking impose que des règles soient respectées pour ne pas voir les pages chuter drastiquement dans les SERP. Nous reviendrons sur ce sujet plus loin.

Diverses sources de netlinking

L'obtention de liens peut se faire de multiples manières mais l'important est d'avoir toujours un profil qui semble « naturel » et qui permet aux moteurs de recherche de ne pas déceler un tropplein d'optimisation du netlinking.

Voici une liste de sources qui peut vous permettre d'obtenir des liens assez facilement, mais gardez bien en tête que l'usage abusif de certaines sources risquent de se solder par de lourdes sanctions :

- les annuaires de recherche ;
- les communiqués de presse ou « CP » (attention aux faux communiqués qui sont chassés par les moteurs) ;
- les articles invités (ou *guest blogging*) qui permettent en général d'obtenir de bons liens sur des sites qualifiés ;
- les flux de syndication (RSS ou Atom) ;
- les services d'agrégation de contenus ;
- les réseaux sociaux ;
- les commentaires et avis de consommateurs autorisés dans certains sites web (e-commerce, forums, blogs…) ;
- les fichiers PDF contenant des liens référencés dans les SERP.

Vitesse des pages web et serveurs

La vitesse de chargement des pages et des serveurs est un critère assez récent qui a été mis en place par Google (et Yahoo! de son côté). L'objectif est de qualifier les pages web en fonction de divers critères destinés à accélérer leur chargement. Contrairement aux idées souvent avancées par les spécialistes, les moteurs ne notent pas uniquement les sites par rapport à la vitesse pure de chargement des pages, mais bien selon une liste de critères précis à optimiser. Certes, la vitesse compte pour les utilisateurs et pour les moteurs, mais elle est trop variable pour être jugée en tant que telle, comme nous le verrons dans la section « Performances web et Core Web Vitals » de ce chapitre.

L'essentiel de ce chapitre sera consacré à l'optimisation de ces nombreux facteurs techniques relatifs aux serveurs Apache et IIS (Microsoft) afin que vous puissiez maîtriser les tenants et aboutissants de ces optimisations (indiquées dans le PageSpeed de Google notamment). Il s'agit très certainement de l'un des facteurs les plus difficiles à optimiser mais son rôle n'est pas à négliger dans le positionnement final.

En revanche, rien ne dit que d'autres moteurs que Google utilisent encore à ce jour de telles analyses, bien que nous sachions que Yahoo! a utilisé YSlow et que Bing s'intéresse de près à la qualité des codes sources et à la vitesse des pages et des serveurs. Concernant Google, le moteur prend en compte ce facteur de chargement des pages pour les mobiles depuis juillet 2018 (source : https://goo.gl/ESvEjC), précisant qu'il convient idéalement de charger les pages en moins de trois secondes sur mobile...

Sécurité et sites web en HTTPS

Google a annoncé le 6 août 2014 la prise en compte du protocole HTTPS comme nouveau critère de positionnement (source : http://goo.gl/xZYftr). Depuis plusieurs années, de nombreux moteurs de recherche basculent leurs outils en HTTPS afin de proposer une navigation plus sécurisée aux utilisateurs. Ce nouveau facteur s'est donc logiquement imposé aux yeux de Google.

> **Un facteur évolutif ?**
>
> Les différents porte-parole de Google qui ont évoqué la sécurisation des sites web ont indiqué qu'il s'agit à ce jour d'un critère de faible poids mais que cela pourrait évoluer rapidement à l'avenir. Durant la conférence « Search marketing expo east » aux États-Unis, Gary Illyes de Google Zurich a même indiqué que seulement 1 % des requêtes saisies par les utilisateurs profitent actuellement de ce facteur, avant de préciser que les ingénieurs réfléchissent à le faire évoluer à l'avenir (source : http://goo.gl/tnlFXe).

Désormais, la firme a décidé de mettre un peu plus en avant les pages web qui feraient l'effort de proposer le protocole sécurisé HTTPS. À ce jour, il semblerait que l'impact soit encore très faible comme l'a reconnu John Mueller, analyste des tendances de Google, le 11 août 2014 (source : http://goo.gl/uNP5UZ). Ce facteur affecte bien chaque page de façon indépendante et risque de prendre plus de poids dans l'algorithme dans les mois à venir, forçant ainsi nombre de webmasters à faire la bascule vers HTTPS.

Côté utilisateur, le fait de proposer des sites web en HTTPS offre davantage de garanties pour les clients ou utilisateurs en termes de sécurité. En effet, toutes les données transférées entre les pages web sont cryptées et donc mieux protégées, notamment les informations bancaires ou données confidentielles de comptes clients.

L'évolution du Web a entraîné de nombreux outils à forcer quelque peu la main vers le passage à HTTPS, tels que les navigateurs Google Chrome ou Mozilla Firefox (affichage d'un message d'avertissement si le site est en HTTP). Le CMS WordPress limite aussi l'usage de certaines de ses API aux sites web en HTTPS depuis 2017. Par conséquent, ne pas sécuriser son site web avec ce protocole est inutile non seulement pour le référencement naturel, mais aussi et surtout pour l'accès à toutes les possibilités offertes par le Web actuel.

Nous reviendrons en détail sur HTTPS et sa mise en place dans une partie consacrée à ce protocole dans ce chapitre.

Autres critères externes

La liste des critères externes ne se limite pas à l'optimisation du netlinking, du PageSpeed ou encore de l'AuthorRank. Il existe aussi quelques critères sur lesquels nous ne pouvons pas ou peu intervenir. En effet, de nombreux facteurs sont indépendants de notre travail, bien qu'ils en soient souvent la conséquence, mais ont pourtant leur rôle dans le classement final...

Historique du nom de domaine, des contenus et des liens

Les moteurs de recherche, Google en tête, prennent en compte l'ancienneté des pages, du nom de domaine mais aussi des backlinks afin de mesurer la pertinence des pages.

Attention toutefois à ne pas se méprendre à ce sujet, Google, par exemple, ne prend pas en compte l'âge des ressources et du nom de domaine au sens propre, mais plutôt ce que cette ancienneté engendre naturellement en matière d'historique. En effet, nous pouvons considérer que plus une page est ancienne, plus elle a reçu de contenus différents mais aussi de liens entrants (backlinks). Par conséquent, son ancienneté est valorisée par son historique existentiel, à la fois grâce au nombre grandissant de liens pointant vers elle, mais aussi grâce à la qualité cumulée des contenus qu'elle a connue.

L'idée que l'âge d'un nom de domaine ou d'une ressource n'est pas pris en compte en tant que tel n'est pas nouvelle, cela a déjà été vu du côté de Google. D'ailleurs, John Mueller l'a encore une fois affirmé le 5 juillet 2019 (source : http://bit.ly/2TqZVbU) en précisant un point non négligeable : « je ne vois pas comment l'âge seul pourrait être un bon signal ; le contenu ne s'améliore pas automatiquement simplement parce qu'il est ancien ». En effet, Google fait l'effort de mémoriser l'historique des liens et des contenus, tout simplement pour valoriser chaque URL (dont le nom de domaine initial) en fonction de leur existence.

Nous n'avons pas toujours la mainmise sur ces facteurs de positionnement puisque les noms de domaines et URL ont parfois déjà vécu avant que nous les ayons en notre possession. Il est donc difficile d'imaginer ce que Google a pu collecter comme données pour qualifier ces ressources, même en cas de rachat de noms de domaines expirés qui semblent de qualité.

Si vous créez un nouveau nom de domaine qui n'a jamais vécu, vous partez de zéro en matière d'historique, c'est un bagage très léger face à la concurrence dans certains secteurs, mais vous avez l'avantage de bâtir sur un terrain vierge et propre. Si vous préférez racheter un site déjà construit ou un ancien nom de domaine, il faut donc bien prendre garde à son historique de vie, à la fois en matière de netlinking et de contenus. Trop souvent, nous n'observons que les liens existants, mais les anciens contenus ont donc un rôle primordial à jouer dans la valeur des ressources récupérées.

Retenons deux points particuliers :

- en cas de redirection 301, la valeur de l'historique de la page initiale est transmise pleinement à la nouvelle URL, donc aucune perte n'est à déplorer sur ce point. Une refonte de site web avec changement d'URL peut donc parfaitement transmettre l'historique des ressources précédentes vers les nouvelles ;
- si une page a proposé par le passé des contenus de mauvaise qualité ou a obtenu des liens factices ou des pénalités, cela sera aussi mémorisé. Par conséquent, récupérer les mêmes pages ou faire des redirections de ces pages vers de nouvelles versions transmettra aussi les contrepoids en matière de valeur. Il est alors préférable de créer de nouvelles entités pour éviter de subir une perte de valeur causée par le passé moins glorieux des anciennes ressources.

Une chose est sûre, mieux vaut obtenir des backlinks de qualité et proposer de bons contenus le plus tôt possible. De ce fait, plus un site est ancien, plus il a de chances d'être dans ce cas de figure. C'est sûrement pour cette raison qu'une analogie faussée a créé le mythe de l'ancienneté du nom de domaine, alors que nous devrions plutôt parler de valorisation de l'historique des pages, des liens et des noms de domaines.

Statistiques comportementales

Les moteurs de recherche comme Bing considèrent que les facteurs comportementaux sont à prendre en compte pour valoriser les pages web. Il est vrai que les internautes restent les meilleurs acteurs pour préciser la qualité des pages et leur intérêt sur le Web.

Dans le BrowseRank et le StaticRank de Bing, les statistiques comportementales influent sur le classement définitif des pages. Ce phénomène a aussi été ajouté chez Google qui mentionne souvent le rôle du comportement des usagers au sein des pages. Nous savons que les facteurs suivants peuvent influer sur le positionnement :

- le nombre de visiteurs uniques reçus par les pages ;
- le nombre moyen de visites par page ;
- le nombre de pages vues par session ;
- le taux de rebond.

Dans les faits, il semblerait que les statistiques comportementales n'aient pas une influence majeure dans le classement des SERP mais cela reste à prouver et nous ne pouvons pas savoir si cela changera à terme.

Notre rôle est de proposer des contenus à forte plus-value afin que les internautes y trouvent leur compte et réagissent bien au point que les moteurs de recherche valorisent nos pages web. L'influence de notre travail est donc directement mise en cause dans l'obtention d'un bon classement de pages web.

Nombre de pages des sites web

Un dernier critère compte énormément pour Google et Bing, il s'agit du nombre de pages qui composent un même site. Plus un site contient de pages, plus il est considéré comme important et pertinent. Bien entendu, la qualité de ces pages n'est pas à négliger, les moteurs ne cherchent pas à faire du nombre mais bien à noter favorablement les sites web qui proposent de nombreux contenus.

Ce facteur n'est pas le plus important dans la hiérarchie des notes attribuées aux pages web car tous les sites web ne peuvent pas bénéficier des mêmes avantages à ce sujet. En effet, si ce critère était primordial, il ne ferait aucun doute que les sites statiques ou de présentation seraient toujours placés tout en bas des SERP.

De facto, nous remarquons que ce n'est pas le cas mais que des sites comme des boutiques en ligne ou des blogs sont avantagés car ils proposent sans cesse de nouvelles pages et de nouveaux contenus pour les internautes. Nous devons donc retenir qu'il peut être intéressant de proposer ce type de site web parallèlement à un site vitrine si notre positionnement ne décolle pas, même s'il ne s'agit pas de l'unique solution pour sauver la mise…

Diversité, valeur et poids des critères SEO

Les référenceurs débattent sans cesse du poids des critères en matière de SEO. De nos jours, il est bien difficile de déterminer la valeur réelle de chaque facteur de référencement ou de positionnement tant les moteurs de recherche ont su noyer le poisson. Il existe des dizaines de facteurs, parfois combinés ou relatifs les uns par rapport aux autres, et mesurer leur impact individuel est complexe voire impossible. Certes, les spécialistes effectuent régulièrement des tests mais nous savons que les résultats sont souvent partiellement erronés ou présentent des biais qui nuisent à leur conclusion. Avec l'essor de l'intelligence artificielle et son utilisation par les moteurs de recherche, les analyses pointues deviennent d'autant plus complexes et ne permettent donc plus vraiment d'obtenir des résultats probants (cela dépend des facteurs analysés, car certains tests à grande échelle montrent des tendances fortes et aident les référenceurs à en savoir davantage).

Il existe plusieurs écoles dans le référencement, toutes ayant leurs croyances. Pour certains spécialistes, les critères de faible poids ne méritent pas forcément que l'on s'attarde à les optimiser. Pour d'autres, comme les auteurs de ce livre, chaque facteur compte et c'est l'ensemble qui prime. En d'autres termes, soit vous misez tout sur quelques critères clés (contenus et netlinking notamment), soit vous essayez d'être moyennement bon sur l'ensemble des facteurs SEO connus (et si vous pouvez être excellents, c'est encore mieux). Les deux stratégies montrent de très bons résultats, il est donc difficile de trancher pour l'une ou l'autre, et tant que cela vous permet d'obtenir des classements de qualité dans les résultats naturels des moteurs de recherche, peu importe celle que vous choisirez.

En réalité, chaque critère, pris indépendamment des autres, a un poids limité voire faible. La balise `<strong>` pour optimiser les contenus n'a pas une valeur qui ferait basculer du tout au tout le classement dans les SERP, au même titre que l'usage de l'HTTPS, l'optimisation des performances web ou un lien entrant (backlink) unique. Certes, leur valeur intrinsèque est différente et nous pouvons imaginer qu'un bon lien pèse évidemment plus qu'un attribut `alt` optimisé, mais cela reste négligeable malgré tout. Il convient donc de nuancer ce que l'on peut entendre ou lire au sujet des critères de ranking. En effet, si nous groupons les critères entre eux, alors nous pouvons aller dans le sens de Google, qui affirme que les contenus sont prioritaires et que le netlinking constitue le second critère d'importance, devant l'intelligence artificielle et les performances web. A contrario, si nous prenons les facteurs à l'unité, nul doute que l'optimisation de la vitesse de chargement des pages pèse davantage qu'un `<strong>` optimisé ou qu'un seul backlink de faible ou moyenne qualité.

Comparons ce qui est comparable et évitons au maximum de faire des impasses sur certains critères qui semblent complexes à mettre en œuvre. Souvent, les référenceurs optimisent les contenus en premier lieu car c'est à la portée de tout le monde (et qu'il s'agit d'un ensemble de critères phares). Cela demande bien entendu de bonnes pratiques d'optimisation, mais pléthores de gestionnaires de sites web savent rédiger de bons contenus ou rajouter ces textes dans les zones à optimiser (titres internes, textes alternatifs, etc.). Ensuite, l'obtention de liens entre en action, et déjà, des différences commencent à se ressentir : d'une part parce que chaque thématique de site est différente et certaines sont plus enclines à l'obtention de backlinks, d'autre part parce que la recherche de bons liens impose une certaine maîtrise du Web. Et enfin, tous les autres critères sont plus ou moins mis en place de manière sporadique selon les spécialistes ou les webmasters, souvent parce qu'ils sont moins bien considérés ou plus complexes à réaliser. Ainsi, nous constatons que l'amélioration des performances d'un site, très technique à mettre en œuvre, est souvent laissée pour compte, malgré le fait qu'elle affecte d'autres facteurs que ceux du SEO. Vous devez donc absolument vous extirper de l'imaginaire global qui laisse penser que certains facteurs ne comptent pas ou ne méritent pas d'être optimisés, ce sont vos utilisateurs qui comptent et tout ce que vous pourrez faire de positif pour eux vous aidera pour votre référencement et pour votre taux de transformation (bons contenus, vitesse de site accrue, sécurité, etc.).

Améliorer les contenus grâce à la sémantique et l'intelligence artificielle

Évolutions de l'IA et de la sémantique dans les moteurs

L'intelligente artificielle (IA), le machine learning (apprentissage par la machine) et le deep learning (apprentissage profond par la machine, avec des réseaux de neurones artificiels) deviennent des technologies de plus en plus communes dans le numérique du XXIe siècle et les moteurs de recherche ne sont pas passés à côté du phénomène. De nos jours, une large partie de l'analyse des requêtes, des pages et des contenus est réalisée à partir d'intelligences artificielles créées pour l'occasion, rendant ainsi la tâche encore plus complexe pour les référenceurs. Nous reviendrons sur ces phénomènes en détail mais commençons notre tour d'horizon par quelques algorithmes connus qui ont permis d'intégrer peu à peu l'IA au cœur du SEO…

Google Hummingbird

Hummingbird (traduit par « colibri » en français) est l'un des derniers algorithmes de pertinence activés par Google pour améliorer les résultats organiques, principalement sur les requêtes larges et complexes de type conversationnel. La mise à jour a été activée fin août 2013, mais annoncée seulement le 26 septembre. La mise à jour Google Hummingbird a été déployée dans le monde entier et pourrait toucher une majorité des requêtes à l'avenir.

La légende veut que Google ait choisi ce nom en référence à la précision et la rapidité d'un colibri. L'algorithme Hummingbird est donc rapide et précis comme l'oiseau, selon Google, et améliore les résultats de recherche.

Cet algorithme cible une meilleure compréhension des requêtes des utilisateurs. Il ne s'agit pas vraiment d'un algorithme visant à améliorer l'indexation ou même le positionnement des pages web ; il a pour rôle de mieux associer les pages indexées avec des requêtes dites « conversationnelles », c'est-à-dire en langage naturel.

Prenons un exemple concret : quand un internaute recherchait « Qu'est-ce qu'un moteur de recherche ? » dans Google, le moteur découpait la requête en mots séparés (ou expressions connues) et proposait les résultats répondant à l'ensemble de ces termes clés selon le ranking correspondant. Dorénavant, Google analyse la requête, détecte qu'il s'agit d'une question et en détermine le sens. Par conséquent, il comprend que la partie « qu'est-ce que » n'est pas un mot-clé mais juste la question « quoi ? » à laquelle il va devoir associer l'analyse sémantique de l'expression « moteur de recherche ». Pour simplifier, Google déduit qu'il s'agit d'une question à laquelle il doit répondre, et non d'une simple requête composé d'un enchaînement de termes.

> **Bon anniversaire Google**
>
> Google s'est offert Hummingbird pour ses 15 ans. La mise à jour à été annoncée par Amit Singhal (vice-président senior du Search) lors d'une conférence de presse pour l'anniversaire du moteur. Un cadeau plutôt original pour le géant américain.

Ici, il ne s'agit pas de pénaliser les sites mais bien d'une mise à jour axée autour de la recherche sémantique pour améliorer les résultats fournis par le moteur, surtout lorsqu'un internaute tape une requête en « langage naturel » *(conversational search)*, c'est-à-dire en posant des questions ou en faisant des phrases dans le champ de recherche.

Bien que cet algorithme ne concerne pas des pénalités, il est à noter que Google Panda et Penguin existent toujours et n'ont pas été retirés du moteur. En réalité, le nouvel algorithme prend lui-même en compte des critères analysés par les deux mises à jour puisqu'il se situe à un niveau supérieur dans la hiérarchie de l'algorithme. Hummingbird est le plus gros changement technique que Google ait subi après l'infra-structure Caffeine en 2009, à laquelle il peut être apparenté sur certains points.

Un pas vers la recherche sémantique d'envergure ?

Hummingbird constitue une révolution dans le monde du Web car, pour la première fois, un moteur de recherche comprend des phrases humaines (même les plus complexes parfois) et tente de retourner les réponses les plus qualitatives. Après la mise en œuvre du Knowledge Graph, cette mise à jour est la preuve qu'une forme de recherche sémantique est en place sur Google.

Comme nous l'avons évoqué, Hummingbird n'est pas un filtre ou un algorithme pénalisant, mais sa liaison étroite avec l'algorithme principal et Google Panda nous incite à nous méfier encore plus qu'auparavant. En effet, si Google était déjà capable de repérer des contenus de mauvaise qualité, cela sera encore plus vrai à l'avenir.

Partant de ce postulat, plusieurs solutions doivent être envisagées par le référenceur pour améliorer ses contenus et tenter de répondre aux requêtes visées par Hummingbird.

- Travailler sa longue traîne avec précision. La recherche par mot-clé unique est quasiment finie, l'internaute tapant désormais des expressions de 3 à 4 mots, voire plus, ou de vraies questions.
- Travailler l'univers sémantique des contenus (synonymes, hyperonymes…) car la recherche va être de plus en plus souvent qualifiée sémantiquement.
- Envisager la création d'articles qui répondent à d'éventuelles questions. Comment faire ceci ? Pourquoi faire cela ? Quelle est la méthode pour faire ceci ? Ne négligeons jamais que les internautes ont souvent des intentions variées lors des recherches. Ils peuvent aussi bien chercher une information, un contenu, un produit, un service, un lieu… et tout cela passe par des requêtes textuelles simples ou par des questions. Notre objectif est d'être là pour répondre à leurs interrogations…
- Introduire les recherches conversationnelles au sein des mots-clés, c'est-à-dire des parties textuelles qui pourraient coller parfaitement avec des questions posées ou des requêtes tapées.
- Orienter les contenus vers leur cible principale, à savoir l'utilisateur, et non pas vers le moteur de recherche, tout cela en soignant encore plus les contenus et en les rendant riches, pertinents, variés et de qualité.
- Songer à mettre à jour fréquemment les contenus pour toujours répondre à l'actualité et aux éventuelles nouvelles questions.
- Accorder de l'importance à la recherche universelle par l'inclusion de vidéos, photos, cartes… au sein des contenus ; cela augmente la pertinence des pages mais permet aussi de répondre à d'autres types de demandes.
- User des extraits de code enrichis pour ressortir sur des requêtes de type conversationnel (auteurs, avis, produits, événements, lieux…) comme « Quel est le prix d'une tablette tactile ? ».

La promesse de Google avec cet algorithme est de proposer des SERP encore plus propres et pertinentes, sans liens farfelus ou sans rapport avec la recherche initiale de l'internaute. Désormais, Google développe la recherche sémantique et la compréhension des chaînes de caractères (nous parlons de phrases, mais un robot reste un robot et ne remplacera pas un humain) au point d'offrir des résultats de plus en plus aboutis pour les internautes.

Hummingbird tient-il compte des critères sociaux ?

Selon plusieurs sources, il paraîtrait que Google Hummingbird permet enfin au moteur de recherche de prendre en compte des critères issus des réseaux sociaux pour l'établissement de son classement. Toutefois, cette information est à prendre au conditionnel tant les études et avis divergent à ce sujet.

En réalité, il semblerait que la firme accorde de l'importance à son réseau social Google+, mais très peu aux autres concurrents tels que Twitter ou Facebook. Pour ce faire, un algorithme basé sur l'Authorship ou l'AuthorRank semble bien plus plausible. Lorsque nous manquons de données, il arrive souvent que des rumeurs soient lancées et se propagent sur la Toile. Cela semble être le cas une nouvelle fois par manque de communication de la part de Google…

Depuis le 16 novembre 2015, Google a annoncé de fortes améliorations de la recherche sémantique et de la compréhension des requêtes en langage naturel (source : http://goo.gl/yK9YGo). La première phase de développement de Google Hummingbird s'intéressait essentiellement aux tournures de phrases et questions simples. Maintenant, l'algorithme est plus puissant et comprend mieux les superlatifs, les questions contenant des données chronologiques ou encore des questions plus complexes (avec des combinaisons de mots-clés). Ces progrès se multiplient et signifient que la recherche sémantique ne va faire que s'améliorer dans les années à venir, notamment autour d'algorithmes comme Hummingbird ou RankBrain (intelligence artificielle de Google).

Nous pouvons considérer que des moteurs performants tels que Google et Bing sont assez puissants pour lire et comprendre les textes, ce qui limite encore plus le spam et favorise les sites dont la qualité des contenus mérite de ressortir dans les SERP. Retenons surtout que Hummingbird ne pénalise pas les sites ou les pages comme Panda ou Penguin ; il ne fait que changer l'approche de Google et des visiteurs vis-à-vis des recherches effectuées.

La peur des mises à jour…

Beaucoup de spécialistes se sont affolés à l'annonce du nouvel algorithme en pensant qu'il s'agissait d'un énième filtre ou d'une autre pénalité. Fort heureusement, l'algorithme Hummingbird devrait plutôt être considéré comme une évolution logique et utile au sein du moteur. Avec Hummingbird, Google devient encore plus intelligent et efficace ; nous ne pouvons pas nous plaindre…

RankBrain, l'intelligence artificielle et le machine learning de Google

Lors de la présentation des résultats financiers du troisième trimestre 2015, le PDG de Google, Sundar Pichai, a révélé que l'intelligence artificielle et le machine learning étaient deux points importants sur lesquels Google travaille activement. Ceci a été confirmé le 26 octobre 2015 avec l'annonce de l'algorithme RankBrain, un système intelligent utilisé pour 15 % des requêtes du moteur de recherche (source : http://goo.gl/y4lvG9). En juin 2016, l'ingénieur Jeff Dean de Google a indiqué que les requêtes sont analysées en totalité par RankBrain dans le moteur de recherche (source : https://goo.gl/Q9eyU4).

L'objectif principal de RankBrain est de mieux comprendre les requêtes rares tapées par les internautes, en analysant plus profondément leur sémantique et leur sens. Si l'algorithme améliore les résultats de recherche pour l'ensemble des requêtes, c'est surtout parce qu'il s'agit d'intelligence artificielle et de machine learning (apprentissage automatique), des technologies qui travaillent automatiquement pour Google.

Un lancement de RankBrain dès 2014...

Comme pour Google Hummingbird, déployé un mois avant son officialisation, Google a affirmé que RankBrain est déjà utilisé depuis fin 2014, mais personne ne semble s'en être rendu compte. Cela peut s'expliquer parce que ces algorithmes ciblent avant tout des requêtes spécifiques et rares, voire de la longue traîne. Par conséquent, les fluctuations des résultats de recherche marquent moins les esprits que si les requêtes principales étaient affectées directement.

Greg Corrado, spécialiste du machine learning, a fait partie de l'équipe de développement de RankBrain (la Google Brain team), ce qui explique l'évolution automatique du système via une intelligence artificielle progressive. Il s'agit certainement du premier système de cette envergure mis en place dans un moteur de recherche.

Du machine learning open source chez Google

Le 9 novembre 2015, Google a rendu open source sa technologie TensorFlow, une bibliothèque complète développée en Python et C++ consacrée entièrement à l'intelligence artificielle et au machine learning. Cette annonce révèle les progrès de Google en la matière (TensorFlow semble être son ancienne technologie), mais surtout sa volonté de propager l'usage de l'apprentissage automatique et de l'intelligence artificielle partout dans le monde. RankBrain est donc un énième algorithme utilisant ce type de procédés déjà exploités par Google depuis quelques années.

Sur le plan technique, RankBrain n'est pas si simple à comprendre. L'algorithme est censé représenter les concepts repérés dans les textes (parmi les mots et expressions) en « vecteurs », notés automatiquement par le système selon leur importance. Google utilise notamment des logiciels comme Word2Vec (source : https://goo.gl/F9Q3Td) pour transformer automatiquement les mots et entités en vecteurs, analysés et notés par un réseau de neurones artificiels.

Tout est une question de contexte avec RankBrain. Un terme est transformé en vecteur puis analysé en fonction de son contexte sémantique. Ce sont donc les relations entre les mots (comme les co-occurrences souvent évoquées par les spécialistes des cocons sémantiques) et leur probabilité de se retrouver proches d'autres mots qui vont permettre à l'algorithme de déterminer leur valeur. Il s'agit en réalité d'analyser les vecteurs pour comparer leurs propriétés statistiques, et donc leurs « équivalences ».

Google fournit un exemple avec des noms de pays dans sa documentation pour Word2Vec. Il indique par exemple que le vecteur le plus proche du mot France est « Spain » en langue anglaise, comme le montre la capture suivante avec la notion de « distance » entre les vecteurs sémantiques.

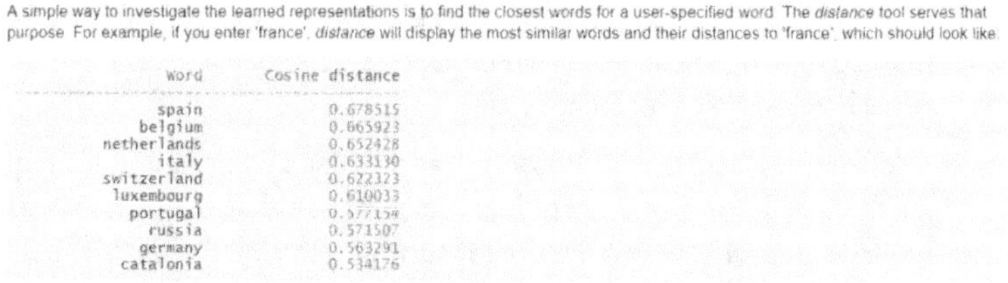
A simple way to investigate the learned representations is to find the closest words for a user-specified word. The *distance* tool serves that purpose. For example, if you enter 'france', *distance* will display the most similar words and their distances to 'france', which should look like:

Word	Cosine distance
spain	0.678515
belgium	0.665923
netherlands	0.652428
italy	0.633130
switzerland	0.622323
luxembourg	0.610033
portugal	0.577154
russia	0.571507
germany	0.563291
catalonia	0.534176

Figure 2–7
Distance entre les vecteurs

La force de RankBrain est son intelligence artificielle mais aussi, comme nous l'avons indiqué, le machine learning. En effet, une fois que Google arrive à déterminer la distance entre les mots avec son analyse statistique des vecteurs, il est capable d'aller plus loin automatiquement en comprenant des expressions, puis des portions de textes. La conséquence est simple : Google devrait être capable rapidement de déterminer si des phrases ont le même sens, voire si l'orthographe et la grammaire de ces dernières sont bien respectées.

> **Yandex déploie Matrixnet, Palekh et Korolev, son système d'analyse sémantique**
>
> Yandex a expliqué le 22 août 2017 comment fonctionne sa recherche sémantique dans l'ensemble. Tout est une question d'intelligence artificielle et d'apprentissage machine au sein de plusieurs algorithmes (source : https://goo.gl/BoKV4E). Matrixnet (ou *Matriksnet*), corrélé à Palekh ou Korolev, correspond un peu à RankBrain. Matrixnet est l'étape finale qui permet de classer les résultats en fonction des relations sémantiques entre les requêtes tapées et les contenus des pages. Au préalable, Yandex doit utiliser Palekh ou Korolev pour convertir les entités de recherche (requêtes et contenus) en vecteurs sémantiques à l'aide de réseaux de neurones.
>
> Yandex a annoncé la sortie de Palekh le 2 novembre 2016 (source : https://goo.gl/JgFLpq) dont l'objectif est de mieux analyser les titres de pages et les requêtes des internautes, afin de proposer les résultats les plus pertinents selon le contexte. Palekh offre une représentation dans l'espace de vecteurs sémantiques afin de déterminer ceux qui sont les plus proches. Plus les résultats de recherche vont proposer des vecteurs sémantiques proches de ceux évalués dans la requête, plus ils ont de chance d'être bien positionnés. Palekh agit en temps réel et analyse environ 150 ressources par défaut. Dans le même esprit, l'algorithme Korolev, dévoilé le 22 août 2017, applique des réseaux de neurones dès l'indexation afin de prévoir les relations sémantiques entre des requêtes potentielles et la totalité des contenus des pages web. Tout cela sert donc à Matrixnet pour le classement final, à l'instar de RankBrain.

Il s'agit donc d'une réelle évolution pour la compréhension des requêtes des internautes, mais aussi des contenus des pages web. Ce sont bien toutes les indexations et les recherches qui risquent d'être affectées à terme par ce type d'algorithmes aussi puissants qu'évolutifs. Nous pouvons donc considérer RankBrain comme une énorme amélioration de Google Hummingbird, avant de nouveaux systèmes peut-être plus évolués à l'avenir. Google estime que RankBrain est le troisième critère de positionnement le plus important pour le moteur de recherche (source : https://goo.gl/RCfshU), derrière la qualité des contenus et le netlinking. Et c'est une chance pour Google car les webmasters n'ont pas la mainmise sur ce facteur d'analyse des requêtes, ils peuvent juste espérer que leurs contenus proposent du vocabulaire suffisamment bon et varié pour répondre aux analyses des vecteurs sémantiques effectuées par l'algorithme.

> **Vers une recherche prédictive ?**
>
> Parallèlement à RankBrain et au développement de l'apprentissage automatique, il faut savoir que Google réfléchit également à mettre en œuvre de la recherche prédictive, essentiellement fondée sur une personnalisation des résultats de recherche en fonction de sa bonne connaissance des internautes. De nombreux brevets ont déjà été déposés à ce sujet (source : http://goo.gl/41RDy9). Avec une meilleure compréhension sémantique des textes, via RankBrain et Hummingbird notamment, il ne fait aucun doute que Google sera bientôt capable de mieux associer les goûts et les recherches de chaque internaute pour personnaliser les SERP lors des recherches…

BERT pour Google et Bing

BERT (pour Bidirectional Encoder Representations from Transformers) est un projet amorcé par Google dès novembre 2018 (source : https://bit.ly/2yvTVGM) qui s'appuie sur des réseaux de neurones (deep learning) pour le traitement du langage naturel (natural language processing, ou NLP). Annoncé officiellement le 25 octobre 2019 (source : https://bit.ly/2SIG4E1), Google a qualifié BERT de « plus grand bond en avant des cinq dernières années et l'un des plus grands bons dans l'histoire du Search », permettant au moteur de mieux comprendre les requêtes et surtout les intentions de recherche. Pour l'anecdote, Bing a mis en place BERT également dès avril 2019 (source : https://bit.ly/2XTxGou) et dispose donc lui aussi d'une meilleure compréhension du langage naturel.

La mise en place d'algorithmes de deep learning aussi puissants provient de la volonté des moteurs de recherche de mieux comprendre le langage naturel (nécessaire pour développer le SEO vocal, notamment pour les assistants de recherche) et les intentions de recherche (le contexte de la recherche et sa compréhension profonde) afin de devenir un moteur de réponse. Dans tous les cas, cela impose une meilleure compréhension de l'utilisateur et de ses besoins, et c'est tout l'enjeu de la mise à jour BERT.

BERT s'appuie sur le concept actuel de la compréhension de chaque mot d'une requête en fonction de leur contexte sémantique (les mots placés autour du mot étudié). Ainsi, l'idée est d'analyser les mots placés en amont et en aval d'un terme d'une requête pour mieux en comprendre le sens, et ainsi de suite pour l'ensemble de la requête. Ainsi, comme le ferait naturellement un humain, le contexte permet de mieux saisir la réelle intention de recherche de l'utilisateur. Comme nous le verrons par la suite, l'analyse de chaque mot et de son contexte dépend de nombreux facteurs, tels que la distance entre les mots (comme le cosinus de Salton permet de la calculer), la valeur (ou le poids) de chaque terme, ou encore le contexte grammatical. Ainsi, les moteurs peuvent globalement mieux comprendre quel mot est plus ou moins important dans une requête et ce que recherchent les utilisateurs grâce aux précisions apportées par la conception de la requête, l'ordre des mots, la grammaire, etc.

En matière de référencement, Google BERT peut impacter plusieurs phénomènes :

- la recherche vocale (via les assistants de recherche vocaux comme Google Home, Amazon Alexa, Siri…) ;
- les requêtes de moyenne et longue traîne, contenant plus de mots et ayant donc un contexte à analyser.

Dans les faits, BERT décortique la phrase en la « lisant » de gauche à droite et de droite à gauche, et tente de vérifier le sens entre les phrases qui se suivent. Cela signifie que BERT peut très facilement mesurer la cohérence contextuelle d'un texte en analysant une phrase, puis la phrase suivante, puis la suivante, etc. Sous-entendu, si les phrases n'ont pas de réelles relations logiques, l'algorithme peut rapidement vérifier que le texte est naturel ou généré, avec plus ou moins de cohérence sémantique. BERT fait donc à la fois de l'extraction de contexte mais également une analyse de la cohérence textuelle.

Il faut aussi prendre en compte le nouveau rôle des mots creux (*stop words*) comme « le », « la », « un », « une », « de », etc. En effet, s'ils étaient auparavant exclus voire oubliés dans les requêtes, leur rôle de liant dans les requêtes prend tout son sens avec des algorithmes comme RankBrain ou BERT. La figure suivante montre par exemple une question en anglais, bien mieux comprise depuis la mise à jour BERT grâce à l'analyse approfondie de l'ensemble des mots de la requête, y compris les mots creux. Dans cet exemple, le mot *stand* peut notamment être assimilé à un stand de salon professionnel ou au verbe *to stand* évoquant une position corporelle au travail (se tenir debout dans ce cas). Avec BERT, le contexte est clairement compris et Google ne peut pas douter, il comprend rapidement qu'il s'agit du verbe et peut donc répondre précisément à la question. Ainsi, le moteur peur afficher les résultats qui fournissent une réponse à la demande, plutôt que les résultats contenant les mots comme c'était le cas auparavant (par simple correspondance des mots-clés).

Destiné initialement à la langue anglaise, BERT a été déployé dans d'autres langues. La version française du moteur de recherche utilise l'algorithme depuis le 9 décembre 2019, après que Google a fait une officialisation sur Twitter (source : https://bit.ly/2L1KH7U). Google estime l'utilisation de BERT pour environ 10 % des requêtes réalisées dans le moteur (cela ayant assez peu d'intérêt pour les requêtes très simples ou courtes par exemple).

Figure 2–8
Conséquence des résultats affichés
dans les SERP grâce à la meilleure
compréhension des requêtes avec BERT

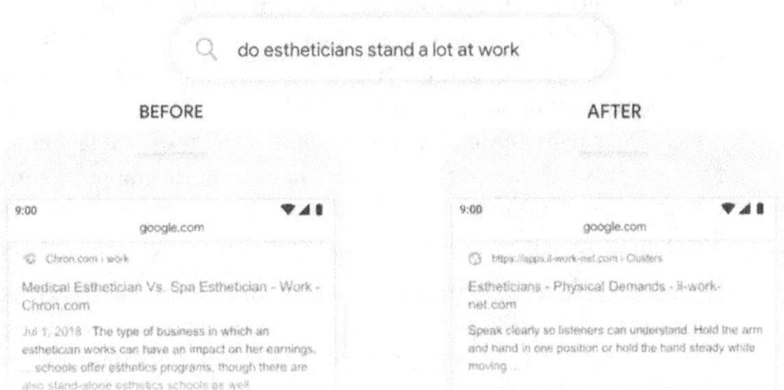

Dans l'ensemble, bien qu'il s'agisse d'une avancée notable en matière de compréhension du langage naturel (NLP), BERT n'a pas affecté directement les optimisations du référencement et du positionnement. En effet, l'algorithme s'intéresse avant tout au contexte des requêtes longues, et non pas aux contenus textuels placés dans les pages web. De ce fait, il convient juste de continuer à rédiger des contenus de qualité, qui répondent aux demandes des utilisateurs, et cela permettra toujours de répondre à des requêtes, avec ou sans l'analyse approfondie de RankBrain, BERT ou équivalent.

Yandex Palekh, Korolev et Vega

L'intelligence artificielle n'est pas la propriété de Google et Bing. Le moteur de recherche russe, Yandex, possède lui aussi de nombreux algorithmes permettant d'utiliser du deep learning et d'améliorer la compréhension des requêtes et des contenus.

Yandex a déployé Palekh dès novembre 2016 (source : https://bit.ly/3fnaMfz), une sorte de Google Hummingbird, pour mieux comprendre les requêtes conversationnelles. Le système s'appuie sur un réseau neuronal pour analyser en profondeur les requêtes telles que des questions ou des phrases précises. Ainsi, le moteur russe a pu sortir du schéma classique des moteurs de recherche, dont le rôle premier était de faire correspondre les mots entre une requête et ceux des pages web (c'est pour cette raison que les référenceurs répétaient sans cesse les mêmes termes dans les contenus, afin de sembler pertinent en tant que réponse à une requête). Palekh était une première étape qui a permis de mettre en place le principe des vecteurs sémantiques et une meilleure analogie entre les termes ayant des sens similaires ou proches.

Dès août 2017, Yandex a amélioré son système avec l'activation de l'algorithme Korolev (source : https://bit.ly/2A5Ux6D), confortant l'utilisation de l'algorithme Matrixnet. Ce dernier est un équivalent de RankBrain pour Yandex, mais il ne peut se suffire à lui-même. La société a expliqué que le moteur de recherche doit en amont analyser les requêtes avec Korolev, avant que Matrixnet puisse faire son travail. Korolev est un Palekh survitaminé (Palekh se limitait essentiellement aux titres) qui permet de créer une pré-liste de pages répondant aux requêtes des utilisateurs en les analysant de fond en comble. Dans un second temps, Matrixnet agit pour organiser les résultats et les restituer aux internautes. Ainsi, Korolev garantit une analyse sémantique approfondie des contenus et des requêtes (l'algorithme va même plus loin en analyse des statistiques comportementales des utilisateurs), qu'il ne reste qu'à afficher dans une ordre logique grâce à Matrixnet.

Enfin, Yandex a déployé Vega en décembre 2019 (source : https://bit.ly/2V8FtwU) dans le but de passer un cap en matière de qualité dans les SERP. L'idée générale est d'améliorer la compréhension des requêtes et la pertinence des résultats, mais le système est quelque peu différent de celui des autres moteurs de recherche.

Vega se positionne entre l'amélioration du système d'indexation (à l'instar de Google Caffeine ou Bing Catapult par exemple) et l'optimisation de la compréhension sémantique (comme BERT ou RankBrain). Dès la conception de l'index, Yandex s'efforce de classer les sites dans des grappes sémantiques, c'est-à-dire des groupements de sites thématisés. Ensuite, lorsqu'un utilisateur procède à une recherche, Yandex n'a plus à rechercher dans l'ensemble des résultats, mais juste à analyser la requête avec précision (via Palekh ou Korolev) puis à rechercher uniquement dans la ou les grappe(s) correspondante(s). Avec Vega et sa clustérisation des résultats dans l'index, Yandex a donc accéléré considérablement la restitution des résultats dans les SERP mais aussi la précision, en allant chercher uniquement dans les grappes sémantiques utiles.

Quel que soit le moteur de recherche, nous constatons donc que chacun cherche à trouver de nouvelles solutions pour améliorer la pertinence des résultats, pour accélérer les recherches et pour devenir peu à peu des moteurs de réponse. Il ne s'agit que des prémices de l'usage de l'intelligence artificielle et du deep learning dans la sphère du référencement naturel, les années à venir devraient dévoiler encore bien des surprises.

Typologie des requêtes dans les SERP

Nous avons étudié dans le chapitre 1, dans la section *Fonctionnement d'un moteur de recherche*, comment s'organisaient les moteurs autour de trois étapes. La dernière phase, destinée au requêteur, consiste à restituer les résultats dans les SERP, mais depuis plusieurs années, il ne s'agit plus de simples résultats. En effet, avec la mise en œuvre de la recherche universelle dès mai 2007, qui permet d'afficher aussi bien des actualités, des images, des résultats localisés, des ressources, des liens naturels (…), les moteurs de recherche ne se limitent plus à retourner un seul type de résultat selon les requêtes. L'analyse des termes tapés par les utilisateurs, notamment avec les algorithmes que nous venons d'étudier, entraîne des conséquences dans l'affichage des résultats.

En partant de ce postulat, nous pouvons imaginer qu'il existe plusieurs familles de requêtes, correspondant chacune à un type de résultats affichés dans les SERP. Les spécialistes s'accordent généralement sur trois types de requêtes :

- navigationnelle : recherche d'une URL, d'une ressource ou d'un lieu (plus courant sur mobile) ;
- transactionnelle : acheter, télécharger, lancer une action commerciale ;
- informationnelle : chercher une information (majorité des requêtes web).

En soi, cela peut sembler inutile de qualifier les types de requêtes existants, mais ces derniers impactent considérablement les résultats affichés dans les SERP, selon ce que les moteurs de recherche imaginent, notamment en cas d'imprécisions dans les requêtes. Si une requête tapée fait ressortir uniquement des offres commerciales alors que vous souhaitez vous positionner avec un site vitrine ou applicatif (site de service en ligne), vous aurez peu de chance de ressortir dans les SERP, tout simplement car votre page ne sera pas considérée comme « transactionnelle ». Il convient donc de vérifier en amont les résultats affichés pour chaque requête car de nombreuses surprises peuvent exister…

Deux cas de figures étranges sont susceptibles de se présenter en matière de résultats : soit le moteur de recherche utilise le bon type de requêtes (informationnelles par exemple) mais ne l'associe pas au sens exact de la requête, soit l'outil associe certains termes à un type de requêtes que l'on aurait imaginé différent (par exemple proposer des résultats commerciaux alors que l'on cherche une information sur un sujet). Pour le reste, les moteurs déterminent et associent en général plutôt bien le type de requêtes et de résultats. Citons des exemples pour les deux cas à contre-courant :

- en tapant la requête « longueur python », Google devrait fournir une requête informationnelle, avec des données sur le serpent et sa longueur (c'est le cas de la position 0 notamment). Pourtant, bien que le type de requêtes soit le bon, le moteur estime que l'utilisateur cherche plutôt des informations sur le langage de programmation Python ;

- avec une requête comme « trouver plombier », on pourrait s'attendre à ne recevoir que des propositions locales (via Google Maps ou des sites comme les Pages Jaunes, etc.), mais le moteur restitue principalement des résultats informationnels avec des guides pour trouver un bon plombier.

Globalement, les moteurs de recherche arrivent plutôt bien à anticiper et à analyser ce que recherchent les internautes. D'une part ils analysent la requête en elle-même (via RankBrain, Palekh, BERT…), et d'autre part ils analysent le contexte de la recherche ou d'utilisation du moteur par l'utilisateur. Ainsi, le comportement peut aussi permettre de mieux cibler le type de requêtes à afficher. On note par exemple que les moteurs vont analyser l'historique des recherches, les requêtes couramment tapées ou recherchées, les thématiques préférentielles de l'usager, le taux de clics sur certains résultats, les questions souvent posées, la géolocalisation, les rebonds (*pogosticking*), etc. Ainsi, de nombreux utilisateurs n'auront pas les mêmes résultats ou types de résultats pour des requêtes identiques…

Quoi qu'il en soit, l'objectif du référenceur est de vérifier en amont qu'aucune mauvaise surprise ne puisse advenir en matière de résultats affichés dans les SERP après qu'une requête est recherchée. Ainsi, il peut cibler davantage certains termes spécifiques pour basculer entre les différents types de requêtes, selon sa volonté, la pertinence des résultats et surtout la concurrence qui en ressort. Les spécialistent doivent donc également anticiper et évaluer l'intention de recherche des utilisateurs en fonction des requêtes qu'ils souhaiteraient taper. Si nous reprenons le cas de la requête « longueur python » par exemple, on pourrait s'attendre à ce que l'utilisateur cherche plutôt des données sur le serpent, mais au vu des statistiques comportementales des utilisateurs, Google semble comprendre que c'est avant tout la longueur d'un programme en Python qui intéresse. De ce fait, un référenceur qui étudierait cette requête devrait absolument anticiper le même type de résultats pour ne pas se tromper avant de rédiger ses contenus.

Figure 2–9

Google assimile la requête « longueur python » au langage de programmation plutôt qu'à la longueur de l'animal, à cause des statistiques comportementales générales des utilisateurs.

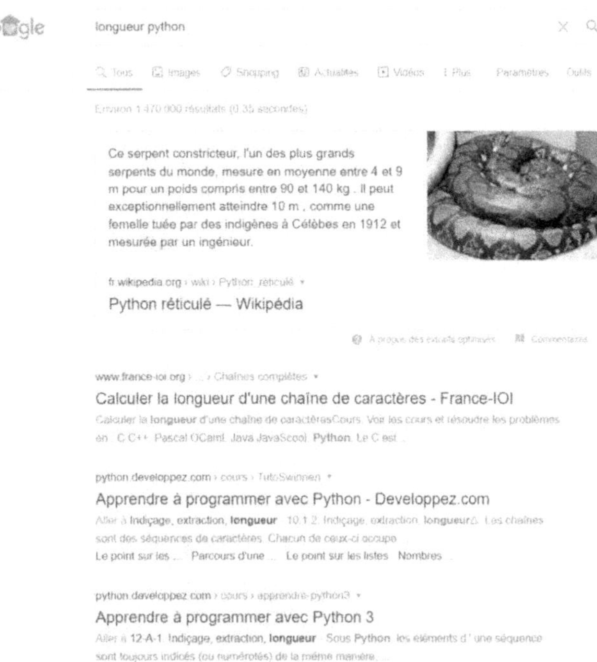

Quelques outils permettent d'obtenir des résultats par anticipation, ou en analysant avec précision de nombreux cas de figure. Nous pouvons citer Answer The Public, Keyword Magic Tool de SEMrush, Google Keyword Planner (dans Google Ads), Searchintent.co.uk, Ahrefs, InfiniteSuggest ou encore MergeWords par exemple. D'autres solutions existent mais toutes ont pour objectif de permettre d'imaginer ce qu'un internaute pourrait souhaiter voir apparaître selon les mots-clés qu'il taperait dans un moteur de recherche. Ainsi, les référenceurs n'ont plus qu'à adapter les contenus et les réponses en fonction de ces anticipations.

Un outil comme AnswerThePublic permet par exemple d'imaginer les questions posées autour d'une requête. Ainsi, un rédacteur sait quelles thématiques et quelles réponses privilégier pour ressortir dans les SERP sur un sujet précis. La simple recherche de mots-clés, comme tous les référenceurs l'ont historiquement vanté, n'est plus suffisante, il convient désormais de passer une étape supplémentaire et d'analyser à la fois les requêtes en elles-mêmes et les types de résultats qui en découlent en cas de recherche.

Figure 2–10
Recherche des questions les plus posées
pour la requête « trouver plombier »
avec AnswerThePublic

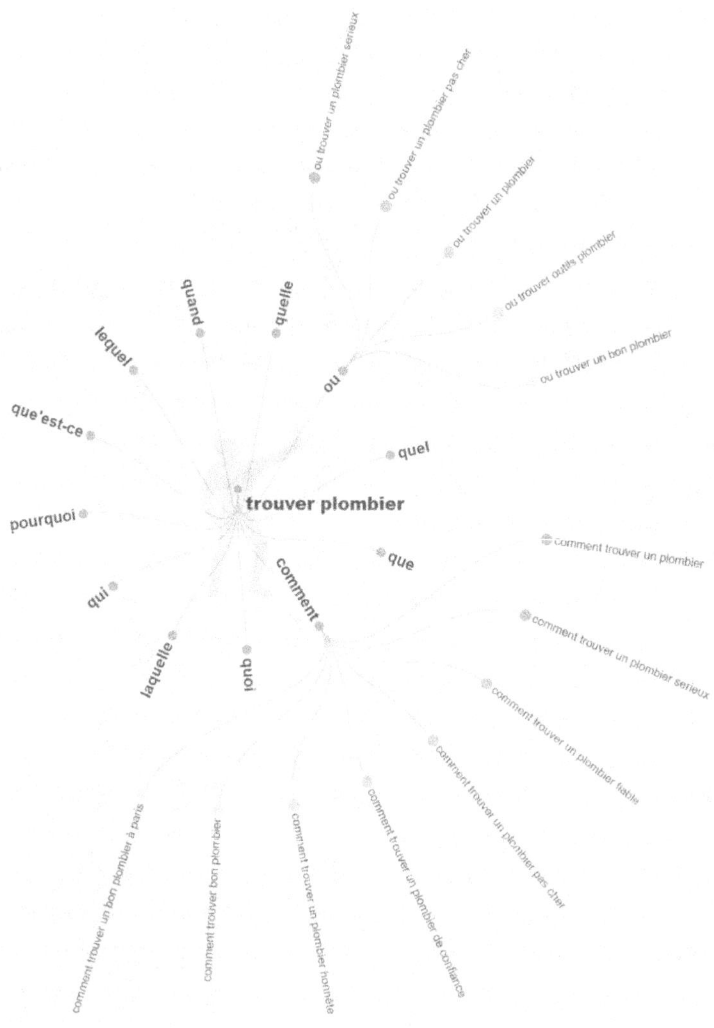

Optimiser les contenus avec précision

TF*IDF, cosinus de Salton, distances et algorithmes

L'optimisation des contenus web a toujours été au cœur du référencement naturel, notamment parce que la lecture du code source, contenant des textes, reste la base élémentaire d'un crawler de moteur de recherche. Pendant des années, les spécialistes ont procédé avec une base de travail identique, à savoir une recherche de mots-clés pour chaque page, puis des insertions répétées de ces termes dans les zones chaudes du code HTML (balise `<title>`, balise `<h1>` et autres titres internes, `<strong>`, attribut `alt` des images, etc.). Tout consistait donc à répéter inlassablement des expressions clés, quitte à rendre le texte moins agréable à la lecture, pour que les moteurs de recherche comprennent que la page était « experte » pour chaque sujet traité. Si cela fonctionne encore un peu à la marge, il faut bien avouer que baser une stratégie de contenus sur une simple accumulation de termes clés risque fort de vous décevoir à l'arrivée.

Nous sommes en droit de nous demander pourquoi ces anciennes méthodes ne fonctionnent plus à ce jour, ou tout du moins plus aussi bien et aussi facilement que par le passé. L'instauration de l'intelligence artificielle, du deep learning (apprentissage profond) et la volonté de mieux comprendre le langage naturel (*natural language processing* ou NLP) ont clairement changé la donne en matière d'analyse des contenus. Cette évolution vers l'approfondissement sémantique offre davantage de qualité pour les utilisateurs et de variété pour les rédacteurs car les textes doivent désormais être plus complets, mieux rédigés, avec un vocable plus étoffé. La conséquence est donc la publication de contenus plus qualitatifs et plus agréables à lire pour les visiteurs, dans une large majorité des cas. Cette rupture entre les méthodes d'analyse d'antan et celles introduites depuis quelques années a eu une incidence forte en matière de SEO, et nous devons aujourd'hui nous adapter.

Des lectures complémentaires

Les deux auteurs de cet ouvrage ne sont pas des experts en intelligence artificielle ou deep learning, c'est pourquoi nous allons vous donner des clés et des explications générales sur le sujet. Pour en savoir plus, si le domaine vous passionne, nous vous recommandons de lire les nombreux articles publiés sur ces thèmes par les frères Peyronnet, Rémi Bacha ou Vincent Terrasi notamment, spécialistes de ces questions. Il s'agit de thématiques qui peuvent rapidement faire tourner les têtes tant les calculs algorithmiques sont nombreux et complexes, et qui s'adressent en outre à des ingénieurs ou des docteurs ès mathématiques ou équivalents. La théorie est largement compréhensible mais l'application peut s'avérer rapidement complexe, c'est pourquoi nous nous en tiendrons modestement aux bases du sujet.

L'analyse des contenus a tout d'abord évolué avec l'intégration de facteurs de pondération des termes (on parle aussi de « fréquence relative des termes »). Très rapidement, les moteurs de recherche ont remarqué qu'une simple étude textuelle page par page manquait de sens, et qu'il devenait de plus en plus compliqué de mesurer le « poids » d'un mot, ou tout du moins son importance dans une page, un corpus voire dans le Web en général. De fait, la simple répétition des mots, utilisée par les référenceurs, suffisait à se positionner, tout simplement parce que la valeur de ces termes répétés à outrance n'était pas pondérée comme il le fallait. De là sont nés de nombreux algorithmes de pondération, dont le plus connu est le TF*IDF.

TF signifie « *term frequency* », donc la fréquence de répétition des mots dans une page. IDF correspond à « *inverse document frequency* », soit la distribution et la redite de ces mêmes mots, non pas au sein de la page, mais d'un corpus entier de documents (le site web et l'index des moteurs de recherche notamment). Enfin, les deux entités se multiplient pour générer une pondération donnant un poids à chaque mot. En d'autres termes, TF sert à mesurer la fréquence d'usage des termes, comme les moteurs l'ont toujours fait, et IDF sert à pondérer la valeur de ces mots-clés en mesurant le nombre de fois où ils sont utilisés sur l'ensemble du Web. Par exemple, si nous utilisons le terme « holistique » plusieurs fois dans une page, nous pourrions considérer qu'il a un certain poids relativement au reste du texte. En revanche, si on analyse le site web complet et que l'on se rend compte que le mot n'est présent que dans une page sur plusieurs dizaines, sa valeur en prend un coup. Et si nous allons plus loin en vérifiant son usage sur l'ensemble des pages connues par un moteur de recherche, le mot-clé de départ devient alors bien moins fort, du fait de sa rareté d'utilisation.

Ainsi, avec une formule mathématique comme le TF*IDF, il devient plus simple de pondérer la valeur des termes et de relativiser leur poids dans les pages. En matière de référencement, cela signifie aussi qu'une page peut être extrêmement optimisée pour un mot-clé donné, mais que l'absence de répétition de ce terme dans les autres pages du site nuance son poids total. Le site n'est alors pas toujours considéré comme « expert » du domaine et ce phénomène peut avoir pour conséquence un gain moindre de positions pour la page optimisée. Paradoxalement, l'inverse est également vrai dans bien des situations, et c'est là toute la subtilité des systèmes de pondération. Si vous utilisez un mot-clé rare, dont le TF*IDF est plus grand dans une page que pour la moyenne des pages du Web, alors vous devriez mieux ressortir sur des requêtes ciblées (un peu à l'image du principe de la longue traîne, mais avec des mots rares). Il s'agit donc de trouver un équilibre entre l'usage de mots-clés assez rares et de valeur et une meilleure thématisation de l'ensemble des pages d'un site. Ainsi, vous pouvez possédez des pages fortes à l'unité et démontrer une expertise sur un sujet pour l'ensemble des contenus d'un site.

La formule du TF*IDF permet donc de mesurer le potentiel d'un mot-clé ou l'ensemble des mots-clés les plus pertinents d'un contenu, avec une pondération simple. Mathématiquement, il existe de nombreuses variantes de la multiplication du TF*IDF, mais certaines sont plus courantes, telle que la variante présentée dans la capture suivante. Si vous souhaitez mesurer l'ensemble du poids des mots dans un corpus (un site web par exemple), il faudra donc réaliser le calcul du TF et de l'IDF pour chaque terme, puis leur multiplication pour obtenir le résultat pondéré. Ainsi, vous pouvez obtenir la valeur relative de chaque mot-clé.

Figure 2–11
Exemple de méthode de calcul du TF*IDF

$$TF_{ij} = \frac{f_{ij}}{n_j}$$

f_{ij} est la fréquence du term i dans le document j. n_j est le nombre total de mots dans le document j.

$$IDF_i = 1 + log(\frac{N}{c_i})$$

N est le nombre total de documents dans le corpus. c_i est le nombre de documents qui contiennent le mot i.

$$w_{ij} = TF_{ij} \times IDF_i$$

w_{ij} est le score TF * IDF du mot i dans le document j, donc la valeur pondérée du terme.

Ce qu'il faut retenir, c'est que les moteurs de recherche ont rapidement dû relativiser le poids des mots pour mieux calculer la qualité des contenus et la valeur des pages dans tout leur index. Cela a abouti à une seconde étape de compréhension textuelle plus importante, incluant la distance entre les mots et la vectorisation des termes pour mener à bien l'analyse sémantique.

Il est également important de comprendre les notions de sacs de mots (*bags of words*) ou de n-grammes (*n-grams*). Construire un sac de mots consiste à découper tous les mots d'un texte et à comptabiliser le nombre de leurs occurrences (phénomène aussi appelé « *tokenisation* »), après avoir nettoyé le texte (supprimer des mots creux, de la ponctuation inutile, etc.). Idéalement, nous pouvons lemmatiser pour nettoyer la liste des mots, c'est-à-dire valoriser la forme neutre d'un mot plutôt que chaque version de ce mot (par exemple, grouper toutes les occurrences du lemme « analyse » sous ce seul terme plutôt que d'utiliser chaque variante comme « analyses », « analyser », etc.), voire raciniser les termes (utiliser la racine des mots plutôt que des lemmes). C'est l'étape préalable du découpage des mots, qui est suivie par une analyse des co-occurrences (ou n-grammes). En effet, il est également possible de découper les mots en groupes de plusieurs mots qui apportent souvent plus de sens au texte, allant du bigrammes (deux mots) aux n-grammes. Ainsi, on peut rapidement trouver des groupes de mots forts et refaire le même type de travail afin d'étudier des expressions plutôt que des mots uniques souvent dénués de sens hors contexte. D'autres techniques permettent aussi de grouper par « mots-sentiments », c'est-à-dire par rapport au ressenti positif ou négatif dégagé par un mot, etc.

En principe, vous avez compris que l'objectif premier des moteurs de recherche pour mieux comprendre le langage naturel et les contenus est de tout découper avec des processus logiques afin d'obtenir un maximum de grappes de mots (uniques, bigrammes et n-grammes) et un nombre d'occurrences pour chacune d'entre elles. Cela permet à la fois de mieux comprendre les associations de mots mais aussi le poids des mots ou expressions, à la manière du TF*IDF mais bien plus évolué et complet. Dès cette étape, il est possible d'obtenir des nuages de mots, des diagrammes ou des graphes représentant les termes clés d'une page ou d'un corpus de documents, et donc de vérifier le poids et la répétition des mots.

Une fois ces listings pondérés disponibles, les moteurs passent donc à la vectorisation dans l'espace (en « x » dimensions), c'est-à-dire à l'attribution d'une valeur mathématique pour chaque entité. Plus deux valeurs sont proches, plus les mots ou expressions correspondants ont un sens similaire ou approchant. Ainsi, les moteurs tentent de travailler sur la similarité des mots, expressions et textes, pour mesurer des « distances » entre les vecteurs. Des moteurs de recherche comme Google, Bing ou Yandex utilisent ces procédés pour mieux qualifier les contenus, mais aussi pour mieux comprendre les requêtes voire les intentions de recherche. Nous comprenons donc davantage le rôle des divers algorithmes mis en place comme RankBrain ou BERT, qui ont pour but d'affiner les analyses sémantiques avec des degrés de précision de plus en plus forts.

Il serait difficile de faire le tour des méthodes existantes pour analyser la similarité de textes, mais nous pouvons citer au moins quelques exemples, tantôt utilisés pour la correction orthographique, tantôt pris en compte pour l'analyse sémantique détaillée.

- Distance de Levenshtein : calcul mathématique du nombre de caractères (lettres notamment) qu'il faudrait ajouter ou supprimer pour passer d'un mot à un autre. Par exemple, la distance de Levenshtein entre « Bonjour » et « Bonsoir » est de 2, car seules les lettres « j » et « u » différencient les deux mots (ou « s » et « i » inversement). La distance considère donc que les deux mots sont sensiblement proches, au-delà de toutes considérations thématiques, sentimentales, etc. On se rapproche en quelque sorte du contexte d'ana-grammes ici, si ce n'est qu'on retire et ajoute des lettres pour vérifier les différences entre les mots.
- Indice de Jaccard ou test MinHash et test Simhash : plusieurs tests pour mesurer la similarité sur des ensembles des données. Google utilise notamment le test Simhash, créé par le professeur Moses Charikar et mis en avant dès 2006-2007 (source : https://static.googleusercontent.com/media/research.goo-gle.com/fr//pubs/archive/33026.pdf). Ce test permet d'analyser des groupes de données et GoogleBot l'uti-lise notamment pour détecter les doublons de pages lors du crawl, ou encore proposer les pages similaires ou proches.
- Similarité cosinus (ou cosinus de Salton) : mesure de la similarité entre deux vecteurs à n dimensions en fonction du cosinus de l'angle qui les sépare.

- Test de Mantel : correspondance entre deux matrices. Ce type d'analyse (ou ses équivalents) permet de mesurer des matrices de valeur pour gagner du temps par exemple, ou obtenir des similarités sur de grands ensembles.

Historiquement, l'algorithme le plus connu et certainement le plus opérationnel pour le commun des mortels est Word2vec, créé par Tomas Mikolov de Google en 2013 (source : https://bit.ly/2X8abWY) Cela permet de faire du *word embedding*, c'est-à-dire de transformer n'importe quel mot ou expression en une valeur vectorielle mathématique. Il s'agit d'une des bases du machine learning ou du deep learning, utilisant des réseaux de neurones pour automatiser, entre autres, la tâche d'analyse sémantique des contenus. Word2vec s'appuie notamment sur des sacs de mots continus (*continuous bag of words*, ou CBOW), dont l'objectif est de prédire un mot en fonction de son contexte dans un texte (mots proches), mais aussi sur le concept de *skip-gram* dont le but est de déterminer les mots contextuels en fonction d'un mot-clé de départ (l'inverse du CBOW en quelque sorte).

Figure 2–12

Exemple de représentation du modèle CBOW et skip-gram de Word2vec

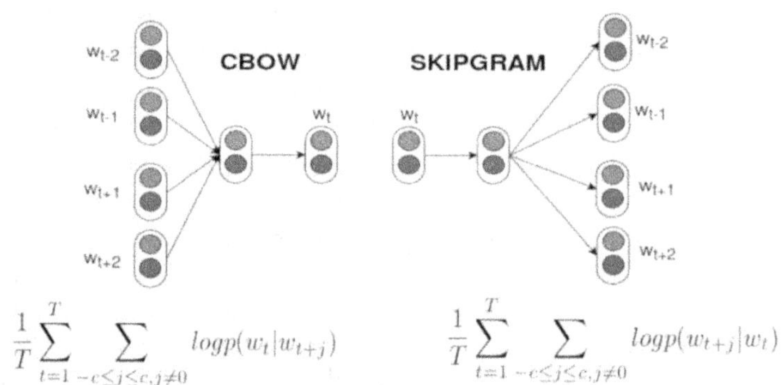

$$\frac{1}{T}\sum_{t=1}^{T}\sum_{-c \leq j \leq c, j \neq 0} logp(w_t|w_{t+j}) \qquad \frac{1}{T}\sum_{t=1}^{T}\sum_{-c \leq j \leq c, j \neq 0} logp(w_{t+j}|w_t)$$

Après cela, les méthodes ont évolué avec d'autres algorithmes de plus en plus fins et complémentaires, menant jusqu'à BERT en 2019. Nous pouvont citer parmi eux GloVe (https://stanford.io/2yb2Ddp), Fasttext de Facebook (https://fasttext.cc), GPT-2 d'openAI (https://bit.ly/3blWYca), etc. GPT-2 a la réputation de pouvoir générer un texte cohérent à partir d'une simple phrase par exemple, démontrant ainsi tous les progrès de l'analyse sémantique, du deep learning et des intentions de recherche (utilisable avec l'outil https://inferkit.com/ par exemple), Pour faire court, plus les systèmes évoluent, plus ils s'affinent et permettent d'aller plus loin. C'est le cas de BERT notamment, dont la volonté est d'anticiper les intentions de recherche. Cela peut se faire grâce à l'analyse approfondie des grappes de mots mais aussi de la contextualisation des mots-clés (par exemple en faisant des translations de vecteurs sémantiques pour correspondre au sens le plus précis par rapport à la requête initiale). Plus les moteurs de recherche peuvent « deviner » les mots qui se regroupent souvent ensemble, plus ils peuvent extrapoler le sens d'un mot en fonction des mots présents (ou attendus) autour de lui.

Pour les développeurs, il existe de nombreuses libraires open source, notamment en langage Python ou R, pour réaliser des tests avancés de similarité, procéder à de la vectorisation et mettre en place du machine learning. On pense notamment à des libraries en Python comme Gensim qui utilise Word2vec, ou à des systèmes des modules comme TensorFlow ou Scikit-Learn par exemple. L'évolution est si rapide qu'il convient de bien suivre les nouvelles bibliothèques disponibles selon les langages que vous appréciez. En revanche, en ce qui concerne les premières étapes de nettoyage des chaînes de caractères et des contenus, presque tous les langages disposent de fonctions qui permettent de faire de la lemmatisation ou de la racinisation, ou encore qui donnent la possibilité de mesurer des distances comme Levenshtein ou la similarité cosinus, etc. Cela reste toutefois à réserver à des passionnés de mathématiques ou des habitués du machine learning.

Finalement, les nombreux progrès de l'intelligence artificielle en matière d'analyse des contenus forcent les référenceurs et rédacteurs à écrire toujours de mieux en mieux, en étant si possible de plus en plus complets et précis dans le choix de leurs mots. D'un côté, cela permet de rédiger avec plus de plaisir grâce à un vocabulaire bien plus complet et moins répétitif que par le passé. De l'autre côté, ces évolutions nuancent le poids de chaque contenu et rendent de plus en plus complexe la rédaction de contenus considérés comme de qualité pour les moteurs de recherche. Retenez donc que l'optimisation des contenus pour le référencement naturel revient majoritairement à écrire de mieux en mieux, en plus grande quantité et avec un vocable plus étoffé, tout en répondant aux intentions de recherche des utilisateurs (réponses à des questions, à des besoins, etc.). Cela ne simplifie par la tâche mais permet efficacement de distinguer dans les SERP les sites proposant de bons contenus des textes de très mauvaise facture.

Notion d'EAT

La notion d'EAT (*Expertise, Authoritativeness, Trustworthiness*) signifie expertise, autorité, crédibilité et ne doit pas être vue comme un critère en tant que tel, mais plutôt comme un état d'esprit à avoir lorsque l'on souhaite rédiger des contenus de qualité pour les visiteurs. Elle est apparue essentiellement dès 2015 lorsque Google a publié des informations à ce sujet dans les recommandations (source : https://static.googleusercontent.com/media/guidelines.raterhub.com/fr//searchqualityevaluatorguidelines.pdf) pour ses Quality Raters (personne employée par Google pour évaluer la qualité des pages). Des évaluateurs humains visitent et analysent donc les pages pour aider à améliorer la pertinence du moteur de recherche, partout dans le monde. Dans son guide (souvent mis à jour) Google présente de nombreux facteurs à prendre en compte pour évaluer la qualité des contenus, comme le texte principal d'une page, la présence de publicités, etc.

Figure 2–13

Notion d'EAT expliquée dans les guidelines des Quality Raters de Google

3.1 Page Quality Rating: Most Important Factors

Here are the most important factors to consider when selecting an overall Page Quality rating:

- **The Purpose of the Page**
- **Expertise, Authoritativeness, Trustworthiness:** This is an important quality characteristic. Use your research on the additional factors below to inform your rating.
- **Main Content Quality and Amount:** The rating should be based on the landing page of the task URL.
- **Website Information/information about who is responsible for the MC:** Find information about the website as well as the creator of the MC.
- **Website Reputation/reputation about who is responsible for the MC:** Links to help with reputation research will be provided.

Note: Some tasks may ask you to view the page on your phone, but to do research (e.g., finding website information and reputation) on your desktop. Other tasks may ask you to do everything on desktop. Please follow instructions in the task.

3.2 Expertise, Authoritativeness, and Trustworthiness (E-A-T)

Remember that the first step of PQ rating is to understand the true purpose of the page. Websites or pages without some sort of beneficial purpose, including pages that are created with no attempt to help users, or pages that potentially spread hate, cause harm, or misinform or deceive users, should receive the **Lowest** rating.

For all other pages that have a beneficial purpose, the amount of expertise, authoritativeness, and trustworthiness (E-A-T) is very important. Please consider:

- The expertise of the creator of the MC.
- The authoritativeness of the creator of the MC, the MC itself, and the website.
- The trustworthiness of the creator of the MC, the MC itself, and the website.

Keep in mind that there are high E-A-T pages and websites of all types, even gossip websites, fashion websites, humor websites, forum and Q&A pages, etc. In fact, some types of information are found almost exclusively on forums and discussions, where a community of experts can provide valuable perspectives on specific topics.

Google s'efforce de cibler les sites de qualité dans des secteurs sensibles (banque, assurance, voyage, médical, légal…) en analysant en profondeur les contenus avec les principes de l'EAT. Ainsi, des sites de niche peuvent davantage profiter de la qualité de leurs contenus pour ressortir dans les SERP que des sites plus généralistes qui ne font pas d'efforts suffisants en la matière. On parle donc bien de qualité des contenus, avec une analyse humaine approfondie et précise selon plusieurs familles de critères pris en compte :

- objectif de la page ;
- expertise, autorité, fiabilité (EAT) : il s'agit d'une caractéristique de qualité importante avec plusieurs critères d'évaluation ;
- qualité et quantité du contenu principal : ajout d'une note basée sur la page de destination analysée ;
- informations sur le site web ou sur le responsable du site (ou du contenu) ;
- réputation de l'auteur ou du site : des liens pour aider à la recherche de réputation sont fournis pour analyser ce facteur.

Dans le détail, l'EAT reprend trois facteurs d'analyse pour évaluer la qualité d'un contenu :

- expertise : l'auteur ou le site doit être considéré comme un expert dans son domaine (analyse des compétences par rapport au sujet abordé, audit de la pertinence et de la fraîcher des informations présentées dans les textes, etc.). Cela démontre d'ailleurs l'intérêt de citer les auteurs quand cela est possible, afin de renforcer le poids des pages aux yeux des Quality Raters…
- autorité : étude de l'autorité de l'auteur des contenus d'une page. Plus un auteur est populaire ou fait autorité dans son domaine (de fait, la notion d'expertise est étroitement liée), plus on accorde d'importance aux contenus. La popularité peut se développer de plusieurs façons (publication de billets dans des forums, livres, ebooks, vidéos, podcasts, guides PDF…), et si possible recevoir des liens provenant de sites faisant autorité également. En d'autres termes, il faut imaginer que si l'on tape le nom de l'auteur, de la marque ou de l'entreprise dans un moteur de recherche, il faudrait obtenir une présence multiple de résultats les concernant et qui prouveraient leur expertise ;
- fiabilité ou crédibilité : analyse de critères qui montre qu'un utilisateur peut avoir confiance dans le site (réassurance), par la mise en place de protocole de sécurité (HTTPS) par exemple, le remplissage complet des mentions légales ou encore la présence d'avis positifs avec des systèmes externes comme Avis Vérifiés…

Google souhaite améliorer la pertinence de ses résultats de recherche en répondant au mieux aux requêtes des internautes, en proposant des contenus de qualité (pour laquelle la notion d'EAT compte), sans oublier les sites spécialisés que Google qualifie de YMYL (pour « *your money your life* »), à savoir des sites qui jouent un rôle majeur dans la vie courante des internautes (service, médical, sécurité, juridique, assurance, etc.).

De nos jours, notamment dans les thématiques spécifiques comme la santé ou la finance, Google classe à la fois les résultats à partir de ses algorithmes automatisés, mais aussi en fonction des notions de qualité relevées par les Quality Raters après analyse des contenus. Ce phénomène impacte donc le classement des résultats et il convient de vraiment s'attarder à rédiger des contenus de qualité, qui répondent aux problématiques des internautes, sans tomber à outrance dans le spam. Cependant, il s'agit avant tout de recommandations (une échelle indiquant l'estimation de la qualité des contenus) que d'un « EAT score » à proprement parler, donc tous les contenus sont loin d'être affectés par ce type d'audit.

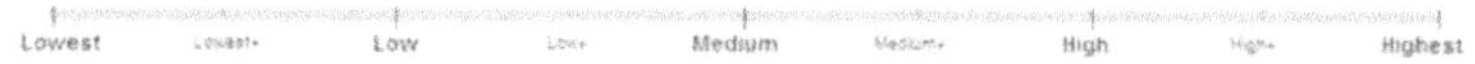

Figure 2–14
Échelle d'évaluation de la qualité dés pages
pour les Quality Raters (Google)

Bien que la notion d'EAT soit plutôt théorique, il en ressort de vrais arguments pour rédiger de bons contenus, notamment si votre site touche des sujets sensibles comme le médical ou la finance par exemple. L'idée générale à retenir est que chaque auteur doit faire autorité et prouver son expertise pour les sujets qu'il traite dans les pages web, que ce soit pour un blog, un site vitrine ou des fiches produits d'un site e-commerce. Google analyse donc à la fois la qualité intrinsèque des contenus (optimisation des textes, variétés des médias, qualité grammaticale et sémantique…), la pertinence des auteurs (on pourrait comparer cela à ce que l'on appelait autrefois l'AuthorRank en quelque sorte) mais aussi des statistiques comportementales des utilisateurs (taux de clics, *pogosticking*…). Avec ce tryptique dont l'EAT fait partie, le moteur de recherche est donc de plus en plus précis et force les référenceurs à être constamment plus pertinents et complets lors de la rédaction des contenus.

Du site généraliste au site de niche

Le référencement naturel a tellement évolué depuis les prémices de la discipline que notre vision est souvent tronquée en ce qui concerne l'optimisation des contenus. Certes, les principaux facteurs restent identiques depuis des années, tels que le nombre de mots conseillés par texte (300 mots minimum recommandés en règle générale, bien que rien ne justifie à 100 % cette valeur plancher), l'optimisation des balises HTML (`<title>`, titres internes, `<strong>` ou attribut `alt` par exemple) ou encore la gestion de la sémantique de manière avancée (vectorisation et rapports thématiques, cocons sémantiques…). Mais dans les faits, l'évolution de l'usage de l'intelligence artificielle et du deep learning ainsi que la montée en puissance de l'analyse sémantique ont entraîné des changements sous-jacents plus importants que ce que l'on pouvait attendre.

Dans les premières années du métier, rédiger de bons contenus optimisés pouvait pleinement suffire pour ressortir dans les pages de résultats. Il suffisait de bien travailler le code HTML, d'ajouter des répétitions dans les contenus textuels, et dans bien des cas, cela permettait de dépasser les concurrents moins au fait sur le sujet. Avec le temps, la concurrence s'est multipliée et les moteurs de recherche ont endurci leurs algorithmes. La situation est telle que, de nos jours, le nombre de sites de qualité pouvant répondre à chaque requête est souvent suffisamment important pour qu'un niveau d'optimisation basique des contenus ne permette plus d'atteindre de bonnes positions. Par conséquent, nous ne pouvons plus nous restreindre à répéter des mots-clés dans les zones chaudes des pages web (titres, liens dans les contenus, etc.) sans réfléchir.

Nous avons évoqué plusieurs algorithmes et techniques qui accordent au moteur une bien meilleure profondeur d'analyse des textes. Aussi, les notions de liens thématiques entre les pages (analysés par le PageRank de Google notamment) et de cocons sémantiques ont démontré que les moteurs de recherche s'intéressent de plus en plus aux pages qui peuvent se targuer d'avoir des relations thématiques et sémantiques fortes. Ainsi, les moteurs attribuent davantage de valeur aux pages qui répondent vraiment aux requêtes des utilisateurs, non plus par une simple association de mots, mais bel et bien par une étude fine des liaisons sémantiques entre les contenus et les mots-clés des recherches.

Ces phénomènes de rapprochement thématique et de pertinence sémantique causent bien des ennuis aux sites plus généralistes en ce qui concerne le critère des contenus. En effet, Google ou Bing accordent plus facilement leur confiance à des sites qu'ils considèrent comme spécialisés qu'à des sites web aux sujets universels. Si l'on s'en tient aux stricts critères des contenus, cela permet à des sites de moindre envergure de pouvoir se faire une place au milieu des mastodontes d'un secteur d'activités par exemple, et donc d'apporter plus de justice dans le classement des pages de résultats. C'est pour cette raison que certains sites web de niche ou très spécialisés arrivent à se faire une place auprès d'alternatives plus réputées.

Il convient donc de prendre conscience que les sites axés autour d'une thématique, traitée en long, en large et en travers, auront plus de chance d'être mieux valorisés pour leurs contenus que des sites web globaux. Ce constat entraîne les sites plus généralistes dans une situation désagréable, qui les oblige à la fois à être complets sur chaque thématique traitée, tout en sachant que les moteurs de recherche vont nuancer le poids global du critère « contenu » qui les concerne. On retrouve ici la notion de TF*IDF ou équivalents par exemple, qui accorde une bonne note sémantique à une page individuellement, mais peut pondérer et abaisser la note générale une fois l'analyse de l'ensemble des contenus du corpus de documents présents dans un site réalisée. En ce sens, les cocons sémantiques ont pour objectif de créer des sortes de « minisites » très thématisés (silos) qui peuvent répondre à cette contrainte.

Retenez donc l'idée générale : il devient indispensable de travailler minutieusement les contenus et leurs optimisations, mais aussi leurs relations sémantiques. Connecter les pages entre elles en fonction de leur proximité thématique n'est pas suffisant, il faut également que l'ensemble du site évoque principalement la même thématique. En d'autres termes, il convient idéalement de montrer aux moteurs de recherche que votre site est expert dans un ou plusieurs domaines, en essayant au maximum de limiter le mélange de thématiques diversifiées. Moins vous avez de sujets hétéroclites ou de relations entre les pages traitant de ces sujets variés, plus votre site web donne un sentiment d'expertise et de spécialisation pour les moteurs de recherche. L'analyse sémantique permet donc à Google, Bing ou Yandex de mesurer le degré de pertinence de chaque site sur un sujet, et donc de plus facilement valoriser les contenus des pages qui les composent.

Bien entendu, le fait que d'autres facteurs clés du SEO entrent en ligne de compte permet à des sites généralistes d'obtenir de bonnes positions, même avec une « note » des contenus pondérée à la baisse. Nous ne parlons ici bel et bien que de l'analyse des contenus, alors ne croyez pas que monter un site aux thèmes diversifiés va vous envoyer droit dans le mur, il faudra juste être plus regardant sur les relations sémantiques et sur la qualité des contenus présentés, tout en favorisant d'autres critères de référencement tels que le netlinking ou les performances web.

Dans la capture suivante, nous montrons un exemple de ce phénomène pour la requête de longue traîne « achat vmc double flux ». La requête est suffisamment spécifique et précise pour que les contenus jouent un rôle important, bien que le netlinking et les autres facteurs pèsent dans la balance. Nous constatons que des sites plus généralistes comme Manomano, LeroyMerlin ou Cdiscount arrivent à obtenir de bonnes positions. Bien que leurs contenus soient moins spécialisés, leur notoriété (netlinking et réseaux sociaux par exemple) ainsi que l'ensemble de leurs « notes » leur permettent d'atteindre de bonnes positions dans le top 5. Malgré tout, nous observons que deux sites web, Domotelec (très spécialisé dans la ventilation et le chauffage) et Econology (spécialisé dans l'économie d'énergie et le chauffage également), arrivent à se placer en 3ᵉ et 4ᵉ positions. Nous pouvons nous douter que le profil de liens de ces deux sites est très certainement bien inférieur (et les outils d'analyse le confirment) et que ces sites ne profitent pas de la même renommée que les trois autres susnommés. Pour autant, leur spécialisation et leur rapport sémantique très fort avec la requête invitent fortement le moteur de recherche à leur offrir une bonne visibilité. Ainsi, l'utilisateur peut se référer à des sites de renom, souvent rassurants, et des sites spécialisés, renforçant la confiance. Le fait de proposer des contenus très optimisés et spécialisés permet donc à deux sites de moindre envergure de se faire une place parmi les géants du e-commerce dans ce cas précis…

Figure 2–15
Positionnement des sites spécialisés ou
de niche sur une requête de longue traîne

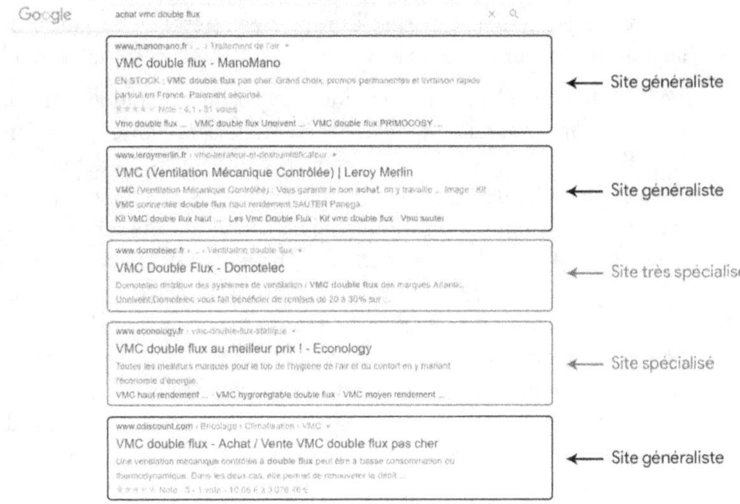

Notion de cocon sémantique

Le cocon sémantique est une méthode qui s'appuie sur une stratégie de content marketing et sur un maillage de liens intelligents (*siloing*, sur lequel nous reviendrons plus tard dans ce chapitre). La technique est basée sur l'intention de recherche de l'internaute et se révèle donc être une suite logique à l'application des algorithmes précédemment cités. L'expression « cocon sémantique » a été inventée par le consultant SEO français Laurent Bourrelly (source : https://goo.gl/76WsHt) et il peut être intéressant de se référer à ses articles et formations pour mieux maîtriser le sujet dans son ensemble. Cette section a d'ailleurs été suivie et accompagnée par ses conseils avisés pour expliquer au mieux le concept de cocon sémantique. Les auteurs de ce livre le remercie encore pour son soutien.

Avec le recul, de nombreux référenceurs ont remarqué que Google positionnait souvent mieux les sites de niche que les sites généralistes. C'est ce que nous avons expliqué dans la précédente sous-partie. Malheureusement, nous ne possédons pas tous des sites de niche, ni même monothématiques ; il devient alors plus difficile de positionner certaines rubriques par rapport à d'autres. Avec le cocon sémantique, nous pouvons corriger cette anomalie et donner le sentiment qu'un même site possède des sous-sites quasi-indépendants. Ainsi, nous pouvons « duper » un peu le moteur et l'inciter à référencer impartialement tous les silos (branches d'arborescence, en jouant simplement sur la structure interne et la gestion sémantique.

Dans le livre *Stratégie de contenu e-commerce* coécrit par Ève Demange et Alexandra Martin et publié aux éditions Eyrolles, Laurent Bourrelly est interrogé au sujet du cocon sémantique. Il indique que deux notions sont à l'origine du terme : d'une part, le PageRank thématique (le fait que des liens puissent avoir plus de poids car ils sont intimement liés sémantiquement) et, d'autre part, la notion de *siloing* dans la conception même des structures internes de site web bien conçus. Voici deux extraits choisis, reliés par nos soins, qui montrent tout l'enjeu du cocon sémantique : « L'inspiration de départ était de trouver comment plaire à Google. Mais, au final, cela résout également l'équation de plaire à l'utilisateur humain, étant donné que c'est aussi l'objectif du moteur (…). C'est vraiment là que toute la puissance du système se dévoile, lorsque nous arrivons à donner du contenu qui, non seulement sera croustillant pour le moteur, mais surtout qui répondra directement à la demande de l'internaute ».

Avec le changement de la compréhension sémantique, Laurent Bourrelly a fait évoluer le concept et l'a amené vers d'autres horizons, comme une meilleure prise en compte de la stratégie de contenu, mêlée à une analyse marketing approfondie (mieux connaître les visiteurs, les attentes, les sujets moins bien traités dans Google, etc.).

Pour mettre en place une technique de cocon sémantique, il faut d'abord imaginer les intentions de recherche en partant des expressions clés utilisées par votre cible et ensuite créer des pages exploitant chaque intention. En d'autres termes, la première étape consiste à définir des requêtes visées par les internautes et à créer des familles de pages en fonction d'elles. Il s'agit donc d'une création de silos, intelligemment liés en interne par des notions sémantiques, qui s'appuie ensuite sur des liens adroitement placés au sein du site. Par conséquent, il s'agit d'effectuer une fine analyse préalable, centrée sur soi, mais aussi sur les utilisateurs. Pour faire simple, il faut d'abord savoir ce que l'on veut mettre en avant ou vendre sur le web, afin de comprendre ensuite ce que les internautes recherchent exactement (quel est leur besoin ? Quels termes utiliseraient-ils pour trouver votre site et ses services ?). L'idée est de trouver votre *Unique Value Proposition* (UVP), à savoir ce qui pourrait convaincre les internautes de rechercher vos services ou produits, mais aussi de passer à l'acte d'achat (clic dans les SERP puis conversion idéalement). En cela, la démarche du cocon sémantique est assimilable aux étapes préalables que l'on retrouve dans l'UX Design ou tout ce qui a trait à l'expérience utilisateur en matière de marketing.

La base du cocon sémantique réside dans sa puissance à travailler des expressions clés et donc dans le positionnement d'un site sur ces dernières. L'idée est d'organiser intelligemment le contenu du site pour « pousser » les pages les plus importantes selon vous grâce à des liaisons thématiques et sémantiques fortes, à l'image de ce qu'analysent les algorithmes des moteurs de recherche. L'avantage est bien entendu de n'avoir aucun risque de pénalité en agissant ainsi, car tout ce qu'attend un moteur de recherche de la part d'un site, c'est justement que ses contenus servent l'utilisateur et la navigation. Le cocon sémantique est donc un concept éprouvé qui peut servir de base dans la conception de nombreux sites web. Pensez donc en termes de mots-clés et créez les rubriques et liens internes de vos sites en conséquence.

Globalement, il faut cinq étapes pour construire un cocon sémantique complet :

- recherche de mots-clés et des intentions de requête des internautes ;
- création d'une *mindmap* pour hiérarchiser et organiser les contenus (définition des silos et du glissement sémantique, c'est-à-dire de la relation entre les pages parce qu'elles seraient complémentaires sur le plan thématique) ;
- création des contenus pour répondre à l'intention de requête (contenus optimisés et centrés utilisateur autour des requêtes prédéterminées) ;
- création des liens internes selon les types des pages (les pages « sœurs » peuvent parfois se faire des liens internes, tout comme les pages « filles » vers les pages « mères ») ;
- optimisation des pages selon les méthodes classiques du référencement, afin de renforcer l'ensemble (obtention de liens).

Dans tous les cas, et pour chaque étape de l'évolution du cocon sémantique, il faut vérifier les pages placées dans la zone grise, à savoir entre la 4e position et la 30e position dans les SERP. Comme l'évoque Laurent Bourrelly, l'objectif est de prendre une décision pour les pages situées dans cette zone selon la situation :

- si tout va bien, à savoir que la page a été bien optimisée et répond à l'intention, alors il faut la maintenir ainsi et voir comment ajuster le travail d'optimisation pour la faire remonter quelque peu ;
- si la page n'est pas parfaite et a encore du potentiel pour être améliorée, il faut se concentrer dessus pour l'optimiser davantage ;

- si la page ne correspond en rien à l'intention de recherche ou aux attentes de l'utilisateur, il faut la revoir totalement et reprendre la stratégie de contenu qui la concerne. Dans ce cas, la cible est manquée et ne risque pas de séduire les usagers, ni même les moteurs de recherche.

La stratégie de contenu réside aussi dans le fait de prioriser les niveaux de profondeur dans le site. En général, environ 5 % des contenus principaux (nœuds de niveau 1) représentent la majorité des pages vues et du chiffre d'affaires généré. Plus le niveau de profondeur est élevé, moins les internautes s'engouffrent dedans et y accordent de l'importance, d'où un résultat souvent plus mitigé en matière de chiffre d'affaires. Pensez donc à mettre en avant votre offre commerciale dès les premiers niveaux, pour ensuite redescendre jusqu'aux niveaux plus profonds (toujours en respectant les liens sémantiques entre chaque niveau, tout comme le maillage interne). L'idée est de renforcer les pages fortes à l'aide des pages plus profondes, sans pour autant les dévaluer ou moins les optimiser (vous verrez notamment dans le concept des pages zombies que les pages délaissées peuvent impacter négativement votre référencement général).

Loin de nous l'idée de définir entièrement le cocon sémantique tel que Laurent Bourrelly l'a imaginé, mais nous espérons que cette courte introduction vous donnera envie de creuser ce sujet fort intéressant. Pour vous aider à mettre en œuvre un cocon, il est fortement recommandé de s'appuyer sur des techniques d'analyse sémantique ou sur des outils comme l'excellent cocon.se (source : http://cocon.se). Vous trouverez ainsi des mots-clés relatifs, créerez des cartes représentant la répartition sémantique de vos contenus, etc. Dans tous les cas, le cocon sémantique ne peut avoir que des effets positifs pour votre site web puisqu'il combine les bienfaits d'une analyse marketing totale, d'une stratégie de contenu, d'un respect des liaisons sémantiques entre les pages (à l'instar de algorithmes d'intelligence artificielle) et d'un netlinking réfléchi. Nous reviendrons d'ailleurs sur ce dernier point dans la suite de ce chapitre.

Référencement vocal (AEO) et positions 0

Notion de référencement vocal

Le référencement vocal, ou l'*Answer Engine Optimisation* (AEO), est une nouvelle tendance du référencement qui prend tout son sens face à l'évolution des usages mobiles et des assistants vocaux, tels que Google Home (via l'assistant Google), Apple Homepod ou Siri, Amazon Echo (via la technologie Alexa), Microsoft Cortana (notamment dans Windows 10) ou encore Orange Djingo. Les usages de la reconnaissance vocale ont bondi avec l'émergence de la domotique et la généralisation des objets connectés (IoT : Internet des objets) sur le marché. Les recherches vocales se sont multipliées via les smartphones et tablettes, voire même avec les téléviseurs connectés, tant cela facilite les usages. Et cela ne semble pas prêt de s'arrêter en si bon chemin, notamment avec la mise en place de la 5G qui améliore l'utilisation de la mobilité et des objets à distance.

De nombreuses études sont menées pour mesurer les parts de marché du vocal dans le monde. Globalement, la tendance est à la hausse et cela devrait perdurer pendant encore plusieurs années. On note toutefois que ce sont plutôt les assistants vocaux des smartphones qui dominent le marché, plutôt que les options vocales comme les enceintes intelligentes, les voitures connectées ou les objets connectés. Cela s'explique aussi par l'adoption massive des smartphones, au contraire des autres supports, et les résultats seront sûrement plus nuancés dans quelques années quand de nombreux objets connectés accompagneront notre quotidien. Un rapport de Microsoft réalisé sur plus de 5 000 sondés aux États-Unis en 2019 (source : https://bit.ly/3do6RNJ) rapporte plusieurs informations intéressantes en ce sens, en démontrant que 72 % des usages vocaux se font à partir d'un smartphone.

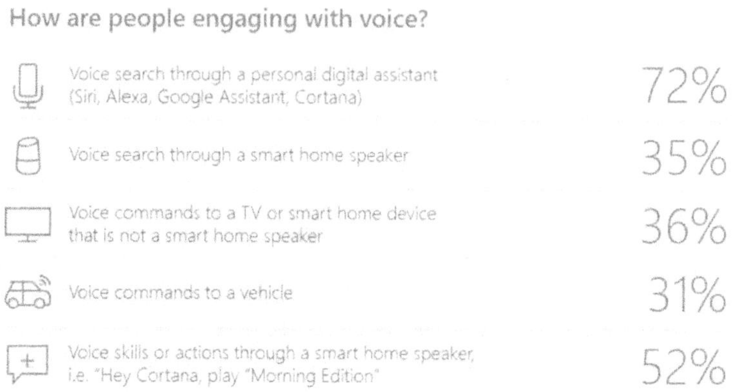

Figure 2–16
Répartition des usages du vocal
aux États-Unis en 2019 (Microsoft)

Peu de statistiques précises et françaises ressortent sur la Toile, mais nous pouvons au moins citer quelques chiffres récents. Google met à jour ses études sur la recherche vocale (source : https://bit.ly/2YEP7cY) et annonce que 27 % des utilisateurs dans le monde ont utilisé le vocal sur mobile en 2018, dont 60 % d'entre eux pour contacter des entreprises par exemple. En matière de parts de marché des assistants vocaux, Google Assistant et Siri se retrouvent généralement devant Alexa d'Amazon et Cortana de Microsoft, comme l'a montré l'étude de Microsoft en 2019 (source : https://bit.ly/3do6RNJ). Paradoxalement, les enceintes et objets connectés utilisant la technologie d'Amazon obtiennent bien plus de parts de marché que ceux de Google, loin devant Apple et d'autres concurrents selon VoiceBot.ai (source : https://bit.ly/35EbrVp). Cela s'explique par les usages mobiles prédominants dans le monde de la recherche vocale, qui place donc les deux principaux acteurs du marché, Google et Apple, en tête des assistants vocaux, tout en vendant pourtant moins d'objets connectés à proprement parler. Nous pouvons donc considérer qu'Amazon est le leader du marché vocal avec Alexa en ce qui concerne les objets connectés, tandis que Google et Apple dominent l'usage de la recherche vocale au global.

Figure 2–17
Répartition des parts de marché
des enceintes et objets connectés
de 2018 à 2020 aux États-Unis

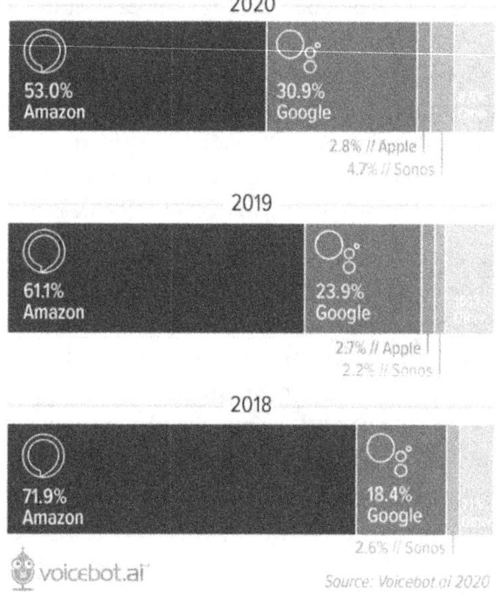

En matière de référencement, la multiplication des recherches vocales constitue une révolution à plusieurs égards. Tout d'abord, ce type de recherche introduit et impose la notion de langage naturel (NLP), que nous avons évoqué auparavant en matière d'intelligence artificielle et de deep learning. C'est aussi pour cette raison que les moteurs de recherche font tant d'efforts pour comprendre précisément les requêtes des internautes, et notamment les phrases et les questions faites en langage naturel. Dans un second temps, les référenceurs doivent réussir à se faire indexer et se positionner pour être vus et lus par les assistants vocaux. De fait, il convient de savoir comment les requêtes vocales sont traduites techniquement, quels résultats sont utilisés pour répondre à celles-ci, et comment mieux ressortir dans les propositions des assistants vocaux.

L'AEO constitue donc un nouvel enjeu pour les sites qui prétendent à recevoir de nombreuses requêtes orales, tels que des services en ligne (météo, itinéraire routier, calculatrice, etc.), des sites d'informations (recherche d'une définition, d'un synonyme, d'une information sur un lieu, une personne ou une entreprise, etc.) ou encore des applications pratiques en ligne (lancer une chanson sur une enceinte connectée, allumer la télévision à distance, envoi de SMS, etc.). Certes, tous les sites web ne semblent pas visés par le référencement vocal, mais il devrait connaître un essor comme les applications et sites mobiles l'ont connu en leur temps…

L'état de la connaissance en matière de référencement vocal demeure limité, et peu de facteurs semblent favoriser la prise en compte d'un résultat plutôt qu'un autre au sein des assistants vocaux. Certes, nous constatons que les positions 0 jouent un rôle essentiel pour être choisi après des requêtes vocales (nous reviendrons sur ce cas très bientôt), mais globalement, c'est surtout l'analyse des requêtes en langage naturel qui prime. En effet, les efforts des référenceurs doivent se concentrer à la fois sur les positions 0 et sur la constitution des contenus aboutis et de qualité pour répondre aux requêtes en langage naturel. Le système vocal ne fait que retranscrire à l'écrit les requêtes orales, nous devrions donc rencontrer de plus en plus de recherches avec des phrases complètes ou des questions précises. Il faut alors adapter les contenus pour répondre à ces recherches, en vue d'être repéré par les assistants vocaux…

Rôle des positions 0 dans l'AEO

Nous avons déjà évoqué les positions 0 et les answer box dans le chapitre précédent, nous n'allons donc revenir que sur quelques points propres au référencement vocal. En effet, comment Google nourrit-il son assistant vocal avec des réponses précises ? D'une part, il s'appuie sur des bases de données ou des services internes pour répondre aux questions comme pour dicter la météo du jour, l'heure ou un itinéraire routier. D'autre part, il puise dans les résultats naturels pour trouver des réponses plus complètes et qui lui manquent. C'est ce second cas qui intéresse particulièrement les référenceurs, car tout le potentiel de visibilité découle des résultats choisis et énoncés par Google Assistant.

En matière de positionnement vocal, la situation est simple, il n'existe qu'une seule réponse possible pour l'assistant, et donc qu'une seule place à viser pour être l'heureux élu. L'assistant ne peut effectivement pas fournir plusieurs réponses comme s'il s'agissait d'une page de résultats, et le moteur doit donc choisir en amont quelle réponse retourner à l'utilisateur. Google a fait le choix de la position 0 afin de répondre aux demandes orales, ce qui lui permet à la fois d'étoffer sa propre base de données, tout en procédant à un choix préalable sur les réponses à utiliser pour le vocal. Pléthore de tests ont été effectués et globalement, seules les requêtes qui possèdent une position 0 (answer box, featured snippet, quick answer ou Onebox) offrent des réponses vocales, à l'exception des réponses provenant de la base interne de l'assistant, bien entendu. Dès lors, la corrélation entre la position 0 et l'AEO est établie, et il ne reste qu'à se remonter les manches pour atteindre cette unique position tant désirée.

Alors, comment se positionner facilement en position 0 dans le cadre d'une recherche vocale ? Là est la question, mais plusieurs éléments de réponse nous aident à atteindre cet objectif. Une courte méthodologie et quelques principes suffisent à mieux comprendre comment gagner des positions 0 :

- travailler et rechercher les requêtes sur lesquelles se positionner : il convient d'effectuer des requêtes conversationnelles (voire orales) et thématiques sur les sujets qui nous intéressent. Si la demande montre une position 0 déjà occupée dans la SERP, il sera extrêmement difficile d'en déloger la source. Il est donc déconseillé de perdre trop de temps et de force dans la bataille. En revanche, si aucune position 0 n'est prise, le champ est libre et il ne reste qu'à conquérir la position fétiche. Notons par ailleurs qu'il est intéressant de vérifier avec un assistant vocal la réponse à une requête testée, afin de vérifier qu'aucune réponse préexistante n'existe également ;

- optimiser les contenus : obtenir une position 0, comme nous l'avons évoqué au chapitre précédent, revient à optimiser au maximum les contenus web, comme pour tout référencement naturel. Dans le cas de la position 0, l'optimisation est d'autant plus renforcée qu'il convient de respecter ce tryptique : une requête = une réponse = une page dédiée. En d'autres termes, n'imaginons pas gagner une position 0 en rédigeant un gloubi-boulga de textes sans relations sémantiques ou logiques. Il convient d'isoler les réponses dans des blocs distincts, et surtout de ne pas s'éparpiller. Les contenus doivent être suffisamment longs (250-300 mots minimum, sans être trop longs pour autant), structurés (liste à puce, titres internes…), et répondre à la requête. Il est d'ailleurs recommandé de privilégier la forme interrogative pour la titraille, et des réponses à ces questions dans les contenus (car les requêtes conversationnelles sont souvent réalisées sous cette forme) ;

- gagner en crédibilité : comme les notions d'EAT ou de netlinking le stipulent, la crédibilité d'un contenu provient aussi de la notoriété de l'auteur, de l'entreprise, de la marque, etc. Tout cela donne à chaque page un certain poids. Ainsi, plus les pages obtiennent de liens entrants (backlinks) venant de sources de qualité, de bonnes notes ou encore de partages sur les réseaux sociaux, plus les probabilités d'être crédible aux yeux de Google sont fortes.

Google puise particulièrement dans la position 0 ou dans sa base de connaissances pour fournir des réponses, mais ces dernières sont également affichées dans Google Suggest (liste des suggestions de recherche) quand le moteur estime cela pertinent. Cela peut s'avérer très pratique lorsque vous êtes dans la phase de recherche des positions libres dans le moteur, notamment pour gagner du temps (cela évite de devoir afficher chaque SERP pour chaque requête…). Par exemple, si nous demandons « Que signifie Bitcoin », Google nous fournit directement la réponse dans les suggestions, avant de reprendre exactement la même dans la page de résultats.

Le référencement vocal (AEO) s'appuie essentiellement sur les facteurs déjà connus en matière d'optimisation de contenus, avec pour objectif d'obtenir la position 0 pour chaque requête intéressante. Il convient de s'appuyer sur l'intelligence artificielle, ou tout du moins sur une analyse sémantique approfondie (relations/distances entre les mots, intentions de recherche…), pour être plus à même de répondre aux demandes des mobinautes et internautes, en sachant que dans ce cas, seul le meilleur résultat sort vainqueur. Généralement, on considère qu'un résultat situé entre la 1re position et la 5e place dans les SERP a beaucoup plus de chance d'être choisi pour apparaître en position 0 que les autres résultats organiques. Il ne reste donc qu'à optimiser comme si nous visions ces hautes positions, tout en prenant en compte les spécificités des requêtes orales dans la rédaction des textes.

Figure 2–18
Utilisation de Google Suggest
pour repérer des positions 0

Rappelons toutefois que depuis quelques mois, un résultat prisé par Google et inséré en position 0 ne peut plus être visible dans la première page. Le moteur de recherche estime en effet que l'URL choisie profite d'une visibilité optimale avec l'encadré de la position 0, et ne doit donc pas êtré répété dans la SERP comme ce fût le cas dans les débuts de la fonctionnalité. Sachant cela, les référenceurs qui ont pour objectif de ressortir sur les supports vocaux doivent garder à l'esprit que l'obtention de positions 0 peut nuire quelque peu au référencement naturel général (notamment au taux de clics). C'est donc une stratégie de départ à adopter selon les besoins en matière de recherche vocale.

Le piège du Knowledge Graph

Google remplit de plus en plus sa propre base de réponses sans avoir à s'appuyer sur des résultats naturels. C'est d'ailleurs pour cette raison que de nombreuses positions 0 semblent disparaître au fil des mois. Souvent, on observe une Onebox dans le Knowledge Graph qui accompagne désormais ces requêtes, tout simplement parce que Google s'appuie davantage sur des sources comme Wikipedia ou sa propre base de connaissances. Ainsi, il devient de plus en plus difficile d'apparaître en position 0 sur certaines requêtes, même pour de simples définitions de mots par exemple. Cela pourrait nuire au développement de l'AEO, voire au principe même de référencement vocal, tout en faisant de Google le moteur de réponses qu'il a toujours rêvé de devenir…

Vocal Store et applications vocales

Un autre pan de *l'Answer Engine Optimisation* (AEO) concerne les applications vocales (ou VocalBot) qui peuvent être conçues et référencées également. En effet, comme le mobile, les assistants vocaux peuvent faire appel à des applications dédiées, classées dans des « Vocal Stores », et qui peuvent être installées par les utilisateurs. Google recense ces applications sous le nom « *Actions* » (source du catalogue : https://bit.ly/2WyDK3z), tandis qu'Amazon parle de « *Skills* » pour Alexa (source du catalogue : https://amzn.to/2A7h3fm). Ces applications sont à différencier des fonctionnalités natives présentes dans les assistants vocaux, comme en ont Siri, Cortana ou encore le DuerOS de Baidu (actuellement très utilisé en Chine, devant Google Assistant).

Google et Amazon se différencient donc pour le moment du reste du marché en permettant à des développeurs de créer des applications vocales qui vont enrichir les possibilités des assistants et objets connectés, tout en gagnant en visibilité. La conception d'application propre a aussi l'avantage de permettre une personnalisation avancée et une meilleure ergonomie pour certains services. Par exemple, l'usage d'une radio peut être facilité et adapté aux usages vocaux avec une application dédiée, là où un assistant classique ne ferait que lancer la bande sonore. Dans tous les cas, ces applications, Skills ou Actions, apportent davantage de services aux utilisateurs, et renforcent ainsi le poids des assistants de Google et d'Amazon. Ceci explique en partie pourquoi ils sont massivement adoptés dans les objets connectés, puisque les concepteurs peuvent adapter le vocal aux appareils créés.

Techniquement, les développeurs s'appuient sur des API et des programmes en ligne, essentiellement conçus à partir de JavaScript ou de Python, pour concevoir les applications vocales. Google propose une console pour l'Assistant (source : https://bit.ly/2YDhDM9) et Amazon a mis en place l'Alexa *skills kit* (source : https://amzn.to/2xE9onM) pour accompagner les développeurs et enregistrer les applications dans leur catalogue. Il faut savoir que le développement des applications vocales, à l'instar de la création d'un chatBot, peut se révéler rapidement complexe tant cela fait appel à des compétences techniques avancées et à l'intelligence artificielle. Il convient également de paramétrer des dizaines d'options avant de pouvoir faire fonctionner une application, aussi simple soit-elle.

Nous n'entrerons pas dans le détail technique de la conception d'*Actions* ou de *Skills* dans cet ouvrage, mais sachez que vous pourrez retrouver des exemples d'applications vocales au sein de la lettre professionnelle du site Réacteur d'Olivier Andrieu (https://www.reacteur.com), conçue par Mathieu Chartier, l'un des deux auteurs de ce livre. Les développeurs doivent envisager toutes les possibilités lorsqu'ils conçoivent une application vocale (VocalBot), car les utilisateurs peuvent à tout moment bloquer l'application en faisant une requête imprévue initialement. Cela demande donc une très bonne préparation en amont, avec l'ensemble des scénarios de navigation et des fonctionnalités à intégrer (langues utilisées, menu de navigation vocal, réponse par défaut, etc.). Dans un second temps, il est impératif de développer proprement, à l'aide des API fournis par Google ou Amazon, tout en entrant les données utiles au sein des consoles fournies. Comme vous pouvez le comprendre, c'est relativement complexe et chronophage à mettre en œuvre, mais le résultat est souvent appréciable.

Les services d'Amazon et de Google proposent d'héberger l'application mais il est possible de l'héberger ailleurs si nécessaire. Il convient de remplir de nombreuses conditions avant d'entrer vraiment dans le développement. Dans l'ensemble, les applications vocales recoupent trois concepts principaux à maîtriser :

- invocations : appels de l'application par des utilisateurs, compris par les assistants grâce à des mots « déclencheurs ». Par exemple, on pourrait appeler une application de dictionnaire par son nom, « Larousse » ou « Robert ». Les assistants attendent donc d'entendre ces mots pour activer ou lancer un VocalBot ;

- intentions (ou requêtes) : demandes des utilisateurs quand l'application est en marche. C'est le cœur de l'outil puisque c'est ici que tous les schémas applicatifs et scénarios de navigation se rencontrent. Les développeurs doivent donc concevoir autant d'intentions (ou requêtes) que de demandes possibles et utiles pour les utilisateurs, en prévoyant toujours des portes de secours (réponse par défaut, renvoi à l'accueil de l'application, etc.) ;

- variables (ou *slots*) : les kits de développement prévoient que les requêtes des usagers puissent contenir des variables. En effet, toutes les demandes ne sont pas identiques mais il faut prévoir des variantes, soit pour répondre à un besoin de service, soit pour envisager la compréhension d'alias ou de synonymes. Par exemple, si nous concevons une application de définitions, nous devons envisager toutes les formes fixes de questions, mais aussi leurs parties variables. Ainsi, nous pouvons insérer la question « Que signifie {mot_variable} ? » ou encore « Que veut dire {mot_variable} ? ». Ce n'est qu'un exemple simpliste tant les possibilités sont nombreuses pour proposer des applications vocales modulaires et adaptatives à souhait.

Les développeurs doivent absolument tester leurs applications avant de les mettre sur le marché, via les consoles ou des outils en ligne. Le développement prend pas mal de temps car de nombreux bugs peuvent ressortir, il faut donc s'armer de compétences et de patience pour aboutir à de bons résultats.

Figure 2–19
Test d'une application vocale dans
la console de l'Amazon Skills Kit

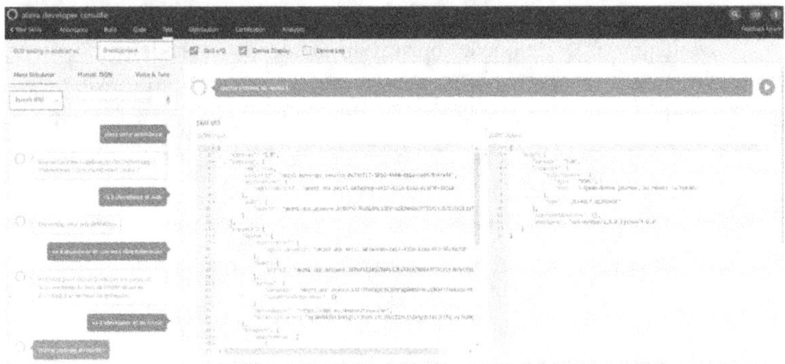

Le marché des VocalBots ou des applications vocales progresse rapidement, on dénombre des milliers de services déjà en place dans les catalogues (Vocal Stores) d'Amazon et Google. Nous pouvons imaginer que d'autres acteurs du marché vont également lancer ce type de services afin de gagner en parts de marché et de booster les usages de leurs assistants vocaux ou objets connectés.

Les référenceurs ne doivent donc pas omettre ces plates-formes si le vocal est au cœur de leurs enjeux et de leur stratégie de développement, en pensant à remplir précisément toutes les informations relatives à leur application et en faisant leur promotion. En effet, le classement dans les catalogues est actuellement axé essentiellement sur les mots-clés de présentation des applications, mais aussi sur le comportement des utilisateurs (notes, installations ou appels vers l'application, etc.), à l'instar de ce que l'on peut observer pour les applications mobiles et l'App Store Optimisation (ASO). Les critères de pertinence restent relativement simplistes à ce jour mais devraient se multiplier si les Vocal Stores prennent leur envol dans les années à venir, alors il ne faut plus attendre pour gagner sa place et se faire un nom dans ce domaine…

Performances web et Core Web Vitals

De la performance web à l'UX (SXO)

Pagespeed et vitesse de chargement

Le PageSpeed a été créé en 2009 et correspond à une des dernières inventions phares de Google en matière de référencement, avant même l'arrivée des séismes Panda, Penguin et RankBrain dans la hiérarchie des grands changements. Il s'agit d'une note, calculée sur 100, qui tient compte de nombreux facteurs d'optimisation des pages afin d'accélérer leur chargement et leur vitesse d'accès sur le serveur. C'est le premier critère de performance web qu'un moteur de recherche a inclus dans son algorithme de pertinence.

Matt Cutts, ancien responsable de l'équipe Google Webspam, a annoncé début 2010 l'impact du PageSpeed en matière de positionnement web (source : http://goo.gl/U2jCol). Il s'agit d'un critère intéressant et surtout du meilleur moyen pour forcer les webmasters à agir. Cette déclaration a été corroborée plusieurs fois et, depuis juillet 2018 (*speed update*), les sites mobiles doivent également optimiser la vitesse de chargement pour s'assurer un meilleur positionnement (source : https://goo.gl/ESvEjC). Le 1ᵉʳ décembre 2015, plusieurs questions ont été posées à ce sujet à des porte-parole de Google comme John Mueller et Zineb Ait Mahajji. Leurs réponses ont apporté de bonnes précisions sur l'impact de la vitesse dans les algorithmes. Zineb Ait Mahajji a répondu que les optimisations de la vitesse de chargement correspondaient à un critère de ranking du moteur (source : https://goo.gl/2CFnzv), tandis que John Mueller a apporté encore davantage de précisions en indiquant que Google prenait en compte deux facteurs de vitesse :

- Vitesse pure du serveur : temps de téléchargement d'une page ou ressource web pour Googlebot. Dans ce cas, la distance et la connexion entre Googlebot (data centers) et le serveur affecte ce facteur de vitesse. On parle parfois de TTFB *(Time to first byte)* pour cette métrique qui évalue l'accès à une page web.

- PageSpeed traditionnel : temps de chargement d'une page dans le navigateur. Le temps de connexion joue un rôle infime ici, au détriment d'optimisations générales de la vitesse. Ce critère a un rôle dans le classement des pages web et il est recommandé d'obtenir idéalement 90/100 minimum au PageSpeed score (bien que les porte-parole de Google reconnaissent qu'il n'est pas forcément utile de viser autant de points, on peut donc estimer qu'à partir de 70/100, la qualité des performances est suffisante).

En réalité, c'est souvent l'amalgame entre la vitesse de chargement des pages au sens strict et les optimisations du PageSpeed qui sème le doute sur le rôle de ce critère en termes de positionnement. En effet, la vitesse de chargement est importante pour l'expérience utilisateur et pour accélérer la lecture des robots des moteurs de recherche, mais ne peut pas être un facteur de positionnement à part entière. Trop de paramètres rentrent en ligne de compte (heures de connexion, temps de latence du serveur, ralentissement de la connexion…) et il serait quasi impossible de calculer une « note » équitable et pérenne sur ce principe.

En revanche, la note avancée par le PageSpeed (Pagespeed Score) se base sur une batterie de critères et celle-ci peut effectivement affecter le classement avec plus d'équité, à la fois parce que les critères optimisés ont un impact sur les sites, mais aussi parce que cette note est bien plus équilibrée et mesurable par les moteurs de recherche.

Les indications de John Mueller démontrent que Google analyse la vitesse en deux points précis : le crawl, via une meilleure vitesse de téléchargement des ressources web, et les optimisations des pages favorisant de meilleures performances web. Ces deux facteurs sont appuyés en partie par un brevet intitulé « Using resources load times in ranking search result » publié en novembre 2010 (source : http://goo.gl/B3Y1px).

Depuis 2019, plusieurs porte-parole de Google ont nuancé la puissance du critère du Pagespeed Score dans le classement. Il est donc difficile, encore à ce jour, de prouver l'impact réel de la performance web dans le ranking des résultats. En revanche, il est certain que les conséquences des pages peu performantes peuvent avoir une influence sur le classement, que ce soit par le comportement des utilisateurs (par exemple via du *pogosticking*, c'est-à-dire un rebond direct avant la fin du chargement d'une page), par une baisse du taux de clics ou encore parce que ce facteur affecte les performances sur mobile.

Figure 2–20
Analyse de la page d'accueil du site d'Apple
(France) avec l'outil PageSpeed Insights

Pour calculer la note d'un site web, vous pouvez utiliser l'outil PageSpeed Insights (source : http://goo.gl/rkUZUt), même si d'autres outils comme GTMetrix, Pingdom ou web.dev fournissent aussi une note équivalente. Tous les critères qui méritent des améliorations sont affichés avec une aide en ligne afin de se faciliter la tâche, bien que les facteurs les plus techniques ne soient pas expliqués en détail…

Quoi qu'il en soit, vous pouvez observer de nombreuses lacunes relatives à une page web et il serait dommage de s'en priver. Depuis la nouvelle version publiée en novembre 2018 (source : https://bit.ly/2W2jfwY), PageSpeed Insights s'est associée à la technologie Lighthouse (utilisée par Google pour les audits dans le navigateur Chrome également) et offre en effet plus de possibilités :

- analyse de la vitesse de chargement ;
- précisions sur les temps de chargement et les problèmes associés ;
- note du PageSpeed score sur 100 comme le faisait déjà l'outil auparavant.

Deux nouvelles sections ont été ajoutées pour préciser si plusieurs redirections intempestives sont effectuées lors du chargement de page (ce qu'il faut idéalement éviter) et pour afficher le rendu de la page au fur et à mesure du chargement. Ainsi, vous pouvez aisément contrôler si la vitesse pure de la page pose problème et met trop de temps à afficher les contenus. Dans les faits, il est rarement possible d'atteindre 100 % d'optimisation dans PageSpeed Insights, sauf s'il s'agit d'un petit site de présentation de quelques pages hébergées sur un serveur dédié. Rien que le fait de passer par des hébergements mutualisés ou par des CMS peu optimisés peut faire baisser la note, car les serveurs sont ralentis dans ce cas et l'outil d'analyse le ressent avant d'attribuer la note finale.

John Mueller ou Gary Illyes de Google ont répété à plusieurs reprises qu'il est inutile d'obtenir 100/100 en matière de SEO. Pour ce qui est de la valeur dans le classement des résultats, les porte-parole ont tantôt dit qu'il s'agissait d'un critère important, tantôt répété que la performance web n'était qu'un petit critère parmi d'autres, au même titre qu'HTTPS par exemple (source : https://bit.ly/2SycxwB). Difficile de savoir ce qu'il en est vraiment, mais comme nous l'avons évoqué dans le rappel des fondamentaux au début de ce chapitre, chaque critère pris indépendamment ne pèse pas beaucoup, ce qui peut expliquer les différentes prises de positions concernant le poids de ce critère dans les algorithmes de ranking.

En soi, la performance web affecte aussi bien le SEO (même faiblement) que l'expérience utilisateur (UX), l'ergonomie et même l'empreinte écologique d'un site web. De fait, il n'existe aucune raison valable pour ne pas optimiser la vitesse et les performances d'un site car l'intérêt se place bien au-dessus du simple positionnement des pages. Ajoutons aussi le rôle des performances web dans le comportement des utilisateurs sur plusieurs facteurs : taux de clics, nombre de pages vues, taux de conversion, *pogosticking* (action d'un utilisateur qui quitte directement une page avant même qu'elle ne soit entièrement chargée). Nous pouvons également penser au ressenti des utilisateurs vis-à-vis des sites web mal optimisés, avec le souvenir d'une expérience néfaste ou complexe, affectant ainsi la relation client. Certains de ces critères, notamment le *pogosticking*, sont aussi pris en compte par les moteurs de recherche comme Google, donc la performance web a un impact direct sur ce phénomène et sur la réussite commerciale d'un site. Faites donc au mieux pour améliorer la vitesse de chargement de vos pages afin de contribuer à un meilleur référencement, des résultats améliorés, une ergonomie appréciée et une meilleure préservation de la planète…

Core Web Vitals et UX

L'expérience utilisateur (UX pour « *user experience* ») est devenu un petit critère de référencement avec la mise en place de Core Web Vitals par Google en mai 2020 (source : https://bit.ly/3fQoWW4). Depuis plusieurs années, les spécialistes évoquaient de plus en plus la notion de SXO, à savoir un mix entre SEO pur et UX design, car il semblait évident que l'expérience utilisateur au sein d'un site pouvait impacter le référencement. Avec Core Web Vitals, c'est chose faite et les quelques critères ajoutés complètent ceux déjà connus pour la performance web, et que nous traiterons en détail tout au long de cette section. Google a annoncé ce changement avec vigueur et appelé la mise à jour *Page Experience Update*, démontrant ainsi que l'expérience utilisateur prenait sa place dans le classement des résultats, bien que cela reste relativement faible en matière de poids à ce jour.

Core Web Vitals s'appuie sur des mesures réelles d'utilisateurs et d'utilisatrices (RUM pour « *real user metrics* ») pour certains paramètres, ce qui permet d'analyser en continu l'expérience utilisateur quelles que soient les conditions d'usages (qualité de connexion, navigateur ou support utilisé…), en s'appuyant sur des API de navigateurs (telles que Navigation Timing ou Resource Timing). Ainsi, les mesures réelles déterminent avec précision le ressenti d'un utilisateur réel lors de la navigation, renforçant alors la pertinence du critère.

Plusieurs nouveaux facteurs, que l'on peut retrouver dans les outils Google PageSpeed Insights, Lighthouse (via Google Chrome ou l'extension dédiée dans Firefox) ou web.dev, permettent de mieux identifier certains problèmes d'UX dans les pages.

- *Largest Contntful Paint* (LCP) : mesure le temps où le plus large contenu de la page est chargé. Ici, il ne s'agit donc pas de mesurer la vitesse pure de chargement comme le ferait le PageSpeed Score à l'origine, mais bel et bien de déterminer le temps passé jusqu'au chargement du contenu principal de la page. En d'autres termes, Core Web Vitals cherche à identifier ce que ressent un utilisateur lors du chargement de la page, sachant que le contenu principal a de fortes chances d'être l'élément clé pour déterminer ce ressenti.

- *Cumulative Layout Shift* (CLS) ou « Décalage de mise en page cumulatif » : mesure la stabilité d'affichage de la page, pour remarquer si des éléments qui s'affichent décalent d'autres blocs ou éléments lors du chargement. Ce phénomène peut notamment s'observer en cas de *lazy loading* (chargement différé des images), car les images chargées lors du défilement décalent les textes qui se situent en-dessous si les dimensions de l'image attendue ne sont pas prévues. En général, il convient donc de prévoir les espaces disponibles pour toutes les ressources d'une page avant leur chargement, en générant les bonnes dimensions de chaque élément (média essentiellement) en CSS.

- *First Input Delay* (FID) : mesure le temps entre la première interaction d'un utilisateur avec le site web (premier clic ou action contrôlée via JavaScript…) et le moment à partir duquel le navigateur est réellement capable de répondre à cette demande d'interaction. Il s'agit donc ici de calculer le temps avant interaction réelle dans une page, qui complète parfaitement le rôle du *Largest Contentful Paint* présenté précédemment. Ainsi, avec ces deux facteurs, Google peut davantage confirmer la bonne ou mauvaise expérience utilisateur ressentie dans une page.

Figure 2–21
Ajout de critères UX dans l'algorithme
de Google, via Core Web Vitals

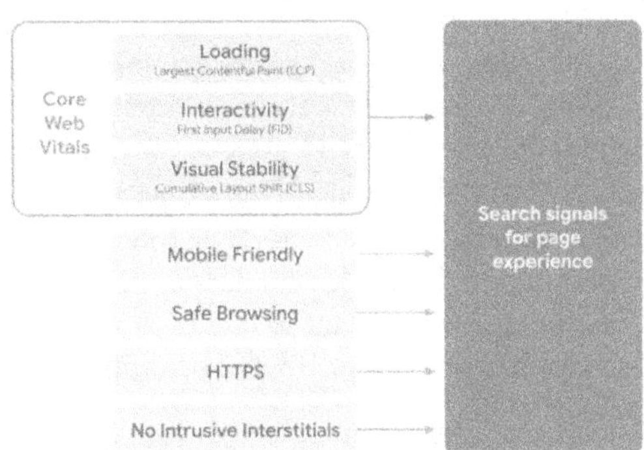

Dans les faits, il s'agit donc d'ajouts de nouveaux facteurs d'analyse qui donnent une idée proche du vécu d'un utilisateur réel dans une page web, à la fois en matière de chargement des données clés (contenu principal, première interaction possible) mais aussi dans l'expérience de navigation (par exemple, un clic sur un bouton qui entraîne un décalage de texte inattendu et dérangeant, etc.). Cela reste encore limité pour le moment mais il est possible que d'autres facteurs complètent Core Web Vitals et le rôle de l'expérience utilisateur en SEO (ou devrions-nous plutôt dire, en SXO).

Il est possible de suivre ces nouveaux facteurs dans la Google Search Console, dans la section *Signaux web essentiels*. Ainsi, vous pourrez à tout moment ajuster vos pages pour qu'elles répondent au mieux aux critères UX attendus par le moteur de recherche.

Figure 2–22
Suivi des critères Core Web Vitals
dans la Google Search Console

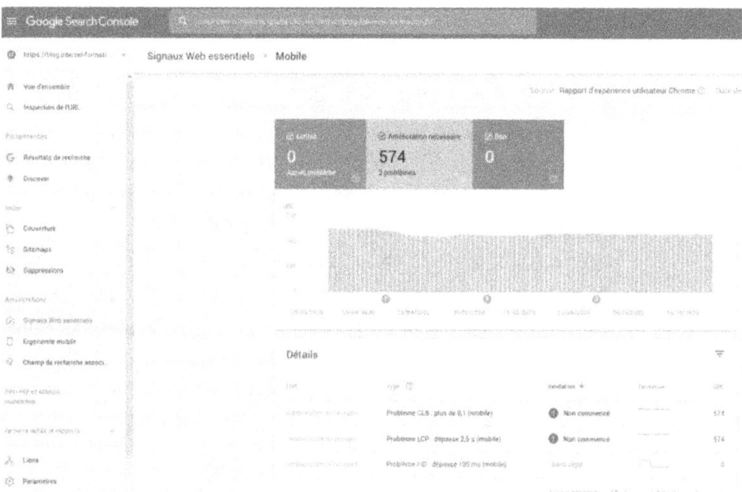

Objectifs des optimisations

Liste des facteurs d'optimisation

Google présente, dans son aide aux webmasters, une quinzaine de groupes d'options à optimiser (source : http://goo.gl/4mig3p). Ces facteurs évoluent de temps en temps en fonction des progrès technologiques et des idées de Google ; voici le découpage actuel des règles à optimiser.

Règles relatives à la vitesse

* **Éviter les redirections vers la page de destination** : ce facteur se focalise sur les redirections générées en cascade pour diriger les internautes vers une version mobile d'un site notamment. Dès qu'une page s'ouvre, un chargement et des requêtes HTTP s'effectuent ; il faut donc éviter de charger trop de pages intermédiaires pour rediriger vers un site mobile. Nous verrons par la suite comment éviter ce type de problème…
* **Autoriser la compression** : l'objectif est de compresser au format GZIP les données envoyées par le serveur directement lors du chargement des pages, afin de réduire le poids des informations et donc d'accélérer le processus général. Il faut se référer au module `mod_deflate` des serveurs Apache, mais il existe également des alternatives pour IIS de Microsoft.

- **Améliorer le temps de réponse du serveur** : Google préconise un temps de réponse inférieur à 200 ms. Dans les faits, les possesseurs d'hébergements mutualisés sont souvent touchés par ce facteur malgré de bonnes optimisations du PageSpeed. Il s'agit d'un des derniers critères à avoir été mis en place et il a clairement permis d'abaisser les notes d'une multitude de sites web. Pour réduire le temps de réponse du serveur, il faut limiter le nombre de requêtes SQL autant que possible et ne pas multiplier l'usage de bibliothèques (jQuery, Prototype…), frameworks ou CMS pour limiter les chargements lourds (certes, ces outils sont pratiques, mais souvent très consommateurs d'énergie).

- **Exploiter la mise en cache du navigateur** : Google souhaite que les ressources statiques soient au maximum mises en cache afin de réduire considérablement les temps de chargement des pages web. Ce facteur est très important et peut vraiment avoir un impact sur la vitesse d'affichage des pages. Nous reviendrons donc dessus en détail car plusieurs critères sont à optimiser.

- **Réduire la taille des ressources** : l'objectif est de réduire au maximum le poids des fichiers CSS, HTML (ou PHP, ASP…) et JavaScript. Dans les faits, cela consiste à supprimer tous les espaces dans les codes sources, tous les sauts de ligne ainsi que tous les points-virgules parfois inutiles en CSS. De nombreux outils peuvent nous aider pour faire des compressions de bonne facture ; nous détaillerons cela plus loin.

- **Optimiser les images** : Google souhaite à tout prix que deux critères soient respectés en ce qui concerne les images présentes dans les sites web. D'une part, elles doivent être découpées à la taille exacte prévue dans les pages web et, d'autre part, il faut les compresser au maximum à l'aide de logiciels puissants sans pour autant perdre en qualité de rendu. Pour commencer, si vous enregistrez vos images avec la fonction *Enregistrer pour le Web...* de votre logiciel de traitement d'images, c'est un bon début. Souvent néanmoins, cela ne sera pas suffisant. Nous vous présenterons par la suite quelques logiciels utiles pour cet aspect.

- **Optimiser la diffusion des ressources CSS** : ce critère a pour but d'éviter la multiplication de fichiers CSS, mais aussi d'optimiser leur chargement. Cela passe par le regroupement des feuilles de styles en un petit nombre de fichiers (un seul dans l'idéal), par la suppression des fonctions CSS `@import` qui ralentissent le chargement des pages web et/ou par le déplacement du lien `<link rel="stylesheet" href="style.css" />` en bas de code source (après la fermeture de `</html>`, bien que cela soit impropre pour le W3C). Dans les faits, combiner des fichiers CSS n'est pas toujours plus rapide, mais il est au moins préconisé d'afficher le code en « inline », c'est-à-dire directement dans le code HTML. Nous reviendrons sur ce point à la suite de ce listing.

- **Afficher en priorité le contenu visible** : ce facteur est en quelque sorte un condensé des autres puisque son rôle est de diminuer le temps de chargement des informations situées au-dessus de la ligne de flottaison. Pour ce faire, il faut réduire la taille des ressources et des images, charger les scripts utiles au début et les autres plus tard. En d'autres termes, il faut placer les contenus importants le plus haut possible et optimiser les autres facteurs pour répondre favorablement à celui-ci.

- **Supprimer les scripts JavaScript qui bloquent l'affichage des contenus** : ce facteur se rapproche de celui sur la diffusion des ressources CSS, puisque l'objectif est de placer en fin de code source les ressources JavaScript. L'idéal est de charger ces codes de manière asynchrone, de limiter le nombre de fichiers `.js`, d'éviter d'utiliser des scripts hébergés sur des serveurs distants (Google est expert pour nous proposer ses scripts pourtant…) et de les placer avant la fermeture du code HTML. Attention, il arrive que certains scripts nécessaires méritent de rester dans la section `<head>` ; c'est notamment le cas des *sliders* (ou *slideshows*, carrousels) car, sinon, l'affichage des images provoquera un drôle d'effet avant que le script ne soit exécuté…

- **Utiliser des scripts asynchrones** : l'usage de scripts JavaScript (voire jQuery, Prototype…) est courant, mais nous chargeons trop souvent ces scripts de manière synchrone (c'est-à-dire qu'ils s'appliquent au moment de la lecture en quelque sorte). L'idéal est d'utiliser des méthodes pour rendre les scripts asynchrones, afin qu'ils se lancent une fois que les éléments essentiels des pages web sont chargés. Google liste dans sa documentation nombre de scripts souvent utilisés avec des informations pour les charger ainsi. Nous verrons comment indiquer aux scripts de se charger de manière asynchrone en HTML.

Règles relatives à l'ergonomie

- **Éviter les plug-ins** : Google fait clairement comprendre ici que l'usage de plug-ins Flash, Java ou Silverlight ne fait pas bon ménage avec la vitesse de chargement. La firme soutient depuis le départ le langage HTML 5 et son développement ; il faut dire que les temps de chargement et les plantages sont quasiment réduits à néant avec cette technologie, contrairement aux plug-ins évoqués. Cette mention nous indique indirectement qu'il est préférable d'éviter les langages ActionScript (Flash) voire Java sous certaines formes (applets Java).

- **Configurer la fenêtre d'affichage** : il s'agit d'un critère relatif à l'adaptation sur des supports mobiles, notamment en responsive web design. Google préconise l'utilisation de la balise `meta viewport` sous la forme `<meta content="width=device-width, initial-scale=1" name="viewport" />` en évitant les valeurs `maximum-scale` (zoom maximal), `minimum-scale` (zoom minimal) ou encore `user-scalable`, bien qu'elles soient pratiques dans certains cas. Qui plus est, sachez qu'il est possible d'utiliser la fonction CSS `@viewport`, souvent méconnue mais pas inutile…

- **Adapter la taille du contenu à la fenêtre d'affichage** : ce facteur est dans la lignée du précédent et met en avant une nouvelle fois le responsive web design. L'objectif est de réaliser des mises en page 100 % relatives avec des unités en %, em, ex ou deg. L'unité px est tolérée dans certains cas, mais doit vraiment être utilisée avec prudence. Enfin, il convient de rendre les médias adaptatifs avec un code CSS pouvant ressembler à celui-ci :

```
img, object, embed, iframe, video, audio {
width:100%;
max-width:100%;
height:auto;
}
```

- **Dimensionner les éléments tactiles de manière appropriée** : les principes ergonomiques et Google conseillent d'opter pour des boutons de taille suffisante sur les supports mobiles afin que la navigation ne soit pas dégradée. Cela se résume à utiliser des icônes et des boutons dont la taille minimale serait 32 × 32 pixels, voire 48 × 48 pixels, avec des marges pour que les utilisateurs n'appuient pas malencontreusement sur les mauvais boutons.

- **Utiliser des tailles de police lisibles** : en responsive web design ainsi qu'en ergonomie web, il est recommandé d'utiliser des polices lisibles et, surtout, des tailles d'écriture suffisantes pour ne pas gêner la lecture. La taille par défaut des navigateurs est souvent 16 px, sachant qu'un pixel représente 0,75 point. Vous pouvez ainsi facilement faire des conversions entre les tailles en points, souvent utilisés en rédaction, et les tailles finales en pixels (par exemple, 16 px est équivalent à 12 pt avec le calcul élémentaire 16 × 0,75). En revanche, nous utiliserons plus souvent les em (cadratin) en design adaptatif. Il faut alors calculer les tailles différemment, à l'aide d'une formule simple : taille initiale / taille du contexte = taille finale. Par exemple, si vous souhaitez passer de 12 px à une taille relative en em, il faut alors effectuer le calcul en fonction de la taille du contexte (16 px par défaut) en faisant 12 / 16 = 0,75 em.

Gérer son ergonomie est important !

Nous ne traiterons pas en détail tous ces facteurs, mais essentiellement ceux qui posent le plus fréquemment des problèmes d'optimisation et qui permettent parfois assez facilement de gagner des points importants sur la note finale du PageSpeed Score (ou Lighthouse). Porter attention à l'optimisation de ces facteurs a aussi un impact sur l'expérience utilisateur voire sur le taux de clics et le taux de conversion.

Google préconise souvent le responsive web design mais, par expérience, nous pouvons remarquer que de nombreux sites adaptatifs reçoivent une note de PageSpeed moyenne (60/100 à 80/100) car cette technique ne permet pas de répondre à tous les facteurs, notamment ceux concernant la taille des images et leur poids. Il convient alors de créer des images pour chaque format de site web afin qu'elles soient mieux optimisées, mais cela prend souvent beaucoup de temps et, en général, les CMS ou frameworks ne sont pas préparés pour ce genre de pratique.

Si l'outil de Google ne vous suffit pas, vous pouvez vous référer à d'autres logiciels en ligne ou extensions de navigateur afin de calculer la note du PageSpeed : par exemple, l'outil GTMetrix ou encore les extensions PageSpeed et YSlow pour Firefox et Chrome notamment.

Nous avons vu que certains critères du PageSpeed nécessitent des explications plus approfondies pour être parfaitement appliqués. Nous allons donc détailler certains d'entre eux afin que vous puissiez effectuer un minimum d'optimisations plus ou moins simples dans vos sites web.

Retenez toutefois que les frameworks et CMS constituent souvent des freins à l'optimisation de la vitesse de chargement des pages. S'ils ne rendent pas la tâche impossible, ces outils ne la facilitent pas non plus et les notes sont souvent un tout petit peu moins qualitatives par défaut sur des sites ainsi conçus, bien que cela soit rattrapable et parfois mesuré. Un excellent article de Fabrice Ducarme sur wp-formation.com montre comment il a réussi à atteindre 100/100 avec WordPress, non sans difficulté (source : https://goo.gl/wpcH14).

Si l'on regarde l'ensemble des facteurs, on constate en réalité que Google s'appuie sur de grands ensembles d'optimisations :

- Gestion du serveur : la mise en cache (cache pur et expiration), la minification des fichiers ou encore la compression des données sont gérées par le serveur (ou via des fichiers de configuration comme un `.htaccess` pour Apache ou un `web.config` pour IIS).

- Gestion de l'ergonomie générale : mise en page, configuration d'affichage et positionnement des éléments…

- Optimisations internes : gestion des fichiers de style et des scripts notamment, mais aussi des images et autres ressources. L'idée à retenir est qu'il faut générer le moins de requêtes possible pour booster le chargement des pages ; donc, moins vous avez de fichiers à charger via HTML (scripts, images, iframes…) ou via CSS (images en background par exemple), plus le navigateur peut rapidement lancer les requêtes utiles. C'est pourquoi nous préconiserons par la suite la combinaison de fichiers, les sprites CSS, voire d'autres méthodes moins répandues mais très efficaces.

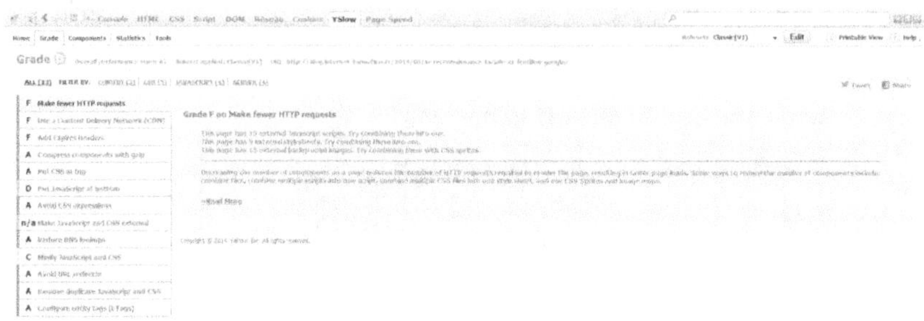

Figure 2–23
Analyse d'une page web avec
l'extension YSlow sur Mozilla Firefox

Maîtriser le nombre de requêtes

Un des objectifs que doivent se fixer les webmasters est la limitation du nombre de requêtes web. Souvent méconnue ou tout simplement oubliée, cette optimisation joue pourtant un rôle à plusieurs niveaux. En effet, chaque page implique le téléchargement de ressources web (images, fichiers CSS et JavaScript, vidéos, PDF…) et plus le nombre d'appels vers des ressources est élevé, plus la page peut mettre du temps à se charger.

Le PageSpeed de Google ne prend pas directement en compte ce critère, c'est-à-dire qu'il ne compte pas le nombre de ressources d'une page. Pourtant, cela affecte nettement le chargement du DOM (structure générale de la page et des contenus, pour faire simple), de la page complète et surtout l'expérience utilisateur (notamment sur mobile). Si vous optimisez ce facteur, nul doute que cela vous aidera à booster votre chargement de page sur mobile et ordinateur, tout en faisant augmenter sensiblement votre note de PageSpeed.

Prenons un exemple pour illustrer un manque d'optimisation que l'on retrouve couramment. Avec des CMS comme WordPress, Joomla ou Prestashop, il arrive fréquemment que les webmasters et agences optent pour des thèmes Premium, à savoir des structures toutes prêtes qu'il suffit juste de modifier quelque peu à sa guise. Si cela n'est pas un problème en soi à la source, ces thèmes ont trop souvent tendance à être des sapins de Noël plutôt que des mises en page optimisées. Entendez par là qu'ils mettent des effets de style dans tous les recoins avec du JavaScript ou du CSS, tout cela accompagné d'immenses photos de fond lourdes à charger. Tous ces effets ont un coût ; ils demandent de la ressource, de la mémoire et génèrent des requêtes dans les navigateurs mobiles ou sur ordinateur. Attention donc à ne pas en abuser.

Les loaders de site web dans la ligne de mire…

Parmi les effets de style qui peuvent être les ennemis de la vitesse de chargement, on peut retrouver les loaders de sites web. Ce sont des petites animations (souvent en GIF animé) qui apparaissent au chargement des pages en attendant que tout le contenu se charge. On peut presque parler d'hérésie ici tant cela va à l'encontre de toute logique. En effet, en plaçant ce loader, le site appelle un script JavaScript (qui vérifie quand activer ou désactiver le loader), mais aussi le GIF animé pour l'attente du chargement. Ce type de pratique est censé améliorer le confort des utilisateurs, mais c'est tout le contraire que cela provoque (sur le plan technique tout du moins). C'est au minimum deux requêtes de plus pour un loader et un temps de chargement ralenti. Le comble, c'est que les usagers doivent attendre que la page soit complètement chargée pour que le loader se retire ; c'est donc plutôt contre-productif.

Pour limiter le nombre de ressources chargées, il faut donc faire des choix. Par exemple, un sprite CSS va permettre de combiner des images pour limiter les requêtes (nous reviendrons sur ce point à la fin de cette section sur l'optimisation des images). Il convient donc de mesurer l'importance de chaque effet en JavaScript afin de ne pas en faire trop. En somme, jauger ce qui est primordial et trouver le juste équilibre entre optimisation et design revient déjà à faire du SEO réfléchi…

Éviter les redirections vers la page d'accueil

Il convient d'éviter au maximum les redirections qui renvoient vers un site mobile une fois le site original chargé, ou même vers la page d'accueil du site (plusieurs redirections « invisibles » qui renvoient vers des variantes d'une même page). Souvent, nous créons un système de détection de la largeur des fenêtres en JavaScript avec des expressions régulières ou la fonction matchMedia() :

```
<script>
if (window.matchMedia("(max-width:640px)").matches) {
// Code exécuté si la largeur est inférieure à 640 px
} else {
// Code exécuté si la largeur est supérieure à 640 px
}
</script>
```

Parfois, il s'agit d'une détection en PHP des user-agent afin de rediriger les internautes vers la version de site adéquate, comme dans l'exemple suivant :

```
function isMobile() {
    $agent = $_SERVER['HTTP_USER_AGENT'];
    // Effectue un test pour savoir s'il s'agit d'un mobile ou non (exemples)
    return preg_match('/(iphone|android|symbian|palm|blackberry)/iU', $agent);
}
```

Cependant, si ces techniques sont parfois de bon augure et pratiques, elles imposent généralement un chargement de tout ou partie de la première page avant la redirection, ce qui multiplie les requêtes inutiles, le pire étant les pages qui se chargent de manière successive, un peu comme dans cet exemple :

1 chargement de http://www.site.com/index.html ;

2 redirection vers https://www.site.com/index.html ;

3 redirection vers https://www.site.com/home/index.html ;

4 redirection vers la vraie page d'accueil à l'adresse https://www.site.com/home/accueil.html.

Ce phénomène peut sembler aussi inutile que mal optimisé, mais c'est encore très courant sur la Toile. L'option *Explorer comme Google* de la Search Console peut aider à repérer ce type de redirections invisibles à l'œil nu dans bien des cas. D'autres outils le permettent aussi, alors ne tombez pas dans ce piège relativement répandu, notamment lorsque votre site web a connu déjà plusieurs refontes en quelques années.

Plusieurs méthodes aident à éviter ces redirections

- Opter pour une mise en page et une mise en forme adaptatives à l'aide du responsive web design en HTML 5 et CSS 3 ou créer un site mobile sous la forme d'un sous-domaine tel que m.site-mobile.fr ou d'un nom de domaine propre comme site-mobile.mobi. Ce cas nécessite donc une redirection à effectuer proprement afin de limiter les requêtes du serveur (si c'est une redirection mobile qui pose problème).

- Supprimer les redirections intempestives en vérifiant les fichiers .htaccess (Apache) ou web.config (IIS), mais aussi les fichiers qui génèrent du code côté serveur (PHP notamment). Si l'on reprend l'exemple précédent, il est simple de passer directement de la page index.html version HTTP à la page accueil.html en HTTPS. Vous n'avez nul besoin de quatre étapes pour cela si tout est bien optimisé et nettoyé.

Dans le cas des sites mobiles, la première étape consiste à ajouter une balise `<link rel="alternate" href="url-mobile" />` dans la section `<head>…</head>` de la page HTML destinée aux grands écrans. Vous pourrez ainsi indiquer à Googlebot l'existence d'une version mobile à prendre en compte en fonction des dimensions de l'écran. Voici comment procéder :

```
<link rel="alternate" media="only screen and (max-width:640px)"
      href="http://m.site.fr" />
```

La seconde étape consiste à réaliser la redirection vers le site mobile à partir d'un fichier `.htaccess` en lui ajoutant des conditions (reconnaissance des agents et donc des mobiles). Il s'agit d'une règle simple de réécriture, nous reviendrons plus en détail sur la réécriture d'URL plus loin dans ce chapitre. Voici un code fonctionnel qui évitera des pertes de chargement pour les serveurs et les robots d'indexation :

```
RewriteEngine On
RewriteCond %{HTTP_USER_AGENT} "ipod|iphone|ipad|android|palm|IEmobile|Windows Phone" [NC,OR]
RewriteRule (.*) http://m.votredomaine.com [R=301,L]
```

Le cas de Windows Phone

Il est parfois difficile de détecter les `user-agent` de Windows Phone car ils changent d'une version à l'autre et sont parfois reconnus comme des téléphones Android. Le site webapps-online.com a listé des possibilités et permet de mieux comprendre les agents compatibles avec ce système d'exploitation (source : http://goo.gl/o1ekwq).

Travailler avec les fichiers .htaccess des serveurs Apache

Les fichiers `.htaccess` représentent des listes d'options de configuration relatives aux serveurs Apache (les plus courants). Ce sont les premiers fichiers lus lors d'une visite d'un site web, que ce soit par un internaute ou un robot, avant même le fichier `robots.txt`. Leur rôle, dans la gestion du PageSpeed entre autres, est important ; alors nous allons faire un tour d'horizon du sujet.

Ces fichiers sont fondamentaux dans la gestion des sites web tant ils ont la capacité de modifier le comportement général des serveurs Apache. Le seul inconvénient est que certaines instructions ne fonctionnent que si nous sommes en possession d'un serveur dédié (et non d'un hébergement mutualisé).

Nous allons étudier plusieurs techniques importantes relatives aux fichiers `.htaccess`, fonctionnelles uniquement sur les serveurs Apache. Nous tenterons par la suite d'établir quelques parallèles avec les serveurs IIS de Microsoft afin que tout le monde puisse optimiser au mieux son référencement.

Les fichiers `.htaccess` doivent être placés à la racine des dossiers concernés par les directives. Par exemple, si vous voulez forcer l'encodage en UTF-8 dans un répertoire et mettre de l'ISO-8859-1 dans un autre, vous aurez un fichier `.htaccess` par dossier. En d'autres termes, un site peut contenir un nombre important de fichiers `.htaccess` en fonction de son architecture initiale. Il convient donc de bien réfléchir à cet aspect dès le début, notamment si vous devez à terme réécrire des URL.

Avant Windows 10, il était impossible de créer directement des fichiers de la forme `.quelque-chose` car le système d'exploitation avait absolument besoin d'un nom de fichier avant le point et l'extension. Il existe cependant quelques astuces pour créer ces fichiers sans être trop embêté par les anciennes versions de l'ami Windows.

Figure 2–24
Création d'un fichier .htaccess
avec Notepad++

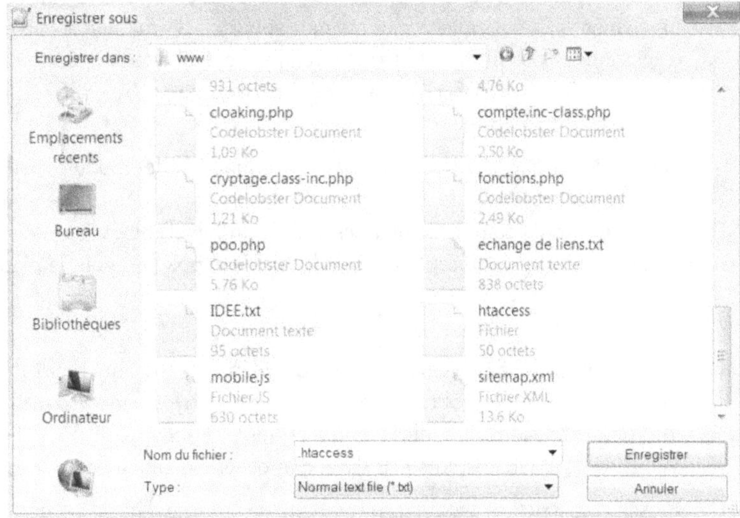

- Ouvrez un éditeur de texte, quel qu'il soit (Notepad++, WordPad, Word, Bloc-notes…). Sélectionnez *Fichier>Enregistrer sous…*, puis saisissez `.htaccess` en lieu et place du nom de fichier. Confirmez l'enregistrement et le tour est joué.
- Créez un fichier texte intitulé `htaccess.txt`, transférez-le sur votre serveur distant avec un client FTP (FileZilla, Cyberduck, GoFTP, FireFTP…), puis renommez-le en `.htaccess`. Il vous suffit de le télécharger pour l'obtenir sur Windows avec le nom correct.
- La dernière technique consiste à passer en ligne de commande avec Windows à l'aide de l'éditeur DOS. Exécutez `cmd.exe`, puis renommez le fichier texte créé en `.htaccess` grâce à l'instruction `rename htaccess.txt .htaccess`.

Les serveurs Apache fonctionnent avec un système de modèle à implémenter ; les fichiers `.htaccess` sont plutôt des fichiers généraux de configuration et il est préférable de bien savoir si les modules intéressants sont activés et installés sur le serveur, au risque d'écrire des lignes de code dans le vide.

Figure 2–25
Création d'un fichier .htaccess
sur Windows en ligne de commande

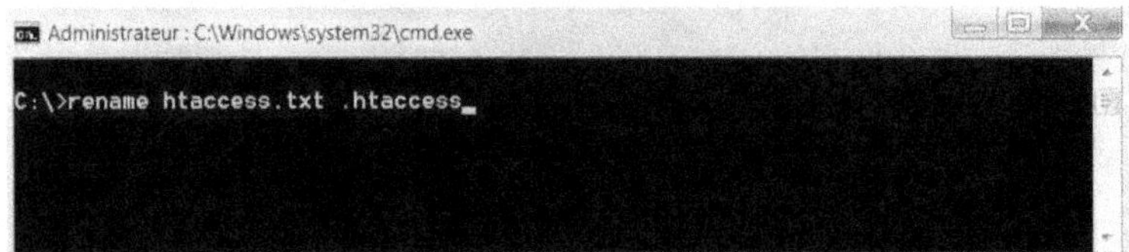

Renommer les fichiers .htaccess

Sachez que le fichier ne doit pas obligatoirement s'intituler `.htaccess`. Si vous êtes passionné(e) de manipulation en tout genre, retenez qu'il est possible de modifier le nom des fichiers en utilisant la directive `AccessfileName` des serveurs Apache avec une simple ligne de code : `AccessFileName .fichierconfig`

Gardez en mémoire que les directives sont appliquées dans le sens de lecture du serveur. En d'autres termes, un fichier `.htaccess` placé à la racine s'applique de manière récursive sur les sous-répertoires, sauf en cas d'écrasement des informations. Reprenons l'exemple des jeux de caractères : si le fichier placé à la racine configure l'UTF-8 mais si un autre dossier configure l'ISO-8859-1, alors la directive sera remplacée uniquement dans ce répertoire.

Enfin, sachez que les fichiers `.htaccess` répondent à des modules, à des directives, mais aussi à des options (si elles sont activées à l'aide de `AllowOverride Options`, ce qui est souvent le cas par défaut). Nous verrons donc parfois des codes complexes pour les plus débutants d'entre vous ; ne soyez pas surpris(e) ni frustré(e) de ne pas tout comprendre. L'objectif de ces codes est de s'appliquer pour la plupart par un simple copier-coller…

Exploiter la mise en cache du navigateur

La mise en cache des données est l'un des éléments fondamentaux du PageSpeed et il est conseillé de bien la mettre en œuvre pour obtenir de vrais gains de performance. Dans les principaux CMS, nous utilisons parfois des extensions, les plus connues étant certainement W3 Total Cache ou WP Super Cache sur WordPress. Toutefois, lorsqu'il s'agit d'optimiser manuellement le cache, les choses se compliquent souvent.

Plusieurs facteurs peuvent entrer en ligne de compte dans la gestion du cache côté serveur :

- La gestion de l'ETag (pour *entity tag*), c'est-à-dire une ligne d'en-tête encodée et unique qui change lorsque l'information est mise à jour et demandée sur le serveur. Soit nous devons supprimer les ETags pour éviter des téléchargements inutiles d'informations (quand aucune mise à jour ne l'impose réellement), soit nous pouvons ajouter une sorte de filtre aux ETags afin de ne récupérer les données qu'en cas de besoin (on se base en général sur la taille des ressources pour comparer les informations actualisées ou non).
- Le module `mod_expires` des serveurs Apache permet d'ajouter des dates d'expiration du cache sur des extensions et fichiers donnés s'il est activé. Ainsi, nous pouvons préciser que des types de fichiers doivent être mis en cache pendant au moins une semaine, un mois voire un an si cela semble judicieux.
- Une alternative au module `mod_expires` consiste à utiliser le Cache Control du module `mod_headers`. Il n'est pas nécessaire d'appliquer les deux car ils sont redondants mais, si cela vous rassure et vous permet d'assurer une bonne mise en cache, n'hésitez pas à ajouter les deux blocs de code au sein du fichier `.htaccess`.

Voici un code complet contenant toutes les possibilités présentées :

```
# Suppression des ETags ou deux variantes :
# FileETag Size pour comparer les données par leur taille
# FileETag MTime Size pour comparer par la taille et la date de mise à jour
FileETag none
Header unset ETag

# Ajout des dates d'expiration du cache
<IfModule mod_expires.c>
ExpiresActive On
ExpiresDefault "access plus 31536000 seconds"
ExpiresByType image/jpg "access plus 1 months"
ExpiresByType image/png "access plus 1 months"
ExpiresByType image/jpeg "access plus 1 months"
```

```
ExpiresByType image/gif "access plus 1 months"
ExpiresByType text/ico "access plus 1 months"
ExpiresByType image/ico "access plus 1 months"
ExpiresByType image/icon "access plus 1 months"
ExpiresByType image/x-icon "access plus 1 months"
ExpiresByType text/css "access plus 30 days"
ExpiresByType text/JavaScript "access plus 30 days"
ExpiresByType text/html "access plus 15 days"
ExpiresByType application/xhtml+xml "access plus 2592000 seconds"
ExpiresByType application/JavaScript "access plus 2592000 seconds"
ExpiresByType application/x-JavaScript "access plus 2592000 seconds"
ExpiresByType application/x-shockwave-flash "access plus 2592000 seconds"
</IfModule>

# Gestion du Cache Control (si nécessaire)
<FilesMatch "\.(ico|pdf|flv|jpg|jpeg|png|gif|swf|mp3|mp4|mpeg|avi|asf)$">
Header set Cache-Control "max-age=2592000, public"
</FilesMatch>
<FilesMatch "\.(html|htm|xml|txt|xsl|svg|)$">
Header set Cache-Control "max-age=604800, must-revalidate"
</FilesMatch>

# Désactive le contrôle du cache pour les fichiers dynamiques
<FilesMatch "\.(pl|php|asp|aspx|py|cgi|spl|scgi|fcgi)$">
        Header unset Cache-Control
</FilesMatch>
</IfModule>
```

Gestion des durées d'expiration

Nous pouvons remarquer que les durées appliquées au module `mod_expires` peuvent être rédigées en `seconds`, `days`, `months`, etc. Il suffit d'adapter les valeurs en fonction des besoins et de la note du PageSpeed pour trouver la solution adéquate. Ici, les directives `1 months`, `30 days` et `2592000 seconds` sont donc équivalentes.

Dans certains cas, il est intéressant de créer des fichiers avec une partie du nom correspondant à un hachage automatique dès que le fichier est mis à jour. Par exemple, au lieu d'avoir le fichier `style.css`, nous aurions le fichier `style_A1H7SH.css` à la place qui se mettrait en cache, puis, si une mise à jour avait lieu, le fichier s'appellerait alors `style_B1D8G5.css`, par exemple, et ainsi de suite. L'avantage est que le fichier sortira du cache uniquement lorsque son hachage sera différent, ce qui permet de donner des dates d'expiration plus longue sans aucun risque.

Autoriser la compression

Le module `mod_deflate` des serveurs Apache permet d'ajouter un filtre de sortie qui autorise la compression au format Gzip des données avant de les envoyer aux clients. Son rôle est donc de réduire le temps de latence au chargement des informations. Pour ce faire, il suffit de copier-coller un code dans le fichier `.htaccess` situé à la racine du serveur (c'est suffisant en général), tel que celui-ci :

```apache
<IfModule mod_deflate.c>
# Autoriser la compression uniquement pour ces types MIME
# Possibilité d'ajouter : SetOutputFilter DEFLATE
AddOutputFilterByType DEFLATE text/html
AddOutputFilterByType DEFLATE text/plain
AddOutputFilterByType DEFLATE text/xml
AddOutputFilterByType DEFLATE text/css
AddOutputFilterByType DEFLATE text/JavaScript
AddOutputFilterByType DEFLATE application/JavaScript
AddOutputFilterByType DEFLATE application/xhtml+xml
AddOutputFilterByType DEFLATE application/xml
AddOutputFilterByType DEFLATE application/rss+xml
AddOutputFilterByType DEFLATE application/atom_xml
AddOutputFilterByType DEFLATE application/x-JavaScript
AddOutputFilterByType DEFLATE application/x-httpd-php
AddOutputFilterByType DEFLATE application/x-httpd-fastphp
AddOutputFilterByType DEFLATE application/x-httpd-eruby
AddOutputFilterByType DEFLATE image/svg+xml

# Degré de compression des données (de 1 à 9)
DeflateCompressionLevel 9

# Résolution des problèmes rencontrés avec d'anciens navigateurs
BrowserMatch ^Mozilla/4 gzip-only-text/html
BrowserMatch ^Mozilla/4\.0[678] no-gzip
BrowserMatch \bMSI[E] !no-gzip !gzip-only-text/html

# Application du module mod_deflate à partir des extensions de fichier
<IfModule mod_mime.c>
AddOutputFilter DEFLATE js css htm html xml
</IfModule>

# Évite que les proxies délivrent des contenus inadéquats
<IfModule mod_headers.c>
Header append Vary User-Agent env=!dont-vary
</IfModule>
</IfModule>
```

Pour vérifier que le module `mod_deflate` est fonctionnel et a été pris en compte sur votre site web, il suffit de contrôler les en-têtes HTTP et les lignes `content-encoding: gzip` et `accept-encoding: gzip, deflate`. Pour cela, vous pouvez utiliser l'extension Firebug sur Firefox. Il suffit de charger la page du site, d'activer Firebug et de cliquer sur *Réseau>HTML*. Plusieurs informations apparaîtront dans la section *En-têtes* relative à votre page ou nom de domaine.

Figure 2–26
Vérification des en-têtes HTTP
et de la compression Gzip avec
le module mod_deflate

Mod_pagespeed

Nous ne pouvons pas parler d'optimisation du PageSpeed sans mentionner mod_pagespeed (source : http://goo.gl/bz0P68), un module créé de toutes pièces par Google pour améliorer les performances côté serveur (sur Apache).

Le principal problème est que cette méthode n'est applicable que pour les détenteurs de serveurs dédiés car il faut installer le module sur le serveur Apache, puis le paramétrer en fonction des besoins. Si vous avez cette possibilité, faites-le sans hésiter. Vous gagnerez grandement en termes de performances et cela vous évitera parfois certaines optimisations sur les fichiers .htaccess. Notez toutefois qu'il vous faudra de bonnes bases techniques pour réaliser la démarche sans difficulté.

La documentation de Google est bien faite à ce sujet. Vous trouverez un site dédié (http://www.modpagespeed.com) qui aide à mieux comprendre comment installer sle module Apache sous Debian/Ubuntu ou CentOS/Fedora. Voici comment procéder pour installer les paquets .deb ou .rpm sur Debian/Ubuntu (64 bits) :

```
wget https://dl-ssl.google.com/dl/linux/direct/mod-pagespeed-stable_current_amd64.deb
sudo dpkg -i mod-pagespeed-*.deb
sudo apt-get -f install
```

Il est également possible de télécharger manuellement le fichier .deb et de l'installer sans la commande wget ; cela revient au même.

Ensuite, il est courant de devoir appliquer deux autres commandes :

* recharger le serveur Apache avec service apache2 restart pour l'activer (bien que cela soit fait par défaut en général) ;
* supprimer le paquet téléchargé avec rm mod-pagespeed-*.deb (optionnel).

Enfin, il convient de configurer le module grâce au fichier pagespeed.conf (accessible avec la commande nano /etc/apache2/mods-available/pagespeed.conf) installé avec le module mod_pagespeed. C'est ce dernier qui permet d'appliquer nombre d'options utiles à l'optimisation de la vitesse et des performances du serveur. Le module apporte quelques améliorations visibles :

- mise en cache des illustrations ;
- compression de tous les fichiers CSS et JavaScript ;
- modification des noms de fichiers CSS et JavaScript.

Il est aussi possible de configurer certaines directives à l'aide d'un fichier .htaccess, mais cette méthode implique des chargements répétés de requêtes. Il est conseillé de configurer pagespeed.conf en natif pour optimiser réellement les performances.

Voici une liste de paramètres intéressants qui peuvent être modifiés pour booster votre site avec le module de Google (il faut redémarrer Apache pour que les effets soient pris en compte).

- Démarrer le module mod_pagespeed : ModPagespeed on.
- Activer des filtres complémentaires :

```
ModPagespeedEnableFilters filtre1,filtre2
```

- Désactiver des filtres installés :

```
ModPagespeedDisableFilters filtre1,filtre2
```

- Autoriser la réécriture de certains types de fichiers (exemple des fichiers HTML ici, même si cela est le cas par défaut) :

```
ModPagespeedAllow "http://*site.fr/*.html".
```

- Supprimer la réécriture de certains types de fichiers (ici, tous les types) :

```
ModPagespeedDisallow "*".
```

- Optimiser la bande passante lors de la réécriture d'URL :

```
ModPagespeedRewriteLevel OptimizeForBandwidth.
```

- Configurer le fichier de gestion du cache comme ceci :

```
ModPagespeedFileCachePath "/var/cache/pagespeed/"
ModPagespeedFileCacheSizeKb 102400
ModPagespeedFileCacheCleanIntervalMs 3600000
ModPagespeedFileCacheInodeLimit 500000
```

Beaucoup d'autres plug-ins conduisent à de meilleurs résultats, mais ce module créé par Google est mis à jour fréquemment et il faut suivre son actualisation pour optimiser idéalement vos performances de site.

Il est certain que la note du PageSpeed est rehaussée lorsque le module mod_pagespeed est bien installé et configuré. Cependant, vous pouvez aussi obtenir de très bons résultats sans avoir de serveur dédié et ce module spécifique, rassurez-vous…

Gérer des redirections

Les redirections font partie des techniques essentielles à maîtriser lorsque nous créons un site ou que nous devons l'optimiser à des fins de référencement. En général, les nouveaux sites n'ont besoin de redirections que pour éviter les contenus dupliqués ou pour relier les différents noms de domaines représentant le même site.

Au contraire, les sites anciens ou ceux qui ont subi de lourdes refontes sombrent souvent face à la masse de contenus dupliqués ou d'URL disparues qui ne trouvent plus preneur. En effet, il arrive fréquemment que ces sites aient encore un nombre incalculable de pages indexées dans les SERP et que ces résultats soient des liens morts puisque les pages ont été détruites et remplacées par les nouvelles versions. Il est également possible que l'ancienne version du site soit encore en place et que le visiteur ne soit donc pas dirigé vers la bonne information. Dans tous les cas, les résultats d'une refonte peuvent être catastrophiques en termes de SEO et entraîner plusieurs problèmes :

- perte importante de trafic (et conséquences relatives comme la baisse des ventes, etc.) ;
- multiplication de pages en doublons (avec ou sans *duplicate content*) ;
- perte de qualité en termes d'indexation.

Il convient donc de remédier à tout cela et les redirections sont là pour ça. Certains CMS proposent des extensions de qualité : WordPress avec Redirection (source : http://goo.gl/xe3PFl), Joomla (source : http://goo.gl/9Uc9Mo), Prestashop avec Duplicate URL Redirect (source : http://goo.gl/GQ87Uo), Magento avec Optimise Web's Mass 301 Redirect (source : http://goo.gl/jjGU8M) ou Drupal avec Global Redirect (source : http://goo.gl/iLvMxK). Néanmoins, il arrive fréquemment que ces outils ne répondent pas à tous nos besoins et que nous devions effectuer le travail manuellement.

La première règle à retenir est que les redirections doivent idéalement être permanentes (code 301) et non temporaires (code 302) car Google pourrait comprendre cela comme une méthode de triche (du *cloaking*, notion sur laquelle nous reviendrons en détail dans le prochain chapitre). Il faut donc veiller à réaliser des redirections de qualité pour ne pas être pénalisé et, surtout, rendre le renvoi fonctionnel vers les nouvelles pages. Toutefois, John Mueller, le porte-parole de Google, a répété à plusieurs reprises en 2016 et 2017 que les redirections 302 ne sont pas un problème pour le moteur de recherche. En effet, si ce dernier constate que la 302 n'est pas réellement temporaire, il la prend en compte en 301. Hormis pour des redirections vraiment temporaires, il reste toutefois fortement conseillé de proposer des 301 dans tous les autres cas de figure.

Cela peut se faire simplement à l'aide de fonctions PHP. Ainsi, il suffit d'ajouter un code comme le suivant dans les codes sources des anciennes pages. Cependant, cela peut vite s'avérer fastidieux.

```php
<?php
header("HTTP/1.1 301 Moved Permanently");
header("Location:http://www.nouveausite.fr");
exit;
?>
```

La meilleure solution reste une nouvelle fois la création d'un fichier .htaccess qui recense l'ensemble des redirections permanentes utiles à la racine de l'ancien site web, comme ceci :

```
# Redirect 301, Redirect permanent et RedirectPermanent sont identiques
Redirect 301 /vieille-page-1.html http://www.site.fr/nouvelle-page-1.html
RedirectPermanent /vieille-page-2.html http://www.site.fr/nouvelle-page-2.html
Redirect permanent /dossier http://www.site.fr/dossier/
```

Écriture raccourcie des redirections

Si le répertoire de la page d'origine et celui de la page cible est le même (donc la racine dans notre exemple), il n'est pas nécessaire d'inscrire le nom de domaine pour l'ancienne page.

Cette méthode est parfaite pour rediriger d'anciennes pages web, voire des dossiers complets, mais cela ne répond pas toujours à nos besoins. Sachez également qu'il est possible d'indiquer aux robots des moteurs de recherche qu'un document n'est plus accessible de manière définitive grâce à la directive `Redirect gone`.

```
Redirect gone / fichier-supprime.html
Redirect gone /dossier-supprime/
```

Il est possible d'aller encore plus loin dans les redirections à l'aide de la directive `RedirectMatch` qui accepte des expressions régulières. Ainsi, nous pouvons rediriger des multitudes de fichiers d'un seul coup vers un dossier précis, par exemple, ou une page de destination (comme une page d'erreur personnalisée pour indiquer qu'un nouveau site a été créé). Voici deux exemples de redirections permanentes avec `RedirectMatch` :

```
# Redirection des fichiers HTML vers leur alias (du même nom) portant désormais l'extension
.php
RedirectMatch permanent /(.*)\.html$ http://www.site.fr/$1.php

# Déplacement vers le nouveau site pour les pages d'un dossier
RedirectMatch permanent /dossier/(.*)$ http://www.site.fr
```

Nous venons de le voir, il arrive parfois que ce soit seulement l'extension des pages web qui change, de `.htm` à `.html` ou de `.html` à `.php`, par exemple. Dans ces conditions, les redirections classiques ont peu d'intérêt et, dans les exemples, le mot-clé `seeother` devrait remplacer `permanent` pour être plus précis :

```
# Avec RedirectMatch pour changer les .jpg en .png
RedirectMatch seeother /images(.*)\.jpg$ http://www.site.fr/images/$1.png

# Avec Redirect pour changer un document DOC en PDF
Redirect seeother /document.doc gttp://wwwsite.fr/document.pdf
```

Le mot-clé `seeother` est l'équivalent du code 303 de redirection ; cela correspond donc à `RedirectMatch 303`.

Il arrive également que nous déplacions le site sur le serveur, de la racine vers un sous-répertoire. Dans ce cas, toutes les pages s'en ressentent, mais il est assez simple d'effectuer les redirections. En effet, il suffit d'écrire la ligne suivante :

```
RedirectMatch 301 (.*) http://www.site.fr/dossier-site/
```

Équivalence d'écritures

Il existe des écritures équivalentes comme `Redirect 301 / http://www.site.fr/dossier-site/`.

En revanche, il peut arriver que les déplacements de fichiers soient plus subtils au sein du serveur. Nous déplaçons parfois uniquement les pages web, images, scripts et autres fichiers restant à la racine. Dans ce cas, il faut uniquement déplacer les types de fichiers correspondant à des pages web avec `RedirectMatch` :

```
RedirectMatch permanent /(.*)\.(html|htm|php|py|asp|aspx)?$ http://www.site.fr/dossier-site/
```

Une fois encore, d'autres nombreuses subtilités peuvent concerner certains sites web. Il serait impossible de toutes les lister, mais en voici quelques-unes pour vous aider à bien maîtriser les redirections permanentes avec les fichiers `.htaccess` :

- déplacer un dossier à la racine sans impliquer les sous-dossiers :

```
RedirectMatch permanent /dossier/([^/\\]*)$ http://www.site.fr/$1
```

- déplacer un dossier à la racine, mais pas certains fichiers qu'il contient, à l'aide de l'assertion négative `(?!)` :

```
RedirectMatch 301 /dossier/(?!page\.php|img\.png)(.*)$ http://www.site.fr/$1
```

- éviter les problèmes de casse dans le nom des fichiers avec l'assertion `(?i)` :

```
RedirectMatch 301 ^/(?i)Sans-Casse\.html$ http://www.site.fr/page.html
```

Désormais, vous connaissez l'essentiel des règles de redirection propres aux fichiers `.htaccess` afin d'éviter tout problème de contenus dupliqués ou d'URL erronées. Force est de constater que certains cas ne sont pas simples à mettre en œuvre, mais ils vont souvent plus loin que les extensions disponibles dans les divers CMS du marché. Nous gagnons parfois beaucoup de temps en couplant des types de redirections différentes grâce aux extensions de fichiers, aux exclusions des sous-répertoires ou encore aux exclusions de certains fichiers.

Sur ce point, la documentation de Google manque nettement de précision et ne permet pas de pousser aussi loin les redirections (source : http://goo.gl/dDfK4T). Il convient donc de s'y intéresser et d'effectuer des tests approfondis pour trouver des solutions adéquates en cas de refonte ou de déplacement d'un site. Nous n'avons pas tout traité ici, mais il existe également des écritures similaires et tout aussi fonctionnelles sur le Web. N'hésitez pas à vous renseigner en cas d'extrême nécessité plutôt que de prendre le risque d'être pénalisé en termes de trafic et de contenus dupliqués.

Gérer les redirections spécifiques et les codes d'erreurs

Nous venons de détailler l'usage des redirections permanentes. Nous allons à présent nous intéresser au traitement de certains codes d'erreurs, de même qu'à des redirections moins connues mais qui peuvent s'avérer intéressantes dans certains cas.

Pour ceux qui ne connaissent pas en détail les codes d'erreurs, voici une typologie simple à retenir :

- 100 à 101 : codes d'information (sur l'état de la requête et du protocole) ;
- 200 à 206 : codes de succès (réussite de la requête) ;
- 300 à 305 (et 307) : codes de redirection (permanente, temporaire, déplacement, non modifié, usage d'un proxy) ;

- 400 à 417 : codes d'erreurs du client (dont les très connues erreurs 403 et 404) ;
- 500 à 505 : codes d'erreurs du serveur (erreur interne, service indisponible).

Maintenant que nos idées sont claires, commençons par les redirections spécifiques utilisables dans certains cas et dont le rôle peut être important en termes de référencement :

- redirections temporaires (codes 302 et/ou 307 parfois), utiles notamment en cas de test sur les moteurs de recherche ou lorsqu'une page ne va pas exister longtemps (bien que ce soit déconseillé dans ce cas) :

```
# Deux instructions équivalentes avec 302 et temp
Redirect 302 /dossier http://www.site.fr/nouveau-dossier
Redirect temp /page.html http://www.site.fr/page2.html
```

- redirections pour des pages non modifiées afin d'indiquer aux moteurs de recherche que les pages concernées n'ont pas subi de mises à jour. Cela demande parfois une configuration du serveur pour renvoyer l'entête HTTP `If-Modified-Since` qui sera lu par les robots et leur permettra d'économiser de la bande passante (source : http://goo.gl/KlySZx). Cette fonctionnalité est très rarement utilisée alors que Google n'en a jamais dit de mal et confirme même dans sa documentation le gain de ressources pour Googlebot. Bien qu'il préfère de loin les redirections permanentes, il peut être intéressant de les utiliser à bon escient.

```
# Déplacement de la page d'accueil (non mise à jour) dans un dossier
Redirect 304 /index.html http://www.site.com/dossier-site/index.html
```

Les codes d'erreurs 400 à 417 concernent les problèmes de chargement des pages ou plutôt des soucis côté client. Toutes ne nécessitent pas une intention particulière, mais voici une liste des quelques erreurs qui peuvent avoir un intérêt pour le référencement et l'expérience utilisateur :

- 401 « access denied » : accès non autorisé pour les personnes qui ne sont pas authentifiées (seulement si vous utilisez une connexion à l'aide du fichier `.htaccess`) ;
- 403 « request forbidden » : accès interdit ou refusé par le serveur lorsque nous souhaitons, par exemple, protéger des répertoires ou quand un serveur plante dans certains cas (parfois ce sont des virus qui génèrent ce type de problème) ;
- 404 « object not found » : page introuvable pour les utilisateurs, l'erreur la plus courante qui apparaît à chaque fois qu'une page est inaccessible ou manquante ;
- 410 « the resource is no longer available » : identique à l'erreur 404 sauf que la page n'existe plus, c'est-à-dire que le serveur sait qu'elle a existé mais ne la retrouve plus et affiche donc une erreur (elle peut avoir un rôle pour le référencement) ;
- 413 « request entity was too large » : le serveur ne peut pas traiter la requête car elle est trop volumineuse (erreur rare) ;
- 414 « request URI too long » : l'URI (une chaîne de caractères qui sert à identifier une ressource, soit l'URL dans notre cas) est trop longue et ne peut pas être traitée correctement. Ce type d'erreur peut se produire lorsque nous avons trop de paramètres dans les URL (cela dit, le problème est rarissime).

Pour afficher des pages d'erreur en fonction des codes rencontrés sur le Web, il suffit de saisir des lignes telles que les suivantes avec l'URL de la page d'erreur de destination :

```
ErrorDocument 403 http://www.site.fr/403.html
ErrorDocument 404 http://www.site.fr/404.html
ErrorDocument 410 http://www.site.fr/410.html
ErrorDocument 503 http://www.site.fr/503.html
```

Le point essentiel à retenir est l'erreur 410, qui devrait être plus fréquemment utilisée que l'erreur 404 en cas de refonte ou de suppression de pages web. En effet, si Google tombe sur une erreur 404 classique (page manquante ou supprimée), il va mettre un certain temps à la désindexer, même si vous possédez un fichier `robots.txt` correctement conçu. En revanche, si vous lui renvoyez un code erreur 410, il va accélérer le processus de désindexation car il saura désormais que la page ne reviendra pas et n'existe plus. Pour ce faire, il existe deux méthodes (nous en avons déjà évoqué une dans la partie précédente).

- Renvoyer un en-tête HTTP avec PHP pour préciser que la page n'existe plus. Cela doit être indiqué dans les pages concernées et peut rapidement s'avérer fastidieux :

```php
<?php
header("Status:410 Gone", false, 410);
// header('location:410.html'); si vous voulez renvoyer vers une page d'erreur
// spécifique pour les utilisateurs
exit();
?>
```

- Utiliser une redirection avec le mot-clé `gone` dans un fichier `.htaccess` qui correspond à l'erreur 410 afin de déclarer un contenu désormais obsolète :

```
Redirect gone /dossier-disparu/
Redirect gone /fichier-disparu.html
```

L'autre code d'erreur à surveiller de près est le 503 car il indique aux moteurs de recherche qu'un site est en maintenance. Cette méthode est recommandée et largement préférable aux classiques « pages en construction » créées de toutes pièces en HTML et qui renvoient un code 200 (donc des pages qui peuvent être indexées alors qu'elles ne proposent aucun contenu).

Dans un autre cas, il arrive parfois que nous procédions à des mises à jour et que le site soit inaccessible temporairement, ce qui peut avoir un impact extrêmement négatif sur le référencement si les robots passent pendant ce laps de temps, aussi court soit-il…

Pour renvoyer une erreur 503 dans une page en maintenance ou en construction, il suffit d'envoyer des en-têtes HTTP via PHP :

```php
header('HTTP/1.0 503 Service Temporarily Unavailable');
// ou header('HTTP/1.1 503 Service Temporarily Unavailable');
// ou header('Status: 503 Service Temporarily Unavailable');
header('Retry-After: 3600'); // Retenter après 3600 secondes (1 heure)
// ou header('Retry-After: Sun, 21 Sep 2014 12:00:00 GMT'); // Après une date précise
```

Si nous souhaitons aller plus loin, nous pouvons également utiliser une méthode plus technique avec un fichier `.htaccess` grâce à des réécritures d'URL (sur lesquelles nous allons revenir par la suite). Voici un code complet et commenté pour expliquer le processus :

```
<IfModule mod_rewrite.c>
# Active la réécriture d'URL
RewriteEngine On
# Exclut notre propre adresse IP
RewriteCond %{REMOTE_ADDR} !^192\.168\.1\.1
# Vérifie l'existence du fichier de maintenance
RewriteCond %{DOCUMENT_ROOT}/maintenance.html -f
# Annule l'exécution des règles si nous sommes dans la page de maintenance
RewriteCond %{SCRIPT_FILENAME} !maintenance.html
# Redirige vers la page de maintenance (erreur 503)
RewriteRule ^.*$ /maintenance.html [R=503,L]
ErrorDocument 503 /maintenance.html
</IfModule>
```

Cibler les user-agents

Il est possible d'ajouter une condition supplémentaire pour appliquer les règles uniquement s'il s'agit des moteurs de recherche. Par exemple, l'instruction suivante redirige Googlebot et Bingbot vers une page de maintenance : `RewriteCond %{HTTP_USER_AGENT} (Googlebot|Bingbot) [NC]`.

Il n'existe pas de méthode idéale pour gérer les codes d'erreurs, mais il est important de les utiliser avec soin pour se prémunir contre les problèmes d'indexation, voire de positionnement. Il est parfois utile de créer ses propres fonctions pour activer ou désactiver les pages de maintenance, à l'aide de scripts PHP par exemple. Cela n'est pas compliqué mais les codes précédents vous donneront déjà satisfaction dans la majorité des cas.

Enfin, nous terminerons cette partie sur les erreurs HTTP par un code qui peut amuser certains d'entre vous, à savoir un système de redirection aléatoire en fonction des erreurs rencontrées. Certes, son rôle pour le référencement est limité, mais moins en matière de communication ou d'intérêt technique car nous pouvons ainsi renvoyer les internautes vers d'autres pages web de contenus ou produits qui pourraient davantage les sensibiliser (ce même principe se retrouve avec des pages d'erreurs personnalisées afin de propager un message par exemple).

L'objectif est de proposer aux internautes ou aux moteurs de recherche des pages de destination variées dès qu'une erreur se produit. Toute la subtilité se situe au niveau de la gestion du « hasard ». De nombreuses autres méthodes peuvent s'appliquer, mais gardez en tête le principe si cela vous intéresse.

```php
<?php
// Tableau contenant une liste d'URL
$URLS = array("http://www.site.fr", "http://www.site.fr/404.html",
"http://www.site.fr/contact.html", "http://www.site.fr/services.html");
// Gestion du hasard
$random = mt_rand(0, count($URLS)-1);
// Redirection aléatoire à l'aide de l'en-tête HTTP Location
header('Location: $URLS[$random]');
?>
```

Vous savez désormais comment mieux gérer les redirections et les erreurs courantes pour contrer les problèmes de SEO. Nous allons à présent optimiser la réécriture d'URL, ce qui peut s'avérer parfois très complexe et technique pour les plus débutants…

Maîtriser la réécriture d'URL

La réécriture d'URL (ou *URL rewriting*) constitue certainement l'étape la plus complexe à mettre en œuvre à l'aide des fichiers `.htaccess` pour un site web dynamique. Souvent, nous oublions ce point fondamental du référencement car nous sommes habitués à ce que des outils ou les CMS gèrent cette réécriture nativement. Cependant, il est important de bien connaître la technique qui se dissimule derrière afin de maîtriser pleinement nos URL optimisées.

Tout se dit autour des URL depuis de nombreuses années. D'un côté, nous savons que les mots-clés inclus dans les adresses web affectent quelque peu le positionnement, mais aussi les aspects sensoriels de la page (mémorisation, compréhension). D'un autre côté, il semblerait qu'à la sortie de Google Panda, les mots-clés des noms de domaines et URL n'étaient plus pris en compte comme l'indiquaient les descriptifs de l'époque. En réalité, la sortie du filtre anti-EMD montre que ce point n'a jamais été pleinement négocié et que les URL ont encore un vrai rôle à jouer en matière d'indexation et de positionnement des pages.

La problématique de la réécriture d'URL existe donc depuis les origines des sites dynamiques. De nos jours, des CMS comme WordPress proposent un système avancé de réécriture qui nous fait oublier à quel point ce facteur était sensible quelques années auparavant. Cependant, nombre de frameworks ou CMS ne sont pas aussi poussés et ont une réécriture limitée, voire unique, des pages, qui ne correspond pas toujours à nos attentes réelles.

La structure idéale est d'avoir une adresse vraiment unique pour une page, quelles que soient les catégories auxquelles elle est rattachée.

Par exemple, si nous créons un article intitulé « Techniques de référencement », nous voudrons idéalement obtenir une URL claire et composée de mots-clés telle que http://www.site.fr/techniques-de-referencement. Souvent, comme cet article est rattaché à plusieurs catégories, nous nous retrouvons avec des adresses différentes comme http://www.site.fr/techniques-web/techniques-de-referencement ou encore http://www.site.fr/seo/techniques-de-referencement. Dans ce cas, nous sommes confrontés à un exemple flagrant de contenu dupliqué, deux pages « différentes » ayant le même article à proposer via deux URL différenciées.

Cet exemple est très fréquent dans les CMS courants du marché, ce qui explique le nombre incalculable de cas de *duplicate content*. Nous devons donc parfois retoucher la structure de la réécriture d'URL, voire nous l'approprier complètement, pour obtenir des résultats fiables.

L'unicité des réécritures proposées dans ces outils nous rend totalement dépendants des systèmes mis en place, qu'ils soient bons ou mauvais, et nous n'avons plus que nos yeux pour pleurer lorsque nous constatons les défauts inhérents des techniques imposées. Par conséquent, nous allons voir comment procéder pour nettoyer ou construire notre réécriture d'URL et, même si ce n'est pas une mince affaire, cela est nécessaire et mérite le détour.

Tout d'abord, retenons que la réécriture impose deux principes :

- La moindre erreur dans les fichiers `.htaccess` va créer un crash du serveur (blocage) et rendre le site totalement inaccessible.

- L'ensemble des liens hypertextes présents dans la structure des pages doit être retravaillé pour correspondre aux nouveaux liens réécrits. En d'autres termes, toutes nos URL mal écrites et enregistrées dans nos pages (ou dans notre système dynamique pour être exact) vont devoir reprendre la structure des nouvelles adresses que nous souhaitons afficher. C'est souvent la partie la plus laborieuse, c'est pourquoi il faut y réfléchir dès le départ pour éviter tout problème d'affichage.

La réécriture d'URL agit sur la partie appelée *query string* dans les URL, ce qui correspond à la section qui contient tous les paramètres d'URL. Voici comment se décompose une URL afin de bien comprendre la partie sur laquelle nous allons agir :

```
protocole://nom-de-domaine/chemin/page.extension?query_string
```

Dans les sites dynamiques, nous générons des adresses web dynamiques qui prennent un ou plusieurs paramètres, comme dans les exemples suivants :

- cas de l'Ajax : https://www.google.fr/#q=seo&start=10 ;
- cas du PHP : http://www.site.fr/page.php?categorie=2&article= 27 ;
- cas d'une page avec ASPX :
  http://www.site.fr/page.aspx?idCategorie=2&idArticle=27.

> **Avec ou sans nom de page ?**
>
> Il arrive que les URL ne contiennent pas les page.aspx ou page.php, par exemple, et enchaînent directement avec la *query string* après la barre oblique.

Force est de constater que les URL sont peu lisibles nativement et peu mémorisables. Qui plus est, nous savons que les moteurs de recherche peinent quelquefois à lire des URL à rallonge quand les paramètres s'enchaînent dans la *query string*. Si cela ne constitue pas un risque de pénalité en soi, cette accumulation d'options empêche souvent la bonne indexation des pages, ce qui rend la réécriture d'URL encore plus intéressante.

Enfin, il faut savoir que la sécurité des sites web entre aussi en ligne de compte. En effet, les paramètres d'URL contiennent souvent le titre de la page mais, si ce dernier est composé avec des espaces, nous générons des risques de mauvaises lectures selon les navigateurs, ainsi que des failles dans lesquelles peuvent s'engouffrer des pirates du Web (bien que cela ne soit qu'une infime partie des failles accessibles en réalité). Pour contrer ce problème, nous utilisons souvent les fonctions PHP `url_encode()` et `url_decode()` qui permettent de remplacer les espaces et les caractères spéciaux par des codes hexadécimaux ASCII. Voici comment une URL classique peut se transformer une fois encodée :

- URL de base
  http://www.site.fr/page.php?id=13&titre=le référencement est super !
- URL encodée
  http://www.site.fr/page.php?id=13&titre=le%20referencement%20est%20super%20%21

Cette solution évite les problèmes, mais n'est pas idéale en matière de SEO ou même de communication auprès des internautes. Nous ne pouvons pas considérer que ces adresses soient très lisibles, donc il faut souvent ruser et créer une fonction de réécriture des URL pour éviter tout problème. L'idéal est de le faire au sein du code du site si cela n'existe pas afin d'envoyer dans la base de données des URL propres et finalisées, puis de procéder à la réécriture d'URL via les fichiers `.htaccess` pour rendre l'ensemble opérationnel.

Si nous résumons, les URL dynamiques contiennent plusieurs caractères à réécrire :

- les lettres accentuées doivent être remplacées par leur équivalent sans accent ;
- les espaces doivent être comblés, souvent par un tiret pour faciliter la lecture des robots ;
- les caractères spéciaux doivent être remplacés ou supprimés.

Lorsque nous réécrivons de manière dynamique, il arrive que l'adresse obtenue ne soit pas parfaite. C'est pourquoi des outils comme WordPress ou Joomla proposent de réécrire les alias d'URL, ce qui nous permet de proposer l'URL qui nous intéresse réellement. Quand ce champ est rempli, l'outil le prend en priorité et, si ce n'est pas le cas, il réécrit l'adresse avec la fonction par défaut. Ce système est simple à créer en PHP, en ASP ou en Python, par exemple, puisqu'il s'agit uniquement d'une condition `if (condition) {…} else {…}` en réalité.

Prenons l'exemple d'une URL récupérant un titre contenant une apostrophe et un point d'interrogation, soit `http://site.fr/page.php?id=7&titre=l'idée est-elle géniale ?`. Voilà à quoi elle devrait ressembler pour bien préparer le travail de réécriture :

```
http://site.fr/page.php?id=7&titre=lidee-est-elle-geniale
```

Nous remarquons que ce n'est pas une URL parfaite à cause de l'apostrophe supprimée. Dans ce cas, il vaudrait donc mieux proposer une alternative dans notre système pour personnaliser l'URL ou au moins pour nettoyer les cas comme « lidee » en supprimant le « l ».

La fonction suivante nettoie rapidement les URL avant l'ajout dans une base de données, par exemple :

```php
function cleanURL($url = '') {
    // Nettoyage des accents
    $accents = 'ÀÁÂÃÄÅàáâãäåÒÓÔÕÖØòóôõöøÈÉÊËéèêëÇçÌÍÎÏìíîïÙÚÛÜùúûüÿÑñ';
    $noAccents = 'aaaaaaaaaaaaoooooooooooooeeeeeeeecciiiiiiiiuuuuuuuuynn';
    $cleanUrl = strtr($url, $accents, $noAccents);

    // Nettoyage des caractères spéciaux
    $cleanUrl = preg_replace('#([^a-zA-Z0-9-]+)#iU', '-', $cleanUrl);

    // Nettoyage des tirets en trop
    $cleanUrl = preg_replace('#([-]{2,50})#iU', '', $cleanUrl);

    // Nettoyage des cas d'apostrophes
    $cleanUrl = preg_replace('#^([a-zA-Z0-9-]+[-]+)#iU', '', $cleanUrl);
    $cleanUrl = preg_replace('#([-]+(qu|t|s|d|j|l|m|c|n)+[-]+)#iU', '-', $cleanUrl);

    // Nettoyage d'un tiret de début ou de fin
    if($cleanUrl[0] == '-') {
    $cleanUrl = substr($cleanUrl, 1);
    }
    if(substr($cleanUrl, -1, 1) == '-') {
    $cleanUrl = substr($cleanUrl, 0, -1);
    }

    return $cleanUrl;
}
```

Il suffit ensuite de lancer la fonction avant l'ajout dans la base de données ou même dans les liens hypertextes pour avoir toujours la même composition d'URL dans le site. Ainsi, une adresse qui porterait un titre comme « Qu'est-ce qu'une URL réussie ? » dans la *query string* deviendrait automatiquement « est-ce-une-url-reussie » une fois réécrite.

Une fois cette URL protégée et refondue, nous pouvons procéder à la réécriture des liens proprement si cela n'est pas déjà le cas, puis à la réécriture d'URL côté serveur avec les fichiers `.htaccess`.

Le principe de la réécriture d'URL dans les fichiers `.htaccess` consiste à respecter plusieurs étapes.

1 Ajouter la ligne `RewriteEngine On` (obligatoire) pour préciser au serveur que la réécriture d'URL est active. La valeur `off` désactive la réécriture.

2 Ajouter si besoin l'instruction `RewriteBase /` (optionnelle) pour indiquer l'URL d'origine qui sert de préfixe à toutes les adresses utilisées dans le fichier. Si vous entrez par exemple `RewriteBase /categorie/`, toutes les URL de la page commenceront automatiquement par le répertoire `categorie`.

3 Ajouter la règle Options `+FollowSymlinks` (optionnelle) afin d'indiquer au serveur qu'il doit suivre les liens symboliques réécrits dans le fichier `.htaccess`.

4 Écrire des règles de réécriture grâce à l'instruction `RewriteRule`. La structure définitive ressemble à la ligne suivante, les URL étant séparées par des espaces :

```
RewriteRule NOUVELLE-URL-REECRITE URL-A-REECRIRE [drapeau]
```

Autres options de réécriture

Il existe beaucoup d'autres instructions méconnues comme `RewriteOptions` pour accroître le nombre de redirections autorisées, `RewriteLog` pour gérer un journal d'erreurs ou encore `RewriteCond` pour gérer des conditions…

Toute la complexité de la réécriture d'URL se situe justement dans les règles composées d'expressions régulières (`regex`) parfois complexes et de paramètres dynamiques, utiles pour réceptionner les informations importantes des adresses web. Qui plus est, nous devons à tout prix maîtriser l'usage du « drapeau » présent en fin de règle de réécriture. Par exemple, le drapeau `[L]` indique que la réécriture d'URL doit s'arrêter après l'application de la règle en cours, afin d'éviter une boucle infinie et d'éventuelles erreurs.

Héritage du dossier parent

Les fichiers `.htaccess` sont spécifiques au répertoire dans lequel ils s'appliquent. Il est possible de relancer des règles d'un niveau supérieur avec la règle `RewriteOptions Inherit`.

Il est parfois utile d'ajouter des conditions avant des règles de réécriture sur le principe suivant :

```
RewriteCond %{VARIABLE_DE_TEST} condition_testee [drapeau]
```

Il existe de nombreuses variables de test, dont voici uniquement les plus courantes :
- variables d'en-têtes :
  - `HTTP_USER_AGENT` : indique le navigateur utilisé ;
  - `HTTP_REFERER` : précise l'adresse de la page web précédente (le « référent ») ;

- HTTP_COOKIE : indique la chaîne de caractères cryptée qui contient les cookies ;
  - HTTP_HOST : indique le nom du serveur utilisé ;
- variables de serveur :
  - DOCUMENT_ROOT : indique le dossier racine du site ;
  - SERVER_NAME : récupère le nom du serveur ;
  - SERVER_ADDR : récupère l'adresse IP du serveur ;
  - SERVER_PORT : retourne le port du serveur ;
  - SERVER_PROTOCOL : indique le protocole utilisé ;
- variables inclassables :
  - REQUEST_URI : récupère l'URI complet qui correspond à la page visée ;
  - THE_REQUEST : retourne la requête HTTP complète qui contient par exemple le protocole en cours ainsi que la méthode utilisée ;
  - REQUEST_FILENAME : récupère le chemin local complet d'accès aux ressources ;
  - HTTPS : retourne on ou off en fonction de l'utilisation ou non du protocole SSL ;
- variables de connexion et de requête :
  - REMOTE_ADDR : récupère l'adresse IP du visiteur (comparable à HTTP_FORWARDED pour savoir si la personne utilise ou non un proxy) ;
  - REMOTE_PORT : récupère le port utilisé par le client ;
  - REMOTE_USER : renvoie un nom d'utilisateur envoyé par le client ;
  - REQUEST_METHOD : retourne la méthode utilisée (GET, POST…) ;
  - QUERY_STRING : récupère la *query string* complète.

Une fois la variable de test mise en place, il faut ajouter la condition qui, elle, peut prendre plusieurs formes :

- expression régulière classique ;
- comparaison avec les signes <, > ou = et différenciation avec le caractère !. Par exemple, la condition inverse !index\.php correspond à toutes les URL exceptées index.php ;
- -d : vérifie le chemin vers un répertoire et s'il existe ;
- -f : vérifie le chemin vers un fichier et s'il existe ;
- -s : vérifie le chemin vers un fichier dont la taille est non nulle et contrôle s'il existe ;
- -l : vérifie le chemin vers un lien symbolique et s'il existe ;
- -x : vérifie le chemin si le client a l'autorisation de l'exécuter et s'il existe ;
- -F : vérifie si le fichier est valide ou non et accessible ;
- -U : vérifie si l'URL est valide et accessible.

Les deux conditions suivantes, que l'on peut retrouver par exemple dans le fichier .htaccess d'un site réalisé avec WordPress, signifient à la règle qui suit qu'elle ne doit pas faire de redirections automatiques vers le fichier index.php lorsqu'il s'agit d'un fichier ou d'un sous-répertoire réel :

```
RewriteCond %{REQUEST_FILENAME} !-f
RewriteCond %{REQUEST_FILENAME} !-d
RewriteRule . /index.php [L]
```

Les réécritures sont techniques et demandent une vraie application pour être certain du bon fonctionnement final. Il n'est pas rare de tester des solutions et de connaître des échecs, notamment lorsque nous souhaitons procéder à des réécritures avancées.

Nous devons finir cette large introduction à la réécriture d'URL par l'utilisation des drapeaux avant d'expliquer ou de rappeler rapidement le principe des expressions régulières. La liste des drapeaux est relativement longue et mérite d'être détaillée car elle peut avoir une forte incidence sur nos règles de réécriture :

- `[B]` *(escape)* : force l'échappement des caractères spéciaux dans l'URL ;
- `[C]` *(chain)* : indique que la règle de réécriture est directement liée à la suivante ;
- `[F]` *(forbidden)* : impose au serveur de retourner une erreur 403 si la règle est respectée ;
- `[G]` *(gone)* : force le serveur à renvoyer l'erreur 410 si besoin ;
- `[H]` *(handler)* : impose au serveur de traiter les données avec le type spécifié (par exemple, la règle `RewriteRule !\. - [H=application/x-httpd-php]` indique que tous les fichiers sans extension doivent être traités comme des fichiers PHP) ;
- `[L]` *(last)* : stoppe le processus après l'instruction en cours ;
- `[N]` *(next)* : relance de manière récursive l'instruction tant qu'elle est vraie ;
- `[NC]` *(nocase)* : ignore la casse dans la règle de réécriture ;
- `[NE]` *(noescape)* : empêche la conversion ASCII des caractères spéciaux ;
- `[P]` *(proxy)* : force le serveur à traiter la requête via un proxy ;
- `[QSA]` *(qsappend)* : permet au serveur de combiner les options d'URL plutôt que de les supprimer lorsqu'elles s'ajoutent aux paramètres de l'instruction (très utile si vous avez des arguments optionnels qui ne seront pas réécrits) ;
- `[R]` *(redirect)* : indique une redirection 302 par défaut ou un type spécifique si nous le précisons comme `[R=301]` pour une redirection permanente ;
- `[S]` *(skip)* : saute un certain nombre d'instructions si nécessaire (par exemple, `[S=2]` évite le lancement des deux instructions suivantes si la règle active est vérifiée) ;
- `[T]` *(type)* : applique la règle uniquement au type MIME précisé (exemples : `[T=image/png]` ou `[T=text/html]`) ;
- `[OR]` *(or)* : applique la règle en cours ou la suivante au lieu des deux comme c'est le cas par défaut.

Combiner des drapeaux

Il est possible de combiner plusieurs drapeaux en les séparant par des virgules. C'est notamment souvent le cas avec des exemples tels que `[P, L]`, `[NC, R]` ou `[QSA, L]`.

Maintenant, avançons dans notre initiation à la réécriture d'URL et intéressons-nous à l'assemblage des expressions régulières pour effectuer les redirections. En effet, nous allons devoir expliquer au serveur quels types d'URL nous souhaitons réécrire grâce à des caractères spéciaux et des instructions définies (que nous appelons *pattern* ou « motif »).

Par exemple, le pattern `\w` signifie que nous acceptons toutes les lettres, tous les chiffres ainsi que le caractère de soulignement. Nous pouvons écrire l'équivalent de manière plus lisible et plus mémorisable sous la forme `[a-zA-Z0-9_]`. Sans rentrer dans le détail des expressions POSIX ou PCRE, sachez qu'il existe des écritures qui doivent prendre un délimiteur pour être fonctionnelles mais cela n'est pas le cas dans les fichiers `.htaccess`.

Retenons que nos règles de réécriture vont devoir être composées de plusieurs facteurs :

- des caractères de début (`^`) et de fin de ligne (`$`) ;
- un point (`.`) pour indiquer que tous les caractères sont tolérés ;
- des ensembles de caractères tolérés compris dans un bloc `[caractères…]` :
  - `[…]` correspond aux caractères acceptés ;
  - `[^…]` exclut tous les caractères indiqués ;
- des groupes de données compris entre des parenthèses `(…)` ;
- des répétiteurs :
  - `?` placé après un motif signifie qu'il doit exister au plus une fois ;
  - `*` placé après un motif indique qu'il doit exister zéro ou plusieurs fois ;
  - `+` placé derrière un motif précise qu'il doit exister au moins une fois ;
  - `{n,n}` indique que le motif doit être respecté un nombre défini de fois (par exemple, `{1,2}` correspond à une ou deux fois, `{3}` pour de zéro à trois fois ou encore `{3,}` pour un minimum de trois fois) ;
  - `|` placé dans un motif indique un choix entre des règles (équivalent de « ou » en quelque sorte).

Toute la stratégie de réécriture se situe dans la gestion des groupes de motifs et dans l'écriture des motifs eux-mêmes. La liste suivante présente des variantes de caractères avec des équivalences afin de pouvoir déterminer plus précisément nos règles de réécriture :

- `[a-zA-Z0-9]` ou `[:alnum:]` : ensemble des caractères alphanumériques, quelle que soit la casse des lettres (écrire seulement `a-z` ou `A-Z` pour gérer la casse) ;
- `[a-zA-Z0-9_]`, `\w` ou `[:word:]` : ensemble précédent avec le caractère de soulignement en plus ;

l'inverse s'écrit `\W` ou `[^a-zA-Z0-9_]` :

- `[a-zA-Z]`, `\a` ou `[:alpha:]` : ensemble des caractères alphabétiques (hors accents selon l'encodage) ;
- `[\t]`, `\s` ou `[:blank:]` : caractères « espace » et « tabulation » ;
- `[\t\r\n\v\f]`, `\s` ou `[:space:]` : ensemble des caractères « blancs ». L'inverse s'écrit `\S` ou `[^\t\r\n\v\f]` ;
- `[0-9]`, `\d` ou `[:digit:]` : caractères digitaux ; l'inverse s'écrit `\D` ou `[^0-9]` ;
- `[][!"#$%&'()*+,./:;<=>?@\^_`{|}~-]` ou `[:punct:]` : ensemble des caractères de ponctuation.

Une fois que nous maîtrisons bien les motifs, il suffit de les insérer dans des groupes et d'ajouter les caractères de répétition utiles pour obtenir le résultat escompté. Voici des exemples de groupes complets de caractères :

- `([a-zA-Z0-9-_]+)` indique que nous souhaitons une URL qui contient au moins une fois un caractère alphanumérique, un tiret ou un soulignement ;
- `(asp|php|html|htm|aspx|py)` précise que la chaîne de l'URL doit contenir une des extensions placées entre les parenthèses ;
- `([a-zA-Z]+[-][0-9]+)` indique que l'URL doit être de la forme « lettres-chiffres » (parfois utile pour caler un identifiant chiffré dans l'adresse, par exemple) ;
- `(.*)` signifie que nous acceptons toutes sortes de caractères, de zéro à plusieurs fois.

Maintenant, il ne reste plus qu'à composer nos réécritures pour qu'elles ressemblent à ce que nous désirons. Commençons par une règle simple avec une URL à réécrire du type fiche.php?id=23 en fiche-23.html :

```
RewriteEngine On
Options +FollowSymlinks
RewriteBase /
RewriteRule ^fiche-([0-9]+)\.html$ fiche.php?id=$1 [L]
```

Échappement des caractères des expressions régulières

Nous écrivons \. car il faut échapper le point afin de ne pas le confondre avec le caractère universel (le point signifiant que la totalité des caractères est tolérée).

Allons plus loin et essayons de récupérer le titre de la fiche produit en ajoutant un motif supplémentaire pour avoir une URL plus précise comme titreFiche-ID.html. Le serveur Apache identifie les mots-clés correspondant à l'ID en question automatiquement dans la règle suivante :

```
RewriteRule ^([a-z0-9_-]*)-([0-9]+)\.html$ fiche.php?id=$2 [L]
```

Sachez qu'il est également possible de supprimer les ID (ou autre paramètre) dans la réécriture d'URL mais, en réalité, cela n'est pas directement géré par le côté serveur avec PHP par exemple. Si vous utilisez des URL dynamiques, il faudra absolument fournir un argument fixe et unique à Apache afin qu'il puisse différencier les URL puisqu'il ne pourra pas deviner l'ID correspondant à chaque page. Souvent, nous utilisons un alias d'URL (*slug*) pour procéder comme tel.

Par exemple, admettons que nous voulions une URL telle que http://www.site.fr/titre-du-produit, le paramètre id caché était nécessaire à Apache pour savoir de quelle page il s'agissait. Dorénavant, nous devrons utiliser un alias d'URL basé sur le titre (ici, titre-du-produit) qui est unique par page. Ainsi, nos URL seraient plutôt de la forme …?titre=titre-du-produit au sein du code PHP et dans la base de données ; notre réécriture utiliserait donc le paramètre titre plutôt que id. Cacher les arguments est souvent complexe, mais le rendu est plus agréable pour les visiteurs et efficace pour les moteurs de recherche. La règle de réécriture deviendrait alors :

```
RewriteRule ^([a-z0-9_-]*)$ fiche.php?titre=$1 [L]
```

L'inconvénient de cette technique est qu'elle doit être parfaitement maîtrisée pour fonctionner. En effet, si le titre change, l'URL devient invalide et nous dirige donc vers une adresse erronée. Pour contrecarrer ce risque, l'idéal est de créer un champ *alias* ou *slug* dans la base de données du site qui sera indépendant du titre réel. Ainsi, nous pourrons très bien modifier le titre sans changer l'alias et sans causer ce problème de page perdue.

Nous avons ici abordé des cas simples et courants, mais il arrive parfois d'être confronté à des réécritures plus complexes. Nous allons montrer un dernier exemple afin de prendre la mesure de ce qu'il est possible de faire avec des conditions et des règles strictes. Pour le reste, chacun d'entre nous aura des cas particuliers à régler ; il est impossible de présenter ici la quantité incommensurable de variantes existantes.

Prenons l'exemple d'un site multilingue conçu avec plusieurs sous-domaines. Souvent, nous ajoutons dans l'adresse un paramètre du type `lang` pour déterminer la langue choisie. Cependant, dans notre exemple, il faut créer une règle de réécriture pour passer du domaine principal vers le sous-domaine de la langue choisie. Il nous faut également l'alias ou l'ID de la page en paramètre pour pouvoir donner un nom définitif à la page traduite. Ainsi, une URL comme http://www.site.com/index.php?lang=en&slug=notre-titre deviendra http://en.site.com/notre-titre.html, ce qui est bien plus efficace en matière de SEO.

Il faut ajouter une condition pour connaître la langue du sous-domaine ciblé, laquelle sera récupérée dynamiquement dans le fichier `.htaccess` par une variable `%chiffre`. Ensuite, nous appliquons la réécriture pour rediriger les paramètres vers le sous-domaine visé.

```
# S'il s'agit d'un sous-domaine valide…
RewriteCond %{HTTP_HOST} ^(fr|en)\.site\.com$ [NC]
# … on réécrit l'adresse proprement
RewriteRule ^([a-zA-Z0-9-_]+)\.html /index.php?lang=%1&page=$1 [NC, L]
```

Il existe une multitude de possibilités, toutes dépendantes de la structure du site et du langage dynamique utilisé, mais aussi du rendu final désiré. Il est toutefois important de faire très attention aux cas particuliers et aux pages dupliquées à cause d'une mauvaise réécriture ou redirection, par exemple. Généralement, il faut effectuer des tests parfois laborieux pour obtenir les résultats escomptés, cela fait partie du jeu en quelque sorte…

Autres astuces avec les .htaccess

Les fichiers `.htaccess` regorgent d'autres fonctionnalités utiles. En voici quelques-unes qui nous dépannerons parfois.

- Ajout en direct de l'encodage des caractères avec `AddDefaultCharset utf-8`. Cette ligne force l'usage de l'encodage UTF-8 et n'impose pas l'utilisation des balises `meta` pour spécifier le jeu de caractères utilisé (mais il est conseillé d'ajouter les deux). Cette ligne peut vous sauver la vie quand PageSpeed Insights n'arrive pas à comprendre le `charset` pour lequel vous avez opté, même quand il est parfois précisé…

- Utilisation de la directive `DirectoryIndex` pour indiquer le nom de la page d'accueil d'un site si vous préférez cette option à celle du nom de domaine. Dans ce cas, écrivez la ligne :
`DirectoryIndex page-accueil.html`.

- Blocage de l'accès aux répertoires qui n'ont pas de fichiers index. En effet, il arrive souvent sous Apache que les répertoires dévoilent la totalité des fichiers contenus s'il n'existe pas de page d'accueil ; il faut donc les protéger avec l'instruction `Options All -Indexes`.

- Suppression de l'extension des pages pour masquer le langage utilisé. Il s'agit d'une règle anodine, mais qui évite que des personnes mal intentionnées sachent avec quel langage tester un piratage. Qui plus est, il existe un mythe éternel en référencement qui prétend que l'extension du fichier peut jouer un rôle sur le positionnement car les moteurs auraient des préférences. Sur le principe, l'idée n'est pas totalement fausse puisque nous savons que les fichiers Flash `.swf` sont dépréciés par rapport à des fichiers `.html`. Dans les faits toutefois, il ne faut pas comparer des fichiers multimédias et des pages web au sens propre. Et, sur ce point, force est de constater que des pages PHP, ASP et HTML bénéficient de la même considération par les moteurs. Si toutefois vous doutez encore, cachez vos extensions pour protéger votre site et limiter la distinction des langages :

```
# Autorise la lecture des URL sans extension (optionnel)
Options +MultiViews
# Règles de réécriture (une des possibilités)
RewriteCond %{SCRIPT_FILENAME} !-f
RewriteCond %{REQUEST_URI} ^/(.*).(htm|html|php|asp|aspx|py) [NC]
RewriteRule ^(.*)$ $1.%2 [L]
```

Figure 2–27
Exemple de répertoire sans page index
visible par les utilisateurs mal intentionnés

Index of /Projets-anciens/Ajax

[ICO]	Name	Last modified	Size	Description
[DIR]	Parent Directory		-	
[ ]	contenteditable.php	03-Dec-2013 13:57	1.3K	
[ ]	contenu.php	03-Dec-2013 13:53	61	
[ ]	index2.php	23-Jul-2013 16:47	1.1K	
[ ]	jquery-1.7.2.min.js	21-Oct-2013 16:45	93K	
[ ]	jquery-2.0.2.min.js	19-Jun-2013 12:05	82K	
[ ]	script.php	23-Jul-2013 16:46	85	

- Blocage des robots de spam ou des aspirateurs de site avec une règle restrictive :

```
RewriteEngine On
# Exemple avec un nom précis
RewriteCond %{HTTP_USER_AGENT} ^nom-robot [NC,OR]
# Exemple avec une chaîne de caractères contenue dans le nom du robot
RewriteCond %{HTTP_USER_AGENT} .*nom-robot* [NC]
RewriteRule .* - [F]
```

- Protection de la bande passante et des images *(hotlinking)* en bloquant l'accès aux liens directs aux sites web externes (en retournant une erreur 403) avec le code suivant :

```
RewriteEngine On
# Ajout d'exceptions pour nos domaines et sous-domaines
RewriteCond %{HTTP_REFERER} !^$
RewriteCond %{HTTP_REFERER} !^https?://site.fr/(.*)$ [NC]
RewriteCond %{HTTP_REFERER} !^https?://([a-zA-Z0-9-_]+).site.fr/(.*)$ [NC]
RewriteRule .*\.(gif|png|jpe?g)$ - [NC,F]
```

- Bannissement d'adresses IP pour protéger le site :

```
Allow from all
# Ajouter autant de règles " Deny from IP " que nécessaire
Deny from 192.168.1.10
```

Après ce long périple pour maîtriser les fichiers `.htaccess`, sachez qu'il est important de préciser qu'il peut vraiment réduire les performances du serveur s'il est trop complexe ou qu'il génère trop de traitements. Il s'agit donc d'un fichier qui peut vraiment nous aider si nous l'optimisons, mais qui peut aussi générer un effet pervers de perte de bande passante. Qui plus est, certains hébergements mutualisés ne proposent pas l'ensemble des fonctionnalités, ce qui explique parfois le mauvais fonctionnement de certains codes, au grand dam des référenceurs…

ASP, ASP.Net et configuration des serveurs IIS de Microsoft

Les référenceurs se focalisent en majorité sur les serveurs Apache très déployés dans le monde des hébergements mutualisés mais, dès que nous nous intéressons de près à la question des serveurs dédiés, nous remarquons que Microsoft n'est pas en reste et répond à une demande accrue de la part des entreprises. Par conséquent, tout ce que nous venons d'étudier à propos des fichiers `.htaccess` n'a plus lieu d'être car ils n'existent pas sur les serveurs IIS de Microsoft.

Chez Microsoft, la configuration est différente puisque au moins trois fichiers sont utilisés par le système : `ApplicationHost.config`, `Machine.config` et `web.config`. Nous insisterons sur le dernier d'entre eux pour parfaire la réécriture d'URL pour Microsoft. Ainsi, nous pourrons aussi bien nous débrouiller en référencement sur les deux serveurs, même s'il faudra parfois retranscrire certaines fonctions du livre avec les technologies ASP ou ASP.Net.

Le fichier `web.config` contient un code balisé sémantiquement à la manière d'un fichier XML. Nous verrons comment optimiser ces balisages pour effectuer des actions similaires à celles disponibles sur les serveurs Apache.

Tester avec un serveur IIS installé localement

Habitués des serveurs Apache, nous avons tendance à utiliser des serveurs locaux pour installer nos sites web avant de les mettre en ligne sur la Toile. Généralement, nous optons pour des logiciels tels que WampServer ou EasyPHP pour répondre à nos besoins. Chez Microsoft, ces outils ne sont pas parfaitement adaptés et ne permettent pas de travailler efficacement.

Fort heureusement, Microsoft a pensé à tout et intègre depuis des années les services IIS au sein de ces versions de Windows. Il suffit de faire quelques recherches dans l'aide de Windows pour trouver comment installer un serveur IIS local dans la machine puisqu'il est déjà implanté mais désactivé par défaut. Ceci est possible depuis Windows NT, donc nous pouvons être rassurés et le retrouver dans la plupart de nos machines sans aucun soucis.

Par exemple, sur Windows Vista et Windows 7, il faut se rendre dans le menu *Panneau de configuration*, cliquer sur *Désinstaller un programme*, puis *Activer ou désactiver des fonctionnalités Windows*. Ensuite, il suffit de cocher et d'activer la section *Services Internet (IIS)* dans la liste des services disponibles. Le procédé est le même sur Windows 8 / 10, sauf que la section s'intitule *Internet Informations Services (IIS)*.

Une fois le serveur installé, il suffit de se rendre dans les options d'administration du *Panneau de configuration* et de cliquer sur *Gestionnaire des services Internet (IIS)* pour administrer le serveur local. En cliquant sur *Sites*, puis en sélectionnant un site, il est possible de modifier le port du serveur local avec l'option Liaisons… située dans la colonne de droite, mais aussi le chemin d'accès aux fichiers (répertoire dans lequel les sites sont installés) dans les paramètres avancés.

Figure 2–28
Installation d'un serveur IIS local
sur Windows 7

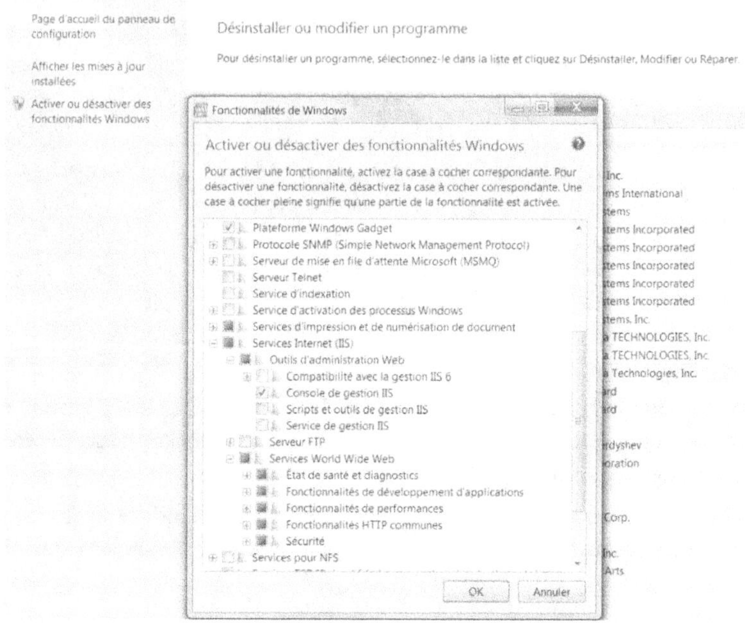

Figure 2–29
Paramétrage et utilisation
d'un serveur IIS local
sur Windows 7

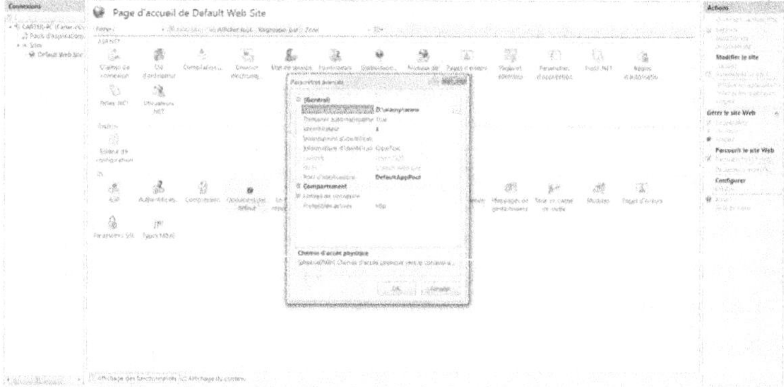

Enfin, vous accédez aux sites du serveur en tapant http://localhost/ dans la barre d'adresse si vous n'utilisez aucun autre système local. Si WampServer ou EasyPHP est installé et activé, saisissez également le nom du port pour éviter les conflits, par exemple http://localhost:8080 (ou autre numéro de port).

Effectuer des redirections avec IIS, ASP et ASP.Net

Nous avons vu que la configuration Apache et les redirections PHP étaient relativement simples à mettre en place. Qu'on se le dise, cela reste possible chez Microsoft et n'est pas beaucoup plus compliqué dans les faits. Par exemple, les redirections 301 s'écrivent simplement avec ASP comme le montre le code suivant :

```
<%@ Language=VBScript %>
<%
Dim NewURL as String
NewURL = 'http://www.nouveau-site.fr'
Response.Status = "301 Moved Permanently"
Response.AddHeader = 'Location', NewURL
%>
```

En ASP.Net (fichiers `.aspx`), l'écriture varie quelque peu :

```
<script runat="server">
private void Page_Load(object sender, System.EventArgs e) {
    Response.Status = "301 Moved Permanently";
    Response.AddHeader("Location", "http://www.nouveau-site.fr");
}
</script>
```

Le type de redirection ne varie qu'en fonction du statut `Response.status` intégré dans les codes mais, comme Google et consorts nous conseillent vivement l'usage des redirections permanentes (301), nous utiliserons ces scripts en règle générale.

Les redirections peuvent également être précisées via le fichier `web.config` à l'aide d'un code simple. Il faut utiliser la balise `<location>` pour indiquer l'URL à rediriger ainsi que la balise `<httpRedirect>` pour indiquer le chemin de destination :

```
<configuration>
<location path="page-a-rediriger.html">
<system.webServer>
<httpRedirect enabled="true" destination="http://www.site.fr/page-redirigee.html"
httpResponseStatus="Permanent" />
</system.webServer>
</location>
</configuration>
```

Équivalences des codes d'erreurs

L'attribut `httpResponseStatus` permet d'indiquer la valeur `Permanent` afin de procéder à une redirection 301, les valeurs `Found` et `Temporary` correspondant aux codes 302 et 307. Il suffit ensuite d'ajouter autant de blocs `<location>...</location>` que nécessaire pour effectuer les redirections utiles.

Nettoyer les URL avec VBScript

Nous avons vu en PHP comment nettoyer les URL de tous les caractères spéciaux et espaces qui peuvent poser des problèmes d'interprétation dans les navigateurs. Apprenons à faire la même manipulation avec ASP, par exemple, pour ajouter et utiliser des adresses web propres dans les bases de données. Nous allons donc reprendre la fonction `cleanURL()` que nous avions créée dans un fichier `.asp` en la réadaptant en format VBScript pour ASP.

Malheureusement, le VBScript ne dispose pas des mêmes fonctions que PHP. Il faut donc créer deux fonctions, `strtr()` et `preg_replace()`, pour obtenir les équivalents :

```
<%
Function strtr(chaine, strFrom, strTo)
Dim c0, c1, i
for i = 1 to len(strFrom)
    c0 = mid(strFrom, i, 1)
    if i > len(strTo) Then
        c1 = ""
    else
        c1 = mid(strTo, i, 1)
    end if
    chaine = Replace(chaine, c0, c1)
next
strtr = chaine
End Function

Function preg_replace(regexp, chars, str)
    Set regex = New RegExp
    With regex
        .Pattern = regexp
        .IgnoreCase = True
        .Global = True
    End With
    preg_replace = regex.Replace(str, chars)
    Set regex = nothing
End Function
%>
```

Désormais, nous pouvons reprendre notre fonction `clearURL()` comme en PHP, en modifiant uniquement la
syntaxe pour l'adapter au langage VBScript pour ASP. Il faudrait bien sûr reprendre la même procédure
pour que le code soit fonctionnel avec ASP.Net.

```
<%
Function cleanURL(url)
Dim accents, noAccents

' Nettoyage des accents
accents = "ÀÁÂÃÄÅàáâãäåÒÓÔÕÖØòóôõöøÈÉÊËéèêëÇçÌÍÎÏìíîïÙÚÛÜùúûüŸÑñ"
noAccents = "aaaaaaaaaaaaoooooooooooooeeeeeeeeecciiiiiiiiiiuuuuuuuuuynn"
cleanerUrl = strtr(url, accents, noAccents)

' Nettoyage des caractères spéciaux
cleanerUrl = preg_replace("([^a-zA-Z0-9-]+)", "-", cleanerUrl)

' Nettoyage des tirets en trop
cleanerUrl = preg_replace("([-]{2,})", "", cleanerUrl)

' Nettoyage des cas d'apostrophes
```

```
cleanerUrl = preg_replace("#^([a-zA-Z0-9-]+[-]+)#iU", "", cleanerUrl)
cleanerUrl = preg_replace("#([-]+(qu|t|s|d|j|l|m|c|n)+[-]+)#iU", "-", cleanerUrl)

' Nettoyage d'un tiret de début ou de fin
If Left(cleanerUrl, 1) = "-" Then
    cleanerUrl = Replace(cleanerUrl,"-","",1,1)
End If
If Right(cleanerUrl, 1) = "-" Then
    cleanerUrl = Replace(Right(cleanerUrl, 1),"-","",1,1)
End If

' On retourne le résultat
cleanUrl = cleanerUrl
End Function
%>
```

Pour utiliser la fonction, il suffit ensuite de recourir à la commande `Response.write(cleanURL(url))` ou au code balisé et explicite `<%= cleanUrl(url) %>`, `url` étant une variable contenant l'adresse à nettoyer.

Ainsi, si vous avez une page web dont la *query string* reprend un titre comme « Qu'est-ce que le référencement ? », l'adresse sera réécrite proprement en « qu-est-ce-que-le-referencement ». Nous pourrons ensuite travailler bien plus proprement pour obtenir des URL optimisées.

Réécrire des URL avec un serveur Microsoft

La réécriture d'URL, tout comme la redirection, peut s'effectuer directement dans les options de configuration des serveurs IIS mais aussi via les fichiers `web.config` placés à la racine des répertoires ciblés. La technique n'est pas très compliquée et reprend le principe des balisages. Il convient uniquement de maîtriser ces blocs balisés et les expressions régulières pour faire fonctionner le système. Voici la liste des blocs à connaître :

- `<configuration>…</configuration>` englobe toutes les options du fichier `web.config` ;
- `<system.webServer>…</system.webServer>` contient (disponible par défaut depuis IIS 7) les règles de réécriture ou les redirections, par exemple ;
- `<rules>…</rules>` sont des blocs généraux comprenant les règles de réécriture d'URL ;
- chaque bloc `<rule>…</rule>` comporte une règle de réécriture définie. Il englobe un ou plusieurs types de balises :
  - `<match />` pour définir l'expression régulière de la réécriture ;
  - `<action />` pour réaliser la redirection vers la page réécrite ;
  - un bloc `<condition>…</condition>` (optionnel) pour définir des conditions à l'aide des balises `<add />`.

Chaque bloc `<rule>…</rule>` contient des informations obligatoires : la balise `<match />` reçoit l'expression régulière qui compose l'URL réécrite à la fin du traitement tandis que l'élément `<action />` contient l'URL d'origine à réécrire dans laquelle il faut ajouter l'attribut `type="rewrite"` pour activer la réécriture.

Il est possible d'ajouter des conditions si nécessaire pour s'assurer, par exemple, qu'il s'agit d'un fichier ou d'un répertoire existant, comme nous pouvons le faire avec les serveurs Apache. Voici un exemple concret de réécriture d'URL avec IIS. La technique n'est en réalité pas plus complexe que celle utilisant les fichiers `.htaccess`. Il suffit de réaliser de bonnes expressions régulières et de respecter la sémantique des fichiers `web.config`.

```
<configuration>
<!-- Autre code placé au-dessus si besoin -->
<system.webServer>
<rewrite>
    <rules>
        <rule name="reecriture de categories">
        <!-- URL réécrite -->
        <match url="^categorie-([0-9]+)/([a-zA-Z0-9-_]+)" />
        <!-- Ajout de conditions (optionnel) -->
        <conditions logicalGrouping="MatchAny">
            <!-- Il doit s'agir d'un fichier valide ! -->
            <add input="{REQUEST_FILENAME}" matchType="IsFile" ignoreCase="true" />
            <!-- Il doit s'agir d'un répertoire valide ! -->
            <add input="{REQUEST_FILENAME}" matchType="IsDirectory" ignoreCase="true" />
        </conditions>

        <!-- URL à réécrire -->
        <action type="Rewrite" url="categorie.aspx?id={R:1}&titre={R:2}" />
        </rule>
    </rules>
</rewrite>
<!-- Autre code placé en dessous si besoin -->
</system.webServer>
</configuration>
```

En réalité, toute la complexité se situe dans la bonne gestion des références indiquées à l'aide des écritures {C:N} et {R:N} (où N est un nombre de 0 à 9). Les blocs contenant C correspondent au numéro du motif des conditions et les blocs contenant R correspondent aux règles classiques du motif. Voici un exemple pour comprendre le principe avec le motif ^(www\.)(.*)$:

- {R:0} correspond à l'expression régulière complète, soit une URL comme www.site.fr ;
- {R:1} correspond au premier bloc entre parenthèses, soit www. ;
- {R:2} correspond au second bloc entre parenthèses, soit par exemple site.fr.

Il suffit donc de recomposer les URL avec les blocs de règles ou de conditions appropriés pour procéder à des réécritures propres.

Dans le même esprit, voici une réécriture d'URL pour rediriger un nom de domaine sans les www vers le nom de domaine qui possède le préfixe.

```
<configuration>
<system.webServer>
<!-- Autre code placé au-dessus si besoin -->
<rewrite>
    <rules>
        <rule name="ajout du www" stopProcessing="true">
            <match url=".*" />
            <conditions>
                <add input="{HTTP_HOST}" negate="true" pattern="^site.fr$" />
            </conditions>
```

```
            <action type="Redirect" url="http://www.site.fr/{R:0}"
            redirectType="Permanent" />
        </rule>
    </rules>
</rewrite>
<!-- Autre code placé en dessous si besoin -->
</system.webServer>
</configuration>
```

Autres spécificités techniques du fichier web.config

Définir la page d'accueil par défaut

Comme avec les fichiers `.htaccess` des serveurs Apache, il est possible de définir les pages d'accueil d'un site avec le fichier `web.config` des serveurs IIS de Microsoft. Pour ce faire, il suffit d'ajouter les lignes suivantes et de modifier les balises `<add />` à votre guise :

```
<system.webServer>
<!-- Autre code placé au-dessus si besoin -->
    <defaultDocument enabled="true">
    <files>
        <add value="index.asp" />
        <add value="index.aspx" />
        <add value="index.html" />
    </files>
    </defaultDocument>
<!-- Autre code placé en dessous si besoin -->
</system.webServer>
```

Gérer les pages d'erreur

La gestion des pages d'erreurs reste relativement simple à mettre en œuvre. Toute la documentation officielle de Microsoft à ce sujet est claire pour faciliter la configuration (source : http://www.iis.net). Dans les faits, il suffit de bien connaître la sémantique du code des fichiers `web.config` et d'ajouter les codes d'erreurs intéressants (attribut `statusCode`) avec la page de destination concernée (attribut `path`) dans des balises `<error />`. Il est également possible d'ajouter un préfixe à l'URL pour indiquer le chemin vers le serveur avec l'attribut `prefixLanguagePath` selon les cas.

```
<system.webServer>
<!-- Autre code placé au-dessus si besoin -->
<httpErrors>
    <error statusCode="401" prefixLanguageFilePath="%SystemDrive%\CHEMIN-SERVEUR"
    path="401.asp" />
    <error statusCode="403" prefixLanguageFilePath="="%SystemDrive%\CHEMIN-SERVEUR"
    path="403.asp" />
    <error statusCode="404" prefixLanguageFilePath="="%SystemDrive%\CHEMIN-SERVEUR"
    path="404.asp" />
    <error statusCode="500" prefixLanguageFilePath="="%SystemDrive%\CHEMIN-SERVEUR"
    path="500.htm" />
```

```
</httpErrors>
<!-- Autre code placé en dessous si besoin -->
</system.webServer>
```

Optimiser le cache et le PageSpeed

Il est possible d'activer la compression Gzip ou Deflate avec IIS en paramétrant le bloc `<httpCompression>`. Vous pouvez définir la compression des fichiers statiques mais aussi de données dynamiques. Il existe deux types de balisages distincts pour procéder à la compression (`staticTypes` et `dynamicTypes`) dont le type doit être précisé dans une balise `<scheme />`, comme dans l'exemple suivant :

```
<system.webServer>
<!-- Autre code placé au-dessus si besoin -->
<httpCompression directory="%SystemDrive%\CHEMIN\IIS Temporary Compressed Files">
<scheme name="gzip" dll="%Windir%\system32\CHEMIN\gzip.dll" />

<dynamicTypes>
<add mimeType="text/*" enabled="true" />
<add mimeType="application/javascript" enabled="true" />
<add mimeType="*/*" enabled="false" />
</dynamicTypes>

<staticTypes>
<add mimeType="text/*" enabled="true" />
<add mimeType="application/javascript" enabled="true" />
<add mimeType="*/*" enabled="false" />
</staticTypes>
</httpCompression>
<!-- Autre code placé en dessous si besoin -->
</system.webServer>
```

Au-delà de la compression, il est possible d'indiquer des extensions spécifiques en cache à l'aide du bloc `<caching>...</caching>`. Il suffit d'ajouter un bloc `<profiles>...</profiles>` contenant les extensions ciblées dans des balises `<add />` pour placer des documents en cache.

```
<system.webServer>
<!-- Autre code placé au-dessus si besoin -->
<caching enabled="true" enableKernelCache="true">
    <profiles>
        <add extension=".asp" policy="CacheUntilChange"
        kernelCachePolicy="CacheUntilChange" />
        <add extension=".aspx" policy="CacheUntilChange"
        kernelCachePolicy="CacheUntilChange" />
    </profiles>
</caching>
<!-- Autre code placé en dessous si besoin -->
</system.webServer>
```

La compression peut aussi s'appliquer au niveau des URL avec le code suivant :

```
<system.webServer>
    <urlCompression doStaticCompression="true" doDynamicCompression="true" />
</system.webServer>
```

De manière générale, il est également possible de fixer un seuil de cache à mettre en œuvre pour le serveur, au-delà même d'une sélection d'extension en particulier. Le code en est simplifié et s'appuie alors sur les attributs `maxCacheSize` et `maxResponseSize` pour définir respectivement la mémoire de sortie maximale du cache et la taille maximale de la réponse mise en cache. Attention, ce système ne fonctionne bien que dans le fichier `ApplicationHost.config` et non dans le fichier `web.config`.

```
<system.webServer>
    <!-- 1 Go de mémoire allouée au cache pour une réponse maximale de 1 Mo -->
    <caching enabled="true" enableKernelCache="true" maxCacheSize="1000"
    maxResponseSize="1024000"/>
</system.webServer>
```

Enfin, sachez également que vous pouvez paramétrer le cache `Expires` des fichiers avec `web.config`. Il existe plusieurs variantes qui ne trouvent pas réellement de parallèle avec ce qui se fait sur les serveurs Apache, mais les résultats peuvent toutefois être au rendez-vous.

Il est possible de définir la date d'expiration du cache de manière fixe ou tout simplement de donner un intervalle de temps avant l'expiration du cache. Les deux méthodes sont présentées dans l'exemple qui suit ; elles se différencient par l'usage de la valeur `UseMaxAge` ou `UseExpires` dans l'attribut `cacheControlMode` des balises `<clientCache />` :

```
<system.webServer>
<!-- Autre code placé au-dessus si besoin -->
<staticContent>
    <!-- Cache fixé à une journée avant l'expiration -->
    <clientCache cacheControlMode="UseMaxAge" cacheControlMaxAge="1.00:00:00" />
</staticContent>

<staticContent>
    <!-- Expiration du cache le soir du 28 septembre 2014 -->
    <clientCache cacheControlMode="UseExpires" httpExpires="Sun, 28 Sep 2014 23:59:59 UTC" />
</staticContent>
<!-- Autre code placé en dessous si besoin -->
</system.webServer>
```

Tous ces exemples ne sont qu'une introduction à ce qu'il est possible de réaliser sur un serveur IIS. Il existe plusieurs variantes puisque nous pouvons aussi coder des fonctionnalités similaires en VBScript, en VB.Net ou C#, par exemple, plutôt que de passer par les fichiers de configuration du serveur.

Néanmoins, plusieurs de ces codes améliorent considérablement la gestion des serveurs de Microsoft, trop souvent oubliés par les référenceurs. La documentation officielle de Microsoft et des lectures connexes vous fourniront des réponses appropriées en cas de besoin. N'hésitez pas si vous êtes de fervents utilisateurs des serveurs IIS…

Bloquer l'accès aux robots et aux IP sur IIS

Comme sur Apache, il est possible de bloquer l'accès d'un site à certaines adresses IP pour éviter les robots de spam ou même des utilisateurs. Pour cela, il suffit d'ajouter la liste des adresses à bloquer dans le fichier `web.config`, à l'aide des balises `<security>` et `<add>` notamment, comme dans les cas suivants :

```xml
<security>
<!-- On autorise toutes les adresses avec la ligne suivante -->
<ipSecurity allowUnlisted="true">
    <!-- On ajoute des restrictions avec le clear -->
    <clear/>
    <!-- Blocage d'une IP précise -->
    <add ipAddress="xxx.xxx.xxx.xxx"/>
    <!-- Blocage d'une plage d'adresses IP : de xxx.xxx.xxx.0 à xxx.xxx.xxx.255 -->
    <add ipAddress="xxx.xxx.xxx.xxx" subnetMask="255.255.255.0"/>
    <!-- Blocage d'une plage d'adresses IP : de xxx.xxx.0.0 à xxx.xxx.255.255 -->
    <add ipAddress="xxx.xxx.xxx.xxx" subnetMask="255.255.0.0"/>
    <!-- Blocage d'une plage d'adresses IP : de xxx.0.0.0 à xxx.255.255.255 -->
    <add ipAddress="xxx.xxx.xxx.xxx" subnetMask="255.0.0.0"/>
</ipSecurity>
</security>
```

> **Autre méthode de blocage des adresses IP**
>
> Pour bloquer par défaut toutes les IP et en autoriser seulement certaines, il faut passer l'attribut `allowUnlisted` sur false puis ajouter `allowed="true"` dans les balises `<add>` pour les adresses autorisées.

Réduire la taille des ressources web

Réduire la taille des ressources consiste simplement à supprimer tous les espaces vides dans les codes sources ainsi que tous les points-virgules inutiles dans les feuilles de styles. Google veille avant tout à ce que les fichiers HTML, JavaScript et CSS soient compressés au maximum pour optimiser la vitesse de lecture et d'affichage des pages web.

Ce facteur est relativement simple à mettre en œuvre et permet de gagner quelques millisecondes non négligeables pour chaque chargement de page ; alors n'hésitez pas à le faire.

Il existe de nombreux outils et extensions pour faciliter les tâches de compression des ressources web, mais attention aux options et aux problèmes que cela peut parfois engendrer.

- Réduction des fichiers CSS :
  - CleanCSS : http://www.cleancss.com ;
  - YUI Compressor : http://goo.gl/31CPgc ;
  - CSSCompressor : http://www.csscompressor.com ;
  - CSS Minifier : http://cssminifier.com ;
  - WP Minify pour WordPress (avec son add-on WP Minify Fix) : http://wordpress.org/extend/plugins/wp-minify/ (gare aux bogues d'affichage dans le backoffice) ;
  - Better WordPress minify : http://goo.gl/gquVxo ;

- Réduction des ressources HTML :
  - HTML Compressor : http://www.miniwebtool.com/html-compressor/ ;
  - TextFixer : http://www.textfixer.com/html/compress-html-compression.php ;
  - HTML Minify pour WordPress : http://goo.gl/DLI4OU ;
- Compression des fichiers JavaScript :
  - JavaScript Compressor : http://javascriptcompressor.com ;
  - YUI Compress : http://refresh-sf.com/yui/ ;
  - JS Compress : http://jscompress.com ;
  - JavaScript Minifier : http://javascript-minifier.com ;

Il existe également des outils qui permettent de réaliser les trois types de compression :

- TinyFier : http://www.tinyfier.com ;
- Compress My Code : http://compressmycode.com ;
- HTML Minifier : http://www.willpeavy.com/minifier/.

La manipulation est simple puisqu'elle se réduit à réaliser un simple copier-coller des codes sources dans ces outils, puis à récupérer le code compressé. L'idéal est de se créer un fichier de travail sans compression et un fichier final compressé afin de l'envoyer sur le serveur. Le fichier d'origine servira à mettre à jour les codes si nécessaire et il suffira alors de les compresser à nouveau pour obtenir de bons résultats.

Figure 2–30
Compression du code CSS
avec CSS Minifier

Attention aux outils de compression

Il arrive parfois que la compression des codes CSS pose des problèmes au niveau des fonctions CSS, comme @media, qui permet de développer un site au design adaptatif. En effet, certains outils comprennent mal les fonctions et coupent en partie le code ; il faut donc veiller au bon fonctionnement du code final et à la qualité de la compression…

Combiner les fichiers CSS et JS

Nous savons comment compresser les ressources, mais il est parfois encore plus utile de combiner les fichiers, c'est-à-dire de les relier tous ensemble pour n'en former plus qu'un (ou seulement quelques fichiers). Combiner peut s'avérer efficace pour réduire le nombre de requêtes sur le serveur. Au lieu d'appeler plusieurs fichiers CSS ou JavaScript, seulement quelques-uns seront appelés dans un ordre précis, ce qui sera bien plus efficace et réduira le chargement du DOM.

Les fichiers CSS sont assez simples à combiner ; cela peut se faire manuellement (en recopiant les codes CSS à la suite dans un seul et même fichier), via des extensions (WP Rocket sur WordPress par exemple) ou avec des programmes « faits maison ».

La fonction PHP suivante présente un exemple de combinaison de fichiers CSS. Il suffit de créer un script pour générer le fichier CSS combiné, puis d'appeler ce fichier dans le <head> de votre site web. L'idée est de lire les fichiers CSS existants sur le site, de récupérer leur contenu à la volée et de s'en servir pour créer un fichier unique. La fonction permet également de compresser quelque peu le fichier CSS si cela n'est pas déjà fait. Ce n'est pas aussi efficace que les compresseurs présentés précédemment, mais c'est une première approche intéressante.

```php
// Fusion voire compression des fichiers CSS
function fusionCSS(array $css_array = array(), string $rep = "",
                   string $name = "css-merged", bool $compress = false) {
    $fusion = "";
    // On parcourt le tableau et indente les CSS
    foreach($css_array as $css) {
        $fusion.= file_get_contents($css);
    }

    // Si on veut compresser les CSS, on valide avec "true"
    if($compress === true) {
        // Suppression automatique des commentaires
        $fusion = preg_replace('!/\*[^*]*\*+([^/][^*]*\*+)*/!', '', $fusion);

        // Suppression des espaces avec les propriétés CSS
        $fusion = str_replace(': ', ':', $fusion);
        $fusion = str_replace('; ', ';', $fusion);

        // Suppression des espaces doubles, sauts de lignes, etc.
        $fusion = str_replace(array("\n", "\t", "\r", '  ', '   ', '    '), '', $fusion);

        // Suppression des derniers points-virgules (inutiles)
        $fusion = str_replace(';}', '}', $fusion);
    }

    // Récupération du répertoire désiré pour la création du fichier
    if(!empty($rep)) {
        // Ajoute la barre oblique à la fin si manquante
        if(substr($rep, -1, 1) != "/") {
            $rep.= "/";
        }
        // Crée le répertoire s'il n'existe pas
        if(!is_dir($rep)) {
            mkdir($rep, 0777, true);
        }
    }
```

```php
    // Création d'un fichier CSS fusionné
    $fichier = $rep.$name.".min.css";
    $fo = fopen($fichier, "w+");
    fwrite($fo, $fusion); // Écrit les CSS fusionnés
    fclose($fo);
}
```

Une fois la fonction mise en place, il suffit de l'appeler en listant les fichiers CSS à combiner et en ajoutant les paramètres qui peuvent sembler utiles (la compression par exemple). Il suffit d'ajouter un code comme ce dernier pour lancer la fonction :

```php
$css_array = array(
        'css/style-global.css', // Style général du site
        'css/layout.css', // Structure du site
        'fonts/font-awesome.css' // Font-Awesome
);
fusionCSS($css_array, "css/merged-css/", "css-merged", true);
```

L'exemple d'utilisation va générer un fichier compressé appelé `css-merged.css` dans le répertoire `merged-css` du dossier `css`. Le script n'est plus utile après la création du fichier combiné (sauf si vous modifiez régulièrement vos feuilles de styles) ; il ne reste qu'à modifier le comportement de votre site pour appeler ce nouveau fichier CSS.

Cette fonction est très pratique mais, à chaque changement, elle implique de devoir combiner à nouveau les fichiers, ce qui peut s'avérer chronophage à l'usage. Comme Google préfère que le style soit directement dans le code HTML au sein de balises `<style>`, il est possible de créer une variante plus pratique de la fonction PHP. En effet, le prochain programme reprend les grandes lignes de la fonction précédente, mais en ajoutant des en-têtes optionnels (pour améliorer le PageSpeed) et en écrivant le CSS combiné directement en ligne. L'avantage est que vous pouvez toujours travailler avec des feuilles de styles distinctes et le code va le récupérer à la volée pour le combiner en ligne. Attention toutefois au chargement du script, qui peut être long si vous collectionnez les longs fichiers CSS…

```php
// Fusion en ligne voire compression des fichiers CSS
function inlineCSS(array $css_array = array(), bool $wrap = false, bool $compress = false,
                   bool $headers = false): string {
    $fusion = "";
    // On parcourt le tableau et indente les CSS
    foreach($css_array as $css) {
        $fusion.= file_get_contents($css);
    }

    // Si on veut compresser les CSS, on valide avec "true"
    if($compress === true) {
        // Suppression automatique des commentaires
        $fusion = preg_replace('!/\*[^*]*\*+([^/][^*]*\*+)*/!', '', $fusion);

        // Suppression des espaces avec les propriétés CSS
        $fusion = str_replace(': ', ':', $fusion);
        $fusion = str_replace('; ', ';', $fusion);
```

```php
        // Suppression des espaces doubles, sauts de lignes, etc.
        $fusion = str_replace(array("\n", "\t", "\r", ' ', '   ', '    '), '', $fusion);

        // Suppression des derniers points-virgules (inutiles)
        $fusion = str_replace(';}', '}', $fusion);
    }

    // Si la mise en cache est activée
    if($headers === true) {
        // Ajout d'un Etag ("empreinte" pour le cache)
        $etag = md5_file($_SERVER['SCRIPT_FILENAME']);
        header("Etag: ".$genEtag);

        // Autorisation du cache Pragma et de cache-control
        header("Pragma: public");
        header("Cache-Control: public ");

        // Expiration automatique du cache (ici : une semaine en secondes)
        header('Expires: '.gmdate('D, d M Y H:i:s', time() + 2592000).' GMT');

        // Vary accept-encoding pour valider la compression Gzip
        header('Vary: Accept-Encoding');
    }

    // Affichage du contenu CSS en dur (avec ou sans les balises <style>)
    if($wrap === true) {
        return '<style type="text/css">'.$fusion.'</style>';
    } else {
        return $fusion;
    }
}
```

Cette fois-ci, vous devez modifier un peu le `<head>` de votre site avec un code de ce type :

```php
$css_array = array(
        'css/style-global.css', // Style général du site
        'css/layout.css', // Structure du site
        'fonts/font-awesome.css' // Font-Awesome
);
echo inlineCSS($css_array, true, true, false);
```

Ainsi, toutes vos feuilles de styles se retrouvent combinées, compressées et affichées dans le `<head>` de votre site web, dans les règles de l'art. Vous pouvez aisément trouver des variantes de ces fonctions pour les adapter au mieux à vos besoins ; retenez surtout l'idée générale et les bienfaits de la combinaison des CSS en termes de vitesse de chargement.

Quid du cache des fichiers CSS ?

Combiner les fichiers CSS est très intéressant pour limiter le poids total des feuilles de style mais aussi pour limiter le nombre de ressources que les pages web doivent appeler à chaque chargement de pages (moins d'allers-retours inutiles dans ce cas). Avec des fichiers CSS externes, nous pouvons également utiliser la mise en cache côté serveur (Apache, Nginx ou IIS…) pour éviter que les utilisateurs rechargent la totalité des CSS à chaque visite. Si en revanche, vous optez pour l'intégration du CSS en interne, ce dernier ne sera pas mis en cache par défaut, les conséquences peuvent donc être contre-productives pour les performances. Il convient alors d'appliquer un cache aux pages web directement mais le résultat n'est pas toujours identique à celui d'un cache sur le ou les fichiers CSS d'un site. Il faut donc trouver l'équilibre entre ce que souhaite le W3C, Google et l'optimisation la plus pointue des performances de vos pages web…

Concernant les fichiers JavaScript, la mission est équivalente, si ce n'est que nous devons respecter l'ordre de chargement des fichiers. Contrairement aux CSS, les fichiers JS ont parfois des dépendances qu'il convient de respecter pour ne pas perturber le bon fonctionnement du site web. Par exemple, l'appel d'un effet de style en jQuery peut imposer le chargement de jQuery UI, lui-même dépendant de la bibliothèque jQuery. Il faudra donc prévoir en amont l'ordre des scripts pour ne pas rater la combinaison des fichiers.

La fonction PHP suivante reprend donc le même principe que celle des fichiers CSS, sans les options de compression en revanche. De plus, il ne s'agira plus d'insérer un tableau scalaire (liste) mais bien un tableau multidimensionnel pour indiquer au programme quel ordre respecter lors de la création des fichiers combinés.

```php
// Fusion de fichiers JS et création d'un fichier associé
function fusionJS(array $js_array = array(), array $keys = array(),
                  string $rep = "", string $name = "scripts-merged") {
    $fusion = "";

    foreach($js_array as $key => $array) {
        // Vérifie les clés de tableaux autorisées pour la compression
        if(!empty($keys) && !in_array($key, $keys)) {
            continue;
        }

        // On parcourt le tableau et indente les JS dans l'ordre !
        foreach($array as $js) {
            $fusion.= file_get_contents($js);
        }

        // Récupération du répertoire désiré pour la création du fichier
        if(!empty($rep)) {
            // Ajoute la barre oblique à la fin si manquante
            if(substr($rep, -1, 1) != "/") {
                $rep.= "/";
            }
            // Crée le répertoire s'il n'existe pas
            if(!is_dir($rep)) {
                mkdir($rep, 0777, true);
            }
        }
    }
```

```php
        // Création d'un fichier JS fusionné
        $fichier = $rep.$name.".min.js";
        $fo = fopen($fichier, "w+");
        fwrite($fo, $fusion); // Écrit les JS fusionnés
        fclose($fo);
    }
}
```

Comme pour la première fonction de combinaison des CSS, il faut créer un fichier temporaire en PHP pour utiliser ce code, en ajoutant à la fin du script le tableau des fichiers JS dans le bon ordre et l'appel à la fonction. Observez bien l'exemple suivant ; des groupes de fichiers JS ordonnés sont créés puis appelés dans l'ordre d'utilisation (grâce à des clés de votre choix) :

```php
$jsScripts = array(
    "general" => array(
        "jquery" => "js/jquery.min.js",
        "jquery-easing" => "js/jquery.easing.min.js",
        "jquery-liquid-slider" => "js/jquery.liquid-slider.min.js",
        "jquery-sticky" => "js/jquery.sticky.min.js",
        "jquery-slicknav" => "js/jquery.slicknav.min.js",
    ),
    "home" => array(
        "jquery-fractionslider" => "js/jquery.fractionslider.min.js",
        "slideshow" => "js/slideshow.min.js",
    ),
    "contact" => array(
        "google-maps-script" => "js/maps.min.js",
        "contact-script" => "js/contact.min.js",
    ),
    "pages" => array(
        "responsiveTabs" => "js/easyResponsiveTabs.min.js",
        "responsiveTabs-Script" => "js/responsive-tabs-script.min.js",
    ),
    "final" => array(
        "scripts" => "js/scripts.min.js",
    ),
    "analytics" => array(
        "ga-script" => "js/ga.min.js",
    )
);

$listsJS = array(
    "base" => array("general", "final", "analytics"),
    "home" => array("general", "home", "final", "analytics"),
    "pages" => array("general", "pages", "final", "analytics"),
    "contact" => array("general", "contact", "final", "analytics"),
);
foreach($listsJS as $key => $js_array) {
    fusionJS($jsScripts, $js_array, "js/merged-js/", "scripts-merged-".$key);
}
```

Cette fonction a en réalité un double intérêt. Le premier tableau multidimensionnel, $jsScripts, liste les scripts dans des groupes de fichiers. Le second tableau, $listsJS, reprend ces groupes de scripts dans l'ordre d'utilisation du site. Par exemple, le groupe home dédié à la page d'accueil va d'abord appeler les scripts généraux, puis ceux dédiés à la home, puis le script final (celui qui lance les animations jQuery, etc.) et Google Analytics. Il y a donc une double hiérarchie : une première dans les groupes de scripts (bien qu'on puisse n'en faire qu'un seul), une seconde entre les divers groupes de fichiers JS.

Pourquoi faire cela ? Tout simplement car cette méthode va vous permettre d'avoir, pour chaque type de page, uniquement les scripts utiles. Par exemple, les scripts appelant Google Maps ne sont utiles que dans la page contact et il serait sans intérêt de les appeler automatiquement dans toutes les pages du site web. En agissant ainsi, la fonction crée une version combinée des JavaScript pour la page contact, pour la page d'accueil, etc. Dans votre pied de page, il ne vous restera qu'à appeler les bons scripts, à l'image du code suivant :

```
<?php if(is_home()) { ?>
<script src="js/merged-js/scripts-merged-home.min.js"></script>
<?php } else if(is_page(URL_CONTACT)) { ?>
<script src="js/merged-js/scripts-merged-contact.min.js"></script>
<?php } else if(is_page()) { ?>
<script tsrc="js/merged-js/scripts-merged-pages.min.js"></script>
<?php } else { ?>
<script src="js/merged-js/scripts-merged-base.min.js"></script>
<?php } ?>
```

Votre site ne présentera bien qu'un seul fichier JavaScript combiné par page, hiérarchisé et avec uniquement les scripts dont vous avez besoin. Cela demande un peu de main-d'œuvre mais peut vraiment affecter positivement les performances de vos pages web, notamment en vue des connexions mobiles.

Optimiser les images

L'optimisation des images est simple à comprendre, mais pas toujours évidente à mettre en application, notamment pour tous les utilisateurs de frameworks ou CMS. En effet, plusieurs facteurs sont à prendre en compte :

- Les images doivent avoir une taille équivalente à celle affichée dans les pages web, ce qui signifie que les outils ou les créateurs de sites doivent penser à adapter les dimensions en fonction de la version de site utilisée (mobiles, tablettes). Cet aspect est important ; alors n'oubliez jamais de recadrer ou redimensionner vos images avant de les ajouter dans vos pages web.

- Les illustrations doivent être compressées au maximum en fonction de leurs dimensions initiales afin de réduire leur poids et donc le temps de chargement. Une fois encore, le fait d'avoir des images à la taille de chaque type de support permet de ne désavantager aucun utilisateur dans sa visite du site web.

- L'usage des sprites CSS s'avère primordial pour gagner en légèreté et en rapidité d'exécution dans les pages. Cela consiste à créer une ou plusieurs images qui regroupent une multitude de petites icônes. Par exemple, nous pouvons créer un fichier avec la méthode des sprites CSS qui contient l'ensemble des petits boutons de partage vers les réseaux sociaux et leur effet de survol. Ainsi, un seul fichier (plus léger) est chargé au démarrage du site et affiche l'ensemble des boutons grâce au code CSS. Cette technique évite l'effet désagréable de « blanc » lors du survol d'un bouton qui aurait été dissocié en deux images : une pour l'état normal, une pour l'état survolé.

- Les vols d'images (hotlinking) peuvent être néfastes pour les performances de votre serveur web.

Figure 2–31
Redimensionnement et recadrage d'une
image dans l'outil natif de WordPress

Travailler avec les algorithmes de compression JPEG, GIF et PNG

Avant de vous présenter quelques logiciels clé en main pour compresser des images, il est intéressant de faire un rapide tour d'horizon des algorithmes de compression les plus réputés et efficaces pour le Web. En effet, s'il est admis que les images doivent avoir des dimensions adaptées à l'affichage, l'idée que l'on se fait de la compression est parfois douteuse. L'objectif est d'abaisser le poids des fichiers d'images et de réduire fortement la consommation de ressources pour booster le chargement des pages. Cependant, tous les algorithmes de compression ne sont pas égaux dans leur nature et les logiciels manquent souvent de transparence à ce sujet.

Faisons donc un focus sur les principaux algorithmes de compression afin de trouver les meilleures solutions possibles. L'objectif est de traiter rapidement d'importants volumes d'images dans divers formats en optimisant leur poids mais aussi leur qualité. Votre œil ne verra parfois aucune différence pour de petites illustrations mais certains algorithmes génèrent pourtant de nombreux artefacts désagréables pour des images plus larges…

Des commandes Batch pour l'exemple

Cette partie va faire appel à des commandes Windows qui vont permettre d'utiliser les algorithmes de compression à la volée et rapidement. Il convient de télécharger les fichiers binaires des algorithmes pour pouvoir les utiliser, nous fournirons des liens pour ce faire. Les auteurs de ce livre n'ayant pas de Mac, nous n'avons pu vous fournir d'équivalent pour les ordinateurs d'Apple. Nous vous invitons donc à lire les exemples fournis par Jessy Seonoob du site love-moi.fr (source : https://goo.gl/npd4TW) ou Jérémy Wagner (source : https://goo.gl/yuCFCM).

Optimisation des JPEG avec Guetzli, mozjpeg…

De nombreux algorithmes de compression existent pour les fichiers JPEG. Nous n'allons pas faire un cours sur ces méthodes de calcul, mais plutôt sur celles qui pourraient vous être utiles dans vos missions.

Parmi les possibilités existantes, les plus réputées sont le récent Guetzli de Google, le projet MozJpeg (basé sur jpegtran et cjpeg), le français Pingo, jpegoptim ou encore jpeg-archive (aussi appelé jpeg-recompress).

Tous ne s'appuient pas sur les mêmes critères pour compresser les images, ce qui va nous faire pencher plutôt pour les uns que pour les autres.

Par exemple, Guetzli est l'algorithme qui offre le meilleur rendu (source : https://goo.gl/AERJYX) après compression, avec une perte parfois minimale pour des fichiers pourtant réduits en moyenne de plus de 30 % de leur poids. En revanche, il s'agit aussi de l'algorithme le plus consommateur en mémoire vive et en temps de compression, allant jusqu'à mettre cent fois plus de temps pour compresser une même image que ses concurrents. Mozjpeg (ou jpegtran + cjpeg revus par Mozilla), en revanche, génère un petit peu plus de pertes (davantage de flou de surface sur les images compressées) mais pour un poids aussi réduit que Guetzli, avec un traitement bien moins consommateur en ressources et en temps.

Aucun algorithme n'est parfait, mais les divers bancs d'essais que l'on peut retrouver sur la Toile tendent à opposer MozJpeg et Jpeg-Archive pour leur qualité globale (perte relativement faible pour un fort taux de compression) à Guetzli pour l'innovation (presque aucune perte pour une compression forte mais lente à produire) :

- Guetzli vs MozJpeg : https://goo.gl/uutovf ;
- Guetlzi face à certains concurrents : https://goo.gl/5rVD6C ;
- Guetzli : https://goo.gl/SHTzHC.

Comme nous avons pu étudier le sujet en détail à votre place, nous avons finalement opté pour MozJpeg, car il offre le meilleur rapport qualité/temps pour traiter d'importants volumes d'images. Le projet est en constante évolution, mais ce sont les binaries MzoJpeg 3.1 qui sont utilisés dans les exemples (source : https://goo.gl/ZzB6iE).

Pour traiter d'importants volumes d'images, il convient d'appeler une commande Windows (ou autre système) à la racine de votre site web ou de votre thème de CMS par exemple. Cela peut passer par un script Batch (fichier .bat exécutable), par un petit logiciel programmé en Python, Java ou C++ notamment, ou tout simplement par une commande directe. C'est ce dernier choix qui va nous intéresser ici, car il ne conservera que le strict nécessaire pour compresser les images.

L'objectif de la commande qui suit est de crawler récursivement les dossiers de votre site ou thème, de trouver tous les fichiers .jpg (on peut aussi traiter les .jpeg si nécessaire) et de les compresser à la volée avec jpegtran et cjpeg. Le premier algorithme cité vise à supprimer des métadonnées inutiles, tandis que cjpeg vient terminer le travail en compressant les images. L'accumulation des deux algorithmes fournit donc de très bons résultats.

Voici comment vous devez procéder, étape par étape.

1 Téléchargez les fichiers binaires de l'algorithme MozJpeg : `cjpeg.exe`, `jpegtran.exe` et `djpeg.exe` (que vous n'utiliserez pas).

2 Copiez ces fichiers à la racine du site web ou de votre thème (ou dans le dossier d'images si vous n'en avez qu'un par exemple).

3 Sauvegardez vos dossiers contenant des images par sécurité (et pour conserver les originaux).

4 Ouvrez une invite de commande Windows dans ce dossier en cliquant sur *Shift* (ou *Maj*) + clic-droit (vous obtiendrez l'option *Ouvrir une fenêtre de commande ici*).

5 Lancez la commande Batch suivante par copier/coller, puis en cliquant sur *Entrée*.

```
(for /r %cd% %i in (*.jpg) do (@jpegtran -copy none -optimize -progressive
-outfile %~pnxi %i) && (@cjpeg -quality 80 -optimize -progressive
%i > %~pi\%~ni-cjpeg%~xi) && (move /y %~pi\%~ni-cjpeg%~xi %~pi\%~nxi))
```

Cette commande va d'abord appeler jpegtran pour retirer les métadonnées, puis cjpeg pour compresser et enfin déplacer et renommer le fichier compressé pour remplacer l'existant. Il ne reste qu'à attendre que la commande effectue la même action pour l'ensemble des fichiers JPEG et le tour est joué…

Sachez que chaque algorithme a son mode de fonctionnement ; il faut donc toujours adapter plus ou moins les commandes pour les utiliser. Si nous prenons l'exemple du français Pingo (source : https://goo.gl/75k2rF), la commande est bien plus courte, mais son efficacité est moins redoutable pour les JPEG que celle de MozJpeg.

```
for /r %cd% %i in (*.jpg) do pingo -s4 %i
```

Optimisation des PNG avec Pingo, zopfliPNG, truePNG…

La lutte fratricide entre les différents algorithmes de compression existe également pour les fichiers PNG. Ici, trois acteurs se détachent nettement : Pingo, zopfliPNG de Google et truePNG (source : https://goo.gl/3ypr8r). Les autres algorithmes ne sont pas mauvais (optiPNG par exemple), mais ils n'apportent pas autant de garanties et ne permettent pas toujours de conserver la transparence des PNG, ce qui s'avère parfois un réel problème à l'usage.

En toute transparence, tous nos tests n'ont pas montré d'énormes différences entre les trois algorithmes. Leur rapidité d'exécution est proche, leur pourcentage de compression est quasi similaire, mais leur qualité de rendu varie quelque peu, notamment en cas de transparence. C'est ce qui a fait pencher la balance plutôt pour Pingo (source : https://goo.gl/75k2rF) voire truePNG (source : https://goo.gl/BnK5K4). ZopfliPNG (source : https://goo.gl/FAWAq4) se place un cran en-deçà, toutefois, cela reste plus que raisonnable dans les faits.

Le procédé est identique à celui de la compression JPEG, mais n'oubliez pas de sauvegarder vos images d'origine car Pingo les écrase à la volée. Il vous suffit d'utiliser la commande suivante pour lancer la compression récursive dans plusieurs dossiers :

```
for /r %cd% %i in (*.png) do pingo -s4 %i
```

Optimisation des GIF et SVG

Les formats GIF et SVG sont encore les parents pauvres dans le milieu de la compression d'images et nous trouvons assez peu de sources fiables à ce sujet. Toutefois, sachez qu'il existe des algorithmes de compression pour ces formats.

Il faut surtout prendre garde à la perte potentielle que cela génère, mais aussi à la conservation de la transparence ou des animations. C'est en effet tout l'intérêt de ces formats en général, au-delà de leurs autres qualités.

Concernant les GIF, l'algorithme qui revient régulièrement est Gifsicle (source : https://goo.gl/urgV6F). Côté SVG, c'est le projet svgo qui semble remporter tous les suffrages (source : https://goo.gl/jquxNc). Nous ne détaillerons pas les commandes pour ces formats, mais le principe est le même que pour les commandes précédentes ; vous avez juste à adapter la partie propre à l'algorithme (commande svgo).

Quelques logiciels pour vous aider...

Plutôt que de tout faire manuellement, profitez de très bons logiciels pour compresser automatiquement les fichiers. Certains sont même proposés dans la documentation de Google, tandis que d'autres utilisent les algorithmes précédemment cités pour fournir des images de très bonne facture :

- Caesium : https://saerasoft.com/caesium
- Compressnow : http://compressnow.com/fr/
- File optimizer : https://goo.gl/JfkuJq
- ImageOptim : http://imageoptim.com
- JPEGmini : http://www.jpegmini.com
- Jpeg-Optimizer : http://jpeg-optimizer.com
- OptiPNG : http://optipng.sourceforge.net
- PNGGauntlet : http://pnggauntlet.com
- PunyPNG : http://www.punypng.com
- RIOT : http://luci.criosweb.ro/riot/
- TinyPNG : https://tinypng.com

Figure 2–32
Compression d'un fichier .jpg
avec JPEGmini

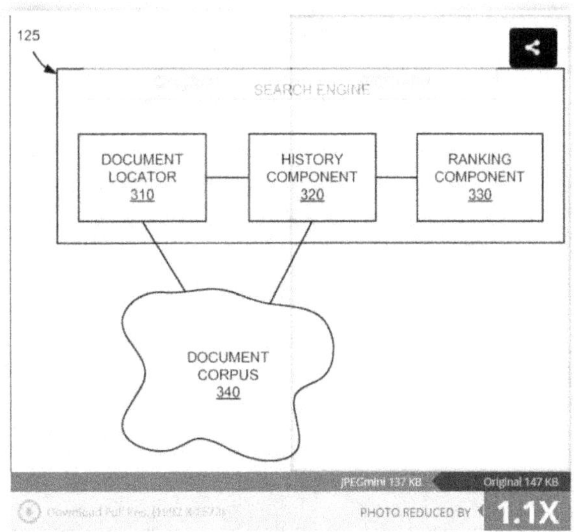

Le recadrage des images peut aussi s'effectuer avec n'importe quel logiciel graphique comme Photoshop, Gimp, Paint Shop Pro, Pixen, Krita, PhotoFiltre Studio ou encore Picasa. Il existe également des alternatives proposées directement dans certains CMS comme WordPress ou par le biais d'extensions sur Joomla. Ainsi, vous pouvez à tout moment créer des images à la taille souhaitée sans aucune difficulté.

Parmi les solutions proposées, File Optimizer, PunyPNG, ImageOptim et Caesium semblent être de bonnes solutions. Des tests ont été effectués et ont révélé les performances des deux premiers (source : https://goo.gl/CBFFn6). File Optimizer a notamment l'avantage de tester plusieurs algorithmes de compression afin d'opter pour la meilleure solution. En contrepartie, cela prend beaucoup plus de temps pour compresser les images dans tous les formats, sauf si vous maîtrisez l'outil dans son ensemble.

Il est possible de supprimer certains algorithmes de la liste initialement prévue par File Optimizer. Grâce à nos différents tests, nous savons par exemple qu'un algorithme comme optiPNG pour compresser les PNG n'est pas de très bonne facture en comparaison avec Pingo ou truePNG. De fait, nous pourrions le discriminer des algorithmes de compression pour que le logiciel aille plus vite dans son traitement des PNG. On peut également retirer des algorithmes comme Guetzli pour les JPEG uniquement à cause de sa lenteur de traitement, malgré toutes ses qualités de compression. Et ainsi de suite pour tous les algorithmes qui ne nous sembleraient pas assez qualitatifs en matière de compression et de rendu d'image après compression (trop de bruit, de flou…).

Lorsque vous démarrez File Optimizer, rendez-vous dans les options du logiciel via le menu *Optimiser*. Allez alors dans l'onglet *Général 2* et cliquez dans le champ *Masquer le plugin à désactiver*. Il suffit ensuite de donner les noms des algorithmes que vous ne souhaitez pas utiliser, en prenant soin de les séparer par des points-virgules. Dans la capture suivante, voici la liste présentée en exemple : « guetzli;imageworsener;ECT;advpng;pngwolf;TRUEpng;pngout;leanify; » afin de retirer quelques algorithmes de compression pour les JPEG et les PNG (ce ne sont que des exemples). Quand cela est effectif, ce n'est pas visible au premier abord lors de la compression des fichiers. Le nombre d'algorithmes semble toujours le même, mais dans les faits, ils sont bel et bien ignorés. Ainsi, File Optimiser devient un outil puissant pour compresser les fichiers de toutes sortes (il peut également compresser de l'HTML, du CSS, du JavaScript…).

Figure 2–33
Suppression des algorithmes de compression inutiles dans File Optimizer

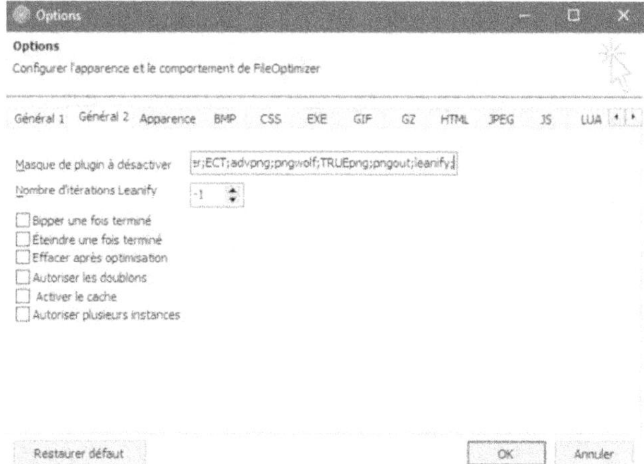

Utiliser des images nouvelle génération

Lorsque l'on teste une page dans les outils d'analyse comme Google PageSpeed ou Lighthouse, il arrive fréquemment que le résultat nous préconise d'utiliser des images nouvelle génération. Cela peut être une alternative intéressante à la compression manuelle des fichiers que nous venons d'étudier.

Dans les faits, Google conseille de plutôt préférer le format d'image matricielle webp, qu'il a lui-même créé et proposé gratuitement. Il s'agit d'un format qui offre d'excellentes performances à l'écran tout en proposant des fichiers moins lourds de 30 % à 80 % selon l'image. Mais il existe également deux autres formats qui séduisent Google et qui devraient pulluler sur la Toile à l'avenir :

- jpeg 2000 : format créé peu avant les années 2000 par le *Joint Photographic Expert Group* (à la base du jpeg) qui souhaitait améliorer le rendu des jpeg tout en les compressant davantage. C'est le rôle du jpeg 2000, il permet d'obtenir des contours mieux constrastés et un rendu plus qualitatif que les jpeg classiques, avec un poids moindre à l'arrivée.

- jpeg XR : format créé par Microsoft et validé par le *Joint Photographic Expert Group* dès 2007. L'objectif est d'obtenir une image très compressée avec le moins de perte possible.

Ces formats sont tellement intéressants que l'on peut se demander pourquoi nous ne les retrouvons pas fréquemment dans nos sites web. La raison vient du fait qu'il n'est pas toujours aisé de trouver un logiciel qui compresse dans ces formats, mais surtout parce que bon nombre de navigateurs ne sont pas compatibles avec ces derniers.

La capture suivante montre le résultat des compatibilités de chacun de ces trois formats selon les navigateurs. Autant dire que pour être fonctionnel sur l'ensemble des navigateurs à succès, il faudrait tout bonnement proposer les trois formats, et donc générer autant d'images (bien que le format webp semble avoir un avenir plus radieux que les deux autres). Ajoutons à cela qu'il est également préconisé d'utiliser des images adaptées aux dimensions des écrans avec `srcset` (nous allons étudier cet aspect un peu plus loin dans ce chapitre), et cela nous obligerait à générer plusieurs webp, jpeg 2000 et jpeg XR pour un seul et même rendu d'image dans une page. Dans les faits, c'est donc inapplicable, d'une part à cause des contraintes techniques, et d'autre part à cause des freins à la création des pages.

Figure 2–34
Tableaux des compatibilités de chaque format d'image selon les navigateurs

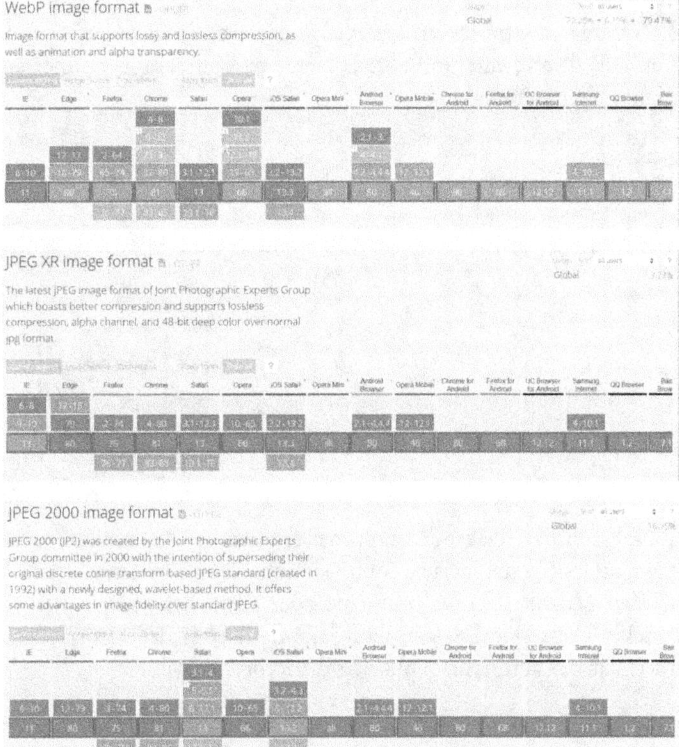

Vous comprenez pourquoi nous n'avons pas mis en exergue ces formats avant de vous apprendre à compresser les types de fichiers que nous avons tous l'habitude d'utiliser. L'ironie de l'histoire est de constater que ce critère du PageSpeed, pourtant intéressant, est donc quasiment impossible à respecter pour des raisons de rétrocompatibilité trop restrictive…

Lutter contre le hotlinking des images

Le hotlinking des images est un problème répandu sur la Toile. Cela consiste à utiliser des images hébergées sur d'autres serveurs que les nôtres. Par exemple, si votre site appelle directement une image hébergée par Wikipedia, cela ne change rien visuellement pour l'utilisateur, mais utilise de la bande passante du côté de Wikipedia. Avec l'essor des blogs, des réseaux sociaux et autres sites web, ce phénomène de hotlinking est de plus en plus présent et devient un problème important.

Votre site n'est pas là pour héberger les images des autres, ce n'est pas son rôle. Le hotlinking peut ralentir considérablement votre site car les appels vers vos images risquent d'être nombreux et de grappiller une bonne partie de votre bande passante. Il convient donc de limiter le hotlinking des images à certains sites ou tout simplement de le bloquer totalement. C'est aussi ça l'optimisation des images !

Nous avons déjà évoqué rapidement ce point dans les astuces des fichiers `.htaccess`, mais il semble important de formuler un autre exemple contextualisé. Tout d'abord, il existe plusieurs astuces pour détecter le hotlinking, via Google Images notamment. Le plus simple est d'utiliser une requête sous la forme suivante :

```
-site:URL_OU_DOMAINE inurl:URL_OU_DOMAINE
```

La capture montre les images récupérées avec ou sans autorisation pour le domaine internet-formation.fr. Chacune d'entre elles utilise de la bande passante et il est important de ne conserver que les sources utiles pour limiter le hotlinking.

Figure 2–35
Exemple d'images récupérées
sur un serveur externe (hotlinking)

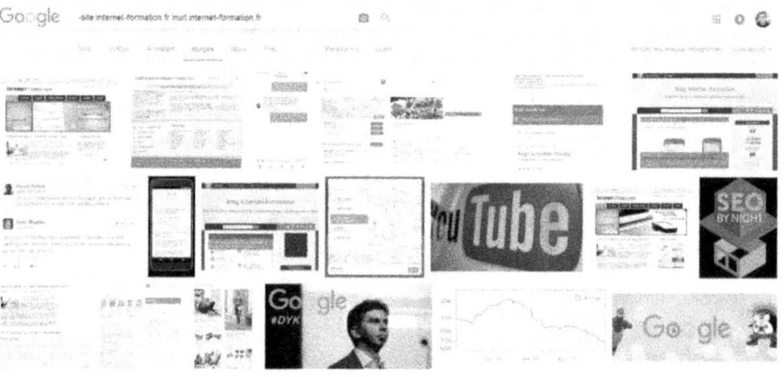

La solution radicale est de supprimer totalement la possibilité de hotlinking. Le problème est que vos partages sur les réseaux sociaux, comme Facebook ou Twitter, n'afficheront plus les images non plus, ce qui peut s'avérer gênant. Il en va de même pour toutes les sources qui pourraient citer gentiment vos pages ou articles. Dans l'idéal, il convient donc de donner des autorisations à certains sites web et de ne bloquer l'accès qu'aux autres, inconnus ou sans accord préalable.

La méthode la plus courante est d'afficher chez les « voleurs » une image fictive contenant un message d'avertissement, en remplacement des illustrations récupérées sur l'hébergement. Il suffit de lister les sites autorisés comme votre site (obligatoire), des réseaux sociaux comme Facebook et Twitter, etc.

```
RewriteEngine On
RewriteCond %{HTTP_REFERER} !^$
RewriteCond %{HTTP_REFERER} !^http(s)?://URL_DE_VOTRE_SITE/ [NC]
RewriteCond %{HTTP_REFERER} !^http://(www\.)?facebook.com(/)?.*$ [NC]
RewriteCond %{HTTP_REFERER} !^http://(www\.)?twitter.com(/)?.*$ [NC]
RewriteRule .*.(jpe?g|gif|bmp|png)$ /images/no-hotlinking.jpg [L]
```

Sachez que cette lutte peut aussi s'effectuer grâce à des outils de CMS comme PictPocket sur WordPress ou VisoHotLink sur Joomla (source : http://www.visohotlink.fr). Ce dernier est également un logiciel tiers qui lutte contre le hotlinking de manière efficace. Quelle que soit la méthode, votre bande passante sera économisée et cela ne fera pas de mal en termes de performance...

Adapter les images avec CSS

Sprites CSS

La technique des sprites CSS s'applique en créant une image regroupant plusieurs images ou plusieurs boutons en une seule. L'objectif est simple : créer un fichier commun plus léger et limiter le nombre de requêtes.

Soyez juste attentif à la gestion des transparences de certaines images. En effet, si vous travaillez avec des icônes, il est recommandé d'enregistrer au format PNG (le format GIF étant conseillé par Google uniquement pour des images de moins de 10 × 10 pixels). Sinon, vous pouvez très bien créer des sprites CSS avec des formats JPEG ou WEBP par exemple.

Prenons l'exemple d'un sprite CSS qui contient trois boutons pointant vers des réseaux sociaux. Il faut tout d'abord ajouter le code HTML correspondant afin de rendre les boutons cliquables, puis un code CSS adapté à l'image globale. Il s'agit ici de petites icônes de 32 × 32 pixels pour les états non survolés et survolés, ce qui représente une image finale de 96 × 64 pixels une fois tous les boutons ajoutés.

Figure 2–36
Exemples de boutons avec rendu final en sprite CSS

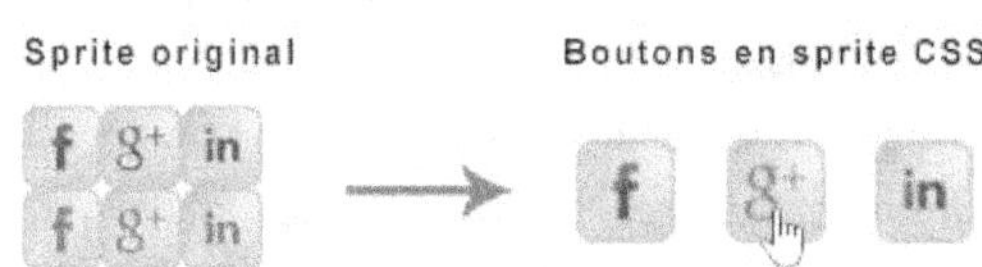

Le code HTML suivant rend les boutons fonctionnels et les identifiants (id) vont nous aider à appliquer la technique des sprites CSS :

```
<div id="social">
    <p id="facebook"><a href="URL_FACEBOOK"><span>Facebook</span>
</a></p>
    <p id="googleplus"><a href="URL_GPLUS"><span>Google+</span>
</a></p>
    <p id="linkedin"><a href="URL_LINKEDIN"><span>LinkedIn</span>
</a></p>
</div>
```

Ensuite, voici un exemple de code CSS mettant en œuvre la méthode des sprites CSS. Il repose sur l'emploi de la propriété `background-position` ou de sa propriété mère `background` (comme c'est le cas ici) avec des positionnements adaptés selon la zone de l'image générale que nous souhaitons afficher :

```css
#facebook a span, #googleplus a span, #linkedin a span {display:none;}
#facebook a {display:block; float:left; height:32px; width:32px; background:url(sprite.png)
no-repeat 0 top; margin-right:1em;}
#facebook a:hover {background:url(sprite.png) no-repeat 0 bottom;}
#googleplus a {display:block; float:left; height:32px; width:32px;
background:url(sprite.png) no-repeat -32px top; margin-right:1em;}
#googleplus a:hover {background:url(sprite.png) no-repeat -32px bottom;}
#linkedin a {display:block; float:left; height:32px; width:32px;
background:url(sprite.png) no-repeat -64px top;}
#linkedin a:hover {background:url(sprite.png) no-repeat -64px bottom;}
```

Ces optimisations font gagner des millisecondes, voire des secondes, de chargement pour chaque page du site. Cela aide à optimiser l'expérience utilisateur et les performances globales sans demander de nombreux efforts techniques. Et si cela vous embête malgré tout, il existe des générateurs de sprite CSS comme Stitches (source : https://goo.gl/i7bY2b) ou SpriteGen (source : https://goo.gl/AMxm34) si nécessaire…

Attributs srcset et sizes, balise <picture>

Les évolutions d'HTML et CSS apportent de nouveaux éléments qui s'avèrent fort intéressants pour booster la performance des images dans les pages web. Souvent, il est préconisé de créer plusieurs variantes d'une même image afin de faire correspondre chaque version aux bonnes dimensions des écrans. En effet, il est inutile d'envoyer un poster sur un smartphone avec une largeur de 480 pixels ou un timbre-poste sur un écran en 2 560 × 1 080 pixels par exemple.

La problématique a souvent été technique, mais nous avons désormais des possibilités pour optimiser cela au mieux. Commençons tout d'abord par l'attribut HTML `srcset` et sa relation avec l'attribut `sizes`. Dans les faits, le premier indique aux navigateurs quelle image utiliser en lieu et place de celle proposée dans l'attribut classique `src` des balises `<img />`. Cela signifie que `srcset` peut contenir plusieurs liens vers des images de dimensions différentes ou de ratios différenciés (par exemple les écrans Retina doublent chaque pixel pour une même résolution d'origine).

Techniquement, l'attribut `srcset` peut utiliser deux descripteurs pour différencier les images :

- « `x` » pour définir une différence de ratio (« `2x` » signifiant que l'image doit être utilisée pour les écrans ayant une densité de pixels deux fois plus importante) ;
- « `w` » pour choisir l'image source en fonction de la largeur de l'écran du terminal utilisé (par exemple « `800w` » pour une largeur de 800 px).

L'attribut `sizes` est quant à lui obligatoire lorsque le descripteur « `w` » de `srcset` est employé et inversement. Son rôle est de conditionner la taille affichée à l'écran une fois le choix fait entre les différentes sources proposées dans `srcset`. Idéalement, on laisse `sizes` avec sa valeur par défaut de `100vw`, soit 100 % de la largeur du viewport (zone de l'écran du terminal utilisé).

L'attribut historique `src` n'est là que pour servir de source dans le cas où aucune condition proposée par `srcset` ne peut s'appliquer. L'avantage de cette technique est de permettre à chaque support, fixe ou mobile, d'opter pour l'image source qui lui correspond. En termes de performance, c'est primordial puisque le navigateur ne charge que l'image nécessaire et non une taille inadéquate redimensionnée avec du responsive web design.

Voici un exemple d'usage de `srcset` et `sizes` pour plusieurs dimensions d'écran :

```
<img src="original.jpg" srcset="small.jpg 320w, medium.jpg 640w, large.jpg 1024w,
extralarge.jpg 1920w" sizes="100vw" alt="Texte alternatif optimisé SEO"/>
```

Tous les navigateurs ne sont pas compatibles avec ces attributs, notamment Internet Explorer ou les premières versions de Edge. C'est également récent pour Safari (depuis le 9 seulement), mais peu importe. Dites-vous que la mise en place de ces attributs va essentiellement servir sur mobile, donc sur des navigateurs différents d'Internet Explorer ou mis à jour régulièrement (comme Safari sur iOS). En soi, ce n'est donc pas bloquant et, même si cela était le cas, l'attribut `src` serait pris par défaut par les navigateurs incompatibles. Qui peut le plus peut le moins et il s'agit ici d'une réelle optimisation des images. Ce n'est pas pour rien qu'un CMS comme WordPress implémente d'office `srcset` et `sizes` pour toutes les images ajoutées dans l'outil…

La balise HTML `<picture>` va dans le même sens en proposant de ne charger que des contenus multimédias adaptés aux contextes décrits par les sources de fichiers. Ce standard évolutif du W3C (source : https://goo.gl/BPTLkw) n'est pas compatible avec l'ensemble des navigateurs (comme pour `srcset`, on prend les mêmes et on recommence…) mais peut être une alternative intéressante.

`<picture>` encadre des balises `<source>` qui se réfèrent à des images que l'on utilise selon un contexte différent (souvent la taille de la fenêtre `viewport`). Elle contient également une balise `<img />` qui sert d'image par défaut. Le code suivant est un exemple qui montre bien l'alternative proposée par cette technique. Ses conséquences sont, une fois encore, de ne charger que la bonne ressource adaptée à chaque taille d'écran, faisant ainsi gagner du temps de chargement et de la ressource serveur.

```
<picture>
    <source media="(min-width:1920px)" srcset="extralarge.jpg" type="image/jpeg">
    <source media="(min-width:1024px)" srcset="large.jpg" type="image/jpeg">
    <source media="(min-width:640px)" srcset="medium.jpg" type="image/jpeg">
    <source media="(min-width:320px)" srcset="small.jpg" type="image/jpeg">
    <img src="original.jpg" alt="Texte alternatif optimisé SEO">
</picture>
```

Schéma Data-URI

Data-URI est un schéma d'URI permettant d'inclure une ressource directement au sein d'un fichier comme s'il s'agissait d'une ressource externe. Cette idée est fondée sur la norme RFC 2397 (source : https://goo.gl/BfYdGn) et offre l'avantage de limiter le nombre de requêtes envoyées au serveur. En effet, contrairement à un appel classique de ressource par un attribut `src` par exemple, les Data-URI ne vont pas appeler un fichier en lui-même mais sa transcription encodée en base64. Cela signifie qu'en employant cette technique à bon escient, il est possible de limiter le nombre de fichiers d'images chargés (autrement dit de requêtes faites au serveur) et donc de booster le chargement des pages.

Il faut toutefois prendre quelques précautions et ne pas utiliser cette technique dans tous les cas ; elle pourrait s'avérer plus que contre-productive en cas d'abus. Sachez aussi que toutes les ressources (PDF par exemple) peuvent utiliser la même méthode, mais nous nous focalisons sur les images dans notre propos.

Le schéma Data-URI peut être inclus dans de nombreux éléments HTML, à savoir des balises `<link />`, `<img />` ou des propriétés CSS comme `background-image`. Le format utilisé est toujours le même en revanche (les attributs entre crochets sont optionnels) :

```
data:<type-MIME>[;<encodage>][;base64],<data>
```

Il est obligatoire d'indiquer le type MIME de la ressource identifiée ainsi que sa transcription encodée (correspond à `<data>`). Si nous encodons en base64, ce qui est le plus répandu, alors nous pouvons ajouter l'indication.

Le schéma Data-URI a deux défauts non négligeables qui n'en font pas une solution viable à tout point de vue. D'une part, les ressources encodées peuvent peser jusqu'à 30 % de plus que la ressource originale (même si cela est considérablement abaissé grâce à la compression Gzip côté serveur). Et d'autre part, la ressource fait partie intégrante du fichier dans lequel elle est placée (page HTML ou fichier CSS par exemple) ; il faut donc veiller à la mise en cache de ce fichier, mais aussi au nombre d'usages de la ressource afin de ne pas recharger plusieurs fois la même image (une des solutions est de créer une classe CSS pour une même image utilisée plusieurs fois par exemple).

Idéalement, il est conseillé de n'utiliser le schéma Data-URI que pour les ressources assez légères, de l'ordre de quelques kilooctets. En général, il peut s'agit d'icônes ou de petits GIF animés, mais il faut éviter l'utilisation pour des images importantes et lourdes (à cause des 30 % de poids supplémentaire).

Il existe de nombreux outils en ligne pour convertir un fichier en base64 ; il suffit ensuite de reprendre le schéma pour en faire ce que l'on souhaite. On peut par exemple utiliser ainsi un Data-URI en HTML :

```
<img alt="Texte alternatif optimisé SEO" width="32" height="32" src="data:image/
png;base64, iVBORw0KGgoAAAANSUhEUgAAACAAAAAgCAYAAABzenr0AAAAGXRFWHRTb2Z0d2FyZQBBZG
9iZSBJbWFnZVJlYWR5ccllPAAAAyJpVFh0WE1MOmNvbS5hZG9iZS54bXAAAAAAADw/eHBhY2tldCBiZW
dpbj0i77u/IiBpZD0iVzVNME1wQ2VoaUh6cmVTek5UY3"/>
```

Ou en CSS (notez que l'encodage en base64 est tronqué dans les exemples, c'est bien plus long en réalité) :

```
.image {
  background-image:url(data:image/png;base64, iVBORw0KGgoAAAANSUhEUgAAACAAAAAgCAYA
AABzenr0AAAAGXRFWHRTb2Z0d2FyZQBBZG9iZSBJbWFnZVJlYWR5ccllPAAAAyJpVFh0WE1MOmNvbS5hZ
G9iZS54bXAAAAAAADw/eHBhY2tldCBiZWdpbj0i77u/IiBp ZD0iVzVNME1wQ2VoaUh6cmVTek5UY3)
no-repeat center;
}
```

Comme il est parfois fastidieux de chercher toutes les ressources de notre site web susceptibles d'être transcrites en Data-URI (notamment les polices ou les images), voici une petite fonction PHP qui va parcourir toute l'arborescence de notre site et chercher toutes les ressources correspondant à vos besoins. Cela signifie que la fonction va aller chercher l'ensemble des types MIME désirés avec une limitation de poids maximal pour ne pas abuser des Data-URI. Ainsi, seules les ressources intéressantes seront affichées avec leur encodage équivalent. Il ne restera plus qu'à recopier les encodages là où bon vous semble (HTML ou CSS).

```php
function base64Conversion(array $types = array(), array $excludeDir = array(),
                          int $maxbytes = 32768, string $dir = ".") {
    // Ajoute automatiquement la barre oblique de fin au répertoire (si absente)
    if(rtrim($dir, "/")) {
        $dir.= "/";
    }

    // Ouvre le répertoire courant
    $fichiers = scandir($dir);

    // Parcourt les fichiers et répertoires
    foreach($fichiers as $fichier) {
        // On exclut les chemins inutiles
        if($fichier == "." || $fichier == ".." || in_array($fichier, $excludeDir)) {
            continue;
        }
        // On parcourt les répertoires ou lit les fichiers autorisés
        if(is_dir($dir.$fichier)) {
            base64Conversion($types, $excludeDir, $maxbytes, $dir.$fichier);
        } else {
            $mimetype = mime_content_type($dir.$fichier);
            $filesize = filesize($dir.$fichier);

            if(in_array($mimetype, $types) && $filesize <= $maxbytes) {
                $fileBinary = file_get_contents($dir.$fichier);
                $dataURI = "data:".$mimetype.";base64,".base64_encode($fileBinary);

                // On affiche le résultat (nom du fichier, taille et Data-URI)
                echo "<strong>".$fichier." (".$filesize.")</strong><br/>";
                echo $dataURI."<br/><br/>";
            }
        }
    }
}
```

Une fois la fonction ajoutée, il ne reste plus qu'à l'utiliser à bon escient en l'appelant à la racine de votre site web (ou de votre thème de CMS). Le code suivant montre comment choisir les types MIME intéressants et définir le poids maximum autorisé (32 768 octets dans l'exemple). Il suffit de le copier à la suite de la fonction.

```php
$types = array(
    "image/jpg",
    "image/jpeg",
    "image/png",
    "image/gif",
    "image/svg+xml", // Fichiers SVG
    "application/x-font-ttf", // Fichiers TTF (polices)
    "application/octet-stream", // Fichiers WOFF et WOFF2 (polices)
    "application/vnd.ms-fontobject", // Fichiers EOT (polices)
    "application/vnd.ms-opentype", // Fichiers OTF (polices)
    // "application/xml", // Fichiers XML (sitemaps...)
    // "text/x-asm", // CSS
```

```
    // "text/css", // CSS
    // "text/plain", // HTML, JavaScript, .htaccess...
);
$exclusionsDir = array(
    "includes",
    "sitemaps",
    "pdf",
    "documents",
);
base64Conversion($types, $exclusionsDir);
```

Désormais, vous pouvez obtenir la liste de vos ressources encodées en base64 et prêtes à être utilisées comme Data-URI. Cette méthode est parfois chronophage, mais il était important de la présenter afin de faire le tour complet des optimisations d'images et polices de caractères.

Faire du lazy loading

Le *lazy loading* (ou chargement paresseux) est une technique qui donne la possibilité de ne charger les médias qu'au fur et à mesure du défilement dans la page (essentiellement les images). Il s'agit certainement de l'une des plus importantes fonctionnalités à mettre en œuvre dans un site web pour améliorer ses performances et réduire son empreinte écologique. Avec ce principe, seuls les médias visibles sont chargés, ce qui accélère considérablement le temps de chargement global de la page. Cela améliore le PageSpeed, et si vous utilisez l'outil de mesure ou Lighthouse, vous devriez valider le critère « différer le chargement des images hors écran » avec cette technique.

Naturellement, la structure de la pag est chargée (DOM) ainsi que tout son contenu, de l'entête jusqu'au pied de page, même si les utilisateurs ne la consultent pas intégralement. En d'autres termes, tout est chargé, et parfois pour rien. Avec le *lazy loading*, on ne charge que les médias utiles selon les actions des utilisateurs. Quand on sait que certaines images peuvent peser des centaines de kilo-octets et des vidéos plusieurs dizaines de mégaoctets, rien de tel que de ne pas les charger par défaut, et d'étudier le comportement des utilisateurs pour les afficher au compte-goutte.

Il existe de nombreux scripts de *lazy loading* sur la Toile, et même des extensions pour les CMS les plus réputés, mais la majorité d'entre eux utilisent encore d'anciennes méthodes de détection du défilement. Pour proposer une technique plus pointue et spécifique, nous allons donc partir d'une méthode JavaScript destinée à la détection du scroll, l'`Intersection Observer`. Son rôle est d'analyser les intersections entre deux événements ou blocs. Dans notre cas, nous allons donc forcer JavaScript à détecter le croisement entre des médias et les pixels du bas de notre écran lors du défilement. Ainsi, si une image se trouve au niveau du dernier pixel de l'écran, l'`Intersection Observer` lancera son chargement, alors qu'elle ne serait pas chargée dans les autres cas.

Pour que le *lazy loading* soit pleinement fonctionnel, il convient donc de préparer tout son code HTML pour masquer les images par défaut. Dans les principes du W3C, il est indiqué que tout média doit porter un attribut `src` (source du fichier media). Il faut donc en laisser un en lui mettant une valeur nulle par défaut, ou une image d'attente très légère (comme un « loader » en Gif par exemple). Normalement, la valeur `src="#"` est très bien pour commencer. En revanche, notre code JavaScript aura besoin de l'URL pour aller chercher le media, il faut donc la récupérer avec les attributs valides `data-*` en HTML, nous pouvons donc créer un attribut `data-src` en ce sens, contenant l'URL du média à charger. Voici quelques exemples pour différents médias :

```html
<img src="#" data-src="CHEMIN/image1.jpg" alt="Image"/>

<iframe src="#" data-src="CHEMIN_IFRAME" width="1000" height="500"></iframe>

<audio src="#" data-src="CHEMIN/audio.mp3">Audio non supporté</a>

<video controls autoplay>
    <source src="#" data-src="CHEMIN/video.mp4" type="video/mp4"/>
<source src="#" data-src="CHEMIN/video.webm" type="video/webm"/>
    <a href="CHEMIN/video.mp4">Télécharger la vidéo</a>
</video>
```

Si vos images supportent également l'attribut `srcset` que nous avons présenté précédemment, vous devez le modifier en `data-srcset` pour ne pas activer le chargement de l'image par défaut. Ce même phénomène peut s'appliquer à l'attribut `sizes` transformé en `data-sizes` si nécessaire. Le script du *lazy loading* viendra alors modifier cet attribut à la volée.

```html
<img src="#" data-src="CHEMIN/image1.jpg" data-srcset="image1-640.jpg 640w" alt="Image"/>
<img src="#" data-src="CHEMIN/image2.jpg" data-srcset="image2-640.jpg 640w" data-sizes="(min-
width:640px) 50vw" alt="Image 2"/>
```

Sachez que le *lazy loading* peut également fonctionner pour des médias (surtout des images) chargés en `background`. Dans ce cas, il suffit d'ajouter ou de cibler une classe spécifique. Dans notre script, la classe CSS utilisée par défaut est `bckg-img`.

Une fois votre code HTML bien préparé, aucun média ne pourra être chargé par défaut du fait du `src` sans URL précise (sauf si vous intégrez une image d'attente très légère bien entendu). Il ne reste donc qu'à ajouter le code JavaScript de l'`Intersection Observer`, ainsi que son `polyfill` afin de le rendre compatible avec les anciens navigateurs.

```html
<!-- Polyfill pour l'API Intersection Observer -->
<script src="CHEMIN/intersection-observer-polyfill.js"></script>

<!-- Script pour le Lazy Loading -->
<script src="CHEMIN/intersection-observer-script.js"></script>
```

Voici désormais le code du fichier `intersection-observer-script.js`, qui va différer le chargement des médias automatiquement par une simple détection des attributs `data-src` (et potentiellement `data-srcset` ou `data-sizes`). Une fois ciblé par le script, l'`Intersection Observer` va attendre le défilement potentiel des utilisateurs. Si un croisement avec un média s'effectue, les attributs sont automatiquement modifiés pour que leur préfixe `data-` soit supprimé, les rendant alors totalement actifs et fonctionnels.

```javascript
// Polyfill pour forEach pour IE 8 à 11
if(window.NodeList && !NodeList.prototype.forEach) {
  NodeList.prototype.forEach = function (callback, thisArg) {
    thisArg = thisArg || window;
    for (var i = 0; i < this.length; i++) {
      callback.call(thisArg, this[i], i, this);
```

```javascript
    }
  };
}

// Fonction de préchargement d'image
function preloadImage(media) {
  const src = media.getAttribute('data-src');
  const srcset = media.getAttribute('data-srcset');
  const sizes = media.getAttribute('data-sizes');
  if(!src) {
    return;
  }
  media.src = src;
  media.removeAttribute("data-src");

  if(!srcset) {
    return;
  }
  media.srcset = srcset;
  media.removeAttribute("data-srcset");

  if(!sizes) {
    return;
  }
  media.sizes = sizes;
  media.removeAttribute("data-sizes");
}

// Configuration de l'Observer (optionnel)
const config = {
  rootMargin: '0px 0px 50px 0px',
  // threshold: 0 // Incompatible avec Safari, attention !
};

// Instanciation de l'Intersection Observer pour le lazy loading
let observer = new IntersectionObserver(function(entries, self) {
  // Pour chaque entrée ciblée (les images ici)
  entries.forEach(entry => {
    // L'API JavaScript vérifie que l'entrée existe...
    if(entry.isIntersecting) {
      // Gère les <source> de médias vidéo ou audio
      if((entry.target.tagName == "VIDEO" || entry.target.tagName == "AUDIO")
        && entry.target.children.length > 0) {
        for(var source in entry.target.children) {
          var mediaSource = entry.target.children[source];
          if(typeof mediaSource.tagName === "string" && mediaSource.tagName === "SOURCE") {
            // mediaSource.src = mediaSource.dataset.src;
            preloadImage(mediaSource);
            entry.target.load(); // Recharge l'élément média
            self.unobserve(mediaSource);
          }
        }
```

```javascript
      } else { // Gère les médias classiques, sans <source>
        // Modifie la data-src en src avec une fonction preloadImage()
        preloadImage(entry.target);
        // L'image est chargée, l'API peut s'arrêter jusqu'à la prochaine, etc.
        self.unobserve(entry.target);
      }
    }
  });
}, config);

// Sélectionne les images et lance l'Observer asynchrone
const images = document.querySelectorAll('[data-src]');
images.forEach(img => {
  // Observation des images à charger au fur et à mesure
  observer.observe(img);
});

// Instanciation de l'Intersection Observer pour le lazy loading des médias en background
let backgroundObserver = new IntersectionObserver(function(entries, self) {
  // Pour chaque entrée ciblée (les images ici)
  entries.forEach(entry => {
    // L'API JavaScript vérifie que l'entrée existe...
    if(entry.isIntersecting) {
      // Ajoute une classe visible pour afficher la bonne image
      entry.target.classList.add("visible");
      // L'image est chargée, l'API peut s'arrêter jusqu'à la prochaine, etc.
      self.unobserve(entry.target);
    }
  });
}, config);

// Même travail pour les images en background
const bckgImages = document.querySelectorAll('.bckg-img');
bckgImages.forEach(img => {
  // Observation des images à charger au fur et à mesure
  backgroundObserver.observe(img);
});
```

Une fois tout assemblé, vous obtenez un *lazy loading* fonctionnel et un temps de chargement nettement réduit. Comme Google prend en compte le chargement du premier écran visible (au-dessus de la ligne de flottaison) dans ses calculs, il s'agit d'une technique idéale voire indispensable pour booster les performances d'un site web.

N'oubliez pas non plus l'aspect UX du *lazy loading*, qui compte également dans les critères Core Web Vitals de Google. En effet, il est fortement recommandé d'ajouter en amont les dimensions attendues des médias à charger afin que l'utilisateur ne ressente pas d'instabilité de chargement lors de la navigation. En effet, le chargement des images ou vidéos peut décaler ce qui suit et générer des clics intempestifs ou un mauvais ressenti, mesuré notamment par le critère CLS (*cumulative layout shift*) en SXO.

Exemple de lazy loading en cours
de chargement des images
(avec un loader d'attente)

Optimiser les webfonts

L'optimisation des polices de caractères est un sujet rarement évoqué lorsque l'on pense à la vitesse de chargement des pages ou à la conception de sites web. Il est pourtant primordial de ne pas surcharger les pages avec des polices inutiles, lourdes ou non optimisées. Google l'a bien compris et présente même de nombreuses méthodes dans sa documentation (source : https://goo.gl/SGyKp8).

La première des règles à respecter est de ne pas accumuler trop de polices, ni trop de variantes de ces polices. En ergonomie web, on considère que deux à trois polices de caractères constituent un maximum à tolérer dans un site web. En effet, l'objectif n'est pas d'avoir un style typographique différent par ligne et de faire de notre site du webart (sauf si c'est la cible bien entendu).

Il en va de même pour les variantes de polices, qui proposent parfois toute la gamme de graisses (de 100 à 900 en CSS), de l'italique, etc. Si votre site n'utilise que du font-weight « bold » (équivalent de 700) et du « maigre » (équivalent à 400), sans italique, il ne vous reste donc que deux variantes à conserver pour alléger l'ensemble.

Le seul point qui ne puisse être contrecarré est le format des polices. Chaque navigateur ne prenant pas en compte les mêmes formats, il faut jongler entre plusieurs cas pour trouver des solutions. Voici les formats résumés qui suffisent pour afficher une police sur tous les navigateurs du moment :

- WOFF 2.0 pour les navigateurs compatibles (encore rares) ;
- WOFF pour la majorité des navigateurs web ;
- TTF pour les navigateurs Webkit (Chrome, Safari, Opera…), Gecko (Firefox) et anciens Android ;
- EOT pour les anciens Internet Explorer (avant IE9).

Les formats SVG et OTF peuvent aussi compléter cette liste mais s'avèrent obsolètes, les autres ayant pris le pas et étant optimisés. En effet, les polices WOFF et WOFF 2 sont précompressées (WOFF 2 étant près de 30 % plus léger que les autres formats) et les formats EOT et TTF peuvent être réduits grâce à la compression GZIP des serveurs web (se référer à la section sur le `.htaccess` ou le `web.config`). C'est donc un gain de poids et de ressources non négligeables et cela évite d'effectuer trop de requêtes pour charger des polices ou fichiers inutiles.

En CSS, on utilise la fonction `@font-face` pour définir la liste des polices. Il existe plusieurs méthodes d'utilisation, mais nous n'en dévoilerons qu'une seule ici, bien que les autres techniques soient tout aussi qualitatives. Cela consiste à nommer la police de caractères avec un intitulé unique et à préciser les variantes grâce à des propriétés CSS. Dans l'exemple suivant, la police Raleway propose trois graisses différentes ; c'est la propriété `font-weight` qui sert à distinguer ces variantes. Ajoutons à cela les divers formats de fichiers et la directive `local()` et le compte y est.

```
@font-face {
    font-family: 'raleway';
    src: url('fonts/raleway/raleway-regular-webfont.eot');
    src: local('Raleway Regular'),
        url('fonts/raleway/raleway-regular-webfont.woff') format('woff'),
        url('fonts/raleway/raleway-regular-webfont.woff2') format('woff2'),
        url('fonts/raleway/raleway-regular-webfont.ttf') format('truetype'),
    font-weight:300;
        font-display:swap;
}
@font-face {
    font-family:'raleway';
    src: url('fonts/raleway/raleway-medium-webfont.eot');
    src: local('Raleway Medium'),
        url('fonts/raleway/raleway-medium-webfont.woff') format('woff'),
        url('fonts/raleway/raleway-medium-webfont.woff2') format('woff2'),
        url('fonts/raleway/raleway-medium-webfont.ttf') format('truetype'),
    font-weight:400;
        font-display:swap;
}
@font-face {
    font-family:'raleway';
    src: url('fonts/raleway/raleway-bold-webfont.eot');
    src: local('Raleway Bold'),
        url('fonts/raleway/raleway-bold-webfont.woff') format('woff'),
        url('fonts/raleway/raleway-bold-webfont.woff2') format('woff2'),
        url('fonts/raleway/raleway-bold-webfont.ttf') format('truetype'),
    font-weight:700;
        font-display:swap;
}
```

La directive `local()` est rarement intégrée, mais permet de charger une police installée localement sur une machine. Certes, rares sont les utilisateurs qui possèdent des polices comme Raleway sur leur machine (ce qui est impossible sur mobile notamment) mais, pour ceux dont c'est le cas, le chargement devient quasi instantané et réduit le temps de chargement des pages. Il n'est donc pas inutile de la placer à l'occasion…

La documentation fournie par Google va encore plus loin et propose de ne charger que des sous-ensembles de glyphes afin d'optimiser encore davantage le chargement des pages. Cette solution est très bonne car il est inutile de charger les caractères cyrilliques si nous n'utilisons que les glyphes latins par exemple. Pour ce faire, il suffit d'ajouter la propriété `unicode-range` dans la fonction `@font-face`. Tous les navigateurs ne reconnaissent pas la propriété (notamment IE et Edge de Microsoft), mais cela ne cause pas d'erreur, donc autant l'ajouter si vous savez déterminer les glyphes dont vous avez besoin. Pour les caractères latins, il faudra notamment ajouter la ligne `unicode-range: U+000-5FF;` en fin de `@font-face`.

Pensez également à ajouter la propriété `font-display` qui permet de contrôler l'affichage des textes avant qu'une police de caractères ne soit chargée via `@font-face` (nous l'avons prévu dans le code précédent). Ce critère, notamment observé depuis la mise en place de Core Web Vitals et des critères d'expérience utilisateur, assure que l'utilisateur obtiendra bien l'affichage d'une police de remplacement dans l'attente du chargement des polices prévues par la fonction `@font-face`. Cela améliore donc l'UX et évite que les contenus ne s'affichent pas pendant quelques millisecondes à secondes avant le chargement des polices locales (période aussi appelée « FOIT » pour *Flash Of Invisible Text*). La valeur idéale de `font-display` est `swap`, car une police alternative est affichée jusqu'à ce que la police de caractères attendue soit chargée par le navigateur, proposant ainsi l'affichage souhaité par le site originel.

Pour améliorer le chargement des polices de caractères, il est également recommandé de passer par un préchargement des ressources, avec la balise HTML `<link rel="preload" … />` prévue à cet effet. Cela permet de précharger les ressources lourdes ou longues à charger en amont, telles que les polices de caractères. Il suffit d'ajouter la source du fichier à charger et le type de données (`font` dans le cas des polices de caractères), et le tour est joué :

```
<link rel="preload" href="fonts/raleway/raleway-regular-webfont.woff" as="font"
crossorigin="anonymous"/>
<link rel="preload" href="fonts/raleway/raleway-medium-webfont.woff" as="font"
crossorigin="anonymous"/>
<link rel="preload" href="fonts/raleway/raleway-bold-webfont.woff" as="font"
crossorigin="anonymous"/>
```

Avec ces méthodes, vous pouvez désormais optimiser les polices de caractères et ne charger que ce qui est vraiment utile pour vos pages web. Malgré cela, la fonction `@font-face` présente un défaut : les polices sont chargées à la fin du CSSOM, donc après le chargement de l'ensemble des propriétés. Parfois, cela se voit à l'écran car une police web-safe (Arial, Helvetica…) est d'abord affichée, puis la police de notre choix la remplace d'un seul coup. Si ce phénomènes est courant et vous dérange, vous pouvez utiliser l'API Font Loading du W3C pour charger les polices de manière asynchrone, mais cela n'en est encore qu'au stade de brouillon…

Utiliser des scripts asynchrones et optimisés

Principe de l'asynchronisme et limites des attributs async et defer

L'objectif d'un script asynchrone est d'éviter au maximum de charger des codes qui ont peu d'intérêt direct pour le bon fonctionnement et l'affichage des pages web, en parallèle du DOM et CSSOM (architectures HTML et CSS). En effet, le chargement des pages se fait par étapes et il convient de bien comprendre ce phénomène pour optimiser la vitesse finale.

Lorsque nous chargeons des pages web dans un navigateur, ce dernier lit d'abord le DOM et le CSSOM, à savoir la partie statique des pages en HTML et CSS. Ensuite, il devrait s'occuper des scripts JavaScript et autres ressources. Malheureusement, nos pages web sont rarement développées comme il se doit pour permettre ce type de chargement idéal, ce qui ralentit considérablement l'affichage des éléments majeurs présents dans les pages (notamment sur mobile). Cela signifie, en théorie, que nos pages devraient proposer uniquement du code HTML et CSS en statique et tout le reste devrait être chargé de manière asynchrone (notamment les scripts en JavaScript).

Prenons le cas typique d'un site web classique développé manuellement. Il va généralement contenir des balises `<scripts>…</script>` au milieu des pages HTML/CSS. Cela ne nous choque pas car c'est ce que l'on retrouve partout sur la Toile ; pourtant, ce n'est pas optimisé si certaines conditions ne sont pas respectées.

En effet, le chargement du DOM s'interrompt le temps de charger des scripts, ce qui ralentit l'affichage des éléments qui suivent. Admettons que les balises de scripts soient insérées dans le <head> de la page ; tout ce qui suit (donc le corps de la page à afficher) est bloqué le temps que le navigateur interprète les scripts. C'est le problème qui survient lors du chargement du DOM en cas de scripts « synchrones ».

Le chargement des éléments primaires d'une page peut être retardé de plusieurs secondes juste à cause de ce phénomène. C'est pourquoi le PageSpeed de Google évoque ce facteur en indiquant que des ressources ralentissent ou bloquent l'affichage des contenus dans les pages web. Nous devons optimiser cet aspect, notamment en vue des pages mobiles. Plusieurs méthodes permettent d'utiliser des scripts asynchrones, mais toutes ne donnent pas des résultats qualitatifs.

Notez que Google analyse plusieurs « moments » lors du chargement d'une page, qu'il nomme précisément. L'idéal est de charger le plus rapidement le FCP *(first contentful paint)* voire le FMP *(first meaningful paint)*, qui correspond globalement au chargement du DOM + CCSOM. Voici la liste des étapes correspondantes :

- **First Paint (FP)** correspond au chargement de la structure du site, donc au tout début de la navigation possible. C'est la toute première phase de rendu d'une page, qui suit le TTFB *(Time to first byte)* en quelque sorte.

- **First Contentful Paint (FCP)** correspond au chargement complet du rendu structurel, mais pas de tous les contenus de la page dans leur ensemble (scripts encore en cours, polices, etc.). On peut considérer qu'il s'agit du chargement complet du DOM à cette étape.

- **First Meaningful Paint (FMP)** correspond au chargement complet du rendu structurel, tel que les textes, les images, les fonds, les polices de caractères en attente, les SVG… Ici, tout n'est pas encore chargé, seulement la structure et les contenus avant que toutes les ressources soient chargées (par exemple, `Font-Awesome` ou des polices de caractères utilisant `@font-face` en CSS). Cette étape marque le chargement du DOM et du CSSOM en quelque sorte.

- **DOM Content Loaded (DCL)** correspond au chargement total des ressources présentes dans la page web (excepté les chargements Ajax qui sont réalisés ultérieurement). Google parle aussi de *Time to interactive* pour cette étape finale de chargement.

Figure 2–38
Exemple d'étapes de chargement d'une page selon Google

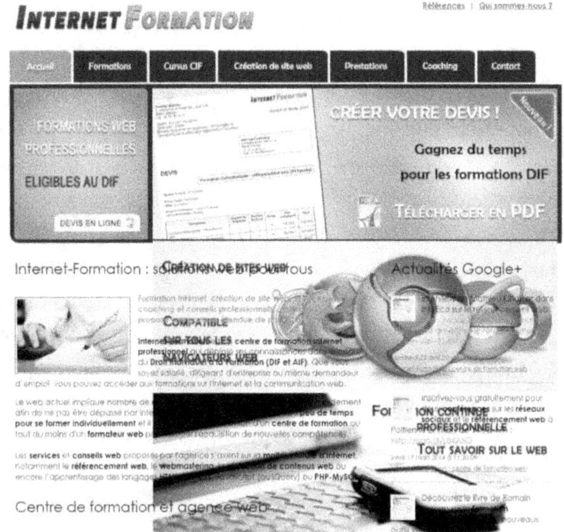

Attention aux optimisations du PageSpeed

Le PageSpeed est parfois un peu « bête et méchant » et son intolérance va à l'encontre du bon fonctionnement général de certaines pages. En effet, si nous respectons à la lettre les règles édictées par la documentation de Google, nous risquons parfois d'avoir des surprises désagréables en matière d'affichage et de fonctionnalités. Il faut donc être prudent et effectuer des tests progressifs en actualisant les pages web concernées pour savoir si nous n'allons pas trop loin dans l'optimisation.
C'est l'un des défauts du PageSpeed, car la quasi-totalité des sites web ne pourra jamais atteindre la note de 100/100 malgré toute la bonne volonté du monde. En effet, il existe presque dans tous les cas un script qui doit être chargé au démarrage et non de manière asynchrone ou en fin de code source.

Il faut accepter que l'expérience utilisateur passe avant la note attribuée par Google et, bien que nous perdions des points de façon purement subjective, ce n'est pas un drame. Les meilleurs exemples de chargements asynchrones à éviter concernent les sliders, carrousels ou encore la tendance des *smooth scrolls* (pages découpées en sections distinctes avec un effet de défilement continu) comme le montre la figure suivante. En effet, il arrive parfois qu'un chargement asynchrone provoque un affichage malencontreux pendant quelques millisecondes…

Figure 2–39
Exemple de chargement asynchrone
d'un script de slideshow qui détériore
l'affichage.

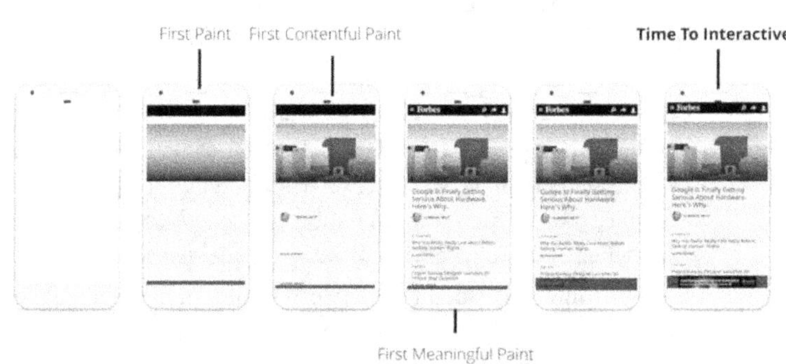

Pour respecter au maximum les règles fixées par le PageSpeed, nous pouvons utiliser plusieurs méthodes, indépendamment ou conjointement quand c'est possible :

- Placer les balises `<script>...</script>` en fin de code source, avant la balise `</html>`.
- Utiliser des requêtes Ajax asynchrones avec ou sans jQuery (conseillé si vous débutez en code). Il s'agit juste de paramétrer l'option `async` sur `true` pour déclencher les scripts Ajax de manière asynchrone.
- Utiliser JavaScript pour charger les scripts dans le bon ordre et de manière asynchrone grâce à une fonction. Nous étudierons ce cas par la suite, car il s'agit certainement de la méthode la plus efficace (mais aussi la plus complexe à mettre en œuvre).
- Opter pour HTML 5 et les nouveaux attributs `async` ou `defer` qui facilitent les chargements asynchrones. Toutefois, il faut retenir que les anciens navigateurs ne sont pas compatibles avec ces attributs et qu'ils présentent des limites techniques embêtantes que nous allons expliquer après ce listing.
- Utiliser des bibliothèques et chargeurs JavaScript qui chargent des scripts de manière asynchrone. Les plus connus sont LABjs (source : http://labjs.com), Head.js (source : http://headjs.com), ControlJS (source : http://stevesouders.com/controljs/) et RequireJS (source : http://requirejs.org). Nous détaillerons la méthode avec LabJS par la suite.

- Passer par la fonction `load()` de jQuery permet, dans certains cas, de sauver les meubles. Cependant, cette technique n'est pas la meilleure dans la plupart des circonstances ; il ne faut donc pas la considérer comme essentielle. Il en va de même pour toutes les techniques qui visent à exécuter les codes après quelques secondes à l'aide de `timeout` en JavaScript ou jQuery. Ces méthodes sont trop limitées et provoquent même parfois l'effet inverse en conduisant à des pertes de performances.

HTML 5, avec ses attributs `async` et `defer`, peut sembler proposer une bonne solution pour mettre en place des scripts asynchrones. Il s'agit même certainement de la technique la plus simple à appliquer puisqu'elle consiste à ajouter l'attribut dans la balise ouvrante `<script>`, comme dans l'exemple suivant :

```
<script src="script-asynchrone.js" async></script>
<script src="script-differe.js" defer></script>
```

Au premier abord, il est difficile de savoir quel est l'attribut le plus adapté pour optimiser le chargement. Dans l'ensemble, `defer` dispose d'une meilleure compatibilité, charge les scripts en différé et dans l'ordre désiré, mais peut bloquer temporairement l'affichage des contenus de la page en l'attente du chargement final. L'attribut doit en effet attendre que l'événement `load` d'une page (chargement du DOM terminé) soit atteint pour s'exécuter, et ce temps, en plus de celui du chargement des scripts, peut entraîner quelques gênes visuelles. Ajoutons à cela que `defer` a un problème natif difficile à contrer : bien qu'il charge les scripts dans l'ordre d'affichage, il n'attend pas la fin du chargement du script précédent pour lancer le suivant. Par conséquent, les situations de blocage sont fréquentes, notamment dans le cas d'un petit script dépendant d'une bibliothèque ou d'un plugin JavaScript à charger en amont. Nous pouvons évoquer l'exemple d'un diaporama en jQuery : `defer` qui risque de finir de charger le script jQuery de lancement du diaporama, plus léger, bien avant la librairie jQuery dont il est pourtant dépendant. Dans ce cas, aucun slider ne sera fonctionnel et toutes les images seront affichées les unes sous les autres, comme dans le code HTML natif quand le script n'est pas activé…

De son côté, `async` charge le contenu directement, sans attendre l'événement `load`, en parallèle du chargement du DOM (donc du pur asynchronisme ici), mais il n'est pas compatible partout et ne respecte pas l'ordre de chargement des scripts. Cela peut donc poser les mêmes problèmes que son compère `defer` si un script nécessite une dépendance ou le chargement préalable d'une bibliothèque, par exemple. L'attribut `async` offre donc plus de rapidité, attend bien la fin du chargement pour s'attaquer à un autre script, mais comme il ne respecte pas l'ordre, il devient quasi obsolète. Libre à vous de vous faire une opinion sur le meilleur des deux attributs étant donné qu'aucun d'entre eux n'est bon pour améliorer les performances de façon native.

On peut également se demander s'il est possible de cumuler `async` et `defer`. En effet, cela permettrait peut-être de limiter les freins et problèmes de l'un et l'autre. Malheureusement, même si Microsoft a recommandé d'ajouter les deux attributs, les navigateurs compatibles optent souvent pour `async`. Ces deux attributs restent donc très problématiques malgré leurs promesses et il est assez rare qu'ils permettent un chargement asynchrone de qualité.

Rendre les scripts vraiment asynchrones

Utiliser un script d'asynchronisme

Maintenant que nous avons présenté plusieurs techniques d'optimisation pour le chargement des scripts, nous pouvons détailler celles qui nous semblent les plus pratiques et les plus efficaces. Nous avons vu que les attributs `async` et `defer` n'étaient pas d'une grande aide, et qu'ils ne pouvaient être utilisés que pour des scripts d'appoint et non pour une optimisation avancée et une mise en place d'un asynchronisme de qualité. Voici donc des solutions pour contrer ces limitations et utiliser de vrais scripts asynchrones.

Tout d'abord, pensez à effectuer des requêtes Ajax ou des promesses asynchrones quand cela est possible (ici, exemple d'Ajax avec la bibliothèque jQuery). Ainsi, vos programmes se lanceront en parallèle du DOM et n'entraveront pas directement le chargement des pages et le PageSpeed. Le code suivant présente une requête extrêmement simple qui porte l'option `async` :

```javascript
jQuery(document).ready(function () {
    $.ajax({
        url: "code-ajax.php",
        type: "POST",
        async: true, // Lancement asynchrone
        data: ({
            donnee1: $("#champ1").val(),
            donnee2: $("#champ2").val(),
            donnee3: "texte d'exemple"
        }),
        success: function(data) {
            // Retourne les données transmises en Ajax
            $("#zoneaffichageresultat").append(data);
        },
        complete: function(data){
            console.log(data);
        }
    });
});
```

Une autre méthode intéressante pour charger les scripts JavaScript de manière asynchrone s'appuie sur des plug-ins comme LABjs. Elle est relativement simple à exécuter : il suffit d'utiliser la méthode `wait()` ou d'ajouter une option (`AlwaysPreserveOrder`) pour préserver l'ordre de chargement des scripts. L'intérêt est ici de charger les scripts dans l'ordre, mais avec de l'asynchronisme, et donc de contrer les limitations des attributs `async` et `defer`.

```html
<!-- Première méthode avec wait() -->
<script src='/js/LAB.min.js'></script>
<script>
    $LAB
    .script("js/jquery-min.js").wait()
    .script("js/code-jquery-min.js")
</script>

<!-- Seconde méthode avec AlwaysPreserveOrder -->
<script src='/js/LAB.min.js'></script>
<script>
    $LAB
    .setOptions({AlwaysPreserveOrder:true})
    .script("js/jquery-min.js")
    .script("js/code-jquery-min.js")
</script>
```

Une autre méthode va dans le sens de LabJS et consorts, mais il s'agit d'une fonction développée à la main. Cette dernière récupère un tableau JSON contenant la liste des scripts JavaScript à charger, dans leur ordre d'apparition. En d'autres termes, nous allons développer une fonction `loadAsyncJS()` en JavaScript qui va récupérer la liste des scripts du site, les mettre dans le bon ordre puis les charger en asynchrone. Placez ces codes en fin de document (avant `</body>`) et vous devriez sentir la différence. Attention toutefois : si vous utilisez LABjs ou cette fonction dans un CMS comme WordPress, cela demandera beaucoup d'adaptations pour charger un maximum de scripts par ce biais.

La fonction `loadSyncJS()` se présente comme suit et est compatible jusqu'à des versions lointaines d'Internet Explorer. Elle est assez complexe car elle doit gérer la rétrocompatibilité avec Internet Explorer mais, en soi, son mode de fonctionnement est simple car elle ne nécessite par de bibliothèque externe comme jQuery ou Prototype :

```javascript
// Fonction de chargement asynchrone des scripts
function loadAsyncJS(scripts) {
    var fired = 0;

    // Recrée Object.keys pour IE
    if(!Object.keys) {
        Object.keys = function(obj) {
            var keys = [];
            for(var i in obj) {
                if(obj.hasOwnProperty(i)) {
                    keys.push(i);
                }
            }
            return keys;
        };
    }
    // Recrée la fonction map pour IE
    if(!Array.prototype.map) {
        Array.prototype.map = function(f) {
            var r=[];
            for(var i=0;i<this.length;i++) {
                r.push(f(this[i]));
            }
            return r;
        }
    }

    // Compte le nombre de scripts et récupère les valeurs
    var count = Object.keys(scripts).length;
    var values = Object.keys(scripts).map(function(e) {
    return scripts[e];
    });

    // Fonction de lancement asynchrone (scripts l'un après l'autre)
    var asyncCall = function() {
        // Récupération de la valeur puis suppression de la liste
        var script = values.shift();
```

```javascript
        // Création d'un script dynamiquement
        fileJS = document.createElement('script');
        fileJS.src = script;

        // Lancement du script (via le body)
        document.body.appendChild(fileJS);

        // On compte le nombre de scripts
        fired = fired + 1;
        if(fired < count) {
            // Si le fichier précédent est chargé, récursion avec le suivant...
            if(fileJS.readyState) { // IE 8 et inférieurs
                fileJS.onreadystatechange = function() {
                    if (this.readyState === 'complete' || this.readyState === 'loaded') {
                        asyncCall();
                    }
                };
            } else { // Autres que IE 8 et inférieurs
                fileJS.onload = function() {
                    asyncCall();
                };
            }
        }
        return false; // Sécurité
    };

    // Vérifie l'existence de l'événement DOMContentLoaded
    if(!document.addEventListener) {
        // Pour IE 8 et inférieurs...
        if(window.attachEvent) {
            window.attachEvent("onload", asyncCall);
        } else if(window.onLoad) {
            window.onload = asyncCall;
        } else {
            document.onreadystatechange= function () {
                if(this.readyState == 'complete') {
                    asyncCall();
                }
            }
        }
    } else {
        if(document.readyState === 'loading') {
            document.addEventListener("DOMContentLoaded", asyncCall);
        } else if(document.readyState !== 'complete') {
        window.addEventListener("load", asyncCall);
        } else {
            asyncCall();
        }
    }
}
```

Une fois cette fonction placée dans une balise de script en bas de code HTML, il suffit de lui proposer une liste de scripts à charger puis de la lancer. Cela permettra de récupérer une grande majorité de scripts (voire la totalité dans certains cas) et de les charger de manière asynchrone. L'exemple suivant montre comment pourraient être chargés des scripts dans le bon ordre sans gêner le chargement des DOM et CSSOM.

```php
// Objet JSON pour lister les scripts à charger
var jsScripts = {
    "jquery": "css-js/jquery-1.12.4.min.js",
    "jquery-easing": "css-js/jquery.easing.1.3.min.js",
    "jquery-sticky": "css-js/jquery.sticky.min.js",
    "jquery-slicknav": "css-js/jquery.slicknav.min.js",
    <?php if(is_home()) { // Exemple pour discriminer des scripts à charger selon la page ?>
        "jquery-fractionslider": "css-js/jquery.fractionslider.min.js",
        "slideshow": "css-js/slideshow.min.js",
        "twitter-api": "css-js/twitter-widget.js",
    <?php } ?>
    "scripts-personnels": "css-js/scripts.min.js",
    "ga-lite-analytics": "https://cdn.jsdelivr.net/ga-lite/latest/ga-lite.min.js",
    "ga-lite-script": "css-js/ga-lite-script.min.js"
}

// Lancement de la fonction de chargement asynchrone
loadAsyncJS(jsScripts);
```

N'oubliez pas que ce travail d'optimisation des scripts consiste aussi à réduire les ressources et surtout le nombre de fichiers JavaScript, par exemple. Le plus souvent, cela se fait manuellement par de simples copier-coller, mais il existe aussi une méthode dynamique avec une bibliothèque PHP comme avec YUI Compressor ou Minify (source : https://code.google.com/p/minify/). Consultez la documentation si ces méthodes vous intéressent, car elles permettent de combiner les fichiers en deux appels seulement pour tous les fichiers JS et CSS.

Créer un attribut HTML d'asynchronisme

Les méthodes de LABjs ou de scripts faits maison sont très intéressantes mais elles nous obligent à récupérer tous les scripts de toutes les pages, à les compiler et les compresser au maximum, puis à les lister pour enfin les faire charger en asynchrone par ces programmes. Ce n'est pas une tâche impossible mais cela peut s'avérer relativement long à mettre en œuvre dans bien des cas. Une autre solution, moins coûteuse en énergie, serait de reprendre le principe que nous avons déjà appliqué pour la technique du *lazy loading*, à savoir d'utiliser des attributs data-* pour créer un nouvel attribut HTML qui n'aurait pas les défauts de defer et async.

En ajoutant notre propre attribut HTML préparé par nos soins, nous n'aurions pas à regrouper et lister tous les scripts de nos pages, mais juste à les marquer ou non en ajoutant notre attribut au besoin. Ainsi, tous les scripts qui portent cet attribut seront chargés de manière asynchrone, dans l'ordre, et prenant bien soin d'attendre la fin du chargement des dépendances. Les autres scripts seraient chargés au fil de l'eau comme dans toutes pages web. En définitive, cela revient exactement à faire les mêmes efforts qu'ajouter un attribut async ou defer, si ce n'est qu'il faut également ajouter le code JavaScript de notre programme.

Pour que le programme soit fonctionnel, nous devons appliquer le même mode opératoire de base que pour le *lazy loading*, il convient donc de bloquer l'attribut src afin que les scripts JavaScript ne se chargent pas automatiquement avec le DOM. Nous devons donc le modifier en data-src pour tous les scripts que nous souhaitons rendre asynchrones (idéalement, tous sauf notre programme…). De plus, il faut ajouter notre attribut HTML maison que nous avons appelé par défaut data-sync="async" (vous pourriez changer son nom mais il faudrait s'assurer que c'est bien le cas dans le programme également). Une fois cette mise en place réalisée, il ne reste qu'à charger notre script pour que ce dernier aille automatiquement chercher toutes les balises <script> porteuses de l'attribut data-sync.

Dans le cadre de l'écriture de cet ouvrage, nous avons créé deux programmes très nuancés dont l'objectif final est le même, vous pourrez retrouver les codes via le lien de téléchargement proposé à la fin de notre Avant-Propos. Nous ne présenterons donc ici qu'une seule de ces variantes, mais nous en expliquons les différences :

- Le premier programme (*v1*) récupère les data-src de chaque script marqué par data-sync, supprime les balises scripts dans le DOM puis les recréé une par une dans l'ordre de manière asynchrone, en les plaçant dans le pied de page, avec cette fois un attribut src fonctionnel afin que les scripts se chargent comme il se doit.

- Le second code (*v2*) part du même principe mais fonctionne davantage comme du *lazy loading*, en modifiant directement l'attribut data-src en src, laissant ainsi les scripts au même emplacement qu'à l'origine.

Les deux méthodes se valent en matière de performances, c'est donc uniquement un choix personnel au moment de l'application. Certains spécialistes préféreront voir tous les scripts bien rangés en fin de page web, là où d'autres trouveront plus cohérent de laisser les balises <script> à leur place initiale. Quoi qu'il en soit, le résultat est identique et vous pourrez profiter d'un vrai chargement asynchrone avec un attribut HTML pleinement fonctionnel, en remplacement des async et defer natifs.

Voici le code de la version 2 du programme, qui créé donc un attribut src dans les balises existantes, en prenant soin de supprimer l'attribut data-sync à la volée.

```javascript
function loadAsyncJS(attributSrc, attribut) {
    // Valeur par défaut de l'attribut utilisé pour afficher la source du script
    var attributSrc = (typeof attributSrc !== 'undefined') ? attributSrc : "data-src";

    // Valeur par défaut de l'attribut utilisé pour la détection de l'asynchronisme
    var attribut = (typeof attribut !== 'undefined') ? attribut : "data-sync";

    // Bloquant automatique
    fired = 0;

    // Récupère les scripts à conserver via l'attribut
    var allScripts = document.querySelectorAll("script["+attribut+"]");
    allScripts = Array.prototype.slice.call(document.querySelectorAll("script["+attribut+"]"));

    // Compte le nombre de scripts et récupère les valeurs
    count = allScripts.length;
```

```javascript
    // Fonction de lancement asynchrone (script l'un après l'autre)
var asyncCall = function() {
    // Récupération de la valeur puis suppression de la liste
    var fileJS = allScripts.shift();
    fileJS.src = fileJS.getAttribute(attributSrc);
    fileJS.removeAttribute(attributSrc);
    fileJS.removeAttribute(attribut);

    // On compte le nombre de scripts
    fired = fired + 1;
    if(fired < count) {
        // Si le fichier précédent est chargé, récursion avec le suivant...
        if(fileJS.readyState) { // IE 8 et inférieurs
            fileJS.onreadystatechange = function() {
                if(this.readyState === 'complete' || this.readyState === 'loaded') {
                    asyncCall(allScripts);
                }
            };
        } else { // Autres que IE 8 et inférieurs
            fileJS.onload = function() {
                asyncCall();
            };
        }
    }
return false; // Sécurité
};

// Vérifie l'existence de l'événement DOMContentLoaded
if(!document.addEventListener) {
    // Pour IE 8 et inférieurs...
    if(window.attachEvent) {
        window.attachEvent("onload", asyncCall);
    } else if(window.onLoad) {
        window.onload = asyncCall;
    } else {
        document.onreadystatechange = function () {
            if(this.readyState == 'complete') {
                asyncCall();
            }
        }
    }
} else {
    if(document.readyState === 'loading') {
        document.addEventListener('DOMContentLoaded', asyncCall);
    } else if(document.readyState !== 'complete') {
        window.addEventListener('load', asyncCall);
    } else {
        asyncCall();
    }
}
}

// Lancement de la fonction de chargement asynchrone
loadAsyncJS();
```

Les limites d'un asynchronisme complet

La tentation d'appliquer à l'ensemble des scripts d'un site ce type d'attribut est forte, mais il ne faut pas oublier que pour certains programmes cela peut entraîner des gênes visuelles pendant quelques millisecondes à quelques secondes. Il peut donc être recommandé de discriminer certains scripts uniquement pour cette raison, afin de trouver un équilibre entre qualité visuelle, ergonomie et amélioration du PageSpeed et des performances. Ce dosage ne peut être fait qu'au cas par cas.

Cependant, pour certains types de programmes, il existe des palliatifs simples à mettre en œuvre. Si nous prenons l'exemple d'un diaporama, ce dernier va nativement charger toutes les images les unes en dessous des autres, dans une liste à puce (c'est le fonctionnement classique d'un slider). Si nous chargeons le script du diaporama en asynchrone, il risque de se passer quelques courtes secondes avant que ce dernier ne soit chargé et appliqué, laissant donc les images détruire totalement le design graphique de la page (sachant que les diaporamas sont souvent dans le premier écran visible, c'est la catastrophe pour séduire les visiteurs). Pour contrecarrer ce problème, vous pouvez optimiser le code CSS pour ne pas laisser ce défaut d'affichage visible. Pour ce faire, vous pouvez attribuer une hauteur ou une largeur maximale par défaut à votre slider, puis utiliser la propriété CSS `overflow:hidden` pour masquer ce qui dépasse. Ainsi, les utilisateurs ne voient que la première image avant que le script ne soit chargé.

Appliquer des scripts asynchrones avec WordPress

La problématique de l'asynchronisme est d'autant plus complexe à mettre en œuvre quand les sites utilisent des frameworks ou des CMS. Étant donné que WordPress domine toute autre forme de création de sites web, il nous a semblé évident de vouloir appliquer notre méthode à cet outil populaire. Ainsi, nous allons voir comment procéder pour rendre tous les scripts WordPress asynchrones en utilisant le programme que nous avons présenté dans la section précédente, à l'aide de l'attribut `data-sync` créé pour l'occasion.

Avant toute chose, il convient de bien connaître le fonctionnement du CMS, des thèmes et des extensions pour comprendre les problématiques de scripts qui découlent de l'usage d'un tel outil. En effet, WordPress permet d'ajouter des scripts dans un listing par le biais de la fonction PHP `wp_enqueue_scripts()`, mais il arrive fréquemment que des développeurs peu habitués à cette bonne pratique insèrent des balises `<script>` directement dans le code HTML des pages ou des scripts personnalisés sans passer par cette fonction. Ainsi, nous pouvons nous retrouver avec des scripts chargés via le code de WordPress, et d'autres par les méthodes traditionnelles d'insertion (soit en interne, soit en externe).

Sachant cela, nous devons manuellement ajouter l'attribut `data-sync` pour les scripts chargés avec la méthode traditionnelle, et utiliser des fonctions PHP pour les scripts lancés par les fonctions internes de WordPress (à placer dans le fichier `functions.php` du thème actif). Malgré cela, il est possible que certains scripts ajoutés à la main par les développeurs nécessitent des dépendances pour fonctionner, donc si nous chargeons celle-ci avec notre méthode, nul doute que des erreurs JavaScript vont rapidement naître. Ajoutons à cela que quelques-uns de ces scripts mal insérés dans WordPress (ou tout du moins, pas avec les méthodes recommandées) sont parfois issus d'extensions, et donc qu'il est recommandé de ne pas les modifier (sinon, à la prochaine mise à jour de l'extension, tout sera écrasé et donc perdu, et il faudra refaire les modifications…).

Vous l'avez donc bien compris, la réussite de l'asynchronisme dans un CMS comme WordPress dépend aussi bien de l'outil en lui-même que des qualités de développement et du respect des consignes des webmasters. Autant dire que beaucoup de conditions doivent être réunies pour arriver à nos fins sans encombre, et c'est là que le bât blesse. Nous avons donc prévu dans nos fonctions PHP une sorte d'échappatoire qui va nous permettre de retirer des scripts un par un pour ne pas les charger en asynchrone en cas de problème. Ainsi, si une dépendance est nécessaire pour un script inséré directement dans de l'HTML, nous pourrons l'extraire de nos listes de scripts à charger de manière asynchrone, et éviter d'être dans l'embarras.

Tout d'abord, nous devons charger notre fonction JavaScript qui créé et gère l'attribut data-sync, comme nous l'avons vu dans la section précédente. Ce code PHP ajouté dans le fichier functions.php va s'en occuper (notre script porte le *handle* load-async-js).

```php
// Ajoute le script loadAsyncJS en fin de page
function add_async_scripts_function() {
    wp_enqueue_script('load-async-js', get_stylesheet_directory_uri().'/js/
loadAsyncJS_attribute_v1.min.js', array(), false, true);
}
if(!is_admin()) {
    add_action('wp_enqueue_scripts', 'add_async_scripts_function');
}
```

Nous devons ensuite réordonner tous les scripts chargés via la fonction wp_enqueue_scripts() dans l'ordre souhaité, en veillant à placer notre programme en dernier dans la liste.

```php
// Réordonne les scripts pour placer le script d'asynchronisme en dernier...
function print_order_async_scripts_function($handlesArray) {
    $handleDefault = 'load-async-js'; // Nom du script par défaut

    // Vérifie si le script existe et le place à la fin
    $key = array_search($handleDefault, $handlesArray); // Recherche le numéro de clé
    if($key !== false) {
        $handle = $handlesArray[$key];
        unset($handlesArray[$key]);
        $handlesArray[] = $handle;
    }

    return $handlesArray;
}
if(!is_admin()) {
    add_filter('print_scripts_array', 'print_order_async_scripts_function', 10, 1);
}
```

Enfin, nous devons dynamiquement modifier l'ensemble des balises <script> créées par WordPress afin de remplacer l'attribut src par data-src, tout en ajoutant notre attribut data-sync pour que notre programme JavaScript sache quels scripts charger en asynchrone. Vous n'avez donc aucun effort à produire ici pour gérer les attributs. Cela démontre aussi que le choix d'un thème bien construit ou de plugins programmés dans les règles de l'art peut avoir de lourdes incidences sur le bon fonctionnement de l'asynchronisme, tout en vous permettant d'appliquer cette technique sans trop de difficultés (il suffirait juste d'ajouter les trois fonctions PHP pour que tout fonctionne directement).

```php
// Modifie automatiquement les attributs src des scripts pour tout rendre asynchrone
function add_data_attribute($tag, $handle, $src) {
    // Scripts à exclure (vide par défaut)
    $excludedHandles = array(
        'load-async-js', // Script par défaut (pour le chargement asynchrone)
    );
```

```php
// Nettoyage des types en Warning W3C (optionnel)
$tag = str_replace(' type="application/JavaScript"', '', $tag);
$tag = str_replace(' type=\'application/JavaScript\'', '', $tag);
$tag = str_replace(' type="text/JavaScript"', '', $tag);
$tag = str_replace(' type=\'text/JavaScript\'', '', $tag);

if(!in_array($handle, $excludedHandles)) {
    $tag = str_replace(' async', ' data-sync', $tag); // Optionnel (pour supprimer async/defer)
    $tag = str_replace(' defer', ' data-sync', $tag); // Optionnel (pour supprimer async/defer)
    $tag = str_replace(' src', ' data-sync="async" src', $tag);
    $tag = str_replace(' src', ' data-src', $tag);
} else if($handle == "load-async-js") { // Si le script est celui par défaut...
    // $tag = str_replace('src', 'defer="defer" src', $tag);
    $tag = str_replace('src', 'async="async" src', $tag); // Variante
}
return $tag;
}
if(!is_admin()) {
    add_filter('script_loader_tag', 'add_data_attribute', 10, 3);
}
```

Tout en haut de la fonction PHP précédente, vous pouvez observer la présence d'un tableau PHP (array) placé dans la variable `$excludedHandles`. Elle permet de lister tous les noms de script (*handle*) qui ne doivent pas être modifiés, et donc à ne pas rendre asynchrones. Par défaut, nous excluons de fait notre propre programme, mais vous pouvez également ajouter tous les autres scripts qui poseraient problème lors du chargement des pages. Si vous ne connaissez pas bien le nom de vos scripts, vous pouvez les lister avec une fonction de ce type (à supprimer ou à commenter une fois que vous avez trouver les *handle* correspondants).

```php
// Permet d'afficher l'ensemble des "handle" des scripts (si besoin)
function getAllScriptsJS() {
    global $wp_scripts;
    foreach($wp_scripts->queue as $handle) {
        echo $handle.' | ';
    }
}
add_action('wp_print_scripts', 'getAllScriptsJS');
```

Vous savez désormais comment charger la très grande majorité de vos scripts WordPress de manière asynchrone, et ainsi améliorer le temps de chargement de vos pages, mais également votre note de PageSpeed.

Les optimisations que nous avons étudiées ensemble semblent chronophages et difficiles à mettre en œuvre, mais elles demeurent primordiales pour aller de l'avant et proposer des sites web réellement optimisés et rapides. Nous avons tout fait pour vous montrer qu'il existe des moyens de se faciliter la tâche en utilisant des attributs HTML faits maison ou encore en intégrant directement ce type de programme dans des CMS comme WordPress. En réalité, ces optimisations ne servent pas uniquement le SEO, mais également le confort de navigation, un affichage nettement plus rapide sur mobile et un meilleur taux de conversion. Nous ferons certains parallèles avec cette grande partie dans la section suivante sur les optimisations mobiles, car les deux sont intimement liées. À l'heure de l'index Mobile First de Google, vous devez vous douter qu'il ne faudra plus prendre ces techniques à la légère sous peine d'être relégué, dans certains cas, derrière vos concurrents.

Figure 2–40
Modification à la volée des attributs
data-src en src lors du chargement
d'une page avec WordPress

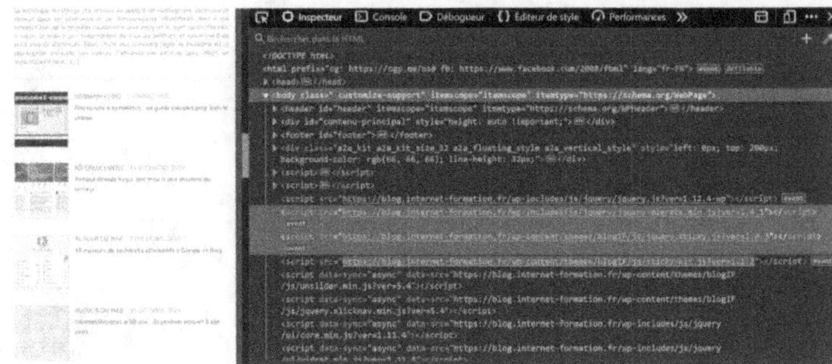

Booster les performances avec CSS Containment

Au-delà même de l'aspect purement SEO, rappelons que l'amélioration des performances contribue également à séduire les utilisateurs, à potentiellement augmenter le taux de clics et le taux de conversions, mais
aussi à améliorer l'empreinte écologique d'un site. Il n'existe donc aucun point noir pour ternir l'intérêt de ce
type d'optimisation. Nous avons pu découvrir de nombreuses méthodes pour booster les performances d'un
site web dans ce chapitre, et nous avons constaté que chaque optimisation pouvait valoir le coup. C'est pourquoi nous voulions évoquer la propriété contain en CSS du module CSS Containment qui est devenue un
standard W3C depuis le 21 novembre 2019 (source : https://bit.ly/3ea2V4l).

Il existe des dizaines de méthodes pour améliorer les performances, dans tous les langages, mais quand CSS
décide de s'améliorer au profit de cette cause, il est important de ne pas passer à côté. La propriété contain a
pour but de modifier la portée (*scope*) d'un nœud dans l'arbre DOM d'un document web, en pouvant rendre
indépendants des blocs et leurs contenus du reste de l'arbre de document. Ainsi, au lieu d'avoir un DOM
qui hiérarchise l'ensemble de la page, ce dernier pourrait être découpé en blocs distincts et administrables
indépendamment.

Cela peut sembler flou pour les plus profanes d'entre vous mais l'intérêt est énorme en matière de performances, notamment pour les sites web qui utilisent beaucoup de JavaScript ou d'Ajax (ou des promesses).
En effet, il faut savoir qu'à chaque modification de l'arbre DOM dans une page, avec JavaScript, il faut
recharger l'ensemble de l'arbre pour afficher le résultat des changements réalisés. Par exemple, si vous avez
un petit code JavaScript qui vient affecter uniquement un changement de titre dans un bloc d'une colonne
latérale, il faut recharger l'ensemble de l'arbre DOM de la page entière. C'est donc lorsque l'optimisation du
site reste marginale que peut intervenir contain. La propriété CSS va permettre de se focaliser sur le bloc en
question, le rendant indépendant du reste de l'arbre DOM, et en cas de modification, ce seul bloc sera
rechargé, et non le reste de la structure.

Sur des pages relativement simples en HTML, avec une structure assez courte (peu de nœuds dans le
DOM), l'intérêt de la propriété contain est limité. Mais pour des pages un peu plus complexes, nécessitant
de nombreux nœuds et des modifications injectées via JavaScript, elle prend alors tout son sens. Google
avait fourni dans sa documentation pour la sortie de Google Chrome 52 un exemple d'intérêt de la propriété
CSS contain, alors ajoutée dans la liste des compatibilités avec le navigateur. On observe que pour un même
site, dont un bloc de classe .box est modifié à la volée, les performances sont nettement améliorées lorsque la
propriété est appliquée sur le bloc plutôt que dans un fonctionnement classique du DOM (moins
d'une milliseconde contre près de 57 millisecondes en temps normal).

Figure 2–41
Optimisation des performances d'une page
avec la propriété CSS contain

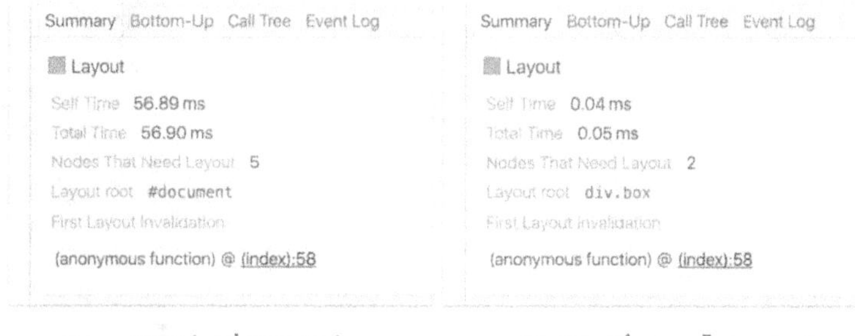

En CSS, il faut prévoir plusieurs valeurs pour la propriété `contain`, avec un intérêt différent selon les cas. L'application reste relativement simple puisqu'il s'agit juste de cibler les blocs concernés selon la valeur précise qui suit :

- `contain:none` : aucun confinement du bloc n'est appliqué ;
- `contain:layout` : rend totalement indépendant le nœud et son contenu du reste de l'arbre DOM. Avec cette valeur, le navigateur ne calcule que le comportement des éléments internes (descendants) en cas de modification, le reste du DOM n'est pas affecté. Il s'agit d'une valeur qui peut nettement améliorer les performances globales si elle est bien appliquée ;
- `contain:paint` : permet à un élément de ne pas s'afficher en dehors de ses limites. L'intérêt ici est surtout de gérer l'arbre DOM pour les nœuds qui sont situés hors écran, un peu à l'image d'un *lazy loading* pour des blocs HTML. On peut aussi comparer cette valeur à un `overflow:hidden`, sauf qu'ici les performances sont accrues. Bien que la valeur `paint` entraîne quelques effets secondaires si le bloc utilise d'autres propriétés comme `position` ou `z-index`, elle permet vraiment d'améliorer les performances en gérant à l'avance les blocs situés hors écran (pied de page par exemple) et en ne les chargeant qu'en cas de défilement jusqu'à leur emplacement (donc comme un *lazy loading*) ;
- `contain:size` : garantit que le bloc conteneur peut subir des redimensionnements sans avoir à impacter ses éléments enfants. Cela peut être intéressant pour s'adapter à des tailles d'écran sans tout recalculer par exemple, notamment lorsque l'on passe d'un format portrait vers un format paysage ;
- `contain:style` : permet de limiter la portée des styles uniquement au conteneur et ses descendants, et pas aux autres éléments qui auraient également pu appliquer les mêmes styles.

Il existe également deux meta-valeurs qui peuvent s'avérer utile pour cumuler des valeurs intéressantes :

- `contain:strict` : regroupe `layout`, `paint` et `size`. Cette valeur est très intéressante pour gérer des blocs tiers, tels que des widgets dont la source est externe. Nous pouvons citer des blocs de publicité par exemple qui affectent énormément le DOM en général, ou encore des widgets de réseaux sociaux pour récupérer des publications en direct, etc. Avec la valeur `strict`, la propriété va permettre de rendre totalement indépendants ce type de blocs, et donc ne pas affecter en continu le reste de la page ;
- `contain:content` : regroupe `layout` et `paint`.

Pour bien mettre en place la propriété `contain`, il faut tout prévoir à l'avance. À l'instar du *lazy loading* que nous avons vu dans cette section, il convient de préparer le terrain en amont afin que le CSS prenne tout son intérêt. En effet, si vous souhaiter automatiquement ajouter des valeurs de `contain` à des blocs via JavaScript, cela n'aura aucun intérêt puisque le DOM complet sera déjà chargé normalement la première fois, ce serait donc contre-productif. Il est donc recommandé de bien cibler les blocs à l'avance et d'appliquer les valeurs de `contain` en amont.

Ce type de fonctionnalité va dans le sens des améliorations que nous pouvons mettre en œuvre pour nettement booster les performances des pages web. Certes, `contain` n'est pas compatible avec tous les anciens navigateurs (elle est ignorée si ce n'est pas le cas) mais l'exemple de cette propriété montre que les développeurs doivent aussi agir directement à la source des pages web pour que tout le site en profite, et donc son référencement…

Ergonomie mobile et sites mobiles

Pourquoi posséder un site mobile-friendly ?

Impact des supports mobiles

Les supports mobiles regroupent à la fois les téléphones portables, les smartphones et les tablettes. Les mini-PC ou équivalents sont exclus de cette liste en général. L'usage de ces objets nomades s'est accru exponentiellement depuis de nombreuses années et l'essor ne semble pas près de s'arrêter.

L'utilisation des supports mobiles affecte grandement Internet et le Web, que ce soit pour des raisons techniques, ergonomiques ou graphiques. Les smartphones et tablettes se sont démocratisés, mais la variété des systèmes d'exploitation (Android, iOS, Windows Phone, Windows 10, Symbian, BlackBerry OS…), des navigateurs et des objets (chaque smartphone a ses propres caractéristiques : puissance, résolution, dimensions…) influence directement le développement des pages web pour ces supports.

Dans les faits, il faut admettre que les tablettes offrent des résolutions parfois plus fines et larges que celles des écrans d'ordinateurs ; leur impact sur le design d'un site web est donc à nuancer. Au contraire, les résolutions des smartphones sont assez variées et sont à prendre absolument en compte pour les graphistes afin de restituer au mieux des pages web sur les petits écrans.

Côté chiffres, les voyants sont au vert pour les objets nomades et la mobilité est devenue un facteur clé de développement pour nombre de startup et marques. L'Arcep a publié une étude fin novembre 2016 et avance que 65 % des Français possèdent un smartphone, avec une augmentation fulgurante de ces chiffres depuis 2011 (source : https://goo.gl/AE8eiu).

55 % des sondés ont indiqué qu'ils utilisaient essentiellement les supports mobiles pour naviguer sur Internet, 48 % pour télécharger des applications et 42 % pour chercher des informations géolocalisées (ex. restaurants, bars). Ces chiffres prouvent qu'avoir des sites web et applications mobiles vraiment adaptés pour les mobinautes est devenu fondamental. Les parts de marché de ces objets nomades sont trop significatives pour être négligées par les webmasters, développeurs et référenceurs.

Dans le même temps, Google a indiqué que plus de 50 % des recherches proviennent des supports mobiles dans le monde (source : https://goo.gl/V2w1aK). Nous pouvons imaginer que cette croissance forte d'usages mobiles s'applique pour tous les outils de recherche (Bing et Yandex ont également mis en avant la mobilité), même si les proportions varient certainement. De ce fait, ils sont touchés de plein fouet par la mobilité et se sont penchés sur ces questions depuis quelques mois pour améliorer la pertinence des résultats et la navigation dans les SERP mobiles.

Figure 2–42
Répartition des équipements fixes
et mobiles en France

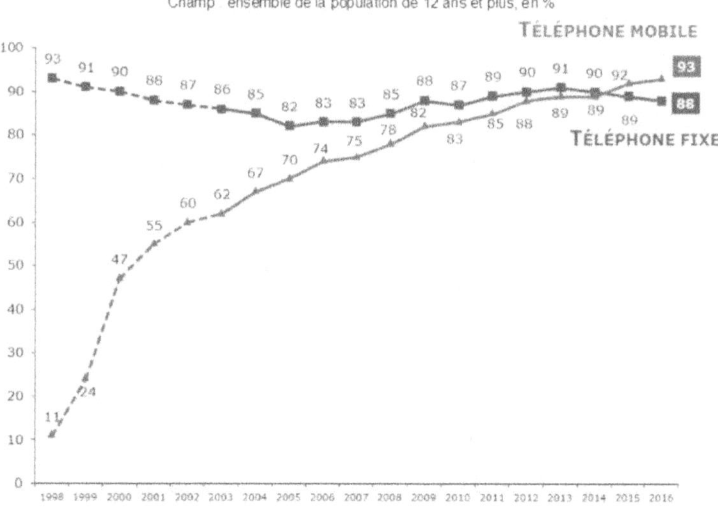

Figure 2–43
Principaux usages des supports mobiles

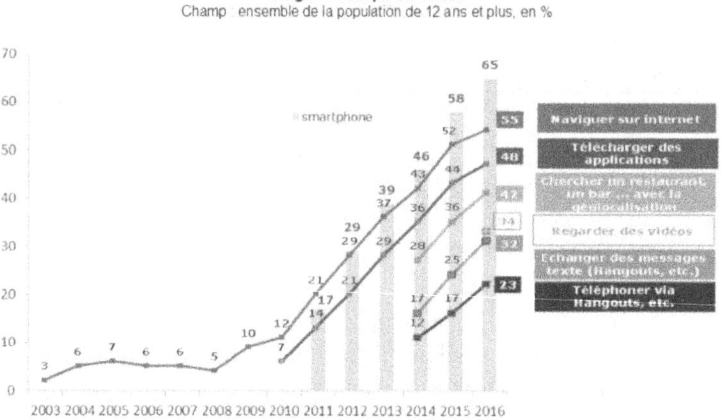

Ce phénomène s'est confirmé et accentué ces dernières années et le mobile est désormais le terminal le plus utilisé dans le monde. Une étude menée par Recode et Adobe Analytics en septembre 2017 montre que les usages mobiles aux États-Unis sont encore davantage marqués qu'en France (source : https://goo.gl/jgzSLB). Outre-Atlantique, l'usage des smartphones pour générer du trafic web a augmenté de 68 % depuis juin 2015, tandis que les tablettes et ordinateurs ont nettement perdu à ce sujet. Parmi les utilisations étudiées, Adobe Analytics a remarqué que 61 % des visites ont Google comme site référent, contre 16 % pour Facebook et 23 % pour l'ensemble de toutes les autres sources testées. Cela montre l'ampleur prise par ces deux entités, mais démontre également que malgré de fortes parts de marché pour les mobiles, les usages sont moins diversifiés que sur les autres supports.

L'usage des mobiles est encore nuancé dans certains pays comme la France, mais les règles édictées par les moteurs de recherche ne se limitent pas à certaines frontières ; c'est pourquoi nous nous devons de penser « Mobile First ». Google a mené des études dont des tests humains (source : https://goo.gl/pmNvgi) pour mesurer l'impact des mobiles. Dans cette logique, la firme a refondu ses outils de test mobile pour aider les webmasters (sources : https://goo.gl/246rcm et https://goo.gl/XGe24E).

Mobilegeddon : nouvelle vie des sites compatibles mobiles

Le nombre de mobinautes croît énormément depuis des années, au point que le nombre de recherches mobiles sur Google a dépassé celui des recherches via ordinateurs en octobre 2015 (source : http://goo.gl/PKDY8M). Google ne s'y est pas trompé et a déployé de nombreux efforts pour valoriser Google mobile et ses applications Android et iOS.

Face à ce tournant historique en matière de recherche, le moteur de Mountain View avait pris les devants en annonçant l'arrivée d'un nouveau critère de positionnement dès le 26 février 2015 (source : http://goo.gl/WqCoK4). Ce premier communiqué officiel avait pour objectif d'accorder un peu de temps aux gestionnaires de sites web pour créer ou obtenir des versions mobiles de leur page web, avant que le critère ne soit officiellement déployé au sein de l'algorithme dans le monde le 21 avril 2015.

> **D'où vient le nom de « mobilegeddon » ?**
>
> En réalité, plusieurs porte-parole de Google avaient déjà évoqué une transition vers les mobiles dès la fin de l'année 2014, mais sans donner de détails (source : http://goo.gl/U98Mwe). Plusieurs signes avant-coureurs tels que l'ajout de l'analyse mobile dans l'outil PageSpeed Insights ou dans la Search Console à propos de la compatibilité laissaient penser que le mobile allait prendre de l'importance.
>
> C'est pourtant l'officialisation début 2015 qui a eu l'effet d'une bombe, au point que les experts américains lui ont attribué le nom de « mobilegeddon ». Ce terme n'a rien d'officiel, mais démontre tout l'engouement et l'impact de ce nouveau critère de ranking dédié uniquement au moteur de recherche mobile.

Sur le plan du positionnement, le fait d'avoir des pages compatibles mobiles améliore leur classement dans les SERP mobiles au détriment des pages web inadaptées. Dans les faits, les pages non compatibles mobiles ne sont pas sanctionnées ; elles perdent uniquement des positions à cause du bonus de positionnement que les pages concurrentes obtiennent.

Googlebot-mobile vérifie l'ergonomie mobile en direct, c'est-à-dire plusieurs critères déterminant la bonne adaptation des pages web pour les petits et moyens écrans. Un label mobile-friendly (ou « site mobile » en français) s'affiche dans les pages de résultats sur Google mobile pour indiquer aux mobinautes si les liens naturels proposés mènent vers des pages adaptées.

Avant d'évoquer les critères principaux analysés par l'algorithme de Google, sachez que la firme a mis à disposition un outil de test de l'ergonomie mobile (source : https://goo.gl/XGe24E) et a ajouté une option dédiée au sein de la Search Console afin d'aider les développeurs à mieux cerner les points qui ne vont pas dans leur adaptation mobile.

Notons que l'outil PageSpeed Insights peut également faire office de bon complément dans la mise en place d'une version adaptée à tous les supports, au même titre que les autres fonctions proposées par Google.

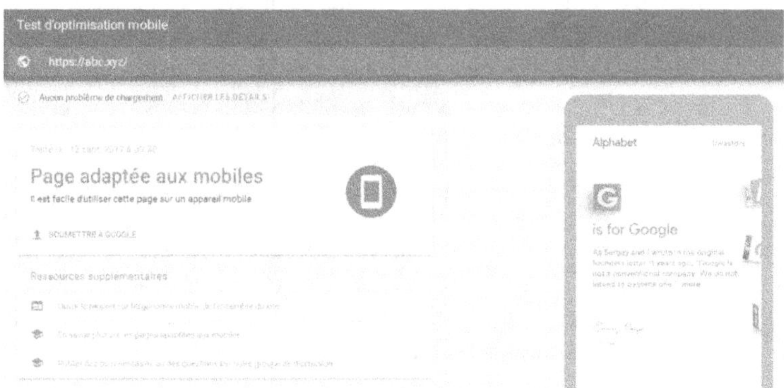

Figure 2–44
Exemple du site d'Alphabet
(holding de Google)
compatible mobile

Le communiqué officiel de Google n'a pas indiqué en détail les critères pris en compte pour la compatibilité mobile, mais les outils mis à disposition ainsi que la documentation en ont révélé davantage à ce sujet. Voici donc certains des facteurs analysés par l'algorithme de Google :

- configurer la fenêtre d'affichage à l'aide d'une balise HTML `<meta>` `"viewport"`, qui a pour objectif d'indiquer aux navigateurs et robots le format d'adaptation des pages web ;
- ne pas utiliser de technologies bloquantes ou non lues par les mobiles, le Flash par exemple ;
- adapter la taille des polices pour que les utilisateurs n'aient pas à zoomer pour lire, quel que soit l'écran ;
- limiter les dimensions des pages en fonction de l'écran (mise en page fluide ou largeur à 100 % en CSS) et éviter tout défilement horizontal ;
- bien espacer les liens et boutons pour améliorer l'ergonomie et éviter les clics intempestifs dus à l'imprécision du tactile ;
- éviter les interstitiels d'installation d'applications mobiles qui s'affichent devant les contenus ou les plugins bloquants. Ceci est pénalisé depuis une mise à jour de l'algorithme mobile-friendly du 4 novembre 2015 (source : https://goo.gl/gTHWao).

Figure 2–45
Test de l'ergonomie mobile

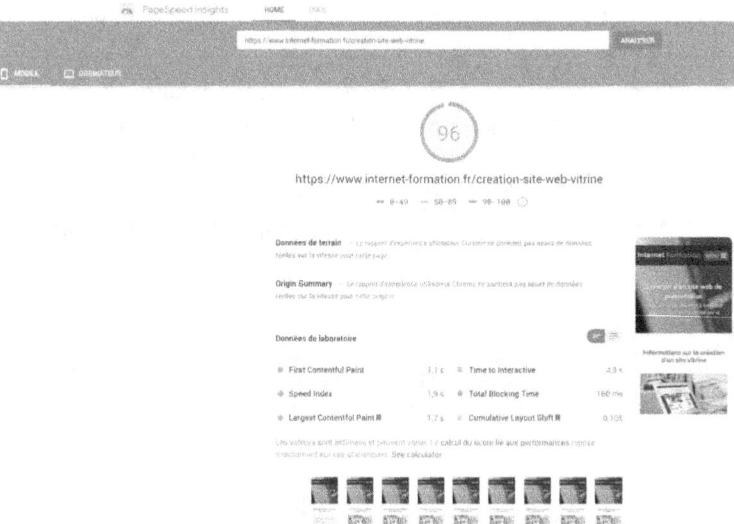

En effet, seule l'ergonomie mobile était testée avant juillet 2018, c'est pourquoi Google a décidé d'ajouter le critère du PageSpeed également pour les mobiles (source : https://goo.gl/ESvEjC), notamment pour l'index Mobile First déployé par lots depuis fin 2017. Trop de sites web sont lents pour des connexions moyennes ou lentes (2G, 3G…) et ne sont pas suffisamment optimisés pour garantir une navigation confortable. Les divers porte-parole de Google ont insisté plusieurs fois sur ce point, mettant en avant le rôle de la vitesse de chargement des pages mobiles (source : https://goo.gl/ Gip7VR) ou même la suppression du label Mobile Friendly dans les SERP pour les sites ayant un faible PageSpeed sur mobile (source : https://goo.gl/GQYAHW).

Bing, Yandex et les mobiles ?

Google n'est plus le seul moteur de recherche à se pencher sur la compatibilité mobile. C'est notamment le cas de son poursuivant. Bing et du leader de la recherche russe, Yandex.

En Russie, Yandex a ajouté un label mobile-friendly dans ses SERP depuis le 20 novembre 2015 pour montrer aux utilisateurs les sites compatibles mobiles (source : http://goo.gl/Hv7cQt). Si la firme a confirmé qu'aucun boost de ranking n'était encore associé à ces facteurs d'analyse, cela pourrait arriver prochainement. Il est possible de tester la compatibilité mobile d'un site dans le Yandex Webmaster Toolkit, qui se base sur quelques critères :

- présence ou non de la balise `<meta>` `"viewport"` ;
- absence de défilement horizontal (donc adaptation de l'écran sur la largeur, quelle que soit la résolution mobile) ;
- absence de technologies bloquantes comme Adobe Flash ou Silverlight de Microsoft ;
- absence de scripts bloquants en JavaScript.

Début 2016, Yandex n'en est encore qu'à ses balbutiements en matière d'analyse de compatibilité mobile, mais cela devrait vite s'améliorer. En effet, l'algorithme Vladivostok a été annoncé le 2 février 2016 pour montrer que le moteur cherche à valoriser l'ergonomie mobile comme ses concurrents (source : https://goo.gl/2j2Wfe).

De son côté, Bing a réagi plus rapidement, dès le 14 mai 2015 exactement, soit un peu moins d'un mois après Google (source : https://goo.gl/5KJVDc). Dès cette date, un label mobile-friendly est apparu dans les SERP sur mobile et Bing a confirmé accorder une valorisation du positionnement pour les pages compatibles avec les supports nomades.

Depuis le 12 novembre 2015, Bing a même déployé un outil de test pour les utilisateurs. Cet outil est disponible via une URL directe (source : https://goo.gl/1OpJCk) ou dans Bing Webmaster Tools, par le biais de l'option *Test d'adéquation à l'utilisation sur appareil mobile* disponible dans l'onglet *Diagnostics et outils*.

Seuls quelques facteurs sont analysés, à l'instar de l'outil de Yandex :

- vérification de configuration de la fenêtre (`<meta>` `"viewport"`) ;
- vérification du contrôle du zoom (`<meta>` `"viewport"`) ;
- adaptation des contenus à l'écran (pas de défilement horizontal) ;
- lisibilité des contenus textuels sur les petits écrans ;
- tailles et espacements adaptés des liens dans les pages.

Ces deux moteurs ne vont certainement pas aussi loin que Google actuellement, mais prouvent que la compatibilité mobile est devenue un enjeu essentiel dès 2015. Il n'est plus possible d'imaginer la conception de pages web sans leur pendant sur mobile, au risque de perdre le faible boost de ranking, mais surtout des visiteurs de plus en plus nombreux sur les supports itinérants.

Figure 2–46
Test de la compatibilité mobile
dans l'outil de test de Bing

Différentes alternatives mobiles

Méthodes conseillées par Google

Il existe plusieurs possibilités pour créer des versions compatibles avec les mobiles, comme Google l'indique dans sa documentation (source : https://goo.gl/bieccH).

- **Responsive web design** : création d'une mise en page fluide et qui s'adapte sur tous les supports. Généralement, la mise en place technique est assez aisée et pratique. Ce sont essentiellement des adaptations de propriétés CSS qui modifient la mise en page et la mise en forme selon le support visité.

- **Dynamic serving** : des en-têtes `"Vary"` sont envoyés au serveur et servent à afficher une version différente du code selon le robot (`user-agent`) qui crawle la page. Dans ce cas, l'URL reste identique, mais le code HTML et CSS diffère selon la version renvoyée par le serveur (en fonction du `user-agent`). La mise en place demande plus de compétences et il faut prendre garde à ne pas faire d'erreurs, car cela pourrait être interprété comme du *cloaking* (nous évoquerons ce sujet dans le prochain chapitre), fortement pénalisé par Google.

- **URL distinctes** : les spécialistes parlent souvent de « sites mobiles » dans ce cas, à savoir des versions de sites entièrement construites pour les supports nomades. L'objectif est d'offrir des versions pleinement adaptées pour chaque support, mais cela signifie aussi que le référencement est à gérer entièrement pour chaque mouture des pages (URL et contenus différents).

Figure 2–47
Méthodes de création
de sites compatibles mobiles

Configuration	Does my URL stay the same?	Does my HTML stay the same?
Responsive Web Design	✓	✓
Dynamic Serving	✓	✗
Separate URLs	✗	✗

Toutes les techniques ont des avantages et des inconvénients, mais leur niveau de technicité, leur coût et leurs risques diffèrent. Google préconise des versions de sites web en responsive design ; cela a l'avantage d'adapter des contenus déjà indexés et connus par Google. En effet, cela évite le risque de tomber dans du *cloaking* comme avec la méthode du *dynamic serving*, ou même de devoir mener deux référencements de front avec un site mobile. Tout est une question d'usage, mais pesez bien le pour et le contre avant de vous lancer dans l'aventure mobile.

> **Quid des applications mobiles ?**
>
> Les applications mobiles constituent des systèmes à part dans le monde des mobiles. Google avait tout de même indiqué dans son communiqué du 26 février 2015 son intérêt pour l'App Indexing, à savoir l'indexation des pages profondes issues des applications mobiles.
>
> Dès le 21 avril 2015, des liens d'applications ont pu mieux ressortir dans les SERP mobiles et être mis en avant. Toutefois, Google n'avait alors pas encore précisé si ces derniers bénéficiaient d'un bonus de positionnement. Il aura fallu attendre le SMX de New York pour que Mariya Moeva, en charge des mobiles chez Google, indique le 30 septembre 2015 qu'une aide au ranking serait accordée aux utilisateurs de l'App Indexing.

Projet AMP HTML et pages Turbo

AMP est le sigle du projet open source *Accelerated Mobile Pages* (source : https://www.ampproject.org/fr/) soutenu par Google et une large communauté de webmasters et de marques dont Twitter, Pinterest, LinkedIn, Parse.ly, TumblR, Qzone, Baidu, Yahoo Japan ou encore Adobe Analytics.

L'objectif est d'accélérer considérablement le chargement des pages web sur les supports mobiles, grâce à un système de code HTML réécrit selon les versions à afficher. AMP permet de créer des versions statiques des pages web (un peu comme si elles étaient en cache) qui ne perdent pas de temps avec les ressources lourdes (images, vidéos, iframes…) déjà enregistrées de manière statique. Dans les faits, la technologie de Google emploie trois composants principaux pour restituer les pages web mobiles rapidement (source : https://goo.gl/Bw2sZV) :

- AMP HTML : langage HTML étendu pour proposer de nouveaux éléments spécifiques à AMP. Il implique des changements techniques dans le code, mais également de bonnes méthodes de détection des supports mobiles (en CSS, JavaScript ou PHP par exemple) pour être utilisé à bon escient.

- AMP JS : liste de fichiers JavaScript relatifs à AMP qui permettent de charger d'une part la technologie et d'autre part des fonctionnalités spécifiques (Analytics, formulaires…). La bibliothèque AMP JS est un élément primordial pour accélérer le chargement des pages.

- AMP Cache : le cœur du système provient du cache approfondi utilisé pour restituer les pages web développées en AMP HTML. AMP Cache joue ce rôle afin de faire la liaison entre les pages valides en AMP HTML et le navigateur mobile.

Google soutient le projet Accelerated Mobiles Pages et encourage les webmasters à proposer ce type de versions mobiles tant son chargement est bien plus rapide que celui d'une page classique. Nous pouvons donc imaginer qu'un site mobile ne propose pas de responsive web design mais uniquement une alternative en AMP HTML pour les mobiles (bien que ce soit déconseillé en général).

Google a indiqué prendre en compte officiellement les alternatives des pages web en AMP HTML dès 2016 pour les proposer dans les SERP mobiles quand elles existent (source : https://goo.gl/GmwJGQ). De ce fait, un site web peut voir ses pages en AMP HTML indexées par Google et présentées dans les versions mobiles du moteur pour les mobinautes, au détriment des pages classiques réservées aux navigateurs de bureau. Depuis 2016, les pages en AMP se sont multipliées dans les SERP mobiles, notamment les articles d'actualités via Google News ou dans le carrousel d'actualités du moteur de recherche (AMP cible essentiellement les pages de contenus, d'où l'intérêt porté aux articles d'actualités).

Sur le plan technique, il s'agit uniquement de réécrire le code HTML avec les balises AMP HTML (variantes simples des balises classiques) pour toutes les ressources lourdes à charger (images, vidéos, iframes, fichiers). Certaines règles sont à respecter et il faut inclure quelques scripts en JavaScript fournis par le projet, notamment sur GitHub (source : https://goo.gl/YdQ9Ci). Cependant, les pages créées ne peuvent pas inclure de scripts JavaScript (hormis la bibliothèque AMP JS) ni de nombreuses autres fonctionnalités, ce qui signifie que les nouvelles pages correspondent rarement à des « copies » de pages existantes. Une documentation complète et régulièrement mise à jour est disponible sur le site du projet (source : https://goo.gl/MqQHqv).

L'AMP HTML peut aider les référenceurs à mieux indexer des pages web via Googlebot-mobile ou à mieux les positionner puisqu'un avantage est donné aux pages AMP dans certaines zones des SERP (actualités, carrousel…).

Concernant l'indexation, la seule règle à bien respecter est la mise en place d'URL canoniques pour que Google distingue bien les pages web classiques des versions en AMP HTML. Cela lui permet de favoriser la version adéquate en fonction des supports utilisés.

Le projet AMP initié par Google a très vite fait des émules auprès de ses principaux concurrents. Bing a rapidement rejoint les rangs dès septembre 2016 avant de lancer Bing AMP en septembre 2018 (source : https://bit.ly/2XBni4F), par l'intermédiaire de Bing AMP Cache (système de cache des pages web en AMP HTML) et de Bing AMP Viewer (visionneuse de contenus AMP). Le moteur de Microsoft a également ajouté un carrousel d'actualités totalement en AMP sur mobile, à l'instar de ce que fait également Google. La volonté de Bing a donc été de rejoindre les rangs du projet et de l'appliquer à son moteur, contrairement à Yandex qui a présenté les pages Turbo en décembre 2019 (source : https://bit.ly/2V8FtwU).

Le moteur russe a copié l'idée des pages en cache sur mobile pour Yandex News et d'autres services, mais en développant son propre principe d'application, considéré comme 75 % plus rapide que les pages web classiques. Les résultats Turbo sont marqués par une icône en forme de fusée et le navigateur Yandex Browser propose également un mode « Turbo » pour booster les pages créées dans ce format. Il s'agit d'un format XML ressemblant à un classique flux RSS (voir code ci-après) et une API a même été mise en place pour pouvoir activer les pages Turbo dans les Yandex Webmaster Tools. Dans tous les cas, il est bien plus simple de créer des pages Turbo que des pages en AMP HTML, et cela devrait inspirer les autres moteurs sur ce principe de conception intéressant. D'ailleurs, cette rapidité de mise en œuvre explique sûrement pourquoi Yandex Turbo bénéficie de nombreux plugins pour WordPress, Drupal, Joomla, OpenCart, etc.

```xml
<?xml version="1.0" encoding="UTF-8"?>
<rss xmlns:yandex="http://news.yandex.ru"
    xmlns:media="http://search.yahoo.com/mrss/"
    xmlns:turbo="http://turbo.yandex.ru"
    version="2.0">
    <channel>
        <item turbo="true">
            <link>http://www.site-actualites.fr/article-1 </link>
            <turbo:content>
                <![CDATA[
            CONTENU DE LA PAGE
                ]]>
```

```
            </turbo:content>
        </item>
    </channel>
</rss>
```

L'AMP HTML ou les pages Turbo accélèrent nettement le chargement des pages web et nous avons vu que ce critère compte dans la pertinence des moteurs de recherche. Néanmoins, après plusieurs années d'existence, ces formats restent relativement peu exploités par les SEO au vu de leur complexité technique et du surcoût engendré par leur mise en œuvre (bien que les pages Turbo soient relativement simples à développer). Il s'agit pourtant de formats mis en avant régulièrement et qui devraient percer petit à petit auprès des éditeurs de contenus d'actualités notamment.

Progressive Web Apps

Créer des pages web en responsive design ou en AMP HTML sont de bonnes possibilités pour proposer des sites adaptés aux supports mobiles. Toutefois, les Progressive Web Apps (PWA) constituent une alternative récente boostée par Google, qui risque de prendre beaucoup d'ampleur (source : https://goo.gl/Vs2V4p). Dans le monde des applications mobiles, il existe historiquement trois catégories d'apps :

- Applications natives : développées dans des langages spécifiques selon le système d'exploitation (ObjectiveC ou Swift pour iOS d'Apple, Java pour Android, C# pour Windows Mobile), elles ont l'avantage d'accéder à toutes les possibilités offertes par les smartphones (ex. accès aux contacts, GPS, boussole).
- Applications web (ou web apps) : développées à partir des langages web classiques, elles offrent une pleine compatibilité avec tous les systèmes mobiles (Android, iOS, Windows 10 Mobile…) sans un développement spécifique, coûteux et parfois complexe. L'avantage est qu'il s'agit en réalité de sites web mobiles construits sous forme d'applications (par exemple : m.facebook.com sur mobile), qui n'imposent donc pas de téléchargement d'applications.
- Applications hybrides : elles sont créées à partir de langages web communs (HTML, CSS, JavaScript…) et natifs, mais sont transcrites en applications natives par des logiciels spécialisés comme RhoMobile, Adobe PhoneGap ou encore Apache Cordova. Ainsi, elles peuvent accéder à des fonctionnalités des smartphones malgré un développement moins coûteux et fastidieux dans chaque langage de système d'exploitation mobile. Linkedin a opté pour le développement d'une application hybride par exemple.

Les Progressive Web Apps s'accolent donc à la catégorie des applications web mais proposent de nouvelles fonctionnalités fort intéressantes. Elles peuvent ressembler de très près à des applications natives en utilisant certaines fonctionnalités d'un smartphone, tout en étant développées dans des langages classiques et sans installation préalable via un *store* d'applications (Play Store, Apple Store, Windows Store). Il s'agit donc bien de web apps ouvertes dans un navigateur, mais qui proposent plus de possibilités qu'un site web mobile, en se rapprochant de ce qu'offrent les applications natives.

Les avantages sont donc nombreux pour les PWA :

- pas de téléchargement sur mobile donc pas de perte de mémoire ;
- accès via un navigateur mais affichage en plein écran comme une application native ;
- accès à des fonctionnalités des smartphones et tablettes sans développement natif ;
- possibilité de créer un raccourci sur l'écran d'accueil comme pour une application native ;
- développement simple (et moins coûteux en temps et en argent) dans des langages connus et maîtrisés ;
- maintenance simplifiée et moins régulière que pour les applications natives.

Souvent, les Progressive Web Apps sont plus rapides que les applications natives et consomment moins de mémoire vive dans les smartphones et tablettes. Ce point n'étant pas toujours vrai, nous ne l'avons pas inséré dans les avantages bien qu'il s'en agisse d'un dans la majorité des cas.

Le fonctionnement des Progressive Web Apps est assez simple sur le papier. Il se découpe en trois parties :

- Shell d'application : il s'agit de la base de la web-app développée en HTML, CSS et JavaScript. Son objectif est de fournir le code minimal pour afficher une interface utilisateur. En général, l'application *shell* reprend les parties « fixes » du programme (menu, en-tête, boutons). Il s'agit donc de développer la structure (lisible en hors-ligne) de l'application dans le *shell*, qui sera ensuite mise à jour par les *services workers*.

- Services Workers : il s'agit de scripts chargés de manière asynchrone en arrière-plan du navigateur web. Comme Google le définit, un *service worker* est un proxy réseau programmable qui met l'application en cache et accède à des fonctionnalités avancées via des API (ex. notifications push, paiement en ligne, synchronisation de données qui seront ensuite ajoutées dans le DOM de la web-app). Le rôle d'un *service worker* est donc d'actualiser les données et la mise en cache des contenus afin de nourrir la web-app et la rendre rapide.

- Manifeste d'application : il correspond à un fichier JSON de configuration. Le *web app manifest* décrit l'application (nom, auteur, description, dernière mise en cache), mais aussi permet l'ajout d'une icône sur l'écran d'accueil (comme pour une application native) ou de définir l'orientation de l'écran...

La cohésion entre les différents éléments permet de créer une Progressive Web App avec une mise en cache importante du shell d'application et des mises à jour permanentes via les services workers. Le cache manifeste finalise quant à lui le paramétrage et l'affichage de l'application (nom, plein écran).

Étant donné que les PWA sont en quelque sorte des sites web mobiles améliorés, il faut bien imaginer que les pages sont donc accessibles via un moteur de recherche. Ainsi, toutes les optimisations que nous connaissons s'appliquent en partie dans le cadre d'un tel développement, notamment en vue de l'index Mobile First.

La documentation de Google est très fournie au sujet des Progressive Web Apps et offre quelques exemples de mises en œuvre. Référez-vous aussi à la documentation de Mozilla, comme pour la création d'un manifeste d'application (source : https://goo.gl/8FBJVG). Certaines ressources sur le Web montrent également un développement complet de PWA susceptible de vous accompagner dans la création d'un tel projet, notamment Cloudfour (source : https://goo.gl/WCBhoA) et dev.to (source : https://goo.gl/zKovMd).

Exemples de mises en application

Passage en responsive web design

Notre objectif n'est pas d'apprendre complètement à réaliser du responsive web design ; d'autres ouvrages bien plus adaptés vous en apprendront davantage à ce sujet, notamment celui de l'inventeur du concept, Ethan Marcotte, publié aux éditions Eyrolles. Ici, nous allons surtout traiter des points qui sont essentiels dans la mise en place d'un site au design adaptatif pour améliorer la note du PageSpeed :

- l'utilisation idéale de la balise `<meta>` `"viewport"` ou de la fonction CSS `@viewport` ;
- la création d'une mise en page fluide avec médias flexibles ;
- l'optimisation des images en fonction des supports.

La balise `<meta>` `"viewport"` correspond grosso modo à la surface occupée par la fenêtre du navigateur, quel que soit le support utilisé. Son usage, initialement mis en place par Apple sur les iPhone, indique aux supports les dimensions de la fenêtre à respecter. Il est donc possible d'insérer des tailles fixes si nécessaire mais, en général, le concept de design adaptatif recommande l'usage des balises `<meta>` `"viewport"` relatives sous la forme suivante :

```
<meta name="viewport" content="width=device-width, initial-scale=1" />
```

Après quelques années, le W3C a intégré la fonction `@viewport` dans sa spécification CSS pour qu'elle soit reconnue officiellement, malgré son caractère propriétaire d'origine (Apple).

Cette dernière est compatible avec la plupart des navigateurs mobiles, dont Internet Explorer 10/11. Son usage n'est pas plus complexe que celui de la balise `<meta>` éponyme, mais semble plus logique pour l'avenir du Web car il suffit de l'ajouter dans un fichier CSS :

```
@viewport { width:device-width; zoom:1; }
```

Le concept de responsive web design passe ensuite par l'usage des médias et de mises en page flexibles. Plusieurs règles CSS sont à respecter :

- utiliser des unités relatives comme `em`, `rem`, `ex`, `%`, `vw`, `vh` ou `px` dans certains cas ;
- rendre les médias flexibles avec une ligne de code CSS comme `img`, `object`, `embed`, `iframe`, `video`, `audio { width:100%; max-width:100%; height:auto }` ;
- utiliser les *media queries* avec la fonction `@media` pour exécuter les CSS en fonction des dimensions des fenêtres de chaque support. Pour ce faire, il suffit d'entrer des conditions comme `@media all and (max-width:480px) { /* code CSS */ }`.

L'ensemble de ces considérations donne une mise en page fluide selon la taille de la fenêtre du navigateur et de l'écran utilisé. Cependant, le problème réside dans l'usage de grandes images non adaptées aux smartphones par exemple. En effet, si nous avons une image initiale de 960 px de largeur, la propriété `width:100%;` l'affiche à 960 px lorsqu'il s'agit d'un écran d'ordinateur, mais la réduit proportionnellement sur petit écran, sauf que l'image chargée reste identique.

Dans ces circonstances, les performances sont amoindries par le chargement d'une trop grande image pour des écrans de taille réduite ; il serait préférable de charger une image adaptée.

Il n'existe aucune méthode parfaite, car nous ne pouvons pas prévoir autant d'images que de tailles d'écrans existant sur le marché. Il faut donc procéder à des choix en fonction des points de rupture les plus courants suivant leurs résolutions d'écran, à savoir 360 px, 480 px, 640 px, 768 px, 1 024 px et 1 280 px.

Pour les grandes résolutions, le problème est réglé par défaut, car elles sont assez larges pour afficher l'ensemble des contenus. Ce sont donc les plus petites résolutions qui doivent mériter notre attention. Il suffit alors de créer plusieurs images qui seront chargées en fonction des diverses media queries utilisées :

- `image-360.jpg` en dessous de 480 px de largeur ;
- `image-640.jpg` pour les résolutions de 640 px et 768 px de largeur ;
- `image-960.jpg` pour les grands écrans.

Une fois vos images réalisées, il ne reste qu'à trouver la bonne méthode pour les optimiser en termes de poids puis à laisser le navigateur choisir la bonne variante selon la résolution. Il convient d'utiliser la balise `<picture>` ou les attributs `srcset` et `sizes`, comme nous l'avons décrit dans la section précédente « Optimiser les images>Adapter les images avec CSS ».

Vers du responsive design en Flexbox CSS

Les Flexbox CSS offrent une nouvelle forme de design adaptatif fluide et flexible qui risque de s'imposer dans les prochaines années. Il s'agit d'un modèle de boîte flexible utilisant la propriété CSS `display:inline-flex` ou `display:flex`.

Les Flexbox offrent une souplesse inégalée jusqu'à présent pour les intégrateurs web et sont une solution idéale pour mettre en place du responsive design. Voici les grands changements apportés :

- Distribution horizontale ou verticale des blocs HTML, avec ou sans retour forcé à la ligne (et tout ceci sans `float` en CSS), grâce aux propriétés `flex-direction` et `flex-wrap` (ou les deux combinées dans `flex-flow`). Les Flexbox sont aussi capables de remplir l'espace vide disponible. Par exemple, il est tout à fait possible de bloquer un élément en pied de page sans utiliser les positions fixes en CSS et tout cela sera fluide. Il suffit d'user de la propriété `justify-content` avec la valeur `flex-end` pour caler un élément à la fin (donc en pied de page selon vos réglages de Flex-box).
- Alignement des blocs entre eux : centré (verticalement ou horizontalement), justifié, réparti (les blocs se répartissent l'espace disponible). Tout ceci s'effectue avec les propriétés `justify-content` et `align-items`.
- Ordonnancement et réorganisation des blocs entre eux grâce à la propriété `order`. Il est ainsi très simple de passer le troisième bloc HTML en première position par exemple, ce qui se révèle très pratique pour du design adaptatif.

D'autres propriétés existent pour aller encore plus loin avec les Flexbox et il est fortement conseillé de se pencher sur cette spécification CSS innovante et tant attendue depuis des années par les intégrateurs du monde entier.

Retenez que tout ceci est rétrocompatible avec de nombreux navigateurs (seul Internet Explorer est un peu à la traîne), mais surtout adapté aux outils mobiles (les navigateurs mobiles prennent tous les Flexbox en compte).

Notez que le passage d'un site en responsive web design ne doit pas se limiter à une adaptation des dimensions de chaque élément. Dans les faits, nous devons pratiquer du design UX (optimiser pour l'expérience utilisateur) et réfléchir à l'ordre d'affichage des blocs dans la page, à l'emplacement et la dimension des boutons, aux fonctionnalités internes (éviter les pop-ups par exemple), etc. Avec le passage à l'index Mobile First de Google, ces aspects ne peuvent plus être ignorés et le site web responsive doit être autant optimisé SEO que fonctionnel pour les utilisateurs.

JavaScript/jQuery pour les mobiles

Le langage JavaScript et ses nombreux frameworks comme jQuery aident à optimiser de nombreux facteurs pour les mobiles. Cela peut être de simples déplacements ou masquages de blocs, à l'instar du responsive web design en CSS, mais aussi des techniques plus poussées comme des préchargements d'images, des gestions de contenus côté client, etc.

Nous n'entrerons pas dans tous ces détails techniques ici car les variations sont bien trop nombreuses pour être traitées, notamment à cause de la multitude de bibliothèques et frameworks JavaScript. En effet, il serait impossible d'évoquer le sujet de la même manière pour des utilisateurs de serveurs NodeJS ou pour ceux qui préfèrent Apache ou IIS. De même, un utilisateur de techniques avancées avec BackBoneJS, AngularJS de Google ou ReactJS de Facebook n'aura pas la même approche du Web mobile qu'un gestionnaire de site dit « classique ».

En revanche, il faut absolument rappeler les méthodes de détection des mobiles qui ont déjà été rapidement évoquées dans la sous-partie « Éviter les redirections vers la page de destination » de la section « Performances web et Core Web Vitals ».

Plusieurs possibilités permettent de détecter les mobiles, soit via l'analyse des user-agent directement, soit par l'analyse de la résolution ou de la taille d'écran. Les deux types sont intéressants, mais pas dans les mêmes cas de figure.

La détection des résolutions ou des écrans peut se faire avec des fonctions JavaScript en natif ou via jQuery :

```
<script>
// Première écriture avec la fonction matchMedia
if(window.matchMedia("(max-width:768px)").matches) {
    // Code exécuté si la largeur est inférieure à 768 px
}

// Seconde écriture avec jQuery
if($(window).width() < 768) { // Détection via jQuery
    // Code exécuté si la largeur est inférieure à 768 px
}
</script>
```

Cette méthode de détection est pratique car elle fonctionne avec tous les navigateurs et supports, mais elle peut avoir aussi quelques inconvénients selon les usages :

- Elle s'active même lorsqu'une fenêtre est réduite sur un écran d'ordinateur.
- Elle dépend surtout des résolutions et non des largeurs d'écrans (mais c'est possible). Comme les supports mobiles offrent de plus en plus souvent de larges résolutions, cela devient parfois obsolète.

L'autre méthode consiste à détecter les user-agent des mobiles avec une expression régulière. Cela fonctionne aussi bien en JavaScript/jQuery qu'avec les autres langages comme Python, PHP, Java… Cette méthode a l'avantage de ne s'appliquer que dans un vrai contexte de mobilité, mais elle a aussi deux défauts :

- Il faut bien connaître la liste des agents mobiles. Or, comme cela évolue rapidement, c'est très compliqué.
- Certains systèmes d'exploitation renvoient de mauvais agents ou sont mal détectés, donc la détection peut parfois mal se faire.

Voici un exemple de fonction JavaScript de détection des user-agent réécrite à partir des codes clé en main fournis par le site Detect Mobile Browsers (source : http://detectmobilebrowsers.com) :

```javascript
function isMobile(a){
    if(/(android|bb\d+|meego).+mobile|avantgo|bada\/|blackberry|blazer|compal|
elaine|fennec|hiptop|iemobile|
ip(hone|od)|iris|kindle|lge |maemo|midp|mmp|mobile.+firefox|netfront|opera m(ob|
in)i|palm( os)?|phone|p(ixi|re)\/|plucker|pocket|psp|series(4|6)0|symbian|treo|u
p\.(browser|link)|vodafone|wap|windows ce|xda|xiino/i.test(a)||/1207|6310|6590|3
gso|4thp|50[1-6]i|770s|802s|a wa|abac|ac(er|oo|s\-)|ai(ko|rn)|al(av|ca|co)|amoi|
an(ex|ny|yw)|aptu|ar(ch|go)|as(te|us)|attw|au(di|\-m|r |s )|avan|be(ck|ll|nq)|bi
(lb|rd)|bl(ac|az)|br(e|v)w|bumb|bw\-(n|u)|c55\/|capi|ccwa|cdm\-|cell|chtm|cldc|c
md\-|co(mp|nd)|craw|da(it|ll|ng)|dbte|dc\-s|devi|dica|dmob|do(c|p)o|ds(12|\-d)|e
l(49|ai)|em(l2|ul)|er(ic|k0)|esl8|ez([4-7]0|os|wa|ze)|fetc|fly(\-|_)|g1 u|g560|g
ene|gf\-5|g\-mo|go(\.w|od)|gr(ad|un)|haie|hcit|hd\-(m|p|t)|hei\-|hi(pt|ta)|hp( i
 |ip)|hs\-c|ht(c(\-| |_|a|g|p|s|t)|tp)|hu(aw|tc)|i\-(20|go|ma)|i230|iac( |\-|\/)|
ibro|idea|ig01|ikom|im1k|inno|ipaq|iris|ja(t|v)a|jbro|jemu|jigs|kddi|keji|kgt( |
\/)|klon|kpt |kwc\-|kyo(c|k)|le(no|xi)|lg( g|\/(k|l|u)|50|54|\-[a-w])|libw|lynx|
m1\-w|m3ga|m50\/|ma(te|ui|xo)|mc(01|21|ca)|m\-cr|me(rc|ri)|mi(o8|oa|ts)|mmef|mo(
01|02|bi|de|do|t(\-| |o|v)|zz)|mt(50|p1|v )|mwbp|mywa|n10[0-2]|n20[2-3]|n30(0|2)
|n50(0|2|5)|n7(0(0|1)|10)|ne((c|m)\-|on|tf|wf|wg|wt)|nok(6|i)|nzph|o2im|op(ti|wv
)|oran|owg1|p800|pan(a|d|t)|pdxg|pg(13|\-([1-8]|c))|phil|pire|pl(ay|uc)|pn\-2|po
(ck|rt|se)|prox|psio|pt\-g|qa\-a|qc(07|12|21|32|60|\-[2-7]|i\-)|qtek|r380|r600|r
aks|rim9|ro(ve|zo)|s55\/|sa(ge|ma|mm|ms|ny|va)|sc(01|h\-|oo|p\-)|sdk\/|se(c(\-|0
|1)|47|mc|nd|ri)|sgh\-|shar|sie(\-|m)|sk\-0|sl(45|id)|sm(al|ar|b3|it|t5)|so(ft|n
y)|sp(01|h\-|v\-|v )|sy(01|mb)|t2(18|50)|t6(00|10|18)|ta(gt|lk)|tcl\-|tdg\-|tel(
i|m)|tim\-|t\-mo|to(pl|sh)|ts(70|m\-|m3|m5)|tx\-9|up(\.b|g1|si)|utst|v400|v750|v
eri|vi(rg|te)|vk(40|5[0-3]|\-v)|vm40|voda|vulc|vx(52|53|60|61|70|80|81|83|85|98)
|w3c(\-| )|webc|whit|wi(g |nc|nw)|wmlb|wonu|x700|yas\-|your|zeto|zte\-/i.test(a.
substr(0,4))) {
        return true;
    } else {
        return false;
    }
}
```

Vous pouvez constater la complexité de l'expression régulière interminable qui compose ce type de fonction, mais la détection est généralement de bonne facture. Ensuite, pour l'utiliser, il suffit de l'appeler avant tout code que vous souhaitez appliquer aux mobiles.

```javascript
if(isMobile(navigator.userAgent||navigator.vendor||window.opera)) {
    // code à appliquer pour les mobiles
}
```

Il ne vous reste plus qu'à développer vos propres applications pour les mobiles et pour améliorer votre responsive web design. N'oubliez pas que les scripts JavaScript ralentissent le chargement du DOM dans les pages web sur mobile ; il convient donc de les charger de manière asynchrone comme nous l'avons évoqué dans la section précédente de ce chapitre, dans la partie « Utiliser des scripts asynchrones et optimisés ».

> **Et les applications web mobiles avec JavaScript ?**
>
> Il est possible de créer des applications web mobiles avec de nombreuses bibliothèques, dont jQuery Mobile qui facilite la conception des web apps. Il existe aussi de nombreuses autres alternatives populaires comme Ionic, Angular JS ou d'autres frameworks couplés à React JS de Facebook…

AMP HTML en pratique

Nous avons évoqué la réécriture open source AMP HTML. Il est grand temps de voir comment cela fonctionne. N'ayez crainte, il n'est pas si complexe de rendre les pages statiques ; seuls certains cas particuliers (scripts ou médias notamment) nous donnent un peu plus de fil à retordre.

L'idéal est de s'appuyer sur les évolutions du projet, soit sur le site officiel (source : https://www.ampproject.org/fr/), soit directement sur GitHub (source : https://goo.gl/YdQ9Ci). La bibliothèque complète est fournie, avec des exemples de mise en place. Procédons par étape pour maîtriser AMP HTML.

1 Modifier l'en-tête des pages web avec quelques instructions importantes pour valider l'AMP (en gras), sans oublier la présence du `viewport` et l'ajout de l'attribut `amp` dans la balise `<html>`.

```
<!doctype html>
<html amp>
<head>
<meta charset="utf-8">
<title>Titre de la page</tile>
<link rel="canonical" href="hello-world.html"/>
<meta name="viewport".
      content="width=device-width,minimum-scale=1,initial-scale=1">
<style amp-boilerplate>body{-webkit-animation:-amp-start 8s steps(1,end) 0s
1 normal both;-moz-animation:-amp-start 8s steps(1,end) 0s 1 normal both;
-ms-animation:-amp-start 8s steps(1,end) 0s 1 normal both;
animation:-amp-start 8s steps(1,end) 0s 1 normal both}@-webkit-keyframes
-amp-start{from{visibility:hidden}to{visibility:visible}}@-moz-keyframes
-amp-start{from{visibility:hidden}to{visibility:visible}}@-ms-keyframes
-amp-start{from{visibility:hidden}to{visibility:visible}}@-o-keyframes
-amp-start{from{visibility:hidden}to{visibility:visible}}@keyframes
-amp-start{from{visibility:hidden}to{visibility:visible}}</style><noscript>
<style amp-boilerplate>body{-webkit-animation:none;-moz-animation:none;
-ms-animation:none;animation:none}</style></noscript>
<script async src="https://cdn.ampproject.org/v0.js"></script>
</head>
…
```

2 Respecter absolument les consignes obligatoires du projet AMP (la moindre erreur dans le code empêche l'indexation des pages AMP par Google). Par exemple, il faut obligatoirement avoir un `<head>` et un `<body>` dans la page (non obligatoire en HTML), prohiber le JavaScript et de nombreuses balises HTML classiques, etc.

3 Ne pas oublier l'URL canonique pointant vers la page originale, mais également l'URL canonique vers la page AMP au sein de la page originale. Les deux se renvoient mutuellement l'une vers l'autre. Dans le cas de la page principale, il faut utiliser `<link rel="amphtml" href="URL_PAGE_AMP"/>`.

4 Entrer les scripts utiles pour les cas spécifiques et inscrire les balises AMP HTML nécessaires. Deux possibilités s'offrent à vous : soit vous créez des doublons de pages (deux versions de site distinctes), soit vous utilisez des fonctions de réécriture automatique des URL et des contenus (option choisie par le plug-in AMP officiel pour WordPress par exemple).

La liste des balises et attributs est fournie dans le projet, mais voici un tableau récapitulatif non exhaustif :

BALISES HTML NATIVES	BALISES EN AMP HTML
img	amp-img
video	amp-video
audio	amp-audio
iframe	amp-iframe
iframe YouTube	amp-youtube
Iframe Facebook (post ou vidéo)	amp-facebook
iframe Twitter	amp-twitter
iframe Pinterest	amp-pinterest
iframe publicitaire	amp-ad
boutons de partage de réseaux sociaux	amp-social-share
formulaire simple (géré par AMP)	amp-form
pixel de tracking	amp-pixel
suivi de Google Analytics (ou équivalents)	amp-analytics
animation GIF	amp-anim
musique sur SoundCloud	amp-soundcloud
effet accordion (accordéon)	amp-accordion
slider et carrousel	amp-carousel
modale ou lightbox	amp-lightbox ou amp-image-lightbox
chargement de polices	amp-font
texte adaptatif	amp-fit-text
liste en JSON	amp-list
svg	Les éléments SVG sont pour la plupart autorisés.

Certains types de contenus ont besoin de scripts JavaScript dédiés pour fonctionner. Il faut ajouter une balise `<script>` avec l'attribut `"custom-element"` associé. C'est notamment le cas des `iframe` ou des vidéos YouTube par exemple. Il faut ajouter les deux lignes de code suivantes dans l'en-tête pour que ces balises fonctionnent en AMP :

```
<script custom-element="amp-iframe" async
    src="https://cdn.ampproject.org/v0/amp-iframe-0.1.js"></script>
<script custom-element="amp-youtube" async
  src="https://cdn.ampproject.org/v0/amp-youtube-0.1.js"></script>
```

Il est également possible de créer des types de balises personnalisés en ajoutant un script spécifique et son type de balise :

```
<script async custom-template="amp-perso"
src="https://cdn.ampproject.org/v0/amp-perso-0.1.js"></script>
<template type="amp-perso" id="template1">
Hello {{World}} !
</template>
```

Retenez que l'essentiel du travail consiste à faire basculer les balises HTML en balises AMP HTML pour améliorer les performances sur les mobiles. Ce sont essentiellement les principaux médias qui sont affectés, comme les images, les vidéos, les animations et les scripts ; donc, cela limite les modifications.

Figure 2–49
Exemple de code transformé
en AMP HTML

```
<figure>
  <amp-img class="full-bleed" placeholder
      src="img/sea@1x.jpg"
      srcset="img/sea@1x.jpg 1x, img/sea@2x.jpg 2x"
      layout="responsive" width="360"
      alt="Fusce pretium tempor justo, vitae consequat dolor maximus eget."
      height="216">
  </amp-img>
  <figcaption>
    Fusce pretium tempor justo, vitae consequat dolor maximus eget.
  </figcaption>
</figure>
<hr>

<p>
  Cum sociis natoque penatibus et magnis dis parturient montes,
  nascetur ridiculus mus. Nulla et viverra turpis. Fusce
  viverra enim eget elit blandit, in finibus enim blandit. Integer
  fermentum eleifend felis non posuere. In vulputate et metus at
  aliquam. Praesent a varius est. Quisque et tincidunt nisi.
  Nam porta urna at turpis lacinia, sit amet mattis eros elementum.
  Etiam vel mauris mattis, dignissim tortor in, pulvinar arcu.
  In molestie sem elit, tincidunt venenatis tortor aliquet sodales.
  Ut elementum velit fermentum felis volutpat sodales in non libero.
  Aliquam erat volutpat.
</p>

<div class="ad-container">
  <amp-ad width=300 height=200
      type="adsense"
      data-ad-client="ca-pub-9350112648257122">
  </amp-ad>
</div>
```

Concluons sur la mise en place de l'AMP HTML avec un exemple de fonction PHP qui transforme dynamiquement des balises HTML en code AMP, à l'aide d'expressions régulières. Cette fonction ne gère pas tous les types exposés précédemment, mais donne les bases de ce qu'il est possible de faire pour gagner du temps et automatiser la mutation pour les mobiles.

Il faudrait par exemple créer au moins trois fonctions :

* fonction isAMP() pour vérifier que l'URL en cours est une version en AMP, repérée grâce à un suffixe / amp/ ou ?amp=1 dans l'adresse web ;

* fonction getCanonicalAMP() pour ajouter automatiquement l'URL canonique sans le suffixe AMP de l'URL ;

* fonction setTagAMP() pour modifier dynamiquement les balises HTML natives en AMP HTML. Ici, l'exemple présenté est simple et ne prend pas en compte toutes les modifications d'attributs possibles. En effet, de nombreux attributs existent uniquement en AMP HTML, comme layout="responsive", et le but est surtout de comprendre le principe.

```php
// Fonction de vérification de l'URL pour voir s'il s'agit d'une page en AMP HTML
function isAMP() {
    $url = $_SERVER['REQUEST_URI'];
    $regex = "#([&?]amp=1|/amp/?)$#i";
    return preg_match($regex, $url);
}


// Fonction d'ajout des URL canoniques
function getCanonicalAMP() {
    $url = "https://".$_SERVER['HTTP_HOST'].$_SERVER['REQUEST_URI'];
    $regex = "#([&?]amp=1|/amp/?)$#i";
    $newURL = preg_replace($regex, "", $url);
    return '<link rel="canonical" href="'.$newURL.'"/>';
}


// Fonction principale pour modifier les balises en AMP HTML
function setTagAMP($texte = "") {
    $regexIMG = "#<img([^>]+)/>#i";
    $texte = preg_replace($regexIMG, "<amp-img$1></amp-img>", $texte);

    $regexYouTube = '#</?iframe([^>]+)?src=["\']https?://(www.)?
youtube.com/embed/([a-z0-9]+)["\']([^>]+)>(\s+)?</iframe>#i';
    $texte = preg_replace($regexYouTube, '<amp-youtube$1data-videoid="$3"$4>
                        </amp-youtube>', $texte);

    $regexIframe = "#</?iframe([^>]+)>(\s+)?</iframe>#i";
    $texte = preg_replace($regexIframe, '<amp-iframe$1 $2></amp-iframe>',
                        $texte);
    return $texte;
}
```

Voici comment cela pourrait être intégré en HTML, en partant du postulat que la variable $contenu correspond à l'ensemble du texte récupéré dans une base de données :

```php
<!DOCTYPE html>
<html <?php if(isAMP()) { echo "amp"; } ?>>
<head>
    <meta charset="utf-8">
    <title>Titre de la page</title>

    <?php
        // Ajout de toutes les balises et scripts utiles pour le site web
        // (dont iframe et YouTube ici)
        if(isAMP()) {
    ?>

    <?php echo getCanonicalAMP(); ?>
    <meta name="viewport" content="width=device-width,minimum-scale=1,initial-scale=1">
    <style amp-boilerplate>body{-webkit-animation:-amp-start 8s steps(1,end) 0s 1 normal
both;-moz-animation:-amp-start 8s steps(1,end) 0s 1 normal both;-ms-animation:-amp-start 8s
steps(1,end) 0s 1 normal both;animation:-amp-start 8s steps(1,end) 0s 1 normal both}@-webkit-
keyframes -amp-start{from{visibility:hidden}to{visibility:visible}}@-moz-keyframes -amp-
start{from{visibility:hidden}to{visibility:visible}}@-ms-keyframes -amp-
start{from{visibility:hidden}to{visibility:visible}}@-o-keyframes -amp-
start{from{visibility:hidden}to{visibility:visible}}@keyframes -amp-
start{from{visibility:hidden}to{visibility:visible}}</style><noscript><style amp-
boilerplate>body{-webkit-animation:none;-moz-animation:none;-ms-
animation:none;animation:none}</style></noscript>
    <script async src="https://cdn.ampproject.org/v0.js"></script>
    <script async custom-element="amp-iframe"
            src="https://cdn.ampproject.org/v0/amp-iframe-0.1.js"></script>
    <script async custom-element="amp-youtube"
            src="https://cdn.ampproject.org/v0/amp-youtube-0.1.js"></script>
    <?php
    }
    ?>
</head>
<body><?php echo setTagAMP($contenu); ?></body>
</html>
```

S'il est relativement complexe de mettre en œuvre tout un site web en AMP HTML manuellement ou via des conversions pour chaque balise ou élément convertible, les CMS proposent des extensions utiles afin de vous faire gagner du temps. Dans l'esprit, l'objectif est souvent de proposer une URL qui prend comme suffixe ?amp=1 ou /amp afin de différencier la page classique du site et sa version AMP.

Le premier CMS à avoir profité d'une extension officielle AMP est WordPress (source : https://goo.gl/BXv33R ou https://goo.gl/Q5xUdz). La large communauté a également contribué au développement de plug-in de qualité comme WeeblrAMP de Weeblr (source : https://goo.gl/38ZGvq) ou encore AMP for WP (source : https://goo.gl/d5jfiK). Joomla profite aussi d'une extension de Weeblr avec WbAMP (source : https://goo.gl/9HMC4d), mais il existe également le plug-in *Accelerated Mobile Pages* (source : https://goo.gl/8FgjMY). Enfin, Drupal intègre un module pour AMP (source : https://goo.gl/vhPrbF), preuve que le format commence à faire des émules…

Contrôler les optimisations d'un site mobile

Au cours de cette partie et de la section sur la vitesse de chargement des pages, nous avons appris que de nombreux facteurs sont à prendre en compte pour optimiser au mieux un site web, notamment pour les mobiles.

Aux yeux des moteurs de recherche comme Google, Bing et Yandex, le positionnement des sites mobiles se fonde non seulement sur les critères SEO standards, mais aussi sur des facteurs d'ergonomie mobile. Ajoutons à cela que la vitesse de chargement prend de plus en plus de poids pour classer les pages dans les moteurs mobiles, et vous avez de quoi vous occuper pour optimiser vos sites au maximum. Vous pouvez notamment vous appuyer sur les informations très complètes de Google relatives aux performances web pour les développeurs (source : https://goo.gl/yCp4mw).

Pour nous aider à contrôler nos sites web sur mobile, les outils pour webmaster de navigateurs comme Google Chrome ou Mozilla Firefox sont vraiment pratiques et fournissent déjà une multitude d'informations. Ainsi, vous pouvez aisément vérifier la réaction d'un site selon les résolutions en responsive web design, contrôler le chargement des ressources, analyser les erreurs de code JavaScript, CSS et HTML (même si le validateur W3C est sûrement meilleur pour HTML et CSS)…

Bien que les navigateurs proposent des outils de qualité pour tester les sites en responsive, cela ne représente pas toujours la réalité visible sur les smartphones, notamment sur le plan ergonomique. Par exemple, le comportement des menus, boutons, voire des médias, est parfois différent lors d'un usage sur un smartphone réel. Il reste donc recommandé de passer par de vrais supports mobiles, même s'il est plus pratique de passer par des simulateurs de systèmes d'exploitation mobiles comme le SDK d'Android ou l'émulateur Windows Mobile (source : https://goo.gl/NnhY3d), voire des outils comme Ready.mobi, BlueStack (source : https://goo.gl/ZghT7H) ou Testiphone (source : https://goo.gl/6Fcn5H).

La vitesse étant un critère majeur à optimiser pour les mobiles, vous devez vérifier plusieurs aspects tels que le temps de chargement complet de la page, mais aussi celui du DOM (qui permet d'afficher une page consultable avant la fin d'un chargement total). Chrome est parfait pour cela ; il suffit de lancer les outils de développement et de se rendre dans l'onglet *Network*. Google préconise de paramétrer le réseau en cochant la case *Disable Cache* mais aussi en optant pour une connexion en *slow 3G* (à la place de *No throttling*). L'objectif est de tester la vitesse du site pour les connexions lentes qui ne profitent pas encore d'une mise en cache des pages ; ainsi, vous observerez la vitesse de chargement du DOM et de la page complète dans des conditions extrêmes.

La capture suivante montre l'analyse d'une page optimisée du site www.internet-formation.fr. On constate que le DOM se charge en slow 3G en moins de 3 secondes, pour un chargement total d'environ 18 secondes. Ce sont de plutôt bons résultats, car une étude de Google démontre que les taux de rebond et de conversion peuvent être fortement affectés pour chaque seconde de chargement supplémentaire (source : https://goo.gl/YVfTba). Aux États-Unis, le temps moyen de chargement du DOM des sites e-commerce est de 6,9 secondes en juillet 2016, alors qu'il est fortement recommandé d'obtenir moins de 3 secondes ; c'est dire s'il reste encore du chemin à parcourir.

Si vous souhaitez aller encore plus loin dans l'analyse des performances de vos pages, il est recommandé d'ajouter un suivi dans Google Analytics afin de profiter du rapport Vitesse du site. Ainsi, vous croiserez le temps de chargement des pages avec le taux de rebond, le taux de conversion, etc. Il suffit d'ajouter une instruction dans le code de suivi, comme la documentation l'indique (source : https://goo.gl/PdhfFS).

Figure 2–50
Test de vitesse de chargement du DOM
et total d'une page web

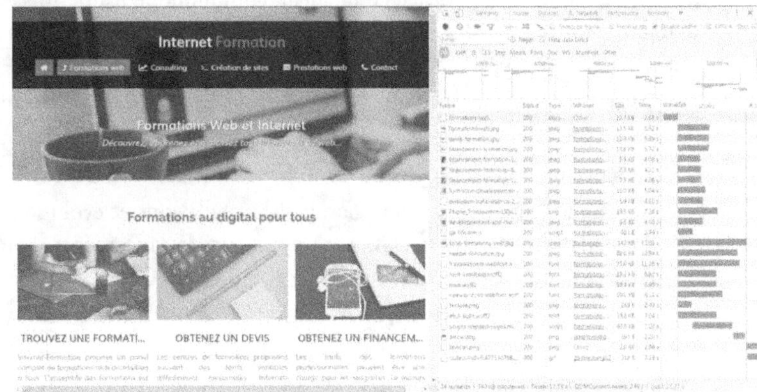

Attention : distinguez bien vitesse de chargement et DOM

Google évoque régulièrement la vitesse de chargement des pages, mais il ne précise pas qu'il s'agit essentiellement du DOM. En effet, le chargement complet des pages (avec toutes les ressources JavaScript, etc.) est souvent bien plus long. Pour l'anecdote, la page d'accueil de Google, composée uniquement de deux menus et d'un formulaire de recherche, charge son DOM en 3,5 secondes pour un chargement total d'environ 15 secondes en slow 3G (test effectué en octobre 2017 avec Chrome). Si même une page simple comme celle de Google prend autant de temps à se charger, dites-vous qu'il en faut encore plus pour des sites massifs. La firme exprime donc toujours ses valeurs en se basant sur le chargement du DOM, à savoir des contenus « statiques » tout de suite accessibles aux utilisateurs.

Enfin, vous pouvez bien entendu utiliser les outils classiques comme PageSpeed Insights et les outils de test mobile de Google, Pingdom (source : https://tools.pingdom.com), GT Metrix (source : https://gtmetrix.com), WebPagetest (source : https://www.webpagetest.org) ou LoadImpact (source : https://loadimpact.com), voire des solutions web open source comme Showslow (source : http://www.showslow.com).

Vous devriez pouvoir analyser en profondeur tous les critères mobiles importants pour le SEO avec l'ensemble de ces outils et vous assurer d'obtenir de bons résultats en vue de l'index Mobile First de Google notamment.

App Store Optimization (ASO)

Face aux sites mobiles ou web apps, les applications mobiles natives ou hybrides doivent aussi gagner leur place dans le cœur des utilisateurs. Pour se faire voir, il est conseillé d'obtenir de bonnes places dans les bibliothèques d'applications (ou *app stores*). Il est aussi recommandé de mettre en place le Firebase App Indexing de Google afin de faire ressortir des liens d'applications profonds dans les SERP mobiles et de mettre toutes les chances de son côté.

L'App Store Optimization (ASO) est donc une discipline associée au SEO qui a pour objectif de favoriser le bon positionnement des apps mobiles dans les *apps stores* du marché, à savoir essentiellement dans Google Play, Apple Store voire Windows Store. Cependant, il est important de préciser que les méthodes que nous allons présenter demeurent limitées à cause des technologies utilisées dans les bibliothèques d'apps. En effet, ces dernières ne profitent pas d'algorithmes puissants comme les moteurs de recherche classiques ; cela limite donc les possibilités pour positionner une application mobile dans la multitude d'apps déjà présentes.

Aucune documentation officielle ni aucun communiqué n'a permis de déterminer les critères suivants ; leur fiabilité tient donc à des analyses et des études effectuées sur la durée. Voici une liste établie à partir du recoupement de plusieurs études :

- critères de contenu : titre de l'application, mots-clés descriptifs (seulement pour iOS), description courte (seulement pour Android) et description longue, catégorie d'intégration et icônes ;
- présence ou non de captures d'écran *(screenshots)* ;
- statistiques sur l'application : nombre d'installations et évolution de ces dernières (mises à jour, volume d'installations par mots-clés, etc.) puis taux de lancements, voire taux de désinstallations (seulement Android pour ce critère) ;
- votes et avis des utilisateurs, ainsi qu'un suivi des utilisateurs actifs (évolution du nombre, comportement) ;
- présence ou non de liens externes dans l'application (seulement Android pour ce critère) ;
- taux d'achat ou de revenus générés dans les applications.

À l'instar d'une fiche locale dans Google My Business par exemple, il convient de remplir au maximum toutes les informations pour les applications mobiles afin de leur garantir une meilleure visibilité. Il est également très important de favoriser l'optimisation des titres et le choix des mots-clés et de la catégorie finale. Idéalement, les titres de l'application ne doivent pas dépasser 30 caractères pour Android, 50 pour iOS et une vingtaine de signes pour Windows Mobile. La description est longue sur Android et permet d'inclure des mots-clés pris en compte par les algorithmes, à l'instar d'iOS qui prend seulement en compte les 100 caractères destinés aux mots-clés descriptifs. Quoi qu'il en soit, il convient de bien travailler ses mots-clés et les critères d'optimisation ; c'est pourquoi de nombreux outils sont à votre disposition pour vous aider. En voici une liste non exhaustive :

- AppCodes : https://www.appcodes.com ;
- SensorTower : https://sensortower.com ;
- AppTweak : https://www.apptweak.com ;
- Gummicube : http://www.gummicube.com ;
- MobileAction : https://www.mobileaction.co ;
- Tune : https://www.tune.com/solutions/tune-marketing-console/ ;
- KeywordTool : http://keywordtool.io.

Les autres critères sont essentiellement statistiques, comme nous l'avons observé. Plus une application reste longtemps installée tout en étant utilisée, plus elle peut être visible (on parle de *customer lifetime value* pour ce phénomène). De même, plus une application génère des revenus, plus elle a des chances d'être visible. Ajoutons à cela le taux de satisfaction (avis et notes) des utilisateurs et les *apps stores* ont de quoi différencier les applications dans leurs classements définitifs. Le site thetool.io fournit de nombreuses astuces d'optimisation et mène régulièrement des études sur les principaux facteurs de l'ASO auprès des experts du domaine. La capture suivante montre le top 10 des facteurs pris en compte pour l'Apple Store et le Play Store en 2019, sachant que ces derniers ne changent qu'à la marge depuis quelques années.

Figure 2–51
Top 10 des facteurs ASO
pour Apple et Google

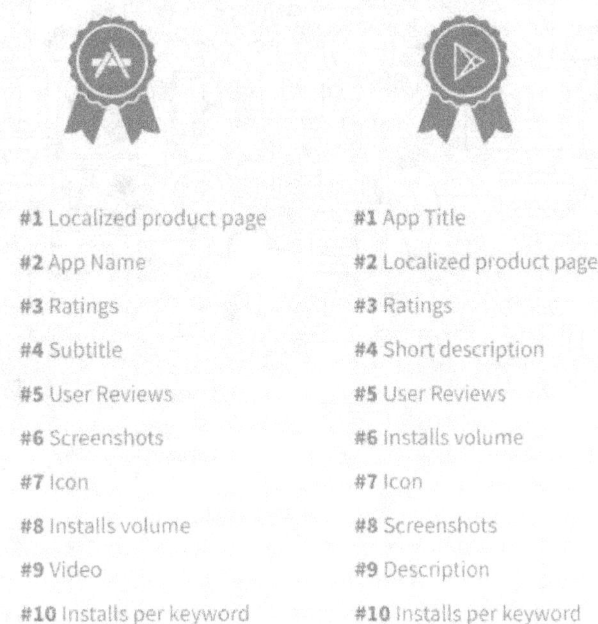

Il faut espérer que d'autres critères s'ajouteront à l'avenir afin d'affiner encore les classements d'applications mobiles. En effet, il est souvent très difficile pour une nouvelle application de se faire une place face aux cadors du marché. Les *apps stores* sont construits pour favoriser seulement quelques applications par catégorie ou dans les applications mobiles associées (dans les fiches d'applications), ce qui limite beaucoup la visibilité. En outre, de nombreuses marques profitent de leur notoriété pour asseoir leur domination et de fait ressortir plus facilement grâce aux critères comportementaux et statistiques notamment. Considérez donc que ces critères doivent vous permettre d'optimiser votre ASO, mais ils ne garantissent pas toujours de résultats.

Sécurité des sites web et HTTPS

Rôle et impact du HTTPS

Nous avons vu dans la première partie de ce chapitre que la présence du protocole HTTPS est devenue un critère de positionnement dès 2014. Bien que son rôle réel soit modéré, il est désormais obligatoire de proposer des pages en HTTPS pour profiter de certaines fonctionnalités dans des navigateurs comme Chrome ou Firefox, ou dans des CMS comme WordPress.

Le 14 septembre 2015, Gary Illyes (*trends analyst* à Google Dublin) a précisé dans un tchat vidéo avec Bruce Clay (SEO américain de renom) que le critère du HTTPS pouvait faire la différence entre deux URL lorsqu'elles ont un poids similaire ou presque (source : http://goo.gl/kzwYH6). Par conséquent, le boost SEO accordé aux pages web en HTTPS relève davantage d'un outil pour départager dans le classement des SERP que d'un critère à part entière en 2015.

Figure 2–52
HTTPS comme critère de ranking
depuis le 11 août 2014

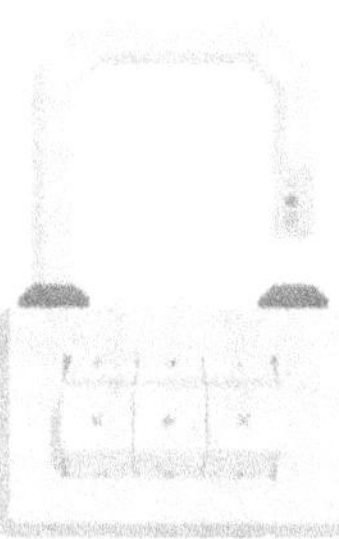

Rien ne dit que son évolution ne va pas permettre d'aller plus loin à terme, mais cela ne semble pas être le chemin que le critère prend, d'autant plus que Gary Illyes a déclaré ceci : « Je ne peux pas attendre que tout le monde migre vers HTTPS. Certaines personnes n'ont pas les ressources pour cela, d'autres ne veulent pas le faire pour d'autres raisons. C'est important de manière générale, mais si vous ne le faites pas, ce n'est pas grave. »

Dans les faits, le passage d'un site web de HTTP à HTTPS peut s'avérer quelque peu fastidieux, tout comme le choix des certificats SSL/TLS (fichiers de validation nécessaires pour le transfert des données chiffrées) auprès des autorités de certification agréées telles que Verisign, Thawte, GlobalSign, GeoTrust ou encore Comodo et TBS Internet… Renseignez-vous bien auprès de votre hébergeur pour réaliser cette mutation sans accroc, mais sachez aussi que certains certificats peuvent coûter de plusieurs dizaines à plusieurs centaines d'euros. Cependant, ce frein économique est globalement contré grâce au projet gratuit Let's Encrypt, donc les webmasters ne peuvent plus vraiment avancer le prix comme argument contre HTTPS.

Le faible boost accordé au HTTPS n'a pas incité les webmasters à vanter les mérites du critère. En outre, la rumeur d'un ralentissement des pages ainsi que celui du prix des certificats n'a pas enchanté grand-monde. Dans les faits, les tarifs ont largement baissé depuis 2014 (voire les certificats SSL gratuits avec Let's Encrypt) et l'impact sur la vitesse de chargement reste anecdotique. Nous pouvons même considérer que le HTTPS peut proposer des pages plus rapides, car il est de plus en plus souvent couplé à HTTP/2, bien plus rapide et efficace que ses ancêtres HTTP/1.0 ou HTTP/1.1 (source : https://goo.gl/ogznxH). Par conséquent, c'est plutôt le choix de l'hébergement qui devient important ; il convient de se poser quelques bonnes questions avant de choisir :

- Le serveur est-il en HTTP/2 ou non ?
- L'hébergeur propose-t-il des certificats SSL gratuits via Let's Encrypt ?
- Le serveur possède-t-il PHP 7 ou supérieur plutôt que PHP 5.6 et inférieurs (bien moins rapides que les dernières versions) ?

Rien qu'avec ces éléments, vous devriez savoir si vous tendez vers une infrastructure plutôt rapide ou non. La différence est trop nette pour être négligeable…

Malgré un boost limité en matière de SEO, HTTPS reste un facteur parmi tant d'autres. Cependant, John Mueller a encore inquiété les webmasters les plus réticents en affirmant, le 28 août 2015, que le boost SEO relatif au passage vers HTTPS ne serait accordé qu'aux pages web contenant des connexions avec des ressources en HTTPS (source : http://goo.gl/yXDqQU). En d'autres termes, une page HTTPS est considérée comme sécurisée uniquement si l'ensemble des ressources proposées en interne sont également en HTTPS (liens vers les images, les PDF, les liens internes). Attention donc, il ne suffit pas de changer l'URL mère en HTTPS pour obtenir le mini boost SEO, ce qui explique peut-être pourquoi de nombreux webmasters n'ont ressenti aucune différence à l'origine…

Fin 2015, plusieurs sources officielles de Google ont indiqué que les pages en HTTPS sont indexées en priorité sur les pages HTTP classiques quand les deux versions existent (source : http://goo.gl/CqoMRV). Le but est de valoriser davantage les versions sécurisées dans les résultats de recherche. Plusieurs études ont été menées depuis ce temps et prouvent que la première page des SERP est globalement occupée par des résultats en HTTPS. En août 2017, le projet Let's Encrypt a également montré que 60 % des pages chargées dans Firefox sont en HTTPS (source : https://goo.gl/kqN8K5). Nous constatons donc l'importance que prend ce facteur, au-delà du simple boost SEO promis à l'origine.

Choix d'un certificat SSL

Choisir le bon certificat SSL n'était pas chose aisée si l'on remonte quelques années auparavant. Toutefois, cela s'est éclairci avec le temps grâce au projet Let's Encrypt et aux expériences des webmasters.

De nombreuses autorités de certification existent et fournissent des certificats, mais c'est plutôt le type de SSL pour lequel nous optons qui a une réelle incidence. En effet, les autorités ont pour objectif de vérifier des informations sur les sites qui souhaitent obtenir des certificats SSL, mais il s'agit souvent de vérifications simples. De même, les certificats SSL proposent en majorité des cryptages de données équivalents, donc le choix de l'autorité de certification a bien moins d'impact que naguère.

En soi, il existe trois types principaux de certificats :

- SSL standards : ils sécurisent un seul domaine (ou sous-domaine) avec un niveau de protection moyen (peu d'informations requises pour les autorités de certification) et un cryptage moyen.
- SSL Extended Validation (EV) : ils sécurisent un seul domaine (ou sous-domaine) avec un niveau de vérification et protection maximal, ainsi qu'un fort cryptage des données qui transitent entre les pages et le serveur. Les SSL EV se différencient des autres certificats car ils affichent le nom de l'entreprise en vert à côté de la barre d'adresse (voir figure suivante).
- SSL Wildcard : ils sécurisent un domaine en entier (avec ses sous-domaines) avec un niveau de vérification, de protection et de cryptage variable selon l'autorité de certification choisie.

Figure 2–53

Affichage d'un site possédant
un certificat SSL Extended Validation

Le projet Let's Encrypt ne permet pas d'obtenir des certificats SSL Extended Validation, mais il est possible d'obtenir les deux autres types gratuitement. De nombreux hébergeurs ont bien compris l'intérêt du projet pour attirer de nouveaux clients, mais aussi pour mieux sécuriser les transferts de données sur le Web (car HTTPS ne protège que cela) ; c'est pourquoi vous pouvez obtenir des certificats gratuits chez OVH, 1and1, o2switch, Gandi, etc. Sinon, il vous reste l'option de l'achat via des autorités de certification ou hébergeurs, mais cela peut être plus coûteux, sauf chez des prestataires comme obambu.com, certificat.fr ou encore namecheap.com par exemple.

Migration vers HTTPS

La migration d'un site de HTTP vers HTTPS doit se faire en plusieurs étapes clés afin d'éviter tout risque.

- Corriger toutes les URL internes du site pour les passer en HTTPS. Idéalement, il convient d'ajouter plutôt des URL relatives (seulement le chemin vers la ressource web) ou des URL relatives de protocole (de la forme //www.site.extension) afin de laisser le navigateur s'adapter automatiquement au bon protocole. Vérifiez bien les URL de toutes les ressources internes ; c'est primordial pour éviter des messages d'avertissement et pour obtenir le mini boost SEO.

- Coder des redirections permanentes (301) des anciennes URL vers les nouvelles pages web en HTTPS.

- Vérifier que les fichiers .htaccess (ou web.config), robots.txt et les autres techniques de désindexation ne viennent pas interférer avec la migration vers HTTPS. Il arrive en effet que d'anciennes directives bloquent la bonne indexation des pages en HTTPS par mégarde. Il est recommandé de bien vérifier que rien ne puisse empêcher le crawl des fichiers après migration.

- Vérifier la validité des certificats SSL pour ne pas tomber dans l'expiration et dans les messages d'erreurs intempestifs pour les visiteurs. Il faut penser à renouveler les certificats fréquemment.

La partie la plus classique consiste à ajouter une règle dans le fichier .htaccess par exemple, en redirigeant automatiquement toutes les URL vers la version sécurisée.

```
<IfModule mod_rewrite.c>
Options +FollowSymlinks
```

RewriteEngine on

```
# Redirection vers HTTPS automatiquement
RewriteCond %{SERVER_PORT} 80
RewriteRule ^(.*)$ https://www.nom-du-site.fr/$1 [L,R=301]
</IfModule>
```

Côté serveur IIS de Microsoft, le code est un peu plus long dans un fichier web.config :

```
<configuration>
<system.webServer>
<rewrite>
    <rules>
        <rule name="HTTP to HTTPS redirect" stopProcessing="true">
            <match url="(.*)" />
            <conditions>
                <add input="{HTTPS}" pattern="off" ignoreCase="true" />
            </conditions>
```

```
                <action type="Redirect" redirectType="Permanent" url="https://{HTTP_HOST}/{R:1}" />
            </rule>
        </rules>
    </rewrite>
</system.webServer>
</configuration>
```

Une autre méthode de redirection conseillée vise à utiliser si possible HTTP Strict Transport Security (HSTS). Cette technique redirige automatiquement et de manière sécurisée les ressources en HTTP vers leurs équivalents en HTTPS, tout cela côté serveur. De ce fait, même un robot d'indexation est renvoyé vers la version sécurisée du site web. Voici une méthode en PHP pour appliquer HSTS :

```php
<?php
// Vérification en PHP de la présence d'HTTPS
if (isset($_SERVER['HTTPS']) && $_SERVER['HTTPS'] != 'off') {
    header('Strict-Transport-Security: max-age=31536000');
} else {
    header("Status: 301 Moved Permanently", false, 301);
    header('Location: https://'.$_SERVER['HTTP_HOST'].$_SERVER['REQUEST_URI']);
    exit();
}
?>


# Variante PHP avec l'envoi direct d'un en-tête HSTS (déconseillé)
header("Strict-Transport-Security:max-age=31536000");
?>
```

Et voici une méthode équivalente en VB Script pour les technologies Microsoft (ASP) :

```vbscript
<%
' Vérification de la présence d'HTTPS en ASP (VBS)
If Request.Url.Scheme = "https" Then
    Response.AddHeader "Strict-Transport-Security","max-age=500"
ElseIf Request.Url.Scheme = "http" Then
    Response.Status="301 Moved Permanently"
    Response.AddHeader "Location", "https://" + Request.Url.Host
                                    + Request.Url.PathAndQuery
End If
%>
```

Compatibilité du HSTS

HSTS n'est pas compatible avec l'ensemble des navigateurs. C'est pourquoi cette solution est souvent une technique de secours. Actuellement, Internet Explorer 11 et Edge prennent en compte HSTS, à l'instar de Chrome et Chromium, Opera (depuis la version 12), Firefox (depuis la version 4) et Safari (depuis la version 7.0 présente sur macOS Mavericks 10.9). Les anciens navigateurs ne permettent donc pas de profiter pleinement de cette fonctionnalité, Safari et Internet Explorer notamment.

Cela va sans dire, mais il faut également vérifier les liens des extensions et modules présents dans les sites web, ainsi que les URL pointant vers les autres ressources (CSS, JavaScript…) afin que l'ensemble du site soit migré entièrement et sans problème. C'est certainement l'étape la plus complexe dans la migration, car il faut repérer tous les liens à la main. L'astuce peut être d'utiliser un outil comme Xenu ou un robot personnel pour crawler les pages et faire remonter tous les liens. Ainsi, il serait possible de repérer ceux qui sont encore en HTTP. Pour les sites qui possèdent une base de données, l'idéal est de lancer une requête SQL pour chercher toutes les ressources qui possèdent encore des liens en HTTP, voire une autre pour les modifier à la volée.

Attention aux target="_blank"

Google propose des bonnes pratiques à adopter ainsi qu'un audit SEO dans son navigateur Google Chrome, ou par l'intermédiaire de son extension Lighthouse (source : https://goo.gl/pxgVGB). Nous pouvons constater que Google mentionne des facteurs sécuritaires au sein des bonnes pratiques et cela peut nous mettre quelques idées en tête. Jusqu'à présent, jamais Google n'a évoqué d'autres critères que l'HTTPS en termes de positionnement relatif à la sécurité des pages web. Toutefois, l'audit d'un outil de Google mentionnant certains points critiques, il nous semble opportun de les évoquer, car peut-être pourraient-ils à l'avenir avoir une incidence…

Nous n'insisterons pas sur les vulnérabilités des scripts JavaScript car cela est connu et reconnu. En effet, il convient de régulièrement mettre à jour les librairies comme jQuery pour corriger d'éventuelles failles béantes présentes dans les anciennes versions. L'audit met en exergue ces potentielles vulnérabilités, et nous savons que Google peut pénaliser des sites qui sont piratés (nous reviendrons sur ce point dans la section « Sites pirates » troisième chapitre), donc il incombe à chaque webmaster de prendre les mesures nécessaires pour limiter les risques.

Figure 2–54
Exemple des bonnes pratiques
et de l'audit SEO de Google Lighthouse

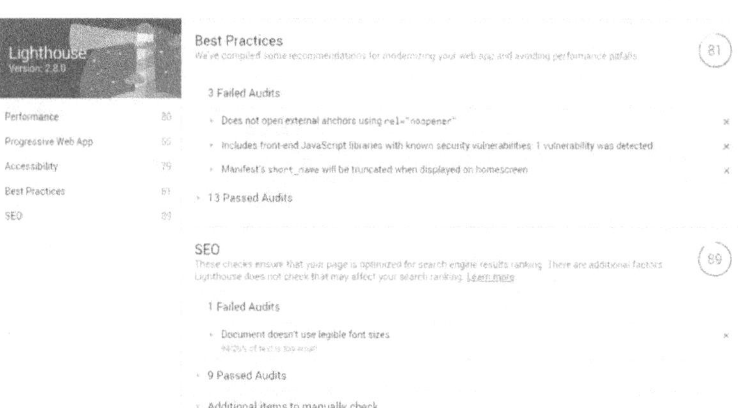

En revanche, nous pouvons noter que Google insiste fortement sur l'attribut target="_blank" qui permet d'ouvrir des liens (souvent externes) dans un nouvel onglet ou une nouvelle fenêtre. Bien que cela soit un frein à l'accessibilité des sites web, il est souvent admis que les sites externes s'ouvrent avec cet attribut, alors que les liens internes le font au sein du même onglet. Toutefois, les évolutions d'HTML et de la sécurité web offrent de nos jours à l'attribut rel des valeurs qui permettent de mieux protéger les liens externes ouverts avec un target="_blank" :

* **Noopener** : cette nouvelle valeur de l'attribut rel permet de mieux sécuriser les liens ouverts dans un nouvel onglet ou une nouvelle fenêtre. Il permet notamment de se prémunir contre les attaques de phi-

shing réalisées à partir de l'objet `window.opener` en JavaScript. En ajoutant cette valeur, nous bloquons l'usage de ce code JavaScript et des dérives qui peuvent l'accompagner.

* **Noreferrer** : disponible uniquement pour Mozilla Firefox, la valeur `noreferrer` de l'attribut `rel` masque l'URL referer (adresse source) pour les pages qui reçoivent le lien. L'intérêt est bien plus discutable en termes de sécurité, mais le fait de masquer l'origine d'un lien permet aussi de se protéger, à l'instar de ce que font des moteurs comme Qwant, DuckDuckGo et même Google avec Adwords notamment (les URL d'origine sont masquées automatiquement).

À ce jour, rien ne permet d'affirmer que ces paramètres de sécurité en HTML pourront avoir un impact en termes de référencement. Au minimum, la valeur `noopener` aura le mérite de mieux vous protéger contre des failles techniques, et donc éviter des sanctions potentielles pour cause de piratage. Nous tenions donc à évoquer ce point avec vous pour limiter les risques et tendre vers un avenir – souhaitons-le – plus sécurisé.

Netlinking interne et externe

Critères de valorisation des liens

PageRank Google

Le PageRank est un critère utilisé par Google pour calculer la popularité d'une page web et donc son classement dans les pages de résultats. Il s'agit d'une note fixée entre 0 et 10 et attribuée par le moteur à chaque page web pour sa popularité. Ce point est important : c'est bien chaque page de manière indépendante qui obtient un PageRank donné et non le site au complet !

Le PageRank a été inventé par Larry Page et analyse plus d'une centaine de variables pour attribuer cette note finale, dont voici quelques exemples :

* quantité et qualité des liens entrants et sortants ;
* ancres de liens ;
* trafic, popularité et notoriété de la page ;
* comportement des internautes…

Ce qu'il faut absolument comprendre, c'est que les liens n'ont pas la même valeur pour Google. Plus la source est pertinente et de qualité (avec un bon trafic, une forte notoriété, un PageRank déjà important), plus le lien sera de qualité et aura un poids dans le calcul final. Le PageRank est mouvant et il est réactualisé plusieurs fois par an au fil des modifications apportées sur les sites web.

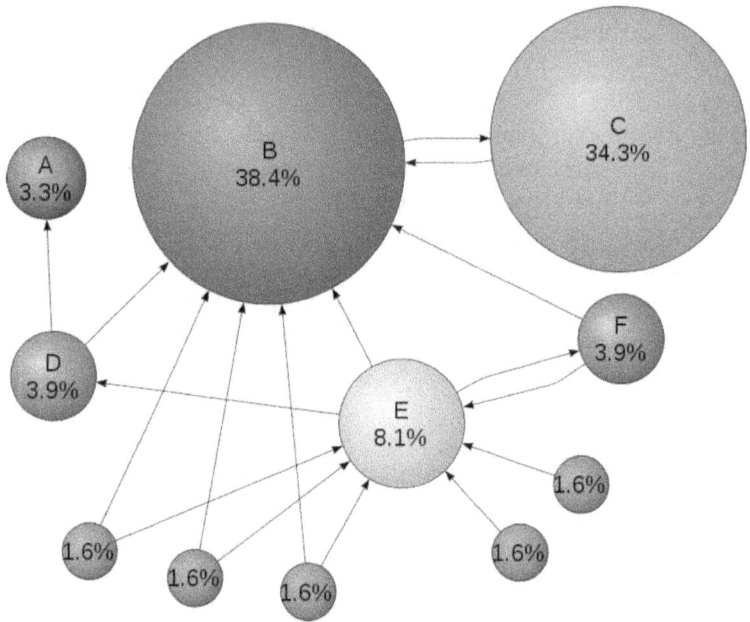

La formule initiale du calcul du PageRank a été donnée jadis par l'université Stanford dans un document intitulé « The anatomy of a large-scale hypertextuel web search engine… » :

```
PR(A) = (1-d) + d (PR(T1)/C(T1) + ... + PR(Tn)/C(Tn))
```

La formule est bien différente aujourd'hui puisque Google a ajouté de nombreux facteurs complémentaires dans le calcul du PageRank comme la qualité des liens ou encore la variation des ancres, le nombre de `nofollow`, etc. En effet, nous savons qu'avec l'évolution du moteur de recherche, il n'est plus possible d'appliquer techniquement un algorithme de ce type sur des billions de pages web, il a donc fallu que des ingénieurs interviennent pour modifier et adapter l'algorithmie qui en découle.

Le PageRank applique depuis plus d'une dizaine d'années une notion de proximité thématique, valorisant ainsi davantage les liens dont les relations émanent d'un sujet identique ou proche. Dans un second temps, Google a nuancé le poids des liens externes en fonction de leur emplacement dans la page, en ajoutant des « tags » pour notifier un lien placé en pied de page (peu de valeur), un lien situé dans une colonne (valeur moyenne) ou encore un lien positionné dans un entête ou un contenu textuel (plus de valeur). De ce fait, nous pouvons considérer que le PageRank adapte la valeur de transmission du jus de liens selon plusieurs facteurs d'analyse. Plus récemment, en avril 2020, un éminent ingénieur et chercheur de Google, Stergios Sergiou, a publié un long article pour expliquer comment appliquer une formule de PageRank sur plus de 100 milliards de pages web (source : https://bit.ly/3buj42i). Cet ingénieur est déjà à la source de nombreux algorithmes puissants, notamment dans l'analyse sémantique à grande échelle (avec Word2vec par exemple), et s'est intéressé à la notion de popularité des pages. Son idée est de mesurer le PageRank sur des grappes de sites web, puis des algorithmes permettent d'extrapoler et enfin coupler les valeurs afin d'accélérer tout le processus de calcul sur la masse des pages qui composent l'index du moteur (jusqu'à 30 fois plus rapide que les anciens modes de calcul). Cela n'impacte pas forcément le travail du netlinking mais montre que la proximité des sites au sein des grappes des sites web (généralement de mêmes thématiques ou sémantiquement proches) peut s'avérer un atout pour simplifier les calculs. Dans tous les cas, le nombre, la variété des sources et la qualité des backlinks restent la priorité pour le SEO.

En tant que référenceur, nous devons retenir l'essentiel, à savoir que les liens constituent encore un élément fondamental du positionnement, mais qu'il ne faut absolument pas fonder tout son travail sur ce seul critère si nous ne voulons pas faire d'erreur, notamment depuis l'arrivée fracassante des pénalités de Google Penguin. L'idée est d'obtenir un maximum de liens thématiques, si possible dans un environnement proche et bien placés dans les pages (dans le contenu plutôt que dans le pied de page), tout en provenant de sources variées et de qualité. Nous constatons donc rapidement que la tâche s'avère bien plus complexe qu'il n'y paraît, et que trouver de bons liens, réellement valorisants, est une longue quête...

> **Différences entre liens externes et internes**
>
> Retenons également que Google différencie nettement les liens obtenus via des sites externes ou par le biais de liens internes. Les deux jouent un rôle pour la note finale du PageRank mais leur valeur est pondérée selon le type de lien dont il s'agit.

TrustRank : indice de confiance

Le TrustRank est un indice de confiance qui a vu le jour dès mars 2004 dans un article rédigé par un duo de chercheurs de l'université de Stanford intitulé *Combating Web spam with TrustRank*. Son objectif est d'attribuer une note de qualité (ou confiance) aux liens entrants obtenus par les sites web. Ainsi, ce n'est plus seulement le nombre de liens qui est pris en compte, mais bien leur qualité intrinsèque. Il est devenu de plus en plus important d'obtenir des liens sûrs...

Le TrustRank était une note allant de 0 à 1, attribuée par des humains chez Google selon une batterie de critères définis. Les sites les mieux considérés partaient avec un fort TrustRank et cela se rétribuait indéfiniment en fonction des échanges de liens naturels ou non. En réalité, la marque TrustRank n'existe plus depuis le 29 février 2008, car Google l'a tout bonnement abandonnée comme le confirme la figure 2-56.

Cela ne signifie pas pour autant que l'indice de confiance soit tombé aux oubliettes. Nous pouvons presque nous assurer du contraire d'ailleurs, car Google Penguin est capable de distinguer des liens de mauvaise ou de bonne qualité. Il existe donc encore un référentiel ou un algorithme qui intègre cette notion de confiance, mais directement intégré dans le PageRank actuel.

Il est difficile de savoir si des liens ou des sites web sont de qualité ou non, mais l'AlexaRank, même s'il est indépendant des moteurs, peut s'avérer une bonne source pour savoir s'il est risqué ou non de faire des échanges de liens avec certains sites. C'est l'une des seules méthodes pour nous rassurer et avoir une approche de l'ex-TrustRank.

Chez Bing, un système équivalent au PageRank existe avec le BrowseRank, qui intègre lui aussi la notion de qualité des backlinks. Il faut donc employer les mêmes méthodes pour valoriser sa note et son positionnement à l'aide des critères *off page*. Pour Bing, les notes sont essentiellement fondées autour du BrowseRank pour les liens et du StaticRank pour les textes (dont la qualité orthographique), ce qui donne une note moyenne de qualité (source : http://goo.gl/mXSotJ).

Figure 2–56
Abandon de la marque TrustRank
par Google

TRUSTRANK

Word Mark	TRUSTRANK
Goods and Services	(ABANDONED) IC 042. US 100 101. G & S: Computer services, namely organizing information, sites and other resources available on computer networks
Standard Characters Claimed	
Mark Drawing Code	(4) STANDARD CHARACTER MARK
Serial Number	78588592
Filing Date	March 16, 2005
Current Filing Basis	1B
Original Filing Basis	1B
Published for Opposition	December 6, 2005
Owner	(APPLICANT) Google Inc. CORPORATION DELAWARE 1600 Amphitheatre Parkway Mountain View CALIFORNIA 94043
Type of Mark	SERVICE MARK
Register	PRINCIPAL
Live/Dead Indicator	DEAD
Abandonment Date	February 29, 2008

Qu'est-ce-que l'indice UPR ?

Il arrive également d'entendre parler de la notation UPR chez Microsoft. Elle rassemble les notions d'indice de confiance et d'indice de popularité prises en compte par le BrowseRank.

Ce qu'il faut retenir du TrustRank et des autres indices de confiance, c'est qu'il est désormais primordial d'obtenir des liens en masse, mais surtout de cibler leur qualité avant toute chose, sous peine d'être pénalisé par Google Penguin notamment. Le PageRank et le BrowseRank sont des algorithmes avancés qui savent très bien déterminer les liens de piètre qualité. Il convient donc de limiter ces derniers au maximum et d'obtenir un profil valorisant pour les sites web à positionner.

BrowseRank de Bing, TIC de Yandex...

La technologie de recherche de Microsoft est axée autour du BrowseRank (source : http://goo.gl/rdxuqr), un algorithme créé dès 2008 et qui reprend globalement les grandes lignes du PageRank de Google, à quelques différences près. En effet, Microsoft avance que Bing traite mieux les résultats avec le BrowseRank que Google et son PageRank, car il prend en compte des critères comportementaux et relatifs à la qualité des liens :

- nombre de liens entrants ;
- qualité des liens entrants en fonction de la thématique abordée par la requête ou encore selon le poids attribué à certains liens plutôt qu'à d'autres ;
- taux de rebond dans les pages ;
- nombre de clics sur les liens entrants ;
- temps moyen de visite.

Tous ces facteurs aident à mieux valoriser les liens et les pages web en fonction de leurs réelles qualités. Si le PageRank et Google ont de nos jours développé ce genre de pratique, il faut avouer que le BrowseRank initial offre un panel assez intéressant et les résultats proposés par Bing semblent souvent pertinents.

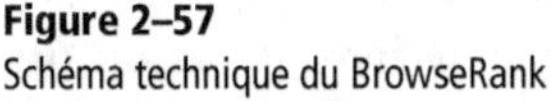

Figure 2–57
Schéma technique du BrowseRank

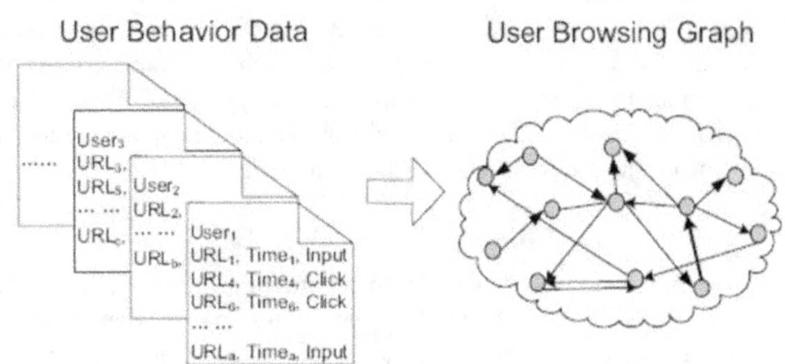

Figure 1: User behavior data and browsing graph

De son côté, le moteur russe Yandex propose un algorithme appelé TIC (pour *Thematic Index of Citations*) qui est un équivalent du PageRank ou du BrowseRank. Son objectif est de mesurer la qualité des citations de sites au sein de son index. En d'autres termes, l'algorithme TIC analyse les liens entrants et vérifie s'ils sont de qualité et pertinents. Le nombre des liens compte toujours, mais leur qualité prime sur le reste, comme depuis plusieurs années dans le monde de la recherche.

Comment améliorer le maillage interne ?

Où placer les liens internes ?

Le maillage interne joue un rôle essentiel dans la transmission du PageRank (ou équivalent) et favorise le crawl des robots au sein des sites web. Chaque page contient des liens hypertextes qui tissent une toile entre les diverses pages d'un site, mais il convient de bien réfléchir à la conception de cet assemblage de connexions. Si vos pages ne possèdent pas assez de liens, le crawl peut s'effectuer grâce au menu principal (la porte d'entrée par excellence pour les robots), mais le maillage en lui-même ne sera pas très qualitatif et toutes les pages auront à peu près le même poids final (selon leur niveau de profondeur dans le site).

Afin de parfaire le profil des liens internes, il est recommandé d'en intégrer dans chaque page selon les relations qui les unissent, toujours dans le respect des thématiques connexes. Cela permet ainsi de relier les pages selon leur relation sémantique, à la fois pour aider les moteurs de recherche à mieux comprendre les pages, mais aussi pour favoriser le taux de clics en interne pour les utilisateurs. En effet, un usager a plus de facilité à cliquer pour lire les pages qui complètent les réponses apportées par une page source plutôt que de suivre des pages sans aucune relation logique. Ainsi, le maillage peut servir à améliorer les métriques du comportement utilisateur tout en favorisant le crawl et la répartition du jus de liens dans le site.

Néanmoins, toutes les zones d'une page ne sont pas égales, et il convient de placer les liens idéalement dans des blocs de textes plutôt que dans des zones moins en vue dans les pages (colonnes, pied de page, bas d'un article, etc.). Il faut donc catégoriser les liens et les positionner au bon endroit selon leur rôle pour les visiteurs et pour le moteur de recherche. En termes de maillage interne, on privilégie donc des liens directement dans les textes pour générer des « sauts » entre les pages, avec des ancres de liens optimisées. Pour les articles relatifs ou des liens complémentaires, on utilise en revanche plutôt le dessous d'un contenu ou une colonne latérale pour les démarquer du reste. Ce principe peut s'appliquer pour tous les types de liens que vous souhaitez intégrer.

N'oubliez jamais que la gestion des liens internes n'est pas similaire à celle des liens externes. Rappelons que pour les liens externes, il est fréquent d'avoir des liens en retour, bien que cette réciprocité ne soit pas conseillée à outrance (il faut limiter le nombre d'échanges de liens directs, et privilégier les triangulaires, quadrangulaires et plus afin de masquer la stratégie aux robots). Pour les liens internes, cette réciprocité n'est clairement pas absolue, seule la relation sémantique ou thématique doit vous guider dans le fait d'ajouter des renvois vers d'autres pages, articles ou produits.

Notion de siloing

Le *siloing* est un concept relativement ancien mis en exergue aux États-Unis par le référenceur Bruce Clay. La méthode consiste à créer des « silos » dans les sites, à savoir des rubriques très thématisées dans lesquelles des liens internes se font. En d'autres termes, vous devez créer une arborescence logique pour chaque thématique, avec des sous-rubriques de plus en plus spécialisées et précises. L'objectif est de ne produire des liens qu'entre les sous-rubriques de thématiques très proches, mais jamais avec les autres silos.

Admettons qu'un site e-commerce vende à la fois des produits en high-tech, en jardinage et en décoration de maison. Il sera plus ergonomique pour ses utilisateurs d'avoir trois grandes rubriques (donc des silos) pour chacune des entités nommées. Ensuite, il existera pour chaque catégorie des sous-catégories propres (« décoration de table », « décoration de chambre » pour la décoration par exemple…) qui pourront se faire des liens entre elles si cela est pertinent et ainsi de suite jusqu'au dernier niveau d'arborescence de chaque silo.

Ce qui importe, c'est surtout de conserver cette structure ergonomique et de ne pas faire de liens entre les silos de thématiques différentes. Le schéma mis en œuvre par le site EcommerceMarketingBooks en est la parfaite illustration (source : https://goo.gl/XAn8ms). Il représente bien la hiérarchie d'un site web construit en silo de façon idéale. Dites-vous que, dans tous les cas et bien au-delà des considérations SEO, cela peut :

* améliorer l'ergonomie générale du site ;
* mieux favoriser les parcours de navigation des utilisateurs (et des robots des moteurs de recherche) ;
* améliorer le taux de conversion car les utilisateurs seront bien dans des catégories qui leur conviennent ;
* réduire le nombre de liens par page qui pourraient nuire au profil de liens général. Ainsi, seuls des liens thématiques et utiles seront conservés en priorité.

Figure 2–58
Concept et schématisation du siloing

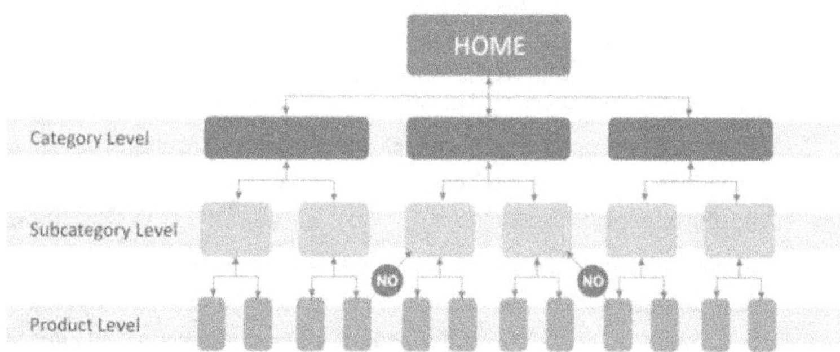

Ce concept a fait ses preuves depuis ses premières mises en application et de nombreux sites tendent vers un siloing de manière naturelle. Toutefois, il persiste encore régulièrement des problèmes de gestion des liens internes inter-silos, mais cela peut se corriger ; alors pensez bien à ce point fondateur d'un bon siloing de site.

Figure 2–59
Exemple d'architecture en silos optimisée
pour WordPress

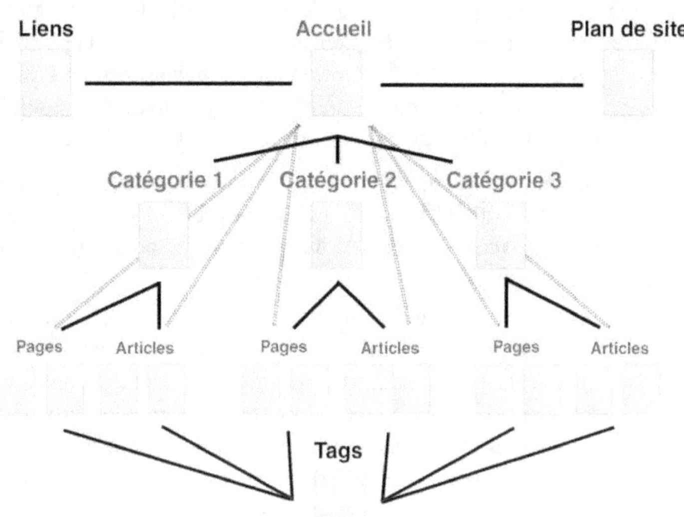

Notion de cocon sémantique

Nous avons vu plus tôt dans ce chapitre que le concept de cocon sémantique, pensé par Laurent Bourrelly, s'appuie à la fois sur des notions de stratégie de contenu (incluant une optimisation interne des pages) et aussi sur un travail approfondi de netlinking. C'est pour cette seconde raison que nous évoquons à nouveau le cocon sémantique, puisque son origine repose à la fois sur le concept du siloing, mais aussi sur l'idée d'un PageRank thématique. Cette corrélation entre les mots et liens est très importante pour faciliter le travail de compréhension des moteurs de recherche, tout en optimisant les sites web pour les utilisateurs.

Dès 2003, l'ingénieur Taher Haveliwala a fait évoluer le concept de PageRank, initié en 1998 par Sergeï Brin et Larry Page, en l'amenant vers un PageRank thématique (mis en application dès 2007 sur Google). Son idée est d'adapter le PageRank en fonction de la proximité thématique des pages. En d'autres termes, plus deux thématiques sont proches, plus le potentiel de chance qu'un utilisateur suive un lien est vrai. La conséquence de cela serait un ajustement de la valeur du PageRank transmis selon cette proximité sémantique entre les pages.

Sachant cela, si nous couplons la notion de siloing, à savoir l'organisation intelligente des contenus, à la notion de PageRank thématique de Taher Haveliwala, c'est donc l'importance du travail et des liaisons sémantiques qui l'emporte sur le reste. Avec le cocon sémantique, tout va dans ce sens puisque l'idée est d'aller des contenus les plus valorisants (que ce soit commercialement ou en matière de SEO) vers des niveaux plus profonds et plus spécifiques, en travaillant les connexions entre les pages. Laurent Bourrelly encourage à créer des liaisons directes lorsque les pages sont sémantiquement proches, à l'instar de ce que calcule le PageRank sémantique (dont les évolutions récentes n'ont fait que confirmer cette approche).

Dans le concept de cocon sémantique, chaque page à un rôle propre à jouer :
- page cible (aspirer les pages enfants) ;
- page mixte ou intermédiaire (pousser la page parente, aspirer les pages enfants et lier les pages sœurs) ;
- page complémentaire ou finale (pousser la page parente et lier les pages sœur ou du même niveau).

Dans tous les cas, il faut veiller à ce que le maillage soit intelligent et ne renvoie pas vers des pages dont les rapports sémantiques sont éloignés voire inexistants. Cela signifie concrètement qu'il faut éviter de relier deux catégories ou deux thématiques différentes au sein d'un site. L'objectif est de réduire les mauvaises liaisons sémantiques au strict minimum, quitte à avoir recours à du cloaking de liens (référez-vous à la section sur l'*obfuscation* de liens qui répond à cette problématique). Toutefois, il n'est pas interdit de relier deux silos différents, à condition de respecter une logique sémantique, bien entendu.

Une fois tout le maillage interne réalisé, il ne devrait rester que des liaisons sémantiques partant des expressions les plus fortes (1er voire 2e niveau de profondeur) vers les plus spécifiques (3e, 4e et autres niveaux de profondeur), avec des ancres de liens optimisées pour que chaque page joue son rôle dans le transfert de PageRank thématisé.

- Avec des outils dédiés comme cocon.se ou voyant-tool.org, il est possible d'analyser la structure du netlinking interne pour vérifier si des silos ont été proprement réalisés. La capture suivante est un exemple de représentation CMAP qui vise à montrer comment un crawler pourrait voir le site sur le plan structurel. On peut observer une structure très nette entre les différents niveaux de profondeur ainsi que les liaisons internes, montrant un cocon sémantique dont le maillage interne serait bien mis en place. Un tel travail d'optimisation démontre que les liens entre les pages ont été réfléchis intelligemment, et les pages seront d'autant mieux reliées que les relations sémantiques seront fortes entre elles.

Figure 2–60
Exemple de visualisation CMAP
pour un cocon sémantique

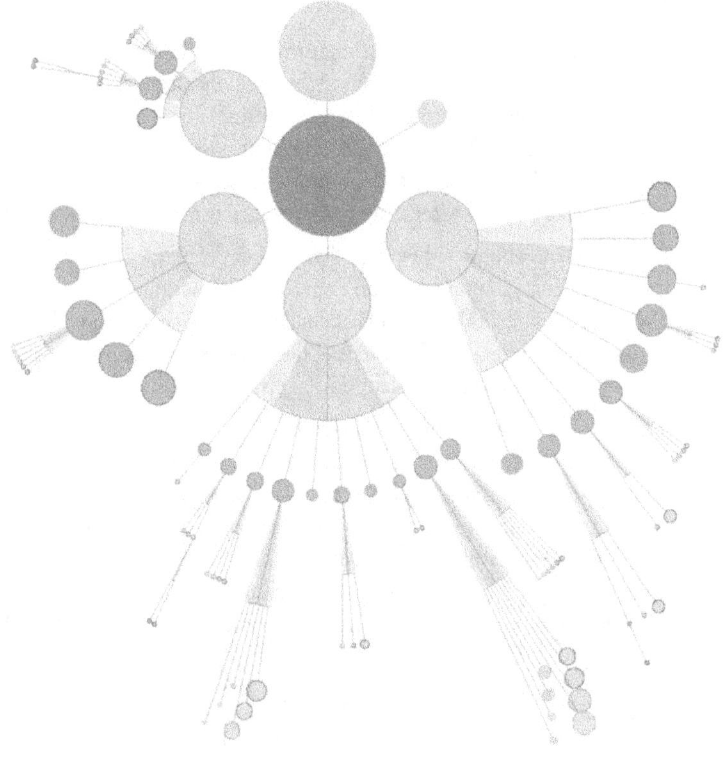

Avec un tel travail d'optimisation des contenus et du maillage interne, un site web s'appuie alors sur une excellente base pour son référencement naturel, correspondant à ce que les algorithmes des moteurs de recherche souhaitent analyser. Si l'on ajoute à cela les notions d'UX et de marketing du cocon sémantique, toute la stratégie du référencement est complète et permet d'espérer un bon positionnement dans les SERP.

Rank Sculpting et Bot Herding

Le PageRank et le BrowseRank sont des critères importants basés sur le maillage des liens, externes mais également internes, ce qui signifie qu'il est opportun de bien organiser ses contenus et de favoriser le transfert du jus de liens. Le *PageRank Sculpting* (communément appelé ainsi grâce au succès légendaire du Page-Rank) est la conséquence de cette idée. La méthode consiste à optimiser le maillage interne pour que les pages à fort potentiel récupèrent plus de jus de liens.

Le Rank Sculpting consiste donc à utiliser à bon escient le potentiel de popularité des pages pour favoriser les pages web secondaires ou profondes qui ont davantage de mal à obtenir des backlinks. Cette technique a longtemps été appliquée par les référenceurs, mais les moteurs n'aiment pas spécialement être dupés de la sorte. Il faut donc veiller à créer un maillage interne optimisé et le plus naturel possible. Ne perdez jamais de vue que la réussite d'une bonne architecture interne de site web présente avant tout un avantage pour les visiteurs ; les robots doivent absolument passer au second plan sous peine de se tromper de cible…

> ### PageRank Sculpting vs Bot Herding ?
>
> Il nous arrive parfois de parler de Bot Herding dont le résultat est très approchant du PageRank Sculpting dans les faits. Le terme *herding* signifie « mener un troupeau » en français, la technique est donc utilisée pour amener les robots d'indexation sur les pages qui nous intéressent. Le rôle du Bot Herding est un peu plus vaste que celui fixé par le PageRank Sculpting, puisque c'est la gestion du maillage et de l'ergonomie interne qui est mise à contribution pour améliorer le crawl ; ce n'est pas seulement pour un objectif de transfert interne de jus de liens.

Historiquement, le PageRank Sculpting se travaillait à l'aide de l'attribut `rel="nofollow"` que l'on plaçait dans les liens internes (balises `<a>...</a>` en HTML pour rappel). Ce dernier indiquait aux robots qu'il ne fallait pas suivre les liens ni leur transmettre du jus de liens. Désormais, la donne a changé puisque l'attribut `rel="nofollow"` a perdu de sa superbe. Les robots suivent les liens, que l'attribut soit présent ou non, mais il semblerait que le PageRank ne soit toujours pas transmis dans ce cas (des doutes persistent à ce sujet et les spécialistes ne sont pas tous d'accord sur le sujet, seuls les porte-parole de Google maintiennent cette affirmation qui semble arranger les affaires du moteur de recherche). L'arrivée des nouvelles valeurs `rel="ugc"` et `rel="sponsored"` ne pose en revanche aucun problème puisque d'après Google et Bing, ces valeurs n'affectent pas directement la transmission du jus de liens (il faudrait leur ajouter `nofollow` en valeur pour ce faire).

Nous ne pouvons pas garantir que le PageRank soit transmis lorsqu'un attribut `nofollow` est placé dans une balise de lien, mais qu'en serait-il d'un éventuel TrustRank ou BrowseRank ? Après plusieurs tests, il s'avère que certains sites dont les liens entrants sont majoritairement des `nofollow` arrivent à obtenir un PageRank convenable et un positionnement de qualité. Certes, d'autres facteurs sont pris en compte et rien ne permet d'affirmer qu'il s'agirait d'un transfert de popularité, mais cette éventualité peut s'envisager. Peut-être que Google dévalue légèrement la note, mais il attribue tout de même un peu de PageRank aux pages cibles.

Qu'en est-il vraiment du rôle des nofollow ?

Google ne communique pas vraiment à ce sujet ou reste évasif car chaque déclaration pourrait faire l'effet d'une bombe. En laissant l'idée que l'attribut `rel="nofollow"` empêche le transfert de PageRank, la firme s'assure de ne pas être noyée par des spammeurs. Si elle avouait le contraire, elle modifierait le comportement des référenceurs du monde entier. Il est fort probable que nous ne sachions jamais vraiment le vrai du faux…

L'attribut `rel="nofollow"` était pratique puisqu'il permettait de « diviser » le PageRank en fonction des liens internes qui le possédait ou non, ce qui transmettait davantage de jus de liens aux pages que nous souhaitions optimiser. En d'autres termes, si une page contenait dix liens dont trois en `nofollow`, le PageRank des sept autres liens était de 1/7 et non de 1/10. De nos jours, Google lutte contre cette pratique et divise la note de popularité en fonction du nombre de liens, qu'il existe des `nofollow` ou non. En reprenant notre exemple, cela signifie que la note pour chaque page serait de 1/10 mais que, pour celles qui sont ciblées par un lien avec `rel="nofollow"`, la note transmise serait de 0 tout simplement. Par conséquent, la valorisation du Page-Rank par le maillage et l'usage des `nofollow` ne présente plus d'intérêt particulier…

Figure 2–61
Nouvelle interprétation
de la transmission du jus de liens
pour Google

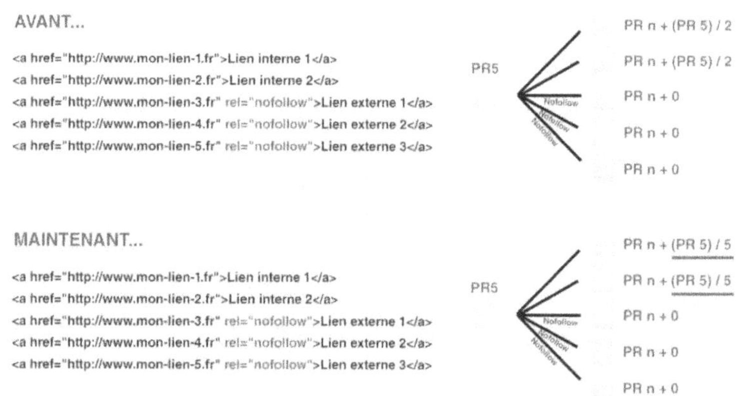

Est-ce pour autant la mort du Bot Herding ou du PageRank Sculpting ? Dans la majorité des cas, cette mise à jour de l'interprétation des attributs `rel="nofollow"` par Google constitue un réel frein ; il faut donc passer par d'autres moyens pour réaliser ce type de technique.

- Limiter l'indexation de certaines pages, notamment avec un fichier `robots.txt` pour favoriser le crawl des pages majeures et à valoriser.
- Éviter à tout prix le problème du DUST avec les adresses web doublonnées. Les contenus recopiés et les URL dupliquées peuvent subir des sanctions, mais aussi diviser encore plus la note de popularité. Il serait dommage de donner du jus de liens inutilement pour des URL doublons…
- Utiliser des facteurs bloquants au profit du référencement. Nous évitons souvent d'utiliser des codes en JavaScript, Ajax ou ActionScript (Flash) car ils bloquent le crawl des robots. Toutefois, pourquoi ne pas les utiliser pour optimiser le maillage interne ?

Si votre site est bien conçu, avec un plan de site réussi et une bonne organisation, l'indexation a de fortes chances de bien se passer. Dans ce cas, l'usage de quelques facteurs bloquants lorsque c'est opportun peut limiter le transfert de PageRank vers des pages secondaires.

Prenons un exemple simple et concret d'un site e-commerce : il convient d'avoir des liens en bas de pages qui mènent vers les conditions générales de ventes (CGV), les pages *Partenariats*, *Revue de presse*, etc. Est-ce que toutes ces pages méritent d'obtenir un fort PageRank ? Pas nécessairement et elles prennent également de la place dans le site web. Peut-être serait-il intéressant de créer des listes déroulantes cliquables ? En effet, elles sont bloquantes pour les robots et surtout elles ne constituent pas des liens hypertextes au sens propre.

Ainsi, le jus de liens ne leur serait pas transmis, mais serait surtout moins divisé qu'auparavant sans pour autant gêner réellement l'ergonomie et l'efficience du site pour les usagers. Le code suivant, en JavaScript et HTML, est un exemple très optimisé de ce qui peut se faire pour bloquer les robots :

```html
<!-- Script à placer dans la section <head> ou <body> pour gérer les redirections -->
<script type="text/JavaScript">
function changeMenu(nameFormulaire, url, extension) {
    document.forms[nameFormulaire].action = url+extension;
    document.forms[nameFormulaire].submit();
}

</script>
<!-- Code HTML de deux listes déroulantes optimisées SEO -->
<form name='formulaire'>
<select>
    <option value="conditions" onClick="changeMenu('formulaire', this.value, '.html')">CGV
    </option>
    <option value="aide" onClick="changeMenu('formulaire', this.value, '.html')">Aide
    </option>
    <option value="mentions-legales" onClick="changeMenu('formulaire',
    this.value, '.html')">Informations légales</option>
</select>
<select>
    <option value="partenariats" onClick="changeMenu('formulaire', this.value,
    '.html')">Devenez partenaires</option>
    <option value="affiliation" onClick="changeMenu('formulaire', this.value,
    '.html')">Affiliation</option>
    <option value="revue-presse" onClick="changeMenu('formulaire', this.value,
    '.html')">Espace Presse</option>
</select>
</form>
```

- User de codes techniques pour contrecarrer le crawl des moteurs. Il faut toutefois prendre garde à ne pas tomber dans l'excès et risquer de se faire pénaliser. Vous trouverez un exemple avec le code appelé *jQueryRank Sculpting* dans le chapitre 3 traitant du problème de *cloaking* et qui montre comment duper un moteur, favoriser le Bot Herding et le PageRank Sculpting par la technique.

Obfuscation de liens

Parmi les techniques les plus employées de nos jours pour faire du Bot Herding ou pour améliorer le maillage interne d'un site web, notamment en cas de mise en place complète d'un cocon sémantique, l'*obfuscation* de liens est certainement maîtresse en la matière. En effet, l'*obfuscation* des liens permet de masquer la présence de connexions internes aux moteurs de recherche, tout en les rendant visibles et fonctionnels pour les utilisateurs. Cette technique s'apparente donc à une méthode de *cloaking* (fait d'afficher un contenu différent aux usagers et aux moteurs) mais elle fonctionne encore parfaitement de nos jours et sa pertinence dans bien des situations ne cause pas de pénalités pour les sites web qui l'utilise. Rien ne prouve que cela durera, mais plusieurs porte-parole de Google et Bing ont reconnu qu'une bonne mise en place de ce genre de liens n'était pas problématique puisque cela n'entrave pas la qualité des pages ni leur pertinence pour les utilisateurs. De là à dire qu'il faut alors en profiter, il n'y a qu'un pas…

L'*obfuscation* de liens (terme anglais traduit par « brouillage » en français) est déjà pratiquée par de nombreux sites web d'envergure et leur classement est généralement très bon au vu de leur succès, bien qu'il soit difficile de prouver que cela soit la conséquence d'un masquage intelligent des liens internes. Toutefois, il ne fait aucun doute qu'une bonne *obfuscation* offre de bons résultats dans le partage du jus de liens en interne. De même, si on retient les notions de site de niche et de cocon sémantique que nous avons évoquées plus tôt dans ce chapitre, le fait de cacher des liens pour améliorer le maillage et la pertinence sémantique prend alors tout son sens.

Prenons un exemple avec un site comme Cdiscount.com, qui propose des milliers de produits dans des thématiques très variées. Aux yeux d'un moteur de recherche comme Google, et malgré la qualité des contenus du site, aucune thématique ne ressort bien plus qu'une autre, donc sur le plan sémantique, on pourrait considérer que Cdiscount est moins optimisé ou spécialisé que des sites de moindre envergure. Ce qui fait sa force devient alors son désavantage, mais nous pouvons douter du fait que les dirigeants de Cdiscount décident demain de découper leur site afin de proposer un site web spécialisé par thématique. Ce serait trop contraignant, et cela affecterait d'autres aspects, tels que les rebonds commerciaux entre diverses catégories de produits. Par conséquent, l'*obfuscation* de liens pourrait être utilisée pour créer des espaces de niches lorsque les crawlers visitent les pages web, et ainsi limiter le crawl autour de sujets sémantiquement proches notamment (on parle de cloisonnement sémantique). Nous ne présentons ici que certains usages mais cela démontre l'intérêt du masquage des liens internes afin d'améliorer le maillage interne mais aussi l'analyse sémantique globale d'un site par rapport aux pages crawlées (les fameuses notions de TF*IDF et consorts).

La mise en place de liens cachés peut s'avérer complexe et chronophage selon la technologie utilisée et le site dont vous disposez. Retenons surtout que vous devrez faire un choix entre une mise en place côté serveur (PHP, Java, Python…) ou côté client (JavaScript en général). Bien qu'aucune sanction ne semble affecter les sites web à ce jour, nous recommandons l'usage d'un langage interprété côté serveur idéalement avec une mise en place automatisée, car cela éviterait aux moteurs d'imaginer une autre version des pages. Dans l'ensemble, la constitution d'un tel programme se fait en plusieurs étapes :

- détection des crawlers (pour les distinguer des utilisateurs) ;
- cryptage/décryptage des URL afin d'éviter leur lecture par les moteurs (généralement, même un simple encodage en base64 ou l'application d'un chiffre de César comme le rot13 peut suffire) ;
- affichage des balises HTML adaptées selon le contexte de la visite (`<a href="URL_DECRYPTÉE">ANCRE<a/>` pour l'utilisateur, et `<span>ANCRE</span>` pour les moteurs).

Selon le type de mise en place, nous pouvons même imaginer une mise en place côté serveur avec PHP par exemple, mais une lecture (et un décryptage) côté client avec JavaScript. Tout est donc possible, le principe consiste juste à ne pas permettre aux moteurs de voir et lire les liens internes qui vous posent problème. Il existe quelques frameworks PHP clés en main sur la Toile ou des extensions comme Ghostlink pour WordPress (https://ghostlink.fr) ou des scripts pour Prestashop (https://bit.ly/2KZOB1e) par exemple si cela vous semble trop complexe à réaliser.

Dans le but de présenter le principe de l'*obfuscation* de liens, nous allons vous présenter un code côté client, entièrement en JavaScript, qui s'appuie sur un attribut, `data-link`, pour mettre en œuvre ce principe (une alternative à ce code sera présentée dans le chapitre suivant, dans la section qui concerne le *cloaking*). Le principe est simple : vous pouvez utiliser n'importe quelle balise HTML avec un attribut `data-link` contenant un lien (qui sera crypté automatiquement) pour la transformer en lien ou l'ouvrir directement vers la page de destination. En effet, deux variantes sont possibles comme vous pourrez le voir dans les programmes téléchargeables avec ce livre, mais nous n'en présentons qu'une ici pour ne pas vous surcharger de code. Quoi qu'il en soit, les deux versions dirigent l'utilisateur vers la bonne URL, sans qu'il ne puisse voir la différence.

Selon les balises HTML utilisées, il faut adapter la feuille de style CSS pour que cela soit transparent pour l'utilisateur. Dans nos figures d'exemples, vous pouvez notamment observer une balise d'exposant (`<sup>`) qui se transforme en lien au survol ou au clic (selon la méthode employée), donc cela se remarquerait dans un site, il faudrait alors privilégier des `<span>` ou des balises plus neutres dans l'affichage. Nous avons développé une page HTML d'exemple contenant plusieurs types de balises HTML qui peuvent être modifiées ou non. Par défaut, les liens sont cryptés comme vous pouvez le voir dans la prochaine capture d'écran.

Figure 2–62

Cryptage (rot13) des URL à la volée pour une obfuscation dans l'attribut HTML

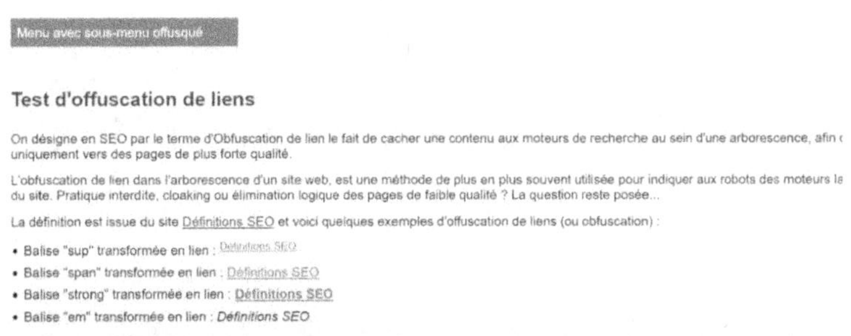

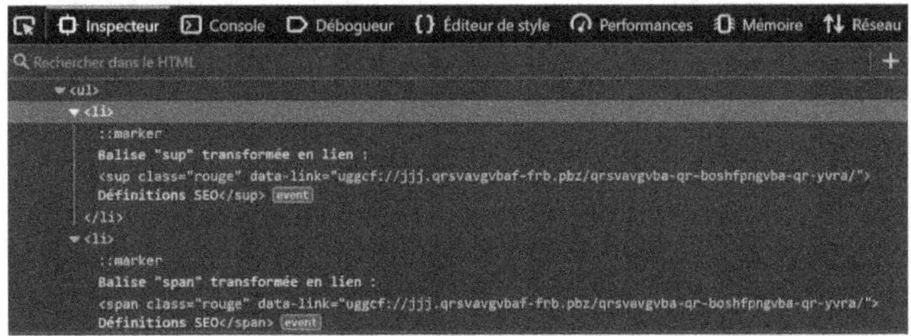

Lors d'un survol ou d'un clic (selon la méthode que vous privilégiez), la balise HTML s'adapte et permet de suivre le lien décrypté à la volée. La figure suivante comptabilise les liens modifiés pour vérifier que le système fonctionne parfaitement.

Voyons maintenant comme réaliser ce genre de *cloaking* simple en JavaScript natif. Nous allons vous présenter la méthode de transformer au clic (le code est plus compact) mais vous pourrez retrouver la technique du survol (présentée dans les captures) dans les programmes fournis avec ce livre. L'objectif est de récupérer la valeur cryptée de l'attribut `data-link` lors du clic, puis de rediriger directement l'utilisateur vers le lien cliqué. Au passage, nous ajoutons une classe supplémentaire à la balise cliquée afin de pouvoir le remettre dans son état d'origine en cas de clic non confirmé (un clic relâché, etc.). Nous avons créé une fonction `offuscation()` qui contient tous ces éléments, placés dans un fichier JavaScript, il ne vous reste donc qu'à appeler ce fichier dans vos pages pour que le script aille automatiquement appliquer le masquage des liens à toutes les balises contenant un attribut `data-link` avec une URL valide.

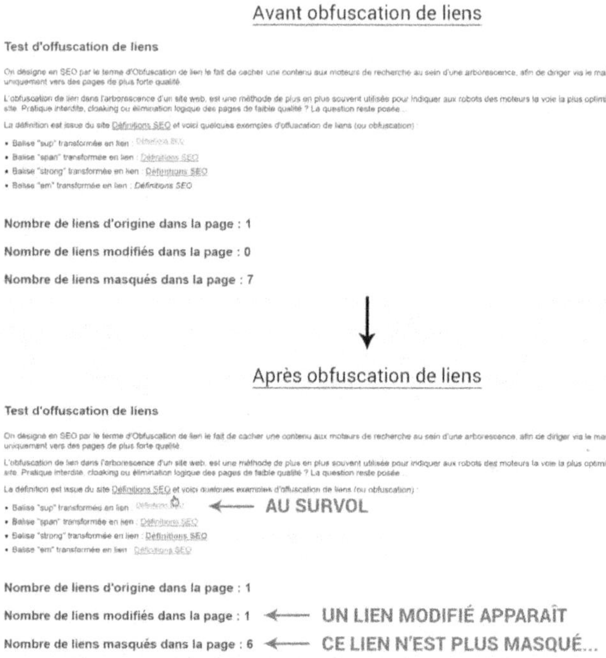

Figure 2–63
Exemple d'offuscation de lien
avec JavaScript au survol


```javascript
var offuscation = function(linkClass, attribut) {
    // Valeur par défaut de la classe attribuée aux liens créés
    var linkClass = (typeof linkClass !== 'undefined') ? linkClass : "newlink";

    // Valeur par défaut de l'attribut utilisé pour la détection de l'obfuscation
    var attribut = (typeof attribut !== 'undefined') ? attribut : "data-link";

    // Définition de variables globales
    var localName = undefined;

    // "Cryptage" en rotX par défaut (chiffre de César)
    var rot13 = function(str, unrot) {
        str = str.toLowerCase();
        var resultat = (str + '').replace(/[a-z]/gi, function(s) {
            return String.fromCharCode(s.charCodeAt(0) + (s < 'n' ? 13 : -13));
        });
        return resultat;
    }

    // Cryptage automatique de tous les liens
    var allCryptedElements = document.querySelectorAll("["+attribut+"]");
    allCryptedElements.forEach(function(elem) {
        // Modifie l'attribut choisi en attribut href
        elem.setAttribute(attribut, rot13(elem.getAttribute(attribut)));
    });
```

```javascript
// Au survol dans la fenêtre...
document.onmouseover = function() {
    /* TOUTE BALISE VERS LIEN */
    // Captation de tous les éléments portant l'attribut choisi
    var allElements = document.querySelectorAll("["+attribut+"]");

    // Pour chaque élément trouvé...
    allElements.forEach(function(elem) {
        // Au survol de l'élément portant l'attribut...
        elem.onmouseover = function(event) {
            // Récupération du type de balise contenant l'attribut
            localName = elem.localName; // Variable globale !

            // Ajoute automatiquement une classe au lien
            elem.classList.add(linkClass);

            // Modifie la balise ciblée en lien
            elem.outerHTML = elem.outerHTML.trim()
                                    .replace('<'+localName+' ','<span ')
                                    .replace('</'+localName+'>','</span>');

            // Stoppe la propagation de l'effet
            event.stopPropagation();
        };

        elem.onclick = function(event) {
            window.location = rot13(elem.getAttribute(attribut));

            // Stoppe la propagation de l'effet
            event.stopPropagation();
        }
    });

    /* TOUT LIEN TRANSFORME VERS BALISE INITIALE */
    // Captation de tous les éléments portant la classe ajoutée
    var allOffuscatedElements = document.querySelectorAll("."+linkClass);

    // Pour chaque élément trouvé...
    allOffuscatedElements.forEach(function(elemReturn) {
        // Au survol de l'élément portant l'attribut...
        elemReturn.onmouseout = function(event) {
            // Ajoute automatiquement une classe au lien
            if(elemReturn.classList.length == 1) {
                elemReturn.removeAttribute('class');
            } else {
            elemReturn.classList.remove(linkClass);
            }

            // Modifie la balise ciblée en lien
            elemReturn.outerHTML = elemReturn.outerHTML.trim()
                                        .replace('<span ','<'+localName+' ')
                                        .replace('</span>','</'+localName+'>');
```

```
            // Stoppe la propagation de l'effet
            event.stopPropagation();
        };
    });
  }
};

// Lancement de la fonction
offuscation();
```

Il ne s'agit ici que d'un exemple car pléthore de méthodes permettent d'atteindre le même objectif. Rappelons d'ailleurs qu'il reste préférable de pratiquer l'*obfuscation* côté serveur pour plus de sérénité et de discrétion. Si vous utilisez cette méthode à bon escient (et non à outrance), vous devriez mieux gérer votre maillage interne et favoriser le transfert du jus de liens vers les pages utiles. De plus, cela vous permet d'améliorer nettement vos cocons sémantiques en cloisonnant les thématiques selon votre volonté. Ainsi, le crawl est guidé vers vos pages préférentielles (Bot Herding) et la compréhension thématique des pages devrait être nettement optimisée pour les moteurs de recherche.

Obtenir de bons liens externes

Le netlinking est l'un des nerfs de la guerre. Google place même ce facteur comme le second plus important dans ses critères de classement. Par conséquent, les sites ont besoin de backlinks pour montrer à Google à quel point ils sont « populaires ». Nous ne traiterons pas ce sujet en détail car de nombreux autres livres et articles le font régulièrement et de manière plus détaillée, mais il nous semblait important de l'évoquer afin de ne pas l'oublier.

Depuis les premières versions de Penguin et les mises à jour de qualité de Google, le netlinking est devenu tellement compliqué que la chasse aux liens est souvent considérée comme *spammy*. De ce fait, le filtre Penguin, désormais intégré au cœur de l'algorithme, surveille de près ce qui est fait en matière de netlinking. Or, il est assez simple de déborder du cadre et d'obtenir des liens de mauvaise qualité…

Les techniques de netlinking peu efficaces

Le SEO a évolué en même temps que les différentes mises à jour de l'algorithme de Google. Ce qui marchait encore il y a quelques années ne fonctionne plus aujourd'hui. Pire encore, de nos jours, cela peut être dangereux et pénalisant. Conserver ses méthodes d'antan n'est pas la solution ultime, bien qu'il ne faille pas tout oublier, alors voyons ce qui n'est plus très efficace…

Nous avons essayé de regrouper les différentes sources de liens en fonction de leur pertinence et de leur poids pour le référencement. Tous les référenceurs ne sont pas toujours d'accord sur le poids/efficacité des sources. De plus, en fonction du projet (thématique, concurrence), les choses peuvent éventuellement changer. Nous vous proposons de faire vos propres tests et de juger par vous-même. Gardez à l'esprit que la qualité des sources, des ancres, des liens est primordiale pour un SEO pérenne !

À utiliser avec modération, leur efficacité reste à prouver :

- Les annuaires : ils avaient le vent en poupe il y a quelques années. Désormais, leur efficacité est moindre (même si certains sont encore de très bonne facture). Si vous ressentez le besoin d'inscrire votre site dans un annuaire, choisissez-le de qualité, thématique et/ou avec une validation manuelle. Cela reste donc une méthode intéressante mais seules la qualité de l'annuaire et la faible proportion d'usage dans le profil complet des liens d'un site sont à respecter.

- Les communiqués de presse (SEO) ou « CP » : beaucoup de sites de communiqués de presse sont mis en place dans un but clairement SEO. Ces supports n'ont pas de valeur ajoutée pour les internautes, mais c'est pourtant par ce biais que de nombreuses agences font leur netlinking. Leur utilisation devrait être limitée voire éliminée. Souvent, il est demandé de faire des échanges communs d'articles (faux et souvent assez dénués d'intérêt) dans lesquels on place des backlinks. Tous les CP ne sont pas à mettre dans le même panier, mais soyez très prudents à ce sujet…

- Les commentaires de blogs : de nombreux blogs proposent leurs commentaires en `nofollow`. De ce fait, les liens qui en proviennent ne comptent pas en termes de « valeur » de netlinking ; ils permettent juste de rendre plus naturel le profil de backlinks. Maintenant, quelques pépites en `follow` existent. Identifiez-les et laissez-y des commentaires de qualité qui servent aux autres internautes. Attention à l'optimisation de l'ancre de lien : utilisez plutôt votre nom de marque, votre nom de site ou votre propre nom. La frontière du spam est assez proche et il faut veiller à respecter aussi bien les blogs en question que les ancres naturelles (d'ailleurs, de nombreux blogueurs suppriment directement les commentaires quand ils ressentent la volonté unique de netlinking).

- Les forums : tout comme les commentaires de blogs, les liens en provenance des forums sont souvent en `nofollow`, donc sans poids pour le SEO. Si vous êtes amené à les utiliser, attention à ce que vos participations aux discussions soient pertinentes et intéressantes pour les autres internautes. Il convient même généralement de publier plusieurs posts sur les forums avant de pouvoir déposer un backlink ; cela évite d'être tout de suite repéré comme un spammeur qui est venu déposer un lien pour repartir ensuite tranquillement faire sa vie…

- Les sitewide backlinks : il s'agit des liens qui sont dans la partie structurelle d'un site (barre latérale, pied de page). Ces liens, s'ils sont mal utilisés, pourront donner du poids aux mauvaises pages. L'exemple le plus flagrant est la page *Mentions légales*, qui reçoit souvent beaucoup de liens de par sa position dans le pied de page, mais qui n'a aucune valeur ajoutée pour l'internaute. Rappelez-vous bien que Google qualifie certains types de liens, notamment ceux placés dans le pied de page (il leur met une étiquette footer), ce qui signifie déjà que ces liens sont très certainement dévalués lors de l'attribution finale du jus de liens, etc.

À ne pas utiliser dans un but précis de SEO

Certains types de liens sont intéressants pour rendre plus naturel le profil de liens, ou tout simplement pour accroître la notoriété d'un site sans pour autant penser référencement :

- Les réseaux sociaux : tous les liens en provenance des réseaux sociaux sont en `nofollow` en général, voire redirigés avec des codes JavaScript afin de s'assurer de ne pas transmettre de jus de liens. Concrètement, ces liens ne servent pas vraiment votre référencement et votre netlinking. Toutefois, les réseaux sociaux peuvent être utiles pour votre notoriété et votre e-réputation, comme toute autre technique webmarketing.

- Wikipedia : cette grande encyclopédie en ligne a également les liens externes en `nofollow`. Ils ne donnent donc pas de poids pour le SEO. En revanche, avoir une visibilité dans Wikipedia pourra améliorer votre visibilité globale, le trafic vers votre site, votre réputation…

- Publicité en affiliation : si toutefois vous utilisez les services d'affiliation, faites attention. Le plus souvent les backlinks ne sont pas dirigés vers votre site mais vers celui du partenaire. Cela n'a donc aucun poids direct pour le référencement de votre site.

À éviter à tout prix dans une optique 100 % White Hat

Si votre objectif est de rester dans les limites de la documentation et des *guidelines* de Google, alors certaines techniques sont à éviter. Si toutefois vous souhaitez vraiment gagner certains liens de qualité ou difficiles à atteindre naturellement, ces techniques peuvent s'avérer payantes. C'est risqué et proscrit par Google, mais, si la mise en place est correcte, ce n'est pas forcément détectable par le navigateur. Ces méthodes restent donc à utiliser avec parcimonie et justesse.

- Le paid linking : l'achat de liens est interdit par Google. Bien évidemment, ce dernier ne peut pas vraiment savoir quel lien a été acheté, sauf si vous passez par des plates-formes spécialisées que Google a dans le viseur. Cependant, en usant de cette technique, vous prenez un risque que vous ne maîtrisez pas. Certains liens de très bonne qualité peuvent être obtenus par ce biais ; il est même parfois impossible d'en obtenir de qualité égale sans passer par la case « achat de liens ». À vous de voir si le jeu en vaut la chandelle !
- Les PBN (*private blog network*) : pour le référencement d'un site « parent », certains référenceurs vont créer des mini-sites ou sites satellites « fils ». L'objectif est de créer des liens de ces satellites vers le site principal et ainsi de manipuler l'algorithme de Google. Cette méthode est aussi ancienne que Google mais a dû se métamorphoser avec les années car ce dernier repère beaucoup mieux les réseaux de sites qu'auparavant. Toutefois, avoir quelques sites satellites bien montés et des réseaux créés avec intelligence peut vraiment être très efficace. Une fois encore, c'est à vous de juger l'utilité de prendre de tels risques de pénalité…
- La suroptimisation des ancres de liens : les ancres de liens doivent êtres travaillées aussi naturellement que possible et dans un français correct. Les ancres qui correspondent exactement à des expressions clés ciblées sont à éviter car Penguin s'y attaque particulièrement. De plus, le naturel veut que les ancres soient généralement logiques. Si vous nommez une boulangerie proche de chez vous, il est rare que vous la mentionniez en disant « Vendeur de pain » ; vous l'appelez par son nom ou sa localisation. Il faut faire ce parallèle avec le netlinking et il serait étonnant qu'un site qui fait un lien vers un site externe ou un partenaire ne l'appelle pas par son nom ou son URL. Google identifie cela et le chasse, alors il faut absolument opter pour une bonne répartition entre des ancres optimisées et des ancres naturelles (en majorité).
- Les liens depuis des sites sans intérêt : il convient de chercher des liens provenant de sites de qualité, propres et, surtout, dans la même thématique que le vôtre. Les sites sans intérêt ne vous apportent pas grand-chose, voire vous seront néfastes.

Les techniques de netlinking efficaces

Faire du netlinking propre aujourd'hui, qui respecte les *guidelines* de Google, est vraiment très compliqué. Nous avons déjà cité de nombreuses méthodes qui peuvent rapidement vriller vers des pénalités si elles sont mal mises en œuvre.

Avant de vous présenter en détail une technique 100 % *SEO friendly* et sans danger, voici quelques astuces pour trouver des liens naturellement. Bien évidemment, en fonction de la thématique de votre site, la démarche sera plus ou moins facile.

- Créer un blog sur un autre nom de domaine que celui de votre site principal, un blog de qualité traitant de sujets similaires/complémentaires et en relation avec votre thématique. Vous pouvez ainsi placer des liens (« naturels ») vers le site principal. Pensez qualité et utilisateur pour faire les choses le plus naturellement possible et, surtout, n'abusez pas non plus des liens vers votre site dans chaque publication (cela pourrait faire penser qu'il s'agit d'un mini-PBN).

- Vous avez plusieurs sites en votre possession, chacun avec une réelle identité et valeur ajoutée ? N'hésitez pas à profiter de ces autres présences en ligne pour présenter rapidement votre réseau et créer des liens entre vos différents sites. Vous pouvez envisager ensuite des liens supplémentaires entre vos sites de la même thématique, entre vos pages de la même thématique, etc.

- Échanges de liens : l'échange de liens fonctionne encore. On parle d'échange de liens réciproque ou encore en triangle, en fonction du nombre de sites échangeant les liens. Le triangulaire est beaucoup plus performant, mais aussi beaucoup plus rare et difficile à mettre en place. Avoir quelques échanges de liens ne sera pas néfaste du tout, bien au contraire ; il convient juste de veiller à ce qu'ils soient dans la même thématique et pas en trop grande majorité dans votre profil de liens.

- Vous pouvez également demander à vos contacts, fournisseurs, partenaires, confrères (…) avec qui vous travaillez et ayant un site web d'ajouter un lien vers votre site.

- Allez à la recherche des sites sur Google en tapant des mots-clés de votre thématique et voyez ce qui ressort (quels sites vous pouvez contacter).

- Intervenez sur d'autres sites/blogs que le vôtre. Pratiquez le Guest Blogging ; propre et intelligent, il ne sera pas mal vu par Google et ce sont des liens simples à obtenir. Cela est gagnant-gagnant, aussi bien pour les lecteurs (articles de qualité), pour le propriétaire du site/blog et pour l'auteur.

- Analysez la concurrence avec les outils de suivi de backlinks (Majestic Seo, Ahref, Open site explorer, SEMrush). Si vous trouvez des pépites dans les profils de netlinking de vos confrères, essayez d'être présent là où ils le sont si cela apporte un réel atout pour votre visibilité.

- Le linkbaiting : la meilleure technique pour nous, mais aussi la moins risquée. Malheureusement, il sera plus ou moins difficile de la mettre en place selon vos domaines d'activité. Cette technique se base sur la création de contenus de très bonne qualité qui seront repris naturellement sur d'autres sites. Ainsi, vous captez les liens externes d'une manière 100 % naturelle grâce à la qualité de vos contenus et de votre travail. En soi, c'est ce qui correspond tout à fait à ce que Google demande.

L'obtention de backlinks constitue un enjeu majeur en matière de SEO mais il devient de plus en plus difficile de convaincre des sites web d'offrir des liens de qualité, sans passer par un achat sous-jacent (échange de services, d'articles sponsorisés ou achat direct). Le blogging qualitatif et quantitatif reste une solution viable mais impose un travail acharné pour la rédaction d'articles pérennes, de qualité et thématisés. C'est pour cette raison que de nombreux spécialistes font appel à d'autres confrères pour trouver des sites sur lesquels placer des liens externes, mais ce réseau de connaisseurs n'est pas accessible à tous. Il convient donc de réussir à attirer d'autres gestionnaires de sites grâce à la qualité de vos contenus, de vos actions ou de vos services et produits, afin que les liens se fassent d'eux-mêmes (linkbaiting). Ce phénomène peut s'avérer chronophage pour certains sujets de niche mais extrêmement efficace pour les thèmes grands publics notamment, alors essayez autant que possible de proposer des contenus pouvant intéresser un plus grand nombre afin d'obtenir naturellement des liens dans des forums, blogs, etc.

Zoom sur le linkbaiting

Le concept du linkbaiting est de créer du très bon contenu pour que ce dernier soit repris sur la Toile et vous apporte des liens naturellement. Cependant, cette méthode présente quelques contraintes : le temps et l'argent dédiés à la création de contenu, ainsi que la difficulté potentielle à trouver LE bon contenu qui plaira à votre cible (et qui de fait serait partagé).

Pour les contenus, la seule limite est votre imagination. Vous pouvez tout faire dans une optique de linkbaiting tant que cela est pertinent et touche votre public cible. Voici quelques idées dans cette liste non exhaustive :

- articles sur l'actualité du moment, donc sur des requêtes chaudes ;
- articles humoristiques, avec un ton décalé ;
- articles « polémiques », « coup de gueule » ou « coup de cœur » ;
- études, sondages et comparatifs ;
- infographies ou bonnes illustrations ;
- articles de type « partage d'outils et ressources » ;
- classements utiles (les « top » souvent à la mode sur la Toile) ;
- articles d'opinion argumentés ;
- jeux-concours ;
- retours d'expérience ou résultats de tests ;
- entretiens ;
- fiches pratiques ou fiches conseils ;
- traductions de sources initialement dans d'autres langues ;
- promotions, bons plans, bons de réduction (…) ;
- livres blancs ou ebooks ;
- tutoriels ou guides pratiques.

Nous avons fait un tour d'horizon de ce que vous pouvez faire en matière de netlinking. Certes, nous n'avons pas traité l'ensemble du sujet comme dans d'autres livres (ceux d'Olivier Andrieu notamment), mais nous espérons que cela vous aidera à mieux appréhender cet aspect majeur du référencement naturel.

Racheter des noms de domaines expirés

Le rachat de noms de domaines expirés est une solution efficace en matière de netlinking, et de nombreux spécialistes l'utilisent tant les résultats peuvent être probants quand les choix sont effectués avec raison. En effet, plusieurs objectifs peuvent donner envie de procéder à des rachats d'anciens domaines :

- gain de notoriété : un ancien domaine de qualité possède souvent encore de nombreux liens entrants qui lui confère une certaine valeur en matière de Pagerank (et équivalents) ;
- gain historique : chaque nom de domaine possède un historique propre qui est analysé par les moteurs de recherche comme Google et Bing, ce qui peut aider à renforcer le poids d'un site de la même thématique ;
- gain sémantique : un domaine expiré est thématisé idéalement et peut compléter une offre de sites web autour d'une thématique donnée, afin de parfaire un réseau de sites web ou tout simplement pour proposer un site alternatif.

Il convient toutefois de ne pas voir dans les noms de domaine expirés la solution miracle pour le netlinking. De nombreux éditeurs de sites profitent de cette technique à bon escient, grâce à une bonne analyse en amont des noms de domaine rachetés, tandis que d'autres éditeurs n'obtiennent pas de résultats probants.

Tout dépend donc de la qualité des domaines expirés et de l'audit sur leur historique ou leur profil de liens, mais également sur le choix de réutilisation du domaine pour lequel vous optez.

Racheter des noms de domaine pour en faire une redirection permanente vers un autre domaine est la solution d'usage la plus simple, et cela peut effectivement se faire à la marge. Mais elle ne doit pas être la technique absolue car son apport est relativement limité et réducteur. Il convient plutôt de compléter votre offre de sites web ou votre réseau de sites, comme nous le verrons par la suite.

Pour trouver des noms de domaine expirés, de nombreux services en ligne existent, mais la majorité sont payants. Il existe toutefois l'alternative gratuite expireddomains.net pour trouver des centaines de milliers de noms de domaines en cours de suppression ou totalement expirés. Il s'agit certainement du service le plus connu au monde mais quelques autres sites sont très intéressants.

- Expired Domains : https://www.expired-domains.co
- Instant Domain Search : https://instantdomainsearch.com/domain/expired/
- Moonsy : https://moonsy.com/expired_domains/
- Premium Drops : https://www.premiumdrops.com
- ScrapeBox (avec un add-on comme Expired Domain Finder ou Alive check) : http://www.scrapebox.com

Figure 2–64
Recherche d'un nom de domaine expiré
contenant la chaîne « seo »

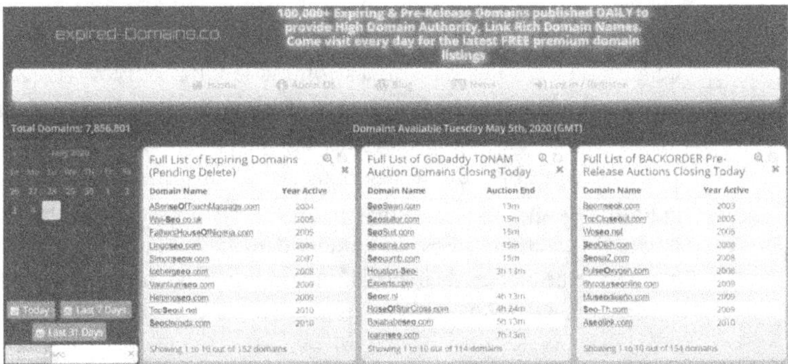

D'autres services proposent directement la revente de noms de domaine expirés. C'est parfois plus coûteux mais ces services procèdent à un tri sélectif de bons noms de domaine en général et garantissent leur obtention puisqu'ils les achètent en amont avant de les revendre. C'est donc un confort et un gain de temps non négligeable pour le référenceur. Pléthore de services de ce type existent, en voici juste une liste non exhaustive (dont certains services français).

- Domcop : https://www.domcop.com
- Domexpire (français) : https://www.domexpire.fr
- Domstocks (français) : http://www.domstocks.fr
- Expiredpack : https://www.expiredpack.com
- GoDaddy Auctions : https://fr.auctions.godaddy.com
- KifDom (français) : https://www.kifdom.com
- PBN Premium (français) : https://www.pbnpremium.com
- SnapNames : https://snapnames.com

- VipSEO (français) : https://www.vipseo.fr
- Woxup (français) : https://woxup.fr
- Xpired : https://xpired.io
- YouDot (français) : https://www.youdot.io/en/expired-domains/

La question de départ est donc toujours la même : souhaitez-vous récupérer un nom de domaine expiré pour votre site principal (*money site*) ou plutôt pour améliorer votre profil de netlinking (afin de pointer vers votre *money site* ou un site du réseau) ? Si votre objectif est de viser un site principal, alors l'analyse du nom de domaine va devoir être approfondie, afin de ne pas se tromper. Par exemple, si vous n'avez pas de thématique en tête, alors l'idéal est de chercher un sujet de niche, peu concurrentiel en SEO, avec un fort potentiel commercial (par exemple pour faire de l'affiliation ou de la vente en ligne). Mais dans tous les cas, le nom de domaine doit répondre à des critères précis :

- vérifier l'extension du nom de domaine : cela peut sembler inutile puisque nous savons que les extensions de domaine n'ont pas d'impact sur le positionnement d'un site, mais généralement, un nom de domaine étrange ou une extension rare, voire exotique, n'est pas un gage de sûreté. De plus, certaines extensions demeurent récentes et prouvent à elles seules que le nom de domaine ne peut pas posséder un historique de qualité (sauf exception bien entendu) ;

- bonnes métriques SEO : le domaine expiré doit avoir un fort indice de popularité et de confiance. En règle générale, un outil d'analyse de liens comme Ahrefs ou Majestic SEO est conseillé car cela permet de faire ressortir des statistiques comme le CitationFlow (CF, indice de popularité, sorte de PageRank maison de Majestic SEO) et le Trustflow (TF, indice de confiance de Majestic SEO). Ces valeurs varient selon l'outil et restent approximatives car les index des outils de mesure et ceux des moteurs de recherche sont bien différents, mais cela donne une idée de la qualité des liens malgré tout et c'est toujours mieux que rien. Ensuite, pensez à vérifier le profil des liens, en commençant par la variété des domaines référents (il est préférable d'avoir des liens provenant d'un maximum de sources différentes plutôt que beaucoup de liens d'un même nom de domaine référent) ou encore la répartition des liens en `nofollow` par rapport aux liens standards ;

Figure 2–65

Analyse générale d'un domaine expiré avec l'outil SEMrush (score d'autorité du domaine, profil de liens, mais pas d'historique de trafic dans cet exemple)

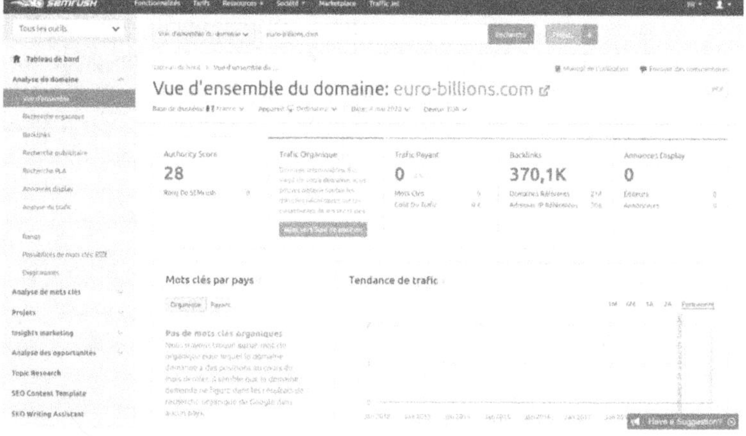

- analyser l'historique du site : il convient de vérifier que le site possédait de bons contenus avant l'expiration du nom de domaine, qu'il n'a pas reçu (ou pas pu recevoir) de pénalités par les moteurs de recherche, etc. L'idée est d'avoir un aperçu positif de la vie du site avant le rachat du nom de domaine. Pour ce faire, un outil comme la Wayback Machine du projet Archive.org (http://web.archive.org) est idéal pour trouver les premières dates d'existence d'un site mais aussi son évolution interne (textes, langues utilisées, spam ou non, etc.). Cela peut bien sûr être complété par une analyse WHOIS du nom de domaine afin d'en savoir plus sur sa date de création voire sur le propriétaire historique, etc ;

Figure 2–66
Analyse de l'historique d'un site
avec la Wayback Machine286

- mesurer l'historique du SEO : certains outils comme SEMrush, Ranxplorer ou Yooda Insights permettent de vérifier le ranking et le trafic d'un site au fil du temps. Ainsi, il est parfois possible d'auditer le positionnement d'un nom de domaine expiré afin de voir si les résultats sont en adéquation avec les métriques SEO et l'analyse sémantique que l'on a pu mener à bien.

Avec tous ces éléments, vous pouvez connaître la date de création d'un domaine expiré, son évolution au fil du temps et ses qualités en matière de SEO. Si tout semble convenable, alors c'est un bon nom de domaine à racheter. La recherche d'un domaine expiré sur certains services permet aussi de les filtrer par extension de domaine, par CitationFlow ou TrustFlow, par type d'expiration (*pending* ou *deleted*), par mot-clé contenu dans le nom, etc. Ainsi, vous pouvez vraiment trouver des perles rares en fouillant dans les milliers de noms de domaine qui expirent sans cesse. Il ne reste plus qu'à l'exploiter avec de bons contenus pour en faire un site de qualité pouvant offrir des backlinks à d'autres sites d'un réseau, ou tout simplement le rediriger vers un autre nom de domaine (moins recommandé car moins efficace et moins pérenne).

Réseaux de sites et private blogs network (PBN)

L'usage des réseaux de sites est de plus en plus fréquent sur la Toile, notamment lorsque les thématiques deviennent très concurrentielles. Souvent, la qualité du contenu, le netlinking voire même les performances du site principal ne suffisent pas à percer dans les SERP ou à grappiller les quelques places majeures pour gagner en visibilité. Dans ce cas, il faut parfois s'aider de sites satellites pour faire remonter ce site central (*money site*) grâce à un meilleur maillage de liens externes (récupération de backlinks grâce au réseau de sites ou de blogs) et à une meilleure thématisation des contenus (chaque site satellite peut se concentrer sur un sujet et améliorer les performances du site principal grâce à ses liens). Parmi les réseaux de sites, il existe ceux fait de vrais sites web et ceux conçus à l'aide de blogs (ou faux blogs), appelés *private blogs network* (PBN). Techniquement, le principe est identique, seul le type des sites web satellites varie (et souvent, les réseaux comptent à la fois des sites classiques et des blogs).

Cette technique est souvent assimilée à du Black Hat SEO ou à des techniques abusives mais cela dépend en réalité de la qualité du réseau de sites qui est mis en place. En effet, même des entreprises de renom ont créé ou utilisé des réseaux de sites pour communiquer sur le Web. Cela souvent dans un but de segmentation thématique ou à des fins pratiques, sans arrière-pensées en matière de référencement, et cette pratique n'a jamais dérangé personne. En revanche, l'usage abusif et mal pensé de ce genre de méthodes peut conduire à des effets néfastes voire des pénalités complètes comme nous l'évoquerons dans le chapitre suivant.

Sachant cela, nous devons avoir en tête quelques principes pour ne pas tomber dans le piège de la facilité ou dans la conception de réseaux de sites de faible qualité, au pouvoir sûrement contre-productif pour votre positionnement. On peut donc parler de réseaux de vrais sites ou de vrais blogs pour travailler diverses thématiques d'une entreprise ou d'un sujet. En allant plus loin, nous pouvons même imaginer que des cocons sémantiques sont mis en place dans chaque site thématique afin qu'indépendamment, chacun apporte déjà de bons résultats, et que tous soient reliés à un site principal plus généraliste (*money site*) qui recueille leurs bienfaits.

L'évolution du SEO et de la concurrence a forcé les référenceurs à en arriver là pour percer dans certains secteurs d'activité. Par exemple, il semble impossible de se positionner en première page sur des requêtes comme « rachat de crédit », « plombier Paris » ou « serrurier Paris » sans utiliser ce genre de procédés (voire des techniques *spammy* tant la concurrence est forte). Les réseaux de sites sont donc une solution pour gagner des backlinks facilement tout en concevant de nouveaux sites web. Évidemment, nous ne présenterons pas dans ce livre les techniques limites ou *spammy*, mais nous conservons à l'esprit qu'il est possible de mettre en place des PBN ou des réseaux de sites de qualité.

La mise en place peut être longue si vous souhaitez créer des réseaux de qualité et bien construits, mais c'est souvent une stratégie payante sur le long terme. Ayez à l'esprit qu'il n'est pas nécessaire d'avoir des centaines de sites satellites, mais qu'un petit réseau peut déjà suffire quand la concurrence n'est pas trop rude. Cela vous permet d'assoir votre hégémonie sur une thématique (ou plusieurs) tout en profitant du trafic généré sur les autres sites du réseau (bien que ce soit le *money site* qui prime). Dans les faits, le réseau peut se composer de sites vitrines ou de blogs thématiques (PBN), mais la seconde option est souvent privilégiée car elle permet de générer de nombreux contenus dont la sémantique peut être affiliée au site central, tout en profitant de liens externes placés dans les contenus avec des ancres de liens optimisées. Dans tous les cas, vous comprenez que pour la création des sites connexes, l'achat de noms de domaines expirés peut prendre tout son sens, et c'est pour cette raison que les deux techniques sont souvent associées dans l'esprit des spécialistes.

L'autre solution, moins chronophage, est de passer par des plates-formes mutualisées qui permettent de publier facilement des articles thématiques pour obtenir des liens entrants, mais le risque de détection est souvent plus important (si la plate-forme se fait repérer). Il est également possible de mettre en œuvre des plates-formes mutualisées de votre côté, qui regroupent donc plusieurs thématiques et permettent de faire des liens vers plusieurs sites selon leurs relations sémantiques. En effet, plutôt que de créer des réseaux de sites individualisés et spécifiques à une thématique, la solution mutualisée offre la possibilité de mélanger quelques thématiques et ainsi de faire profiter plusieurs *money sites* si nécessaire. Cela évite parfois de devoir recomposer totalement un réseau de sites si vous proposez des services ou des produits dans différents secteurs d'activités. Notons malgré tout que cette solution est un peu moins bonne en ce qui concerne la qualité sémantique, surtout si vous mettez en place des cocons, puisque plusieurs thématiques différentes peuvent s'affronter et nuancer leurs poids respectifs.

Tout le risque des réseaux de sites et PBN est de se faire attraper par Google ou Bing, et que les moteurs vous sanctionnent durement (jusqu'à faire tomber tous les sites du réseau…). Il convient donc de respecter certains bons principes, que l'on regroupe sous le terme *footprints* (ou *PBN footprints*), c'est-à-dire les empreintes que l'on laisse sur les sites (et qui permettent d'identifier son auteur en règle générale, ou tout du moins la similarité entre plusieurs sites web).

La première bonne pratique est de limiter au maximum la conception d'un premier niveau de sites satellites sans prévoir de niveaux supplémentaires. En effet, plutôt que d'avoir des dizaines de sites qui gravitent et font des liens autour du site principal, il est préférable de mettre en place des relations sur plusieurs niveaux. Par exemple, un blog connexe peut renvoyer un lien vers un site connexe, lui-même relié au site principal. Il est également possible de relier les sites satellites entre eux, tout en en conservant seulement certains de la « grappe » qui renvoient vers le *money site*. Si cela n'est pas encore assez clair pour vous, visualisez l'exemple simple de la figure suivante, il représente un PBN sur deux niveaux, avec des connexions entre les sites satellites (pas systématiques) puis vers le site principal.

Figure 2–67
Mise en place d'un réseau de sites (PBN)
sur deux niveaux de profondeur

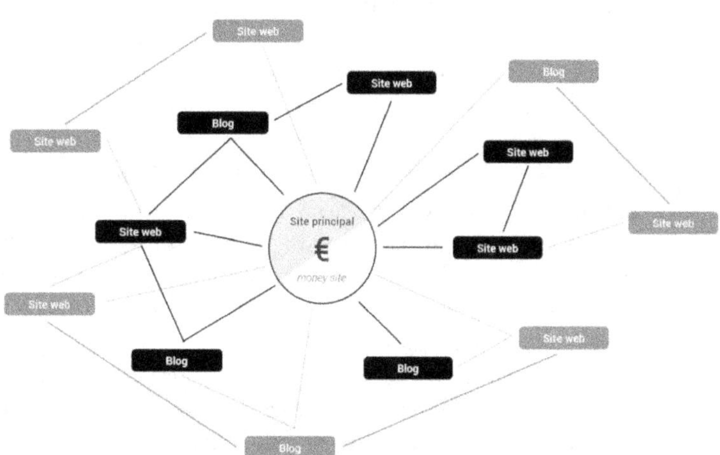

Bien que les bons réseaux de sites soient rarement pénalisés, il convient de respecter au maximum les *PBN footprints* afin de limiter les risques de détection, tout en se permettant d'améliorer chacun des sites satellites. Dans la pratique, si vous respectez toutes les indications, cela revient à reproduire autant de sites de qualité que de sites présents dans le réseau. De plus, tous les freins que nous vous présenterons dans le chapitre 3 de cet ouvrage seront à considérer également. Le nombre de facteurs peut donc rapidement démontrer qu'un bon PBN est juste un réseau de bons sites web. Autant dire que dans ce type de mise en place respectueuse des *footprints*, un réseau de sites peut être très long à mettre en place, mais sa qualité ne souffrira d'aucune contestation.

Voyez le masquage des *PBN footprints* comme une liste de règles de bonne conduite que vous pourriez d'ailleurs utiliser pour n'importe quel site web, même hors d'un réseau de sites. Tout ce qui peut se retourner contre votre référencement doit être masqué au maximum, il convient donc de respecter quelques règles.

- Varier les adresses IP de serveur (en utilisant plusieurs hébergeurs par exemple) et les enregistrements SOA (Start of authority), A, MX relatifs au DNS.
- Différencier les localisations des hébergeurs (dans plusieurs pays ou zones d'un pays).
- Utiliser un maximum de registrars différents pour l'achat des noms de domaine (expirés ou non).
- Masquer seulement certains WHOIS et laisser d'autres informations apparentes selon les sites du réseau (afin que cela paraisse naturel).
- Varier les types de sites web (blogs, sites vitrines, sites one-page, sites faits main…) et les outils utilisés pour la conception (WordPress, Drupal, Symfony, ReactJS…).
- Étaler dans le temps la mise en place de chaque site, avec des noms de domaine et hébergeurs loués à des dates différenciées.
- Éviter de bloquer les crawlers avec des fichiers robots.txt.
- Limiter l'usage des mêmes scripts, plugins ou outils dans les sites (il est peu probable que chaque site utilise les mêmes extensions de CMS si le réseau est vraiment naturel…). Cela est d'autant plus vrai pour les codes de suivi de Google Analytics (ou équivalents) qui ne doivent absolument pas être les mêmes, et relier au même compte Google (idéalement…).
- Varier le design, l'ergonomie et la présentation des sites web (c'est un peu plus simple si vous mixez divers types de sites, car chacun nécessite des efforts graphiques et UX différents).
- Vérifier que les contenus ne présentent pas trop de similarités, que ce soit en matière de contenus dupliqués ou pour des textes plus simples comme un email ou un numéro de téléphone identique sur plusieurs sites du réseau.
- Diversifier les ancres de liens est nécessaire afin de ne pas toujours conserver la même stratégie de liens. Il est possible d'opter pour des ancres nominatives (marque, entreprise, personne, produit…), des ancres optimisées (mots-clés thématiques), des ancres neutres (« cliquez ici », « en savoir plus ») ou directement des URL. Idéalement, le profil des liens peut aussi compter, donc il ne faut pas hésiter à proposer quelques liens avec l'attribut `rel="nofollow"`, obtenir quelques backlinks sur des domaines différenciés, etc.
- Proposer des contenus de qualité, avec de bonnes optimisations SEO (travail des textes, des images, du maillage interne…) et de la valeur ajoutée pour les utilisateurs. Il faut également penser à varier les longueurs de contenus voire aussi la ligne éditoriale selon les sites (une fois encore, cela est plus simple quand les typologies de sites sont différenciées).
- Créer des profils sociaux pour certains sites du réseau, afin de créer une identité propre pour les meilleurs sites. Cela permet d'une part de profiter de la qualité du site satellite tout en favorisant le site principal par la relation qui semble naturelle aux yeux des moteurs de recherche. Il convient parfois de devoir inventer des profils d'auteurs sur des blogs du PBN ou sur les réseaux sociaux, mais c'est un moyen de noyer le poisson.

Quand on analyse les *footprints* à éviter pour mettre en place un réseau de sites, il est évident que chaque site doit être de qualité pour que l'ensemble du réseau en profite pleinement et ne coure aucun risque de sanction. Certes, de nombreux PBN sont de piètre qualité et réussissent pourtant à percer dans les SERP, notamment les résultats de Google Images, mais il est difficile de croire que cela peut perdurer et vraiment bénéficier au *money site*. Si vous respectez toutes les bonnes pratiques, nul doute que vous saurez comment concevoir des réseaux de sites de qualité (pas nécessairement de très grande envergure) et améliorer votre linking.

Figure 2–68
Exemple d'un réseau de sites mal optimisé qui ne respecte pas le masquage des footprints

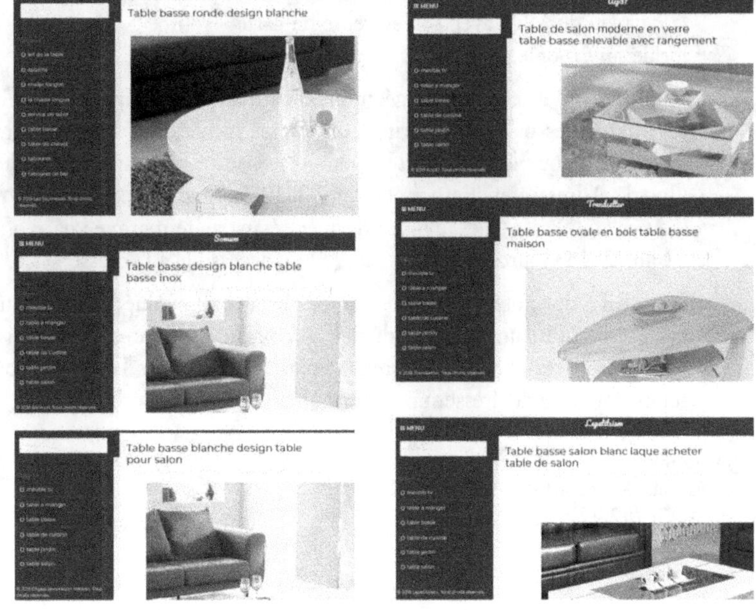

Faire du SEO local

Particularités du SEO local

La recherche locale est un des aspects les plus importants des moteurs de recherche actuels. Aux origines du Web, Internet était considéré comme l'ouverture sur le monde et l'intérêt pour les informations proches de nous était assez limité. Les premiers outils de recherche misaient donc peu sur ce phénomène. Plus tard, avec l'essor du nombre de pages web indexées, couplé à l'évolution des sociétés, les concepteurs ont ressenti le besoin de géolocaliser des informations, puis les résultats de recherche.

Google a été le premier à vraiment se pencher sur la question de la recherche locale, mettant en avant des « lois » bien connues dans le métier de la presse. En effet, en proposant des résultats localisés, un moteur de recherche répond à la loi de proximité géographique (plus une information est proche de nous, plus elle est susceptible de nous intéresser). Parallèlement à cela, les efforts des moteurs comme Google pour favoriser la fraîcheur des contenus ont permis d'ajouter à ce phénomène la loi de proximité temporelle (plus une information est récente, plus elle est pertinente pour le lecteur).

Tout l'intérêt du SEO local repose sur ces deux aspects : il faut répondre avec de l'information pertinente et récente, tout en étant le plus proche possible de nos lecteurs et clients potentiels.

Algorithmes spécifiques

Google a très vite compris l'intérêt de la recherche locale mais, sur le plan technique, tout ne s'est pas fait en un jour. Google Local est né le 17 mars 2004 en version bêta (source : http://goo.gl/rl93Bn) et il fallait passer par une URL spécifique http://local.google.com. Dès le 8 février 2005, Google Maps naît à son tour et modifie le paysage du Web avec son système de cartes (source : https://goo.gl/2InfzY). C'est le début de la recherche locale sur Google…

Parallèlement à ces outils, le géant américain lance le 15 mars 2005 Google Local Business Center pour que les internautes puissent inscrire leur adresse locale dans Maps (source : http://goo.gl/B4EkCl). Cet outil fort intéressant pour les entreprises changera ensuite plusieurs fois de nom, devenant Google Places (appelé Google Adresses en France) en avril 2010 (source : http://goo.gl/ixrzzC), puis Google+ Local en mai 2012 (source : http://goo.gl/foObtv). La dernière étape a été marquée par l'officialisation de Google My Business le 11 juin 2014 (source : http://goo.gl/UY5fru), accessible à l'adresse https://www.google.com/business.

Les SERP du moteur de recherche ont beaucoup évolué au fil des ans, affichant d'abord une liste de liens localisés, ensuite une Onebox dédiée avec plusieurs affaires locales mises en avant, puis plus récemment seulement trois résultats locaux prenant plus d'espace dans l'écran. Google ajustant sans cesse cet affichage, il serait trop long de dresser un historique précis de ces modifications.

Figure 2–69
Trois résultats locaux affichés dans les SERP en 2016

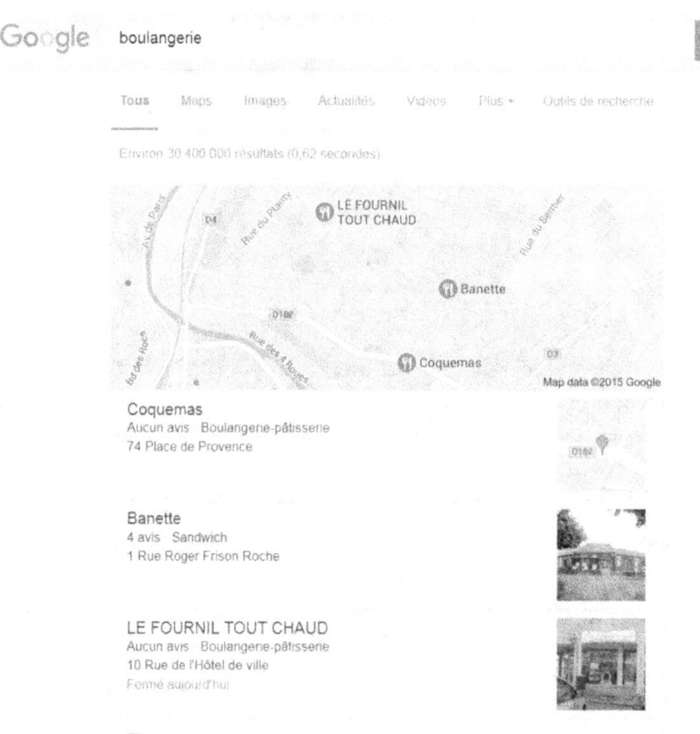

La recherche locale était surtout issue du travail d'indexation des entreprises dans Google Maps à l'origine, mais ceci a bien évolué avec deux algorithmes marquants du moteur de recherche : Venice et Pigeon.

Google s'intéresse toujours à la géolocalisation de ses résultats, à tel point que, depuis le 27 octobre 2017, l'ensemble des résultats est géolocalisé par défaut dans le pays d'origine de la requête et non à partir de l'extension du moteur de recherche (source : https://goo.gl/akQiw5). En d'autres termes, que vous cherchiez sur google.com ou google.fr en France, cela revient désormais au même car la géolocalisation des résultats est forcée. Si vous souhaitez tout de même personnaliser, il faut alors passer par les options de préférences du moteur de recherche pour modifier la langue ou le pays source.

Google Pigeon (nom attribué par le site SearchEngineLand) est né le 24 juillet 2014 (source : http://goo.gl/qz0FRO) aux États-Unis, avant d'être déployé en France début juin 2015. Cet algorithme a pour but de favoriser les requêtes contenant des recherches locales, comme « hôtel Paris », « boulangerie Nantes », etc. Dans les faits, l'algorithme va plus loin puisqu'il permet à Google de coupler les critères locaux aux facteurs classiques de ranking. Par conséquent, la recherche locale est vraiment couplée aux critères habituels du moteur, pour ne faire plus qu'un en quelque sorte.

Figure 2–70
Officialisation du déploiement
de Google « Pigeon » en France

Le 2 novembre 2019, Google a encore passé un cap en matière de SEO local, avec le déploiement mondial d'une nouvelle mise à jour intitulée *Nov. 2019 Local Search Update* (source : http://bit.ly/2OnRhIa). L'objectif est de miser sur la correspondance neuronale pour permettre de mieux comprendre les relations entre la requête d'un utilisateur et les mots-clés d'une fiche locale. En d'autres termes, la mise à jour vise à mieux interpréter les requêtes géolocalisées ainsi que les mots à connotation locale pour proposer les meilleurs résultats aux utilisateurs. Jusqu'à présent, le choix des mots était primordial pour bien ressortir dans les SERP sur ce type de recherche, mais avec la mise à jour, le sens et les concepts extraits des contenus seront plus importants que les termes en eux-mêmes. Nous pourrions comparer cette mise à jour à une sorte de Google RankBrain pour les recherches locales.

Pour conclure sur les algorithmes de Google relatifs au SEO local, nous pouvons dire que les résultats géolocalisés sont mis en avant par le moteur quand cela semble pertinent. Pour ce faire, la firme utilise plusieurs systèmes en parallèle : une analyse fine des requêtes, une géolocalisation des internautes (ou plutôt du DSLAM relié au poste sur lequel la recherche est effectuée) et des pages web (grâce au crawl notamment), une revalorisation des résultats locaux selon la source de recherche.

Et la recherche locale sur Bing ?

Bing détient aussi son propre système de recherche locale, au même titre que d'autres moteurs de recherche d'ailleurs. Sur Bing, il faut bien différencier ce qui se fait aux États-Unis, via Bing Maps et Bing Places for Business (source : https://www.bingplaces.com), de ce qui se fait en France par exemple.

Bing Places for Business est l'équivalent de Google My Business et permet aux internautes d'enregistrer leurs adresses locales pour apparaître dans Bing Maps et être plus présents dans les SERP sur des requêtes spécifiques. En France, ce système n'est pas encore déployé complètement ; il faut donc utiliser les Pages Jaunes pour apparaître dans les résultats locaux du moteur de Microsoft.

Interfaces et outils de géolocalisation

Nous avons déjà évoqué rapidement les outils et services locaux des moteurs de recherche ; nous allons voir rapidement comment les utiliser à bon escient afin de faire apparaître les entreprises locales dans les services de cartographie de Google et Bing.

Commençons avec Google My Business, un outil très complet pour intégrer une ou plusieurs adresses pour une même entreprise, avec de nombreuses options disponibles :

- titre et description de l'entreprise ;
- coordonnées (adresse, numéro de téléphone et URL du site web associé) ;
- horaires d'ouverture généraux ;
- horaires d'ouverture et de fermeture exceptionnels ;
- catégorie d'entreprise ;
- photos de l'activité locale ;
- actualités (publications) ;
- messagerie (échange avec l'entreprise enregistrée) ;
- visite virtuelle (option non obligatoire à faire réaliser par un photographe agréé Google).

L'outil est accessible à partir de plusieurs URL sur Google, dont la plus connue est https://business.google.com. En général, les utilisateurs ne possèdent qu'une seule adresse, mais il est possible d'avoir plusieurs bureaux ou locaux pour une même enseigne, comme dans la capture suivante.

Figure 2–71
Enregistrement de plusieurs adresses
d'une même enseigne

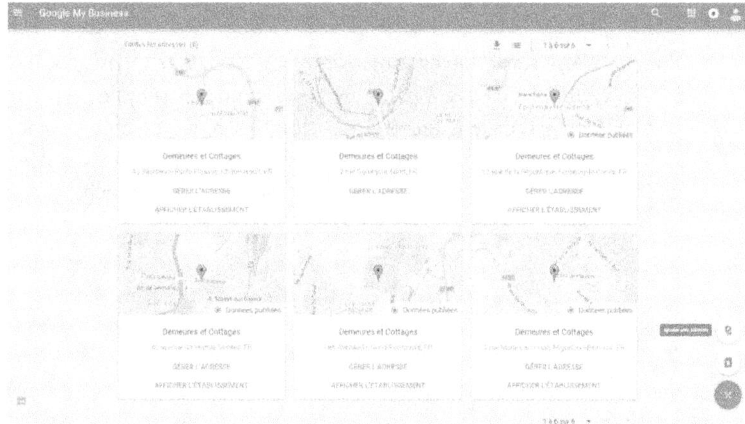

L'inscription est gratuite mais il faut posséder un compte Google pour profiter du service en ligne. Une fois l'inscription réalisée, vous pouvez ajouter une adresse ou plusieurs en passant par le menu déroulant. Google vous enverra un courrier postal à l'adresse indiquée dans l'outil avec un code de validation pour finaliser l'inscription définitivement.

Figure 2–72
Exemple de fiche Google My Business

L'outil permet de gérer un workflow, c'est-à-dire d'autoriser plusieurs administrateurs à gérer les fiches Google My Business quand cela semble judicieux. Par défaut, seul le compte de départ est administrateur. Il convient de remplir un maximum de champs dans le formulaire d'ajout d'une activité locale pour améliorer sa visibilité, mais aussi pour répondre idéalement à toutes les questions que les internautes et mobinautes peuvent se poser lorsqu'ils tapent des requêtes locales ou recherchent dans Google Maps.

Si vous devez inscrire plusieurs adresses pour une même marque ou enseigne, cela est possible en injectant manuellement une fiche supplémentaire ou directement en intégrant un fichier Excel. Plusieurs champs sont à remplir pour accélérer l'intégration, mais il convient de se référer à la documentation pour ne pas faire d'erreur (source : https://goo.gl/ScBjzU).

Figure 2–73

Exemple de fichier Excel
pour intégrer plusieurs adresses

	Store code	Business	Address Line 1	Address Line 2	City	Distinct	State	Country	Postal Code	Primary phone	Additional phones	Website	Primary category
1													
2	demeures0	Demeures et	2 rue Marie Laurencin		Mignaloux-			FR	86550	05 49 55 35 99		http://www.demeures-	Constructeur
3	demeures0	Demeures et	43 Résidence Pablo		Châtellerault			FR	86100	05 49 02 57 47		http://www.demeures-	Constructeur
4	demeures0	Demeures et	2 rue Gambetta		Niort			FR	79000	05 49 55 35 99		http://www.demeures-	Constructeur
5	demeures0	Demeures et	Les Avenuds		Gond-			FR	16100	05 45 94 63 64		http://www.demeures-	Constructeur
6	demeures0	Demeures et	40 avenue Gambetta		Saintes			FR	17100	05 46 74 62 60		http://www.demeures-	Constructeur
7	demeures0	Demeures et	12 rue la République		Fontenay-le-			FR	85200	02 51 52 83 13		http://www.demeures-	Constructeur

Retenez que le plus important est de bien remplir les fiches Google My Business, car les informations peuvent ensuite être indexées et ressortir dans les SERP, dans Google Maps ou dans Google+. Ce sont de nouveaux biais d'entrée pour vos visiteurs.

Figure 2–74

Onebox locale avec données issues
de Google My Business

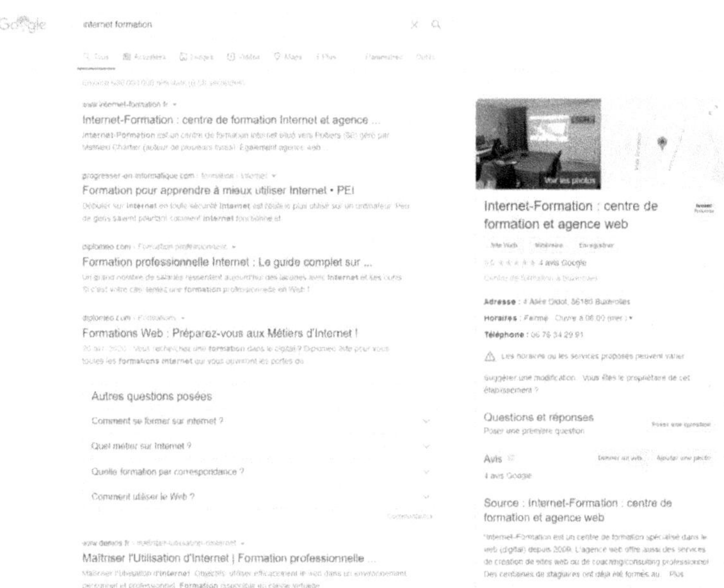

My Business est constamment remis à jour par Google afin de proposer toujours plus de fonctionnalités. Par exemple, la firme a ajouté une messagerie interne depuis juillet 2017 pour que les utilisateurs échangent avec les entreprises (source : https://goo.gl/LmGJ26). Il est possible de modifier certaines informations directement dans le Knowledge Graph associé à l'entreprise depuis le 6 septembre 2017 (source : https://goo.gl/oYHCiG). En mars 2019 (source : http://bit.ly/2RVUEbs), l'outil a créé un onglet pour proposer jusqu'à 10 offres directement dans un carrousel présenté dans la fiche de l'entreprise. Ce ne sont que d'infimes bonnes mises à jour réalisées qui prouvent l'intérêt de l'outil pour Google. Parmi toutes celles menées à bien par Google, la plus intéressante reste certainement la fonctionnalité permettant d'ajouter des publications (articles, événements, offres…) dans la fiche Google My Business, et donc dans les SERP. Il est recommandé de l'utiliser fréquemment pour obtenir davantage de visibilité et de mots-clés locaux accessibles lors des recherches des internautes et mobinautes.

Sur Bing, il est possible d'indexer nos adresses locales avec Bing Places for Business, mais uniquement dans certains pays. La France ne fait malheureusement pas encore partie de la liste et Bing ne communique pas sur une future intégration à ce jour. Bing Adresses est accessible à https://www.bingplaces.com. Il faut ajouter une adresse et remplir un formulaire d'inscription, à l'instar de ce qui se fait sur Google My Business, bien que l'outil dispose d'un petit peu moins d'options.

Figure 2–75
Ajout d'une nouvelle adresse
dans Bing Places for Business

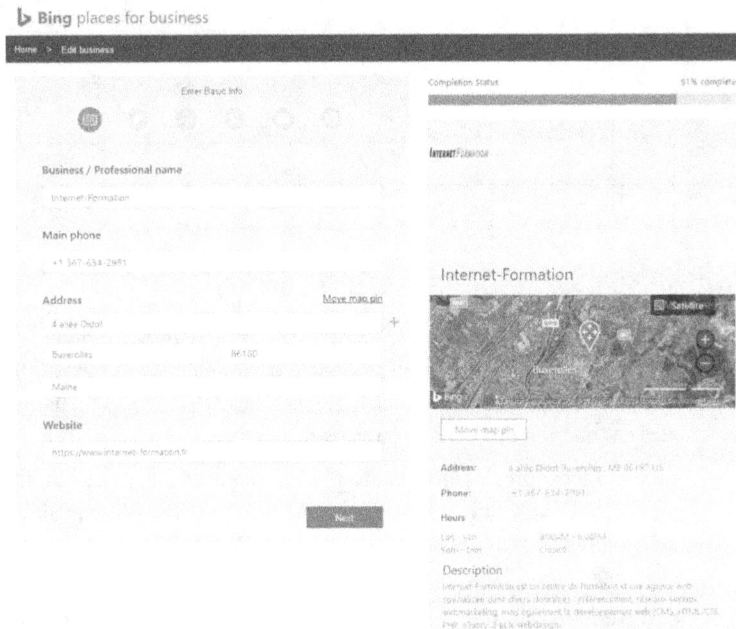

En France, Bing administre sa recherche locale et ses cartes en partenariat avec Pages Jaunes dans les SERP du moteur de recherche ; c'est pourquoi Bing Places n'est pas l'outil à privilégier, mais simplement une inscription dans les Pages Jaunes. Ainsi, vos adresses pourront apparaître dans les résultats de recherche sur des requêtes spécifiques au SEO local de Bing.

La recherche géolocalisée de Bing, tout du moins en France, est bien moins évoluée que celle de Google. Certes, les résultats locaux ainsi que certaines requêtes affichent principalement des sources proches géographiquement, mais l'algorithmie est moins pertinente en règle générale.

Figure 2–76
Exemple de recherche localisée sur Bing

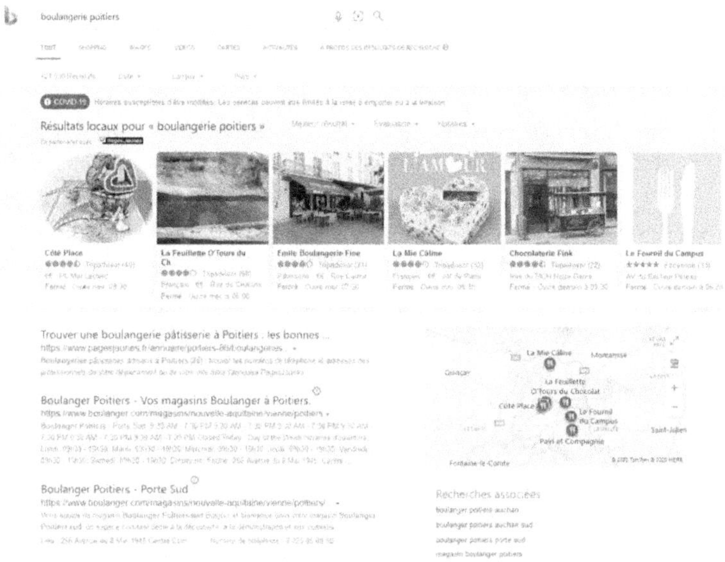

Contourner la géolocalisation forcée

Google autorisait la modification de localisation dans les options de recherche de son moteur, mais depuis le 1er décembre 2015, il n'est plus possible de changer le pays et la ville sources de la recherche (source : http://goo.gl/qqys7t). De ce fait, toutes les recherches effectuées actuellement sur Google sont forcément géolocalisées en fonction de l'endroit où vous recherchez.

Le SEO local prend alors encore plus de poids et il convient de faire bien attention à ne pas trop caler de mots-clés locaux dans les pages si vous ne souhaitez pas être favorisé dans des lieux spécifiques. Dans le même temps, les optimisations avec des mots-clés locaux chers à Google Venice et Pigeon sont de plus en plus importantes pour mieux ressortir localement.

Si d'aventure vous souhaitez effectuer un suivi de positionnement neutre, et donc non géolocalisé, il est possible de placer le paramètre `"&near=NOM_VILLE"` à la fin des URL de Google. Cela ne fonctionne pas systématiquement mais permet généralement d'effectuer des requêtes dans d'autres lieux que le vôtre. Toutefois, la meilleure solution est de passer derrière un proxy ou un VPN avec des adresses IP localisées loin de votre source géographique, bien que cela puisse avoir un certain coût…

Dans le même esprit, il est possible de changer de pays en tapant une URL comme http://www.google.com/webhp?cr=countryUS. Il faut juste changer éventuellement l'extension .com de Google et le code langue US avec ce que vous préférez pour contourner la géolocalisation par pays. Toutefois, cette option est en partie obsolète car Google a modifié sa manière de géolocaliser les résultats dès le 27 octobre 2017 (source : https://goo.gl/bXrbqg). En effet, il ne prend plus en compte l'extension du nom de domaine du moteur comme référence, mais bel et bien la réelle géolocalisation de l'utilisateur. Par conséquent, si vous êtes sur le domaine google.co.jp en France, le moteur de recherche va bien utiliser les fonctionnalités françaises et non celle de la version japonaise. Sur le papier, il semblerait donc plus difficile de contourner la géolocalisation par pays mais, heureusement, Google a prévu une option dans les préférences pour changer le pays géolocalisé. Ainsi, le moteur vous donne la possibilité de contourner la localisation par pays sans forcer, n'est-ce-pas parfait ?

Enfin, sachez que deux autres astuces aident à passer outre la localisation par IP de Google. Pour ce faire, il est possible d'utiliser l'URL https://encrypted.google.com ou, encore mieux, la version No Country Redirect de Google.com (qui bloque les redirections vers google.fr par exemple), via l'URL https://www.google.com/ncr. Dans ces deux cas, c'est uniquement le moteur général qui est accessible et c'est donc plus neutre qu'un changement de zone géographique.

Positionnement sur des requêtes locales

Le positionnement des pages web sur des requêtes locales connaît quelques spécificités. Cela sort un peu du contexte de ce chapitre sur l'indexation mais propose une transition parfaite en vue de la deuxième partie de cet ouvrage ; c'est pourquoi nous allons terminer ce chapitre en insistant sur quelques facteurs associés au ranking local dans les SERP.

Les algorithmes Venice et Pigeon de Google ont donné des prémices de réponses sur les facteurs à optimiser en SEO local, avant que des études assez approfondies viennent compléter tant bien que mal les impressions générales ressenties par les experts du métier. L'analyse la plus complète est certainement celle fournie par Moz.com fin septembre 2015 (source : https://goo.gl/5XdtWL). Il s'agit d'un grand sondage réalisé sur les critères de référencement local auprès d'au moins quarante experts SEO dans le monde. Cela fait ressortir les grandes tendances ainsi que les facteurs qui semblent pris en compte par Google. Depuis avril 2016, la documentation de Google a été mise à jour et propose également quelques pistes intéressantes, même si cela reste plus vague que l'étude de Moz (source : https://goo.gl/yzcuhN).

L'analyse des réponses a démontré que les critères classiques de ranking jouent vraiment un rôle dans le positionnement local, comme le présuppose l'algorithme Pigeon, mais que d'autres facteurs plus spécifiques sont pris en compte. Sur l'ensemble des questions posées, l'étude de Moz a fait ressortir au moins cinq grandes familles de critères, dont l'ordre établi par les experts est celui-ci :

- signaux *on-page* : critères classiques de positionnement ;
- *netlinking* : obtention de liens entrants avec des ancres de liens optimisées et un profil de liens de qualité ;
- signaux issus de Google My Business : mots-clés du titre, de la description, des catégories d'intégration (...), proximité entre la recherche et l'entreprise (plus la fiche est remplie, mieux les sites seront positionnés)... ;
- facteurs externes : nombre d'avis des utilisateurs sur l'entreprise, qualité de ces avis... ;
- critères comportementaux : taux de clics, durée des visites, *check-in*, nombre d'appels via les mobiles...

Ces familles de critères ne se fondent que sur l'expérience et les retours des spécialistes du métier, mais Google n'en a confirmé que quelques-uns le 1er décembre 2015 (source : http://goo.gl/m2aYcr). En effet, Google considère que la recherche locale résulte de quatre familles de facteurs :

- pertinence de la fiche Google My Business par rapport à la requête des utilisateurs ;
- importance du trafic vers la fiche locale de l'entreprise ;
- distance entre l'entreprise et la source géographique de la recherche ;
- historique des recherches : nombre de fois où la fiche Google My Business a été utile historiquement sur la base de sa pertinence, de son importance et de sa distance.

Figure 2–77
Résultats de l'étude de Moz.com
sur le SEO local

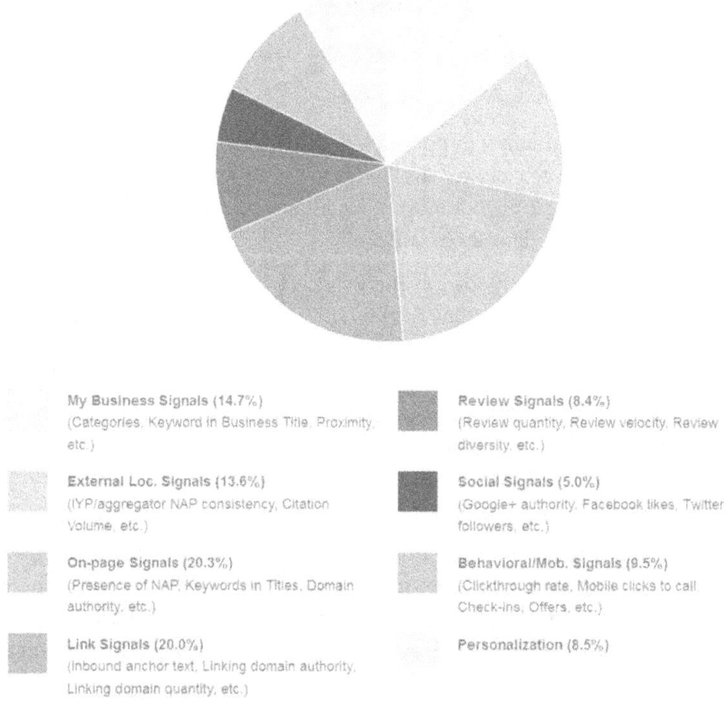

Quand Google change sa déclaration...

Le dernier point évoqué par Rahul J., le porte-parole de Google qui a annoncé les critères de la recherche locale, a été modifié par Google au dernier moment. En effet, le critère de l'historique des recherches était différent à l'origine ; il impliquait le nombre de clics historiquement enregistrés sur la fiche Google My Business sur des mots-clés donnés (source : http://goo.gl/xKOqrx). Nous pouvons être surpris par ce revirement de situation qui laisse planer un doute sur la réalité des facteurs pris en compte. Soit Rahul J. s'est trompé et Google a donc décidé de rectifier le tir, soit il avait raison mais la firme ne voulait pas que le critère soit connu dans le monde. Les deux hypothèses se tiennent et dans le second cas, nous pourrions imaginer que Google voudrait éviter du spam avec des clics générés automatiquement par des robots sur des requêtes locales.

Google n'a pas évoqué les critères classiques du positionnement dans son intervention sur le SEO local, mais il a tenu à rappeler les points essentiels à optimiser :

* sélectionner la bonne catégorie pour les activités locales ;
* partager la page Google My Business afin d'améliorer sa visibilité et son historique ;
* obtenir des avis et de bonnes notes pour améliorer la valeur de la fiche d'entreprise ;
* ajouter des actualités affichées dans la Onebox locale d'une activité ;
* partager toutes les informations nouvelles et faire vivre la page au maximum (photos, horaires d'ouverture et de fermeture exceptionnels...).

Vous savez désormais ce que Google favorise en matière de SEO local, nous allons donc entrer dans le vif du sujet en évoquant tous les facteurs génériques de positionnement pour les moteurs.

Gérer les pages zombies

Méthode des pages zombies

Pour parfaire cette section, nous avons interrogé Olivier Duffez et Fabies Faceries, cofondateurs de My Ranking Metrics (https://myrankingmetrics.com), et initiateurs de la notion de pages zombies. Quoi de mieux que de demander aux experts qui ont mis au point cette méthode et qui l'ont propagée dans la communauté SEO ?

Passons donc aux choses sérieuses en décrivant l'idée qui se cache derrière ces termes abstraits. Pour définir une page zombie on peut identifier une somme de facteurs dérangeants :

- elle cumule énormément de problèmes (et risque de décevoir l'internaute) ;
- elle ne rencontre pas le succès escompté (pas ou très peu de trafic sur 1 an, rarement consultée, semble décevoir l'internaute, se positionne très mal dans Google...).

Pour faire simple et cru, les pages zombies sont les boulets au pied d'un site web, qui le traînent vers le fond. Ces pages ont très peu d'intérêt pour les utilisateurs, ou tout du moins ne semblent pas du tout les intéresser, et impactent négativement le référencement (sans oublier de détruire les statistiques globales du site par leur faible rendement). Olivier Duffez et Fabien Faceries ont observé qu'en laissant ces pages zombies dans les sites, cela affectait négativement l'efficacité des pages performantes. Ce constat nous amène donc à constater que des pages de mauvaise qualité n'affectent pas seulement leurs propres performances, mais aussi le reste du site, qui pourtant peut être de qualité.

Attention cependant, le but n'est pas d'éliminer ces pages au point de systématiquement les « supprimer ». Il faut chercher et comprendre la cause de leurs problèmes ou du désintérêt des internautes, puis améliorer leur qualité afin qu'elles ne soient plus des zombies. C'est seulement dans les cas extrêmes que nous devons agir en les supprimant. De fait, auditer les sites pour les repérer devient un enjeu essentiel qui permet de trier le mauvais grain du bon grain, mais aussi d'améliorer les performances des pages zombies récupérables.

En substance, il ne faut pas conserver trop de pages à fort indice zombie car :

- elles déçoivent les internautes, qui non seulement ne remplissent pas vos objectifs mais peuvent aussi se faire une mauvaise idée de votre site ;
- elles font chuter la qualité moyenne évaluée par Google pour votre site. Selon Google (source : https://bit.ly/34Z7BGg) : « Si certaines parties d'un site sont des contenus de faible qualité, alors cela peut dégrader le positionnement de l'ensemble du site. ».

Les faits sont donc clairs. Toute mauvaise page nuit non seulement à elle-même, mais surtout au reste du site. En épurant (ou parfois en supprimant) ces pages, on obtient une meilleure qualité moyenne sur l'ensemble du site et tout devient bien meilleur en matière de positionnement et de statistiques internes.

Généralement, les spécialistes admettent que plus un site contient de pages, plus ce dernier peut profiter d'avantages pour son positionnement. En effet, cela permet d'obtenir un linking interne fouillé, de travailler et d'optimiser davantage de contenus, d'obtenir potentiellement plus de notoriété ou même de profiter de beaucoup plus de portes d'entrée. Les pages zombies prennent en quelque sorte cet avantage à revers, en démontrant que ce n'est pas le nombre de pages qui compte intrinsèquement, mais bel et bien la qualité moyenne de l'ensemble des pages d'un site, que ce dernier en compte 100, 10 000 ou 1 000 000. L'idéal serait donc d'avoir un site avec beaucoup de pages mais seulement si : d'une part ces pages sont utiles pour l'internaute, et d'autre part elles sont suffisamment de bonne qualité pour ne pas nuire au reste du site.

Suivre la méthode des pages zombies permet d'améliorer considérablement le trafic et la qualité générale d'un site. Il est donc recommandé d'atteindre un profil zombie « sécurisé » comme nous le verrons par la suite, et si tel est le cas, vos performances devraient nettement s'en ressentir. Pour vous faire une idée, Olivier Duffez, également fondateur du site à succès WebRankInfo, propose des exemples et retours d'expérience dans un dossier consacré à ce thème (source : https://bit.ly/2S2OPbO). Les avis sont unanimes sur la méthode, et tous les sites ont gagné du trafic, allant par exemple jusqu'à 74 % de trafic organique supplémentaire en 10 mois comme en témoigne un utilisateur de My Ranking Metrics. Il ne fait aucun doute que ce nettoyage profond des pages de mauvaise facture bénéficiera à votre site, non seulement à vos visiteurs, mais également à votre positionnement grâce à une meilleure qualité moyenne des pages. Voyons désormais comment procéder pour détecter ces pages zombies, et comment réagir face à ces destructrices de ranking.

Principes de détection

Pour repérer les pages zombies, un simple audit manuel n'est souvent pas suffisant pour détecter tous les problèmes potentiels des pages. Olivier Duffez et Fabien Faceries ont donc créé l'outil d'audit RM Tech avec My Ranking Metrics (voir sur https://myrankingmetrics.com) pour détecter facilement et précisément ces pages. L'outil permet de repérer ces mauvaises pages et de calculer un indice « zombie » afin d'évaluer sur quels points les pages peuvent poser problème.

Rappelons cette règle essentielle, une analyse bien trop superficielle n'est pas suffisante. Nous pouvons penser qu'un audit rapide peut convenir mais une page zombie n'est pas forcément :

- une page qui ne génère pas ou très peu de trafic ;
- une page au contenu éditorial très faible.

Si vous vous basez uniquement sur ces éléments, alors vous prenez d'énormes risques car vous allez supprimer des pages qui en réalité peuvent se révéler très utiles pour votre site…

Pour repérer les pages zombies, RM Tech se base sur de nombreux critères, dont voici un extrait non exhaustif :

- le manque de contenu dans la zone principale de la page (ne vous fiez pas aux calculs qui incluent toute la page, avec le menu et le footer), en tenant compte de l'objectif de la page (il faut différencier une page d'accueil d'un article de blog, un site e-commerce d'un site média, etc.) ;
- les sous-optimisations évidentes (`<title>` très mal optimisé, balises de titres internes, etc.) ;
- l'intérêt de l'internaute pour cette page (analyse de plusieurs métriques), et plus largement l'UX qui en découle ;
- les performances SEO sur 1 an, en prenant bien soin d'éviter tout échantillonnage (par expérience, toute analyse sur une période plus courte s'est toujours montrée insuffisante) ;
- la saturation des publicités au point de nuire au (faible) contenu présent dans une page ;
- les URL indexables qui n'auraient même pas dû être crawlables ;

- les performances de la page hors SEO pour éviter de cataloguer « zombie » une page qui a du succès sur les réseaux sociaux ou via Google Ads, ou qui génère du chiffre d'affaires, ou qui participe à des conversions…

Auditer un site en profondeur avec RM Tech

Il ne s'agit ici que d'une liste non exhaustive de facteurs pris en compte dans l'algorithme de RM Tech. Bien évidemment, rien ne vous empêche d'effectuer des analyses manuelles ou semi-automtisées sur une batterie de critères, mais cela peut rapidement être chronophage, voire pire, trompeur. Plus vous êtes certain du profil « zombie » de vos pages, mieux c'est, et mieux vous pourrez agir sur les points de désaffection ou problématiques. Autant nous proposons des solutions par le code dans tout ce livre, autant nous devons admettre qu'un outil comme RM Tech est une solution viable et particulièrement efficace pour détecter les pages zombies (l'outil a été créé par les initiateurs du concept, et donc ceci explique cela…).

L'outil RM Tech mesure un indice « zombie » pour chaque page, c'est-à-dire une note de 0 à 100 (0 correspondant à une page sans problème, et 100 comme à la pire page zombie possible). Il est intéressant de visualiser la répartition des pages du site selon leur indice, et ainsi pouvoir repérer la qualité moyenne des pages du site. En effet, on considère qu'un indice moyen supérieur à 20 représente un profil « zombie » risqué. L'analyse de la répartition permet donc d'identifier rapidement le profil moyen mais surtout de savoir si le site web a beaucoup de problèmes SEO (que des audits classiques peuvent en partie révéler). Dans la capture suivante, nous observons un profil à risque d'une moyenne de 59,2, ce qui indique un nombre important de pages à problèmes.

Figure 2–78

Analyse de la répartition des pages en fonction de l'indice zombie (via RM Tech)

Si votre site présente un profil similaire, ou tout du moins bien supérieur à 20 points d'indice, nul doute que des optimisations, des corrections voire des suppressions de pages seront à effectuer. RM Tech réalise un audit SEO approfondi et vous dresse la liste des pages zombies, tout en vous proposant une liste des 100 pages prioritaires à corriger. Ainsi, vous pouvez très rapidement vous concentrer sur les pages problématiques et résoudre les problèmes qui les concernent. Vous pouvez procéder à une détection et une optimisation manuelle de certaines pages mais si votre site est de moyenne ou de grande envergure, l'outil vous fera gagner des heures de travail.

Par exemple, vous pourriez détecter des pages trop faiblement actives (donc à très faible trafic) et les causes de cette quasi inactivité (problème technique pour accéder à la page, intérêt minuscule pour les internautes, contenu de trop faible qualité et trop mal optimisé pour se positionner, etc.), ou encore analyser les pages d'archives qui mériteraient d'être non indexées (donc en `noindex`) car elles ne présentent d'intérêt que pour l'utilisateur et non pour le SEO (auquel cas la qualité moyenne des pages connues par Google serait meilleure). Ce ne sont que deux exemples mais l'audit SEO vous permettra de trouver les failles potentielles de ces pages zombies, de les corriger et d'améliorer le profil « zombie » moyen.

Ainsi, en suivant une méthodologie claire de détection et de correction des pages (notamment décrite sur WebRankInfo), vous devriez pouvoir obtenir un profil sécurisé comme dans la capture suivante. Vous pouvez en effet observer que les pages peu ou mal optimisées sont bien moins nombreuses et confèrent au site une excellente qualité moyenne.

Figure 2–79
Exemple d'un profil zombie
sécurisé dans RM Tech

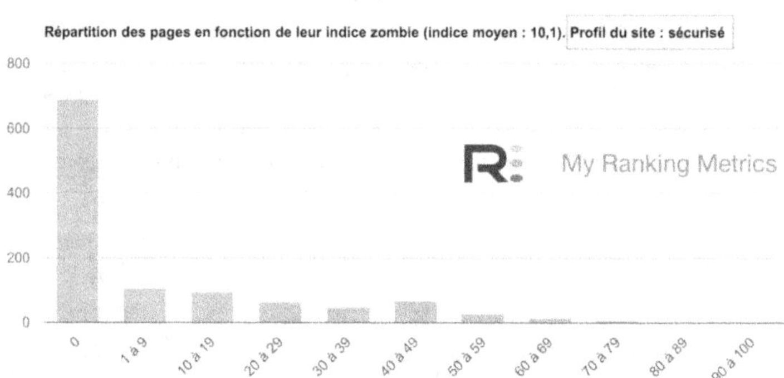

Retenons donc plusieurs points fondamentaux que la méthode d'Olivier Duffez et Fabien Faceries a démontrés, s'il fallait encore s'en convaincre :

- les moteurs, Google en tête, n'analysent vraiment pas les pages comme des unités, mais comme des sous-ensembles d'un tout (le site web). La qualité des pages compte mais la qualité moyenne du site tout autant, si ce n'est plus, et les pages zombies en sont le parfait étendard ;
- auditer le référencement d'un site régulièrement (avant une refonte ou même pendant l'existence d'un site) permet de vérifier si des problèmes apparaissent (ou n'ont jamais été vraiment résolus), et surtout si la qualité moyenne du site est affectée par de nombreux mauvais facteurs ;
- effectuer régulièrement des corrections et des optimisations est essentiel, même pour les meilleurs sites en apparence...

Créer un système de hashtags optimisé SEO avec PHP

L'objectif de ce chapitre est de vous montrer comment optimiser de nombreux critères de référencement, mais nous pouvons aussi nous intéresser à des cas plus rares, mais néanmoins intéressants. Dans cette section, nous allons tenter de réaliser un système de hashtags optimisé pour le référencement, bien que la technique puisse être apparentée à du Black Hat SEO à cause d'un critère technique.

Les principaux problèmes des systèmes de tags ou hashtags sont de générer une page de résultats variables en fonction du mot-clé cliqué, mais aussi d'ajouter une multitude de liens au sein des pages qui vont diviser le jus de liens transmis aux pages réellement intéressantes. Pour contrecarrer en partie ces soucis, quatre alternatives sont possibles :

- réaliser le système en Ajax car ce langage peut s'avérer bloquant pour les robots, ce qui évitera l'indexation de contenus dupliqués dans les pages de résultats (nous reviendrons en détail sur ce point dans le prochain chapitre) ;

- établir des liens classiques vers les pages de tags afin de lister les résultats correspondants, puis ajouter une règle dans un fichier `robots.txt`, voire dans un fichier `.htaccess`, pour bloquer la page de résultats et donc éviter l'indexation des contenus dupliqués ;
- transformer les hashtags en boutons HTML (balises `<input type="button" />` de formulaire, par exemple) pour bloquer la lecture des robots et éviter la perte de jus de liens pour les autres liens hypertextes contenus dans la page ;
- générer des liens cliquables qui ne sont pas réellement des `<a>...</a>` en HTML, c'est-à-dire qu'une fonction JavaScript va agir pour rendre les hashtags cliquables en empêchant l'indexation de la page de résultats, sans bloquer la lecture des contenus pour les robots et enfin en permettant une division plus judicieuse du jus de liens.

Il est important de partir du bon pied pour bien comprendre comment fonctionne un système de hashtags conçu en PHP. Comme les codes présentés ici sont pour la plupart réalisés avec la méthode procédurale, les fonctions suivantes resteront basées sur ce modèle. Cependant, il est tout à fait possible voire plus pratique de transformer ce système en PHP orienté objet.

Pour mettre en place un tel système, il faut lire les textes au moment de l'affichage ou lors de l'envoi dans la base de données et détecter les hashtags présents. Pour cela, il suffit de créer une fonction qui recense toutes les occurrences de la forme `#hashtag`. Une fois ce code créé, il doit être appliqué systématiquement lors de l'affichage des pages (en récupérant les contenus à partir d'une base de données, par exemple) ou directement lors de l'ajout des données dans la base (dans ce cas, le code des hashtags est entré en « dur » directement, ce qui limite les traitements pour le visiteur).

Créer un système de mentions

Le même principe que tout ce qui va suivre pourrait s'appliquer pour les mentions comme nous les trouvons sur les réseaux sociaux tels que Twitter avec `@utilisateur`. Au fond, seul le caractère de départ change : il ne s'agit plus de # mais de @ ou + sur Google+, par exemple.

La méthode de détection des hashtags résulte d'une expression régulière précise couplée à la fonction `preg_match_all()` ou plutôt `preg_replace()`, afin de modifier le hashtag par ce même mot-clé, cliquable cette fois-ci. La fonction propre, mais moins optimisée SEO, ressemble à la suivante :

```php
function replaceHashtags($texte = '', $url = '') {
    $regex = "/#(.*)([ ]|[!\"#$%'&()*+,.\/:;<=>?@\_`{|}~-])+/iU";
    $replace = '<a href="'.$url.'?hash=$1">#$1</span>$2';
    $texte = preg_replace($regex, $replace, $texte);
    return $texte;
}
```

Pour chaque hashtag, nous obtenons un résultat HTML qui ressemble au code suivant :

```html
<a href="traitement.php?hash=hashtag">#hashtag</a>
```

La fonction prend deux paramètres (dont un optionnel) :

- le texte à analyser, qui peut être le contenu envoyé dans la base de données avec une requête SQL ou encore le texte affiché dans la page pour le visiteur ;

• le nom de la page (ou l'URL) du fichier de traitement, qui permettra d'afficher les résultats correspondant au hashtag cliqué (ici, il s'agit de `traitement.php`). Il suffit de laisser ce second paramètre vide pour que le traitement soit attendu dans la page en cours, ce qui est parfois le plus pratique…

La fonction s'utilise donc de cette manière :

```php
<?php
    // $texte correspond au contenu à traiter ou à afficher
    // Il s'agit souvent de variables provenant d'une base de données
    $texte = "Texte avec #hashtag par #milliers…";
    echo replaceHashtags($texte, 'traitement.php');
?>
```

Il ne nous reste plus qu'à voir la page de traitements des résultats pour terminer notre système de hashtags. Dans notre exemple, cette page s'appelle `traitement.php`, mais elle pourrait porter un nom plus évocateur voire subir une réécriture pour être optimisée.

En réalité, nous pouvons faire à peu près ce que nous voulons dans la page de résultats. Il faut aller chercher dans la base de données les résultats qui répondent aux hashtags cliqués. Cela fonctionne donc comme un moteur de recherche interne en quelque sorte. Nous n'aurons qu'à afficher les données qui nous intéressent, comme bon nous semble.

Il existe de nombreuses méthodes pour lancer des requêtes de recherche, la plus connue étant LIKE en SQL. Dans notre cas, nous allons utiliser une méthode peu usitée, mais pourtant efficace, appelée REGEXP, qui utilise des expressions régulières dans les requêtes SQL. La requête suivante récupère les hashtags à la volée à l'aide du paramètre GET passé dans l'URL de traitement (hash dans l'exemple) :

```php
// Récupération du paramètre d'URL hash
$word = htmlspecialchars($_GET['hash']);
// Requête sélective des résultats correspondant au hashtag cliqué
$query = 'SELECT colonneSQL FROM tableSQL WHERE colonneSQL REGEXP "#'.$word.'"';
// Ensuite, nous réalisons le traitement comme bon nous semble…
```

Nous pouvons par exemple lister les titres ou les extraits de texte qui répondent au hashtag cliqué dans la page de résultats. La fonction suivante est compatible jusqu'à PHP 5.5 et vous permet d'appliquer rapidement un traitement de ce type, en sachant qu'il faudra la modifier à votre guise pour obtenir le résultat escompté :

```php
// 4 paramètres obligatoires
function resultsHashtags($word = '', $connexion, $table, $column) {
    $requeteSelect = mysqli_query($connexion, 'SELECT '.$column.' FROM '.$table.'
        WHERE '.$column.' REGEXP "#'.$word.'"');
    while($result = mysqli_fetch_assoc($requeteSelect)) {
        echo $result[$column]."<br/>";
    }
}
// Il suffit de la lancer ainsi pour la rendre fonctionnelle
if(isset($_GET['hash'])) {
    resultsHashtags($word, $connexion, $tableSQL, $colonneSQL);
}
```

> **Faire tourner le système en boucle comme sur Twitter**
>
> Si vous voulez faire perdurer le système, il faudra également utiliser la fonction replaceHashtags() dans cette page (si vous l'utilisez au moment de l'affichage) pour que les hashtags présents soient également cliquables, et ainsi de suite…

Ce système permet donc de générer des hashtags à la volée lors de l'envoi des données ou au moment de l'affichage, puis d'afficher les informations correspondantes dans une page de résultats une fois ces tags cliqués. Ce premier système est propre, mais n'est pas optimisé pour le référencement. Il faudrait passer par une technique proche du Black Hat SEO pour obtenir de meilleurs résultats. En effet, notre première fonction génère des liens hypertextes classiques en HTML. Nous allons donc uniquement modifier cette dernière et ajouter une subtilité pour contourner le problème à nos risques et périls…

La technique consiste à ne pas générer des balises <a> mais plutôt des <span>, neutres en HTML, mais que l'on va rendre cliquables grâce à une simple astuce en JavaScript. En effet, nous pouvons ajouter l'événement JavaScript onclick dans tous les éléments HTML existants et définir des redirections grâce à la commande window.location.href. En couplant ces facteurs, nous allons modifier la fonction replaceHashtags() pour créer des <span> cliquables qui éviteront le perte de PageRank et BrowseRank dans les pages de contenu.

La fonction s'utilisera de la même manière que la première version, sauf que nous ajoutons ici un troisième paramètre pour créer une classe CSS afin de donner un rendu visuel assimilable à un vrai lien pour les balises <span>. Voici la fonction modifiée :

```php
function replaceHashtags($texte = '', $url = '', $class = "classLink") {
    $regex = "/#(.*)([ ]|[!\"#$%'&()*+,.\/:;<=>?@\_`{|}~-])+/iU";
    $replace = '<span onclick="window.location.href=\''.$url.'?hash=$1\'"
        class="'.$class.'">#$1</span>$2';
    $texte = preg_replace($regex, $replace, $texte);
    return $texte;
}
```

Il suffit ensuite de spécifier un style aux faux liens en <span> grâce à la classe CSS ajoutée (appelée classLink par défaut). Par exemple, le code CSS suivant met des liens soulignés en noir, puis sans soulignement au survol de la souris.

```css
.classLink {
    text-decoration :underline;
    color:#000;
    cursor:pointer;
}
.classLink:hover {
    text-decoration:none;
}
```

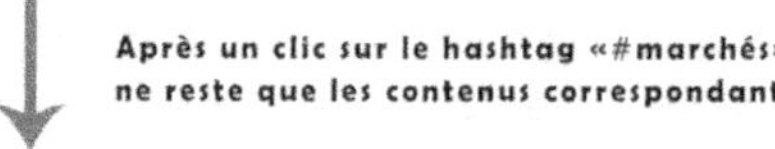

Retenons que ce système fonctionne parfaitement quelle que soit la méthode utilisée. D'un côté, la technique propre facilite l'indexation des contenus grâce aux liens classiques et, d'un autre côté, la version Black Hat SEO optimise la transmission du jus de liens. Ce qu'il faut retenir, c'est que la page de destination *(landing page)*, qui contient les contenus relatifs au hashtag cliqué, ne doit pas générer trop de contenus dupliqués, ce qui reste compliqué dans la majorité des cas. C'est pourquoi la gestion de son indexation (désindexation ou gestion d'une URL canonique, par exemple) représente le point crucial pour obtenir de meilleurs résultats.

Ce système n'est pas unique et n'est pas forcément le meilleur ou le plus efficace du marché, mais il était important de développer l'idée d'un mécanisme de tags, mentions ou hashtags, optimisé pour le référencement.

3

Facteurs bloquants et pénalités Google

Nous avons vu dans les chapitres précédents comment obtenir un socle technique suffisant pour aborder quelques freins et problèmes liés au référencement. Cependant, nous n'avons pas encore étudié en détail les facteurs bloquants pour les robots d'indexation.

Pour commencer, nous allons vous présenter les principales mises à jour algorithmiques et les filtres qui engendrent des pénalités parfois très importantes pour les pages web voire les sites complets. Si nous maîtrisons pleinement ce sujet, nous pourrons anticiper, prévenir et guérir les problèmes relatifs aux freins et aux sanctions du référencement naturel.

Nous allons entrer dans le doux monde des blocages et du Black Hat SEO avec une revue complète des risques encourus avec des exemples de codes et de techniques qui peuvent être mis en place.

Principales mises à jour des moteurs de recherche

Dans un souci d'améliorer les SERP en les rendant de plus en plus qualitatives, Google et Bing mettent régulièrement leur algorithme de pertinence à jour. On estime le nombre d'évolutions à environ 500 par an. Beaucoup de mises à jour sont méconnues et sans grandes conséquences sur l'affichage des résultats de recherche, mais d'autres sont majeures et effrayent le petit monde du SEO.

Bing ne communique pas énormément à propos de ses mises à jour tandis que Google le fait par divers intermédiaires. Les mises à jour du moteur les plus connues (dans l'ordre chronologique) sont : Boston (mars 2003), Esmerelda (juin 2003), Florida (novembre 2003), Brandy (février 2004), Allegra (février 2005), Jagger (octobre 2005), Big Daddy (février 2006), Caffeine (août 2009 mais officialisée en juin 2010), MayDay (mai 2010), Panda (février 2011), Penguin (avril 2012), PayDay Loan (mai 2013), Hummingbird (septembre 2013) ou encore Google Phantom (Quality Update de mai 2015) et RankBrain (novembre 2015).

Toutes n'ont pas connu un développement retentissant mais elles ont permis de changer la donne en matière de recherche sur le Web. Citons l'architecture Google Caffeine qui a permis de restructurer le système d'indexation des pages ou encore Google MayDay qui a servi à mieux positionner les requêtes issues de la longue traîne.

Google Panda

Panda est le nom d'une mise à jour majeure de l'algorithme de Google qui tire son nom des deux ingénieurs ayant travaillé sur le concept, Navneet Panda et Biswanath Panda.

Le filtre est mis en place en février 2011 aux États-Unis avant d'arriver en France officiellement en août 2011, même si certains webmasters affirment avoir vu des changements dès le 15 juin. Plus qu'une simple mise à jour, Google Panda est une opération qui s'applique de façon progressive afin de « nettoyer » la Toile.

Le filtre Panda était appliqué manuellement lorsque Google estimait nécessaire de vérifier et nettoyer ses résultats organiques. La firme a lancé plusieurs fois le filtre (au moins vingt-huit fois) jusqu'en juillet 2013 avant de déployer Panda 4.1 le 21 septembre 2014. Depuis le 18 juillet 2015, le trentième lancement a été officialisé, ce qui correspond à Panda 4.2 (source : http://goo.gl/b5UrtE). Depuis le début de l'année 2016, Panda a été intégré directement dans le cœur de l'algorithme (source : https://goo.gl/XVygyf). Comme l'indique le communiqué officiel, Panda est devenu « l'un des signaux au cœur de l'algorithme de classement ». En d'autres termes, Google possède ainsi des critères à valeur positive et d'autres pour réguler le classement (dont Panda).

Il faut tout de même savoir que l'algorithme anti-spam possède bien un fonctionnement à part. S'il est bel et bien intégré dans le cœur de l'algorithme de classement, chaque évolution de Google Panda peut prendre plusieurs semaines à être déployée partout dans le monde (source : https://goo.gl/3qRwF4). Il ne s'agit donc pas d'un algorithme en temps réel comme nous pourrions le penser.

> ### Découpage des versions de Google Panda
>
> À ce jour, Google a sorti quatre versions majeures de Panda ainsi que des versions secondaires, ce qui explique les 30 versions différentes existantes.

L'objectif annoncé par Google pour Panda est de sanctionner les sites impropres ayant un contenu de faible qualité et de favoriser ceux qui proposent aux internautes des contenus originaux et uniques. Google garde à l'esprit son but ultime : offrir aux internautes la meilleure expérience possible en tant que moteur pertinent.

D'une manière générale, Google cherche à favoriser les sites dont la valeur ajoutée est plus forte que celle de sa concurrence. Avec Panda, il vise à lutter contre le spam, les sites de mauvaise qualité, les contenus de faible pertinence mais aussi le contenu dupliqué. Le filtre sanctionne principalement les sites sans contenu pertinent ou ayant majoritairement du contenu dupliqué comme :

- les fermes de contenu *(content farms)* ou *scrappers* (sites qui recopient ou volent les contenus de tiers à leur insu) ;
- les sites dont les contenus sont de très faible qualité (mauvaise rédaction, spam, contenus dupliqués…) ;

- les comparateurs de prix ;
- les agrégateurs de contenus ;
- les sites proposant des « codes de réduction ».

Google Panda classe les pages web selon l'importance des points négatifs qui les concernent et applique différentes sanctions :

- pénalité appliquée à l'ensemble du site qui va avoir un impact négatif sur le classement des pages d'un même domaine ;
- pénalité ciblée sur le contenu en cherchant à bannir au maximum les contenus dupliqués dans les SERP ;
- pénalités touchant la publicité abusive, surtout si celle-ci est concentrée au-dessus de la ligne de flottaison (premier écran visible sans défilement) ;
- pénalités pour les sites utilisant Flash, même s'ils proposent une version HTML alternative ;
- pénalités sur les mots-clés insérés dans les noms de domaines car Panda privilégie surtout les domaines originaux ou standards.

Bien que Google Panda ait généré un sentiment de peur et de frustration dans la sphère SEO, il est plutôt facile de ne pas tomber dans ses griffes. Voici comment (liste non exhaustive) :

- rédiger des contenus de qualité, c'est-à-dire des textes qui reprennent certains des points fondamentaux suivants :
  - taille correcte de contenu (il n'existe pas de limite connue mais sachez que 300 mots environ par page est correct) ;
  - structuration des contenus avec les balises `<h1>` à `<h6>` et des balises structurelles (`<div>`, `<nav>`, `<header>`…) ;
  - traitement d'un seul thème par page pour plus de clarté ;
  - apport d'une réelle information au lecteur, contrairement aux textes paraphrasés ou sans aucun intérêt précis ;
- proposer des contenus uniques, c'est-à-dire des textes qui ne résultent pas de pages ou URL dupliquées. Google compare la pertinence et la date de publication pour gérer ses sanctions, mais il arrive fréquemment que le moteur se trompe car le voleur est plus malin que la victime, etc. ;
- faire varier les titres, les ancres de liens et les textes afin que de mêmes phrases ne soient pas toujours répétées, ce qui peut être assimilé à du spam ou de la triche pour Google ;
- limiter l'accès aux pages qui peuvent éventuellement causer des soucis d'indexation ou de compréhension pour les robots. Un bon usage d'un fichier `robots.txt` ou des balises `meta robots` peut s'avérer parfois suffisant pour contrer ce type de phénomène ;
- vérifier le taux de rebond et le temps de visite pour savoir si le comportement des usagers ne va pas nuire au référencement. En effet, Bing et Google analysent de plus en plus en profondeur les données statistiques pour jauger la qualité des pages indexées, cela peut aussi entrer en compte dans le cas d'une sanction, etc. ;
- faire attention aux noms de domaines qui contiennent trop de mots-clés car Google Panda est censé ignorer les termes s'il ressent de l'abus. Désormais, ce phénomène est géré par un autre système anti-EMD *(Exact Match Domain)*.

Malheureusement, il n'existe aucune solution miracle pour savoir si un site a été touché ou non par le filtre Panda. Néanmoins, un bon suivi des statistiques du site (trafic, pages désindexées, pertes de classement…) ainsi qu'une analyse des facteurs mentionnés précédemment sont à surveiller et peuvent nous donner des indices. Enfin, une fréquence de crawl moins importante peut être un indicateur sur la baisse d'intérêt du robot et du moteur pour un site, ce qui signifie généralement que ce dernier n'est pas assez pertinent ou qualitatif…

Les campagnes de nettoyage ponctuelles et répétées de Panda ont fait de nombreux dégâts dans le monde du Web. Depuis son intégration et son usage automatique par les algorithmes de classement, une certaine stabilité a été retrouvée. En effet, les classements ne subissent plus des fluctuations énormes comme avant, les résultats bougent quelque peu en continu en fonction de la qualité des contenus et d'autres facteurs. Les mouvements provoqués par Panda sont donc peu visibles tant ils deviennent transparents pour les référenceurs.

Du point de vue du classement des sites web, Panda agit comme une note de dévaluation ou de qualité des contenus, nous ne le savons pas vraiment. Ce que nous savons, c'est que l'algorithme anti-spam attribue une note qui met des mois à remonter dans le classement (source : https://goo.gl/3qRwF4). Cela peut expliquer la latence entre des déclassements apparents pour un site et les contenus qu'ils proposent au jour J. Quoi qu'il en soit, pour éviter de tomber dans les griffes du Panda, privilégiez le naturel, l'éthique, la pertinence et la qualité de l'écrit ; il s'agit du meilleur moyen d'être serein face à une possible pénalité…

Google Phantom et Quality Update

Le 5 mai 2015 a été marqué par une mise à jour discrète et ses nombreuses secousses dans les résultats de recherche, que Google n'avait pas confirmée directement (source : http://goo.gl/SrlfZm). D'abord appelée Phantom en l'absence d'un autre nom, il aura fallu attendre son officialisation par Google le 19 mai 2015 (source : http://goo.gl/vcpVuG) pour que Barry Schwartz du site SearchEngineLand l'intitule « Quality Update ».

En mars 2017, Gary Illyes a indiqué que Phantom peut être assimilé à une mise à jour majeure du cœur de l'algorithme de classement (source : https://goo.gl/SSSxeB). Par conséquent, nous savons maintenant que Phantom ne correspond pas vraiment à un filtre pénalisant mais à une mise à jour du *core* pour mieux évaluer les contenus (source : https://goo.gl/UxpddN). En revanche, les Quality Update sont des mises à jour mineures et régulières. Elles se comportent plutôt comme des cousines de Panda et cherchent à mieux évaluer les contenus et la qualité des pages web.

Google n'a pas précisé quels types de contenu étaient considérés comme de mauvaise qualité pour les Quality Update, mais les divers retours des spécialistes fournissent des pistes intéressantes. Voici les ressources susceptibles d'être touchées par la dévaluation de la mise à jour :

- pages avec trop peu de contenu (pas assez de texte lisible) ;
- pages avec du contenu créé uniquement pour générer des clics ;
- pages surchargées de publicités, d'interstitiels ou de pop-ups (voir Page Layout plus loin dans ce chapitre, qui répond également à cette problématique) ;
- pages surchargées de vidéos ou de ressources cliquables.

Nous pouvons remarquer que les « Quality Update » ciblent surtout les contenus trop maigres ou ceux qui sont intégrés uniquement pour générer du clic. Cela vient compléter la liste des contenus de faible qualité dans le viseur de Panda. Si cela a l'avantage de ne faire que dévaluer des contenus (et non sanctionner les pages), il faut tout de même prendre garde à ne pas mettre en place des contenus trop réduits ou sans valeur ajoutée. Ce serait le meilleur moyen pour ne pas progresser en termes de positionnement…

Google Penguin

Un an après la sortie de Panda, la firme n'a pas hésité à relancer une autre mise à jour appelée Penguin. Cette fois, le but est de s'attaquer au netlinking abusif ainsi qu'aux suroptimisations de code trop agressives ou non naturelles aux yeux du moteur.

La première version est sortie sous forme de filtre anti-spam le 24 avril 2012.

Le principal objectif du manchot (et non du pingouin comme la sphère SEO a tendance à l'appeler) est de détecter et pénaliser les liens de mauvaise qualité ainsi que les techniques de spam utilisées pour manipuler l'algorithme du moteur. En d'autres termes, il faut désormais faire du netlinking « propre » pour éviter des sanctions.

À ce jour, 7 principales mises à jour du filtre ont eu lieu, dont seulement une majeure en 2014 puis rien en 2015 :

* Penguin 1 le 24 avril 2012.
* Penguin 2 le 26 mai 2012.
* Penguin 3 le 5 octobre 2012.
* Penguin 4 le 22 mai 2013. Mise à jour appelée en interne 2.0, certainement pour surligner sa relative nouveauté et ses changements majeurs par rapport aux anciennes versions. Matt Cutts a affirmé que cette nouvelle mise à jour du filtre Penguin « analyse plus profondément les pages et les liens » et a « plus d'impact » (source : http://goo.gl/t4m3KH) sur les résultats (au moins 2,3 % des requêtes ont été affectées).
* Penguin 5 le 22 octobre 2013. Cette mise à jour est appelée Penguin 2.1 à l'échelle mondiale et 1 % des requêtes ont été affectées.
* Penguin 6 a été déployée le 18 octobre 2014 et affecte aussi 1 % des requêtes environ (source : https://goo.gl/Y2R7KI). D'autres mises à jour ont été remarquées jusqu'au 10 décembre 2014. Cette version est appelée Penguin 3.0 dans le monde.
* Penguin 7 (ou Penguin 4.0 à l'international) a été mis en place le 23 septembre 2016 et annoncé en grande pompe par Google (source : https://goo.gl/hzrMBk). Très attendu depuis l'ancienne version datée de près de deux ans, le nouveau Penguin a été entièrement intégré à l'algorithme de classement. Son mode de fonctionnement, ainsi que les conséquences qui en découlent, ont été totalement revu par Google lors de cette intégration dans le cœur de l'algorithme.

Dans les faits, Penguin correspond à une réécriture de l'algorithme afin de chasser l'ensemble des techniques abusives ou frauduleuses en matière de netlinking et de suroptimisation :

* Suroptimisation de contenus comme du *keyword stuffing* (littéralement, le bourrage de mots-clés).
* Automatisation des procédés de netlinking.
* Opérations de netlinking massif. Il s'agit souvent d'inscrire des sites sur des annuaires ou de rédiger de faux communiqués de presse (qui sont aussi des proies de Google Panda puisque les contenus sont souvent de faible qualité voire dupliqués). Le webmaster va utiliser l'ensemble des supports pour récupérer un nombre important de liens sur une période restreinte.
* Techniques de « Spam Co ». Elles consistent à laisser des commentaires sur des blogs, forums et autres réseaux sociaux, uniquement pour obtenir un lien en retour. Dans ce cas, le commentaire n'a tout simplement aucune valeur ajoutée pour les internautes et il est alors assimilé à du spam.

- Usage abusif des mêmes ancres de liens. Cette technique consiste à obtenir un nombre important de liens en utilisant toujours la même ancre. La technique est sanctionnée par Penguin qui n'aime pas les concordances trop évidentes. Pour une URL du type www.monsite.com/assurance-vie.html, il convient par exemple d'éviter d'utiliser toujours une même ancre comme « assurance vie », cela ne semble pas assez naturel…

- Liens sans rapport sémantique avec le sujet de la page. Par exemple, sur une page qui traite de la construction de maisons, un lien vers une page de formation Photoshop avec une ancre comme « Photoshop » ne va pas être tolérée par l'algorithme. Force est de constater que ce lien n'a aucun intérêt pour le lecteur, cela ne résulte pas d'un profil naturel de liens…

- Achat multiple de noms de domaines satellites. Il s'agit d'acheter de nombreux noms de domaines génériques uniquement dans le but de faire pointer des liens sur des ancres précises et vers le site qui a mis en place la stratégie de netlinking. Souvent, les domaines satellites sont laissés à l'abandon ou ne proposent que des contenus de piètre qualité. Ce type de procédé est dans l'œil du cyclone avec Panda et Penguin. Google détecte facilement les relations entre les sites satellites et leur cible, il pénalise au moins celui qui recueille les liens entrants mais, généralement, c'est tout le système qui s'effondre…

- Achat de liens. Ce procédé est fortement déconseillé par Google bien qu'il ne puisse pas toujours savoir si nous achetons des liens. Acheter des liens signifie que nous sortons des consignes édictées par Google. Jusqu'à nouvel ordre, nous pouvons éviter les sanctions car le moteur ne détecte pas toujours la supercherie, mais il ne laisse planer aucun doute sur une reconnaissance future. Si vous achetez des liens, l'idéal est sûrement d'ajouter l'attribut `rel="nofollow"` si nécessaire.

Pour savoir si vous avez été touchés par Penguin, il suffit de suivre le trafic et les statistiques car les chutes sont souvent vertigineuses en nombre de visites. Qui plus est, nous sommes rarement naïfs au point de ne pas nous douter que notre profil de liens n'est pas très « naturel » et qu'il risque donc d'être touché. Il est également possible de vérifier la messagerie intégrée dans les outils pour webmaster afin de savoir si une sanction est tombée car Google déploie cette fonctionnalité de plus en plus fréquemment.

Et les sanctions sur Bing ?

Bien que Bing n'applique pas encore de sanctions aussi lourdes que Google, Microsoft a mis en place son propre système de messagerie interne pour prévenir les éventuels problèmes liés aux sites enregistrés dans Bing Webmaster Center.

À l'instar de Google Panda, la firme ne nous a pas expliqué en détail ce qu'il faut faire pour éviter le piège de la pénalité. Il faut dire que sa défense est simple : Google a des *guidelines* à respecter. Si nous ne sommes pas dans les cases, les sanctions tombent…

Voici une liste de suppositions et de conseils de bons sens qu'il faut mettre en place pour éviter la pénalité du manchot.

- Optez pour une stratégie de netlinking réellement naturelle.
- Variez les ancres de liens en prenant garde au ratio d'ancres similaires (si par le passé vous avez utilisé trop d'ancres identiques, il est conseillé d'en modifier et de les faire varier avec un profil plus naturel et moins optimisé).
- Diversifiez les types de backlinks (image, texte, JavaScript…).
- Privilégiez les sources de qualité, pertinentes et reconnues dans leur domaine pour les liens entrants que vous récupérez.

- Prenez le temps d'analyser le site sur lequel vous envisagez de placer le lien (thématique, qualité, Page-Rank, fréquence de publication, présence sur les réseaux sociaux…).
- Évitez tout système d'automatisation autour de l'obtention de liens entrants (certes, cela demande plus de temps mais il vaut mieux cela que d'être sanctionné lourdement).
- Envisagez une stratégie de netlinking sur le long terme.
- Maîtrisez le ratio `follow/nofollow` (il est admis qu'un ratio de 25 %/75 % est raisonnable).
- Surveillez fréquemment les backlinks à l'aide d'outils dédiés comme MajesticSEO, Ahrefs, OpenSiteExplorer, Ranks.fr…

Avant que Penguin 4.0 (ou 7) ne soit déployé, les filtres Penguin appliquaient des sanctions lourdes aux pages web et sites usant de netlinking abusif. Depuis le 23 septembre 2016, c'est totalement différent puisque Penguin est devenu un critère de classement visant à contrer les mauvais liens, à l'instar de Panda pour les mauvais contenus. En effet, Penguin agit comme un système de dévaluation dans le classement des pages, et non comme une sanction à part entière (même si cela peut être ressenti comme tel en tant qu'utilisateur).

Contrairement à Panda, Penguin est appliqué en temps réel et évalue donc les liens de chaque page à chacune des visites de Google. Comme peu de sites web sont certains de n'avoir aucun mauvais lien (aux yeux de Google), l'algorithme ignore désormais les liens de mauvaise qualité (source : https://goo.gl/RAq29b). Cela signifie que si vous possédez une centaine de liens jugés comme *spammy* par Google, ce dernier ne fait que les ignorer. Ainsi, vos pages web ne gagnent pas de valeur avec ces liens mais n'en perdent pas non plus puisqu'ils sont ignorés et retirés du décompte final.

Il s'agit plutôt d'une bonne nouvelle pour les webmasters et référenceurs. Peu de risques sont encourus lorsque l'on tente d'obtenir quelques liens pour lesquels le doute persiste en termes de qualité. Avant, le risque de sanction était trop fort, mais depuis Penguin 4.0, ils sont ignorés. Cependant, Google a déjà mis en garde les spécialistes du netlinking contre l'accumulation de liens de mauvaise qualité. En effet, si Penguin les ignore bien, un nombre trop important peut entraîner des pénalités manuelles (source : https://goo.gl/jFs862). Le 16 octobre 2016, Google est même allé plus loin en affirmant qu'une pénalité manuelle visant à dévaluer l'ensemble des liens d'un site peut être appliquée si les sites abusent trop (source : https://goo.gl/ySpmcw). Il convient donc de rester mesuré et prudent quand les backlinks ne sont pas de bonne qualité.

Google étiquette les liens

Lors d'un entretien, Gary Illyes a indiqué que tous les liens identifiés par Google sont marqués avec un label spécifique (source : https://goo.gl/LWxnAe). Cela permet de les évaluer positivement (si ce sont de bons liens), moyennement (si ce sont des liens de bas de page par exemple) ou de les ignorer (si Penguin les détecte comme mauvais). Le porte-parole de Google a cité trois labels existants : *Penguin Real Time* (Penguin RT), *footer* (lien de pied de page) et *disavow* (lien désavoué). Nous ne savons pas à ce jour s'il existe d'autres types d'étiquettes comme pour des liens en `nofollow`, ou dans des colonnes annexes aux contenus principaux, etc.

D'une manière générale, essayez de garder à l'esprit ces conseils :

- le netlinking se développe sur le long terme et ne doit pas être automatisé ;
- le nombre de liens entrants doit évoluer de manière régulière et naturelle pour développer un profil sain et naturel de backlinks auprès des moteurs de recherche.

L'objectif de Google n'est pas nécessairement de sanctionner à tout va mais il tient à lutter contre les fraudes dans le but d'améliorer ses résultats de recherche en s'approchant au plus près des attentes des internautes. Tout est une affaire de bon sens et de logique. Si vous faites le travail correctement, de façon naturelle et dans une optique dédiée à l'utilisateur, vous ne courrez quasiment aucun risque et tout ira bien pour votre site.

Que ce soit pour Google Panda et Penguin ou pour les lecteurs, portez toujours attention aux contenus, à leur originalité, à leur fréquence de mise à jour, à leur valeur ajoutée et surtout à la stratégie de netlinking associée. Plus vous saurez apporter de la plus-value à vos visiteurs tout en faisant des optimisations les plus propres possibles, plus vous serez respectés par les algorithmes de Google ; le jeu en vaut la chandelle…

Les EMD (Exact Match Domain)

Toujours dans l'optique de fournir aux utilisateurs du moteur de recherche des résultats de plus en plus qualitatifs, Google a décidé de mettre en place un algorithme visant à éliminer, ou au moins à affecter, les noms de domaines de mauvaise qualité comprenant trop de mots-clés. Ces noms de domaines à mots-clés (généralement séparés par un tiret) s'appellent EMD pour *Exact Match Domain*. L'algorithme anti-EMD a été annoncé par Matt Cutts via son compte Twitter dès le 29 septembre 2012.

Nous savons tous ce qu'est un domaine, il s'agit d'une adresse textuelle qui masque une adresse IP de serveur afin de faciliter la mémorisation et d'améliorer la communication autour d'un site.

Les noms de domaines sont souvent composés de plusieurs mots accolés ou séparés par des tirets (ce qui constitue la meilleure solution pour que les robots les lisent correctement). Les domaines peuvent être précédés de plusieurs préfixes tels que www ou tout autre sous-domaine, chacun constituant un site à part entière d'un point de vue technique (seul l'URL est assimilée au domaine).

En SEO, il n'existe aucune documentation qui indique qu'un nom de domaine est plus favorable qu'un autre, il faut juste déduire que les mots-clés qui le composent ont un impact sur le positionnement à la fois dans les contenus mais aussi dans les liens et les ancres associés. Le choix de l'extension peut aussi poser question, il est fréquemment conseillé d'opter pour les TLD *(Top-Level Domain)*, c'est-à-dire pour les domaines dont les extensions sont reconnues, telles que .fr, .com, .org, .gouv, .net, .info…

Nous pouvons nous demander pourquoi Google s'est décidé à chasser les noms de domaines abusifs. Certes, il arrive parfois que les URL frôlent le ridicule tant cela se voit que le nom de domaine a été choisi pour des raisons évidentes de référencement mais dans la majorité des cas, les sites pertinents et de qualité bénéficient de noms de domaines plutôt raisonnables.

Les EMD sont des domaines qui comportent plusieurs mots-clés comme s'il s'agissait d'une requête classique. Par exemple, un nom de domaine comme www.vente-automobile-paris.fr est un EMD typique.

L'utilisation des EMD a été longtemps privilégiée pour une raison toute simple : ils permettent de gagner facilement quelques places dans les SERP et sont plutôt incitatifs pour les visiteurs. En effet, les mots-clés placés dans les EMD renforcent la pertinence du site sur ces termes précis, il s'agit donc d'une des vieilles techniques SEO qui permettait d'améliorer le classement dans les SERP. De plus, les EMD bénéficient d'un avantage non négligeable puisqu'ils peuvent obtenir des ancres optimisées sans effort.

Google a toujours accepté l'utilisation de l'EMD à des fins de positionnement tant que cela ne devenait pas abusif mais depuis quelques mois les conditions ont changé. Avec son algorithme anti-EMD, Google s'est mis en chasse contre tous les spammeurs spécialistes qui règnent sur la Toile.

Figure 3–1
Exemple d'un Exact Match Domain (EMD)

Le but est clairement de nettoyer les SERP et de supprimer les sites jugés nuisibles par Google. Il est vrai que ces noms de domaines n'ont aucune plus-value et ont même tendance à subir l'effet pervers de leur intérêt initial, à savoir de faire fuir les visiteurs qui semblent parfois étonnés de voir des noms de domaines si longs, étonnants et impossibles à mémoriser…

Google analyse une batterie de critères avant de prendre sa décision finale : sanction ou non. Il lit le contenu, calcule la fréquence de mise à jour des contenus, le nombre de pages du site et leur valeur, le nombre de visites, étudie la fidélité et la satisfaction des visiteurs, le taux de rebond, le temps moyen passé sur le site, les signaux sociaux… Si plusieurs facteurs manquent de pertinence aux yeux des robots, alors le moteur peut infliger des sanctions liées à l'EMD ; il ne se limite pas uniquement à une analyse simpliste des mots-clés qui le compose. Ceci a été confirmé par Gary Illyes le 21 mars 2017, qui a indiqué que les *exact match domains* n'entraînent une sanction que si la page est jugée de mauvaise qualité (source : https://goo.gl/AZLHrx).

Conseils pour l'enregistrement de votre nom de domaine

Il est conseillé d'enregistrer votre nom de domaine (NDD) avant la mise en ligne d'un site et pour au moins deux ans si vous croyez en votre affaire. L'ancienneté du NDD est prise en compte par les moteurs de recherche et cela se ressent dans les SERP. En revanche, oubliez le mythe de la durée de réservation d'un nom de domaine. En effet, le fait de renouveler un domaine tous les 3 ans (voire davantage) n'a pas d'incidence directe sur le positionnement d'un site web, contrairement à l'idée couramment répandue dans la sphère SEO. Les robots n'ont pas toujours accès à ces informations et ne peuvent donc pas en tirer profit.

Si vous en avez la possibilité, n'hésitez pas à enregistrer plusieurs variantes d'un nom de domaine : soit avec plusieurs extensions (.fr, .com), soit en jonglant avec les écritures au pluriel et/ou au singulier, etc. La raison est simple : cela permet d'éviter à la concurrence de se confronter à vous mais aussi d'être quasi assuré que les internautes tombent sur vous s'ils se trompent d'extension. Sachez toutefois que si vous possédez plusieurs noms de domaines, il faudra pratiquer des redirections 301 pour ne courir aucun risque de sanctions par les moteurs.

Si vous voulez acheter un nom de domaine mis en vente, cela peut être intéressant pour le référencement mais vérifiez avec soin son historique afin d'éviter les mauvaises surprises. Imaginez que celui-ci a été pénalisé par Google ou Bing dans le passé, ou encore qu'il a été blacklisté, cela pourrait s'avérer catastrophique pour le repreneur… Attention donc, n'investissez que dans des noms de domaines fiables et « propres », si possible avec un bon PageRank et de bons backlinks déjà en place !

De nombreux sites ont été touchés par cette nouvelle mise à jour et ont vu leur classement chuter, mais attention, il s'agit de sites avec un faible contenu, peu attractifs, et principalement des sites de jeux, pornographiques, de téléchargement ou encore des MFA *(Made for Adsense)*… En réalité, l'impact semble encore limité en France mais ce phénomène devrait s'accroître dans les années à venir si les EMD continuent de pulluler sur la Toile.

Avec ses diverses mises à jour (Panda, Penguin, anti-EMD, etc.), Google vise toujours à améliorer ses résultats et l'expérience utilisateur en passant bien évidemment par la mise en avant des sites jugés de qualité. Google nous a habitués à ne pas tricher depuis des années, tout est une question de bon sens. D'où l'importance de rester « naturel » et de faire les choses pour l'utilisateur et non pas pour les moteurs de recherche.

Bing développe son propre algorithme anti-EMD

Bing a annoncé sur l'un de ses blogs officiels le 9 septembre 2014 l'ajout d'un filtre visant à contrer l'abus de mots-clés *(keyword stuffing)* dans les URL (http://goo.gl/hksW1T). Microsoft a indiqué que près de 130 millions d'URL ont déjà été touchées pour 5 millions de sites sanctionnés lors du premier déploiement.

Google Page Layout

En janvier 2012, Matt Cutts annonçait un nouveau filtre visant à pénaliser les pages proposant trop de publicités et obligeant les visiteurs à utiliser la barre de défilement pour atteindre le contenu réel de la page. Ce filtre intitulé Page Layout vise à livrer bataille contre les publicités trop nombreuses situées au-dessus de la ligne de flottaison (première écran visible).

Néanmoins, si, pour des raisons légitimes, nous utilisons de la publicité sur notre site, cela reste possible et n'est pas interdit. En réalité, c'est la façon de faire et le positionnement des blocs de publicité qui comptent. Il est désormais fortement conseillé de les intégrer dans des zones stratégiques et de les utiliser avec modération…

Ne placez que deux ou trois publicités par page en les répartissant de façon homogène au travers des contenus. Par exemple, nous pourrions avoir une publicité en haut de page, proche du logo, une deuxième située dans la colonne de droite et une dernière positionnée en bas des contenus. Ainsi, nous aurions une répartition saine et cela éviterait d'être pénalisé par Page Layout.

Figure 3–2
Différence entre une page utilisant proprement de la publicité et une page chassée par Page Layout

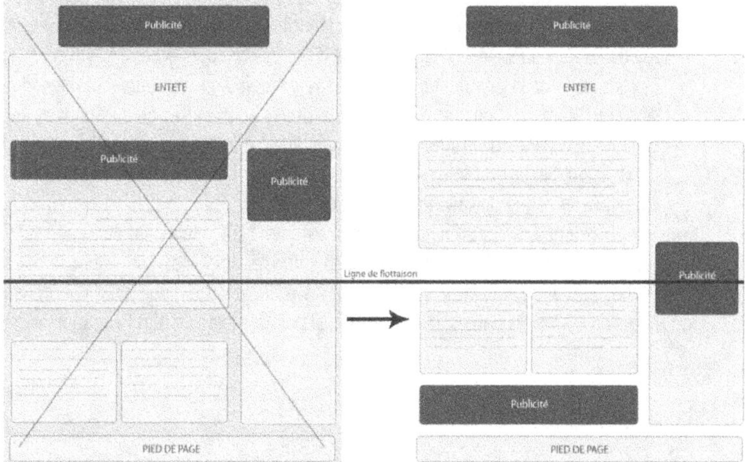

Google Labs avait déployé l'outil Browser Size pour tester l'affichage des contenus, mais ce dernier a été supprimé. Heureusement, il existe deux alternatives intéressantes pour tester et mesurer l'impact des publicités sur les sites web :

- le site http://www.sitepenalise.fr/browsersize/ ressemble quasiment en tout point à l'outil de Google et affiche des zones colorées pour montrer quels espaces sont à exploiter ou non ;
- Google Analytics permet de surveiller les zones chaudes des pages web et donc de savoir comment répartir les publicités.

Google Analytics donne également accès à un outil d'analyse des pages web qui permet aisément de repérer les zones chaudes ou moins fiables pour inciter les internautes au clic. L'avantage de cet outil est qu'il se base également sur les données statistiques et non pas uniquement sur des concepts théoriques. Les informations sont donc assez intéressantes et qualitatives pour savoir si nos publicités sont trop nombreuses ou trop bien placées au point d'être pénalisé.

Pour utiliser cet outil, connectez-vous à votre compte sur Google Analytics, puis cliquez sur *Comportement>Analyse des pages web*. Chaque zone se voit indiquer un pourcentage de clics et donc un potentiel de visibilité. Il est conseillé d'ajouter les couleurs et l'option *Taille du navigateur* pour que l'ensemble soit plus détaillé. Ainsi, nous pouvons sans risque détecter les zones fortes ou faibles de nos pages et donc savoir comment optimiser le positionnement des publicités tout en évitant l'éventualité d'une sanction de Google.

Figure 3–3
Analyse des pages web
dans Google Analytics

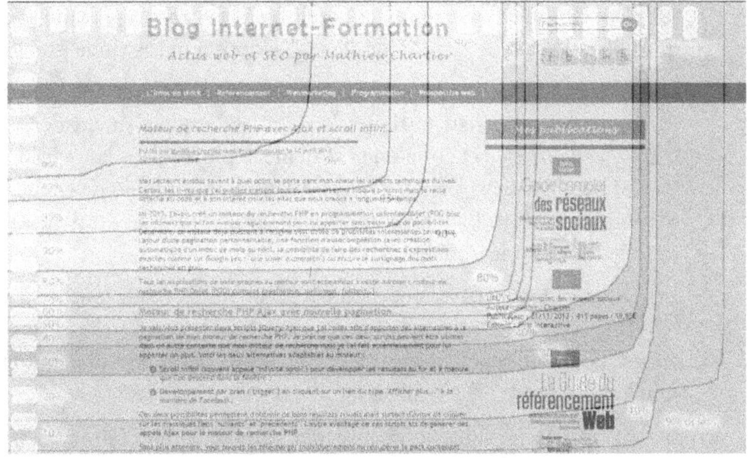

Le 6 février 2014, le filtre Page Layout a déployé sa version 3 (les autres versions datent de janvier et octobre 2012). Désormais, depuis le 2 novembre 2016, nous savons que Page Layout est intégré dans le cœur de l'algorithme et déployé en temps réel (source : https://goo.gl/uDETTZ). Pendant longtemps, les spécialistes ont cru que le filtre Page Layout était un leurre ou n'était pas appliqué. John Mueller a donc coupé court aux rumeurs en affirmant son utilisation, bien que les sanctions qui en découlent semblent plutôt rares à ce jour.

Attention aux interstitiels d'installation d'apps mobiles

Depuis le 2 novembre 2015, Google a officiellement mis à jour son algorithme mobile-friendly pour pénaliser les pages web d'installation d'applications mobiles contenant des interstitiels trop envahissants (source : http://goo.gl/Uh8LYo). En d'autres termes, les applications qui proposent des interstitiels de téléchargement d'apps mobiles prenant trop de place dans l'écran des utilisateurs peuvent être pénalisées par Google et voir les liens profonds chuter dans les SERP.

Google PayDay Loan

Les mises à jour de PayDay Loan font bien moins de bruit que celles de Google Panda ou Penguin. Elles sont néanmoins importantes et montrent la nouvelle politique mise en place par la firme.

Il s'agit d'un algorithme lancé en catimini, annoncé en prévision le 13 mai 2013 et officialisé le 11 juin 2013 dans une vidéo décryptée par Search Engine Land (source : http://goo.gl/snBke9). L'objectif des PayDay Loans est de nettoyer le moteur des requêtes qui entraînent un nombre trop important de résultats polluants.

Nous savons que des thématiques et des mots sont plus porteurs ou ont plus d'autorité pour les moteurs. Nombre de fraudeurs en profitent pour intercaler des résultats sans valeur ajoutée mais bien positionnés grâce à des optimisations souvent abusives. PayDay Loan vise donc à sanctionner ces sites et à nettoyer les requêtes les plus touchées par ce fléau, notamment dans des thématiques telles que la pornographie, le rachat de crédit ou encore des requêtes concurrentielles ou rentables. Globalement, ce sont des requêtes qui touchent de près à la notion d'économie ou à la pornographie qui sont visées par Google, mais nous pouvons imaginer que ce type de procédé sera développé à plus grande échelle à l'avenir.

Il existe actuellement trois versions de cet algorithme, la première datant de mai-juin 2013, une deuxième passée un peu inaperçue quelques jours avant le déploiement de Google Panda 4, le 20 mai 2014 (source : http://goo.gl/P6aWXy) et enfin une troisième déployée dans la foulée le 12 juin 2014. PayDay Loan touche à la fois les sites *spammy* (version 2) – qui usent de techniques de triche pour duper les moteurs – et les requêtes *spammy* (version 3). La lutte contre les mauvais contenus est donc double et ne se limite pas uniquement aux requêtes de mauvaise qualité.

Les requêtes touchées varient d'un pays à un autre. Matt Cutts a annoncé que la première version a touché 0,3 % des requêtes américaines mais aussi 4 % des recherches turques, ce qui montre des disparités importantes. Pour la deuxième version, 0,2 % des requêtes anglaises ont été affectées mais d'autres pays ont aussi subi les foudres de l'algorithme.

Il faut avouer qu'il existe encore de nombreux résultats *spammy* qui sont bien positionnés mais qui n'apportent aucune plus-value voire ne répondent pas à la recherche des internautes. Il suffit de faire quelques tests dans le milieu économique, de l'érotisme ou de la pornographie pour s'en rendre compte, comme on le voit sur la figure 3-4 montrant des pages générées par le site Mediamass en toute circonstance sur des requêtes érotiques.

Retenons également que Google a annoncé qu'il étudierait de plus en plus les sites piratés, ce qui pourrait aller en complément de ce type d'algorithme pour nettoyer complètement les SERP d'un maximum de pages polluantes.

Figure 3–4
Pages auto-générées et polluantes
sur Mediamass

Redirections mobiles spammy pour faire de l'affiliation

Google est entré activement en lutte contre les redirections *spammy* mises en place, volontairement ou non, sur des sites web dans le but de générer de l'affiliation et de faire de la monétisation déguisée. La firme a officialisé ces nouvelles sanctions manuelles le 29 octobre 2015 (source : http://goo.gl/mbJs98) et prévient les fraudeurs qui tenteraient d'user encore de ces méthodes.

C'est essentiellement les contenus mobiles qui sont visés par ces méthodes de *cloaking* peu scrupuleuses. En effet, ces redirections sont réalisées parfois à l'insu des administrateurs du site, à cause de malwares ou de codes malveillants. Quand un visiteur clique dans un résultat des SERP, il est redirigé automatiquement vers une page non désirée dont l'unique but est de gagner de l'argent par de l'affiliation discrète.

Google a précisé que les sources de ce *cloaking* mobile pouvaient être volontaires (action délibérée du webmaster) ou non (script malveillant activé à l'insu du propriétaire d'un site). Quelle que soit la source du problème, les sanctions manuelles sont appliquées tant que les redirections indésirables sont encore en place, il convient donc de faire attention à ne pas se faire pirater...

Figure 3–5
Redirections douteuses
et spammy sur mobile

Le 23 août 2016, Google a annoncé officiellement l'évolution de ces pénalités avec une date d'application au 10 janvier 2017 (source : https://goo.gl/oefLCj). Depuis début 2017, les sites mobiles qui présentent donc des interstitiels lors du lancement d'une page peuvent être pénalisés lourdement par Google. Plusieurs cas de publicité intempestive sont chassés par le moteur de recherche :

* pop-up qui recouvre le contenu principal lors de l'ouverture d'une page depuis les SERP mobiles ;
* interstitiel autonome qui s'affiche comme une publicité au-dessus du contenu principal ;
* intégration d'un interstitiel intrusif dans la partie supérieure à la ligne de flottaison, masquant ainsi le contenu intégré juste en dessous.

Figure 3–6
Exemples d'interstitiels prohibés
et sanctionnés par Google

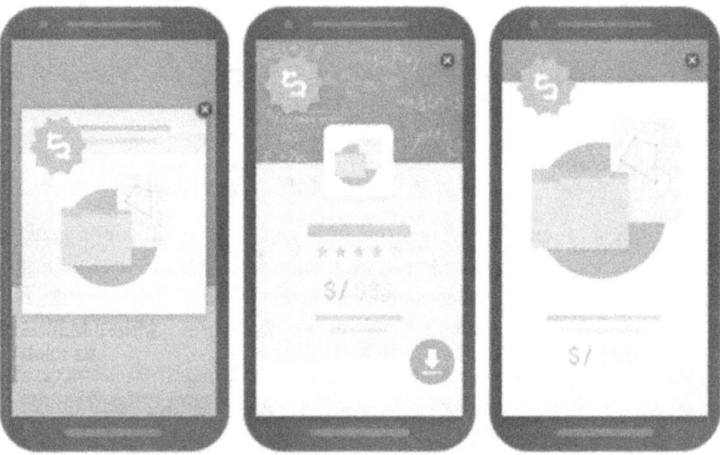

Google a tout de même confirmé que certains types de publicité en interstitiel sont tolérés ; tout n'est donc pas prohibé comme on pourrait le penser. Voici quelques cas autorisés par Google et qu'il est donc conseillé de pratiquer pour vos sites web mobiles :

* interstitiels qui répondent à une obligation légale (par exemple avertissement pour la présence de cookies ou vérification de l'âge du visiteur) ;

- pop-ups de connexion sur des sites dont le contenu n'est pas indexable publiquement (accès privé, page de paiement, etc.) ;
- bannières qui occupent un espace raisonnable dans l'écran (et pas toute la page…) et que l'on peut aisément fermer (voir l'exemple à droite de la capture suivante).

Figure 3–7
Exemples d'interstitiels autorisés
sans risque de pénalité par Google

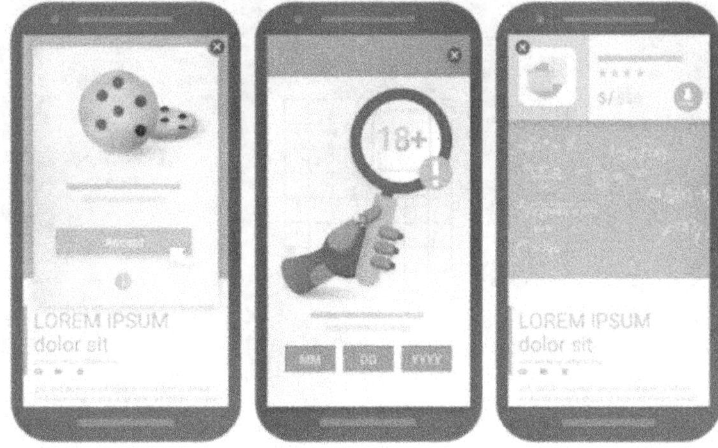

L'astuce de beaucoup de développeurs est de retirer les publicités qui arrivent lors du premier écran affiché aux utilisateurs afin d'éviter certaines pénalités. Ensuite, les autres pages visitées peuvent accueillir des publicités et Google ne semble pas sanctionner ces cas de figure. C'est pourquoi il existe encore une forme de pollution publicitaire pour faire de l'affiliation dans les applications mobiles ; nul doute que Google ne va pas rester aussi tolérant pendant plusieurs années…

Si nous résumons, Google peut pénaliser plusieurs types d'interstitiels qui masquent les contenus principaux lors de l'arrivée d'un internaute sur un site ou dans une application mobile, mais aussi les publicités incitant les visiteurs à installer une application mobile. Google tolère les interstitiels à partir du moment où ils ne dérangent pas la navigation des internautes . Alors, respectons ces quelques règles et tout se passera bien…

Sites piratés

Google a annoncé le 5 octobre 2015 durcir les sanctions contre les sites piratés, que cela soit de la faute des administrateurs ou que le *hacking* provienne de l'extérieur (source : http://goo.gl/4e0BYj).

Dans les faits, 5 % des requêtes *spammy* détectées par Google sont concernées par la mise à jour. Cela signifie que le moteur connaît les requêtes qui sont ciblées par les piratages réalisés dans les pages web. Si une page est piratée et ciblée par une requête, il la pénalise et la fait chuter dans les SERP. L'objectif est en quelque sorte d'éduquer les webmasters et de les forcer à sécuriser leur site web pour éviter tout problème de crawl et tout risque pour les visiteurs.

Figure 3–8
Message de l'ancienne Search Console contre les
pages piratées

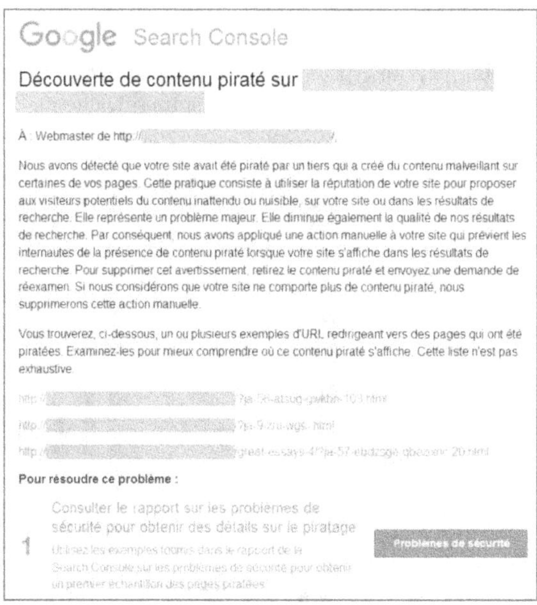

Sur le plan visuel, Google précise que sur certaines requêtes (selon les langues cibles), il peut arriver que seuls les résultats fiables soient mis en avant sur la première page, réduisant alors la SERP habituelle de 10 résultats à moins.

Figure 3–9
SERP réduite par le filtre visuel
de suppression des pages piratées

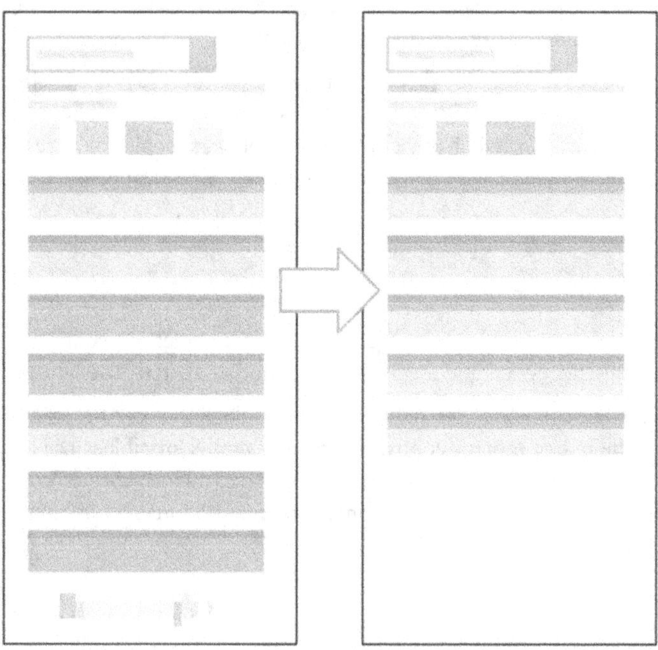

Si vous avez peur de vous faire pirater ou de ne pas savoir si votre site est infecté, sachez que Google a mis en place un outil dédié et remis à jour le 20 octobre 2015 (source : https://goo.gl/5y6zDd), soit deux semaines après le lancement de ces nouvelles sanctions antispam. Vous pouvez le trouver à cette adresse : https://goo.gl/anLWqN.

L'outil indique le niveau de risque du site et les éventuels problèmes rencontrés. Il peut aussi bien être utile pour les piratages classiques que pour les problèmes d'affiliation *spammy* évoqués dans la sous-partie précédente.

Le 3 février 2016, Google a également mis en garde tous les sites qui ajoutent des publicités ou boutons pour créer des redirections trompeuses, procéder à du hameçonnage (*phishing*) ou à d'autres piratages indésirables (source : https://goo.gl/iRXWbw). Appelé *SafeBrowsing*, ce système est en constante évolution depuis son lancement et espère lutter efficacement contre ces méthodes frauduleuses.

Google évoque notamment les faux boutons ou fausses publicités qui détournent les visiteurs pour de mauvaises raisons. Nous pouvons citer par exemple des boutons incitant à télécharger Adobe Flash ou Microsoft Silverlight, mais qui redirigent en fait vers des systèmes d'affiliation, ou encore des publicités redirigeant vers un formulaire dans le but de récupérer des données sensibles. Google parle même d'ingénierie sociale pour ce type d'attaques passant par des sites web pour tromper les visiteurs. Il décrit ainsi :

- un contenu qui se fait passer pour ou ressemble à une entité de confiance, comme un navigateur, un système d'exploitation, une banque ou une administration ;
- un contenu qui incite le visiteur à effectuer une action qui serait appliquée uniquement si le visiteur y était invité par une entité de confiance (communiquer un mot de passe, appeler un service d'assistance technique, télécharger un logiciel).

La capture suivante montre notamment deux cas de fraudes exploitées dans des sites web et sanctionnées par Google.

Figure 3–10
SERP réduite par le filtre visuel de suppression des pages piratées

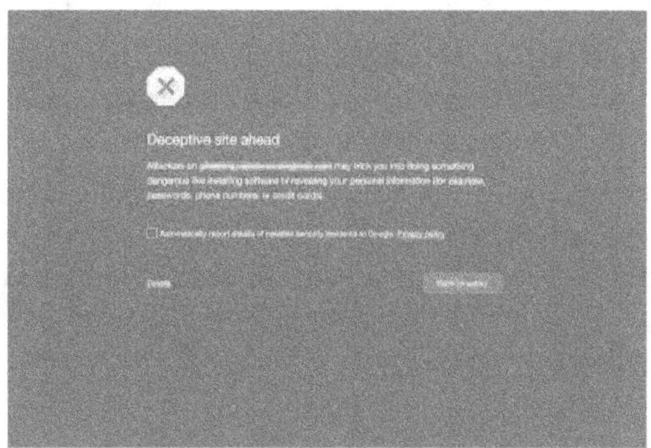

Avec toutes ses mises à jour de sécurité, Google tend donc à protéger les utilisateurs, mais aussi à nettoyer les résultats de recherche pour ne proposer que des sites web sans risque. Si votre site propose de faux boutons, des publicités spammy ou encore des logiciels malveillants (*malwares*) ou d'autres systèmes d'ingénierie sociale, alors Google peut le sanctionner lourdement. En effet, le moteur de recherche sait bien que certains webmasters ne sont pas directement coupables des piratages sur leur site, mais ils en sont responsables. Ce sont donc aux gestionnaires de sites web de veiller à ce que leur site ne cause aucun tort aux utilisateurs.

Retenez que Google peut envoyer des messages via la Search Console si une présence de logiciels malveillants est détectée, par exemple, et pour d'autres causes également. Il est fortement recommandé de faire les mises à jour de vos CMS (WordPress, Joomla, Drupal…) et extensions afin de limiter au maximum les failles de sécurité qui pourraient être exploitées par des pirates informatiques. Il serait dommage de se faire pirater et en outre d'être pénalisé par Google…

Update Google Fred

La mise à jour Fred a été déployée autour du 9 mars 2017 (aucune date exacte n'a été précisée) et a fait l'effet d'une bombe dans la sphère SEO. Elle tire son nom d'une boutade d'un porte-parole de Google, Gary Illyes, qui a indiqué que les prochaines mises à jour de Google s'appelleraient Fred. Par conséquent, nous attribuons ce nom à une mise à jour de début mars 2017 mais qui n'a pas reçu de réel nom officiel.

Dans les faits, plusieurs petites mises à jour successives ont touché les mêmes types de cible, à savoir des pages web jugées de mauvaise qualité par Google, notamment à cause d'un abus de publicités comme dans les MFA (*Made for Adsense*) ou pour cause de méthodes frauduleuses qui pourraient duper les internautes. Comme Fred n'a pas été officialisée par un communiqué, la mise à jour reste méconnue et ce sont les multitudes de retours qui ont permis de mieux comprendre les potentielles causes de sanction.

Google cherche à chasser les sites qui ne répondent pas aux besoins des internautes ; il n'interdit pas la publicité comme nous l'avons déjà dit pour l'algorithme Page Layout. Toutefois, si votre site propose des solutions payantes ou malhonnêtes en vue d'obtenir une réponse à une requête, Google peut estimer que l'utilisateur est lesé et de fait sanctionner le site en question.

Tous les retours obtenus après des semaines de suivi ont démontré que les sites qui abusent de systèmes d'affiliation malhonnêtes, de liens factices de PBN (*Private blog network*) ou de trop-plein de publicités peuvent être affectés par les mises à jour Fred. En règle générale, si Google considère que votre site web est plutôt créé pour générer des revenus plutôt que pour apporter de la valeur ajoutée aux internautes, il fait partie des cibles privilégiées de l'algorithme antispam. Soyez donc vigilants et trouvez un équilibre entre publicité et information.

Qualité des contenus chez Bing

Bing est supposé concurrencer Google sur la recherche sémantique comprenant les requêtes des internautes puisqu'il a racheté en juillet 2008 le moteur de recherche sémantique Powerset pour la modique somme de 100 millions de dollars. Rien ne dit que la firme a mis en place des systèmes de reconnaissance des requêtes mais cela semblerait plausible plusieurs années après ce rachat.

Toutefois, nous pouvons penser que la recherche sémantique existe puisque Duane Forrester de Bing a annoncé le 20 février 2014 que la qualité des contenus mais surtout de l'écriture pouvait affecter le classement dans les résultats (source : http://goo.gl/94kGoW).

En d'autres termes, Bing sanctionne les fautes d'orthographe et les contenus dont la qualité rédactionnelle laisse à désirer, ce qui signifie qu'il aurait une approche sémantique importante. Cette nette avancée risque de donner des boutons aux personnes qui font beaucoup de fautes de frappe et d'orthographe mais, à ce jour, nous n'avons aucune preuve de son application ni de son impact dans les SERP de Bing.

Bing et la lutte contre les réseaux de sites (PBN)

Bing a mis en place et annoncé une mise à jour contre les structures de sites web inorganiques en novembre 2019 (source : http://bit.ly/2FTy8ZZ). Le moteur de Microsoft souhaite lutter contre les réseaux de sites (Private blogs network, ou PBN) ou les structures de sites inadéquates qui ne sont pas faites dans le seul but d'organiser les contenus.

Deux types de structures sont clairement chassées par les algorithmes de pénalité :

* les sites abusant de sous-domaines loués (*subdomains leasing*) ou abusant de sous-domaines pour créer une forme de réseaux de sous-sites. La firme avait cité l'exemple de wordpress.com mais cela pourrait fonctionner pour de nombreux générateurs de sites web comme Wix, Jimdo, E-monsite, etc. Ce ne sont que des exemples mais il faut imaginer que tous les sous-domaines créés par ces entités génèrent des réseaux de sites puissants alors que chaque site est en réalité indépendant. En soi, Bing veut donc se prémunir contre les sites abusant des sous-domaines alors qu'il s'agit en réalité de sites à part entière. Cela génère donc des liens factices et des connexions qui n'auraient pas lieu d'être, faussant ainsi la valeur réelle des pages ;

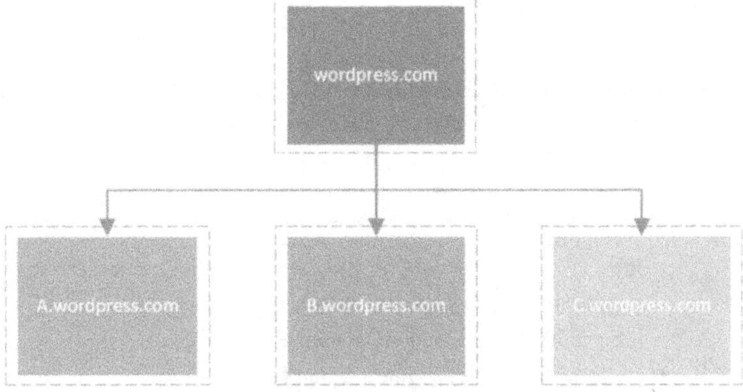

Figure 3–11
Bing lutte contre les sous-domaines loués ou destinés à générer des réseaux de sites et de liens.

* les réseaux de sites avec des liens croisés (par nécessairement en direct) qui ont pour but de valoriser un ou plusieurs sites maîtres. En général, ces réseaux ont pour but de profiter de tous les sites web annexes mais Bing va faire en sorte de limiter leur impact, au même titre que Google avec certaines mises à jour qui vont dans ce sens. Toutefois, les réseaux de sites semblent avoir encore de beaux jours devant eux tant les webmasters et référenceurs trouvent des parades pour les rendre de plus en plus qualitatifs et moins repérables par les moteurs.

Figure 3–12
Bing lutte contre les réseaux de sites (PBN)

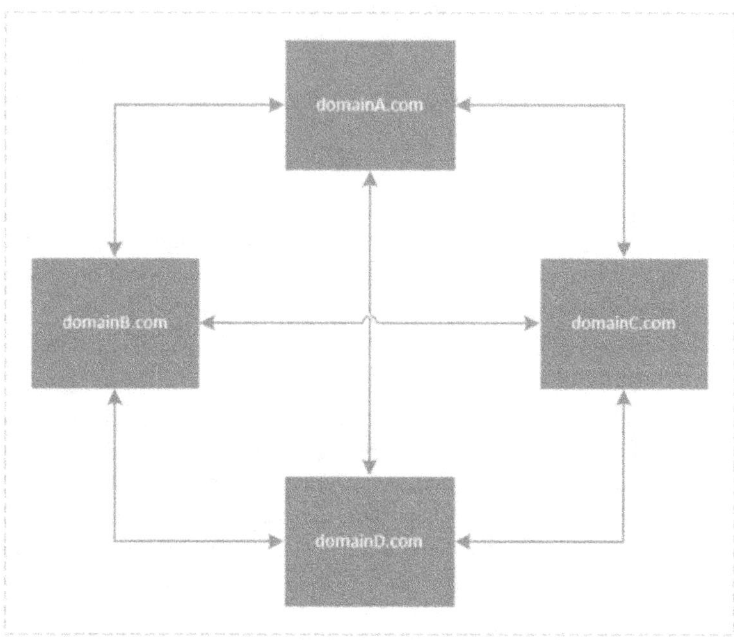

Yandex Minoussink et AGS

Google et Bing ne sont pas les seuls moteurs à créer des filtres ou algorithmes pour lutter contre le spam ou les méthodes frauduleuses utilisées dans les sites web. Yandex, le moteur leader en Russie, a également été dans l'obligation de mettre en place des barrières pour améliorer la qualité de ses résultats de recherche.

Déjà en 2010, le site RussianSearchTips avait rapporté les nombreux filtres officiellement appliqués par Yandex (source : https://goo.gl/ULT9qU). Voici donc une liste non exhaustive des techniques antispam utilisées à cette époque :

- filtre contre le keyword stuffing (bourrage de mots-clés) mais aussi contre le nombre trop faible de variantes des mots-clés dans une page ;
- lutte contre les redirections douteuses en JavaScript ;
- algorithme ciblant les contenus dupliqués ;
- pénalité contre les sites utilisant des pop-under, à savoir des interstitiels lors du chargement d'une page ;
- plusieurs filtres antispam contre les pages de mauvaise qualité dont AGS-17 et AGS-30 ;
- un filtre contre l'évolution non naturelle du profil de liens d'un site.

Pour ainsi dire, Yandex était déjà très avancé en 2010, même bien en avance sur le géant Google, qui a su rattraper son retard en quelques années. Toutefois, Yandex ne s'est pas arrêté en si bon chemin et a déployé deux filtres majeurs qui ont chamboulé le moteur russe :

- Minoussink (15 mai 2015) qui s'attaque à la qualité des profils de liens de manière très approfondie ;
- AGS-40 (2014) et versions suivantes (octobre 2015) visent les sites de mauvaise qualité et ceux qui vendent ou achètent des liens factices pour grimper artificiellement dans les résultats de recherche

(source : https://goo.gl/fpb4sA). Les pénalités touchent les sites entiers et non pas les pages jugées comme de mauvaise qualité ; c'est toute la subtilité de l'ultime mise à jour du filtre algorithmique.

Minoussink tire son nom d'une ville de Sibérie orientale connue pour avoir été un lieu d'exil et d'opposition. L'algorithme affecte l'ensemble des sites web de toutes les thématiques partout dans le monde sur le moteur russe (source : https://goo.gl/fzMKNV). En d'autres termes, personne ne peut passer outre, à l'instar de Penguin depuis son déploiement en temps réel. Tous les profils de liens qui abusent de liens factices ou de paid linking peuvent donc être chassés des SERP.

Pour vous donner une idée de l'impact de Minoussink, Ekatérina Gladkikh de l'équipe Yandex Search a expliqué six mois après le déploiement de l'algorithme que 6 827 sites ont été pénalisés, dont 3 643 qui ont réussi à sortir de la pénalité après avoir nettoyé leur profil de liens (source : https://goo.gl/rbN6oJ). Cela signifie qu'en six mois, encore 47 % des sites web sanctionnés n'avaient pas réagi. Il ne fait aucun doute que la purge a continué jusqu'à ce jour…

Facteurs bloquants et solutions alternatives

Frames

Les jeux de cadres, ou *frames*, ont vu le jour dès les origines du Web au sein du langage HTML. Cette technique n'est certainement plus utilisée à ce jour mais elle a longtemps été en première ligne avant que les tableaux ou des `<div>` ne prennent le dessus. Les frames permettent de sectionner les pages web en plusieurs fichiers HTML distincts, ce qui offre l'avantage de faciliter la gestion des contenus en les découpant selon un ordre logique.

Les frames utilisent les balises `<frameset>` à la place de `<body>` mais aussi `<frame>` et `<noframes>` pour préciser les fichiers HTML qui correspondent aux différentes parties du site. L'exemple suivant montre un code correspondant à une page d'accueil découpée en trois fichiers distincts : le premier pour l'en-tête du site, le deuxième pour le menu latéral et le dernier pour la section destinée aux contenus.

```
<frameset rows="150px,*">
<noframes>Navigateur qui ne supporte pas les frames !</noframes>
    <frame src="entete.html" />
        <frameset cols="20%,80%">
            <frame src="menu.html" />
            <frame src="contenu.html" />
        </frameset>
</frameset>
```

Visuellement, les frames n'ont rien à envier aux autres techniques de création de pages web, mais elles posent un sérieux problème en matière de référencement et de positionnement.

Le fait d'avoir des pages découpées en plusieurs fichiers limite l'indexation car les robots peuvent rapidement se perdre et laisser des pages sur la touche. En effet, soit les robots peuvent ignorer totalement les pages, soit ils peuvent tenter d'indexer les fichiers HTML mais dans la plupart des cas, il sera impossible de tout retenir. Si nous reprenons notre exemple, il y a de grands risques pour que l'en-tête soit ignoré car aucun lien ne mène vers cette section, sauf dans la page d'accueil du site. Qui plus est, il était frustrant de tomber sur une section de site dans les résultats de recherche, notamment lorsqu'il ne s'agissait pas du menu, car nous nous retrouvions souvent bloqués sans d'autres choix que de cliquer sur le bouton Précédent du navigateur.

L'autre inconvénient des cadres est qu'ils génèrent une page d'accueil peu valorisée et mal positionnée. En effet, nous avons l'habitude des pages d'accueil fortes avec un référencement abouti, mais dans ce cas précis, les contenus n'appartiennent pas directement à la page d'accueil, ils sont juste reliés à cette dernière grâce aux balises `<frame>`. Les moteurs auront donc du mal à valoriser les contenus.

Sachez toutefois que la balise `<noframe>` est lue par les robots, elle permet généralement d'ajouter un texte alternatif en cas d'incompatibilité avec les frames. Heureusement, l'usage de cette balise permet d'insérer des contenus qui peuvent sauver un peu la mise, mais quoi qu'il en soit, il reste fortement déconseillé d'utiliser cette technique. Insérez des liens hypertextes à l'intérieur du contenu de la balise `<noframes>` pour faciliter l'indexation et le suivi par les robots.

Si vous souhaitez toutefois obtenir un résultat similaire en matière de gestion des contenus, vous pouvez découper vos pages en plusieurs fichiers comme pour les frames mais en utilisant des inclusions. PHP fait ceci très bien, la page d'accueil de notre exemple serait alors créée de toutes pièces par inclusion de contenus, et non par séparation de contenus. Ainsi, vous pouvez profiter d'une meilleure gestion des pages sans subir les inconvénients des cadres, comme le montre le code suivant, sans le CSS associé :

```
<body>
    <?php include_once('entete.html'); ?>
    <div class="menu">
        <?php include_once('menu.html'); ?>
    </div>
    <div class="contenu">
        <?php include_once('contenu.html'); ?>
    </div>
</body>
```

Listes déroulantes avec liens HTML

Les robots n'ont pas toujours la possibilité de suivre des liens, notamment lorsque le contexte technique agit comme un frein. Les listes déroulantes utilisées pour créer des menus discrets font partie des techniques courantes qui représentent un frein à l'indexation.

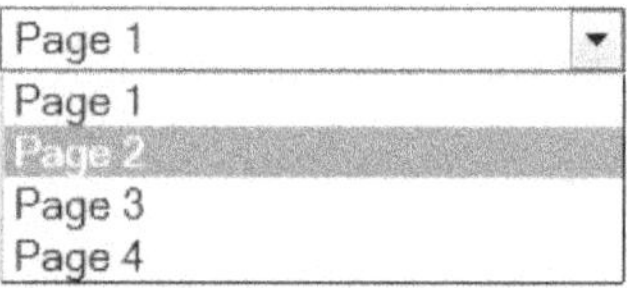

Le problème ici vient du fait que les listes sont créées à partir des balises `<select>` et `<option>` associées à du JavaScript, et non à des hyperliens que les robots peuvent suivre. La technique consiste à concevoir une liste déroulante avec un événement JavaScript déclenché au clic de la souris ou au changement de valeur qui permet de faire une redirection vers la page de destination.

Les robots n'ont pas accès à ces événements et ne voient pas de liens, ils omettent donc les pages cibles et réduisent les chances d'indexation. La conséquence est double puisque ce sont par la même occasion des liens en moins pour favoriser la transmission du PageRank de Google et du BrowseRank de Bing, ce qui peut également avoir un petit impact sur le positionnement des pages.

Voici deux exemples de codes HTML avec JavaScript associés pour créer un même menu à partir d'une liste déroulante :

```
<!-- Première technique avec script et formulaire HTML -->
<script language="JavaScript">
function changeMenu(nameForm, url) {
document.forms[nameForm].action = url;
document.forms[nameForm].submit();
}
</script>
<form name='formulaire'>
<select>
<option value="page1.html" onclick="changeMenu('formulaire', this.value)">Page 1</option>
<option value="page2.html" onclick="changeMenu('formulaire', this.value)">Page 2</option>
<option value="page3.html" onclick="changeMenu('formulaire', this.value)">Page 3</option>
</select>
</form>

<!-- Seconde technique avec JavaScript et onchange -->
<select onchange="window.location.href=this.value">
<option value="page1.html">Page 1</option>
<option value="page2.html">Page 2</option>
<option value="page3.html">Page 3</option>
</select>
```

Si votre site contient ce type de navigation, prenez garde et veillez à établir des liens vers les pages cibles par le biais d'un plan de site voire directement dans certains contenus. Rien ne remplacera un bon menu mais les robots seront ainsi dirigés vers les pages par un autre accès et le jus de liens pourra être transmis.

Vous pouvez aussi utiliser le fichier `sitemap.xml` pour indiquer l'existence des pages de destination, mais si vous n'utilisez que cette technique, vous limiterez les chances d'enregistrement des pages et vous ne transmettrez aucun PageRank.

Nous verrons un peu plus loin que le JavaScript peut être bloquant à bien des égards, les listes déroulantes n'en sont qu'un exemple. Ce type de procédé peut s'appliquer dans bien d'autres cas et donc freiner le référencement global des pages web.

Intérêt des listes déroulantes

L'usage des listes déroulantes peut en revanche s'avérer intéressant en cas de Bot Herding ou de PageRank Sculpting puisque cela permet d'orienter les robots d'indexation vers les pages qui nous intéressent sans transmettre de jus de liens aux pages ciblées par ces menus déroulants.

Formulaires et accès limités

Les formulaires tiennent un rôle majeur dans les pages web car ils constituent souvent la clé de voûte entre le site et les internautes. Nous avons vu avec les listes déroulantes que les formulaires pouvaient même être utilisés pour créer des menus déroulants, mais pas seulement. En effet, la quasi-totalité des actions effectuées par les visiteurs se fait autour de formulaires à remplir : recherche, prise de contact, accès à un compte, etc.

Nous trouvons de plus en plus fréquemment des navigations orientées par des formulaires de recherche à choix multiples. Prenons un exemple concret : une recherche de côte automobile se fera en sélectionnant la marque du véhicule, puis son modèle, puis son année (…) avant de cliquer sur un bouton de validation qui affichera la page de destination correspondante.

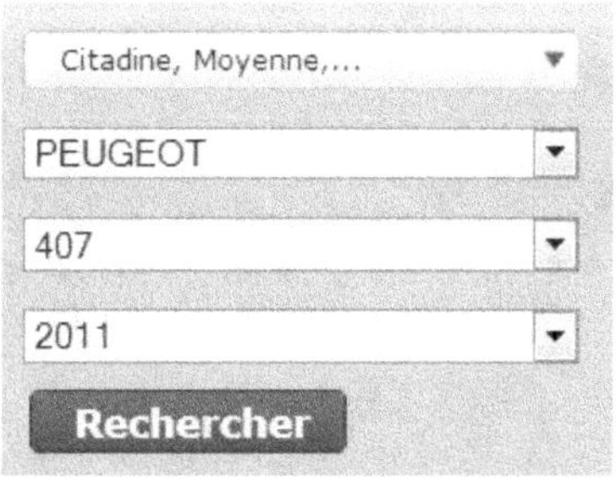

Figure 3–14

Exemple de formulaire de recherche avec redirection vers des pages web dissimulées

Techniquement, les formulaires sont développés autour des balises `<form>`, `<input />`, `<select>` et `<textarea>`. La particularité des formulaires est d'imposer un traitement en amont, souvent à l'aide d'un langage orienté serveur comme PHP, Java ou ASP, bien qu'il soit possible de réaliser des traitements en JavaScript pour les plus acharnés d'entre nous (déconseillé pour des raisons de sécurité, le code du traitement étant visible dans les codes sources notamment).

Un formulaire redirige les internautes vers une page tierce (parfois la même page avec un traitement effectué au rechargement) grâce à l'attribut `action`. Les robots ne peuvent pas suivre les liens générés par les boutons de formulaire ou la cible visée par l'attribut `action`, c'est là tout le nœud du problème.

Ce phénomène est courant mais totalement bloquant pour les robots d'indexation. Dans ce cas, il faut recourir à un plan de site et un fichier `sitemap.xml` pour contourner le problème. Il peut aussi être conseillé d'insérer des liens avec une ancre comme « calculer la cote du véhicule » (pour notre exemple) quand une page en mentionne un en particulier, ou encore dans les contenus qui ont un lien avec les pages cachées. Ces connexions ne feront qu'améliorer le transfert du jus de liens mais aussi le passage des robots, et donc les chances d'indexation et de meilleur positionnement.

Il est important de se méfier des formulaires menant vers un accès restreint. Dans ce cas précis, nous souhaitons bloquer l'accès aux usagers mais aussi aux robots puisque les pages camouflées ne doivent pas être visibles dans les SERP. Croyez-le ou non, mais il arrive encore fréquemment que ce type d'accès limité ne soit qu'un leurre… Trop souvent, nous arrivons sur une page qui nous demande de nous authentifier et celle-ci nous mène vers les pages cachées, mais en réalité, beaucoup de webmasters omettent à tort de placer un code de vérification dans les pages secrètes. Il suffit donc de connaître l'URL pour les lire, mais pire encore, les robots, dont Googlebot, peuvent aussi indexer ces contenus.

L'expérience prouve que ce cas n'est pas aussi rare que nous pouvons le penser et un déréférencement de qualité ne ferait pas de mal pour éviter ce type de mésaventure. La première solution est d'ajouter un code de vérification de session dans les pages incriminées, comme dans l'exemple suivant :

```php
<?php
function isSessionActive($log = "pseudo", $redirect = "index.php") {
    if(!isset($_SESSION)) {
        session_start();
    }
    if(!isset($_SESSION[$log]) || empty($_SESSION[$log])) {
        session_unset(); // Vide la session en cours
        session_destroy(); // Supprime la session
        header('Location:'.$redirect); // Redirection automatique
        exit();
    }
}
?>
```

Une deuxième méthode consiste à utiliser le fichier `robots.txt` pour bloquer l'accès à l'ensemble des fichiers et répertoires censés être masqués pour les utilisateurs. Dans ce cas, il suffit d'ajouter les directives correspondantes pour limiter l'accès. Les deux techniques combinées évitent de mauvaises surprises et auront un réel impact bloquant pour les robots.

Enfin, il existe une méthode peu répandue mais qui peut pourtant aider dans certains cas à mener le robot vers une page optimisée de notre choix sans pour autant bloquer le traitement d'un formulaire. En effet, rien ne nous oblige à utiliser les boutons classiques en HTML, il est aussi possible de créer des boutons avec les balises de liens `<a>` et de lancer le traitement grâce à la `fonction submit()` en JavaScript. Toutefois, cela ne suffit pas pour plaire aux robots car les boutons de soumission ressemblent en général à ceci :

```html
<a href="#" onclick="fonctionSoumission()">Soumettre</a>
```

Dans ce cas, cela n'est pas intéressant du tout car l'attribut `href` du lien est vide et bloque le robot. Nous pouvons même imaginer que cela abaisse la part du jus de liens transmis à chaque lien de la page (puisqu'il est divisé en fonction du nombre de liens présents). En fait, toute la technique se situe dans l'ajout d'une URL au sein de l'attribut `href` mais aussi de l'instruction `return false;` après la fonction de soumission en JavaScript. Ainsi, le moteur peut suivre le lien et l'instruction `return false;` bloque le lien actif au profit du traitement de formulaire pour l'utilisateur.

Nous allons étudier un code complet mais très simple pour vous montrer comment faire pour qu'un robot suive un formulaire. Je vous laisse imaginer tous les usages possibles que cela peut entraîner car nous pourrions indexer nombre de pages souvent délaissées voire rompre l'aspect bloquant de certains formulaires simples.

Voici tout d'abord le cas d'un formulaire sur un champ (comme un moteur de recherche interne) :

```html
<form method="post" id="formulaire">
<input type="text" value="" name="champ" />
<a href="pageoptimisee.html" onclick="soumission('formulaire'); return false;"
name="bouton">Soumettre</a>
</form>
```

Voici maintenant la fonction JavaScript de soumission :

```
<script type="application/JavaScript">
function soumission(idFormulaire) {
    // Récupération des données du formulaire
    var formulaire = document.getElementById(idFormulaire);

    // Soumission du formulaire
    formulaire.submit();
}
</script>
```

Cet exemple est très simple pour que vous puissiez bien tester et comprendre comment détourner le problème des boutons de formulaire. Il existe des alternatives bien plus intéressantes en matière de référencement, que seule notre imagination peut bloquer. Mais retenons que cette méthode n'est efficace que dans le cas de formulaires qui sont utilisés en lieu et place de menus ou en cas de fenêtre de transition. Elle permet alors de ne pas voir le robot confronter à un mur mais de le rediriger vers l'accueil, par exemple, ou tout simplement vers une page optimisée créée pour l'occasion.

ActionScript et sites Full Flash

Le format Flash et son langage associé, l'ActionScript, ont toujours été problématiques pour les robots lorsqu'il s'agit de navigation et de lecture de pages. En effet, le Flash n'est pas dérangeant s'il est utilisé avec parcimonie ou pour des besoins ponctuels comme des publicités. Il devient en partie bloquant lorsque nous concevons des sites *Full Flash* ou des menus en Flash. En effet, les moteurs de recherche n'arrivent pas à suivre profondément les liens et à lire les contenus des documents `.swf`.

Plusieurs problèmes se posent avec ce format :

- le Flash est obsolète sur les smartphones et n'est pas lu nativement par les navigateurs, il faut ajouter un plug-in pour avoir accès aux contenus ;
- les sites Full Flash ne sont constitués que d'une seule page HTML qui renvoie vers le fichier .swf contenant le site. Par conséquent, seule une page peut être indexée et positionnée ;
- les liens internes aux fichiers SWF sont mal interprétés voire non lus par les principaux moteurs. Seul Google arrive à lire quelque peu ce format, bien que les travaux aient été abandonnés depuis l'émergence d'HTML 5.

Les sites en Flash sont de plus en plus rares et souvent relégués au fin fond des SERP, ce qui force les plus motivés à réfléchir avant de se lancer dans ce genre d'aventure. Si toutefois vous voulez réaliser un site Full Flash, il est fortement recommandé de créer une version alternative en HTML et de proposer un lien vers cette version sur la page d'accueil. Ainsi, les robots pourront lire et parcourir les pages et les indexer, le site Full Flash n'étant destiné qu'à contenter les visiteurs accédant au site par la page d'accueil.

Évitons à tout prix d'utiliser des menus en Flash codés avec de l'ActionScript, nous risquons tout simplement de ruiner tous nos efforts d'indexation, bien qu'un bon plan de site, un fichier Sitemap et des liens connexes puissent réduire ce type de problème. Il peut être intéressant de faire un rappel du menu dans le pied de page, dans ce cas avec des liens classiques ; c'est ergonomique en général et cela limite les risques de non-indexation.

Fin d'Adobe Flash dès 2020

Adobe a annoncé, dans un communiqué du 25 juillet 2017, l'arrêt définitif de la technologie Flash en 2020 (source : https://goo.gl/hVd7of). L'objectif était de laisser le temps aux sites web qui utilisent encore cette technologie de la remplacer par des alternatives plus appropriées à l'heure du mobile (Flash n'était pas pris en charge sur mobile). Désormais, il est préconisé d'utiliser HTML 5 pour réaliser des animations, ou d'autres technologies comme WebGL (permet d'utiliser des éléments 3D notamment) ou WebAssembly.

Enfin, nous insérons souvent du contenu multimédia provenant de plates-formes vidéo telles que YouTube, Wat ou Dailymotion. En HTML, cela se traduit par l'usage du couple de balises `<object>` et `<embed>` ou plus récemment par `<iframe>`. Les deux premières balises existent de longue date mais aucune n'est compatible avec tous les navigateurs, c'est pourquoi nous devons les coupler pour résorber la faille. En revanche, `<iframe>` est une méthode courte et compatible qui peut vous ravir, c'est la raison pour laquelle cette solution est souvent proposée par défaut dans les options d'intégration.

Le problème de l'insertion du Flash au milieu des contenus classiques est le manque de valeur qui lui est attribué car les moteurs ne lisent presque pas voire pas du tout le contenu. De ce fait, ces documents sont intéressants pour les visiteurs mais totalement déréférencés et sans valeur ajoutée pour le reste des pages concernées. Il convient alors de procéder à un ou plusieurs des « pansements » suivants pour valoriser ces contenus multimédia :

* insérer du texte alternatif directement entre les balises `<object>...</object>` ou `<iframe>...</iframe>` pour ajouter de la valeur aux contenus ;
* utiliser les balises `<noembed>` à côté du bloc `<embed>` pour insérer un texte alternatif lu par les robots.

Figure 3–15
Exemple de code d'intégration
proposé sur YouTube

```
<iframe width="640" height="360" src="//www.youtube.com
/embed/bc-1CVc3GRg" frameborder="0" allowfullscreen>
</iframe>
```

Et les balises <noframes> ?

Il existe une balise `<noframes>` mais elle n'est pas liée à `<iframe>` et le W3C l'a rendu obsolète avec HTML 5. Ne faites pas l'erreur de l'utiliser en dehors de l'HTML 4 et dans un autre contexte que les `<frameset>`.

Le code suivant montre une alternative textuelle pour donner de la valeur aux contenus multimédia et à la page web pour les moteurs.

```
<iframe width="640" height="360" src="//www.youtube.com/embed/bc-1CVc3GRg" frameborder="0"
allowfullscreen>
Texte de remplacement lu par les moteurs de recherche.
</iframe>
```

Ajax et JavaScript non optimisés

Nous avons déjà observé dans les parties précédentes que des codes en JavaScript peu ou mal optimisés peuvent causer des problèmes de lecture pour les robots. Le langage Ajax étant fondé sur JavaScript et XML, il subit les mêmes conséquences et posent ses propres problèmes en matière de compréhension par les crawlers.

En réalité, deux principaux soucis se posent lorsque nous utilisons JavaScript ou Ajax :

- des liens sont incompris voire illisibles pour les robots et ne peuvent donc pas être suivis ;
- des contenus sont dissimulés dans les scripts Ajax et donc non pris en compte par les moteurs de recherche.

En effet, l'avantage de l'Ajax est de pouvoir charger des contenus sans forcer le rechargement des pages web, ce qui confère une grande liberté aux utilisateurs mais aussi un confort d'utilisation sans faille. En revanche, le fait de charger tout ou partie des pages web en fonction des actions de l'internaute (clic, survol, etc.) peut causer des pertes de lisibilité ou de visibilité auprès des robots.

Prenons l'exemple le plus courant en Ajax, celui du chargement dynamique des contenus via un clic ou de façon automatique avec un scroll à la manière de Twitter. Si nous regardons de près, nous observons qu'au chargement de la page, quelques dizaines de tweets sont chargés et une fois un certain palier atteint, Twitter charge en Ajax un autre groupe de tweets, et ainsi de suite.

Figure 3–16
Chargement automatique des tweets en Ajax via une action de la barre de défilement

La conséquence de ce type de chargement est assez évidente : pour la plupart, les outils de recherche ne peuvent lire que le premier groupe de tweets lorsqu'ils parcourent la page mais ils perdent tous les autres contenus. Bien entendu, l'exemple de Twitter est particulier car il contient des milliers de tweets et sa méthode a été réfléchie pour éviter que ce problème perdure (ce que nous tenterons d'expliquer par la suite).

Dans le cas du JavaScript classique, il faut garder à l'esprit que l'idéal est de ne jamais concevoir une navigation avec des liens dans ce langage, sauf si votre souhait est justement de dissimuler des contenus ou de bloquer les robots. Nous devons imaginer qu'un site devrait être consultable même si JavaScript était désactivé dans le navigateur, bien que cela soit devenu une utopie de nos jours tant jQuery et JavaScript sont présents dans les pages web.

Ajax donne davantage de fil à retordre car les cas de figure sont nombreux et quasiment tous différents. La première idée qui nous vient à l'esprit serait de charger l'intégralité des contenus utiles au chargement de la page et un script ne ferait qu'afficher des parties supplémentaires au fur et à mesure de notre parcours. Ceci fonctionnerait parfaitement mais si nous possédons un grand nombre de contenus, nous risquons fortement de surcharger la page mais aussi de ralentir la vitesse de chargement pour les visiteurs. Cette solution est donc peu envisageable dans une majorité de cas.

Depuis le 14 octobre 2015, Google a indiqué aux webmasters que le moteur possédait une nouvelle méthode pour lire les contenus gérés via l'Ajax (source : http://goo.gl/CDBl2s). Dorénavant, les robots sont capables de lire le CSS et les fichiers JavaScript, donc de suivre bon nombre de procédures en Ajax. Cela signifie que le problème de lecture des contenus pourrait disparaître à l'avenir.

Certes, il ne faut pas encore être aussi catégorique et croire que tout l'Ajax est parfaitement lu, mais de nombreux efforts sont à noter. Google précise que les anciennes méthodes évoquées dès 2009 (source : http://goo.gl/DanW3g) sont obsolètes mais qu'elles peuvent encore fonctionner si elles sont déjà en place. Dorénavant, il convient de ne surtout pas bloquer les ressources CSS et JS pour que Googlebot puisse lire ces fichiers et les interpréter. Ainsi, l'Ajax peut être appliqué et les contenus mieux indexés.

La meilleure prise en compte des contenus est une vraie bonne nouvelle pour les webmasters, mais sur le plan de l'indexation, cela signifie que des pages uniques à rallonge risquent de noyer leurs mots-clés dans la masse. Le positionnement des pages peut donc être affecté dans certains cas, bien que ce ne soit certainement pas un problème majeur en règle générale.

Google a fait d'énormes progrès pour crawler les pages en Ajax, mais les autres moteurs restent à la traîne. Nous allons d'ailleurs étudier certaines techniques par la suite pour améliorer l'indexation, notamment sur Bing et le moteur russe Yandex. En effet, Yandex préconise encore la technique d'échappement des URL appelée *Headless Browser* (source : https://goo.gl/Z6lAjU), abandonnée par Google en octobre 2015, tandis que Bing favorise idéalement le recours à HTML 5 et JavaScript via la méthode *pushState* (source : https://goo.gl/n7iU7W).

Ajax et URL canoniques

Une technique permet de détourner l'Ajax à l'aide d'URL canoniques et de contenus dupliqués. En effet, il est possible de créer volontairement une page en double constituée de l'ensemble des contenus qui devraient être chargés en Ajax (quand cela est possible).

La page doublon pourrait être indexée par Google dans son intégralité et rediriger vers la page initiale réalisée en Ajax. Pour ce faire, il suffit d'ajouter une balise `<link/>` canonique pointant vers la page originale pour éviter le problème des contenus dupliqués, puis d'appliquer une redirection permanente (301). L'objectif serait de donner de la valeur à la nouvelle page « orpheline », de retransmettre cette valeur vers la page réelle constituée en Ajax grâce à la redirection 301, puis d'éviter le problème du *duplicate content* avec la balise canonique.

Il ne s'agit pas d'une méthode parfaite, elle peut même s'apparenter parfois à du bricolage plutôt que de l'optimisation, mais elle permet vraiment de mieux indexer et positionner les pages de contenus dans bon nombre de moteurs. Toutefois, les améliorations majeures du crawl de l'Ajax par Google devraient nous éviter d'utiliser de telles méthodes.

La technique du headless browser

Google a proposé très tôt une solution appelée *headless browser* pour éviter que l'Ajax soit un problème majeur pour l'indexation et le positionnement des pages (source : http://goo.gl/VkS5ah). En effet, une URL classique ressemble à http://www.monsite.com/mapage.html alors qu'en Ajax, elle diffère et prend plutôt la forme suivante : http://www.monsite.com/#mapage. Ainsi, les moteurs ne peuvent pas accéder au contenu ni indexer la page, excepté Google depuis octobre 2015 dans de nombreux cas.

Google a trouvé une parade qui consiste à ajouter un point d'exclamation dans les URL pour les rendre indexables. Il s'agit d'une technique d'échappement et, dans ce cas, l'URL de notre exemple devient alors http://www.monsite.com/#!mapage. Cela indique au moteur qu'il va pouvoir la lire comme un utilisateur lambda.

Dans les faits, l'adresse web est modifiée et prend un paramètre intitulé `_escaped_fragment_` en lieu et place du `#!` de l'Ajax. De ce fait, l'URL est prise en compte par le moteur pour lire la page de façon classique et elle ressemble à la suivante :

```
http://www.monsite.com/_escaped_fragment_=mapage
```

En réalité, tout n'est pas si simple car la technique du headless browser demande une configuration complexe du serveur, ce qui est tout bonnement impossible sur la majorité des hébergements web (notamment les mutualisés). Nous n'entrerons pas dans les détails de l'installation de HtmlUnit ou de Jetty pour faire fonctionner cette technique, mais sachez que la méthode n'est pas toujours évidente à mettre en œuvre…

Google supprime l'escaped fragment officiellement

Google a annoncé le 4 décembre 2017 que la technique du Headless Browser avec `?_escaped_fragment_=` serait totalement abandonnée par le moteur de recherche dès la mi-2018 (source : https://goo.gl/49kygF). Comme le moteur arrive à lire l'Ajax sans cette ancienne méthode, la firme a donc décidé de s'en abstenir totalement et un simple hash (#) suffit pour que Google puisse identifier des URL Ajax différentes.

Figure 3–17
Technique du headless browser
schématisée par Google

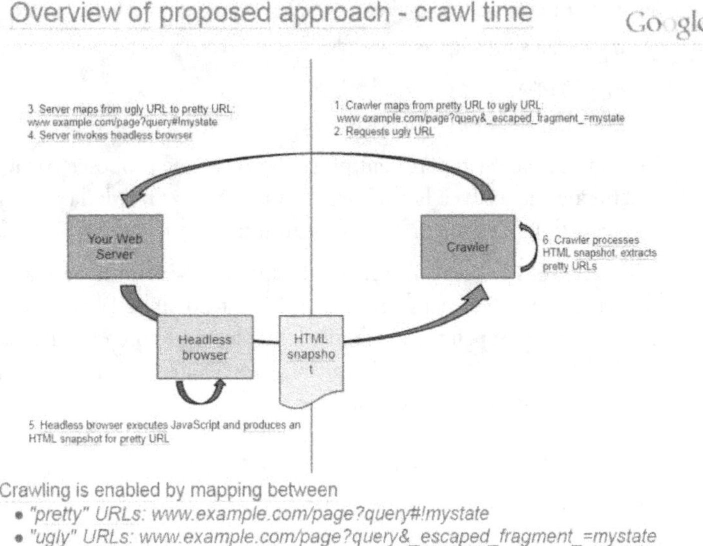

La technique viable de l'HTML 5

Aucune technique n'est parfaite pour résoudre les problèmes posés par l'Ajax, c'est pourquoi le meilleur conseil est de l'utiliser avec parcimonie et prudence, notamment si votre site est encore intégré avec d'anciennes versions des langages HTML et xHTML.

HTML 5 s'est développé en parallèle des progrès réalisés avec Ajax, et il n'est donc pas anodin de voir certaines fonctionnalités implémentées par défaut, notamment l'objet `pushState` qui pourrait sauver bien des référenceurs frustrés par des contenus générés en Ajax. En effet, HTML 5 a introduit une nouvelle fonction visant à générer un historique de navigation fonctionnel avec Ajax, ce qui permet par exemple d'utiliser les boutons *Précédent* et *Suivant* sans revenir sur la page précédente, mais bien à l'état précédent de la page…

La fonction complète s'écrit sous la forme :

```
history.pushState(data, title, URL);
```

Globalement, cela signifie que les données (`data`) sont reliées à une URL et un titre donnés (`title`), ce qui permet de notifier toutes les informations dans un historique qui peut être parcouru par les usagers et les robots. En effet, les URL sont changées « en dur » dans le navigateur donc elles deviennent lisibles pour tous les robots, ce qui est bien plus performant et simple à mettre en place que la technique du headless browser. De nombreuses ressources sont disponibles sur la Toile pour mettre en place l'historique de navigation en Ajax, notamment les articles publiés sur les sites moz.com (source : http://goo.gl/olfWYi) et hypnotic.pt (source : http://goo.gl/UuBDmj).

Malheureusement, la fonction `history.pushState()` ne fonctionne pas idéalement sur tous les navigateurs classiques et mobiles. Il convient de passer par des *polyfills* (petits scripts visant à rendre compatible des fonctionnalités avec d'anciens navigateurs) pour contrecarrer le problème. Voici une courte liste de ces programmes qui rendent la fonctionnalité compatible et donc permettent de créer des sites en Ajax optimisés en SEO :

- history.js – http://goo.gl/bAv7I4 ;
- jquery-pjax – http://goo.gl/fjSDbn ;
- HTML 5-History-API – http://goo.gl/YnAXNQ.

Certains développeurs utilisent plutôt la technique proposée par jQuery Mobile avec la navigation Ajax qui fonctionne mieux avec la fonction `$.mobile.navigate` de la bibliothèque. Vous pourrez trouver davantage d'informations à ce sujet à l'adresse suivante : http://goo.gl/15b2I6.

Si nous faisons le point, l'Ajax est un langage vraiment intéressant mais qui pose encore de nombreux problèmes d'intégration dans certains cas. Il est possible d'utiliser à bon escient les fichiers Sitemap XML et autres techniques pour forcer l'indexation des pages bien que les contenus risquent fortement de ne pas être lus dans leur intégralité. En définitive, la meilleure technique consiste à opter pour HTML 5 et un polyfill associé pour contrecarrer le problème.

Contourner Ajax avec des URL canoniques

Faire un site complet en Ajax est de plus en plus simple de nos jours, à tel point qu'ECMAScript a prévu de nouvelles fonctionnalités telles que la méthode `fetch()`, ou encore l'instruction `async`, pour créer des appels asynchrones sans passer par l'Ajax historique. Cela signifie que l'asynchronisme a encore de beaux jours devant lui, au grand dam de Google qui peine toujours à indexer et comprendre le JavaScript.

Lorsqu'un site se présente en Full Ajax ou avec des sections complètes basées sur cette technologie, le moteur arrive à lire les contenus, mais a souvent du mal à les valoriser aussi bien que des contenus « statiques ». De fait, que vous utilisiez ou non les meilleures méthodes pour faire indexer vos pages en Ajax, Google et consorts auront toujours autant de mal à leur donner du poids dans les résultats de recherche. Cela ne veut pas dire qu'un site en Ajax ne peut pas être bien positionné, bien entendu, mais tout simplement qu'il est bien souvent plus difficile de toucher au but.

Une solution peut être de créer des pages doublons et « orphelines » sans Ajax, comme pour un site classique. Vous marquez ces pages statiques comme canoniques avec `<link rel="canonical" href="URL_Statique_Sans_Ajax"/>`. Vous créez un fichier Sitemap XML relatif à ces URL et, de fait, le moteur de recherche se concentre sur cette version de site. Ces pages serviront donc de porte d'entrée aux utilisateurs via les moteurs de recherche mais, une fois leur navigation en cours, le fonctionnement naturel du site pourra reprendre son cours avec l'Ajax initial.

C'est une technique un peu radicale et fastidieuse à mettre en œuvre, mais elle n'a aucune raison de ne pas fonctionner. Utilisez-la en dernier recours si vraiment votre référencement ne décolle pas avec vos pages Ajax. Ce n'est pas parfait du tout ; c'est juste une alternative pour contourner Ajax en cas de soucis majeurs avec la technologie asynchrone mal interprétée par les moteurs dans bien des cas...

Le problème du Full JavaScript

Il existe un cas pire qu'Ajax au sens propre, à savoir celui des sites Full JavaScript. Avec le regain de forme de ce langage web, de nombreux frameworks et bibliothèques ont vu le jour et rencontrent un succès planétaire. C'est le langage à la mode et certaines technologies associées à JavaScript sont dans toutes les bouches. Nous pouvons notamment citer AngularJS 1 (ou Angular 2) de Google ou ReactJS de Facebook par exemple. Ce sont d'excellents outils pour créer des applications web ou sites web évolués en Full JavaScript, tout comme d'autres systèmes du même genre (nous n'en avons cité que deux, mais la conclusion s'applique à presque tous). Toutefois, tout est fondé sur du JavaScript et Google (notamment) connaît de nombreux problèmes pour lire les contenus dans ce cadre précis.

Certes, les moteurs peuvent lire le JavaScript, mais il ne faut pas confondre « lecture », « compréhension » et « interprétation ». Par exemple, nous savons que Google lit le CSS et l'interprète pour générer une vision réelle du site, mais cela ne signifie pas qu'il comprend totalement tout ce qu'il lit. Il suffit d'utiliser des interpréteurs pour faire ce travail, ce n'est pas synonyme de compréhension absolue. En JavaScript, ce phénomène est bel et bien réel ; c'est d'ailleurs pour cela que de nombreux sites conçus avec l'outil en ligne Wix peinent à être positionnés dans les SERP (c'est du Full JavaScript et Ajax). Dans le même cas, AngularJS et Angular 2, pourtant conçus par Google, sont loin d'être des amis du moteur de recherche.

Google arrive à indexer JavaScript, mais c'est très coûteux pour lui, que ce soit en temps et en argent. En règle générale, le moteur valorise rarement les pages en JavaScript et leur renvoie rarement les crawlers (donc moins de mises à jour seront constatées par le moteur). Partant de ce constat, nous pouvons dire que JavaScript n'est pas bloquant au sens propre, mais les limites du langage et du crawl budget consommé par Google nous incitent fortement à déconseiller l'usage abusif de cette technologie dans les pages web. Il s'agit donc plus de prudence que d'un blocage d'indexation net mais, en matière de SEO, nous ne pouvons laisser place au hasard et à la chance ; il convient donc d'éviter au maximum les sites Full JavaScript avec les frameworks ou bibliothèques du moment, malgré toutes les qualités qui les caractérisent.

Cookies et sessions

Nous terminons notre tour des facteurs bloquants par les sessions et cookies que nous retrouvons fréquemment dans les sites. En effet, ces deux procédés peuvent causer des soucis d'indexation et de lecture pour les robots, il faut rester mesuré quant à leur usage.

Les sessions, notamment utilisées en PHP avec la variable `superglobale $_SESSION['…']`, permettent de mémoriser des informations cachées pendant toute la phase d'utilisation d'un site web. En effet, une fois une session ouverte dans le navigateur, les informations stockées dans les variables associées seront conservées jusqu'à la fermeture de la fenêtre ou jusqu'à ce qu'une action clôture la session (un bouton *Déconnexion* en général).

L'avantage des sessions est de permettre une navigation continue tout en conservant des paramètres en tâche de fond, ce qui peut s'avérer pratique voire obligatoire dans certains cas (par exemple, pour savoir si un utilisateur est connecté à son compte personnel).

Parmi les spécificités des sessions, il est possible d'attribuer un identifiant unique de session pour chaque utilisateur qui visite des pages. De ce fait, un long ID, souvent appelé `SID` ou `SESSION_ID`, est généré automatiquement pour chaque visiteur. Il arrive parfois qu'il se retrouve visible dans l'URL, notamment lorsqu'un script utilise la méthode `GET` pour transmettre les données. L'URL suivante montre un exemple d'adresse contenant une session avec identifiant unique :

```
http://www.site.com/page.php?id=12&SID=6bac5f8e
```

Le problème causé par les identifiants de session est double. D'une part, ces suites de caractères peuvent être longues et donc illisibles par les robots, ce qui entraîne une non-indexation des pages. D'autre part, l'URL qui comporte un paramètre pour des sessions et celle qui n'en contient pas peuvent être les mêmes, il s'agit alors de contenus dupliqués.

Plusieurs techniques permettent d'éviter des problèmes causés par les sessions, mais toutes ne sont pas toujours applicables. Il convient donc de tester au cas par cas :

- utiliser plutôt la méthode POST que la méthode GET, auquel cas les informations ne sont pas révélées dans les URL ;
- opter pour des identifiants de session à générer soi-même afin qu'ils restent courts et lisibles par les robots ;
- essayer de n'utiliser les identifiants de session qu'en cas de force majeure (système de connexion ou de vente en ligne, par exemple, seulement lorsque c'est nécessaire) ;
- faire de la réécriture d'URL pour nettoyer éventuellement les identifiants de sessions, bien que cette technique ne soit pas toujours adéquate.

Il peut être opportun également d'utiliser les URL canoniques que nous avons déjà évoquées. En effet, Google autorise l'utilisation d'une balise spécifique pour lui indiquer qu'elle est l'URL mère à indexer et donc que toutes les autres basées sur la même forme initiale soient ignorées. Dans ce cas, il faudrait indiquer à l'URL de base qu'elle est canonique, comme dans l'exemple suivant (code à placer dans la section <head> de la page) :

```
<link rel="canonical" href="http://www.site.com/page.php?id=12" />
```

Pour aller plus loin, nous pourrions insister en indiquant dans le fichier robots.txt qu'il ne faut pas indexer les pages qui contiennent le paramètre SID ou SESSION_ID, par exemple :

```
user-agent: *
# Interdire l'accès aux sessions PHP
disallow: /*SID=*
disallow: /*SESSION_ID=*
```

Enfin, nous pourrions utiliser l'adresse parente dans le fichier sitemap.xml pour préciser à Google quelle adresse nous souhaitons indexer. Le mélange de ces trois phénomènes devrait régler les problèmes d'indexation dans le cas d'URL contenant des identifiants de sessions uniques.

Sur le même principe, les cookies permettent de récupérer des paramètres mais cette fois-ci en les enregistrant dans des petits fichiers stockés directement sur la machine des internautes. En général, les cookies ne posent pas de problèmes dans les navigateurs car ils sont acceptés par défaut, mais pour les robots, c'est une autre histoire car ils ne peuvent pas forcer l'acceptation des cookies et donc leur lecture, ce qui peut s'avérer bloquant dans bien des cas.

La méthode est relativement simple, il faut proposer une alternative aux internautes lorsque les cookies ne sont pas acceptés. De ce fait, les moteurs ont également accès à cette page de secours et peuvent donc continuer leur parcours si elle est bien conçue.

Dans l'idéal, il convient de créer une page d'erreur personnalisée pour ce genre de cas dans laquelle nous proposons un plan de site, un lien vers le plan du site ou dans le pire des cas un lien retour vers l'accueil. L'objectif est de ne pas bloquer l'utilisateur ni le robot pour que le crawl puisse continuer normalement.

Créer un cookie est aisé en PHP comme le montre le code suivant :

```php
<?php
// Fonction setcookie avec nom, texte et durée de vie (1 heure ici)
setcookie('nom_du_cookie, 'texte du cookie', (time() + 3600));
?>
```

D'autres paramètres de sécurité peuvent être ajoutés pour préciser le répertoire voire le domaine sur lequel le cookie est utilisé mais globalement, cela reste simple à mettre en place. Il est toutefois important de préciser que nombre de cookies contiennent des données secrètes qui peuvent être récupérées par des personnes malintentionnées. C'est pourquoi les développeurs ne doivent pas toujours les utiliser pour passer des données à protéger.

Pour récupérer des informations émanant de fichiers de cookies, il faut utiliser la variable `$_COOKIE['…']` en appelant le nom du cookie (et dans certains cas le nom de son paramètre). Sachant cela, nous pouvons vérifier si les cookies sont acceptés ou non en procédant à une simple vérification de lecture du fichier, comme dans le code suivant. Si les cookies ne sont pas acceptés, ils ne pourront pas être lus et nous serons redirigés vers une page d'erreur, par exemple.

```php
// Si le cookie n'existe pas, redirection vers une page d'erreur
if(empty($_COOKIE["nom_du_cookie"])) {
header("location:erreur-cookies.php");
exit();
}
```

C'est dans cette page d'erreur qu'il sera conseillé de proposer un plan de site ou une autre alternative pour que les robots ne soient pas bloqués dans leur parcours d'indexation.

Typologie des pénalités

Depuis les premiers temps des moteurs de recherche, il existe des solutions pour pénaliser les sites web qui abusent des critères de lecture des robots d'indexation. En effet, les moteurs de recherche, Google en tête, n'apprécient guère d'être dupés par les webmasters qui profitent des faiblesses apparentes des robots pour être mieux classés dans les résultats de recherche.

Il existe toutes sortes de causes sur lesquelles nous reviendrons par la suite, nous avons d'ailleurs déjà évoqué Google Panda et Penguin qui représentent sûrement les exemples les plus connus d'actions anti-spam. Mais voyons surtout ce que nous risquons lorsque nous suroptimisons nos contenus et nos pages HTML.

Différencier les sanctions manuelles ou algorithmiques

Tout d'abord, il est important de distinguer les pénalités infligées manuellement par des humains de celles gérées automatiquement par les serveurs des moteurs de recherche (ou par les robots). Le fait d'être sanctionné ne révèle pas toujours d'une cause évidente trouvée lors de l'indexation. Il arrive de plus en plus fréquemment que d'autres aspects provoquent des pénalités :

- délation et plainte de la part d'autres internautes ;
- effets de bord provoqués par des connexions avec d'autres sites pénalisés ;
- erreurs humaines.

Dans la réalité, la grande majorité des pénalités sont stimulées par des erreurs grossières ou des actes de duperie causées par les développeurs ou référenceurs. Dans ces cas précis, ce sont souvent les robots qui détectent les techniques frauduleuses et qui entraînent des pénalités immédiates. Nous parlons ici de pénalités algorithmiques, à savoir la grande majorité d'entre elles. En règle générale, ces pénalités influent sur la « note » globale de la page de manière négative, il s'agit donc essentiellement d'une dévaluation plus que d'une sanction forte.

Pour le reste, les humains interviennent lorsque les robots ne découvrent pas les supercheries, c'est notamment le cas si une plainte est déposée ou si un site majeur a été pénalisé. En effet, il faut alors étudier le site en détail pour voir s'il est réellement suroptimisé ou s'il a des liens forts avec un site déjà sanctionné. Ainsi, les humains peuvent jauger le degré de pénalité à infliger ainsi que la durée des sanctions. Nous pouvons également imaginer que les moteurs de recherche ont mis en place un système d'alerte qui prévient les équipes en cas de suroptimisation détectée par les algorithmes. Il ne serait en effet pas impossible qu'après un certain nombre de liens marqués comme « factices », les équipes Webspam soient alertées pour aller vérifier manuellement les données voire pour sanctionner plus durement le site web (car on pourrait estimer qu'au-delà d'un certain seuil, il ne s'agirait plus d'une erreur humaine mais bel et bien d'une volonté de tricher).

Souvent, les pénalités manuelles sont affichées dans les outils pour webmasters, et leur durée de vie est relativement longue. Toutefois, Google reconnaît qu'après un certain temps, l'effet peut s'estomper grâce aux divers algorithmes du moteur. Certes, la sanction manuelle est toujours active, mais ses effets deviennent plus faibles avec le temps, jusqu'à pouvoir se faire relativement peu problématiques (source : http://bit.ly/37VDAaU).

Pour suivre l'actualité au sujet des pénalités, consultez régulièrement les informations divulguées par les portes-paroles de Google, John Mueller, Danny Sullivan ou Vincent Courson notamment. Vous pouvez également suivre des membres de l'équipe Webspam de Google si nécessaire. Parallèlement, certains brevets sont déposés de temps en temps pour officiellement expliquer les mécanismes mis en œuvre pour lutter contre le spam, notamment le brevet déposé le 5 mars 2013 (mais antérieur en réalité) et intitulé « Systems and Methods for Detecting Hidden Text and Hidden Links » (source : http://goo.gl/ddQlyf). Il explique comment Google lutte fermement contre le spamdexing (suroptimisation des pages).

Attention au spam à répétition

Google fait la chasse au spam depuis des années, mais compte durcir encore davantage les sanctions pour les récidivistes (source : http://goo.gl/ICfduK). En effet, il arrive encore trop souvent que des webmasters arrivent à sortir d'une pénalité manuelle ou algorithmique et qu'ils refassent les mêmes erreurs dans les mois suivant la levée de sanction (volontairement ou non). Dans ce cas, Google peut durcir les demandes de réexamen et surtout les pénalités appliquées. Il faut donc être prudent et ne pas trop jouer avec le feu…

Sandbox

La notion de « sandbox » a été très employée il y a plus d'une décennie pour parler des sites mis en quarantaine temporairement par Google. Des webmasters avaient remarqué qu'il arrivait parfois que des sites ayant beaucoup de backlinks dès leur création pouvaient être détectés par Google comme frauduleux. Aussi, la triche n'étant pas réellement mesurable, les sites concernés étaient placés dans des « bacs à sable » *(sandbox)* durant une à plusieurs semaines.

En réalité, les sites web étaient touchés dans leur globalité dans ce cas et non uniquement certaines pages en particulier. Après une courte période de quarantaine, les sanctions étaient levées et les sites pouvaient occuper leur position méritée.

Il est très difficile de savoir si la sandbox a réellement existé ou si elle n'est pas une légende urbaine qui a semé le trouble pendant quelques années dans la sphère SEO, c'est d'ailleurs pour cette raison que nous en parlons au passé.

De nos jours, cet effet de quarantaine ne semble plus appliqué mais surtout plus applicable tant les mécanismes de crawl ont évolué. Nous pouvons aussi douter de l'intérêt d'une pénalité temporaire de ce type depuis l'implantation de Google Panda et Penguin.

Ces derniers sont automatiquement lancés lorsque les pages sont scrutées par les robots, et d'après nos connaissances, soit les pages sont suroptimisées et donc sanctionnées, soit elles ne le sont pas et elles peuvent mener leur vie virtuelle. De ce fait, quel serait l'intérêt d'une mise en quarantaine ?

Rien ne nous permet aujourd'hui d'affirmer que la sandbox a existé ou qu'elle demeure active, mais force est de constater que les témoignages concernant des sites mis en quarantaine deviennent quasi inexistants depuis quelques années. Nous pouvons donc sûrement en déduire que la sandbox a rendu l'âme auprès des référenceurs et des moteurs…

Baisse de PageRank

Google a trouvé une parade intelligente pour lutter contre les campagnes de netlinking abusives et les ventes de liens *(paid linking)* en abaissant plus ou moins le PageRank des pages web jugées comme frauduleuses.

Cette pénalité n'est pas la plus sévère qui soit puisqu'elle n'engendre pas vraiment de chutes massives et irrécupérables dans les SERP. Elle est plutôt à prendre comme un avertissement avant une sanction plus lourde de conséquences.

Pour les sites qui abusent du netlinking, ce type de sanction peut être un coup de massue car il appuie sur le seul curseur valorisant pour les référenceurs. Une fois la baisse effective, il devient bien plus difficile de convaincre quelqu'un pour des échanges ou des ventes de liens. Mais en général, retenons qu'il s'agit d'une pénalité visant à interdire la vente de liens et qui n'a pas d'incidence majeure sur le positionnement des pages dans les SERP.

Déclassement

Il arrive parfois que des pages web soient déclassées dans les SERP sur des requêtes précises. Dans ce cas, seules les pages suroptimisées ou frauduleuses sont touchées et non le site au complet. Il s'agit certainement du type de pénalités le plus fréquent.

Nous connaissons ces pénalités sous l'appellation « minus 30 » ou « minus 60 » qui correspondent à des pertes de positionnement qui ont pour conséquence de ramener des pages à la 31ᵉ ou 61ᵉ place des résultats de recherche, autrement dit de les rendre quasi invisibles pour les internautes.

Certains forums et blogs mentionnent même d'autres pénalités telles que la « minus 50 » ou encore la « position 6 penalty » qui vise à abaisser une page en 6ᵉ position juste en dessous de la ligne de flottaison afin de baisser considérablement son trafic quotidien.

Il est important de ne pas confondre les pénalités et les mouvements « naturels » des moteurs de recherche. Il peut arriver de temps à autre que des pages chutent drastiquement dans les SERP sans pour autant qu'il s'agisse d'une sanction. En effet, lorsque des mises à jour de l'algorithme se produisent, aussi infimes soient-elles, il peut arriver que des pages web « disparaissent » des moteurs temporairement.

En règle générale, il faut utiliser la commande `site:` du moteur pour suivre si les pages sont bien indexées et si tel est le cas, alors il faut tester à nouveau les requêtes phares censées faire ressortir les pages dans les résultats de recherche après quelques jours de patience. S'il s'agissait d'une mise à jour, les pages auront repris plus ou moins leur position habituelle, mais si ce n'est pas le cas, l'inquiétude peut être de mise.

Soyons honnêtes, nous savons généralement quand nous sommes pénalisés à partir du moment où nous pensons suroptimiser les contenus voire tricher délibérément. Si vous respectez au plus près les *guidelines* des moteurs et que vous disparaissez des SERP, il est fort probable que cela ne soit que temporaire…

Liste noire

Dans la liste des pénalités, la liste noire *(black list)* est sans hésiter la plus sévère de toutes puisqu'elle consiste à supprimer entièrement le site web dans sa globalité de l'index du moteur. Ce type de sanction signe souvent la mort partielle ou définitive des sites concernés, mais elle n'est appliquée que dans des cas vraiment importants. En effet, les moteurs de recherche ne s'amusent pas à sanctionner si fermement uniquement pour le plaisir…

Il est important de se méfier de la liste noire, car beaucoup de webmasters sont pris de panique lorsque des mouvements sont visibles dans les SERP. Comme pour le déclassement, il ne faut pas toujours s'affoler lorsque nous ne trouvons plus certaines pages dans l'index, de multiples raisons peuvent entraîner ce phénomène.

Pour vérifier si un site a été durement sanctionné, il faut utiliser la fonction `site:` sur Google et Bing, par exemple, car elle permet d'afficher toutes les pages indexées. Par exemple, nous pouvons taper les commandes suivantes dans le champ de recherche pour vérifier respectivement les pages web indexées pour le site principal et le blog associé (sous-domaine) :

```
site:www.monsite.com
site:blog.monsite.com
```

Si aucun résultat n'est affiché pour le site ou le blog, alors le nom de domaine a été entièrement sanctionné. Il est également possible que seule l'une des deux parties soit touchée par la pénalité.

Comment faire pour sortir d'une pénalité Google ?

Les sites pénalisés sont souvent le résultat d'une triche délibérée ou d'une action anormale jugée négativement par les robots d'indexation. Les moteurs ne sanctionnent pas leurs « clients » pour le plaisir mais bien pour des raisons qu'ils jugent évidentes. Dans la très grande majorité des cas, les sanctions tombent et surprennent les « spécialistes-victimes », mais nombre d'entre eux reconnaissent avoir peut-être abusé grossièrement lors des optimisations et du netlinking.

Toutefois, il persiste des cas pour lesquels nous parlons plutôt d'effets de bord. Par exemple, le vendeur de liens Buzzea a été sanctionné en janvier 2014 après avoir été rattrapé par la patrouille de Google, mais aussi tous les sites qui ont eu des liens plus ou moins effectifs avec ce dernier, ce qui signifie que des effets collatéraux peuvent apparaître, même si cela semble logique ici.

Dans bien d'autres cas, nous sommes surpris de perdre des positions dans les SERP alors qu'aucune pénalité réelle ne semble avoir été appliquée. Ces cas sont plus fréquents que nous le pensons et force est de constater que nous ne pouvons pas faire grand-chose pour lutter, la meilleure solution est souvent de vérifier les pages touchées, de modifier quelque peu le contenu et de repartir de plus belle en espérant que l'effet de bord s'estompe.

Depuis quelques années, Google et Bing adressent des messages par le biais de leurs interfaces Webmaster Tools et Webmaster Center afin de prévenir les administrateurs des éventuelles sanctions qui ont été infligées. La figure 3-18 montre par exemple un message envoyé à des sites qui ont été en liaison étroite avec le réseau de liens Buzzea.

Il faut savoir qu'un message n'est pas automatiquement envoyé mais cela devient de plus en plus fréquent. La première solution se résume souvent à réfléchir à ce qui aurait pu provoquer la sanction, sauf si un message précise clairement le problème. Ensuite, il est important de vérifier avec précision le niveau d'indexation des pages avec la commande `site:` mais aussi avec les outils d'aide comme les Webmaster Tools.

Selon le type de sanctions subies, les résultats peuvent être différents. Par exemple, une mise en liste noire va nécessairement provoquer une absence totale car les pages seront introuvables dans l'index. Cela pourra être causé par une pénalité ou par des erreurs humaines. En effet, il arrive parfois que nous fassions des erreurs et que nous incriminions directement les moteurs alors que tout est de notre faute. Par exemple, nous savons grâce à Eric Kuan (source : http://goo.gl/QT36ts) qu'un fichier `robots.txt` qui existe et qui est mal rempli bloquera totalement le crawl des robots (en d'autres termes, si le fichier retourne une erreur autre que 200 ou 404).

Figure 3–18

Message envoyé par la Google Search Console à propos de liens factices détectés sur un site

Lorsqu'il s'agit de déclassements, cela peut être dû à une mise à jour des algorithmes, comme lors de l'arrivée de Google Panda ou Penguin, mais aussi à d'autres modifications mineures. Les SERP fluctuent régulièrement et il n'est pas rare de gagner ou perdre quelques positions, ce n'est pas toujours la conséquence d'une sanction ou d'une mauvaise action de notre part.

En revanche, il faut toujours se poser les bonnes questions lorsqu'un déclassement survient.

- Avons-nous modifié les contenus internes des pages déclassées ?
- Avons-nous trop optimisé le code HTML et les contenus ?
- Comptons-nous trop de liens factices ?
- Est-ce que certains contenus sont des copies dupliquées d'autres pages ?
- Sommes-nous touchés par une tentative de *negative SEO* (voir section éponyme en fin de chapitre) ?

Si les réponses à ces quelques questions s'avèrent positives alors vous comprendrez aisément pourquoi des pages ont perdu leur positionnement initial.

Enfin, si le site global a totalement disparu de l'index, il est fortement probable qu'un problème technique lié au serveur soit en cause. Il faut alors se renseigner auprès de son administrateur ou de son hébergeur pour comprendre le problème. Toutefois, nous avons vu également qu'un mauvais fichier `robots.txt`, un fichier `.htaccess` erroné ou encore une succession de liens morts peuvent entraîner des conséquences identiques.

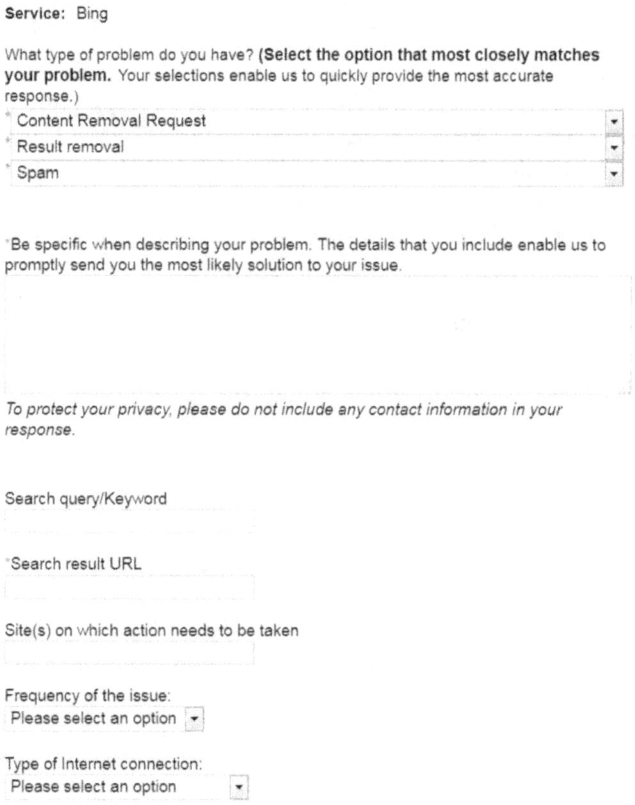

Figure 3–19
Formulaire de demande
de réexamen de Bing

Une fois le diagnostic effectué, il convient de nettoyer les erreurs éventuelles afin que les pages web récupèrent les positions qu'elles méritent. S'il s'agit d'erreurs personnelles (problème de serveur, de fichier `robots.txt`...), il n'est pas nécessairement utile d'agir. Il faut souvent attendre quelques temps après avoir renvoyé un fichier `sitemap.xml` ou procédé à une nouvelle suggestion d'URL, par exemple. En revanche, si des sanctions sont à l'origine des chutes voire des disparitions dans les SERP, il est indispensable de supprimer toutes les suroptimisations et les liens factices le plus rapidement possible.

Une fois le nettoyage de fond effectué, il est recommandé d'effectuer une demande de réexamen (source : http://goo.gl/qYPXU7) auprès des moteurs. Il s'agit en fait d'un court formulaire dans lequel nous expliquons le problème rencontré et ce que nous avons fait pour résoudre le contentieux. Il faut savoir que Google laissera toujours un certain temps de pénalité avant de prendre en compte la demande de réexamen, de l'ordre d'environ deux mois selon Matt Cutts. En d'autres termes, un site sanctionné le sera au moins pour deux mois dans la grande majorité des cas...

En général, les demandes de réexamen se font via la Google Search Console ou le Webmaster Center de Bing, souvent en réponse à un message reçu. Elles peuvent aussi s'effectuer par demande directe de la part des webmasters. Il est important de s'exprimer clairement lors de la soumission d'une vérification, mais aussi d'être le plus honnête et transparent possible. Il ne faut pas hésiter à avouer d'éventuelles suroptimisations si vous avez été pris la main dans le sac, ou même à être totalement transparent sur la méthode employée par erreur ou non.

Ensuite, il convient d'expliquer toutes les actions qui ont été mises en œuvre pour nettoyer les actes répréhensibles et les liens factices. Une fois la demande examinée et traitée par les services de Google ou Bing, le site peut espérer reprendre des positions confortables après un laps de temps. Néanmoins, sachez que certains sites sanctionnés par Penguin, par exemple, n'ont jamais réussi à récupérer les positions qui étaient les leurs auparavant. Réparer ses erreurs n'est pas toujours synonyme de « s'excuser » pour Google et, parfois, il faut des mois pour pouvoir reprendre de bonnes positions dans les SERP ; alors gare aux tricheries...

Google prévoit de durcir les pénalités contre les spammeurs récidivistes

Google a annoncé le 18 septembre 2015 vouloir durcir les sanctions contre le spam SEO appliqué à répétition (source : https://goo.gl/pbzeE2). En effet, si le moteur autorise à sortir d'une pénalité après nettoyage du spam et réexamen, cela ne signifie pas qu'il tolère qu'un site déjà affecté par une sanction retombe rapidement dans ses travers. Google a remarqué que de nombreux Black Hat SEO avaient une forte tendance à remettre en place leur méthode de triche une fois les pénalités levées. Désormais, si le moteur détecte ce genre de comportement, les pénalités appliquées seront plus lourdes et surtout plus longues à l'usage. En d'autres termes, les prochaines demandes de réexamen seront faites avec davantage de minutie et sans une levée directe des sanctions pour les sites récidivistes...

Quelques causes de pénalités

Les moteurs de recherche ne pénalisent jamais au hasard, il faut toujours une raison logique ou être dénoncé pour être pris dans la tourmente des sanctions. Beaucoup de référenceurs ont tendance à voir des pénalités à tout bout de champ mais dans la réalité, ce sont surtout les sites les plus « spammeurs » qui se font toucher rapidement. Cela ne veut pas dire que les sites qui abusent peu passent au travers des mailles du filet, les robots sont de plus en plus efficaces et certains abus sont détectés lors de l'indexation, donc nous ne pouvons pas les éviter...

Spamdexing

Principe général et brevet

Le référencement abusif *(spamdexing)* correspond à un ensemble de techniques qui permettent de dissimuler des textes et des liens optimisés uniquement pour être mieux positionné. De multiples méthodes en HTML, CSS voire JavaScript sont à notre disposition pour duper les robots d'indexation en affichant des zones optimisées spécifiquement pour eux que nous rendons invisibles aux internautes qui visitent le site.

Le brevet US8392823 B1 intitulé « Systems and Methods for Detecting Hidden Text and Hidden Links » résume parfaitement comment Google lutte contre le référencement abusif (source : http://goo.gl/ddQlyf). En effet, nous savons avec certitude que la détection des liens cachés et des textes dissimulés se fait dès l'indexation lors du parcours des robots.

Dans les faits, les robots décortiquent l'arbre HTML (le « DOM ») des pages pour étudier leur structure sémantique et hiérarchique. Si des anomalies flagrantes sont repérées lors de l'analyse, le spamdexing est sanctionné. En d'autres termes, si les référenceurs usent des CSS pour afficher du texte blanc sur fond blanc, par exemple pour le masquer aux humains, la supercherie est détectée grâce au robot et la page est sanctionnée ou non en conséquence.

Figure 3–20
Procédé de détection du spamdexing
selon Google

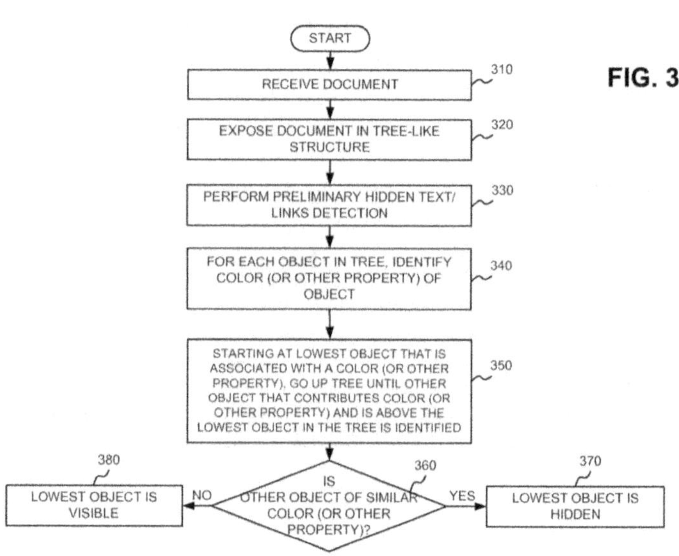

Voici quelques cas de spamdexing courants ou énoncés dans le brevet de Google :

* répétitions abusives de balises valorisantes telles que `<h1>`, `<h2>` ou `<strong>` ;
* multiplication de liens internes et externes en bas de page ;
* usage abusif des balises `<noframes>` et `<noscript>` ;
* texte de même teinte que le fond (texte blanc sur fond clair…) ;

- texte placé avec `z-index` sur une image dont le fond est de même couleur ;
- texte écrit en minuscule (taille de police d'un seul pixel…) ;
- lien caché derrière une image de 1 × 1 px (GIF transparent…) ;
- lien (avec ou sans image) placé derrière un bloc de contenus disposé grâce à un `z-index`.

Ce qu'il est important de noter, c'est que les robots sont capables de lire un peu le CSS comme le suggère le brevet, ce qui n'a jamais été totalement confirmé de la part des porte-parole de Google notamment. Il est également précisé que tout ce qui sort du cadre de l'écran du navigateur est considéré comme du spam, ce qui exclut très clairement des techniques CSS comme les suivantes :

- `text-indent: -9999px;`
- `position:relative;` avec `left:-9999px;`
- `visibility:hidden`.

Il arrive parfois que nous fassions du spamdexing sans réellement nous en rendre compte. En effet, il n'est pas exclu lors d'une refonte graphique d'un site que nous n'insistions pas assez sur les divers contrastes et que les robots détectent certaines zones comme du référencement abusif puisqu'ils sont capables de différencier les couleurs identiques mais aussi approchantes (avec des codes hexadécimaux de la même gamme ou RVB voire HSL).

En conséquence, il est écrit dans cet ancien brevet du 4 décembre 2003, mis à jour en août 2009, que la détection de spamdexing n'entraîne pas nécessairement de sanctions. Il arrive dans les cas les moins dérangeants que les zones sensibles soient uniquement ignorées. En d'autres termes, si vous faites du spamdexing à outrance, les pages touchées seront pénalisées. Pour l'anecdote, sachez que le site de BMW avait été sanctionné en 2006 pour des actions abusives de ce type…

En revanche, si vous n'avez que quelques sections détectées comme *spammy*, les robots les ignoreront et indexeront le reste des pages comme habituellement. Cela n'aura aucune incidence sur le classement dans ce cas précis sauf que vous ne bénéficierez pas des suroptimisations effectuées…

Exemple de la propriété content en CSS

La propriété `content`, présente depuis CSS 2.1, fonctionne avec les pseudo-éléments `:after` et `:before` compatibles avec bon nombre de navigateurs, exceptés Internet Explorer 8 et inférieurs. L'utilité de cette propriété est d'ajouter des contenus minimes ou des éléments graphiques avant ou après un morceau de contenu dans les pages web.

Par exemple, la propriété `content` permet d'afficher des puces personnalisées dans les listes ordonnées ou non ordonnées avant les items de liste. Il est également possible d'afficher, par exemple, l'URL des liens dans les feuilles d'impression de manière dynamique afin que les lecteurs obtiennent les informations nécessaires, de la manière suivante :

```css
a:after {
    content: " (" attr(href) ")";
}
```

Globalement, cette propriété accompagne les internautes et les concepteurs de sites pour améliorer le rendu graphique des textes selon les supports et le design final. Le principal défaut de `content` est d'être limité à l'ajout de textes courts, d'images (icônes en général), d'un compteur numérique ou de guillemets. Enfin, il est impossible d'intégrer du code HTML effectif et les caractères spéciaux doivent être encodés pour être fonctionnels.

En matière de SEO, nous pouvons aisément imaginer l'intérêt d'une telle propriété, bien qu'il faille comprendre que cela soit assimiler à du spam ou du Black Hat SEO. Nous pouvons en effet ajouter des contenus que nous souhaitons afficher aux utilisateurs sans pour autant les rendre visibles aux robots d'indexation.

Si cela ne doit pas constituer la majeure partie d'un site web, il est vrai que l'astuce peut parfois aider à dissimuler des contenus qui pourraient noyer les mots-clés majeurs.

En effet, si nous prenons un texte de cent mots et qu'une trentaine d'entre eux n'ont de valeur ajoutée que pour les utilisateurs, nous pourrions très bien user de ce procédé pour laisser apparaître seulement 70 termes « forts » aux robots. Certes, cela est fastidieux et constitue un réel cas de spam, mais cette astuce doit forcément être dans les esprits. Nous devons donc la connaître au moins pour savoir la contrer si nous l'utilisons à tort !

Figure 3–21
Attention au spam avec la propriété
CSS content

```
<!DOCTYPE HTML>
<html lang="fr">
<head>
<meta charset="utf-8">
<title>Content CSS 2.1 / CSS 3</title>
<style type="text/css">
#content:after {
    display:block;
    content: 'Lorem ipsum dolor sit amet, consectetur adipisicing elit, sed do eiusmod tempor incididunt ut
    labore et dolore magna aliqua. Ut enim ad minim veniam, quis nostrud exercitation ullamco laboris nisi
    ut aliquip ex ea commodo consequat. Duis aute irure dolor in reprehenderit in voluptate velit esse
    cillum dolore eu fugiat nulla pariatur. Excepteur sint occaecat cupidatat non proident, sunt in culpa
    qui officia deserunt mollit anim id est laborum.':
}
</style>
</head>
<body>
<div>
    <p id="content"><strong>Texte avec pseudo-classe :after et propriété "content" en CSS.</strong></p>
</div>
</body>
</html>
```


Texte avec pseudo-classe :after et propriété "content" en CSS.
Lorem ipsum dolor sit amet, consectetur adipisicing elit, sed do eiusmod tempor incididunt ut labore et dolore magna aliqua. Ut enim ad minim veniam, quis nostrud exercitation ullamco laboris nisi ut aliquip ex ea commodo consequat. Duis aute irure dolor in reprehenderit in voluptate velit esse cillum dolore eu fugiat nulla pariatur. Excepteur sint occaecat cupidatat non proident, sunt in culpa qui officia deserunt mollit anim id est laborum.

Particularité des textes issus de la propriété content

Les textes rédigés au sein de la propriété `content` ne peuvent pas être sélectionnés ni recopiés. Ils sont placés dans une surcouche indécelable, sauf si les moteurs de recherche arrivent à lire parfaitement les propriétés CSS (ce qui fait toujours débat de nos jours). La technique de spamdexing via cette propriété est donc facilement repérable pour les utilisateurs aguerris.

Keyword stuffing

Le *keyword stuffing*, ou bourrage de mots-clés, est chassé naturellement par les divers robots d'indexation. Les pages sont étudiées en détail et sémantiquement lors du crawl et chaque abus peut être sanctionné.

Les robots analysent la densité de chaque mot et expression au sein des pages et si des anomalies flagrantes se dégagent, des pénalités peuvent tomber. Par exemple, si une page contient cent mots mais qu'un même mot est répété dix fois, la densité est trop importante pour être naturelle et cela risque de faire tiquer les moteurs de recherche. Qui plus est, le bourrage de mots-clés dans des zones valorisées telles que les balises `<title>`, `<strong>`, `<h1>` ou les attributs `alt` sont facilement détectables et risquent d'être sanctionnés.

Nous ne savons pas si Google pénalise systématiquement le keyword stuffing lorsqu'il en détecte dans les pages, notamment depuis l'arrivée de Google Panda. En revanche, nous pouvons au moins imaginer que les zones suroptimisées sont ignorées à l'image du spamdexing. Dans les faits, il semble tout de même courant que des sites abusifs aient été lourdement sanctionnés après avoir appliqué des bourrages de mots-clés trop visibles pour les robots, donc restons prudents…

Cloaking

Le *cloaking* est une technique qui permet de dissimuler des contenus aux robots tout en les montrant aux visiteurs. En général, il s'agit d'utiliser des scripts, souvent en JavaScript, pour effectuer des redirections automatiques vers des contenus optimisés pour les moteurs de recherche lorsque les robots sont en phase d'indexation.

Prenons un exemple : une page peu optimisée mais graphiquement intéressante pour les clients potentiels est mise en place par un webmaster. Cette page risque fortement d'être très mal positionnée à cause d'un manque flagrant d'optimisations et de contenus textuels. Dans ce cas, il arrive que des référenceurs peu avertis préfèrent créer une page écran suroptimisée qui sera affichée pour les robots lors du crawl plutôt que la page destinée à la clientèle.

Le procédé est très simple à mettre en place, il suffit de créer une petite fonction qui distingue les robots des visiteurs classiques pour réaliser une redirection vers la page optimisée. Dans ce cas, les internautes obtiennent la page « vendeuse » tandis que les robots parcourent une page textuelle et bourrée d'optimisations idéales.

Ce type de pratiques est souvent effectué en JavaScript mais il est également possible en PHP voire dans d'autres langages. Il faut toutefois rester très prudent car les robots sont puissants et savent très bien détecter certaines de ces failles. C'est d'ailleurs pour cette raison que les redirections web sont à réaliser avec prudence depuis quelques années. Google présente dans sa documentation officielle les redirections 301 (ou redirections permanentes) pour contrer ce type de tricheries, et si nous n'optons pas pour cette méthode, il est précisé que cela risque d'être considéré comme du spam.

Le *cloaking* ne s'arrête pas uniquement à des redirections, d'autres techniques permettent de duper les moteurs de recherche. L'exemple du jQueryRank Sculpting (source : http://goo.gl/rwfXjv) montre comment dissimuler des liens en les transformant dynamiquement en texte par un procédé simple. En effet, le plug-in jQuery modifie les balises HTML des liens en autre balises de notre choix (`<span>`, `<div>`, `<h2>`…) pour que les robots ne les détectent pas comme des liens lors de la lecture, mais pour que les utilisateurs puissent quant à eux profiter des vrais liens. Il s'agit ici d'*obfuscation* de liens, comme nous l'avons vu dans la section « Netlinking interne et externe » du chapitre 2. Nous savons que cette technique est sujette à caution, car sur le plan purement technique, il s'agit de *cloaking*, mais en matière de référencement, la méthode fonctionne et ne semble pas être bloquée par Google (quand l'*obfuscation* se pratique côté serveur, c'est relativement sans risque à l'heure actuelle).s

Le code du jQueryRank Sculpting a été créé pour montrer qu'il était encore possible de duper les moteurs de recherche avec d'autres procédés techniques. Ici, l'objectif est de développer le PageRank Sculpting sans utiliser les `nofollow` qui n'ont plus grand intérêt dans les liens internes, si ce n'est à faire perdre du jus de liens. Ainsi, le code affiche uniquement les liens désirés afin de transmettre le PageRank de Google ou le BrowseRank de Bing uniquement aux pages que nous souhaitons. Il est fortement déconseillé d'utiliser ce type de pratique ; le code n'a été créé qu'à titre d'exemple. Le voici en détail :

```
(function($eta) {
// Source de la fonction : http://phpjs.org/functions/strtr/
function strtr(str, from, to) {
var fr = '',
i = 0,
j = 0,
lenStr = 0,
lenFrom = 0,
tmpStrictForIn = false,
fromTypeStr = '',
toTypeStr = '',
istr = '';
var tmpFrom = [];
var tmpTo = [];
var ret = '';
var match = false;

    if (typeof from === 'object') {
        tmpStrictForIn = this.ini_set('phpjs.strictForIn', false);
        from = this.krsort(from);
        this.ini_set('phpjs.strictForIn', tmpStrictForIn);

        for (fr in from) {
            if(from.hasOwnProperty(fr)) {
                tmpFrom.push(fr);
                tmpTo.push(from[fr]);
            }
        }
        from = tmpFrom;
        to = tmpTo;
    }

    lenStr = str.length;
    lenFrom = from.length;
    fromTypeStr = typeof from === 'string';
    toTypeStr = typeof to === 'string';

    for (i = 0; i < lenStr; i++) {
    match = false;
    if (fromTypeStr) {
            istr = str.charAt(i);
            for (j = 0; j < lenFrom; j++) {
                if (istr == from.charAt(j)) {
                match = true;
                break;
                }
            }
```

```javascript
    } else {
            for (j = 0; j < lenFrom; j++) {
                if (str.substr(i, from[j].length) == from[j]) {
                    match = true;
                    // Fast forward
                    i = (i + from[j].length) - 1;
                    break;
                }
            }
        }
        if (match) {
        ret += toTypeStr ? to.charAt(j) : to[j];
        } else {
            ret += str.charAt(i);
        }
    }
    return ret;
}

// Cryptage et décryptage des URL
function wwwtostr(contenu) {
    string      = "abcdefghijklmnopqrstuvwxyzABCDEFGHIJKLMNOPQRSTUVWXYZ-_!$/*+&#?:.0123456789";
    stringNew   = "0123456789abcdefghijklmnopqrstuvwxyzABCDEFGHIJKLMNOPQRSTUVWXYZ!+-_$/*&#?:.";
    var returnwww = strtr(contenu, string, stringNew);

    var tab = new Array();
    for (var i=0; i < returnwww.length; i++) {
        tab[i] = returnwww.substring(i,i+1);
    }
    tab.reverse();
    var result = tab.join("");
    return result;
};
function strtowww(contenu) {
    string      = "abcdefghijklmnopqrstuvwxyzABCDEFGHIJKLMNOPQRSTUVWXYZ-_!$/*+&#?:.0123456789";
    stringNew   = "0123456789abcdefghijklmnopqrstuvwxyzABCDEFGHIJKLMNOPQRSTUVWXYZ!+-_$/*&#?:.";
    var returnwww = strtr(contenu, stringNew, string);
    var tab = new Array();
    for (var i=0; i < returnwww.length; i++) {
        tab[i] = returnwww.substring(i,i+1);
    }
    tab.reverse();
    var result = tab.join("");
    return result;
};

$eta.fn.tagToLink = function(args) {
    return this.each(function() {
        // Options par défaut ou non
        var options = $eta.extend({}, {
            source:'.linktoggle', // Class (.nomClass) ou ID (#nomId)
            attribut:'title', // (attribut qui réceptionne l'URL)
```

```
            newclass:'newLink', // (class du lien après modification)
            evttag:'hover', // déclencheur du script : survol (hover), clic (click)
                            ou double-clic (dblclick)
}, args);

// Cryptage au démarrage
$eta(options.source).attr(options.attribut, function() {
    var localUrl = $(this).attr(options.attribut);
    if(localUrl !== undefined) {
        var wwwModif = wwwtostr(localUrl);
        $eta(options.source).attr(options.attribut, wwwModif);
    }
});

// Choix de l'événement JavaScript automatique
if(options.evttag == 'hover')
    {evenement='hover';evtJavaScript='mouseenter';evtJavaScript2='mouseleave';}
else if(options.evttag == 'click')
    {evenement='click';evtJavaScript='click';evtJavaScript2='mouseleave';}
else if(options.evttag == 'dblclick')
    {evenement='dblclick';evtJavaScript='dblclick';evtJavaScript2='mouseleave';}
else
    {evenement='hover';evtJavaScript='onmouseenter';evtJavaScript2='onmouseleave';}

// Premier survol : on remplace le <span> survolé par un lien <a>
// Cette initialisation évite d'appliquer les remplacements quand des <a> classiques
// sont en place (on se limite aux <span> ici)
$eta(document).on(evtJavaScript, options.source, function() {
    // Variables globales (obligatoires)
    // on adapte la modification en <a> en fonction des éléments d'origine (<span>,
    // <h2>, <div>...) qui portent la class ".linktoggle"
    ElmtToggle = $(this).get(0).tagName.toLowerCase();
    AttrSource = $(this).attr(options.attribut);

    // on récupère les attributs existants dans la balise d'origine (rel, title,
    // class, id...)
    var arrayAttrs = [];
    for (var i=0, attrs=$(this).get(0).attributes, nb=attrs.length; i < nb; i++){
    arrayAttrs.push(attrs.item(i).nodeName+'="'+attrs.item(i).nodeValue+'"');
    }
    Attributs = arrayAttrs.join(" "); // on enregistre tous les attributs et leurs
                                       // valeurs dans une chaine --> variable globale

    var TexteSpan = $(this).text(); // on mémorise le texte contenu dans le lien
    var TexteTitle = strtowww(AttrSource); // on enregistre le texte contenu dans
                                           // l'attribut title --> href du lien

    // on utilise replaceWith() plutôt que html() car elle remplace totalement les
    // balises, elles ne les ajoutent pas --> problèmes sinon !
    // on génère un appel vers une fonction qui va permettre de remettre le <span>
    // quand il n'y a plus de survol
```

```
            $(this).replaceWith('<a href="'+TexteTitle+'" class="'+options.newclass+'">'
                                 +TexteSpan+'<\/a>'); // on l'intègre dans des <a>
            return false;
        });
        $eta(document).on(evtJavaScript2, "."+options.newclass, function() {
            var TexteA = $(this).text(); // on enregistre le texte contenu dans le lien
            var TexteHREF = $(this).attr('href'); // on enregistre le texte contenu dans
                                           // l'attribut href --> title du <span>

            // on utilise replaceWith() plutôt que html() car elle remplace totalement les
            // balises, elles ne les ajoutent pas --> problèmes sinon !
            // on génère un appel vers une fonction qui va permettre de remettre le <span>
            // quand il n'y a plus de survol
            $(this).replaceWith('<'+ElmtToggle+' '+Attributs+'>'+TexteA+'<\/'+ElmtToggle+'>');
            // on l'intègre dans des <a>
            return false;
        });
    });
};
})(jQuery);
```

L'usage du plug-in ci-dessus est très simple, il suffit de l'appeler dans une page web comme n'importe quel plug-in jQuery, de la façon suivante (les paramètres sont optionnels mais permettent de personnaliser la classe à utiliser, etc.) :

```
<script type="text/JavaScript">
$(document).ready(function() {
    // Paramètres optionnels (mais recommandés)
    var options = {
source:'.linktoggle', // Class (.nomClass) ou ID (#nomId)
attribut:'title', // (attribut qui réceptionne l'URL)
newclass:'newLink', // (class du lien après modification)
evttag:'hover', // déclencheur du script : survol (hover), clic (click) ou double-clic
            // (dblclick)
    };

    // Lancement du plug-in dans la page selon les options choisies
    $(document).tagToLink(options);
});
</script>
```

Le *cloaking* est chassé activement par les moteurs de recherche et les pénalités peuvent être très lourdes dans la plupart des cas. Pour aller plus loin, sachez que même les réseaux sociaux se mettent à chasser le *cloaking* tant cela dessert les usagers, à l'image de Facebook (source : http://bit.ly/2GTC8Km). Il est donc conseillé d'être très vigilant et de ne pas s'amuser à tricher systématiquement alors que des optimisations classiques et intelligentes peuvent souvent suffire pour obtenir de bons positionnements et de bonnes retombées.

Figure 3–22
Exemple d'utilisation du code
du jQueryRank Sculpting

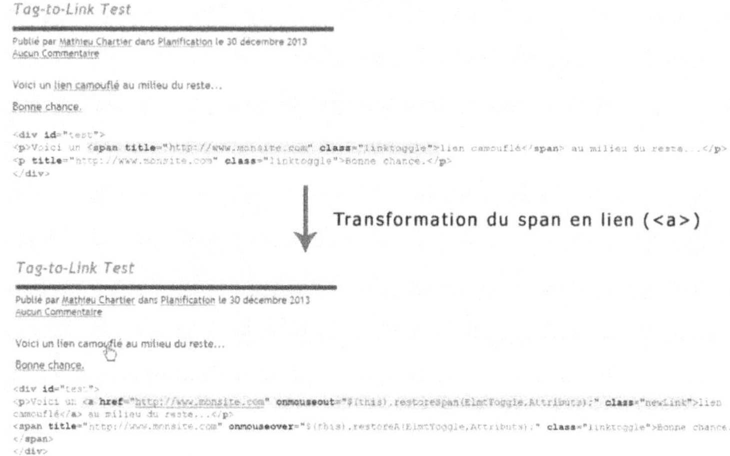

Doorway ou pages satellites

Les pages satellites *(doorway pages)*, sont des pages créées de toutes pièces pour les moteurs de recherche et qui contiennent des redirections vers les pages présentées au public, souvent bien moins optimisées pour le référencement. Nous retrouvons ici une des techniques souvent réalisée avec le *cloaking* et qui est chassée facilement par les moteurs de recherche.

De nos jours, les doorway pages et les redirections par *cloaking* sont de plus en plus rares tant elles sont détectées presque automatiquement par les moteurs de recherche. Il est fortement recommandé d'oublier que cela puisse exister pour éviter de tomber dans le piège. Dans la majeure partie des cas, les pages satellites entraînent des déclassements plus ou moins importants pour les pages concernées.

Il n'existe pas de techniques propres pour rediriger vers des pages satellites mais en réalité, nous pourrions très bien utiliser une méthode avec des expressions régulières (regex) en PHP côté serveur, puis utiliser d'une redirection permanente tolérée par Google pour maintenir un semblant de technique de ce type. Bien entendu, cela est fortement déconseillé et ne garantit aucunement de résultats fiables, mais l'idée se tient. Voici comment nous pourrions procéder pour commencer :

```php
function redirectionSatellite($urlPage) {
    // Expression régulière pour détecter les " agents " (robots)
    $regex = '#([bB]ot|[sS]pider|[yY]ahoo|[fF]eed|[gG]oogle|[sS]lurp)|[cC]rawl|[bB]ing)#iU';
    // Si ce n'est pas un robot, redirection vers la page normale
    if(!preg_match($regex, $_SERVER["HTTP_USER_AGENT"])) {
    header("Status: 301 Moved Permanently", false, 301);
    header("Location:".$urlPage);
    exit();
    }
}
```

Il suffit de lancer dès le début de la page optimisée SEO la fonction redirectionSatellite($urlVisiteur) avec une URL menant vers une page web pour les visiteurs. Notons qu'il ne s'agit que d'un exemple et que l'expression régulière est simple ici pour la démonstration. Cette technique reste chassée par les moteurs de recherche (Google en tête), il est donc intéressant de la connaître mais aussi de s'en méfier.

Contenus dupliqués et DUST

Les contenus dupliqués

Le contenu dupliqué *(duplicate content)* est l'un des fléaux qui pénalise le positionnement d'un grand nombre de sites web. Le fait de recopier en totalité ou presque des contenus venant d'autres pages peut entraîner des sanctions plus ou moins virulentes de la part des moteurs de recherche.

Google a le plagiat en ligne de mire car il n'apporte aucune valeur sur le Web (l'aspect juridique ne semble pas intéresser le moteur) et embête quelque peu les robots qui voient d'un mauvais œil le fait de distinguer les valeurs de pages ayant les mêmes contenus (source : http://goo.gl/5SRjxv). Il est très simple de se retrouver dans des situations de contenus dupliqués, il suffit par exemple de partager des extraits de textes sur des sites de curation ou des blogs pour que le « plagiat » soit détecté et chassé par les moteurs.

> **Qu'est-ce que la curation ?**
>
> Les sites web de curation sont des services en ligne dont l'objectif est d'amasser des multitudes d'informations issues de sites externes. Par exemple, des outils comme Digg ou StumbleUpon sont des sites qui agrègent des pages web et articles extérieurs pour les proposer à leur communauté. Nous pouvons parler de curation ou d'agrégation, les deux termes étant quasiment synonymes ici…

Le comble pour les contenus dupliqués est qu'une grande partie d'entre eux sont mis en place à l'insu des webmasters ou tout simplement par erreur technique, notamment dans les cas de DUST sur lesquels nous reviendrons par la suite. Certes, il arrive que des internautes n'aient pas froid aux yeux et pillent les contenus d'autres sites pour profiter de leur qualité, par exemple, mais dans la majorité des cas recensés, nous remarquons qu'il s'agit souvent d'erreurs humaines.

Dans les faits, Google a admis à plusieurs reprises ne pas sanctionner directement le *duplicate content*. Il s'agit en effet plutôt d'un effet de bord provoqué par la présence multiple d'un même contenu, qui entraîne la baisse de certaines pages dans les SERP. Gary Illyes a toutefois reconnu que la prolifération de pages dupliquées peut abaisser le crawl budget et donc l'intérêt de certaines pages pour GoogleBot (source : https://goo.gl/SWYzFi). Les pertes de classement sont donc des conséquences des contenus dupliqués, mais pas dues à des sanctions manuelles infligées par le moteur de recherche. Google reconnaît savoir trouver la source originale en cas de duplication ; pourtant, le problème persiste. Il arrive encore fréquemment que des pages sources se retrouvent à chuter dans les résultats, alors que les plagieurs gagnent par exemple des positions.

> Google a évoqué le problème du *near duplicate content* en juin 2017. Souvent oublié par les outils de détection de plagiat ou de duplication de contenu, il s'agit de textes relativement proches de l'original, sans être pour autant équivalents en totalité. On peut parler de paraphrase en quelque sorte, mais que Google estime encore comme du *duplicate content* (source : https://goo.gl/Dhyfp2). C'est un réel fléau, car beaucoup de webmasters mal intentionnés pillent les contenus d'autres pages web et les modifient juste un minimum pour les rafraîchir et les adapter à leur bon vouloir. Ainsi, il est possible que le site source se fasse détrôner par le site plagieur si l'ensemble des critères de classement sont à son avantage par exemple.

Si vous vous trouvez avec certitude dans un cas de duplication de contenus ou de plagiat, plusieurs solutions s'offrent à vous :

- contacter le webmaster frauduleux et lui demander gentiment de retirer les contenus avant une éventuelle plainte ;
- modifier vos propres contenus pour être certain de ne pas être pénalisé, mais ceci est frustrant lorsque beaucoup de pages sont touchées et que les contenus sont de qualité ;
- utiliser l'outil Spam Report pour la délation auprès de Google en relatant précisément les faits (source : http://goo.gl/lKgdeS) ;
- faire une demande de réexamen si vous constatez une chute dans les classements, en expliquant (et en prouvant) que les contenus originaux sont bien les vôtres.

La figure 3-23 montre un cas de contenu dupliqué flagrant détecté avec l'outil Plagiarism Checker (source : http://goo.gl/JulPx4) et confirmé par Copyscape (source : http://www.copyscape.com) concernant l'agence Internet-Formation dont des contenus ont été en partie repris mot pour mot par la pseudo-agence ivoirienne OrishaCom. L'agence française n'a pas été sanctionnée mais a vécu quelques effets de bord avant de dénoncer le site copieur auprès des services de Google.

Les cas de plagiats arrivent, de nombreux témoignages sont lisibles sur le Web et montrent que les tricheurs n'ont aucun scrupule à recopier mot pour mot les contenus d'autres sites. Wikipédia est un peu dans cette logique puisque les auteurs n'ont pas réellement le droit de retirer les contenus qu'ils ont publiés sur le site, même s'ils apportent la preuve de leur existence plus ancienne et qu'ils en restent les uniques propriétaires (ce cas a été vécu par l'un des auteurs du livre et n'est pas un cas isolé, prenez garde…). Il convient donc de se méfier des contenus dupliqués car même des sites valorisés et importants peuvent se trouver dans ce cas…

Figure 3–23
Exemple de contenus dupliqués
entre deux sites

Texte original sur www.internet-formation.fr

Internet-Formation : solutions web pour tous

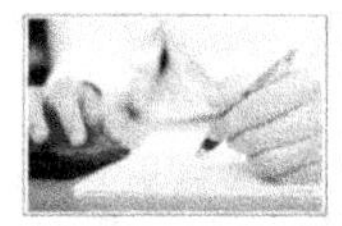

Texte dupliqué sur www.orishacom.com

Formation

Le problème du DUST et quelques solutions pour s'en sortir

Le DUST *(Different URLs with Similar Text)* est un problème récurrent provoqué et subi par les rédacteurs et animateurs de sites. Il correspond à des pages doublonnées qui reprennent tout ou en partie le contenu d'autres pages existantes. Nous pouvons parler dans ce cas d'URL dupliquées en quelque sorte… Il existe un nombre de cas incommensurable tant il est simple de dupliquer des contenus involontairement. Il est fortement recommandé d'être vigilant face à ce problème.

L'exemple le plus courant est souvent causé par les CMS tels que WordPress ou Joomla car les menus administrés en interne ne sont pas infaillibles. Si nous prenons le cas d'une page d'accueil, son URL peut être l'une des suivantes :

- http://www.monsite.com ;
- http://monsite.com ;
- http://www.monsite.com/index.php ;
- http://monsite.com/index.php…

Toutes ces URL peuvent fonctionner pour la même page d'accueil puisque les DNS du serveur redirigent souvent les domaines et leur sous-domaine en www. La page index.php (ou index.html, home.php…) est aussi la page d'accueil, elle ajoute donc encore d'autres doublons que les robots d'indexation distingueront naturellement. De plus, un dernier cas à vérifier est celui de la présence ou non du slash (/) après le nom de domaine qui peut parfois s'avérer fâcheux. Si vous décidez de placer un slash à la fin du nom de domaine (et des URL), il faut alors rajouter des directives dans le fichier .htaccess principal du site pour contrecarrer le problème et forcer la présence du slash :

```
# RewriteEngine On
RewriteCond %{REQUEST_URI} /+[^\.]+$
RewriteRule ^(.+[^/])$ %{REQUEST_URI}/ [R=301,L]
```

Le cas de la page d'accueil est relativement simple à résoudre. Nous pouvons modifier le menu géré par les sites web et remplacer le premier item par un lien en dur pointant vers le nom de domaine choisi. Sous WordPress, il suffit de sélectionner le menu *Apparence>Menus*.

Figure 3–24
Création d'un lien en dur
sur WordPress pointant
vers la page d'accueil
pour éviter le DUST

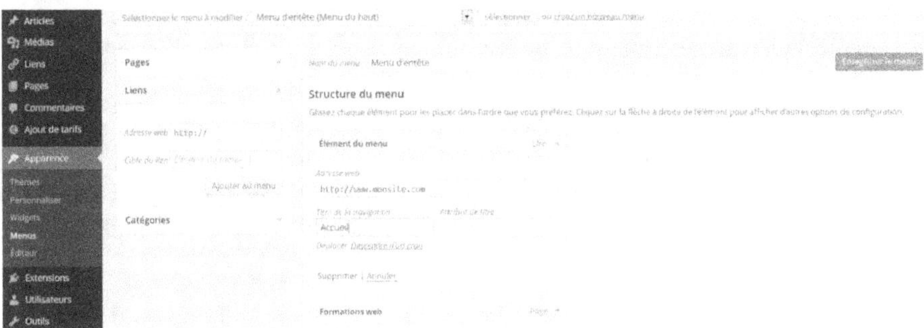

L'autre technique consiste à utiliser un fichier .htaccess en effectuant une redirection permanente entre le nom de domaine et la page d'accueil. Cette technique peut également s'appliquer si vous avez un problème de DUST avec le nom de domaine avec et sans les www.

```
# Redirection permanente qui propage le jus de liens et évite le DUST
# Structure : RedirectPermanent  /ancienne-page.ext http://nouveau-site.ext
RedirectPermanent /index.php http://www.monsite.com
```

La réécriture d'URL permet parfois de régler certains cas de DUST mais la technique n'est pas toujours aisée à mettre en place, contrairement aux deux techniques précédentes qui s'appliquent parfaitement et simplement pour la page d'accueil notamment.

Attention à la barre oblique finale

Il arrive également que les URL soient dupliquées uniquement à cause de la dernière barre oblique présente dans l'URL, comme dans http://www.monsite.com/ plutôt que http://www.monsite.com. Il convient alors de faire un choix entre les deux et de toujours conserver la même écriture du nom de domaine avec une règle comme celle écrite dans la page précédente.
Sachez toutefois que des tests effectués en 2017 ont indiqué que la présence d'une barre oblique en fin d'URL peut accélérer la vitesse de chargement des pages (source : https://goo.gl/XYjc6k). En effet, il est fort probable que les serveurs web gagnent du temps à traiter toutes les URL concernées car cela respecte l'arborescence classique côté serveur. L'étude effectuée a montré des gains de 0,6 à 1 seconde par page, ce qui est intéressant en matière de design UX et de SEO.

Dans les faits, il existe de nombreux cas de DUST et une grande partie d'entre eux sont liés à un manque de précaution. Voici une courte liste d'exemples de DUST :

- pages d'accueil dupliquées ;
- cas du slash final dans les adresses mais aussi des adresses web avec ou sans extensions finales telles que .php, .html, .asp, etc., qu'il est possible de corriger grâce à un fichier .htaccess ;
- articles ou pages doublonnées ou multipliées à cause de modifications malencontreuses dans les backoffice (au niveau des URL ou des permaliens, par exemple) ;
- galeries multimédias (photos, vidéos, fichiers PDF…) ou catalogues avec pagination et répétition quasi complète des contenus internes ;
- URL contenant des paramètres comme des identifiants de sessions ou des ID, etc. ;
- noms de domaines et sous-domaines provisoires créés pour des tests ou avant l'installation définitive des sites web, etc.

Comme vous pouvez le constater, certains de ces cas sont relativement courants et peuvent nous concerner suite à un manque d'attention ou par méconnaissance technique. Souvent, il s'agit de contenus et de pages doublonnés lors d'une modification de contenus.

Prenons un exemple. Nous créons un article sur WordPress avec un permalien (URL directe également appelée *slug* ou alias) généré automatiquement par le CMS à partir du titre donné. Nous rédigeons nos contenus et nous publions l'article. Une fois en ligne, les robots vont pouvoir indexer la page web correspondante, et cela encore plus rapidement si nous utilisons les flux RSS couplés au protocole WebSub (ex PubSubHubbub ou PuSH).

Intérêt du protocole WebSub

Le protocole WebSub, autrefois intitulé PubSubHubbub (ou PuSH en version raccourcie), fait partie des recommandations W3C depuis janvier 2018. Ce système permet d'envoyer à un serveur compatible (appelé « Hub ») une notification automatique pour le prévenir que de nouveaux contenus ont été ajoutés. Dans ce cas, Googlebot vient très rapidement indexer les contenus correspondants, après quelques minutes, alors qu'il faut parfois attendre des heures voire des jours habituellement.

Imaginons maintenant que nous souhaitions modifier le contenu ainsi que le titre et le permalien associé. Dans ce cas, les robots indexent le doublon et nous tombons dans le phénomène classique du DUST et des contenus dupliqués…

Figure 3–25
Modification du permalien
d'un article sur WordPress

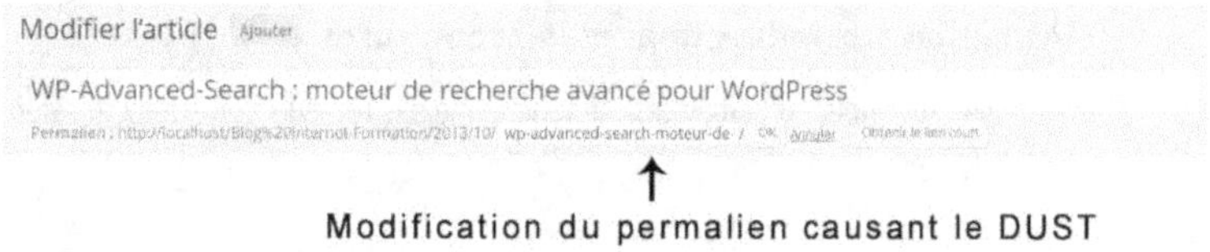

Les interfaces pour webmasters permettent de bloquer les paramètres d'URL qui causent des duplications mais les autres problèmes ne peuvent pas être résolus ainsi. C'est pourquoi Google a inventé le principe des URL canoniques qui permettent d'indiquer aux robots quelle est l'adresse mère à valoriser et à indexer au détriment des doublons restants.

Le principe des URL canoniques est très simple, il suffit d'ajouter une balise `<link />` spécifique dans la section `<head>…</head>` des pages concernées. La balise prend deux attributs pour être fonctionnelle :

```
<link rel="canonical" href="http://www.monsite.com" />
```

Par exemple, si vous avez les deux pages suivantes, il faudra ajouter la balise indiquant l'adresse canonique afin que les robots sachent quelle page retenir dans l'index :

* URL mère : http://www.monsite.com/categorie/article ;
* URL dupliquée avec `<link rel="canonical" … />` pointant vers l'adresse mère de l'article si nécessaire : http://www.monsite.com/categorie/resolution-du-dust.

Les CMS proposent presque tous des extensions (ou plug-ins) liées au référencement qui permettent d'ajouter et de gérer plus simplement des URL canoniques en cas de problème. Pour les sites créés manuellement, il suffit d'ajouter la balise dans les pages désirées. S'il s'agit de sites dynamiques, nous pouvons ajouter un champ pour préciser l'URL canonique et les notifier dans les bases de données. En résumé, il s'agit d'ajouter une colonne de base de données pour enregistrer l'URL canonique fournie dans un champ de formulaire correspondant à chaque page de contenu.

Si l'URL canonique présente de nombreux avantages, elle ne supprime pas réellement les URL doublonnées et il convient souvent de l'accompagner d'un bon fichier `robots.txt`, par exemple, voire de judicieuses redirections afin que le jus des liens soit propagé entièrement. En effet, il serait dommage que des internautes mettent en place des liens vers http://www.monsite.com/index.php et que les PageRank et BrowseRank obtenus soient perdus en route pour le nom de domaine officiel. Une redirection permanente présente l'avantage de renvoyer la « note » à l'URL cible donc cette technique peut souvent s'avérer utile pour certaines pages de valeur.

Enfin, un autre cas courant, présent notamment sur WordPress, est celui des pages doublons créées à cause des catégories d'articles. En effet, nous pouvons facilement nous retrouver avec des pages dupliquées si ces dernières sont reliées à plusieurs catégories. L'URL prend alors la forme http://www.site.com/nom-categorie/nom-page pour chaque page. Donc si cette dernière est placée dans deux catégories, nous nous retrouvons avec le contenu en double et deux URL différentes. Pour éviter ce problème, l'idéal est de procéder à une réécriture simple qui supprime la partie nom-categorie dans l'adresse, avec un code tel que celui-ci :

```
# RewriteEngine On
RewriteRule ^nom-categorie/(.*)$ http://www.site.com/$1 [R=301,L]
# ou RedirectMatch 301 ^/nom-categorie/(.*)$ http://www.site.com/$1
```

Attention aux redirections malencontreuses

Attention toutefois, cette méthode ne fonctionne pas toujours correctement selon votre structure de site, de base de données ou votre serveur.

Content spinning ou génération de textes

Le *content spinning* est une pratique qui permet de générer des textes à la volée grâce à des logiciels ou des scripts conçus en ce sens. En soi, si les contenus générés sont plutôt de bonne qualité, aucun reproche ne pourra leur être fait, et donc aucune pénalité ne suivra en conséquence. Ici, nous parlons donc essentiellement des textes générés dont la forme et le fond sont de très mauvaise facture, assimilés à de la suroptimisation ou à du gloubi-boulga éditorial.

Sur le principe, les logiciels de *content spinning* cherchent avant tout à composer des phrases simples, avec le tryptique classique « sujet, verbe, complément », limitant ainsi les risques d'erreurs potentielles dans bien des cas. Vous l'aurez compris, la technique donne la possibilité d'économiser beaucoup de temps de rédaction et d'éviter des contenus dupliqués, notamment lorsque nous cherchons à mettre en place des réseaux de sites (ou PBN) sur une thématique donnée.

Le *content spinning* peut être employé avec beaucoup de talent, et dites-vous bien que nombre de textes que vous avez dû lire ont sans doute été générés de cette manière à l'origine. Il s'agit, certes, d'un moyen de gagner du temps, mais non d'une fin en soi, et c'est là que le bât blesse. En effet, si les moteurs de recherche détectent la supercherie la catastrophe est assurée, alors restez prudents si vous voulez générer vos textes à la volée. Google Panda et certaines Quality Update luttent activement contre les contenus générés, il convient donc d'être extrêmement précautionneux si vous souhaitez utiliser cette technique.

Pour bien faire du *content spinning*, l'idée est de choisir correctement son programme ou son logiciel (Xspin, tools.deux.io, Ultimate Spin de DelicousCavader, SEO Quartz...). Ensuite, il faut composer le « Masterspin », c'est-à-dire le texte de référence qui va contenir des variables permettant de générer les variantes de contenu. Ce dernier joue un rôle important dans la qualité des contenus générés, au-delà même du logiciel choisi initialement. Si votre Masterspin est raté, alors la détection, voire la pénalité par les moteurs de recherche est pratiquement assurée...

Voici un exemple de Masterspin simple, vous pouvez remarquer des textes fixes et des variables entre accolades (chaque variante étant séparée par des pipes), elles-mêmes cumulables entre elles :

```
{Je suis|Il est} {spécialiste|expert} en {référencement|SEO|génération de textes} depuis
{{5|10|15} ans|plus de {5|10|15} ans|presque {5|10|15} ans} et réalise des
{missions|prestations|contrats} avec {talent|rigueur|efficacité} et toujours autant
{d'envie|de {plaisir|passion}}.
```

Enfin, faites des tests de similarité (Jaccard, Simhash voire Levensthein par exemple), relisez bien vos contenus et surtout, corrigez-les et complétez-les. Voilà de bons moyens de contourner des pénalités évitables tout en gagnant du temps dans votre rédaction.

Paid linking

L'obtention massive de liens entrants, ou *backlinks*, a toujours été en verve sur Google mais aussi sur d'autres moteurs de recherche plus récents tels que Bing ou Yandex. Le rôle des *rank* étant important, nombre de référenceurs souhaitent multiplier les liens vers leurs sites pour gagner en popularité et améliorer par ce biais leur positionnement.

Sur le principe, cela peut se comprendre car nous voulons tous être numéro un, et s'il faut obtenir des liens pour cela, alors la chasse est lancée… Dans les faits, tout est différent puisqu'il convient de ne pas confondre les liens de piètre qualité et ceux dont la valeur est quasi inestimable. Depuis la mise en place de Google Penguin, nous sommes certains que les liens entrants sont quantifiés par Google (c'était déjà le cas avant) mais surtout qualifiés ! En effet, la seule popularité ne se suffit plus, il faut également de la qualité et de la confiance, souvent rattachées au feu TrustRank.

Dans cette configuration, la donne a changé et il n'est plus possible d'obtenir des liens en masse de bonne qualité aussi facilement. En outre, Google a modifié le comportement de l'attribut `nofollow` en HTML afin de freiner la technique du PageRank Sculpting. Cette accumulation de mises à jour a poussé les spécialistes à chercher de plus en plus de liens par des biais différents…

La première solution, qui se pratique toujours, est de réaliser de faux communiqués de presse sous forme de blogs, par exemple, afin de rédiger des articles avec des contenus optimisés et quelques liens vers les sites associés. Ainsi, les moteurs peuvent penser qu'il s'agit de vrais textes et que tout cela est « naturel », mais dans la pratique, Google Panda repère assez facilement les faux blogs ou faux sites d'informations et les pénalisent lourdement ainsi que les petits malins qui en ont profité…

La deuxième méthode reste la recherche de liens par le biais d'annuaires, mais la qualité moyenne d'une grande majorité d'entre eux a fait déserter les référenceurs qui préfèrent se concentrer sur les meilleurs réseaux de sites.

Enfin, l'ultime méthode non naturelle est d'acheter des liens en faisant du paid linking. Elle permet de ne pas avoir à chercher longtemps et d'obtenir des liens en dur très facilement, ce qui n'est pas toujours détectable par les robots d'indexation. Cependant, la guerre a été lancée récemment par Google et de nombreux réseaux de liens payants ont été foudroyés.

Nous pouvons parler à nouveau de Buzzea, réseau français ayant succombé de ses blessures après avoir été sanctionné par Google. Matt Cutts a annoncé la sanction sur Twitter le 29 janvier 2014 mais d'autres réseaux similaires tels que Backlink.com, Ghost Rank 2.0, AngloRank sont aussi ciblés par le moteur… Le chef de l'équipe Webspam en a profité pour mettre en garde les réseaux des autres pays, dont l'Allemagne, à propos des liens payants contre lesquels Google lutte. D'autres sanctions vont donc tomber dans les mois à venir.

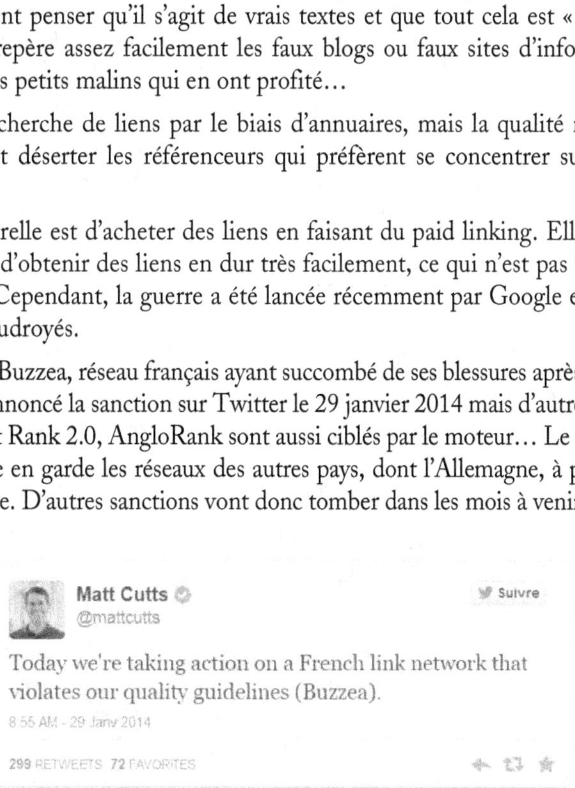

Figure 3–26
Matt Cutts annonce la sanction envers
le réseau de paid links français Buzzea.

Sur le principe, il est relativement logique que des liens obtenus contre de l'argent soient pénalisés car cela va à l'encontre des *guidelines* des moteurs. Aussi, les référenceurs honnêtes et respectueux se retrouvent lésés par ceux sans scrupule qui ne voient que par le PageRank. Il est certes plus facile d'acheter des lots de backlinks plutôt que de faire l'effort de construire avec intelligence son netlinking mais dans les faits, cette seconde solution est la seule qui permet de contrôler son profil de liens.

Le plus important n'est pas que les réseaux soient sanctionnés, mais surtout que les sites rattachés à ces réseaux prennent également une vague de pénalités. Google s'attache à amender tout le monde afin que cela ne se reproduise plus. En réalité, ce n'est pas la première fois que Google mène une lutte sans merci contre les techniques de spam à grand coup d'annonces fortes. Il faut donc être méfiant lorsque nous sommes dans la tourmente…

Rich snippets abusifs

Depuis l'arrivée des extraits de code enrichis (rich snippets), les webmasters peuvent ajouter des attributs HTML qui permettent de qualifier certains types de contenus.

L'avantage est de donner encore plus de sens sémantique au code source pour aider les robots à mieux comprendre les structures de pages mais aussi pour améliorer l'accessibilité générale des pages, même si tous les systèmes ne sont pas en corrélation directe avec la norme WAI-ARIA élaborée à cet effet.

Avec de bons extraits de code enrichis, nous pouvons aisément ajouter des informations au sein des résultats de recherche comme le prix d'un produit ou la note d'un article, par exemple. Cela permet d'être encore plus visible dans les SERP mais aussi d'agrémenter le résultat d'informations complémentaires qui peuvent inciter les internautes à cliquer sur les liens enrichis plutôt que les autres.

Partant de ce constat, les premières fraudes aux extraits de code enrichis ont commencé et une nouvelle fois, Google a dû sévir pour remettre les choses dans l'ordre. En effet, un internaute a précisé sur un forum avoir reçu un avertissement pour indiquer une pénalité causée par un usage abusif des rich snippets (source : http:// goo.gl/T9cxpt).

Le message est très clair et indique une violation des guidelines : « Markup on some pages on this site appears to use techniques such as marking up content that is invisible to users, marking up irrelevant or misleading content, and/or other manipulative behavior that violates Google's Rich Snippet Quality guidelines. »

En d'autres termes, Google précise désormais aux webmasters qu'ils risquent une pénalité lorsqu'ils franchissent la barre de l'acceptable en matière d'utilisation des extraits de code enrichis.

Affiliation et publicité spammy

Nous avons observé en début de chapitre les nombreuses mises à jour algorithmiques de Google et Yandex. Parmi les plus récentes nouveautés en matière d'algorithme anti-spam, nous pouvons remarquer que les publicités ou systèmes d'affiliation (naturels ou via piratage) sont désormais sanctionnés assez lourdement.

Si les moteurs n'interdisent pas de proposer des publicités ou même d'utiliser l'affiliation pour monétiser un site web, ils désirent avant tout que ce dernier apporte une certaine qualité et une valeur ajoutée aux visiteurs. Par conséquent, tout site web qui abuse de publicités, d'interstitiels ou de systèmes d'affiliation frauduleux peut être affecté par des pénalités importantes. Il convient donc d'être mesuré et de trouver un équilibre certain entre monétisation et valeur ajoutée pour l'utilisateur.

Tout laisse à croire que ce genre de pénalité se renforcera avec le temps et les nouvelles méthodes trouvées par les spécialistes du webmarketing pour trouver la parade à ces algorithmes. Il ne fait aucun doute que d'autres mises à jour viendront dans les mois qui suivront la rédaction de ces lignes…

Réseaux de sites (PBN)

Les réseaux de sites, ou *Private blog network* (PBN), correspondent à un réseau de sites web et blogs tous reliés à un site central, appelé *money site*. La méthode vise à créer un faux réseau de sites web qui gravitent autour d'une entité principale que l'on cherche à mieux positionner, par le biais de liens externes (provenant du réseau) mais aussi d'autres méthodes d'optimisation.

C'est une méthode qui peut très bien fonctionner à moyen et long terme si les sites satellites sont de bonne facture. En effet, en créant un réseau de sites web bien travaillé et efficace, l'ensemble peut apporter suffisamment de poids et de notoriété au site central. Néanmoins, il est recommandé de prendre garde à ne pas rendre le réseau trop facilement détectable, avec un enchevêtrement de liens bien pensé et des contenus suffisamment qualitatifs pour ne pas sembler fictif pour les robots des moteurs de recherche.

En septembre 2014, Google avait lancé une première grande vague de pénalité contre les réseaux de sites factices en s'appuyant sur les échanges de liens entre les diverses entités des PBN (source : http://bit.ly/31oBoGx). Avec le déploiement de Google Penguin quelques années plus tard, ce travail de sanction des réseaux de site a continué, sans pour autant que Google s'attèle au problème de manière précise. Nous avons vu dans ce chapitre que Bing s'est lancé dans la bataille depuis septembre 2019 également (source : http://bit.ly/2FTy8ZZ), en espérant bien liquider un grand nombre de ces faux réseaux de sites.

À ce jour, de nombreux PBN se créent encore et pullulent sur la Toile. Si les plus mauvais d'entre eux ont tendance à tomber rapidement pour cause de pénalité, les plus efficaces perdurent et se créent une place dans les SERP. Dans les techniques d'optimisation du référencement, nous ne pouvons pas totalement estimer que les réseaux de sites correspondent à une méthode à bannir, mais il convient d'être très prudent lors de leur conception et d'être au courant des risques encourus. En effet, si un réseau de sites est repéré, la majorité des sites qui le compose est souvent pénalisée, ou à défaut, le *money site* est exclu des premières pages des SERP.

Negative SEO

La technique du negative SEO (source : http://goo.gl/UedTFp) est la résultante logique de toutes les pénalités appliquées par les moteurs de recherche depuis des années puisqu'il s'agit de faire tomber des sites concurrents pour détruire le marché. Le principe est simple, il suffit de bien connaître les pénalités existantes et de tout faire pour les appliquer sur les sites concurrents afin de les faire chuter dans les SERP.

Le negative SEO (NSEO) a un effet destructeur souvent radical et il est difficile à déceler par les victimes mais aussi par les moteurs de recherche. C'est pourquoi les référenceurs les plus malintentionnés en abusent en toute impunité.

Nous venons de voir une liste de pénalités, sans oublier certaines autres comme la lutte contre les EMD, les contenus à faible valeur, les fermes de liens, etc. Par conséquent, il suffit à des spécialistes d'utiliser certaines techniques simples à mettre en place pour détruire la notoriété et la valeur d'un site auprès de Google, Bing, Yandex… Attention tout de même, ce livre n'est pas là pour vanter les mérites du negative SEO tant les agresseurs sont comparables à des casseurs, mais il est important de comprendre le principe pour mieux se protéger si possible.

Prenons un exemple simple : un référenceur vise une cible concurrente pour le faire chuter dans les SERP. Il va étudier les méthodes existantes et retenir celles qui sont le plus simples et les plus efficaces pour faire rugir les moteurs de recherche, Google en tête bien entendu. Un bon spécialiste ne mettra pas longtemps à trouver les techniques parfaites, en voici une courte liste, relativement faciles à mettre en place :

* créer des fermes de liens pointant vers des sites de la cible ;
* obtenir des liens de mauvaise qualité (paid linking ou non) par de mauvais annuaires, de mauvais blogs, etc. ;
* propager des contenus dupliqués sur divers sites ;
* réaliser de faux communiqués de presse avec des liens pointant vers la cible ;
* utiliser des failles web (injections, XSS…) pour ajouter ou modifier des scripts du site afin de faire du *cloaking*, des redirections malencontreuses, etc.

Une fois tout cela effectué, l'agresseur peut être encore plus vicieux et se servir du formulaire de délation Spam Report avec un compte fictif pour dénoncer le site cible qui sort des guidelines des moteurs et qui abusent des optimisations.

Figure 3–27
Formulaire de délation
antispam de Google

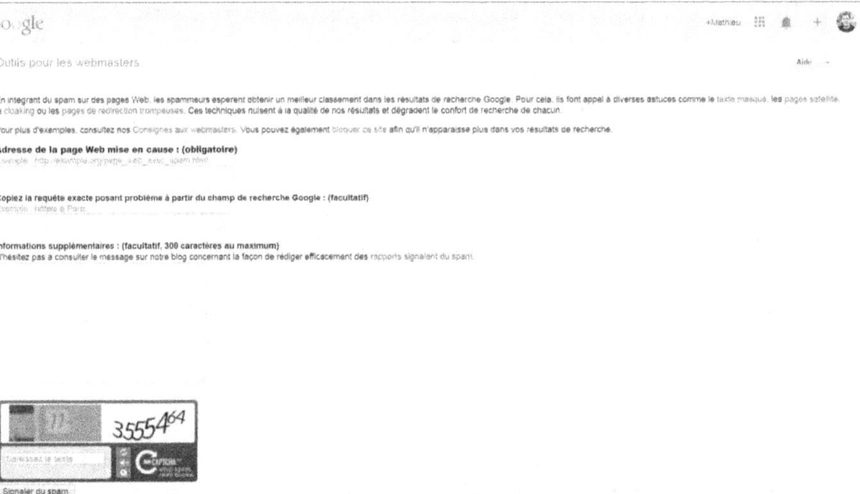

Il ne s'agit que d'un exemple, mais si cela se fait sur plusieurs semaines naturellement et que la délation arrive à point nommé, Google aura bien du mal à savoir si le site concerné a subi une attaque de negative SEO ou s'il fraude réellement… Quant à la victime, elle sombre dans les SERP voire se retrouve en liste noire sans rien avoir demandé à personne – il faut alors qu'elle parte dans une succession de demandes auprès des moteurs pour être réintégrée et prouver son innocence…

Dans les faits, les cas de negative SEO ne semblent pas faire légion car ils sont assez longs à mettre en place. La majorité des spécialistes, aussi malintentionnés soient-ils, préfèrent tout de même travailler leur référencement plutôt que de passer du temps à détruire chaque concurrent. Certains cas ont été décelés ces derniers mois et d'autres vont suivre, mais il vaut mieux éviter de céder à la panique car toutes nos baisses de classement sont rarement liées à ce type d'attaque, rassurons-nous…

Lutter contre le negative SEO est relativement complexe car les attaques peuvent être multiples et surtout être de tous types. En effet, nous ne pouvons pas contrer des fermes de liens comme des contenus dupliqués, il faut donc trouver ce qui entraîne les chutes liées à des attaques de NSEO avant de les contrer, et c'est souvent très difficile à détecter.

Voici quelques exemples de ce qu'il est possible de faire pour limiter la casse, voire lutter contre certains types d'attaques, mais cela n'est pas efficace à 100 % :

- créer des liens vers les réseaux sociaux (et notamment Google+) à l'aide de badge, d'API... au sein des articles ;
- créer sa page Google+ Local (si nécessaire) et obtenir rapidement le contrôle des données pour éviter que d'autres personnes s'approprient le lieu ou le nom ;
- sécuriser les pages web au maximum contre les injections SQL, la modification des noms de fichiers ou encore les failles XSS ;
- créer un bon fichier `.htaccess` pour contrecarrer d'éventuels détournements et redirections frauduleuses ;
- essayer d'obtenir un PageRank plus que raisonnable pour limiter les problèmes liés aux contenus dupliqués en devenant le domaine de référence ;
- utiliser des outils pour vérifier le plagiat et le contenu dupliqué tels que Copyscape ou Plagium ;
- suivre toutes les mentions du nom, des produits, de l'activité avec des outils d'alertes comme Google Alertes, Alerti, Mention, Giga Alerts, Infoxicate, etc. ;
- signaler tous les contenus dupliqués et les faux communiqués de presse que l'on trouve sur son compte ;
- utiliser des outils de suivi de backlinks pour remarquer s'il y a des trop-pleins de liens entrants et si tel est le cas, désavouer tous les liens (source : http://goo.gl/Ej4p2p).

Si vous procédez à un suivi régulier de votre site web et que vous utilisez le désaveu des faux liens et les demandes de suppression ou la délation pour les contenus dupliqués ou autres contenus frauduleux, vous pouvez déjà prouver que vous respectez les règles des moteurs mais vous pouvez également vous prémunir contre les attaques de NSEO. Ainsi, les éventuels problèmes que vous n'auriez pas détectés seront moins efficaces contre votre site et les attaques deviendront obsolètes.

4

Le suivi du référencement

Nous savons à présent axer notre référencement autour d'une bonne stratégie de visibilité (optimisation technique, textuelle, in page et off page…), mais le travail n'est pas pour autant terminé.

Il faut désormais suivre les résultats des actions menées afin de pouvoir les ajuster en temps réel si nécessaire, ou alors profiter pleinement de leur réussite si les objectifs sont atteints. Dans tous les cas, l'analyse et le suivi permettent d'évaluer la qualité des efforts fournis et de mesurer l'impact de l'indexation et du positionnement pour chaque page.

Le suivi du référencement comporte deux grandes étapes : le suivi de l'indexation (s'assurer que le site web a bien été pris en compte par les moteurs de recherche) et le suivi du positionnement (s'assurer que le site est visible dans les pages de résultats et qu'il obtient les meilleures positions sur les requêtes travaillées).

Suivre l'indexation

Pour réaliser une bonne indexation, nous avons dû soigner quelques critères plus ou moins importants tels que les fichiers `robots.txt` et `sitemap.xml`, le code HTML (qui se doit d'être propre et optimisé), les balises `meta robots` ou encore la régulation des technologies qui freinent le référencement naturel (Flash, JavaScript, Ajax…).

Si tous les voyants sont au vert selon vous, vous avez donc tout mis en œuvre pour que votre site soit prêt à être indexé. Il ne reste qu'à vérifier la qualité de l'indexation et à suivre son évolution…

Voir le site avec l'œil du spider

Avant de vérifier et d'évaluer la pertinence de l'indexation, il peut être important de savoir ce que les spiders perçoivent lorsqu'ils crawlent votre site. Ainsi, nous pouvons rapidement déterminer si des facteurs sont encore bloquants, si le code est de piètre qualité ou si nous risquons de ne pas obtenir les résultats escomptés.

Le module Web Developer

Première chose, il est conseillé de télécharger le module gratuit Web Developer sur Firefox ou Chrome. Au-delà de ses aspects pratiques et techniques pour les développeurs web, il s'avère vraiment très utile pour les référenceurs.

Il fournit des informations sur les éléments en Flash, JavaScript ou sur les Frames, ainsi que des données concernant les images (poids, titre, texte alternatif…), la structure du contenu (balises `<h1>` à `<h6>`, par exemple) ou encore les liens externes...

Il permet également d'observer son site différemment, avec ou sans style CSS. Sur ce principe, c'est un peu comme cela que les moteurs de recherche tels que Google, Bing et Yahoo! perçoivent le site, bien qu'ils s'intéressent en réalité au code source. Dans des navigateurs comme Mozilla Firefox, il existe même une option native pour retirer le style sans module complémentaire (en activant la barre de menus puis en cliquant dans *Affichage>Style de la Page>Aucun style*).

Figure 4–1
Un site sans style tel qu'il est vu
par les robots.

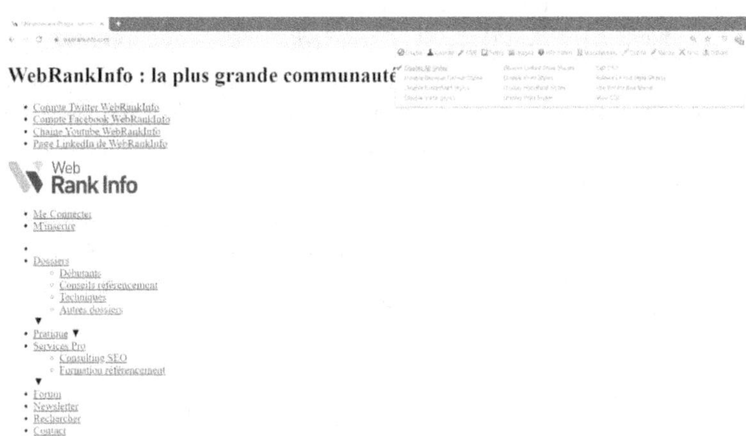

Nous pouvons voir dans quel ordre s'affichent les différents blocs et donc observer le sens de lecture des robots. Certes, cela n'est pas nouveau mais nous constatons donc que les contenus sont bien lus de haut en bas et de gauche à droite. Avec l'émergence de fonctionnalités CSS telles que les Flexbox ou les Grid CSS, l'ordre des blocs n'est plus toujours respecté entre le rendu visuel et le code réel, c'est pourquoi une vision sans style peut s'avérer pratique pour se rendre compte du rendu réel. D'autant plus que tous les textes masqués ou suroptimisés peuvent aussi se voir par ce biais, ce qui ajoute encore à la confusion.

Historiquement, certains moteurs de recherche n'indexaient qu'une partie des contenus, il fallait donc placer le plus haut possible les informations importantes pour être assuré d'être indexé mais aussi pour être mieux positionné. De nos jours, les moteurs indexent la totalité des contenus et un doute persiste toujours sur l'importance des premiers contenus affichés.

Matt Cutts avait indiqué en mai 2010 lors d'une conférence à Paris que les contenus situés en haut de page n'avaient pas plus de valeur que ceux situés en pied de page, sauf si les textes étaient répétés sur toutes les pages. En d'autres termes, si nous prenons au pied de la lettre ses affirmations, le positionnement dans la page ne compte pas mais les contenus répétés sont dévalués. Tous les tests effectués jusqu'à présent ont démontré le contraire, il est donc difficile de se faire un avis tranché tant la communication de Google est parfois maîtrisée pour semer le doute.

Retenons l'essentiel, l'extension Web Developer, voire les navigateurs eux-mêmes, permettent d'afficher les contenus sans style et d'observer rapidement comment est fondé le site web et ce que les robots peuvent voir. Mais cela ne va pas encore assez en profondeur, il faut aussi s'intéresser au code source…

Les simulateurs de robots

Les *spiders simulators* (ou simulateurs de robots) permettent de reproduire le comportement des robots d'indexation. Ces outils scrutent les sites web comme s'ils étaient des crawlers de moteurs de recherche afin de vous fournir un rendu visuel. Certes, le résultat n'est pas toujours facile à déchiffrer pour les plus débutants, voire indigeste, mais il faut surtout l'analyser pour voir si nous pouvons trouver facilement les contenus textuels, les menus (…) et comprendre la logique structurelle des pages…

Voici une liste de simulateurs en ligne de bonne facture (il arrive que certains affichent le résultat dans un mauvais encodage mais ne vous inquiétez pas, les robots lisent mieux les contenus) :

- https://www.duplichecker.com/spider-simulator.php ;
- https://tools.webconfs.com/spider-simulator;
- https://totheweb.com/learning_center/tools-search-engine-simulator/ ;
- https://www.prepostseo.com/spider-simulator ;
- https://smallseotools.com/spider-simulator/ ;
- https://www.iwebtool.com/spider_view ;
- http://www.yatooweb.com/referencement/simuler-robot.php.

Figure 4–2
Extraction des contenus vus par les robots avec Webconfs

Certains simulateurs vont plus loin qu'une simple extraction du texte ou du code source, en proposant déjà une classification des termes, une analyse des éléments principaux du référencement (titres internes, textes alternatifs des images…), donc presque un petit audit de site web, comme ToTheWeb.

Figure 4–3
Analyse du site de TF1 avec le simulateur du site totheweb.com

Le principal défaut des simulateurs de robots est qu'ils ont trop tendance à se concentrer uniquement sur les contenus, c'est-à-dire qu'ils se comportent davantage comme des extracteurs de textes plutôt que comme des robots réels.

Toutefois, ils donnent une approche différente et permettent de se rendre compte rapidement de la quantité de textes insérés dans les pages et surtout des informations qui arrivent le plus tôt dans les pages. Aussi, nous pouvons améliorer notre structure de site voire notre ergonomie en nous appuyant sur ces résultats afin de proposer les contenus les plus importants aux visiteurs le plus rapidement possible, ce qui constitue un bon point pour le référencement.

Suivre les robots avec les Webmaster Tools

Les outils présentés précédemment permettent une première approche mais aucun ne remplace réellement l'œil d'un vrai robot. En revanche, pourquoi aller chercher loin quand certains moteurs tels que Google et Bing nous proposent des outils simples à utiliser pour savoir comment leur robot scrute les sites web ?

En effet, Google, Bing et même le moteur russe Yandex proposent des Webmaster Tools, c'est-à-dire des interfaces complètes dans lesquelles de nombreux outils sont disponibles, par exemple pour analyser les pages web comme les robots.

Pour accéder à cette fonctionnalité, connectez-vous à votre compte Google Search Console, puis cliquez sur *Inspection de l'URL*. Saisissez ensuite une URL et attendez l'inspection de l'adresse. Ensuite, cliquez sur le bouton *Afficher la page testée*, le résultat affiché à droite correspondra à la lecture du site tel que le voit Googlebot, à la fois côté code (premier onglet) et en matière de présentation visuelle du site (second onglet). Sachez que si votre code possède des erreurs bloquantes en HTML, il sera noté en rouge dans le code source afin que vous puissiez aisément le remarquer.

Notez également que cet outil est pratique pour favoriser l'indexation car une option permet d'envoyer la page à l'indexation ainsi que les pages reliées, à l'aide du bouton *Demander une indexation*.

Figure 4–4
Inspection de l'URL dans
la Google Search Console

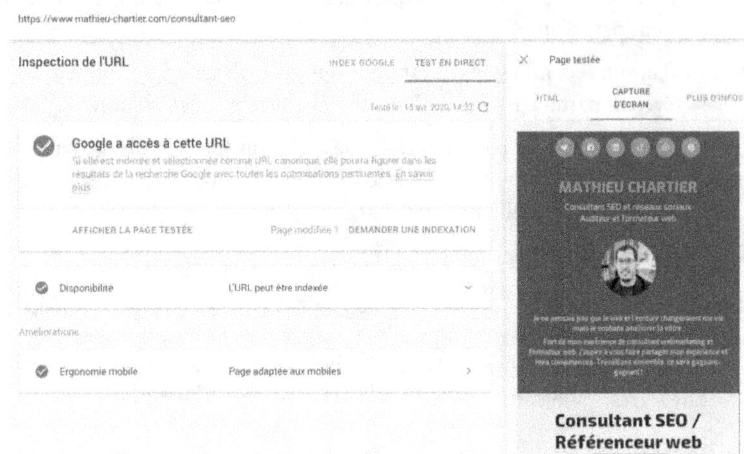

Dans Bing Webmaster Center, le procédé est quasi similaire. Cliquez sur *Diagnostics et outils>Analyser comme Bingbot*, puis saisissez l'URL à analyser et cliquez sur *Terminé* pour afficher le résultat. Les codes couleurs affichés dans l'interface permettent de lire encore plus facilement le code que dans l'outil de Google.

Figure 4–5
Visualiser un site web
comme Bingbot

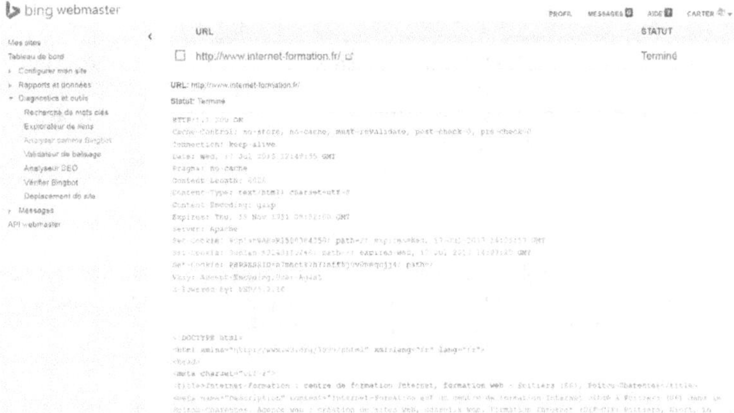

Mise en cache et paramètres cachés

Enfin, terminons notre tour des techniques simples qui nous permettent de nous mettre à la place d'un robot d'indexation en vérifiant la mise en cache des pages web au sein même des SERP.

Il arrive que des moteurs de recherche proposent d'afficher les pages en cache, c'est notamment le cas de Yahoo!, Bing et Google. Ainsi, nous pouvons obtenir une capture à une date précise mais aussi des informations intéressantes.

La mise en cache nous permet, par exemple, de capter la dernière date d'indexation (ou de modification) des pages web dans l'index des moteurs de recherche. Si nous analysons fréquemment les dates affichées, nous pouvons trouver un intervalle moyen de crawl de la part des robots, et donc leur fréquence de passage. Cet indicateur peut se révéler primordial quand nous voulons suivre notre indexation, nous reviendrons sur ce point par la suite.

Dans un second temps, il est important d'analyser en profondeur les URL des pages mises en cache car elles révèlent parfois des indications non négligeables dans le suivi.

Prenons le cas de plusieurs URL de cache sur Google, Bing, Yandex et même le moteur chinois Baidu pour le site www.abondance.com fondé par Olivier Andrieu. Toutes ces URL de cache sont longues et complexes à déchiffrer mais tellement intéressantes :

- Sur Google :

```
http://www.google.fr/url?sa=t&rct=j&q=&esrc=s&source=web&cd=1&ved=0CCMQIDAA&url=http%3A%2F%2F
webcache.googleusercontent.com%2Fsearch%3Fq%3Dcache%3AlCck6ZHqrVgJ%3Awww.abondance.com%2F%2B%
26cd%3D1%26hl%3Dfr%26ct%3Dclnk%26gl%3Dfr&ei=KhSgU9j4BMGr0QWlzYCACg&usg=AFQjCNEh-x2uWWz08_RYUa
ofJjw5haqM3w&sig2=UFMYSe1X1q5GZdxXXMv2zA&cad=rja
```

- Sur Bing :

```
http://cc.bingj.com/cache.aspx?q=r%c3%a9f%c3%a9rencement+inurl%3aabondance&d=4629774216856 58
2&mkt=fr-FR&setlang=fr-FR&w=tIiVqzohmfQ5YNMb2X6JjRJJZMsDeMBk
```

- Sur Yahoo! :

```
http://212.82.99.176/search/srpcache?ei=UTF-8&p=r%C3%A9f%C3%A9rencement+inurl%3Aabondance&fr=
yfp-t-401&u=http://cc.bingj.com/cache.aspx?q=r%C3%A9f%C3%A9rencement+inurl%3aabondance&d=4629
774216856582&mkt=fr-FR&setlang=fr-FR&w=tIiVqzohmfQ5YNMb2X6JjRJJZMsDeMBk&icp=1&.intl=fr&sig=Tb
YdrveEM5WDkOngSkRLSw--
```

- Sur Yandex :

```
http://hghltd.yandex.net/yandbtm?fmode=inject&url=http%3A%2F%2Fblog.abondance.com%2F&tld=ru&l
ang=en&la=&text=r%C3%A9f%C3%A9rencement%20inurl%3Aabondance&l10n=ru&src=F&mime=html&sign=7763
47ffbf0a5d634ae0199d248f6c3a&keyno=0
```

- Sur Baidu :

```
http://cache.baiducontent.com/c?m=9f65cb4a8c8507ed4fece763105392230e54f7306c8a8c432c88c21f846
```

Comment obtenir les URL détaillées des moteurs ?

Les URL doivent s'obtenir en copiant l'adresse du lien lorsque l'on pointe sur le lien de mise en cache, et non pas en recopiant l'adresse affichée une fois dans la page en cache. En effet, certaines informations disparaissent dans ce cas…

Si nous analysons ces adresses de cache, nous remarquons tout d'abord qu'aucune ne fait la même taille et qu'une multitude de paramètres sont transmis via les URL. Tous ne sont pas simples à déchiffrer mais certains sont compréhensibles et intéressants.

- Les paramètres de récupération de la requête varient d'un moteur à l'autre. Nous retrouvons q pour Google (vide si nous sommes en HTTPS), Yahoo! et Bing, query pour Baidu et text pour Yandex.

- Certains moteurs permettent de trouver le positionnement de la page à la date du cache. Google affiche notamment le paramètre cd qui indique la position dans les SERP, tandis que Baidu utilise p1 pour cette information. Les autres moteurs masquent ces indications qui sont très importantes pour le suivi du positionnement. Nous reviendrons en détail sur ce sujet dans la suite de ce chapitre (section « Utiliser PHP pour réaliser des rapports de positionnement »).

- La langue de recherche est indiquée dans divers paramètres tels que lang, mkt, setlang ou encore l10n mais tous ne l'affichent pas. Il faut dire que cette information n'est pas nécessairement majeure pour la mise en cache et l'extension du nom de domaine peut suffire pour comprendre la langue.

- Enfin, Google et Yandex indiquent la source de la recherche. Si le mot-clé web chez Google est assez explicite comme source, le paramètre src de Yandex précise un F qui semble correspondre à la recherche classique.

Nous venons donc de remarquer que la mise en cache pouvait s'avérer intéressante dans l'analyse des pages web d'un point de vue visuel mais aussi pour amorcer un suivi de positionnement selon les moteurs de recherche. Retenons cependant que son rôle est avant tout d'aider à analyser l'indexation des pages et la fréquence de passage des robots.

Figure 4–6
Mise en cache proposée par Bing
pour le JDN

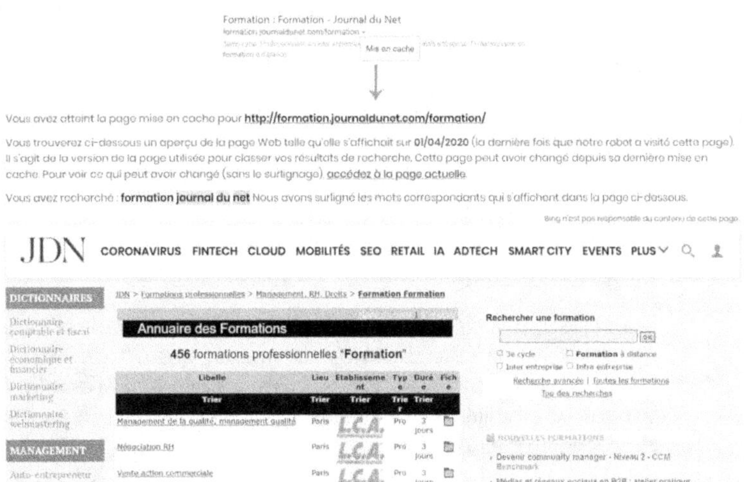

L'avantage de certains moteurs comme Google est de proposer également une « version texte » de la mise en cache afin de voir le site sans style CSS et d'avoir un instantané à une date précise de l'ordre structurel des contenus notamment.

Figure 4–7
La même page en cache en texte seul

Scruter les contenus avec un robot en PHP

Rappelons-nous que les moteurs de recherche lisent avant tout du code source et crawlent les fichiers d'un site dans leur totalité en extrayant toutes les informations intéressantes telles que les en-têtes HTTP, les contenus textuels, les extensions de fichiers ou encore les zones chaudes…

Aucune des techniques employées précédemment ne nous permet de récupérer toutes ces informations, il faudrait plusieurs outils pour cela. Nous allons créer un simulateur de robot « maison » en PHP pour scruter nos pages de manière entièrement personnalisée. L'avantage est de pouvoir modifier le code à notre guise selon nos besoins pour obtenir toutes les informations utiles.

Nous allons devoir procéder par étape pour réaliser un simulateur totalement indépendant qui s'adapte à chaque page pour montrer ce que les robots lisent dans nos codes sources :

1 créer une fonction qui va aller chercher le code source des URL à l'aide de la bibliothèque cURL en PHP (il peut exister des alternatives avec la classe `DomDocument` et même la fonction `file_get_contents()` si vous préférez) ;

2 réaliser une page avec un formulaire HTML adapté qui lancera la fonction si le simulateur est lancé ;

3 ajouter des styles CSS pour personnaliser l'interface finale et obtenir un rendu intéressant.

Qu'est-ce que cURL ?

La bibliothèque cURL *(client URL Request Library)* permet de manipuler et de récupérer des informations issues de pages ou d'autres ressources présentes sur un réseau informatique. Les avantages sont nombreux car cURL donne la possibilité de scruter tout ce que vous souhaitez ; il faut juste veiller à ne pas outrepasser le cadre légal…
Le module cURL doit être installé sur un serveur pour que la fonctionnalité soit disponible. Il convient donc de vérifier sa présence et son activation avec la fonction PHP `phpinfo();`.

La fonction de simulateur de robot va pouvoir réaliser plusieurs tâches avant d'afficher le résultat :

* parcourir l'URL testée ;
* récupérer les en-têtes HTTP avec cURL ;
* récupérer le contenu de la page avec cURL et afficher le code source proprement ;
* gérer les problèmes d'encodage à la volée pour éviter un affichage de mauvaise qualité ;

- ajouter une option pour numéroter les lignes du code source ;
- ajouter une colorisation personnalisée du code pour mieux se repérer et faciliter la lecture.

Une fois toutes ces étapes franchies, nous devrions obtenir un résultat comme celui représenté à la figure 4-8.

Figure 4–8
Exemple de site vu via un robot d'indexation

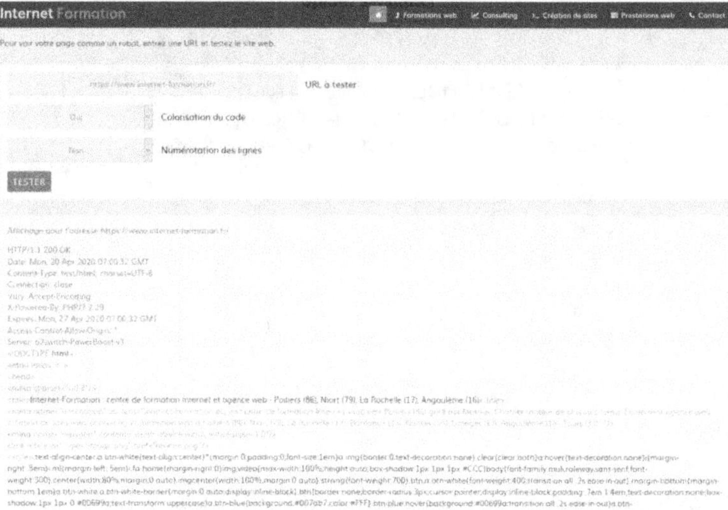

Tout d'abord, créez le fichier `spider-simulator.php`. C'est ce fichier qu'il faudra lancer pour afficher le simulateur et son formulaire. Il faudra l'activer sur la Toile ou tout simplement passer par un serveur local comme WampServer, uWamp ou Xampp. Pour récupérer les contenus de la page, nous pouvons utiliser l'extension cURL (à activer) ou passer par la fonction simple `file_get_contents()`, notre programme va donc proposer les deux variantes (la version avec cURL étant commentée par défaut).

Activer cURL sur un serveur local

Sur WampServer, cURL n'est pas activé par défaut. Pour l'activer, sélectionnez l'extension `php_curl` située dans PHP>Extensions PHP.

Procédons par étape pour construire notre simulateur de robot… Pour commencer, nous créons la fonction du robot :

```php
<?php
// Fonction du simulateur de robot
// 1. URL à tester
// 2. Activer ou non la colorisation du code (true/false)
// 3. Numéroter ou non les lignes de code (true/false)
function spiderSimulator($page = '', $colorisation = false, $numerotation = false) {
  // Ajout du protocole s'il est manquant
  if(!preg_match("#^https?://#iU", $page)) {
    $page = "http://".$page;
  }
```

```php
/*==========================*/
/*=== Version avec CURL ===*/
/*==========================*/
/*// Activation de cURL
$url = curl_init($page);

// Options de cURL (retour des données et des en-têtes)
curl_setopt($url, CURLOPT_HEADER, true);
curl_setopt($url, CURLOPT_RETURNTRANSFER, true);
curl_setopt($url, CURLOPT_SSL_VERIFYPEER, false);

// Récupération du contenu
$contenu = curl_exec($url);
$code = '';

// Fermeture de cURL
curl_close($url);*/

/*==========================*/
/*=== Version classique ===*/
/*==========================*/
// On initialise le code
$code = '';

// Liste les entêtes
$headers = get_headers($page);
foreach($headers as $header) {
  // Si la colorisation est active
  if($colorisation == true) {
    $code.= '<span style="color:#444">'.$header."</span><br/>\n";
  } else {
    $code.= $header."<br/>\n";
  }
}

// Lit le contenu
$context = stream_context_create(
  array(
    'http'=>array(
      'header' => "User-Agent:Spider-Simulator/1.0\r\n")
  )
);
$contenu = file_get_contents($page, false, $context);

// Découpage du contenu en ligne
$lignes = explode("\n", $contenu);

// Afficher ligne par ligne
foreach($lignes as $num => $ligne) {
  // Affichage optionnel du numéro de ligne
  if($numerotation == true) {
```

```php
        $code .= '<span style="display:inline-block; width:40px; color:green">'.$num."</span>";
    }

    // Affichage des balises HTML
    $ligne = htmlspecialchars($ligne);

    // Si la colorisation est active
    if($colorisation == true) {
        // Colorisation des attributs et valeurs d'attributs
        $regex = "#(.*)([a-zA-Z0-9:-]+)(=)(&quot;|&apos;|[\'])([^\']+)(&quot;|&apos;|[\'])([/> ]|&gt;)#iU";
        $replace = "$1<span style='color:#FB5758'>$2$3</span><span style='color:#FB5758'>$4
</span><span style='color:#999'>$5</span><span style='color:#FB5758'>$6</span>$7";
        $ligne = preg_replace($regex, $replace, $ligne);

        // Colorisation des balises
        $regex = "#(&lt;/?[a-zA-Z0-9!]+[ ])#iU";
        $replace = "<span style='color:#0089E2'>$1</span>";
        $ligne = preg_replace($regex, $replace, $ligne);
        $regex = "#(&lt;/?[a-zA-Z0-9]+/?&gt;)#iU";
        $replace = "<span style='color:#0089E2'>$1</span>";
        $ligne = preg_replace($regex, $replace, $ligne);
        $regex = "#(/?&gt;)#iU";
        $replace = "<span style='color:#0089E2'>$1</span>";
        $ligne = preg_replace($regex, $replace, $ligne);
    }

    $code .= $ligne;
    $code .= "<br/>\n";
  }

  // On force l'affichage en UTF-8
  preg_match("#charset=['\"]?([a-zA-Z0-9-]+)['\"]?[^a-zA-Z0-9-]#iU", $code, $result);
  if(!empty($result)) {
    $encodage = strtolower($result[1]);
    if($encodage != 'utf-8') {
      $code = mb_convert_encoding($code, "UTF-8", $encodage);
    }
  }

  // Affiche le code source complet
  echo $code;
}
?>
```

Alternatives pour afficher le code source en PHP

Il existe une méthode encore plus simple pour afficher le code source d'une page. Il suffit d'utiliser la fonction `show_source()` ou son équivalent `highlight_file()` en PHP pour donner un rendu total. Toutefois, la colorisation relative à ces fonctions n'est pas toujours activée sur nos serveurs et elle ne rend pas les en-têtes HTTP, ce qui nous éloigne d'un vrai robot d'indexation.

Maintenant, créons la page HTML avec formulaire et style CSS :

```html
<!DOCTYPE html>
<html>
<head>
<meta charset="utf-8"/>
<title>Spider Simulator</title>
<style type="text/css"/>
* {margin:0; padding:0; font-size:100%}
#formulaire {background:#eee; padding:1%}
#formulaire h1 {font-size:1.8em; color:#004C54; margin-bottom:1em}
.bloc {margin-bottom:.8em}
.bloc label {display:block; font-weight:bold; padding:.1em;}
.bloc input, .bloc select {display:block; float:left; margin-right:1em; padding:.1em;
border:1px solid #ccc;}
.bloc input {width:250px;}
.bloc select {width:72px; text-align:center;}
#resultat {background:#fafafa; padding:1em}
#resultat h2 {font-size:1.3em; color:#198A95; margin-bottom:.8em}
#bouton input {padding:.2em .5em; font-weight:bold; border:1px solid #ccc; background:#fff;
              color:#004C54}
#bouton input:hover {background:#004C54; color:#fff}
</style>
</head>

<body>
<div id="formulaire">
<h1>Simulateur de robot d'indexation</h1>
<form method="post">
    <div class="bloc">
    <input type="text" name="url" value="<?php if(isset($_POST['url']))
    { echo $_POST['url']; } ?>"/>
    <label for="url">URL à tester</label>
    </div>

    <div class="bloc">
    <select name="col">
        <option value="0" <?php if(isset($_POST['col']) && $_POST['col'] == 0)
        { echo 'selected="selected"'; } ?>>Non</option>
        <option value="1" <?php if(isset($_POST['col']) && $_POST['col'] == 1)
        { echo 'selected="selected"'; } ?>>Oui</option>
    </select>
    <label for="col">Colorisation du code</label>
    </div>

    <div class="bloc">
    <select name="num">
        <option value="0" <?php if(isset($_POST['num']) && $_POST['num'] == 0)
        { echo 'selected="selected"'; } ?>>Non</option>
        <option value="1" <?php if(isset($_POST['num']) && $_POST['num'] == 1)
        { echo 'selected="selected"'; } ?>>Oui</option>
    </select>
```

```
    <label for="num">Numérotation des lignes</label>
    </div>

    <p id="bouton"><input type="submit" name="submit" value="Tester"/></p>
</form>
</div>

<div id="resultat">
<?php if(isset($_POST['submit']) && !empty($_POST['url'])) {?>
<?php // Traitement des données
    $url = htmlspecialchars($_POST['url']);
    $col = htmlspecialchars($_POST['col']);
    $num = htmlspecialchars($_POST['num']);
?>
<h2>Affichage pour l'adresse <?php echo $url; ?></h2>
<p><?php spiderSimulator($url, $col, $num); ?></p>
<?php } ?>
</div>
</body>
</html>
```

Il suffit enfin de lancer le fichier PHP pour obtenir le formulaire. Ensuite, testons une URL et choisissons les options que nous préférons pour obtenir le résultat adéquat. Il est recommandé d'utiliser la colorisation du code source pour faciliter la lecture. Ainsi, nous pouvons rapidement constater que quelque chose ne pas va et si le code peut être bloquant…

Suivre les pages indexées

Les moteurs de recherche enregistrent 24 h/24 des pages web grâce à des systèmes puissants et avancés de crawl. Nous devons absolument suivre les pages indexées afin de mesurer la qualité des sites web ainsi que leurs performances en termes d'indexation.

Nous allons voir plusieurs techniques pour obtenir des résultats intéressants mais nous remarquerons rapidement qu'aucune n'est idéale. Qui plus est, les moteurs n'indexent que les pages qu'ils estiment pertinentes, même lorsque nous mettons tout en œuvre pour enregistrer la totalité de nos pages. De ce fait, il sera difficile d'obtenir des résultats complets et réalistes du suivi de l'indexation.

Commande site: et informations sur le site

La solution la plus simple pour savoir si une page a bien été indexée par les moteurs de recherche est de taper la commande `site:` (suivi d'une URL) dans le champ de recherche des moteurs. Cette commande ne fonctionne pas sur tous les moteurs du marché mais elle permet de rapidement scruter les pages enregistrées dans les index.

En d'autres termes, si un moteur de recherche ne fait ressortir aucune voire très peu de pages web en utilisant cette commande, vous pouvez estimer qu'il existe un problème d'indexation à résoudre. Ils peuvent être nombreux et souvent résolus en menant des actions précises :

* relancer un fichier `sitemap.xml` ;
* proposer des URL à l'indexation dans les moteurs ou les interfaces pour webmasters ;
* améliorer la structure du site et le Bot Herding, à savoir le parcours des robots.

Voici un exemple d'utilisation de la commande `site:` avec le blog www.miss-seo-girl.com. Google a indexé 797 pages, ce qui prouve que le moteur n'a rencontré aucun souci majeur pour indexer les pages. Cependant, n'oublions pas que la totalité des pages ne sera pas nécessairement indexée, ce n'est donc pas parce que toutes les pages ne sont pas retenues qu'il existe des problèmes majeurs d'indexation. Il suffit juste de veiller aux liens morts ou aux pages dupliquées, par exemple, pour contrer les cas problématiques.

Figure 4–9
Suivi de l'indexation dans Google

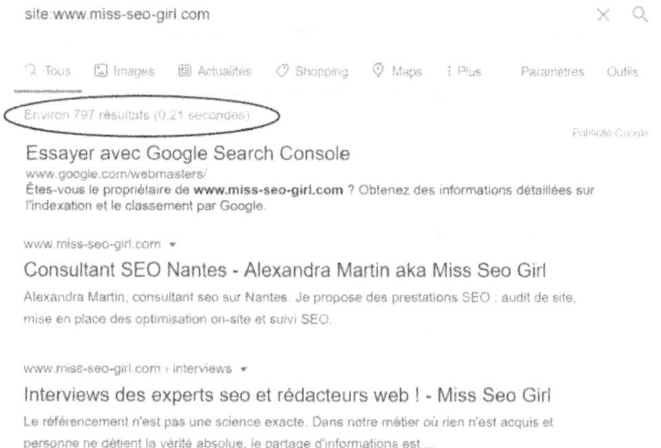

Il faut également noter que la commande `site:` prend en compte le préfixe qui précède le nom de domaine. En effet, un sous-domaine est différencié du domaine principal en www. Si vous tapez `site:site.com`, les moteurs affichent l'ensemble des pages indexées pour le nom de domaine et ses sous-domaines. Il faut donc taper `site:www.site.com` si vous ne souhaitez afficher que les URL du site principal. Sur le même principe, tapez une commande telle que `blog.site.com`, par exemple, si vous voulez voir seulement les pages indexées d'un sous-domaine.

La commande `site:` est pratique mais il arrive que le total des pages indexées soit inexact. En effet, il est fréquent que les moteurs suppriment des doublons ou masquent des pages qu'ils estiment moins pertinentes, par exemple, notamment pour des sites de grande envergure. Néanmoins, si le site est qualitatif et si aucun problème majeur de crawl n'est détecté, les résultats sont plutôt de qualité et donnent un aperçu intéressant du travail d'indexation effectué. Dans le pire des cas, vous pouvez utiliser ces fonctions PHP pour obtenir le nombre total de pages indexées (et leur liste) issu de l'API Custom Search de Google (vous trouverez des alternatives dans divers langages à cette adresse : https://goo.gl/TGdJfv).

L'ancienne API Search de Google ayant été remplacée par Custom Search, il convient désormais d'obtenir une clé obligatoire dans le gestionnaire d'API pour développeurs (source : https://console.developers.google.com/apis/). C'est gratuit, mais il est nécessaire de créer un projet puis d'activer l'API Custom Search dans la bibliothèque proposée (100 requêtes gratuites par jour maximum). En outre, il faut également obtenir un ID de moteur de recherche personnalisé via le service CSE de Google (source : https://cse.google.com). Pour ce faire, il suffit de créer un moteur de recherche fictif pour l'URL à tester et d'en récupérer l'identifiant.

Une fois cette phase d'authentification et de création de moteur interne fictif passée, il ne reste qu'à appliquer les trois fonctions PHP présentées ci-après. La première fonction, appelée `pagesIndexees()`, applique un traitement récursif dans l'API Custom Search afin d'obtenir le nombre de pages indexées (selon ce qu'affiche la commande `site:`, donc pas nécessairemment la réalité), mais aussi la liste des documents affichés dans les SERP via cette commande.

Les deux autres fonctions PHP servent à afficher un tableau des résultats et à créer un fichier CSV avec les données utiles. Ces deux fonctions sont appelées directement dans la première selon les paramètres réglés, que voici :

* `$domaine` correspond à l'adresse à tester (par exemple, www.site.com), qui doit correspondre aux paramètres de recherche interne indiqués dans CSE ;

* `$tokenKey` correspond à la clé de l'API récupérée via la console pour développeurs de Google ;

* `$cx` correspond à l'ID du moteur de recherche interne récupéré via CSE ;

* `$csv` est un booléen (true/false) qui active ou non l'export en CSV (true par défaut) ;

* `$displayTab` est un booléen (true/false) qui active ou non l'affichage d'un tableau récapitulatif dans le navigateur (true par défaut) ;

* `$params` est un tableau contenant des paires clé/valeur pour ajouter des paramètres de recherche optionnels pour l'API.

Voici donc les trois fonctions créées :

```php
<?php
function pagesIndexees(string $domaine = '', string $tokenKey = '', string $cx = '',
        bool $csv = true, bool $displayTab = true, array $params = array("filter" => 0)) {
    if(!empty($domaine)) {
        // Paramètres pour la récursion
        static $totalPages = array(); // tableau du nombre de pages indexées selon Google
        static $listePages = array(); // tableau des pages indexées
        static $i = 0; // Pour compter le nombre de pages à crawler avec l'API

        // Paramètres d'origine pour l'API
        $start = 1; // On commence au premier résultat de Google
        $count = 10; // 10 résultats par page (maximum pour l'API)

        // URL de l'API Custom Search de Google
        $url = "https://www.googleapis.com/customsearch/v1";
        $url.= "?q=site:".$domaine;
        if(!empty($tokenKey)) {
            $url.= "&key=".$tokenKey;
        }
        if(!empty($cx)) {
            $url.= "&cx=".$cx;
        }
        // Liste des paramètres
        foreach($params as $param => $paramValue) {
            $url.= "&".$param."=".$paramValue; // &start = ...
        }

        // Connexion à l'API selon l'URL formée
        if($contenuJSON = @file_get_contents($url)) {
            // Récupération du résultat décodé en JSON
            $resultat = json_decode($contenuJSON, true);
```

```php
            // Récupération du nombre de résultats initialement affichés par Google
            $totalPages[$i] = (int) $resultat['searchInformation']['totalResults'];

            // Récupération des données
            foreach($resultat['items'] as $item) {
                $listePages[] = array(
                    'url' => $item['link'],
                    'title' => $item['title'],
                    'snippet' => $item['snippet']
                );
            }

            // Lancement récursif de la fonction (si des résultats sont encore à crawler)
            if(isset($resultat['queries']['nextPage'])
               && !empty($resultat['queries']['nextPage'])) {
                $i++; // On incrémente le numéro de la page crawlée
                $params['start'] = ($i * $count) + 1;
                // On paramètre le nouveau départ de requête
                pagesIndexees($domaine, $tokenKey, $cx, $csv, $displayTab, $params);
                die(); // Sécurité
            }

            // Retourne les résultats dans un tableau
            $tab = array(
                'nbPages' => $totalPages[0],
                'pages' => $listePages,
            );
        } else {
            $error = error_get_last();
            $tab = array('error' => $error);
        }

        if($displayTab === true) {
            saveInTab($tab);
        }
        if($csv === true) {
            saveInCSV($tab, $domaine);
        }
    }
}

// Fonction de formatage pour afficher la liste des pages indexées
function saveInTab(array $tab) {
    if(!isset($tab['error'])) {
        $totalPages = $tab['nbPages'];
        $totalPagesListing = count($tab['pages']);
        $listePages = $tab['pages'];

        // Formation d'un affichage final en tableau
        $tab = '<table id="suivi-indexation">';
        $tab.= "<thead>";
```

```php
        $tab.= '<tr><th colspan="3">'.$totalPagesListing." pages indexées (sur "
                                .$totalPages." comptabilisées par l'API)</th></tr>";
        $tab.= "<tr>";
        $tab.= "<th>N°</th>";
        $tab.= "<th>URL indexée</th>";
        $tab.= "<th>Titre affiché</th>";
        $tab.= "<th>Snippet affiché</th>";
        $tab.= "</tr>";
        $tab.= "</thead>";
        $tab.= "<tbody>";
        $nb = 1;
        foreach($listePages as $page) {
            $tab.= "<tr>";
            $tab.= "<td>".$nb."</td>";
            $tab.= "<td>".$page['url']."</td>";
            $tab.= "<td>".$page['title']."</td>";
            $tab.= "<td>".$page['snippet']."</td>";
            $tab.= "</tr>";
            $nb++;
        }
        $tab.= "</tbody>";
        $tab.= "</table>";

        echo $tab;
    } else {
        echo "<p>Erreur dans l'URL. Vous avez peut-être atteint la limite journalière
autorisée par l'API Custom Search.</p>";
        if(isset($tab['error']['line'])) {
            echo "<p>Erreur (ligne ".$tab['error']['line'].") : "
                .$tab['error']['message']."</p>";
        }
    }
}

// Fonction d'enregistrement des URL indexées dans un CSV
function saveInCSV(array $tab = array(), string $domaine = '', string $logs_directory = '') {
    if(!isset($tab['error'])) {
        // Création du fichier CSV
        $filename = $logs_directory.'pages-indexees-'.$domaine.'.csv';

        // Création d'un répertoire si désiré et si inexistant
        if(!empty($logs_directory) && !is_dir($logs_directory)) {
            mkdir($logs_directory, 0705);
        }

        // Ajoute la barre oblique à la fin en cas d'oubli
        if(!empty($logs_directory) && is_dir($logs_directory)
            && mb_substr($logs_directory, -1) != "/") {
            $logs_directory.= "/";
        }

        $totalPages = $tab['nbPages'];
```

```php
        $totalPagesListing = count($tab['pages']);
        $listePages = $tab['pages'];

        // Ouverture du fichier CSV
        $file = fopen($filename, 'w+');

        // BOM pour UTF-8 (important pour les accents)
        fputs($file, "\xEF\xBB\xBF");

        // Ajout des en-têtes
        $entetes = array("URL indexée", "Titre", "Snippet");
        fputcsv($file, $entetes, ";");

        // Ajout des données dans le CSV
        foreach($listePages as $page) {
            fputcsv($file, $page, ";");
        }

        // Ajout des totaux
        $totaux = array(count($tab['pages'])." pages indexées", $tab['nbPages']
                ." documents recensés par Google", "");
        fputcsv($file, $totaux, ";");

        // Fermeture du fichier
        fclose($file);

        echo "<p>Fichier <em>".$filename."</em> créé avec succès !</p>";
    } else {
        echo "<p>Erreur dans l'URL. Vous avez peut-être atteint la limite journalière
autorisée par l'API Custom Search.</p>";
        if(isset($tab['error']['line'])) {
            echo "<p>Erreur (ligne ".$tab['error']['line'].") : "
                .$tab['error']['message']."</p>";
        }
    }
}
?>
```

Il ne vous reste plus qu'à lancer la fonction selon vos paramètres avec ce code court :

```php
$domaine = "www.site.fr";
$cleAPI = "VOTRE_CLE";
$IDmoteur = "ID_MOTEUR_INTERNE";
pagesIndexees($domaine, $cleAPI, $IDmoteur);
```

Cette technique est fastidieuse à utiliser pour les grands sites web, mais présente l'avantage d'afficher les URL des pages indexées et affichées avec la commande site: de Google. Le fait d'être limité à 10 000 requêtes par jour via l'API Custom Search ne permet pas de crawler plus de 100 000 résultats indexés (10 000 pages de 10 résultats chacune). Il faut payer si vous souhaitez dépasser cette limitation pour obtenir un suivi plus avancé avec l'API.

L'atout de ces fonctions est de faire ressortir une liste d'URL indexées pour des sites web de petite ou moyenne envergure. Même si le nombre d'URL indexées est parfois loin de la réalité, cette première ébauche de liste permet d'effectuer un suivi précis des pages qui ne seraient pas retenues par Google. Il suffit en effet de filtrer la liste de vos URL en utilisant celle obtenue via l'API afin de ne conserver que les URL qui ne sont pas indexées par Google. Vous pourrez alors analyser pourquoi ces pages n'intéressent pas le moteur de recherche et potentiellement les modifier pour faire en sorte que la situation change.

Que vous fassiez ce travail manuellement ou via ces fonctions PHP, nous constatons souvent un écart entre les pages indiquées via la commande `site:` et la réalité de l'index de Google. Par exemple, nous allons voir comment contrôler les pages indexées via les outils pour webmaster et nous pourrons constater généralement des différences dans les valeurs affichées. Pour rester positif, retenez donc que la commande `site:` ne vous permet d'obtenir qu'un nombre minimum de pages indexées par Google.

D'autres informations peuvent être récupérées sur le site comme l'URL canonique d'une page, la date de dernière exploration ou encore le type de crawler qui visite la page (en général GoogleBot-Mobile) via la Google Search Console, (ou les autres Webmaster Tools des moteurs concurrents) le rapport *Couverture* ou directement avec l'inspection d'une page web. Avant que Google ne supprime la commande `info:` en mars 2019 (source : https://bit.ly/2xz53T5), cette dernière permettait d'obtenir des informations complémentaires intéressantes, telles que les pages web similaires (accessibles via la commande `related:site.com`), les backlinks pointant vers une page donnée (la commande `link:` ne fonctionne plus), la version en cache (équivalent de `cache:site.com`), etc.

Figure 4–10
Récupération d'informations
dans l'inspection d'URL
de la Google Search Console

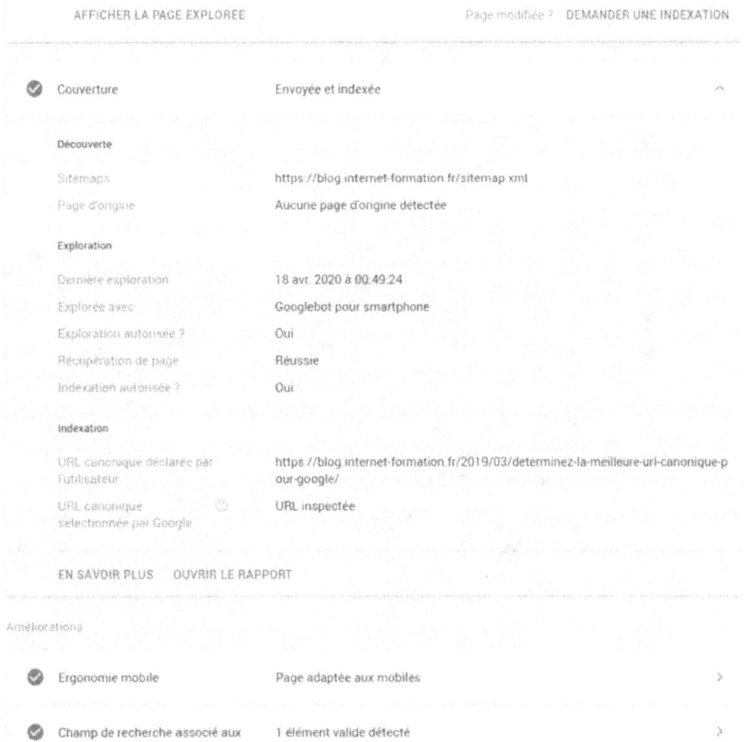

> **La commande src: anti-plagiat pour Google Images...**
>
> Google Images possède une commande `src:` pour afficher la liste des images indexées et relatives à une URL donnée (source : `https://goo.gl/u2oSpD`). Contrairement à la commande `site:` qui peut aussi être utilisée dans Images, `src:` propose l'ensemble des URL qui utilisent les images hébergées par l'URL fournie. Vous pouvez donc voir vos images indexées par Images mais aussi celles volées sur votre site web (*hotlinking*).
>
> Pour savoir si quelqu'un vole vos images facilement, il suffit d'aller dans Images et d'entrer une ligne de commande comme celle-ci :
>
> `src:https://www.domain.fr -site:https://www.domain.fr`
>
> Ainsi, vous ne verrez apparaître que les images volées par d'autres sites web que le vôtre. Le suivi du plagiat sera alors bien plus simple...

Webmaster Tools pour suivre l'indexation

Une autre solution pour avoir une idée du nombre des pages indexées par les moteurs de recherche est d'utiliser les interfaces pour webmasters (Google, Bing, Yandex...). Ces outils en ligne offrent la possibilité de suivre l'état de l'indexation fréquemment mis à jour par les moteurs. Ainsi, des courbes ou tableaux résument rapidement le nombre de pages indexées au fil du temps.

En revanche, il faut être très prudent avec les chiffres annoncés car ils sont parfois erronés pour plusieurs raisons :

* la mise à jour des données n'a pas encore été affichée dans les Webmaster Tools ;
* les pages doublons sont comptabilisées ou ignorées ;
* des erreurs de crawl n'ont pas permis de retenir toutes les pages à la dernière date de passage.

Globalement, les résultats affichés sont plus plausibles qu'avec la commande `site:` et ils sont souvent proches de la réalité sur l'état de l'indexation.

Si vous avez des doutes et que vous avez mis en place un fichier `sitemap.xml`, il peut être intéressant de comparer le nombre d'URL indexées à partir du `sitemap.xml` et celui affiché dans le suivi de l'indexation des interfaces pour webmasters. Il se peut que persistent quelques différences mais normalement, les chiffres doivent être relativement approchants.

Pour suivre la qualité de l'indexation dans Google Search Console, il suffit de cliquer sur *Index>Couverture*. Google fournit des statistiques et des courbes évolutives sur l'indexation de vos pages (nombre de pages ajoutées ou supprimées de l'index, etc.). Ce rapport très complet est intéressant grâce à son niveau de détail, qui permet de voir en quelques coups d'œil les motifs d'indexation ou de non-indexation des pages, en cliquant simplement sur les entêtes en haut de page (« Valides », « Exclues », etc.). Chaque motif peut être cliqué et la Search Console peut alors afficher jusqu'aux 1 000 permiers résultats de la catégorie, ce qui est amplement suffisant pour les sites de petite ou moyenne envergure. Par exemple, Google peut ne pas avoir indexé des pages parce qu'elles génèrent des « soft 404 » ou constituent des « pages en double sans URL canonique sélectionné par l'utilisateur », etc. Il existe toute une liste de facteurs explicatifs qui aident les webmasters à mieux cerner les problématiques d'indexation et donc de rapidement repérer les causes de ces dernières. Une forte montée de pages en « soft 404 » en quelques semaines peut démontrer que le site rencontre un problème technique par exemple, là où le suivi historique de l'indexation ne nous aurait pas autant guidés vers une telle solution.

Figure 4–11
Suivi de l'état de l'indexation
dans la Google Search Console

Le seul inconvénient du service de Google est de ne pas lister la totalité des pages indexées mais uniquement les 1 000 premiers résultats, ce qui peut constituer un frein pour les sites avec un fort volume de pages (beaucoup de sites contiennent plus de 1 000 pages indexées). Pour le reste, la Search Console propose un véritable outil de qualité dont les motifs explicatifs aident vraiment les webmasters à mieux repérer les problèmes potentiels, relatifs à l'indexation.

De la non-indexation au Dark Web

En règle générale, on constate que le nombre de pages exclues de l'index est plus grand que celui des pages indexées grâce à la Google Search Console. Cela tend à démontrer que Google connaît bien plus de pages que ce qu'il nous donne à voir… C'est donc là que commence le Dark Web, ou Web profond en français. Certes, on nous présente plutôt le Dark Web comme un lieu virtuel dans lequel toutes les pires atrocités s'exécutent sans scrupules. Dans les faits, il s'agit avant tout de pages non indexées, plus ou moins volontairement, et donc inaccessibles sans connaître les URL directes. Google n'a pas pour vocation d'appréhender le réseau *Onion* ou *Tor* du Dark Web officiel, mais il connaît énormément de pages non-indexées et qui ne sortent donc jamais dans les SERP. Ce qu'il faut retenir, c'est que la plupart de ces pages n'ont aucune volonté de nuire, et c'est bien là l'essentiel…

D'autres moteurs comme Bing et Yandex proposent aussi ce type de service avec cette fois un listing des pages indexées. Sur Bing, il suffit d'aller dans la Toolbox pour webmasters et de cliquer sur *Rapports et données*. Nous pouvons alors scruter le nombre de pages indexées au fil du temps par Bingbot.

Figure 4–12
Suivi de l'état de l'indexation
dans la Toolbox pour webmasters de Bing

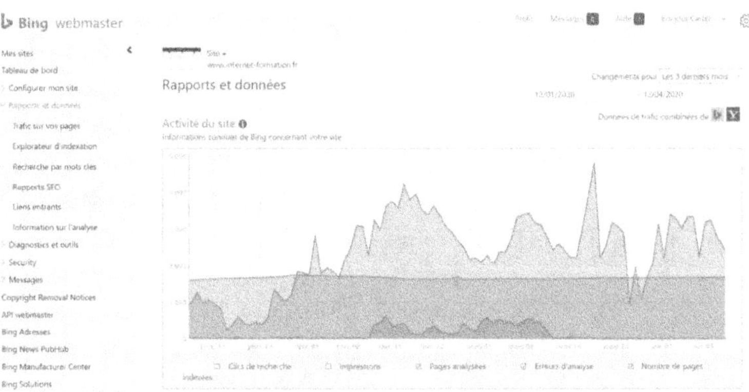

Bing présente l'avantage de lister les pages retenues par Bingbot lorsque nous cliquons sur *Explorateur d'indexation*. Certes, tous les dossiers et toutes les adresses ne correspondent pas toujours à des URL réelles mais cela donne une idée rapide des pages indexées et de celles qui méritent encore des efforts de notre part pour améliorer l'enregistrement des pages.

Figure 4–13
Explorateur d'indexation
dans la Toolbox de Bing

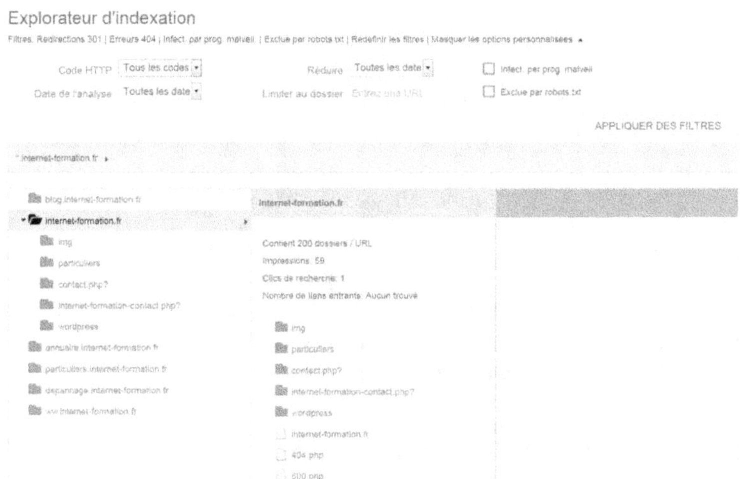

Dans les Yandex Webmaster Tools, il faut cliquer sur Indexing>Webpages available on Yandex search pour suivre la courbe du nombre de pages indexées. Nous pouvons également obtenir une liste approximative des pages indexées en cliquant sur Site structure et suivre les pages retenues par le robot russe.

Heureusement, Google a annoncé le 8 janvier 2018 le déploiement d'une nouvelle Search Console bien plus élaborée sur le plan du suivi de l'indexation (source : https://goo.gl/o85Xkm). Si les autres aspects n'ont pas profité de cette mise à jour, il faut bien avouer que cette nouvelle mouture peut aider les spécialistes à mieux suivre les pages. Au moment d'écrire ces lignes, seules quelques fonctionnalités sont disponibles :

- **Rapport sur les performances** : il s'agit d'un rapport qui permet de suivre les requêtes tapées par les internautes, le positionnement moyen sur ces requêtes, etc. Ce rapport correspond à la section *Analyse de la recherche* de la Search Console que nous connaissons bien, dans une version plus évoluée et pratique.

- **Rapport sur la couverture de l'index** : ce rapport notifie aux webmasters les pages qui sont connues par le moteur, qu'elles soient indexées, en cours d'indexation, ignorées ou en erreur. C'est très intéressant et bien plus évolué que ce que nous avons pu connaître jusqu'à présent, et il est fortement recommandé d'observer ce rapport en détail pour bien suivre la couverture de l'indexation par Google.

- **Ajout et suivi des fichiers Sitemaps.xml** : l'ancienne Search Console est encore proposée par défaut mais vous pouvez aussi bien administrer vos fichiers `Sitemaps` et `Sitemaps index` dans l'ancienne interface que dans la nouvelle.

Le rapport sur la couverture de l'index est celui qui nous intéresse, car il retourne 4 types de pages connues par Google :

- les pages retournant des erreurs (bloquant souvent l'indextion) ;
- les pages valides mais qui retournent des avertissements ;
- les pages valides (ici, nous pouvons observer les pages soumises et indexées à l'aide d'un Sitemap, mais aussi les pages indexées qui n'ont pas été soumises à l'origine dans une Sitemap, et qui proviennent donc de liens entrants, etc.) ;
- les pages exclues (notamment les pages avec redirection, explorées mais non indexées ou encore les pages dupliquées…).

Figure 4–14
Rapport Couverture de l'index
de la Google Search Console

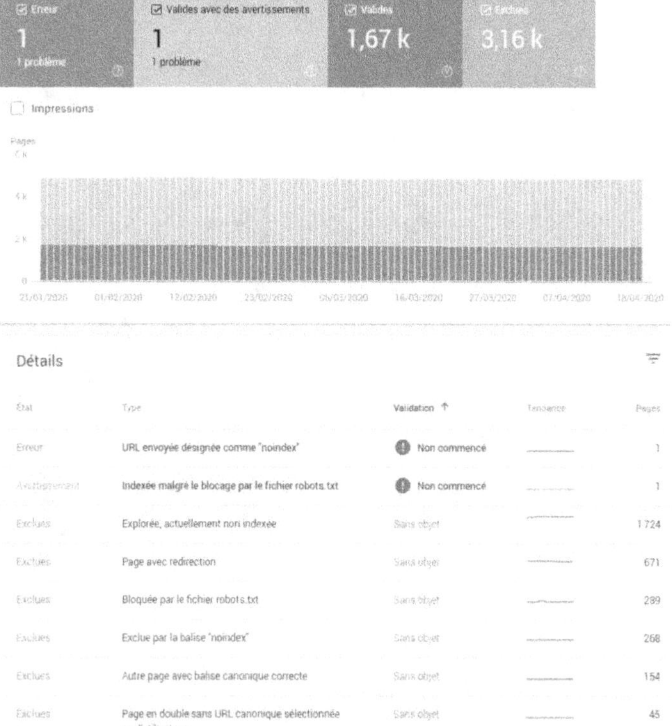

Ce rapport est donc très intéressant pour repérer à la fois les pages web bloquées ou posant problème pour l'indexation, mais aussi celles qui ont réussi à atteindre leur objectif. Comble de chance, cette nouvelle mouture de la Search Console affiche une liste des 1 000 premières pages de chaque catégorie. Si la vôtre possède donc moins de 1 000 pages, vous pouvez aisément connaître exactement les pages indexées ou non, et même exporter tout cela en CSV directement dans l'outil. Cela fait la liaison parfaite avec la partie suivante qui va dévoiler une technique pour suivre les pages indexées même sur les sites comptant des multitudes de pages web.

Suivre les pages dans les Sitemaps XML

La technique la plus évidente pour suivre l'indexation des pages que nous voulons absolument insérer dans l'index des moteurs de recherche est d'utiliser les outils pour webmasters et le suivi des fichiers Sitemap XML. En effet, lorsque nous ajoutons un fichier `sitemap.xml` dans les interfaces pour webmasters, ces outils affichent le nombre de pages présentes dans le fichier XML. Il nous suffit de comparer cette valeur avec le nombre de pages *Envoyées et indexées* dans la Google Search Console pour savoir si tout colle. Dans la capture suivante, le Sitemap contient 96 URL à indexer, mais on observe dans le rapport *Couverture* (via l'onglet *Valides*) que les URL de la section *Envoyée et indexée* ne sont qu'au nombre de 88. De fait, 8 URL n'ont pas encore été retenues par le moteur de recherche pour diverses raisons (que l'on peut obtenir dans l'onglet *Exclues*). Ce cas est simple car le site contient peu d'adresses web, et nous pouvons même cliquer sur la section *Envoyée et indexée* pour connaître la liste des URL retenues puisque Google affiche les 1 000 premiers résultats. En revanche, nous constatons qu'effectuer le même type d'analyse sur des sites de moyenne ou grande envergure (plus de 1 000 pages), avec des Sitemaps Index par exemple, serait extrêmement chronophage, voire inefficace. Il nous serait impossible de connaître la totalité des pages indexées à cause de la limitation des 1 000 URL affichées par la Search Console.

Figure 4–15
Contrôle du nombre d'URL indexées
d'un fichier Sitemap XML dans
la Google Search Console

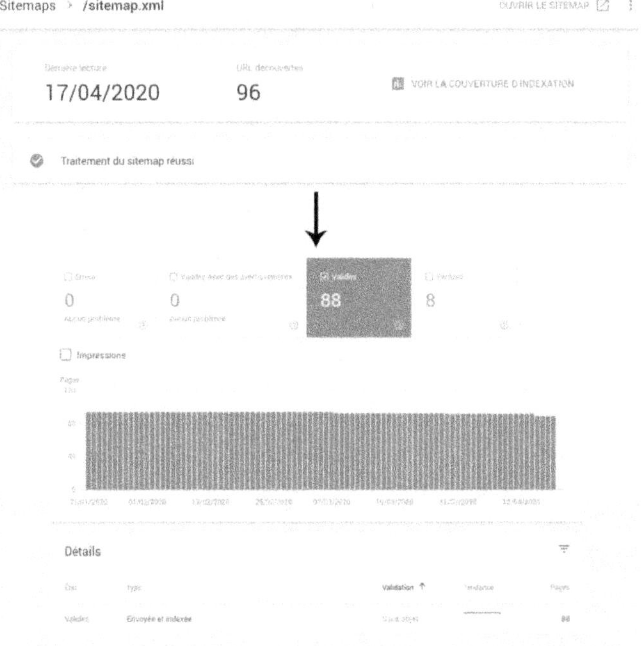

Pour un suivi plus précis, la meilleure méthode consiste donc à créer un Sitemap index qui propose des Sitemaps XML contenant des petits lots d'URL. Ainsi, les volumes de pages indexées sont bien moins conséquents et il est plus simple de savoir quelle URL ou non pourrait être indexée en faisant une exportation massive des URL découvertes par Google. Le problème de la Search Console, c'est que les 1 000 premières pages indexées issues de fichiers Sitemaps sont toutes mélangées. De fait, nous risquons de ne pas obtenir la liste complète des URL découvertes si notre site dépasse les 1 000 pages, mais en plus, le mélange nous oblige à effectuer de nombreux efforts d'analyses et de filtrages pour arriver à nos fins.

Même si cela donne une première approche pour suivre l'indexation par petits lots, c'est insuffisant pour un suivi précis et réaliste. Il existe pourtant des techniques pour retracer l'ensemble des pages indexées par Google, mais ces dernières peuvent être coûteuses voire limitées pour les très gros sites web. Expliquons cela.

Dans les précédentes éditions de cet ouvrage, nous fournissions une méthode idéale, via l'API Google Search Console, pour récupérer la totalité des pages soumises dans des Sitemaps Index. L'idée était de créer autant de fichiers Sitemaps XML que d'URL dans un site et de les regrouper dans un ou plusieurs Sitemaps index. Comme l'API retournait le nombre de pages soumises et le nombre de pages indexées, il était facile de procéder à un suivi. En effet, soit nous obtenions 0/1 en valeur indexation/soumission, et donc la page n'était pas indexée, soit notre score était de 1/1 quand la page était retenue par le moteur. Or, Google a supprimé la remontée d'information *indexed* de l'API (désormais, on obtient toujours 0, même si la page est réellement indexée), donc il n'est plus possible d'utiliser cette méthode historiquement infaillible pour connaître la totalité des pages indexées.

Voici donc les possibilités qu'il nous reste à l'heure où sont écrites les lignes de cet ouvrage :

- gérer le suivi de l'indexation avec les outils pour webmasters, même si cela nous limite à seulement 1 000 pages indexées (sur potentiellement beaucoup plus en réalité…) ;

- créer un moteur de recherche personnalisé avec Google (Custom Search Engine, alias CSE), et procéder à la commande site:URL_A_VERIFIER pour savoir si le résultat est indexé ou non. Malheureusement, l'API nous bride à 100 requêtes gratuites par jour, avec, dans le meilleur des cas, un résultat dix fois supérieur, soit un maximum de 10 000 requêtes par jour. Il vaut donc mieux passer par la version *restricted* du moteur personnalisé qui ne limite pas en nombre de requêtes par jour. Dans tous les cas, l'augmentation des quotas fera grimper la facture rapidement (https://bit.ly/2VH1bHA), de l'ordre de 5 dollars pour 1 000 requêtes testées.

- crawler directement les SERP de Google pour procéder à la commande site:URL_A_VERIFIER, mais le moteur risque de rapidement bloquer les requêtes. Il faut alors passer par des proxys, VPN ou autres systèmes pour contourner les blocages, ce qui peut revenir à des coûts exorbitants.

Par conséquent, il n'existe plus de méthode ultime en 2020 pour vérifier la totalité des pages indexées d'un site web. Il faut espérer que les API des moteurs vont évoluer et offrir de nouvelles fonctionnalités qui manquent cruellement de nos jours. Nous devons donc souvent procéder à un suivi manuel, fastidieux voire au cas par cas…

Pour ne pas vous laisser sur votre faim, nous avons tout de même réalisé un exemple de programme utilisant les API Search Console et Custom Search (CSE) de Google, correspondant à la seconde technique évoquée ci-dessus. Cela reprend en partie le programme déjà présenté dans le chapitre 1, dans la section *Utiliser les API pour indexer les pages automatiquement* en ce qui concerne l'usage de l'API Search Console, et en gardant le même principe de fonctionnement avec un formulaire HTML simple géré via JavaScript.

Notre programme va donc suivre plusieurs étapes pour arriver à ses fins.

1 Se connecter à un compte Google puis à l'API Search Console (avec JavaScript).

2 Récupérer la liste des propriétés et des Sitemaps XML associés (avec JavaScript).

3 Effectuer une recherche des pages indexées (avec Ajax et PHP). Ici, le programme crawle les fichiers Sitemaps pour lister toutes les URL présentes, puis chaque URL est testée avec l'API Custom Search et la directive site:URL_A_VERIFIER.

4 Restituer les résultats (non triés) et proposer des filtres pour repérer rapidement les URL indexées ou non indexées.

Rappelons que cette méthode peut rapidement s'avérer coûteuse sur un volume d'URL important, mais le modèle opératoire est identique. L'objectif est d'obtenir un résultat comme celui présenté dans la capture suivante, avec une liste des URL indexée ou non, et des filtres de recherche.

Figure 4–16
Vérification des pages indexées avec les API
Search Console et Custom Search de Google

Nous n'allons pas vous montrer la totalité du code source car cela aurait peu d'intérêt, mais vous pourrez le retrouver avec tous les programmes via le lien présent au début de l'ouvrage. Nous allons surtout insister sur les deux fonctions PHP qui nous aident à mener à bien notre mission :

• la première, sitemapXmlParser(), permet de récupérer les URL d'un fichier Sitemap XML ou des enfants d'un Sitemap index (fonction de *parsing* récursif) ;

• la seconde, commandeSiteCSE(), vérifie qu'une URL est indexée dans Google grâce à l'API Custom Search (CSE). Plusieurs informations sont ainsi retournées, comme : l'état de l'indexation, le titre et le snippet affichés dans les SERP ou encore le chemin vers la page (*path*).

Il est possible d'utiliser ces deux fonctions totalement indépendamment du reste du programme, d'ailleurs ce sont elles qui jouent en réalité le rôle principal de cette requête. En effet, vous pouvez très bien récupérer la liste des URL manuellement en utilisant `sitemapXmlParser()` vers des chemins de fichiers que vous connaissez, plutôt que de passer par l'API Search Console comme nous l'évoquons. De même, `commandeSiteCSE()` peut être appelée pour tester des URL de votre choix, à l'unité ou dans une boucle PHP par exemple (après avoir justement récupéré la liste avec la première fonction). Le cœur du programme se situe donc ici, le reste porte avant tout sur de l'UX Design et de l'esthétique.

La fonction `sitemapXmlParser()` fonctionne de manière récursive si on lui indique qu'il s'agit d'un *scraping* de Sitemap index. Dans tous les cas, elle retourne un tableau listant toutes les URL contenues dans un ou plusieurs fichiers Sitemaps XML. Comme vous pouvez le constater, le code PHP est très court pour réaliser ce listing :

```php
function sitemapXmlParser($sitemapUrl, $isSitemapIndex = false) {
    // Liste des URL
    static $urlList = array();

    // Ouvre le Sitemap XML avec SimpleXML et file_get_contents()
    $xml = simplexml_load_string(file_get_contents($sitemapUrl));

    // Genère une récursion s'il s'agit d'un sitemap index (donc lit tout)
    if($isSitemapIndex == true) {
        foreach($xml->sitemap as $sitemapChild) {
            // Relance la fonction pour le Sitemap XML enfant
            sitemapXmlParser(trim($sitemapChild->loc), false);
        }
    }

    // Récupère la liste des URL du Sitemap
    foreach($xml->url as $urlElement) {
        $urlList[] = trim($urlElement->loc); // URL d'une page dans le Sitemap
    }

    // Retourne un tableau des URL
    return array_unique($urlList); // Dédoublonne si besoin
}
```

Pour vérifier l'indexation d'une page avec l'API Custom Search (CSE), il suffit d'effectuer un appel direct avec `file_get_contents()` en PHP et les bons paramètres de l'API, à savoir une clé d'API valide obtenue dans l'API Cloud Platform de Google (https://bit.ly/2yGv4zY) et un moteur de recherche personnalisé créé dans l'interface dédié (https://cse.google.com). La fonction `commandeSiteCSE()` reprend ce principe, il suffit de lui fournir les paramètres nécessaires, tels que l'URL à tester, la clé d'API et l'identifiant du moteur de recherche personnalisé (`cx`).

```php
function commandeSiteCSE(string $url = '', string $tokenKey = '', string $cx = '',
                         array $params = array("filter" => 0)) {
    if(!empty($url)) {
        // Nom de la page ciblée par le Sitemap
        $name = parse_url($url, PHP_URL_PATH);
```

```php
// Vérifie que le nom de domaine possède bien un slash à la fin
if(substr($url, -1, 1) != "/" && empty($name)) {
    $url.= "/";
    $name.= "/";
}

// URL de l'API Custom Search de Google
$urlCSE = "https://www.googleapis.com/customsearch/v1?q=site:".$url;
if(!empty($tokenKey)) {
    $urlCSE.= "&key=".$tokenKey;
}
if(!empty($cx)) {
    $urlCSE.= "&cx=".$cx; // Id du moteur de recherche interne (CSE)
}
// Liste des paramètres
foreach($params as $param => $paramValue) {
    $urlCSE.= "&".$param."=".$paramValue; // &start = ...
}

// Titre et snippet de la page par défaut (vides)
$title = '';
$snippet = '';

// Valeur par défaut de l'indexation (pas d'indexation)
$indexed = false;

// Connexion à l'API selon l'URL formée
if($contenuJSON = file_get_contents($urlCSE)) {
    // Récupération du résultat décodé en JSON
    $resultat = json_decode($contenuJSON, true);

    // Récupération du nombre de résultats initialement affichés par Google
    $totalPages = (int) $resultat['searchInformation']['totalResults'];

    // Retourne si la page est indexée ou non
    if($totalPages > 0) {
        foreach($resultat['items'] as $page) {
            if(trim($page['link']) == ($url)) {
                $title   = $page['title'];
                $snippet = $page['snippet'];
                $indexed = true;
                break;
            }
        }
    }
} else {
    $error = error_get_last();
    if($error['type'] == 2) {
        $title = "Request throttled due to daily limit being reached.";
        $snippet = "dailyLimitExceeded";
    } else {
        print_r($error);
```

```
        }
    }

    return array(
        "title" => $title,
        "snippet" => $snippet,
        "name" => $name,
        "url" => $url,
        "indexed" => $indexed
    );
    }
}
```

Il est bien dommage que les API actuelles n'offrent pas plus de possibilités pour effectuer un bon suivi de l'indexation, sans surcoût important et sans limitation. Malheureusement nous devons bien nous débrouiller avec les maigres outils conçus pour les webmasters pour essayer de s'en sortir…

Autres outils d'analyse

Il existe également d'autres méthodes pour suivre l'indexation d'un site. Par exemple, nous pouvons construire notre propre outil de crawl afin de scruter les moteurs de recherche mais cela est très technique et impose une maîtrise quasi totale d'un ou plusieurs langages de programmation. L'autre solution est d'utiliser des outils efficaces disponibles sur le marché.

En effet, pourquoi réinventer la roue s'il existe déjà des outils pour réaliser cette tâche ingrate ? Nombreux sont les services en ligne ou logiciels pour suivre l'indexation, mais les plus pertinents sont certainement les outils payants SeeUrank de Yooda (source : http://goo.gl/6gTBR), Track-Flow de Cybercité (source : http://www.cybercite.fr/track-flow.html), le logiciel gratuit CrawlTrack (source : http://www.crawltrack.fr), l'outil d'indexation de SEO Administrator (source : http://www.seoadministrator.com/indexation-site.html) ou le module WordPress Crawl Rate Tracker de Yoast (ou sa seconde version plus récente fournie sur GitHub : https://github.com/chrisguitarguy/Crawl-Rate-Tracker-2).

Pour suivre l'indexation, SeeUrank semble avoir une longueur d'avance sur certains concurrents car il liste l'ensemble des pages indexées. Nous pouvons extraire les données et suivre l'évolution à chaque fois que nous lançons un test, ce qui facilite grandement la tâche lorsque nous gérons nombre de sites d'envergures diverses.

Notons tout de même que la plupart de ces outils présentent des inconvénients. D'une part, ils sont payants et parfois coûteux, ce qui peut être un frein si nous gérons seulement quelques sites de présentation, par exemple. D'autre part, des imprécisions demeurent entre la réalité de l'indexation et les pages notifiées dans les listings. Enfin, certains outils ne listent pas la totalité des pages pour des raisons généralement techniques, il arrive donc fréquemment que les sites de grande envergure ne puissent pas avoir une liste complète des pages enregistrées dans les index.

En définitive, nous remarquons qu'aucune technique n'est idéale pour suivre l'indexation des pages web, il faut souvent les coupler pour obtenir de meilleurs résultats…

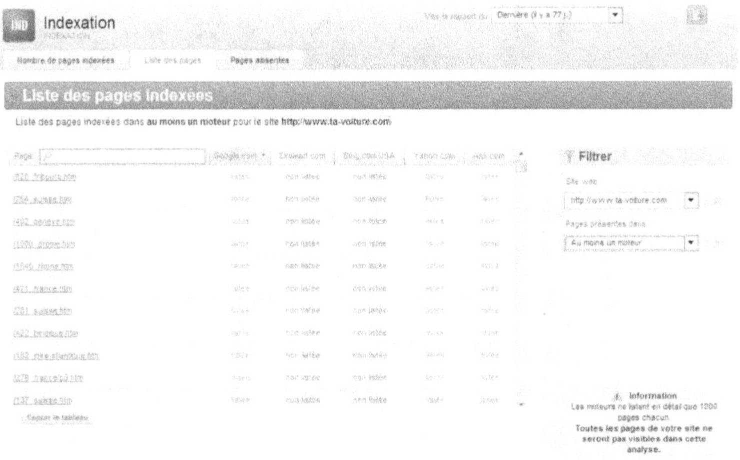

Figure 4–17
Suivi de l'indexation avec SeeUrank

Obtenir la fréquence de passage des robots

Dans la lignée du suivi des pages indexées (ou tout du moins de leur nombre présent dans les index des moteurs de recherche), il est important de savoir à quelle fréquence passent et repassent les robots d'indexation dans nos pages web.

Depuis que Google Caffeine a été mis en place en 2010, le monde de l'indexation a changé de visage et s'est considérablement métamorphosé. Dorénavant, les pages sont crawlées 24 h/24 et les robots gèrent leur fréquence de passage de manière totalement indépendante afin d'améliorer la qualité de l'indexation selon la pertinence, la fraîcheur et la notoriété des pages. Avec les millions de pages visitées par jour, nous pouvons nous douter que notre site n'est pas toujours la priorité des robots…

Par conséquent, aucune page ne subit la même fréquence de passage selon son importance aux yeux des moteurs de recherche, et cela est aussi le cas pour d'autres moteurs que Google tels que Bing ou Yandex. Il convient donc de s'intéresser à la fréquence moyenne du crawl pour savoir quand et comment gérer son site.

Prenons un cas particulier, celui d'un site vitrine sur lequel nous publions des actualités tous les deux jours. La page générale présente trois articles dans l'ordre décroissant, lesquels sont ensuite déplacés dans les archives puis disparaissent au fond des bases de données. Nous avons donc chaque semaine une page d'actualités totalement nouvelle, il serait alors préférable que les robots indexent plusieurs fois par semaine la page pour que son rôle ne soit pas vain. En effet, si les robots crawlent uniquement une fois par quinzaine, trois pages d'actualités passeront à la trappe et les pages concernées ne seront ni indexées, ni valorisées…

Cet exemple est un peu extrême mais cela montre l'importance de la fréquence de passage. Il est totalement inutile de modifier son contenu tous les jours pour optimiser la fréquence de mise à jour (FreshRank chez Google) si les robots ne passent qu'une fois par semaine, beaucoup trop d'efforts seraient réalisés en vain…

La fréquence de passage des robots peut être suivie de plusieurs manières, nous allons les étudier.

Cache et fréquence de passage

Nous avons observé précédemment que le cache pouvait être utilisé pour obtenir la fréquence de passage des robots. Bien que cela ne soit pas très précis, cette technique permet d'obtenir une moyenne relativement juste sur le temps de passage des robots.

En effet, les pages de cache affichent des instantanés visuels avec la date de capture de l'information. Pour connaître la fréquence de passage, l'objectif est de revenir plusieurs fois sur la page de cache et de noter dans un tableau la date de l'instantané. En repassant plusieurs fois, nous pourrons déterminer l'intervalle moyen de temps écoulé entre les différentes versions de l'instantané.

Cette technique n'est pas toujours idéale mais force est de constater qu'elle rend bien des services pour obtenir rapidement une idée de la fréquence de passage des robots.

Il est également possible d'afficher certaines pages de cache dans un outil construit en PHP. Sur le même principe que la fonction du simulateur de robot que nous avons créée précédemment, nous pouvons réaliser un petit programme pour afficher les pages de cache pour une même URL. L'avantage est incontestablement le gain de temps pour passer d'un moteur à un autre, bien qu'ils ne soient pas nombreux à fournir cette fonctionnalité. En effet, il suffit de modifier la valeur dans le formulaire pour changer de moteur. Pour améliorer la fonction, il serait même possible de capter la date à la volée grâce à une expression régulière, puis de l'enregistrer dans un fichier de logs en CSV, par exemple…

Quels moteurs proposent des pages de cache ?

Historiquement, Google et Exalead permettaient de suivre le cache mais, de nos jours, seul Google l'autorise encore sans trop de difficultés.

D'autres moteurs comme Bing, Yahoo!, Baidu, Qwant et Yandex fournissent aussi des pages de cache, mais elles ne sont pas exploitables avec notre outil. En effet, nous utilisons un mécanisme autour d'une URL, alors que ces moteurs fonctionnent autour d'une requête de recherche, ce qui ne nous permet pas de suivre directement les pages de nos sites web.

Le fichier de vérification doit contenir au moins le code suivant, il ne tient qu'à vous de l'améliorer pour aller encore plus loin selon vos envies et vos besoins.

```php
<?php
// Fonction du simulateur de robot
// 1. URL à tester
// 2. Nom du moteur cible
function cacheControl($page = '', $moteur = 'google') {
    // Suppression du protocole (car inutile)
    if(preg_match("#^https?://#iU", $page)) {
        $page = preg_replace("#^https://#iU", "", $page);
    }

    // Personnalisation de l'URL de cache
    if(strtolower($moteur) == 'google') {
        $page = "http://webcache.googleusercontent.com/search?q=cache:".$page;
    }
```

```php
    // Activation de cURL
    $url = curl_init($page);

    // Options de cURL (retour des données et des en-têtes)
    curl_setopt($url, CURLOPT_RETURNTRANSFER, true);


    // Récupération du contenu
    $contenu = curl_exec($url);

    // Fermeture de cURL
    curl_close($url);

    // Affiche le code source complet
    echo $contenu;
}
?>

<!DOCTYPE html>
<html>
<head>
<meta charset="utf-8"/>
<title>Contrôle des pages de cache</title>
<style type="text/css"/>
* {margin:0; padding:0; font-size:100%}
#formulaire {background:#eee; padding:1%}
#formulaire h1 {font-size:1.8em; color:#004C54; margin-bottom:1em}
.bloc {margin-bottom:.8em}
.bloc label {display:block; font-weight:bold; padding:.1em;}
.bloc input, .bloc select {display:block; float:left; margin-right:1em; padding:.1em;
border:1px solid #ccc;}
.bloc input {width:260px;}
.bloc select {width:100px; text-align:center;}
#resultat {background:#fafafa; padding:1em}
#resultat h2 {font-size:1.3em; color:#198A95; margin-bottom:.8em}
#bouton input {padding:.2em .5em; font-weight:bold; border:1px solid #ccc; background:#fff;
color:#004C54}
#bouton input:hover {background:#004C54; color:#fff}
</style>
</head>

<body>
<div id="formulaire">
<h1>Contrôle des pages de cache</h1>
<form method="post">
    <div class="bloc">
    <input type="text" name="url" value="<?php if(isset($_POST['url']))
    { echo $_POST['url']; } ?>"/>
    <label for="url">URL de cache à vérifier</label>
    </div>
    <p id="bouton"><input type="submit" name="submit" value="Vérifier le cache"/></p>
</form>
```

```
</div>

<div id="resultat">
<?php if(isset($_POST['submit']) && !empty($_POST['url'])) {?>
<?php // Traitement des données
    $url = htmlspecialchars($_POST['url']);
?>
<h2>Page de cache de l'adresse <?php echo $url; ?></h2>
<p><?php cacheControl($url); ?></p>
<?php } ?>
</div>
</body>
</html>
```

Figure 4–18
Vérification du cache sur Google avec PHP

Statistiques de serveur

Une autre méthode pour suivre le passage des robots est de vérifier fréquemment les fichiers de logs déposés sur notre serveur. En effet, les hébergeurs mettent généralement à disposition des outils de statistiques pour donner à leurs clients des informations intéressantes sur l'activité relative à leurs sites web comme :

- les données générales et datées sur le trafic (visites, visiteurs uniques, nombre de hits, nombre de pages vues, liste des pages vues, durée des visites, bande passante consommée…) ;
- l'historique des informations (sur un mois, une semaine, un jour…) ;
- les données sur les sources des visites (pays hôte, adresses IP des visiteurs, système d'exploitation et navigateurs utilisés, liste des *referers*…) ;
- les informations sur les robots (nom, bande passante téléchargée, date du dernier passage…) ;
- la liste des mots et expressions clés qui ont permis d'aboutir sur votre site (plutôt imprécis en général) ;
- les erreurs de lecture rencontrées (codes d'erreurs).

Parmi les informations disponibles, nous pouvons utiliser celles relatives aux robots d'indexation pour extraire des données intéressantes comme la date du dernier passage pour chaque robot mais aussi la quantité de bande passante téléchargée.

Comment suivre et distinguer les robots ?

Il est également possible de suivre les robots avec Google Analytics, mais cela demande un paramétrage précis.
Il arrive fréquemment que de nombreux robots soient inconnus dans les données disponibles sur les serveurs, ce ne sont pas des moteurs de recherche en règle générale, mais uniquement des parseurs ou *sniffers* en tous genres…

Figure 4–19
Informations du serveur sur les robots

Visiteurs Robots/Spiders (Top 10) – Liste complète – Dernière visite			
27 robots différents*	Hits	Bande passante	Dernière visite
Unknown robot (identified by 'crawl')	316+5	2.77 Mo	19 Juin 2014 - 16:09
Unknown robot (identified by 'bot*')	207+29	1.40 Mo	19 Juin 2014 - 17:35
Googlebot	102+34	1.28 Mo	19 Juin 2014 - 17:08
Unknown robot (identified by empty user agent string)	132	3.47 Mo	19 Juin 2014 - 17:12
Unknown robot (identified by '*bot')	69	6.74 Mo	19 Juin 2014 - 17:30
Feedfetcher-Google	40	138.36 Ko	19 Juin 2014 - 17:28
Voila	40	266.20 Ko	19 Juin 2014 - 17:08
Java (Often spam bot)	30	582.78 Ko	19 Juin 2014 - 14:48
Unknown robot (identified by 'robot')	21	1.29 Mo	19 Juin 2014 - 17:01
Unknown robot (identified by 'spider')	16+2	1.21 Mo	19 Juin 2014 - 17:30
Autres	94+21	2.96 Mo	

* Les robots présentés ici sont à l'origine de hits ou de traffic "non vus" par les visiteurs donc non représentés dans les autres tableaux. Les nombres après le + indiquent les hits avec succès sur les fichiers "robots.txt".

La fréquence de passage des robots peut être calculée en vérifiant régulièrement ces fichiers de logs déposés sur le serveur. En comparant les dates pour chaque robot, nous pouvons obtenir un intervalle de temps correspondant à la fréquence de passage, mais nous devons rester vigilants. En effet, les informations ne précisent pas quelle page a été visitée par les robots, ce qui correspond donc en réalité à leur fréquence de passage générale et non pas à la fréquence de crawl relative à chaque page. Le traitement des données est donc à prendre avec des pincettes et doit être mesuré.

La fréquence de passage obtenue permet juste de déduire combien de fois un robot vient sur notre site. En revanche, nous ne pouvons pas savoir si un robot parcourt chaque page tous les jours ou toutes les semaines, par exemple. La technique des pages de cache est bien plus appropriée pour extraire ce type d'information.

Enfin, les données disponibles par les serveurs avec AwStats, par exemple, montrent souvent la quantité de bande passante crawlée par les robots. Cette information peut s'avérer intéressante, notamment lorsque nous lançons un nouveau site. En effet, nous pouvons analyser ces données de plusieurs manières.

- Si de nombreux méga-octets de données ont été crawlés par les robots, cela signifie que les robots ont vu un certain nombre de pages ou qu'ils ont probablement enregistré beaucoup de données dans leur index.
- Si peu de données ont été lues par les robots, les causes peuvent être multiples :
  - le robot connaît déjà les pages visitées et n'a rien chargé de nouveau (aucune mise à jour) ;
  - le robot a enregistré seulement les quelques mises à jour relatives à des pages ;
  - le robot a rencontré des problèmes de crawl.

Les fichiers de logs fournis par les hébergeurs peuvent vraiment fournir une aide pour suivre les statistiques relatives aux sites web. Il convient juste de veiller à ne pas traiter les informations avec la mauvaise méthode au point de faire ressortir des contre-vérités.

Utiliser PHP pour suivre le crawl

Dans les faits, la meilleure façon de suivre les robots et d'obtenir une fréquence de passage complète et réaliste est de passer par un script personnalisé exécuté dans les pages web. La solution passe par un code de détection des robots lancé dans toutes les pages pour capter la date de passage voire d'autres informations si besoin.

Nous allons créer deux fonctions distinctes dans un même fichier pour aller plus loin que les autres techniques et éviter d'avoir un listing dans lequel seraient mélangés les URL crawlées et les robots. Ce fichier doit être placé dans une zone répétée des pages (pied de page ou en-tête, par exemple) pour qu'aucune page ne soit exclue de l'analyse.

La première fonction va créer un dossier par page visitée avec un fichier CSV pour chaque robot. Ainsi, nous obtenons des dossiers spécifiques pour chaque page visitée qui reçoivent des informations relatives à chaque robot scruté par le script. Nous pouvons donc facilement lister les dates de passage par robot et donc leur fréquence de passage exacte, à la seconde près…

La fonction écrit également la page crawlée pour éviter les doutes, ainsi que le nom complet du robot qui a visité la page, ce qui permet de déduire d'autres informations intéressantes.

Figure 4–20
Dates des différents passages de Bingbot
sur une même page pour déterminer
la fréquence de crawl

	A	B	C
1	mozilla/5.0 (compatible; bingbot/2.0	19/06/2014 18:22:06	/creation-blog-professionnel.php
2	mozilla/5.0 (compatible; bingbot/2.0	21/06/2014 17:37:09	/creation-blog-professionnel.php
3	mozilla/5.0 (compatible; bingbot/2.0	24/06/2014 19:03:26	/creation-blog-professionnel.php
4	mozilla/5.0 (compatible; bingbot/2.0	27/06/2014 18:38:56	/creation-blog-professionnel.php

Au début de notre fichier PHP, nous devons ajouter une liste de robots à suivre ainsi que le nom du répertoire dans lequel seront enregistrés les fichiers d'analyse.

```php
// Liste des robots et nom du répertoire
$listeRobots = array("ask", "jeeves", "baiduspider", "exabot", "gigabot", "googlebot",
"googlebot-image", "inktomi slurp", "mediapartners-google", "bingbot", "slurp", "teoma",
"voila", "yandex", "yahoo");
$repertoireLogs = 'logs/';
```

Voici le code de la première fonction :

```php
// Détection de la fréquence de passage par page
// 1. Liste des robots à suivre
// 2. Répertoire pour le dossier du journal (avec slash final)
function getCrawlFrequency($listeRobots,$repertoireLogs = 'logs/'){
    $crawler = strtolower($_SERVER["HTTP_USER_AGENT"]);
    // Création du journal si inexistant
    if(!is_dir($repertoireLogs)) {
        mkdir($repertoireLogs, 0705);
    }

    // On boucle le test pour tous les robots
    foreach($listeRobots as $robot) {
        if(preg_match('#'.$robot.'#iU', $crawler)) {
            // Récupération dynamique de la date
            $dateActuelle = date('d/m/Y H:i:s');

            // Récupération dynamique de l'URL crawlée
            $pageCrawlee = $_SERVER['REQUEST_URI'];

            // Nom du répertoire pour chaque page crawlée
            $nomRep = str_replace("/", "-", $_SERVER['REQUEST_URI']);

            // Création d'un répertoire pour la page d'accueil
            if($_SERVER['REQUEST_URI'] == "/") {
            $nomRep = 'accueil';
            }
```

```php
        // Suppression du premier caractère inutile
        if(substr($nomRep, 0, 1) == "-") {
            $nomRep = substr($nomRep, 1);
        }
        $donnees = array($crawler, $dateActuelle, $pageCrawlee);

        // Création du répertoire si inexistant
        $rep = $repertoireLogs.$nomRep.'/';
        if(!is_dir($rep)) {
            mkdir($rep, 0705);
        }

        // Noms des fichiers à créer
        $nomFichier = $rep.$robot."-log.csv";

        // Création et remplissage du fichier
        $fichier = fopen($nomFichier, 'a');
        fputcsv($fichier, $donnees, ";");
        fclose($fichier);
        }
    }
}
// Lancement de la fonction de surveillance
getCrawlFrequency($listeRobots, $repertoireLogs);
```

La seconde fonction ajoutée dans le même fichier d'analyse apporte d'autres informations sur le crawl. En effet, cette fonction ne distingue pas les pages mais uniquement les robots, ce qui permet de savoir quelles pages ont été crawlées avec leur date de passage. Par conséquent, nous pouvons déduire et calculer un intervalle de crawl global pour chaque robot ainsi que la qualité d'indexation pour chacun d'entre eux.

La seconde fonction reprend globalement le même principe que la première que nous avons créée. Voici son code complet :

```php
// Suivi complet du passage des robots
// 1. Liste des robots à suivre
// 2. Répertoire pour le dossier du journal (avec slash final)
function getCrawlPages($listeRobots, $repertoireLogs = 'logs/') {
$crawler = strtolower($_SERVER["HTTP_USER_AGENT"]);
    // Création du répertoire si inexistant
    if(!is_dir($repertoireLogs)) {
        mkdir($repertoireLogs, 0705);
    }

    // On boucle le test pour tous les robots
    foreach($listeRobots as $robot) {
        if(preg_match('#'.$robot.'#iU', $crawler)) {
        // Variables utiles
        $dateActuelle = date('d/m/Y H:i:s');
        $pageCrawlee = $_SERVER['REQUEST_URI'];
        $donnees = array($crawler, $dateActuelle, $pageCrawlee);
```

```
        // Noms des fichiers à créer
        $nomFichier = $repertoireLogs.$robot."-log.csv";

        // Création et remplissage du fichier
        $fichier = fopen($nomFichier, 'a');
        $fichier = fopen($nomFichier, 'a');
        fputcsv($fichier, $donnees, ";");
        fclose($fichier);
        }
    }
}
// Lancement de la fonction de surveillance
getCrawlPages($listeRobots, $repertoireLogs);
```

Figure 4–21
Dates et fréquence des passages
de l'ex Voilabot

	A	B	C
1	mozilla/5.0 (windows nt 5.1; u; win64; fr; rv:1.8.1) voilabot beta 1.2 19/06/14 17:08:04 /agence-internet-formation.php		
2	mozilla/5.0 (windows nt 5.1; u; win64; fr; rv:1.8.1) voilabot beta 1.2 19/06/14 17:41:47 /programme-formation-newsletter.php		
3	mozilla/5.0 (windows nt 5.1; u; win64; fr; rv:1.8.1) voilabot beta 1.2 19/06/14 18:02:06 /formation-web-internet.php		

Pour rendre le script fonctionnel, il faut d'inclure le fichier dans une zone répétée des sites avec une fonction PHP :

```
<?php include_once('frequence-crawl.php');?>
```

Enfin, il suffit de créer une page d'accès aux fichiers CSV ou tout simplement récupérer les données sur le serveur avec un client FTP comme FileZilla ou Cyberduck. Il ne nous reste plus qu'à analyser les données et calculer la fréquence précise de crawl par page ou l'intervalle général de crawl en fonction des robots.

Suivre le positionnement

Il existe également pléthore d'outils pour analyser les positions des sites web sur diverses requêtes de recherche. Seulement une infime partie d'entre eux est gratuite et ne rend pas toujours les résultats escomptés. Il faut généralement se tourner vers des variantes payantes bien plus efficaces et professionnelles si vous voulez suivre le positionnement avec plus de précision.

Le suivi du positionnement passe par plusieurs étapes et aucune technique n'est idéale pour mesurer le succès de notre travail. Nous allons étudier plusieurs méthodes, de la plus fastidieuse à la plus précise pour obtenir un rapport de positionnement qualitatif. Nous verrons que ce n'est pas si simple que cela…

Du mouvement dans les SERP ?

Les spécialistes rappellent souvent que le positionnement ne veut plus tout dire et n'est pas toujours la garantie d'un retour sur investissement en matière de SEO. Dans l'idée, c'est entièrement vrai mais dans les faits, nous remarquons qu'être bien positionné a encore un impact majeur sur le trafic obtenu par les sites web.

En réalité, ce sont nos objectifs qui ne sont plus les mêmes qu'avant, et c'est ce qui explique le rôle plus mesuré du classement dans les SERP en comparaison au référencement du passé. De nos jours, les canaux d'entrée sont multiples et il n'est pas toujours primordial d'être le premier sur une multitude de requêtes…

Il n'est pas toujours nécessaire d'être premier pour obtenir de bons résultats mais il ne faut pas non plus être en troisième page des SERP sur toutes les requêtes. D'autres canaux comme les moteurs spécifiques (images, actualités…), le développement d'outils et d'applications (mobiles ou non), les médias sociaux ou les forums spécialisés apportent une visibilité accrue que nous mésestimons souvent mais qui peut représenter une bonne part du gâteau.

Trois problèmes majeurs expliquent que le positionnement des pages ne peut pas toujours être suivi comme il se doit.

* Les SERP subissent des fluctuations naturelles au fil du temps (selon les moteurs de recherche), et même si les pages conservent une pertinence équivalente aux yeux des moteurs.
* Les URL des moteurs de recherche affichées dans les SERP ou les referers (URL de la page par laquelle nous arrivons sur une autre page) ne donnent pas toutes des indications sur le positionnement. Par exemple, nous avons précédemment observé les URL de cache et aucune d'entre elles ne fournit les mêmes informations. Il en est de même pour les résultats naturels, seuls quelques moteurs donnent des informations que nous pouvons récolter (uniquement dans certains cas de figure).
* Plusieurs moteurs ont décidé de sécuriser leur outil en passant par SSL et https://. Ce changement est significatif car il a permis aux développeurs de masquer les requêtes de recherche lorsqu'un internaute clique sur un lien naturel, ce qui ne permet plus de récupérer cette donnée essentielle et donc de savoir quelles expressions ont été tapées lors des recherches…

Fluctuations naturelles

Les moteurs de recherche ne fixent pas les positions des pages sur des requêtes de recherche, l'indexation incessante ainsi que les mouvements dus au positionnement évolutif de millions de pages ne permettent pas de conserver une place stable dans le classement. Les filtres et pénalités qui s'ajoutent en surcouche génèrent encore plus d'incertitudes autour du positionnement des pages.

Partant de ce constat, il est bien difficile de déterminer la position d'une page de manière certaine et précise. En effet, il n'est pas rare que du jour au lendemain, une même page bouge de quelques positions. Généralement, les pages bien fixes dans les SERP répondent à des requêtes précises qui imposent peu de mouvement ou ont une telle pertinence aux yeux des moteurs qu'elles ne peuvent pas être délogées, mais cela est de moins en moins vrai…

> **Des pages disparues dans la nature…**
>
> Il arrive fréquemment que des pages disparaissent des SERP sans aucune raison. Souvent, nous pensons qu'il s'agit de pénalités mais il n'en est rien, cela s'explique souvent par des modifications temporaires d'un morceau d'algorithme ou par des tests effectuées sur des requêtes précises. Cela fait partie de la vie d'un moteur de recherche, il suffit de regarder plusieurs jours durant si le problème persiste afin de savoir s'il s'agit ou non d'une sanction.

Ces mouvements continuels causés par les mécanismes profonds des moteurs de recherche ne sont pas les seuls qui expliquent à quel point il faut être mesuré lorsque nous parlons de classement. En effet, nombre de facteurs impliquent des différences parfois très importantes de positionnement selon le contexte de la recherche. Voici une liste des critères qui modifient le classement :

* présence ou non de résultats issus de la recherche universelle (actualités, photos, vidéos…) ;
* historique des recherches enregistré par les moteurs ;

- historique, cache et cookies installés par le navigateur ;
- connexion ou non à un compte utilisateur sur Google (avec Gmail), sur Bing (avec Outlook) ou autres (Yandex…) ;
- langue de la recherche ;
- géolocalisation des requêtes (pays et ville) ;
- data center utilisé lors des recherches ;
- nombre de pages présentées dans les résultats de recherche.

L'ensemble de ces facteurs de recherche totalement indépendants de notre volonté affecte le positionnement final et ne permet donc pas de réaliser un suivi précis et réaliste des résultats.

Par exemple, nous pouvons très bien être en première place à Brest si notre localisation est approchante et nous retrouver à la fin de la deuxième page à Nice car notre site n'est plus assez pertinent à l'autre bout de la France sur une requête précise.

Dans d'autres cas, nous pouvons être confrontés à la recherche universelle qui perturbe totalement la visibilité des liens organiques. En outre, il arrive souvent que nous sous-estimions l'impact des historiques de recherche et du navigateur, ils peuvent vraiment nuire au suivi du positionnement.

Enfin, un dernier souci empêche de mesurer l'impact du classement dans les SERP. Selon les moteurs et les requêtes, les pages de résultats n'affichent plus nécessairement dix résultats comme c'est de coutume depuis des années.

Figure 4–22
Quinze résultats dans des pages de Bing

Par exemple, il arrive sur Google de trouver des pages de quatre ou sept liens organiques tandis que Bing peut en faire apparaître sept ou encore quinze. Par conséquent, l'importance du positionnement devient relative car chaque cas est différent et ce n'est pas forcément la position qui fera le succès des pages visibles.

Problème des URL referers

Le problème majeur du suivi du positionnement est la gestion des adresses de référence *(URL referers)*. Tous les moteurs ne fournissent pas d'indications précises sur les requêtes de recherche ou sur le positionnement relatif aux pages visitées, il est donc impossible de capter les places précises pour chaque outil, ce qui en soi fausse déjà beaucoup le suivi…

Qui plus est, les quelques moteurs qui fournissent des positions dans les URL referers ne le font pas tous de la même manière. La seule chance que nous avons réside dans le fait que Google est le plus précis sur ce point, et comme il reste le leader écrasant du marché, nous pouvons obtenir des données relativement justes.

D'autres moteurs comme Ask, Yandex, Aol, Lycos, Baidu ou Bing ne fournissent pas la position exacte mais le numéro de page ou plutôt le nombre de résultats par page, ce qui permet d'obtenir un positionnement à la page près, et non sur des places précises comme sur Google. Il faut également tenir compte du fait que chaque moteur a ses spécificités, ses paramètres et que le comptage des pages n'est pas toujours identique.

Depuis quelques années, Google a mis en place un système pour masquer les requêtes de recherche tapées par les utilisateurs. Selon les dires des officiels de Google, le moteur ne peut pas fournir les requêtes lorsqu'il est en https:// (ce qui est toujours le cas désormais). Sur le principe, ce n'est pas totalement faux puisque l'intérêt est de cacher la requête, mais lorsque nous regardons cela de plus près, nous constatons qu'il s'agit plutôt d'une supercherie maligne…

Analysons une URL provenant d'une recherche sécurisée grâce à la variable `$_SERVER['HTTP_REFERER'];` en PHP. Voici le résultat :

```
http://www.google.fr/url?sa=t&rct=j&q=&esrc=s&source=web&cd=1&ved=0CD4QFjAA&url=http://www.site.fr/&e
i=7SWkU7WyOliW0AXqnoDYAQ&usg=AFQjCNF8e6lo57CSYF60DyxtpKYODTig-A&sig2=lKvSSDty36rtGxRy3
k8FDA&bvm=bv.69411363,d.d2k
```

Maintenant, si nous retournons dans Google et que nous saisissons exactement la même requête en supprimant juste le « s » du protocole https://, nous obtenons la nouvelle référence suivante :

```
http://www.google.fr/url?sa=t&rct=j&q=requete&source=web&cd=1&ved=0CDsQFjAA&url=http://www.site.fr/&ei
=yCakU7H1AuWc0QXhxYHAAQ&usg=AFQjCNF8e6lo57CSYF60DyxtpKYOD
Tig-A&sig2=2FjgNlTzXLQrTn25kUTW7w
```

Voyez-vous où nous voulons en venir ? Dans le premier cas, le paramètre q de la requête est vide tandis que la requête apparaît dans le second test. Google nous affirme qu'il ne peut pas passer la requête de recherche alors qu'il est capable de transmettre tous les autres paramètres sans aucune difficulté. Dans les faits, il est tout à fait possible de passer l'information, mais il s'agit d'un choix délibéré des responsables du moteur. Leur excuse ne tient donc pas et il aurait été plus honnête de l'admettre. Néanmoins, il n'est quasiment plus possible de suivre les requêtes tapées par les internautes pour trouver vos sites web…

En d'autres termes, trouver les mots-clés tapés ainsi que les positions relève presque du miracle. Nous ne pourrons plus suivre entièrement et facilement nos visiteurs et nos positions comme ce fut le cas pendant des années, il faut bien en prendre conscience. Partant de ce constat, nous allons présenter quelques outils, mais retenez bien que les données affichées ne seront pas toujours exemptes de défauts…

Google sécurise ses URL referers

Depuis le mois d'octobre 2015, les liens sponsorisés issus de Google Adwords ne transmettent plus d'URL de référence (source : http://goo.gl/sCrre6). Par conséquent, nous obtenons en réponse uniquement le nom de domaine de Google et plus du tout les autres informations. Google affirme que cela est fait pour protéger davantage ses utilisateurs et mieux sécuriser le moteur.

En revanche, la firme n'a rien indiqué au sujet des résultats organiques présents dans les SERP. Dans les faits, il arrive très fréquemment que Google masque les URL referers depuis la mi-2015 dans ces liens naturels, pour les mêmes raisons. Certains des codes PHP ou des filtres Google Analytics présents dans le livre sont donc parfois amputés de certains résultats à cause de ce changement mis en place aussi soudainement que discrètement par Google.

Suivre les positions et les requêtes

Outils et rapports

Il existe une multitude d'outils gratuits ou payants pour générer des rapports en référencement et position-nement. Tous ne sont pas d'égale qualité mais ils présentent un grand nombre d'informations qui peuvent nous intéresser. De plus, ils fournissent des fichiers de logs ou de génèrent des rapports de positionnement parfois complets, ce qui s'avère bien pratique lorsque nous gérons des masses de clients ou tout simplement si nous ne voulons pas perdre de temps…

Voici une liste non exhaustive d'outils qui peuvent répondre à nos besoins, nous en présenterons quelques-uns par la suite :

- SeeUrank de Yooda : http://www.yooda.com/produits/soft/ ;
- Positeo : http://www.positeo.com/check-position/ ;
- Myposeo de G4Interactive : http://fr.myposeo.com ;
- Monitorank : https://www.monitorank.com/fr/ ;
- SEOHero Ninja : https://seo-hero.ninja ;
- WebRankChecker : https://www.webrankchecker.com ;
- SEO Soft de Webmaster-rank : https://bit.ly/2ysu7ey ;
- Allorank : http://www.allorank.com ;
- Rank Tracker : http://www.link-assistant.com/rank-tracker/ ;
- Ranks.fr de Kiwax : http://www.ranks.fr/ ;
- SEMrush : http://www.semrush.com ;
- GammaSEOTools : http://www.gammaseotools.com ;
- SEO Toolkit de Trellian : http://www.trellian.fr/seotoolkit/ ;
- AgentWebRanking : http://www.agentwebranking.com.

Tous ces outils sont de qualités différentes mais il faut avouer que certains d'entre eux s'en sortent mieux que d'autres comme Positeo, Myposeo, Ranks.fr ou encore SEO Soft.

Figure 4–23
Suivi du positionnement avec Allorank

Globalement, le suivi des positions est assez honorable même s'il peut exister quelques variantes avec la réalité. En effet, nous ne pouvons pas paramétrer les types de recherches comme bon nous semble donc les fluctuations des SERP entrent en ligne de compte.

Nous ne savons pas si l'outil procède à une recherche à Paris ou Marseille, sur quel data center il se connecte, s'il gère bien les historiques, etc. Par conséquent, les chiffres annoncés ont parfois quelques positions de décalage avec ce que nous pourrions trouver avec une méthode manuelle, par exemple.

En revanche, ces outils ont un net avantage sur d'autres méthodes puisque les plus efficaces d'entre eux n'utilisent pas forcément les paramètres glissés dans les URL de référence pour déterminer la position. Les meilleurs possèdent leur propre robot de crawl des pages de résultats et dès que celui-ci trouve une URL donnée, les moteurs récupèrent la position dans les SERP.

Réaliser un suivi du positionnement par la technique

Il s'agit de mécanismes assez techniques qui pourraient par exemple être réalisés à l'aide du module cURL en PHP, mais il existe d'autres variantes tout aussi efficaces en Java notamment. L'idée est de lancer une requête dans les SERP via un code qui permet de tester chaque page de résultats en boucle jusqu'à trouver l'URL recherchée. Cela fonctionne bien mais les moteurs tentent de se prémunir contre ce phénomène en bloquant les accès aux outils…

Présentons quelques outils en détails…

SEO Hero Ninja

Seo Hero Ninja est un outil de suivi de positionnement gratuit. Son utilisation est simple et à la portée de tout le monde. Il suffit d'ajouter une expression clé, le domaine parent du site à suivre et le moteur de recherche ciblé (google.fr par exemple). En outre, l'outil permet de vérifier son positionnement seulement sur Google ou en optant pour une géolocalisation donnée par pays ou par ville, afin d'affiner les recherches.

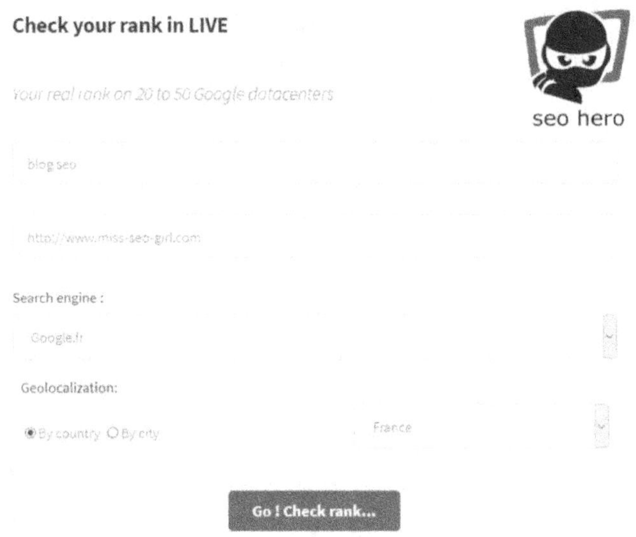

Figure 4–24
Utilisation de SEO Hero Ninja

La particularité de cet outil est qu'il analyse en temps réel votre positionnement sur plusieurs data centers de Google. Entre 20 et 50 data centers sont interrogés et, pour chacun, une position est indiquée ainsi qu'une moyenne globale sur l'ensemble de résultats. L'analyse peut donc prendre quelques secondes avant d'afficher un résultat.

Figure 4–25
Analyse dans les différents
data centers de Google

Cerise sur le gâteau, l'outil indique le top 100 des sites qui se positionnent sur l'expression clé que vous avez choisi de faire analyser, ceci pour chaque data center. C'est notamment bien pratique pour découvrir ou surveiller vos concurrents, et tout cela gratuitement. Le seul inconvénient est bien sûr de devoir travailler requête par requête pour suivre le positionnement.

Figure 4–26
Observation du top 100 sur une requête
donnée avec SEO Hero Ninja

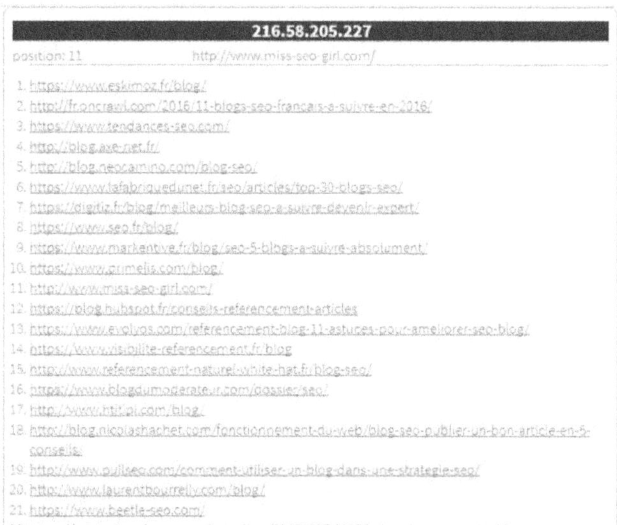

WebRankChecker

WebRankChecker est un outil entièrement gratuit dont l'utilisation est simple. Il suffit de mentionner une URL précise, puis une expression particulière et enfin de choisir le moteur de recherche à tester pour obtenir le positionnement.

Figure 4–27
Paramétrage de WebRankChecker

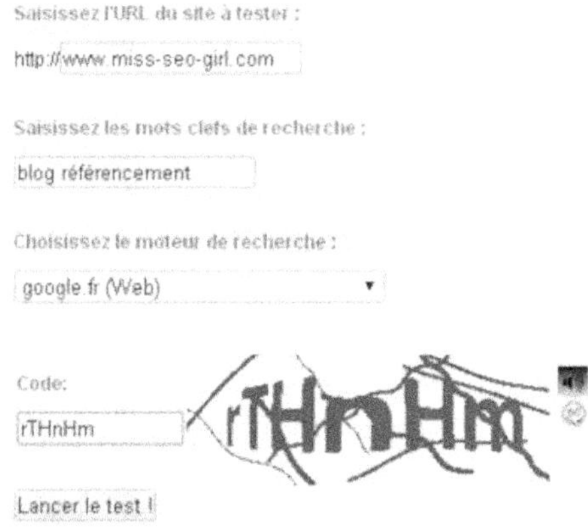

Figure 4–28
Positionnement et suivi concurrentiel

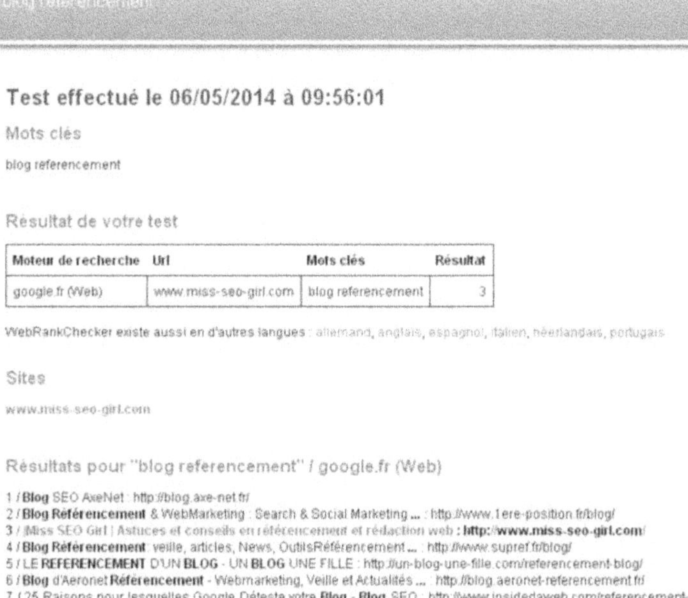

Moteur de recherche	Url	Mots clés	Résultat
google.fr (Web)	www.miss-seo-girl.com	blog referencement	3

Si nous comparons les résultats avec d'autres outils du marché, nous remarquons que la position affichée dans la page du rapport est souvent identique à une ou deux positions près. Nous pouvons donc confirmer que l'outil est plutôt de bonne facture.

En plus de la position récupérée, WebRankChecker présente les dix résultats environnants autour de notre URL sur la requête donnée, ce qui permet d'avoir un rapide coup d'œil sur la concurrence.

Les limites des outils de suivi

Le principal inconvénient de cet outil mais aussi de certains de ses concurrents est d'être monotâche. De fait, il est impossible de procéder à un suivi complet très rapidement. Il faut procéder requête par requête et page par page, ce qui peut rapidement s'avérer fastidieux. Parfois, un travail manuel prend presque autant de temps pour un résultat souvent plus précis...

SEO Soft

SEO Soft est un logiciel gratuit qui doit être téléchargé et installé sur un ordinateur. Il est plutôt performant et fiable et permet de gagner plus de temps qu'avec les outils présentés précédemment.

Son interface est quelque peu archaïque mais la configuration permet de suivre les résultats de plusieurs manières : soit avec des courbes, soit avec des tableaux précis. Nous pouvons aisément suivre l'évolution du positionnement au cours du temps, ce qui s'avère impossible avec Positeo ou WebRankChecker, à moins de créer nos propres fichiers de comparaison.

Figure 4–29
Suivi des positions
avec SEO Soft

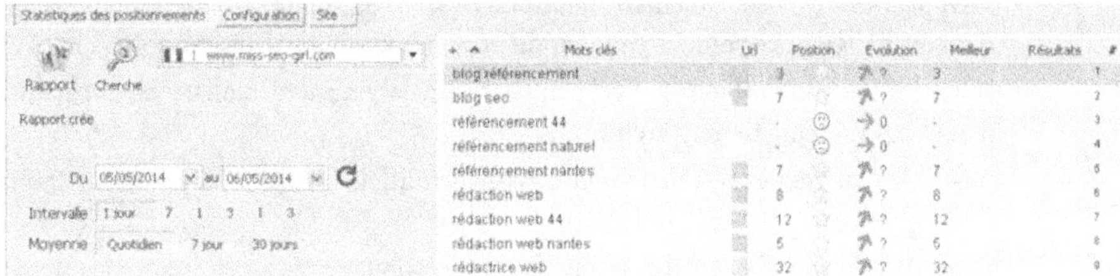

Pour configurer l'outil, il faut procéder par étapes.

1 Cliquez sur l'onglet *Configuration*.

2 Saisissez l'URL ainsi que les mots et expressions clés à analyser.

3 Cliquez sur l'icône *Cherche* dans l'onglet *Statistiques des positionnements*.

4 Laissez l'outil procéder à sa première analyse. Ensuite, il suffit de multiplier les analyses pour obtenir des comparaisons de données sur la durée.

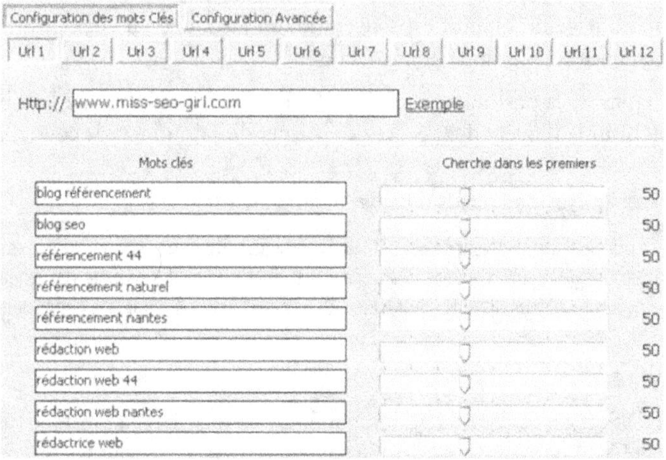

Figure 4–30
Paramétrage de SEO Soft

SEMrush

SEMrush est un outil développé aux États-Unis et en Russie pour effectuer de nombreux suivis SEO, pas uniquement le suivi du positionnement, bien que cela soit sa plus grande qualité. La version gratuite est limitée, mais il est possible d'opter pour les options Premium. Par exemple, la version Pro de l'outil offre plusieurs possibilités :

- suivi avancé du positionnement (classement des pages web en cours, mais aussi mouvements enregistrés dans les SERP), avec enregistrement de projets, exportation des rapports, envoi du suivi par e-mails (…) ;
- suivi des backlinks (bien que cela ne soit jamais vraiment réaliste en comparaison avec les Webmaster Tools des moteurs de recherche) ;
- possibilité de mener des benchmarks concurrentiels (analyse du positionnement des concurrents sur les mêmes requêtes, etc.) ;
- rapport de recherche sur des requêtes données (suggestions de mots-clés mais aussi analyse en profondeur des requêtes) ;
- outil d'évaluation de la faisabilité du positionnement sur des mots-clés donnés ;
- outil d'audit de site web.

Figure 4–31
Suivi du positionnement détaillé
avec SEMrush Pro

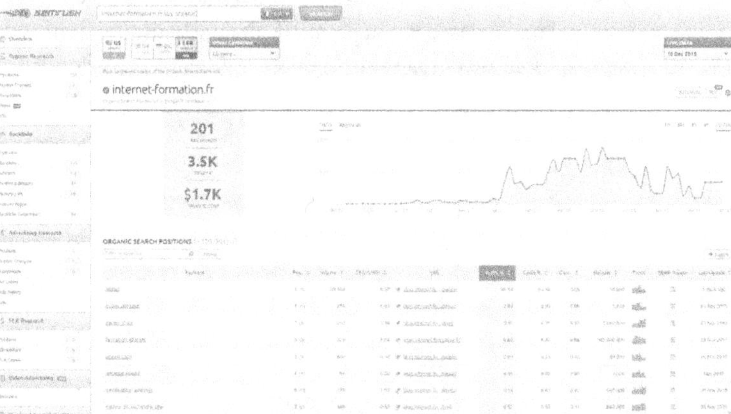

Yooda SeeUrank

Enfin, terminons notre tour d'horizon des outils avec le payant, mais qualitatif, SeeUrank de Yooda. En réalité, ce dispositif va bien plus loin qu'une simple analyse du positionnement, il s'agit d'un vrai couteau suisse qui permet plusieurs suivis : positionnement des pages web sur un nombre illimité de mots-clés, analyse des backlinks (qualité, notoriété…), des stratégies SEO des concurrents et des pages HTML, réalisation d'une veille concurrentielle, audit d'un site (freins, structure), ou encore suivi de l'indexation.

D'autres outils n'ont rien à envier à SeeUrank tels que Ranks.fr, Myposeo ou encore SEMrush. Mais les prix des concurrents sont prohibitifs, d'autant plus que les sommes peuvent vite grimper.

Allorank fonctionne par exemple avec un système de crédit pour chaque crawl, ce qui, pour un usage professionnel, équivaut rapidement à des centaines d'euros de dépenses. De ce fait, le suivi du positionnement n'est pas à la portée de toutes les bourses et il est parfois préférable de procéder par soi-même afin d'obtenir des rapports de référencement gratuits.

Utiliser les Webmaster Tools pour suivre les requêtes et les positions

Les outils pour webmasters fournis par les principaux moteurs de recherche peuvent nous aider à suivre le positionnement et les requêtes tapées par les internautes. Les données sont loin d'être très précises mais permettent de contrer au moins partiellement le problème grandissant des not provided.

Dans la Google Search Console, vous pouvez suivre les requêtes de recherche tapées par les internautes via le menu *Performances*. L'outil fournit aussi de multiples informations sur le nombre d'impressions, le nombre de clics sur les liens organiques et le positionnement de la page associée à la requête tapée, ce qui peut donner des indications complémentaires pertinentes.

Figure 4–32
Suivi des requêtes de recherche et du positionnement des pages via la Google Search Console

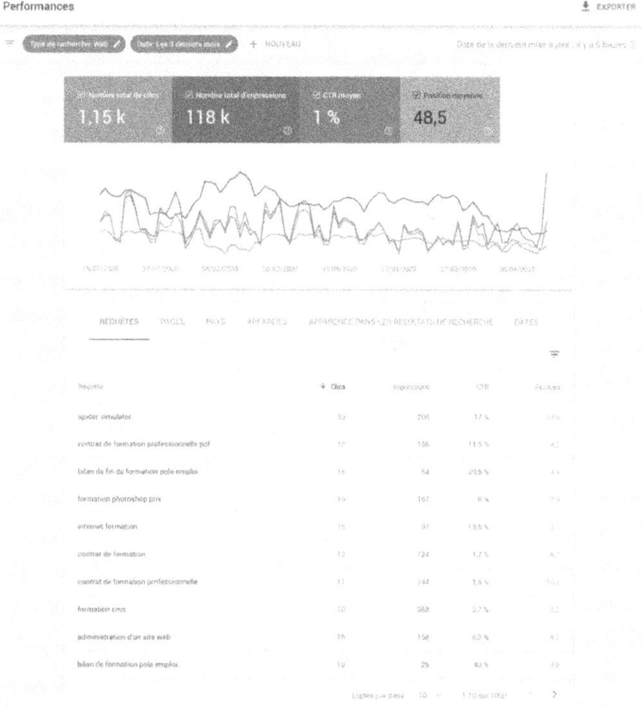

Mieux encore, le rapport *Performances* met à disposition plusieurs onglets qui permettent d'affiner le suivi du positionnement selon les appareils, les dates ou le pays d'origine des recherches. Un tri par dates peut ainsi donner un suivi évolutif de la position moyenne des pages, toutes requêtes confondues, jour après jour.

Pour aller plus loin, notez également la possibilité de filtrer les résultats, soit par l'intermédiaire du bouton de filtre situé en haut à gauche de l'écran, soit directement en sélectionnant des valeurs disponibles dans les onglets. Par exemple, en cliquant sur l'onglet *Pays* puis sur *France* (un filtre s'affiche en haut de l'écran, comme dans la capture suivante), on obtient des résultats consacrés uniquement à la France, avec un positionnement moyen affiné et des valeurs plus en adéquation avec le marché national. Ce type de processus fonctionne quasiment avec toutes les valeurs disponibles dans le rapport, ainsi le suivi des positions peut être approfondi et ce, de manière intuitive.

Figure 4–33
Suivi du positionnement par appareil et pour la France uniquement dans la Google Search Console

Les Webmaster Tools de Bing donnent aussi des données du même type par le menu *Search Performance* accessible via l'URL https://www.bing.com/webmasters/searchperf. L'outil affiche le nombre de clics et d'impressions, le taux de clics moyen (CTR) et enfin le positionnement des requêtes ou des pages web (deux onglets existent pour afficher les données en fonction des requêtes tapées par les utilisateurs ou selon les pages indexées du site). L'offre est plus limitée que celle de la Search Console, mais déjà bien suffisante pour obtenir des données importantes sur le suivi officiel de positionnement dans Bing.

Figure 4–34
Suivi des requêtes et du positionnement sur
Bing en fonction des requêtes de recherche

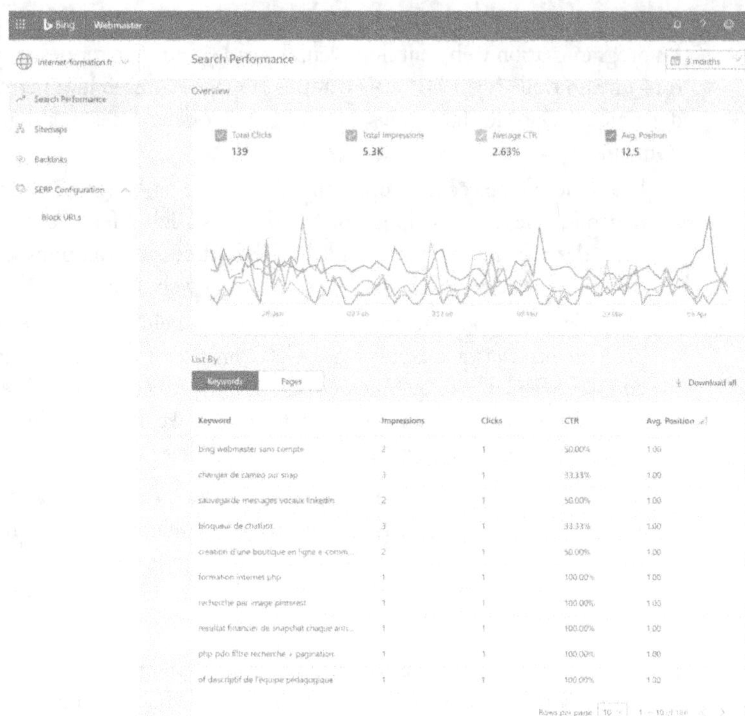

Procéder à un suivi manuel

S'il existe bien une méthode qui fonctionne, c'est certainement le suivi du positionnement de façon manuelle. Certes, la technique s'avère très vite fastidieuse et usante mais si vous n'avez pas des quantités de sites web à analyser ou des masses de requêtes à suivre, cette méthode reste de loin la plus précise.

Il est possible de personnaliser totalement la méthode de recherche, de changer la localisation, de jouer avec ou sans l'historique du navigateur, etc. Par conséquent, nous pouvons vraiment obtenir des positionnements précis aux dates que nous souhaitons.

Il est tout de même conseillé de suivre quelques indications pour éviter d'être trompé sur le positionnement affiché dans les SERP. Il est notamment préférable de supprimer l'historique du navigateur, de se déconnecter d'un compte Google ou Bing ou encore de passer par la navigation privée dans les navigateurs.

Pour être encore plus rassuré, il peut être intéressant de procéder au suivi avec un autre navigateur que celui utilisé fréquemment sur la machine, mais également de choisir une ville éloignée de la nôtre pour obtenir un positionnement digne d'un visiteur « neutre ».

La technique consiste à se créer un rapport de positionnement avec un tableur comme Open Office Calc ou Excel dans lequel nous insérons pour chaque requête la position ainsi que l'URL trouvées. En procédant de la sorte, nous pouvons rapidement obtenir un tableau complet et précis des données relatives au positionnement.

Utiliser PHP pour réaliser des rapports de positionnement

La programmation web peut nous venir en aide pour générer des rapports de positionnement. Nous utiliserons une nouvelle fois PHP mais d'autres langages comme Java permettent aussi d'effectuer ce type de suivi dynamique. Dans les faits, nous pourrions coder deux types de programmes pour effectuer le suivi du positionnement.

- Une fonction placée dans une zone répétée des pages (en-tête ou pied de page) qui récupère de manière dynamique les informations trouvées dans les URL referers des moteurs. Ainsi, il serait possible de récupérer des paramètres cachés dans les URL et des informations générales pour chaque visiteur qui arrive d'un moteur de recherche testé vers une page web de notre site.
- Un programme pour accéder aux URL des moteurs et effectuer des actions diverses tout en passant de page en page jusqu'à trouver des URL précises (donc des chaînes de caractères correspondant à des adresses web). Cette technique serait la plus efficace pour obtenir avec assurance un positionnement pour chaque page ou chaque requête, mais cela demande énormément de ressources car les moteurs peuvent rapidement bloquer les accès directs de ce type.

Ces deux techniques ne permettent pas de réaliser les mêmes analyses. La première est moins précise sur le positionnement des pages mais permet d'obtenir pléthore d'autres informations sur le trafic web ou encore sur les requêtes de recherche. La seconde, gourmande en ressources, n'est utilisée que pour trouver le positionnement précis des pages mais les outils présentés précédemment conviennent tout à fait pour effectuer ce type de suivi.

Nous allons tout d'abord nous concentrer sur la première méthode pour réaliser une fonction PHP qui générera un rapport à la fois en CSV mais aussi en HTML afin d'obtenir des informations essentielles. Nous verrons néanmoins que la méthode ne permet pas de capter tous les renseignements souhaités à cause des limites fixées par les URL de référence (manque de données, paramètres incomplets pour certains moteurs, etc.).

Figure 4–35
Rapport de positionnement généré par PHP

Moteur	RequÃªte	Position	Heure de la recherche	Code langue	Pays	Ville	IP du client	User-Agent
google (web)	(not provided)	1	20/06/2014 13.02.52	FR	France		xxx.xxx.xxx.xxx	Mozilla/5.0 (Windows NT 6.1; WOW64; Trident/7.0; rv:11.0) like Gecko
google (web)	internet-formation.fr	1	20/06/2014 14.26.15	FR	France	Poitiers	xxx.xxx.xxx.xxx	Mozilla/5.0 (Windows NT 6.1; WOW64; rv:30.0) Gecko/20100101 Firefox/30.0
yahoo (web)	(not provided)		20/06/2014 14.42.38	FR	France	Paris	xxx.xxx.xxx.xxx	Mozilla/5.0 (Windows NT 6.1; WOW64; rv:30.0) Gecko/20100101 Firefox/30.0
lycos (web)	formation web	2ᵉ page	20/06/2014 14.57.56	FR	France	Lyon	xxx.xxx.xxx.xxx	Mozilla/5.0 (Windows NT 6.1; WOW64; rv:30.0) Gecko/20100101 Firefox/30.0
yandex (web)	(not provided)	1ʳᵉ page	20/06/2014 16.49.15	FR	France	Poitiers	xxx.xxx.xxx.xxx	Mozilla/5.0 (Windows NT 6.1; WOW64; rv:30.0) Gecko/20100101 Firefox/30.0
google (web)	formation internet	3	20/06/2014 17.51.22	FR	France	Poitiers	xxx.xxx.xxx.xxx	Mozilla/5.0 (Windows NT 6.1; WOW64; rv:30.0) Gecko/20100101 Firefox/30.0

La fonction a été intitulée `statsReferers()` et répond à plusieurs besoins afin d'être la plus pratique possible :

Google Analytics et le suivi du positionnement

Sachez que Google Analytics permet aussi de d'obtenir la position des résultats de Google à l'aide d'un filtre personnalisé. Nous présenterons cette fonctionnalité dans la section « Google Analytics et ses secrets », entièrement dédiée à l'outil de suivi des statistiques proposé par Google.

- récupérer dix types de données (ville d'origine de la recherche, requête du visiteur, position déterminée en fonction des moteurs de recherche, etc.). Ainsi, c'est tout un environnement statistique qui s'ouvre à nous, et encore, nous pourrions agrémenter la fonction pour avoir plus de données à exploiter ;
- s'adapter à près d'une dizaine d'infrastructures différentes pour examiner les adresses de référence et recueillir les informations pertinentes. Cette étape demande un savoir-faire accru du code mais surtout une connaissance parfaite de la construction des URL referers pour chaque moteur de recherche. Grâce à cette analyse fine, la fonction s'adapte aux différents moteurs implantés pour faire ressortir les statistiques le plus précisément possible (en espérant que ces URL ne changent pas souvent…).

Trêve de bavardage, voici la fonction complète pour effectuer notre suivi personnalisé sur plusieurs moteurs :

```php
<?php
function statsReferers($logs = 'logs/') {
// Liste des robots et nom du répertoire
$moteurs = array("ask", "yahoo", "baidu", "exalead", "aol", "gigablast", "google", "bing",
                 "voila", "orange", "qwant", "yandex", "lycos", "mozbot", "seek",
                 "duckduckgo", "kelseek", "dazoo", "lemoteur");

// Récupération du referer décodé
$referer = urldecode($_SERVER['HTTP_REFERER']);

// Récupération du nom du moteur
preg_match("#https?://([a-zA-Z.]+\.)?([^\.][a-zA-Z0-9-]+).[a-zA-Z]+/#iU", $referer, $se);
$moteur = strtolower($se[2]);

if(in_array($moteur, $moteurs) && !empty($moteurs)) {
    // Récupération de l'URL de destination (page en cours)
    $url = $_SERVER['SERVER_NAME'].$_SERVER['REQUEST_URI'];

    // Récupération de l'adresse IP du client
    $ip = $_SERVER['REMOTE_ADDR'];

    // Récupération de l'heure (+2h GMT pour la France)
    $timestampDate = $_SERVER['REQUEST_TIME'];
    $time = date("d/m/Y H:i:s", $timestampDate);

    // Récupération de la ville d'où provient la recherche
    $ville = $_SERVER['GEOIP_CITY'];

    // Récupération du pays d'où provient la recherche
    $pays = $_SERVER['GEOIP_COUNTRY_NAME'];
```

```php
// Récupération de la langue de recherche
$codeLang = $_SERVER['GEOIP_COUNTRY_CODE'];

// Récupération de la requête tapée (paramètre 'q')
// Possibilité d'utiliser parse_str() aussi pour couper...
preg_match("#(q|query|text|kw)=(.*)(&|$)#iU", $referer, $query);
if(!empty($query[2]) && $query[2] != "=") {
    $q = $query[2];
} else {
    $q = "(not provided)";
}

// Récupération de la source (paramètre 'source')
preg_match("#(bvh|source)=(.*)(&|$)#iU", $referer, $source);
if(!empty($source[2])) {
    $src = " (".$source[2].")";
}
preg_match("#(images?|pictures|web|imgurl|img)[/:;=_&]#iU", $referer, $source);
if(!empty($source[1]) && $source[1] != "web") {
    $src = " (images)";
} else {
    $src = " (web)";
}

// Récupération de la position dans les SERP (paramètre 'cd')
if($moteur == "google") {
    preg_match("#(cd|page)=([0-9]+)[^0-9]#iU", $referer, $position);
    if(!empty($position[2])) {
        if(!empty($position[1]) && $position[1] == "cd") {
            $pos = $position[2];
        } else {
            $pos = $position[2]."e page";
        }
    }
}
if($moteur == "bing") {
    preg_match("#first=([0-9]+)[^0-9]#iU", $referer, $position);
    if($src == " (web)") {
        if(!empty($position[1])) {
            $pos = ceil($position[1] / 10)."e page";
        } else {
            $pos = "1re page";
        }
    }
}
if($moteur == "yandex" || $moteur == "ask" || $moteur == "aol" || $moteur == "lycos" ||
$moteur == "baidu") {
    preg_match("#p(1|n|age|os)?=([0-9]+)([^0-9]|$)#iU", $referer, $position);
    if($position[2] != '') {
        if($moteur == "yandex") {
            $position[2] = $position[2]+1;
        }
```

```php
                if(!empty($position[1]) && $position[1] == "os") {
                    $pos = ($position[2])."e image";
                } else {
                    $pos = ($position[2])."e page";
                }
        } else {
            if($moteur != "lycos") {
                $pos = "1re page";
            }
        }
    }
}


// Récupération du nom du navigateur
$userAgent = $_SERVER['HTTP_USER_AGENT'];

// Exportation des données
$entetes = array("Moteur", "Requete", "Position", "Date", "URL", "Code langue", "Pays",
"Ville", "IP du client", "User-Agent");
    $donnees = array($moteur.$src, $q, $pos, $time, $url, $codeLang, $pays, $ville, $ip,
    $userAgent);

// Création du journal si inexistant
if(!is_dir($logs)) {
    mkdir($logs, 0705);
}
// Création et remplissage du fichier CSV
$file = 'positionnement';
$fichier = fopen($logs.$file.".csv", 'a');
$urlCSV = urlencode($protocole.$_SERVER['HTTP_HOST']);
$content = file_get_contents("./".$logs.$file.".csv");
if(empty($content)) {
    fputcsv($fichier, $entetes, ";");
}
fputcsv($fichier, $donnees, ";");
fclose($fichier);

// Affichage final HTML
$result = "<table cellpadding='0' cellspacing='0'
style='font-family:arial,tahoma,sans-serif'>\n";
if(!file_exists($logs.$file.".html")) {
$result.= "<tr align='center' style='background:#222; color:#eee;'>\n";
$result.= "\t<th style='padding:.2em .5em; width:10%'>Moteur</th>\n";
$result.= "\t<th style='padding:.2em .5em; width:10%'>Requête</th>\n";
$result.= "\t<th style='padding:.2em .5em; width:10%'>Position</th>\n";
$result.= "\t<th style='padding:.2em .5em; width:10%'>Heure de la recherche</th>\n";
$result.= "\t<th style='padding:.2em .5em; width:10%'>URL</th>\n";
$result.= "\t<th style='padding:.2em .5em; width:10%'>Code langue</th>\n";
$result.= "\t<th style='padding:.2em .5em; width:10%'>Pays</th>\n";
$result.= "\t<th style='padding:.2em .5em; width:10%'>Ville</th>\n";
$result.= "\t<th style='padding:.2em .5em; width:10%'>IP du client</th>\n";
$result.= "\t<th style='padding:.2em .5em; width:10%'>User-Agent</th>\n";
$result.= "</tr>\n";
}
```

```php
$result.= "<tr align='center' style='background:#ddd; color:#555;'>\n";
$result.= "\t<td style='padding:.2em .5em; width:10%'>".$moteur.$src."</td>\n";
$result.= "\t<td style='padding:.2em .5em; width:10%'>".$q."</td>\n";
$result.= "\t<td style='padding:.2em .5em; width:10%'>".$pos."</td>\n";
$result.= "\t<td style='padding:.2em .5em; width:10%'>".$time."</td>\n";
$result.= "\t<td style='padding:.2em .5em; width:10%'>".$url."</td>\n";
$result.= "\t<td style='padding:.2em .5em; width:10%'>".$codeLang."</td>\n";
$result.= "\t<td style='padding:.2em .5em; width:10%'>".$pays."</td>\n";
$result.= "\t<td style='padding:.2em .5em; width:10%'>".$ville."</td>\n";
$result.= "\t<td style='padding:.2em .5em; width:10%'>".$ip."</td>\n";
$result.= "\t<td style='padding:.2em .5em; width:10%'>".$userAgent."</td>\n";
$result.= "</tr>\n";
$result.= "</table>\n";

// Création et remplissage d'un fichier HTML présentable
$HTML = fopen($logs.$file.".html", 'a');
fputs($HTML, $result);
fclose($HTML);

// Permet d'afficher une URL de retour si besoin
if(isset($_SERVER['HTTPS']) && $_SERVER['HTTPS'] == "on") {
    $protocole = "https://";
} else {
    $protocole = "http://";
}
$urlBack = $protocole.$_SERVER['HTTP_HOST']."/".$logs.$file.".html";
return '<a href="'.$urlBack.'" target="_blank">Suivi de positionnement</a>';
}
}
?>
```

Ensuite, il suffit de lancer la fonction dans une zone répétée d'un site web pour que la fonction génère des fichiers CSV et HTML remplis au fur et à mesure des nouvelles recherches. Il existe deux possibilités d'usage comme le montre le code commenté suivant :

```php
<?php
// Lance uniquement la fonction d'analyse
statsReferers();
// Lance la fonction et affiche un lien vers le rapport HTML
echo statsReferers();
?>
```

Cette fonction utilisée en complément d'autres outils peut être très efficace pour mesurer l'impact et la réussite du référencement. Par exemple, vous pouvez grâce au fichier CSV classer les adresses IP des clients et savoir si une même personne est revenue sur votre site et si oui, après combien de temps ou à quelle fréquence. Les possibilités sont donc nombreuses pour tirer profit de ce code et l'améliorer…

Désormais, intéressons-nous à un outil de détection du positionnement pour une requête précise et un nom de domaine donné. Nous pouvons en effet faire des requêtes à distance vers Google (dans notre exemple) pour obtenir les x premiers résultats pour une requête et ainsi vérifier si un nom de domaine se trouve dans la liste. Dans ce cas, le programme peut faire remonter la position exacte mais aussi le titre du résultat et l'URL exacte trouvée dans les SERP.

La problématique de ce type de programme est que Google se protège contre le trop-plein de requêtes vers son moteur quand tout provient de la même IP. En effet, il peut arriver que Google stoppe de fonctionner et affiche un captcha parce qu'il observe trop de requêtes successives. Avec un outil de détection de position, ce phénomène peut être fréquent et il devient rapidement bloquant. Nous allons donc prévoir plusieurs solutions dans notre programme afin de limiter ce problème, sans pouvoir parfaitement le résoudre. Nous allons ajouter la possibilité d'utiliser un proxy ou un user-agent différent dans le but de duper le moteur, mais cela nous imposera de trouver des proxys fonctionnels et rapides. L'autre solution est de changer d'IP avec un VPN (*Virtual Private Network*) afin de tromper Google, mais ce n'est pas toujours pratique à la longue.

Les limites de la gratuité des outils

Le programme est parfaitement fonctionnel mais ce frein à l'exécution massive de tests démontre pourquoi la majorité des outils de suivi de positionnement sont payants et onéreux. Ils doivent en effet prévoir des centaines, voire des milliers, d'adresses IP différentes qui ne sont pas gratuites. Ajoutons à cela qu'ils proposent en général des fonctionnalités avancées et complexes utilisant les API des moteurs voire d'autres services, qui, une fois encore, sont coûteux. C'est pourquoi la majeure partie des outils de suivi de positionnement en ligne sont soit très simplistes, soit payants et complets…

Notre programme PHP va crawler jusqu'à plusieurs pages de Google et faire remonter la page trouvée pour la requête analysée, si elle existe. Pour faciliter le travail, le code affiche 100 résultats par défaut plutôt que 10 comme c'est le cas sur Google.

La fonction rankingGoogle() va prendre plusieurs paramètres, visibles dans le code suivant :

1 requête de recherche ;

2 domaine recherché (on peut fournir une URL précise, mais l'intérêt est moindre) ;

3 maximum de résultats au total (multiple de 100, avec un maximum de 1 000 idéalement) ;

4 proxy si nécessaire avec son IP et son port (sous la forme xxx.xxx.xxx.xxx:pppp) afin de duper Google ;

5 user-agent différent si nécessaire ;

6 extension du moteur (« .fr » par défaut) ;

7 numéro de résultat de départ pour le crawl (équivalent au paramètre *start* dans l'URL de Google), commençant en théorie à 0 mais pouvant fonctionner avec des multiples de 100 ;

8 numéro de page visité (calculé automatiquement en fonction du paramètre précédent idéalement).

```php
function rankingGoogle($requete = '', $domaine = '', $max = 300, $proxy = '', $userAgent = '',
                       $ext = "fr", $start = 0, $page = 1) {
    // Marque un temps de repos entre chaque requête (anti captcha Google)
    sleep(3);

    // Enregistre le tableau de résultat
    static $resultat = array();

    // Formatage de la requête
    if(!empty($requete)) {
        $requete = str_replace(" ", "+", $requete);
    }
```

```php
// Récupération des informations
if(!empty($domaine)) {
    // URL de Google
    $url = "https://www.google.".$ext."/search?q=";
    //$url = "http://ajax.googleapis.com/ajax/services/search/web?v=2.0&rsz=large&q=";
    $url.= $requete;
    $url.= "&filter=0&num=100&start=".$start;

    // Lancement de cURL pour récupérer les données
    $curl = curl_init($url);
    curl_setopt($curl, CURLOPT_RETURNTRANSFER, true);
    curl_setopt($curl, CURLOPT_FOLLOWLOCATION, true);
    curl_setopt($curl, CURLOPT_TIMEOUT, 0);
    curl_setopt($curl, CURLOPT_CONNECTTIMEOUT, 0);
    curl_setopt($curl, CURLOPT_SSL_VERIFYPEER, false);
    curl_setopt($curl, CURLOPT_SSL_VERIFYHOST, false);
    curl_setopt($curl, CURLOPT_FAILONERROR, 1);

    // Agent du robot (généré au hasard pour duper Google)
    if(!empty($userAgent)) {
        curl_setopt($curl, CURLOPT_USERAGENT, $userAgent);
    } else {
        curl_setopt($curl, CURLOPT_USERAGENT, $_SERVER['HTTP_USER_AGENT']);
    }

    // Proxy pour le robot (pour éviter le captcha Google)
    if(!empty($proxy)) {
        curl_setopt($curl, CURLOPT_PROXY, $proxy);
    }

    // Récupération du contenu
    $contenu = curl_exec($curl);

    // Fermeture de cURL
    curl_close($curl);

    // Lance la fonction de recherche de position
    if(!empty($contenu)) {
        // Extraction des liens et des <title>
        $regex = "#<div class=\"g\">(.*)<!--n-->#iU";
        // $regex = "#<!--m-->(.*)<!--n-->#iU";
        preg_match_all($regex, $contenu, $extraction);

        // Détection de la page suivante de pagination (si non on bloque la récursion)
        preg_match("#id=\"pnnext\"#iU", $contenu, $pagination);
        $nextpage = (!empty($pagination[0])) ? true : false;

        // Initialisation des variables utiles
        $nb = 1;
        $find = false;
        $limite = ceil($max / 100);
```

```php
    // On boucle chaque résultat jusqu'à avoir trouvé la position
    foreach($extraction[0] as $lien) {
        // Si l'adresse est trouvée...
        $lienRegex = "#".$domaine."#iU";
        if(preg_match($lienRegex, $lien)) {
            // Position
            $position = ($page - 1).$nb;

            // URL de la page
            preg_match("#href=\"(.+)\" #iU", $lien, $extrait);
            $adresse = $extrait[1];

            // <title> affiché dans les SERP
            preg_match("#<h3.*>(.*)</h3>#iU", $lien, $titre);
            $title = strip_tags($titre[0]);

            // Confirme que le résultat a été trouvé !
            $find = true;

            // Ajoute les informations dans un tableau
            $resultat = array(
                'position' => $position,
                'url' => $adresse,
                'title' => $title
            );

            // Stoppe la boucle (car inutile de continuer)
            break;
        }
        // Incrémentation du numéro de tour
        $nb++;
    }

    // Retourne le résultat final (trouvé ou non...)
    if($find == false) {
        $resultat = array(
            'position' => 'NULL',
            'url' => 'Non trouvée',
            'title' => 'Aucun résultat dans les SERP'
        );
    }

    // On relance la fonction jusqu'à la limite max si rien n'est trouvé
    if($nextpage == true && $page <= $limite && $find == false) {
        // Numéro de départ de la page (pour la récursivité)
        $start = ceil(($page) * 100);

        // Incrémentation du numéro de page
        $page++;

        // Lancement récursif de la recherche du résultat
        rankingGoogle($requete, $domaine, $max, $proxy, $userAgent, $ext, $start, $page);
    }
```

```
        } else {
            // Si Google bloque le script (trop de requêtes, proxy dépassé, etc.)
            return array(
                'position' => 'NULL',
                'url' => 'Non trouvée',
                'title' => 'Erreur : Google a bloqué le test. Veillez retenter plus tard...'
            );
        }
        // Retourne le résultat final
        return $resultat;
    }
}
```

Il suffit ensuite de lancer la fonction dans une page précise, avec les bons paramètres, pour obtenir en retour un tableau contenant trois informations : la position du résultat (s'il est trouvé), l'URL potentielle et le titre du résultat. Dans la capture qui suit, nous avons créé un formulaire d'analyse avec mise en exergue du résultat. Ce programme complet n'est pas présenté ici mais vous pourrez le télécharger sous cette forme avec les autres programmes du livre.

Figure 4–36
Obtention d'une position (ranking)
pour une URL et une requête données

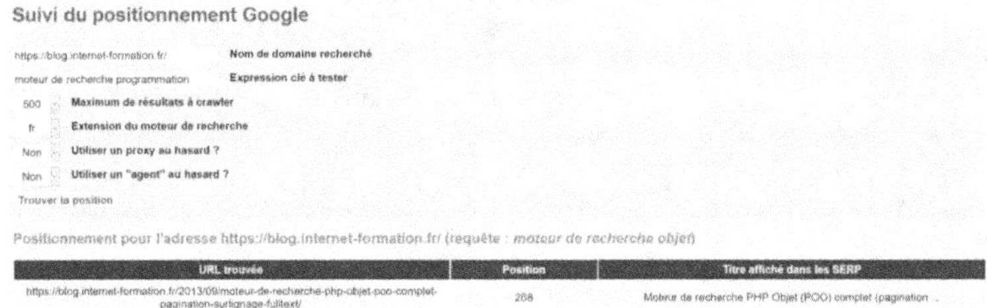

URL trouvée	Position	Titre affiché dans les SERP
https://blog.internet-formation.fr/2013/09/moteur-de-recherche-php-objet-poo-complet-pagination-surlignage-fulltext/	268	Moteur de recherche PHP Objet (POO) complet (pagination ...

Il ne s'agit ici que d'un programme simple qui crawle seulement les résultats organiques et standards dans Google. Nous pourrions très bien récupérer les résultats de la recherche naturelle tels que les résultats locaux (bloc avec Google Maps) voire les positions 0 si nous le désirions. Il faudrait alors modifier ou compléter les expressions régulières du programme pour les atteindre. Cela nous donne juste une idée des possibilités et des limites relatives au suivi du positionnement par nos propres moyens.

Suivre les backlinks avec des outils

Le suivi du positionnement ne se limite pas au simple suivi du classement des pages en fonction des requêtes de recherche. Il est également primordial d'examiner le nombre de liens entrants qui touchent nos pages web afin de mesurer régulièrement leurs PageRank et BrowseRank notamment.

Des outils plus ou moins efficaces...

Ici, nulle question de coder en PHP, il existe suffisamment d'outils performants pour suivre ces données. Quoi qu'il en soit, la seule méthode pour obtenir un suivi approfondi serait de créer un robot complet et autonome qui viendrait capter les informations sur un maximum de pages possibles. Nous pouvons imaginer la quantité de ressources que le serveur doit déployer pour récolter et faire fonctionner ce système, il faudrait donc une infrastructure puissante pour réaliser ce type de procédé efficacement.

Heureusement, des développeurs ont pensé à nous et ont créé des outils plutôt performants pour suivre les backlinks. Leur principal inconvénient est de fournir des nombres de backlinks irréalistes, voire souvent loin de la réalité. En effet, ce problème est logique et découle de ce qui a été dit précédemment. Il faut un robot très puissant pour récupérer ce type de données et des ressources maximales pour crawler un maximum de pages. Comme certains outils doivent être limités sur ces points précis, leur index de sites web est trop restreint pour fournir des résultats idéaux…

Voici une liste d'outils plus ou moins performants pour suivre les backlinks relatifs à nos sites web :

* Majestic SEO : http://www.majesticseo.com ;
* Ahrefs : https://ahrefs.com ;
* Open Site Explorer : https://moz.com/link-explorer;
* Backlink Watch : http://www.backlinkwatch.com ;
* Analyze Backlinks : http://www.analyzebacklinks.com ;
* Link Diagnosis : http://www.linkdiagnosis.com ;
* SEOKicks : https://en.seokicks.de ;
* Outil de Ranks.fr : http://www.ranks.fr/fr/outil-backlinks ;
* Advanced Link Manager : http://advancedlinkmanager.com.

Pour la plupart d'entre eux, il suffit de rentrer l'URL d'une page web et d'attendre que l'outil lance l'examen des liens entrants pour obtenir des résultats. Généralement, l'analyse peut prendre un peu de temps mais certains outils sont vraiment d'une très grande qualité. Par exemple, Ahrefs est rapide et propose d'assez bons résultats dans une interface très agréable et complète.

Figure 4–37
Rapport sur les backlinks avec Ahrefs

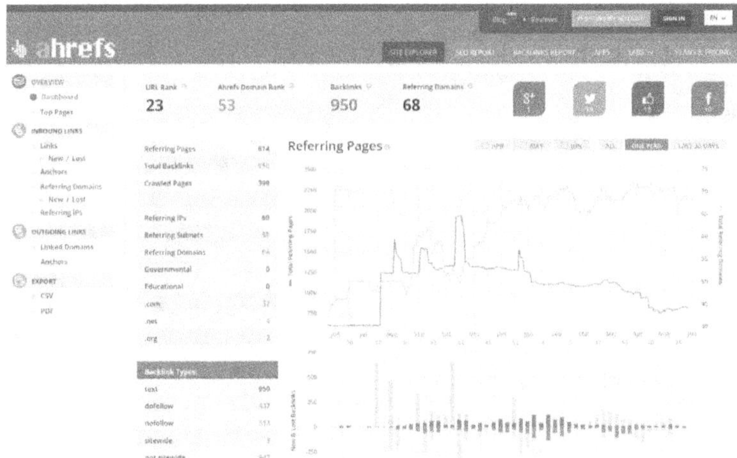

Majestic SEO est plutôt bien conçu également et fournit un nombre de backlinks plus proche de la réalité, bien que son interface soit moins intuitive et ergonomique que celle d'Ahrefs.

Enfin, comparons ces résultats avec l'outil Open Site Explorer (https://moz.com/link-explorer) pour avoir une idée de la qualité des robots et des informations fournies par les différents services en ligne.

Si nous regardons de près sur les diverses captures d'écran, nous remarquons qu'aucun des trois outils ne fournit les mêmes données, et l'écart est même parfois énorme entre les résultats. Cela montre à quel point il est difficile de suivre les liens entrants sans avoir de programmes puissants et des ressources importantes.

Globalement, l'idéal est d'utiliser les outils proposés par les moteurs de recherche équipés d'interfaces pour webmasters pour suivre les liens entrants. Leurs bases de données sont beaucoup plus complètes et pertinentes que les outils précédents. Qui plus est, il faut surtout se dire que les moteurs se fient d'abord à eux-mêmes et donc à leurs propres chiffres pour calculer le *ranking* des pages.

Figure 4–38
Suivi des backlinks avec Majestic SEO

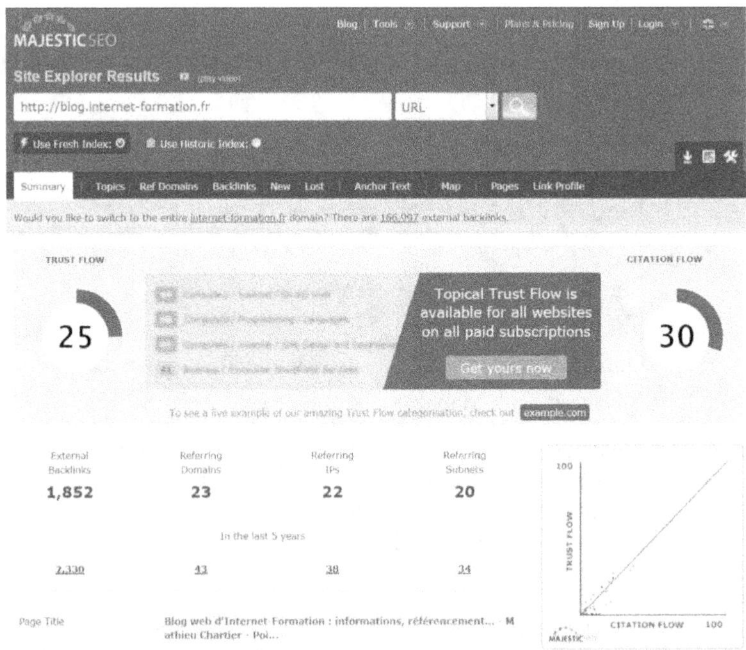

Figure 4–39
Nombre de backlinks calculé
par Open Site Explorer

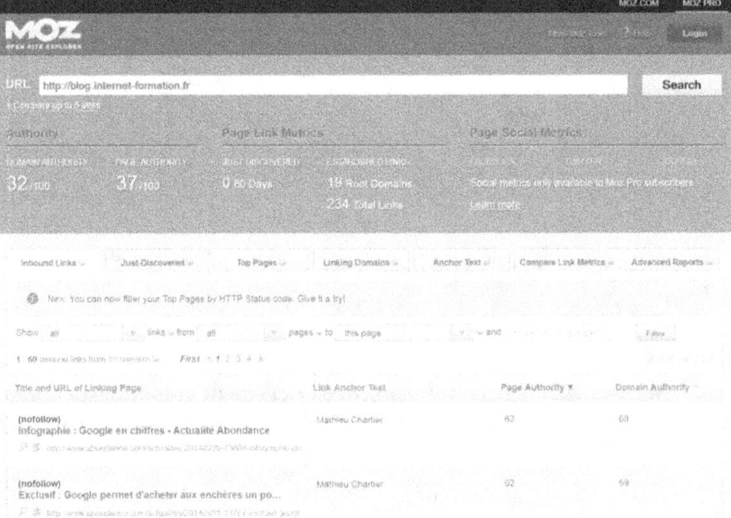

Suivre les liens entrants avec les outils Webmaster Tools

Ces outils proposent pour la plupart une partie consacrée au suivi des liens internes et externes afin d'obtenir les chiffres les plus pertinents possibles.

Contrairement à certains services en ligne présentés précédemment, les interfaces des moteurs de recherche ne mettent pas en avant le profil complet des liens. Il n'est donc pas possible de savoir le nombre de liens en `follow` ou `nofollow`, ou encore de savoir dans quelles zones des pages se trouvent les liens, etc.

Toutefois, les nombres de backlinks affichés sont de loin les plus crédibles de tous les outils, et même s'ils diffèrent d'un moteur à un autre, les chiffres sont souvent bien plus pertinents que ceux fournis par les logiciels gratuits en ligne.

Dans la Google Search Console, cliquez sur le rapport *Liens* puis dans les catégories de liens à analyser en fonction des besoins. Nous obtenons un rapide aperçu du nombre de liens entrants par page, du nombre de liens internes mais aussi des domaines référents qui fournissent le plus de liens retour. L'outil propose également un résumé des ancres de liens les plus utilisées pour qualifier des pages du site et ainsi permettre aux webmasters d'analyser les mots-clés pertinents qui amènent vers leurs pages (attention au spam en ayant trop peu de variétés d'ancres de liens par exemple).

Figure 4–40
Suivi des backlinks dans
la Google Search Console

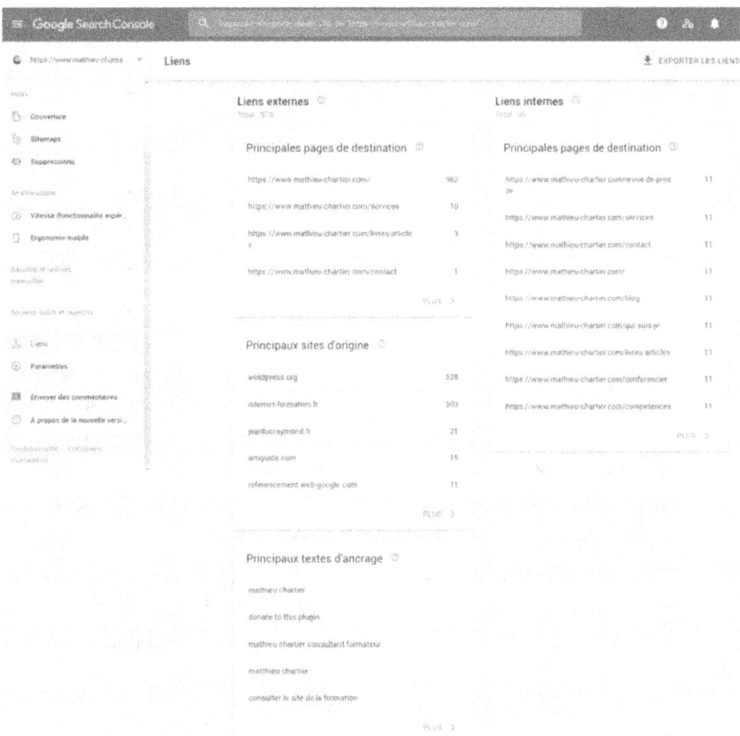

Si Yandex n'est pas le plus pertinent pour des sites français, la Toolbox de Bing est en revanche de très bonne qualité et fournit également de bons résultats. Il suffit de sélectionner le menu *Backlinks* pour obtenir un suivi des backlinks. Les résultats sont moins précis que sur Google mais cela s'explique en partie par l'index de la firme de Mountain View qui est bien plus élaboré et complet que celui de Microsoft. De plus, le rapport *Backlinks* se différencie de la Search Console par le non-suivi des liens internes. En revanche, un outil de désaveu de liens entrants, très utile pour nettoyer la liste des backlinks si vous risquez des pénalités à cause de liens de mauvaise qualité, est accessible par un onglet situé en haut de page. De plus, Bing propose un suivi des backlinks de sites concurrents via l'onglet *Similar sites* qui permet de comparer quelque peu la force du netlinking de certains sites en parallèle, à l'instar de ce que proposent différents outils externes payants.

Figure 4–41
Suivi des backlinks, des liens de concurrents et des ancres de liens dans les Bing Webmaster Tools

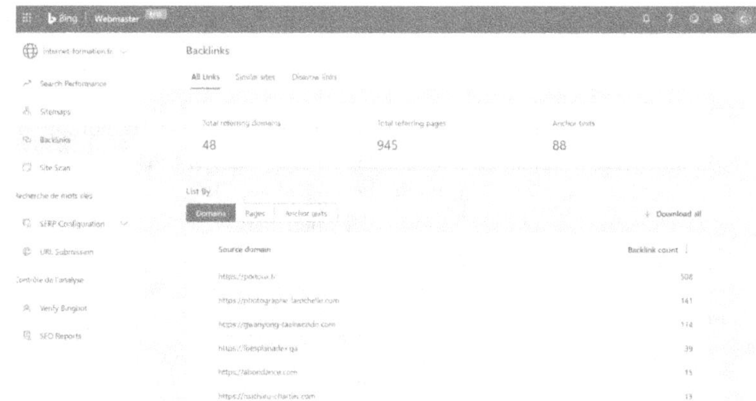

Google Analytics et ses secrets

Présentation et usage de l'outil

Installer un code de suivi

Google Analytics est certainement la solution de suivi des statistiques la plus exploitée au monde. Sa gratuité et son interface intuitive en ont fait une référence absolue en matière d'analyse d'audience et de trafic sur les sites web. Certes, il existe des solutions concurrentes de qualité telles que AT Internet (ex Xiti), Matomo (ex Piwik), OpenWebAnalytics, Clicky, Heap, Go Squared, Woopra ou Yandex Metrica notamment, mais les parts de marché mondiales étant largement dominantes pour Google Analytics, nous avons logiquement porté notre attention sur ce service.

Ne perdons pas de temps à parler de l'histoire de l'outil, entrons plutôt dans le vif du sujet et voyons comment installer Google Analytics. Pour commencer, vous devez disposer d'un compte Google et enregistrer votre site. Ensuite, il suffira de copier un script fourni par l'outil dans une zone répétée du site.

La force de Google Analytics pour le SEO

Il faut savoir que Google Analytics présente des données fournies et accumulées par le moteur de recherche au cours de son crawl, ce qui confère à l'outil un avantage sur certains de ses concurrents. En effet, Google a la chance d'avoir une masse d'informations à disposition pour affiner ses statistiques et proposer un suivi relativement précis des données, ce qui n'est pas le cas de toutes les solutions, bien que les suivis soient de qualité.

Voici à quoi ressemble le code de suivi initial (les xxx représentent le numéro de compte et le nom de domaine) :

```
<script>
(function(i,s,o,g,r,a,m){i['GoogleAnalyticsObject']=r;i[r]=i[r]||function(){
  (i[r].q=i[r].q||[]).push(arguments)},i[r].l=1*new Date();a=s.createElement(o),
  m=s.getElementsByTagName(o)[0];a.async=1;a.src=g;m.parentNode.insertBefore(a,m)
  })(window,document,'script','https://www.google-analytics.com/analytics.js','ga');

  ga('create', 'UA-xxxxxxx-x', 'xxx.xxxxxxxx.xxx');
  ga('send', 'pageview');
</script>
```

Les mises à jour fréquentes de Google Analytics entraînent une modification du code de suivi pour les versions plus récentes de l'outil. Ainsi, le suivi global se fait à l'aide d'un code Google Tag Manager (gtag) général, comme ceci. Vous aurez donc l'une ou l'autre des versions dans votre site selon la date à laquelle vous avez installé la solution de suivi…

```
<script async src="https://www.googletagmanager.com/gtag/js?id=UA-xxxxxxx-x"></script>
<script>
    window.dataLayer = window.dataLayer || [];
    function gtag(){dataLayer.push(arguments);}
    gtag('js', new Date());

    gtag('config', 'UA-xxxxxxx-x');
</script>
```

Où placer le code de Google Analytics ?

Il est conseillé d'insérer le code avant la fermeture de la balise `</body>` mais également d'utiliser la méthode asynchrone pour favoriser le PageSpeed. Dans le même but, il est préférable de copier le code dans un fichier JavaScript externe et de ne faire qu'un appel au sein des pages web.

Dès que le code de suivi est installé sur le site, il faut attendre quelques heures pour obtenir les premières données voire plusieurs jours pour commencer à suivre des valeurs plus pertinentes. Si vous avez des doutes sur l'insertion correcte du code sur votre site, vous pouvez tester ce dernier avec l'outil d'Ebrandz (source : http://www.ebrandz.com/analyticstool/) qui vérifiera page par page si le code est présent.

GA-Lite et ses avantages

L'ancien code de suivi de Google Analytics est simple à mettre en œuvre mais présente deux inconvénients majeurs si le chargement des pages web compte pour vous. Comme nous l'avons évoqué dans la partie « Utiliser des scripts asynchrones et optimisés » du deuxième chapitre, il est important de proposer des ressources JavaScript qui se chargent de manière asynchrone.

L'ancien code de suivi est considéré comme asynchrone puisqu'il effectue ainsi ses tâches en toile de fond. Néanmoins, il ne s'agit pas d'un script asynchrone au sens propre ; il est chargé dans le DOM comme n'importe quel autre script dès qu'il apparaît dans le code source, freinant ainsi le chargement.

Ajoutons à cela un second défaut. Le code de suivi fait appel à une ressource extérieure en JavaScript, à savoir le fichier `analytics.js`. Ce dernier n'est mis en cache que pour deux heures, bien loin des standards fixés par Google et son PageSpeed par exemple. En d'autres termes, atteindre 100/100 avec Lighthouse se révèle impossible si vous possédez l'ancien code de suivi asynchrone d'Analytics…

L'idée est donc de récupérer le code contenu dans le fichier `analytics.js` puis de l'utiliser localement dans un site web. Ainsi, nous pourrions charger le script de manière asynchrone en parallèle du DOM et également ment lui fixer le même cache qu'à toutes les ressources JavaScript. Le problème est que Google met régulièrement à jour le fichier et il est relativement chronophage de faire et refaire des copier/coller à longueur de journée. Il ne nous reste alors que deux méthodes pour nous en sortir sans trop de difficultés :

- installer le nouveau code de suivi global de Google Tag Manager, vraiment asynchrone (recommandé) ;
- utiliser des fonctions PHP et une tâche CRON côté serveur (fonction qui se répète à intervalle régulier) pour mettre automatiquement à jour le fichier `analytics.js` local en fonction des changements apportés par Google ;
- utiliser le script `GA-lite.js` pour faire ce travail à notre place tout en profitant d'un fichier local en JavaScript.

Il nous semblait utile de présenter GA-Lite (https://bit.ly/2XDzKRo) afin que vous puissiez profiter de toutes les alternatives aux codes de suivi standards. L'intérêt ici est de pouvoir placer le script en asynchrone et d'intégrer le code de suivi comme celui de Google Analytics. Notez toutefois que GA-Lite propose moins de fonctionnalités avancées que le vrai code de suivi, il s'agit donc avant tout d'une solution pratique si la performance vous fait défaut avec les codes originaux.

L'alternative Google Tag Manager

Sachez qu'il existe une alternative au code de suivi classique de Google Analytics. En effet, le service Google Tag Manager est en place depuis octobre 2012 et se situe en quelque sorte dans une surcouche des outils disponibles via la firme de Mountain View. Il s'agit d'un gestionnaire de tags qui peut considérablement vous faire gagner du temps si vous effectuez divers suivis parallèlement.

Le principal inconvénient des solutions de Google tient dans le fait que chacune impose son propre code de suivi et ses paramètres personnalisés. Avec Tag Manager, ce problème est résolu puisqu'il ne reste plus qu'un code de suivi unique. Il suffit ensuite de gérer dans l'interface les tags (balises) pour spécifier quel service nous souhaitons utiliser et pour quelle raison. Après quelques années, l'outil est devenu incontournable pour de nombreuses entreprises et a pris le pas sur la gestion des « tags » utiles pour les sites web (dont Analytics fait partie).

Google Tag Manager (GTM) est un véritable couteau suisse qui aide à économiser beaucoup de temps de développement et d'énergie ; surtout, il évite de modifier trop souvent le code de suivi au risque de le délabrer peu à peu. Désormais, il suffit d'installer un code unique et ensuite, tout se gère à partir de l'interface de Google.

Pour installer Google Analytics via Google Tag Manager, voici comment procéder (source : https://goo.gl/WVy9fk).

1. Rendez-vous à l'adresse https://tagmanager.google.com, créez votre compte si ce n'est déjà fait. Allez ensuite dans votre espace de travail.

2. Créez une balise en entrant un nom personnalisé (*Analytics SEO* dans la capture suivante) et en sélectionnant *Universal Analytics*. Il ne vous reste que quelques paramètres à ajouter, comme le déclenchement du code de suivi, par exemple dans *Toutes les pages*, selon vos besoins.

Figure 4–42
Créez une balise Google Analytics
dans Google Tag Manager

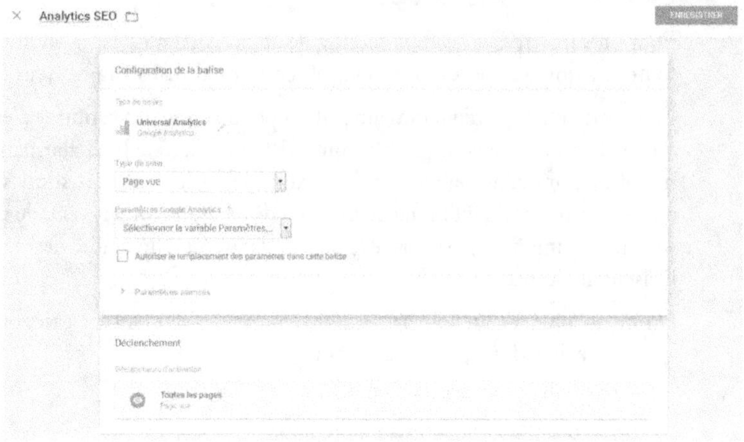

3 Recopiez et installez le code de suivi universel qui se découpe en deux parties : une dans le <head> des pages web, une autre à coller avant la fermeture de la balise </body>. Si vous cherchez le code de l'outil, il se trouve dans l'onglet *Admin* puis dans la sous-section *Installer Google Tag Manager*.

Dans le <head> :

```
<!-- Google Tag Manager -->
<script>(function(w,d,s,l,i){w[l]=w[l]||[];w[l].push({'gtm.start':
new Date().getTime(),event:'gtm.js'});var f=d.getElementsByTagName(s)[0],
j=d.createElement(s),dl=l!='dataLayer'?'&l='+l:'';j.async=true;j.src=
'https://www.googletagmanager.com/gtm.js?id='+i+dl;f.parentNode.insertBefore(j,f);
})(window,document,'script','dataLayer','GTM-5PNWK8');</script>
<!-- End Google Tag Manager -->
```

Avant </body> :

```
<!-- Google Tag Manager (noscript) -->
<noscript><iframe src="https://www.googletagmanager.com/ns.html?id=GTM-5PNWK8"
height="0" width="0" style="display:none;visibility:hidden"></iframe></noscript>
<!-- End Google Tag Manager (noscript) -->
```

4 Ajoutez ou non des règles, des variables ou des conditions pour personnaliser et affiner les règles de suivi.

L'autre avantage de Google Tag Manager est de proposer une liste assez conséquente de variantes de balises pour suivre tous types de données. Cela peut passer par un suivi remarketing SEA via Google AdWords, un suivi des conversions en référencement payant, un écouteur d'événements lors d'un clic sur un lien, dans une page ou pour le remplissage de formulaires. Enfin, il est même possible d'ajouter des balises HTML, à savoir des tags provenant d'outils et solutions concurrentes à Google afin de faciliter le suivi au sein d'une seule et même interface.

Il ne fait nul doute que les habitués auront du mal à retourner à leur ancien système de gestion mais ici, nous conserverons la méthode classique pour ne pas se perdre entre les deux types de systèmes…

Google Analytics et SEO

Pour un suivi SEO et webmarketing, Google Analytics est la solution miracle car l'outil dispose de presque toutes les données nécessaires pour obtenir des chiffres à la hauteur de nos attentes.

L'interface change fréquemment et il est possible que les captures d'écran présentées par la suite soient différentes de celles que vous pouvez voir affichées. Rien de bien alarmant car les intitulés ne sont en général pas modifiés. Par défaut, le tableau de bord initial affiche les statistiques des trente derniers jours avec les informations principales telles que le nombre de sessions (ou visites), de pages vues, d'utilisateurs (anciennement « visiteurs uniques »), de pages/session, la durée moyenne des visites et le taux de rebond moyen sur l'ensemble du site.

Un menu situé à gauche permet de parcourir rapidement les catégories d'informations que nous souhaitons suivre. Il existe donc plusieurs sections :

- Temps réel pour un suivi en direct ;
- Audience pour les données générales ;
- Acquisition pour le suivi des données d'AdWords, des réseaux sociaux mais aussi du référencement naturel, etc. ;
- Comportement pour analyser la qualité du site, les pages visitées et de référence mais aussi la vitesse du site, etc. ;
- Conversions pour les boutiques en ligne qui ont mis en place des suivis avancés ou pour les sites qui utilisent des entonnoirs de conversion.

En termes de référencement, plusieurs données sont susceptibles de nous intéresser, au-delà des données classiques sur le trafic global. Par exemple, il est intéressant de suivre les URL referers (*Acquisition>Tous les sites référents*) afin de déterminer les sources dominantes de trafic. Selon le type de site et de communication, il n'est pas rare de ne pas trouver Google en tête. Dans la figure suivante, nous voyons que Twitter (t.co) est en tête de liste. Nous avons également ajouté une variable secondaire pour affiner les données en ajoutant la page de destination. Ainsi, nous pouvons savoir combien de visiteurs sont venus sur notre site, d'où ils proviennent mais surtout vers quelles pages ils se sont dirigés.

Toujours dans le menu *Acquisition*, vous pouvez cliquer sur *Tout le trafic* pour voir quelles sont les sources les plus efficaces. Aussi, nous verrons un mélange de plusieurs moteurs de recherche et de sites référents divers selon notre mode de communication. S'il s'agit d'un site de présentation, il est fort probable que les sources soient essentiellement en provenance de Google mais si vous administrez une boutique en ligne ou un blog, elles risquent d'être multiples…

D'autres données sont intéressantes pour le suivi SEO. Nous pouvons sélectionner le menu *Comportement>Contenu du site>Pages de sortie* ou *Pages de destination* par exemple afin de connaître respectivement les pages qui ont généré le plus de « fuites » et celles qui ont reçu le plus de visites en premier lieu.

Le menu *Acquisition>Réseaux sociaux* permet d'avoir une vue d'ensemble ou plus précise des médias communautaires qui génèrent le plus de trafic sur votre site web. Cliquez ensuite sur *Réseaux sociaux référents* afin de comparer la courbe du trafic général avec celle des apports des réseaux sociaux. Comme pour les URL referers, il peut être intéressant d'ajouter la variable secondaire *Pages de destination* pour savoir quels contenus ont généré le plus de visites selon les réseaux sociaux.

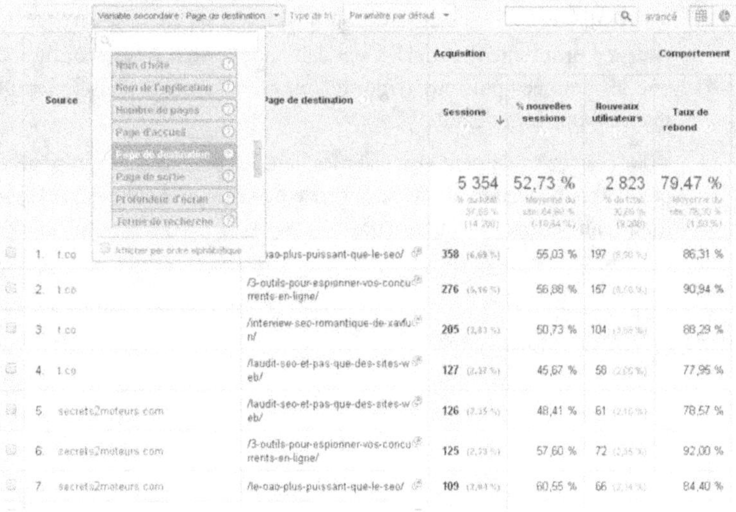

Figure 4–43
Suivi des URL referers et visites
par page de destination

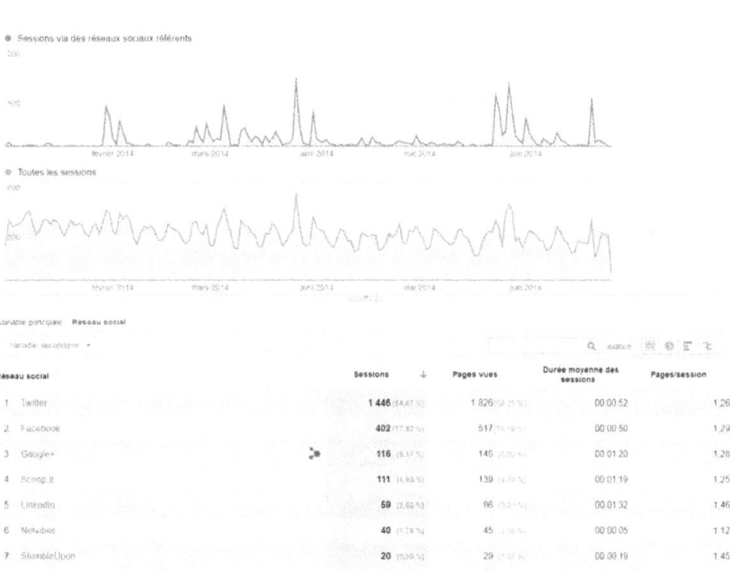

Figure 4–44
Suivi des réseaux sociaux
dans Google Analytics

Le menu *Acquisition>SearchConsole>Requêtes* est l'une des fonctionnalités préférées des référenceurs car elle permet d'afficher les expressions tapées par les visiteurs dans les moteurs de recherche. Il faut connecter le compte Analytics à la propriété Search Console correspondante car les données sont issues du rapport *Performances* que nous avons déjà évoqué auparavant dans ce chapitre. Ainsi, vous pouvez effectuer un suivi avec des segmentations ou des croisements de données directement dans Google Analytics. L'autre solution est de passer par le menu *Acquisition>Campagnes>Mots clés naturels* qui permet de recenser l'ensemble des termes de recherche captés par Google Analytics. Malheureusement, depuis plusieurs années, l'entrée *Not provided* l'emporte très largement car Google a décidé de masquer les mots-clés sources dans la majorité des cas, retirant ainsi l'intérêt de cette fonctionnalité pourtant si utile pour le référencement...

Le menu *Comportement>Vitesse du site>Temps de chargement* est pertinent pour suivre l'influence de la vitesse du site sur les visites (et en quelque sorte sur le PageSpeed, même si le critère n'est pas basé sur la vitesse à proprement parler). Cela demande toutefois une configuration préalable dans le code de suivi afin que les données puissent remonter progressivement, mais le jeu peut en valoir la chandelle si les performances vous font défaut.

Vous pouvez également visualiser les liens les plus cliqués (en pourcentage) pour chaque page d'un site. Bien que la fonctionnalité ait été supprimée de Google Analytics, l'extention Page Analytics de Google Chrome fonctionne encore parfaitement (https://bit.ly/3asjPlx).

Figure 4–45

Analyse des liens les plus cliqués dans une page avec Page Analytics (Chrome)

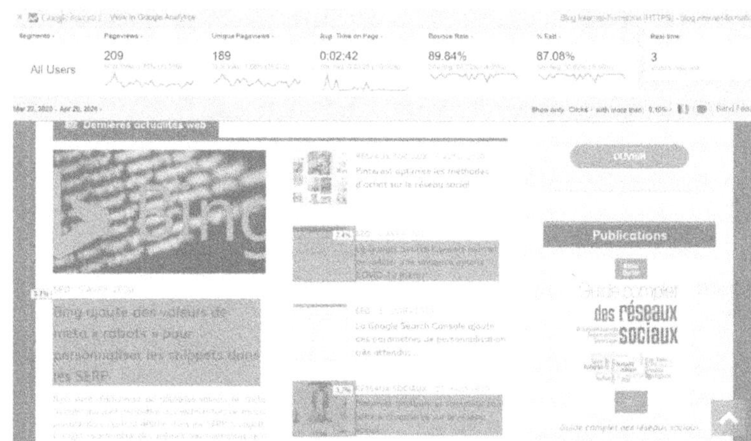

Terminons notre rapide tour d'horizon des possibilités de Google Analytics par le menu *Comportement>Flux de comportement* qui permet d'analyser en détail les principaux parcours de navigation réalisés par les internautes en fonction de leur page de destination, de leur referers ou d'un autre critère de départ.

Figure 4–46

Flux de comportement pour suivre les scenarii de navigation des visiteurs dans un site web

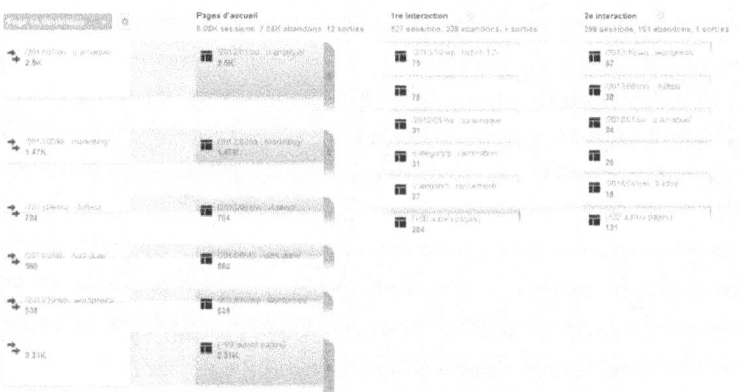

Ainsi, nous pouvons optimiser certaines parties du site si nous sentons des pertes importantes. Le blog présenté dans les captures subit une perte radicale de visiteurs une fois que la page de l'article a été lue. Cela peut s'expliquer par un manque d'incitation au clic vers un autre article, par un contenu jugé peu intéressant par les visiteurs ou simplement par une satisfaction suffisante au point que les usagers ont obtenu l'information et reparte voguer sur le Web.

> **Google Analytics est avant tout un outil de « tendances statistiques »**
>
> L'erreur souvent faite par les profanes ou les entreprises est de prendre au pied de la lettre les chiffres fournis par Analytics. Ces données sont incomplètes et il faut bien comprendre les modes de captation des informations pour se rendre compte que l'outil est avant tout un indicateur de tendances, et non de statistiques au sens propre. Un excellent article d'Olivier Duffez de WebRankInfo va en ce sens (source : https://goo.gl/3BTgXF) et démontre qu'il ne faut pas se fier trop aux valeurs affichées sur la plate-forme.
>
> Un des exemples marquants est celui des canaux de visites. Rendez-vous dans *Acquisition > Tout le trafic > Canaux* et vous devriez voir tous les vecteurs de recherche qui ont amené des visiteurs vers votre site web. Comme partout dans Analytics, les chiffres affichés reflètent uniquement les valeurs des dernières visites effectuées par les utilisateurs. En soi, cela n'a rien de dérangeant, mais c'est important pour les statistiques.
>
> Par exemple, si vous avez 1 000 visites et un taux de rebond de 60 % pour la recherche naturelle (canal *Organic Search* par défaut), cela ne signifie pas que seulement 1 000 visiteurs ont cliqué sur votre site par le biais d'un moteur de recherche. En effet, si un visiteur vous a trouvé et a visité votre site web, puis l'a mis en favori dans son navigateur et s'il est revenu sur votre site par le biais de ce favori, le canal retenu sera le dernier et, dans ce cas, ce sera *Direct* et non plus *Organic Search*. De tels phénomènes se répètent régulièrement dans les sites web, les chiffres sont donc faussés. Il convient juste de le savoir pour prendre un peu de hauteur sur les chiffres fournis par Analytics.
>
> Nous ne présentons ici que les limites associées au dernier clic mais d'autres métriques sont tout aussi faussées, comme, par exemple, le temps moyen passé sur les pages ou encore le taux de rebond dans certains cas. Il vous faudra donc prendre de la hauteur à la lecture des données…

Méthodes de tracking

KPI et objectifs

Le KPI (*Key Performance Indicator* ou Indicateur clé de performance) est un indicateur de suivi de l'efficacité des pages web. Il permet de mesurer la qualité des pages en fonction des objectifs définis au préalable.

Dans un contexte webmarketing et de suivi d'audience de sites web, les KPI peuvent être par exemple : le temps passé sur les pages, le nombre de visiteurs, de téléchargements d'un fichier (PDF ou autres), d'inscriptions à une newsletter, de partages sur les réseaux sociaux, le CA généré ou encore le taux de conversions… Les idées ne manquent pas et selon ce que vous souhaitez suivre comme données selon vos objectifs, les KPI sont faits pour cela.

Google Analytics permet de mettre en place des objectifs (donc des KPI) afin de suivre s'ils ont été atteints ou pas. Pour cela, cliquez sur le lien Admin en haut de la page, puis sélectionnez Objectifs.

Pour visualiser les résultats, retournez dans le tableau de bord et sélectionnez le menu *Conversions > Objectifs > Vue d'ensemble*.

Du point de vue du référencement, certains objectifs peuvent être pertinents à mettre en place pour affiner les résultats classiques et mesurer des points précis comme le nombre de téléchargements générés par les visites ou encore le nombre de clics sur un lien. Pour ce faire, il faut se référer aux méthodes de tracking que nous allons présenter de suite car certains facteurs fonctionnent avec des « capteurs » installés dans les codes de suivi…

Figure 4–47
Création d'un objectif de suivi
dans Google Analytics

Figure 4–48
Suivi des KPI personnalisés
avec données chiffrées

Variables utm et URL personnalisées

Pour réussir à optimiser et personnaliser Google Analytics, il faut absolument maîtriser les variables utm placées dans des URL personnalisées. Ces dernières permettent d'effectuer toutes sortes de suivi grâce à un ajout de paramètres simples. Un basique partage de ces adresses web permet ensuite de faire remonter des informations. Par exemple, il suffit d'ajouter des variables utm dans une URL partagée sur les réseaux sociaux pour savoir d'où proviennent les clics menant à une page précise, et ce n'est qu'un minuscule exemple des possibilités.

> **Pour en savoir plus sur Google Analytics…**
>
> Google Analytics est un outil vaste et terriblement complexe lorsque nous entrons dans le vif du sujet. Il est recommandé de procéder à d'autres lectures sur le sujet pour aller plus loin que la présentation que nous ferons dans cet ouvrage, ne soyez donc pas surpris de constater des manques dans notre propos.

Il existe cinq principaux types de variables utm à connaître (source : https://bit.ly/34H1cPH) :

* utm_source : source de la visite (annonceur, site ou publication source, etc.) ;
* utm_medium : support de la visite (bannière, emailing, réseau social, etc.) ;
* utm_campaign : nom de la campagne (il peut s'agir d'un nom de votre choix, comme « Emailing décembre 2020 », etc.) ;

- utm_term (optionnel) : mots-clés associés à une campagne (pas toujours utile) ;
- utm_content (optionnel) : permet de différencier l'emplacement ou la version d'un lien menant vers la même URL, et ainsi repérer l'endroit le plus pertinent (par exemple, deux *call-to-actions* dans la même page).

L'usage des variables utm est ensuite très simple, puisqu'il suffit de les ajouter aux *query string* d'une URL puis de partager le lien ou de l'intégrer dans les pages afin de faire un suivi précis. Toutes les informations remontent alors dans Google Analytics. Voici quelques exemples d'usages de ces variables :

```
https://www.blog.fr/article?utm_source=Super-Blog&utm_medium=Site-référent&utm_campaign=Suivi-partage-
article&utm_content=Bouton-supérieur

https://www.site.fr/?utm_source=Newsletter&utm_medium=Email&utm_campaign=Newsletter-12-2020

https://www.site.fr/services.html?utm_source=Twitter&utm_medium=Social&utm_campaign=Réseaux-sociaux
```

Pour bien maîtriser l'art de Google Analytics, il faut parfois rentrer dans la documentation (pas toujours traduite) et s'imprégner des diverses formes de codes à mettre en place pour effectuer un tracking avancé et qualifié, notamment entre les méthodes classiques et les codes asynchrones.

Quand on utilise Google Analytics professionnellement, nous recourons fréquemment à des méthodes de tracking, à savoir des suivis entièrement personnalisés sur des actions, des interactions, des transactions ou des événements, par exemple. Il existe diverses techniques de tracking que nous pouvons classer en six catégories :

- suivi de l'e-commerce (transactions et produits) ;
- suivi d'événements particuliers (clics, téléchargements…) ;
- suivi du temps de chargement des pages ;
- suivi des moteurs de recherche et des sites référents ;
- suivi des navigateurs.

Nous ne pourrons pas traiter en détail toutes ces méthodes tant les variantes sont nombreuses et car toutes n'auront pas d'intérêt direct pour un suivi de référencement. Inutile de rentrer dans les détails car nous allons désormais nous tourner uniquement vers des cas pertinents pour le référencement, qui utilisent en outre le dernier code de suivi valide pour Google Analytics (gtag).

Suivi d'événements

La principale méthode de tracking cible un suivi d'événements particuliers. Il est donc possible de placer des portions de code dans les pages, les liens ou les formulaires afin de suivre des actions susceptibles de vous intéresser.

Comme pour la plupart des suivis de Google Universal Analytics, il faut utiliser la méthode gtag('event', …) pour un tracking personnalisé (source : https://bit.ly/2KcHtOB). Pour le suivi des événements, il faut respecter le format suivant :

```
gtag('event', [ACTION], {
    'event_category': [CATÉGORIE],
    'event_label': [LIBELLÉ],
    'value': [VALEUR]
});
```

- event est l'argument de la fonction qui indique qu'il s'agit d'un suivi d'événements (actions des utilisateurs). Cette valeur changera donc selon le type de suivi que vous souhaitez mettre en œuvre.
- 'action' est obligatoire : la valeur correspond au type d'actions effectuées par l'internaute, il convient donc de lui donner un nom relativement évocateur (« clic », « démarrer », « téléchargement », « pause », « arrêter »…).
- Event_category est obligatoire : il s'agit du nom attribué à l'objet que vous voulez suivre (afin de pouvoir retrouver les données dans Analytics). Par exemple, on peut entrer « Vidéos », « Téléchargement de PDF », « Prise de contact » selon le type d'événements en cours de suivi.
- eventLabel, et value sont facultatifs. Ils permettent respectivement d'attribuer une courte description à l'événement suivi et une valeur de suivi (utile pour les achats notamment).

Prenons un exemple tout simple : si nous voulons savoir combien de fois un guide SEO en PDF d'une valeur de 10 € a été téléchargé, il suffit d'entrer le code suivant dans les pages web qui peuvent faire remonter l'information (en le plaçant dans un bouton ou dans un code de suivi) :

```
gtag('event', 'Téléchargements', {
    'event_category' : 'PDF', // Catégorie de l'action réalisée
    'event_label' : 'Programme', // Nom du fichier PDF (programme de formation par exemple)
    'value': 10 // Nombre de téléchargements
});
```

Notons toutefois que le code de suivi ne peut pas suffire seul ; il faut qu'il soit intégré dans une zone précise du code HTML pour être fonctionnel, ou via un appel en JavaScript par exemple. Dans le cas d'un téléchargement, le plus simple est de l'appliquer directement au lien de téléchargement ou au bouton d'achat, comme ceci :

```
<a href="download.php?file=guide-SEO.pdf" onclick="gtag('event', 'Téléchargements',
{'event_category': 'PDF', 'event_label': 'Programme', 'value': 10});
">Télécharger</a>
```

Ainsi, à chaque clic des internautes sur le lien de téléchargement, une information est transmise dans l'interface d'Analytics et nous permet de récupérer l'information. Notez également qu'il existe une liste d'événements par défaut déjà préréglés par Google Analytics, tels que login pour mesurer le nombre de connexions à un service, search pour calculer le nombre de recherches d'un moteur interne ou encore add_to_cart pour comptabiliser un ajout au panier en e-commerce, etc.

En matière de référencement, le suivi des événements peut être multiple pour nous apporter son lot d'informations sur l'impact des campagnes réalisées. En effet, il suffit dans Google Analytics d'étudier les recherches organiques qui ont abouti par un clic sur un événement de notre choix pour mesurer si les KPI ont été remplis (si notre objectif est de booster un nombre de souscriptions, de téléchargements ou encore de visionnages de médias, par exemple).

Suivi du temps de chargement

Les performances sont si importantes pour les utilisateurs et pour le référencement que le suivi du temps de chargement devient un enjeu important. Google Analytics a donc intégré un code qui permet de mesurer des temps de chargement (pas nécessairement le temps de chargement d'une page, bien que ce soit son rôle premier).

Il convient d'ajouter les lignes du programme directement dans le code de suivi de Google Analytics pour en profiter pleinement, ou bien il faut le gérer directement via un programme JavaScript pour l'appeler quand cela vous semble pertinent. La documentation est plutôt complète et explique bien l'usage de cette fonctionnalité (source : https://bit.ly/2z7DZL1).

Le suivi du temps de chargement est en réalité un suivi d'événement particulier, qui se décrit par un code simple :

```
gtag('event', 'timing_complete', {
    'name' : 'load', // Nom de l'événement calculé (exemple "load" pour le chargement)
    'value' : VALEUR_OBLIGATOIRE, // Durée écoulée en millisecondes
    'event_category' : 'CATÉGORIE OPTIONNELLE',
    'event_label' : 'LIBELLÉ OPTIONNEL'
});
```

Toute la complexité du suivi du temps de chargement provient de la valeur à indiquer dans le paramètre *value*. Pour ce faire, Google préconise d'utiliser l'API Navigation Timing fonctionnelle dans les navigateurs modernes. Cette API permet d'accéder à des mesures de performances calculées par le navigateur et récupérables en JavaScript. Ainsi, le suivi du temps de chargement peut être appelé de la façon suivante :

```
// Vérifie la compatibilité de window.performance (API Navigation Timing)
if (window.performance) {
    // Récupère un arrondi du temps en millisecondes
    var timeSincePageLoad = Math.round(performance.now());

    // Sends the timing event to Google Analytics.
    gtag('event', 'timing_complete', {
        'name': 'load',
        'value': timeSincePageLoad,
        'event_category': 'Chargement de la page'
    });
}
```

Rien ne garantit la précision extrême du calcul du temps de chargement car cela dépend de plusieurs facteurs, notamment du placement et du lancement du code de suivi précédent. En effet, si votre code est placé dans le <head> du code HTML et s'exécute dès le départ du chargement, la mesure peut être quelque peu faussée. L'idéal est vraiment de plonger dans l'API Navigation Timing et de cibler la meilleure option pour trouver la valeur à faire remonter dans Google Analytics, comme la documentation de Mozilla le fait très justement (source : https://mzl.la/2wOPlmo).

Suivi des transactions et conversions

Le suivi des transactions, dans les boutiques en ligne notamment, est un peu plus complexe que le simple suivi d'événements que nous appliquons en général sur des liens ou des zones cliquables. Il convient d'ajouter ce type de suivi dans le code source à l'aide du suivi d'événement purchase puis en ajoutant un code pour remonter les informations d'un produit acheté.

L'ajout du code de suivi ecommerce d'Analytics crée une sorte de panier transparent pour l'utilisateur (observable dans le code source en général) qui va remonter les informations des produits présents pour une transaction. La documentation fournit un exemple complet JavaScript afin d'effectuer un suivi de conversions avancé (source : https://bit.ly/2yiG6uX et https://bit.ly/2z6RWJ7). Nous n'en résumerons donc qu'une partie ici afin de comprendre le cheminement du suivi des transactions.

Il convient au préalable d'activer le suivi de l'e-commerce dans Google Analytics. Ensuite, ajoutez uniquement ce type de code de suivi au bon endroit dans le site (page de remerciements en théorie). L'important est de pouvoir collecter les informations clés (nombre de produits achetés, valeurs d'achat, etc.) pour les faire remonter dans Analytics sans fausser le suivi des conversions en captant les données trop tôt dans le site (auquel cas une conversion non réelle pourrait être attribuée à tort).

```
gtag('event', 'purchase', {
    "transaction_id": "12345", // Identifiant unique pour la transaction (obligatoire)
    "affiliation": "Super boutique", // Nom de la boutique affiliée
    "value": 5.00,  // Coût total ajouté au montant d'une transaction
    "currency": "EUR", // Device
    "tax": 3.00, // TVA et coût des taxes (2€ de TVA ici par exemple)
    "shipping": 5, // Frais de port par défaut
    "items": [
        {
            "id": "12345", // Identifiant unique (SKU) pour le produit (obligatoire)
            "name": "T-Shirt Best of SEO", // Nom du produit (obligatoire)
            "list_name": "Résultats de recherche", // Liste d'où est issu le produit
            "brand": "Google", // Marque/Fabricant du produit
            "category": "T-Shirts", // Catégorie du produit
            "variant": "Noir", // Déclinaison ou variante du produit
            "list_position": 1, // Position du produit dans la liste
            "quantity": 2, // Quantité achetée
            "price": '15.0' // Prix du produit
        },
        {
        ...// Autres produits potentiels (un bloc par produit)
        }
    ]
});
```

Comme nous l'avons déjà évoqué, ce code doit être placé dans la page de remerciements qui suit une transaction afin de s'assurer que la commande soit validée et confirmée par l'utilisateur. Vous pouvez même aller plus loin qu'un simple suivi des transactions en comptabilisant le nombre de clics ou d'impressions pour un produit ou même en mesurant le nombre de fois où la description d'un produit est vue par les utilisateurs, etc. De nombreuses données sont donc fort intéressantes pour améliorer l'ergonomie du site mais aussi pour faciliter le référencement web.

Le principal problème du suivi des transactions concerne la gestion des prix, mais aussi de l'identifiant qui doit être unique pour chaque transaction. Voyons comment procéder…

Les prix s'affichent dans un format anglophone, ce qui signifie que les virgules sont remplacées par des points, les chiffres des milliers ne sont pas séparés par des espaces et enfin, les devises sont omises dans les codes de suivi. Par conséquent, si un produit est affiché au prix de 2 257,89 €, par exemple, il faut écrire 2257.89 uniquement.

Il est très simple de faire ce type de réglages en PHP notamment avec une fonction telle que la suivante :

```php
function formatPrix($prix) {
    $prix = str_replace(" ", "", $prix);
    $prix = str_replace("€", "", $prix);
    $prix = str_replace(",", ".", $prix);
    return $prix;
}
```

Le deuxième souci provient de l'identifiant de transaction unique à gérer. Par défaut, il est inexistant et doit donc être généré pour ne pas mélanger les informations. Il existe en réalité de nombreuses méthodes intéressantes dont vous serez seuls juges, en voici des exemples.

- Générer un identifiant unique à partir d'un timestamp (date) précis. L'avantage est d'être assuré d'avoir un numéro unique car deux transactions ne pourront pas avoir lieu à la même seconde techniquement parlant.

```javascript
// Création d'un objet Date() et récupération du timestamp
var dateJour = new Date();
var timestamp = dateJour.getTime();
// Ajout du timestamp dans les fonctions
gtag('event', 'purchase', {
    "transaction_id": timestamp,
    ...
}
```

- Générer un numéro au hasard accompagné d'une information intéressante pour nous faciliter le suivi. Par exemple, il peut s'agir du nom de l'hôte (domaine), etc. Dans ce cas, le code pourrait ressembler au suivant :

```javascript
// Création d'un numéro au hasard
var str = ""+Math.random();
var hasard = str.substr(2, 10);
// Récupération du nom d'hôte
var hote = window.location.hostname;
// Formatage de l'identifiant unique
var IdUnique = hote+'-'+hasard;

// Ajout du timestamp dans les fonctions
gtag('event', 'purchase', {
    "transaction_id": IdUnique,
    ...
}
```

L'avantage de la seconde technique est de pouvoir ajouter des filtres dans Analytics pour récupérer les données grâce au nom d'hôte (ou d'un autre type d'information). C'est d'ailleurs à cette étape que les référenceurs et marketeurs portent de l'intérêt car nous pouvons mesurer un retour sur investissement en analysant les transactions en fonction des sources initiales ou des URL referers.

Filtres et rapports pour le SEO

Les filtres représentent un moyen simple de ne conserver que les informations qui nous sont utiles dans Google Analytics tout en les affichant de façon personnalisée. En général, ils ne permettent pas de récupérer des données non incluses dans l'outil de Google. Ils ne servent qu'à trier et réorganiser les tableaux de bord.

Nous allons voir quelques filtres simples mais qui peuvent nous être utiles à l'occasion. Il ne s'agit bien entendu que d'exemples qui peuvent être étayés et accompagnés d'autres techniques.

Exclure une adresse IP des statistiques

Si vous souhaitez obtenir un suivi des statistiques le plus réaliste possible, il convient d'exclure les adresses IP qui nous concernent dans les rapports de données, cela évite que nos diverses visites s'accumulent et s'entremêlent avec les données des visiteurs. De plus, cela peut avoir une forte implication sur le taux de rebond, le nombre de pages vues ou encore la durée des visites, ce filtre est donc une nécessité si nous souhaitons obtenir des résultats précis.

Pour procéder à cette exclusion, cliquez sur le lien *Admin* puis sur *Filtres*. Ensuite, il suffit de créer un nouveau filtre en choisissant les options *Exclure, trafic provenant des adresses IP* et *étant égal à*. Saisissez votre adresse IP personnelle (en tant que visiteur, donc pour chaque ordinateur lié à un routeur susceptible d'être utilisé pour se rendre sur le site web).

> ### Différencier les profils pour un meilleur suivi
>
> Ce type de filtre peut aussi être appliqué dans un profil différent afin de suivre à la fois les données générales mais aussi celles qui excluent le trafic des salariés d'une entreprise sur leur site, par exemple. Il peut aussi être primordial de bloquer l'accès à des URL referers ou robots non pertinents pour l'analyse des données.

Figure 4–49
Exclusion d'une adresse IP des statistiques

Sur le même principe, sachez qu'il peut être intéressant d'exclure également les visites provenant de sousrépertoires, de sous-domaines ou d'autres sources qui pourraient nous correspondre. Par exemple, exclure le dossier de l'interface d'administration d'un CMS peut être une sécurité pour s'assurer qu'aucun gestionnaire ne soit comptabilisé dans les statistiques finales (bien qu'une bonne gestion des IP permette d'éviter ce type de problème).

Bloquer le spam referer

Un des principaux problèmes que rencontre Google Analytics est la surcharge de pages référentes *spammy* qui faussent les compteurs de l'outil. De plus en plus de sites web sont touchés par ce *spam referer* polluant. Il convient donc de le filtrer ou de le supprimer.

Nous allons étudier une méthode ici, mais sachez que de nombreux tutoriels plus complets existent sur la Toile, car pour bien bloquer le *spam referer*, il faudrait modifier le fichier .htaccess et pas seulement Google Analytics.

Pour créer un filtre de suppression du *spam referer*, il faut se rendre dans l'onglet *Admin*, puis cliquer sur le bouton *Filtres* dans la colonne située à droite de l'écran. Créez un nouveau filtre en respectant ces règles :

- *Nom du filtre* : indiquez le nom que vous souhaitez, mais si possible, numérotez-le car la masse de *spam referer* vous oblige souvent à créer plusieurs filtres spécifiques ;
- *Type de filtre* : personnalisé (option *Exclure*) ;
- *Champ de filtrage* : choisissez *Sites référents* ;
- *Règles de filtrages* : indiquez les règles à appliquer dans ce champ (limité à 255 signes). Il s'agit d'une expression régulière ; il faut juste échapper les points (en écrivant \.) et caractères spéciaux dans les URL et mettre des « ou » (en ajoutant un | entre les URL) pour cumuler les URL à filtrer.

Une fois ces étapes réalisées, validez le formulaire et recommencez l'opération autant de fois que nécessaire pour filtrer tous les *spam referers*. Il nous est impossible de dresser une liste tant ces spams sont nombreux et se multiplient ; n'hésitez pas à analyser ceux qui vous touchent particulièrement via Google Analytics (dans *Sites référents* du rapport d'acquisition).

Figure 4–50
Exclusion du spam referer via des filtres
dans Google Analytics

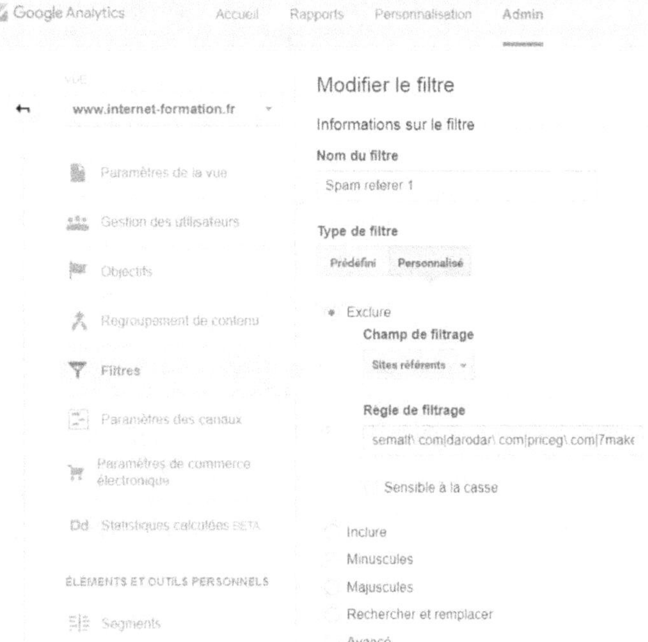

Suivre le positionnement d'un site web

Comme nous l'avons vu au début de ce chapitre, le suivi du positionnement fait partie des éléments les plus importants pour les référenceurs. Qu'on se le dise, Google Analytics ne va pas nous permettre de révolutionner le suivi mais plutôt de capter à la volée le classement des pages dans Google et de l'afficher où bon nous semble. Il s'agit d'un filtre relativement ancien qui a été réadapté peu à peu en fonction des évolutions du service de Google.

Le principe est de récupérer le paramètre cd accessible dans les URL de référence des pages de résultats du moteur de recherche. Ce dernier indique le positionnement précis dans les SERP, nous allons donc l'associer aux requêtes de recherche, bien que le problème des not provided casse grandement l'intérêt du suivi.

Figure 4–51
Suivi du positionnement en fonction
des requêtes

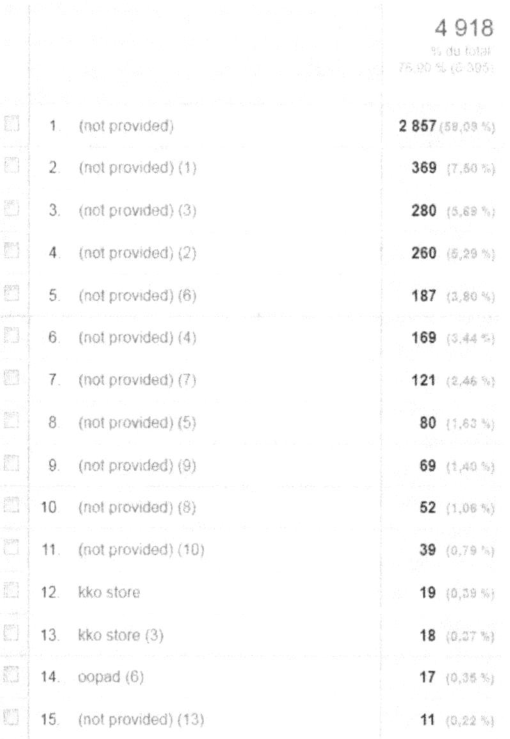

			4 918
			% du total
			76,90 % (6 395)
	1.	(not provided)	**2 857** (58,09 %)
	2.	(not provided) (1)	**369** (7,50 %)
	3.	(not provided) (3)	**280** (5,69 %)
	4.	(not provided) (2)	**260** (5,29 %)
	5.	(not provided) (6)	**187** (3,80 %)
	6.	(not provided) (4)	**169** (3,44 %)
	7.	(not provided) (7)	**121** (2,46 %)
	8.	(not provided) (5)	**80** (1,63 %)
	9.	(not provided) (9)	**69** (1,40 %)
	10.	(not provided) (8)	**52** (1,06 %)
	11.	(not provided) (10)	**39** (0,79 %)
	12.	kko store	**19** (0,39 %)
	13.	kko store (3)	**18** (0,37 %)
	14.	oopad (6)	**17** (0,35 %)
	15.	(not provided) (13)	**11** (0,22 %)

Nous allons devoir créer deux filtres distincts placés l'un après l'autre dans l'interface de gestion des filtres. Le premier va nous permettre d'extraire les positions à partir des URL de référence et le second va nous donner l'occasion de placer le résultat dans la zone qui nous intéresse.

Après quelques jours, le filtre aura eu le temps d'être appliqué à plusieurs requêtes et nous pourrons apercevoir dans le suivi des mots-clés la requête tapée suivie du positionnement dans les SERP inscrit entre parenthèses. Le filtre devrait donner de bons résultats après plusieurs jours ou semaines d'application. Sur la figure 4-50, vous pouvez constater le nombre quasi exclusif de not provided qui perturbe malheureusement l'intérêt de ce suivi.

Créez le premier filtre avancé selon les paramètres indiqués sur la figure suivante en respectant scrupuleuse-ment la syntaxe de l'expression régulière à la mode Google Analytics. Ici, nous récupérons les données du troisième bloc entre parenthèses du *champ A*, c'est pourquoi l'indice de sortie est $A3, par exemple.

Figure 4–52
Récupération des positions avec un regex

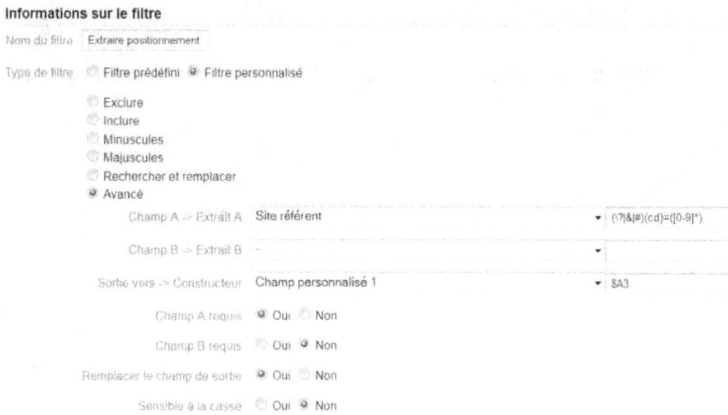

Ensuite, créez un second filtre pour placer l'information récupérée dans la zone qui vous semble appropriée. Dans notre exemple, nous appliquons le filtre aux requêtes de recherche, donc à la catégorie *Termes de la campagne*. Nous affichons d'abord les mots-clés issus du *champ A* avec $A1, puis le positionnement récupéré dans un champ personnalisé avec $B1, tout simplement…

Figure 4–53
Ajout du positionnement à côté des requêtes

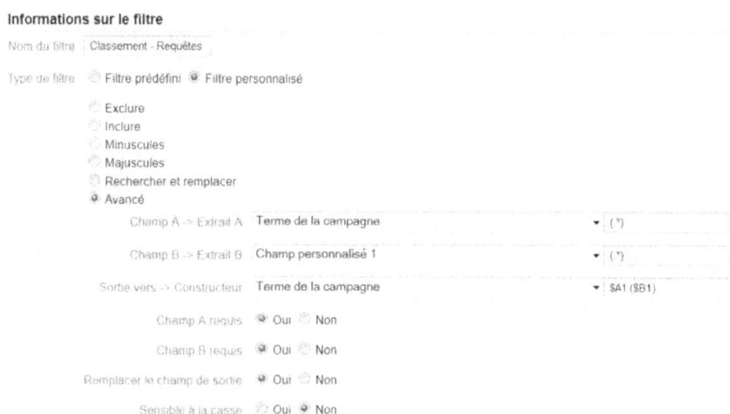

Filtrer les sites multilingues

Les sites multilingues sont généralement composés de répertoires ou de sous-domaines pour chaque langue installée. Il peut donc être intéressant d'appliquer des filtres pour les répertoires ou les sous-domaines afin de dissocier nettement les statistiques en fonction des langues.

L'avantage de ces deux filtres simples est de pouvoir mesurer les données selon les pays mais surtout l'intérêt du site à proposer diverses versions linguistiques. Parfois, les chiffres présentés peuvent donner le tournis tant certaines langues sont peu usitées sur nos sites web, mais cela fait partie du jeu… Il existe plusieurs possibilités pour créer ce type de filtre : si vous n'avez qu'un seul répertoire à suivre en particulier, créez un nouveau filtre prédéfini avec les options *Inclure* uniquement et *Trafic vers les sous-répertoires*. En revanche, si vous en avez plusieurs à suivre, vous pouvez utiliser une expression régulière en créant un filtre personnalisé sur l'URI de la demande. Le regex ressemblera au code suivant :

```
^/(repertoire1\repertoire2)/$|^/( repertoire1\repertoire2)
```

Figure 4–54
Gestion des répertoires multilingues

Alternative pour différencier les pays

Nous pouvons créer un système équivalent pour gérer les extensions relatives à chaque pays en appliquant le regex `^domaine.(ext1|ext2)|.domaine .(ext1|ext2)` au nom d'hôte en tant que filtre personnalisé à inclure.

Le principe est légèrement différent pour gérer les sous-domaines, il existe des variantes mais la plus simple à mettre en œuvre est la suivante.

1 Modifiez votre marqueur de suivi Google Analytics en ajoutant devant le nom de domaine un point qui permet de récupérer les sous-domaines.

```
gtag('config', 'GA_MEASUREMENT_ID', {
    'cookie_domain': 'nom-domaine.fr',
});
```

2 Créez un filtre personnalisé *Avancé*.

3 Respectez les consignes de la figure 4-55 et appliquez le filtre.

Ainsi, les sous-domaines apparaîtront de manière différenciée sous la forme de répertoires tels que /www/, /fr/, /en/…

Figure 4–55
Gestion des sous-domaines

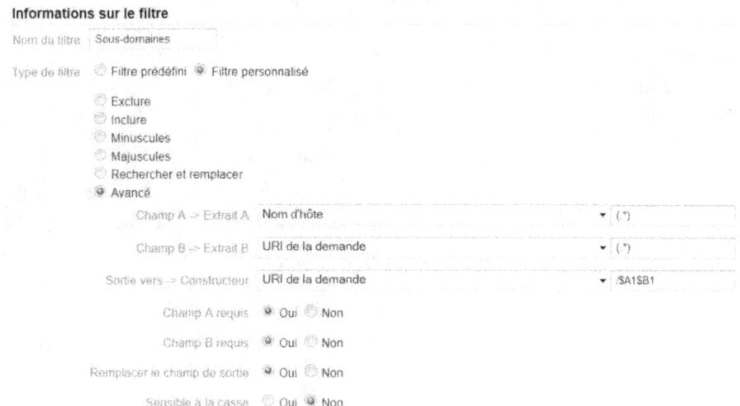

Créer des tableaux de bord filtrés

Nous allons créer des tableaux de bord personnalisés à partir de filtres dans le but de ne conserver que les données qui nous intéressent. Suivez les étapes les unes après les autres et vous ne devriez rencontrer aucun souci particulier. Pour créer un nouveau rapport dans Google Analytics, cliquez sur le lien *Personnalisation* puis sur le bouton *Nouveau rapport personnalisé*.

Suivre le référencement général

Ce rapport personnalisé va nous permettre de suivre les principales sources de trafic, les mots-clés ainsi que les pages de destination relatives à ces requêtes (landing pages). Il serait même possible de l'agrémenter encore davantage si nécessaire.

Nous allons créer trois onglets distincts dans ce rapport pour différencier les informations : le premier récupérera les données relatives aux adresses de référence, le deuxième les requêtes tapées et le dernier les pages de destination. Suivez les informations des figures 4-45 à 4-47 afin de créer facilement chaque onglet.

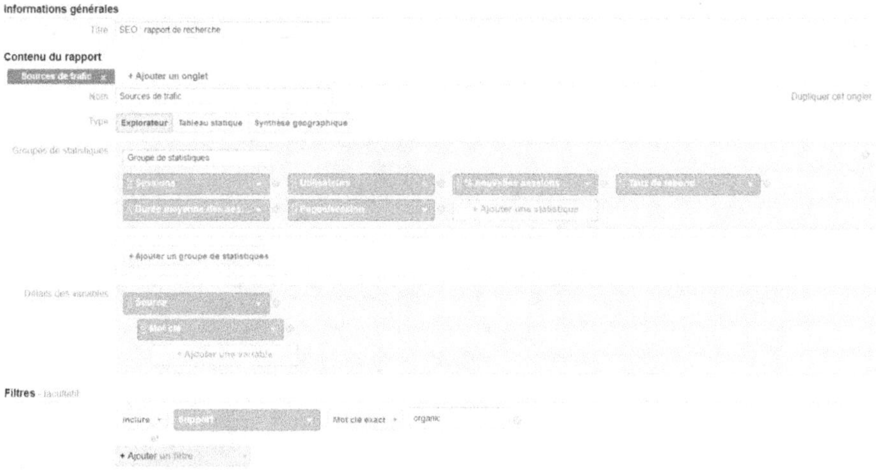

Figure 4–56
Création du premier
onglet de suivi des sources
de trafic par session

Le deuxième onglet est créé de la façon suivante :

Figure 4–57
Deuxième onglet
créé pour suivre
les requêtes tapées

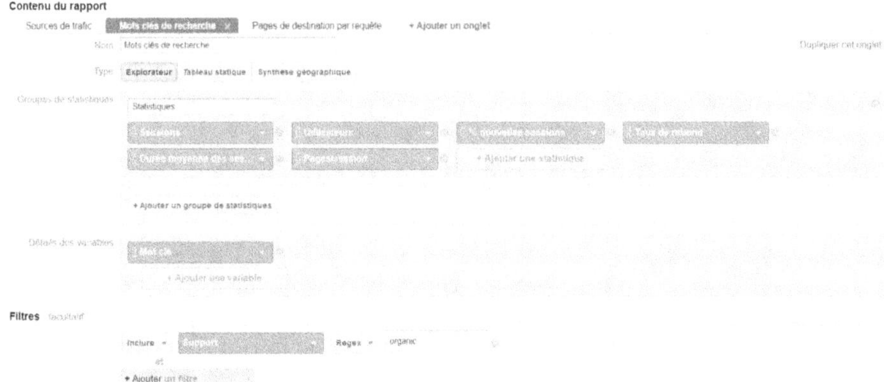

Enfin, terminons par un tableau statique avec des variables simples pour composer le dernier onglet :

Figure 4–58
Troisième onglet
pour les landing pages

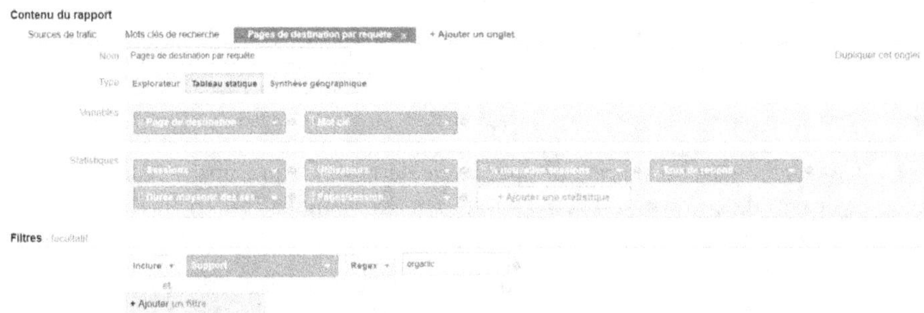

Une fois le rapport terminé, vous devriez obtenir des courbes et des données chiffrées en fonction de plusieurs statistiques qui sont à suivre en termes de référencement.

Figure 4–59
Vue du rapport personnalisé SEO avec
les adresses de référence dominantes

Étude des adresses de référence

Le deuxième tableau de bord personnalisé que nous allons créer nous permet d'afficher les pages de destination associées à leurs URL referers et à leur nombre de visites, leur taux de rebond… L'objectif est de se créer un classement des sources qui fournissent le plus de visiteurs en règle générale ou pour chaque page du site. Créez un nouveau rapport personnalisé avec un tableau statique et les variables *Sources* et *Chemin du site référent* (figure suivante). Pour créer une variante avec les meilleures sources en général (et non par page), dupliquez l'onglet et retirez la variable *Chemin du site référent*. En enregistrant, vous obtenez un rapport personnalisé qui présente alors les deux possibilités pour suivre les meilleures sources de vos sites web.

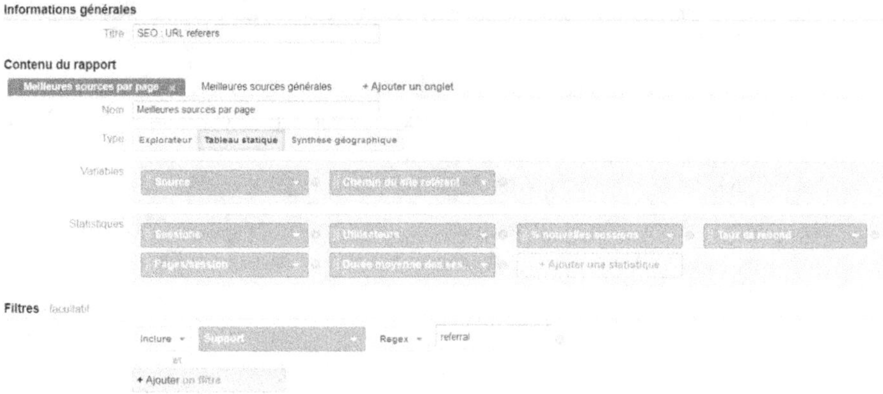

Figure 4–60
Création d'un rapport
de suivi basé sur
les URL referers

Suivre la fréquence du crawl en direct

Il existe plusieurs méthodes pour suivre le crawl en direct dans Google Analytics mais toutes passent par l'usage d'un code en PHP ou dans un autre langage. Voici quelques ressources qui vous donneront satisfaction, nous n'en développerons qu'une seule ici :

- SEOLand : http://goo.gl/Z440Zu ;
- Watussi : http://goo.gl/wubKIJ ;
- Adrian Vender : http://goo.gl/HmscHV.

Dans ces trois articles, la méthode est toujours à peu près équivalente : créer un nouveau profil Google Analytics indépendant, récupérer le code de suivi et surtout l'identifiant du compte. Il faut ensuite faire appel à des fichiers PHP qui permettent de s'interfacer avec Google Analytics, puis d'appliquer les méthodes utiles.

Prenons le cas présenté par MrBoo et Watussi. Nous devons tout d'abord créer notre profil Google Analytics indépendant, récupérer l'identifiant, puis écrire les quelques lignes de code suivante :

```php
<?php
include_once 'class/Galvanize.php';
if(strstr($_SERVER['HTTP_USER_AGENT'] ,'Googlebot')){
    $GA = new Galvanize('UA-XXXXXXXX-1');
    $GA->trackPageView();
}
?>
```

Après un certain temps, une courbe va se dessiner et montrer les variations du crawl des robots sur le site web. Cela est d'autant plus intéressant si vous analysez ces statistiques lorsqu'il s'agit d'un site récent, d'une refonte ou tout du moins d'une profonde mise à jour.

Peut-on contrer les not provided ?

Comme nous l'indiquons depuis le début de ce chapitre voire de ce livre, il est de plus en plus fréquent que les moteurs de recherche masquent ou détournent leurs URL de référence afin de sécuriser les moteurs de recherche et améliorer la confidentialité des visiteurs. Sur le principe, nous sommes plutôt tous d'accord sur le fait que ce type de pratique est plutôt sain pour les internautes mais dans les faits, nous constatons surtout la colère des professionnels qui ne peuvent même plus jauger la qualité de leurs mots-clés et de ceux qui font la force de chaque page web.

Force est de constater qu'il va falloir s'habituer au not provided car les moteurs tels que Bing et Google vont de plus en plus propager ce type de pratique (c'est déjà le cas quasiment) afin de rassurer les internautes, mais aussi pour rediriger les entreprises vers les liens sponsorisés qui permettent encore (jusqu'à quand ?) de savoir quels mots ont composé les requêtes.

Du point de vue technique, nous avons vu lors de notre suivi avec PHP que les URL referers étaient parfois masqués ou modifiés par les moteurs de recherche. C'est ce problème qui explique le nombre de not provided si conséquent.

Pour que vous ne perdiez pas votre temps, nous allons dresser les quelques alternatives qui ont été testées, en espérant que nous trouverons des solutions à l'avenir, autour de ces méthodes ou non, pour enfin récupérer les requêtes des internautes :

* Récupération des URL referers et redirection vers la même adresse avec HTTP au lieu de HTTPS. Cela ne peut pas fonctionner car nous n'avons pas la requête dès la réception de l'adresse de référence.
* Récupération et enregistrement des URL referers, puis retour sur l'URL de la page précédente avec JavaScript pour récupérer la requête dynamiquement. Sur le principe, l'idée est bonne, mais nous n'avons pas accès à l'historique des navigateurs, l'objet JavaScript `history` permet uniquement de retourner à la page précédente ou d'aller vers la suivante, nous n'avons pas accès à l'URL en tant que telle.
* Génération de requêtes dynamiques avec cURL pour capter le positionnement des pages web et comparer avec les données possibles d'Analytics. Cette méthode est la seule qui puisse donner quelques éléments de satisfaction mais, au fond, elle ne permet pas de récupérer la requête des internautes ; c'est seulement une simulation du positionnement sur des mots-clés.
* Utilisation de l'API Search Console de Google pour obtenir les données du rapport *Analyse de la recherche* et les croiser avec celles fournies par l'API Analytics. Ainsi, il serait possible de mixer les données relatives à des pages de destination données dans les recherches organiques par exemple, mais cela est assez complexe à mettre en œuvre.
* Utilisation de Keyword Hero pour faire des projections intelligentes et remonter des mots-clés dans Analytics (source : https://keyword-hero.com). L'outil couple des données de plusieurs API, ainsi que d'autres méthodes, pour faire apparaître des mots-clés (notamment un croisement des données entre la Search Console et Analytics). L'avantage est que Keyword Hero duplique les propriétés existantes dans Analytics pour ne pas les fausser. Il s'appuie dessus et vous obtenez alors deux propriétés équivalentes dont la seconde permet d'afficher des mots-clés tapés dans les moteurs de recherche. Le résultat n'est pas parfait, mais plutôt bluffant, et surtout bien plus complet que ce que proposent les outils par défaut.

En toute transparence, de multiples tests ont été effectués lors de la rédaction du livre que vous avez entre les mains, afin de trouver des solutions techniques à ce problème majeur. Aucune n'a fourni de résultats probants ; seule l'option de l'outil Keyword Hero tend vers de bons résultats...

Figure 4–61
Suivi des requêtes avec Keyword Hero pour faire disparaître un maximum de not provided

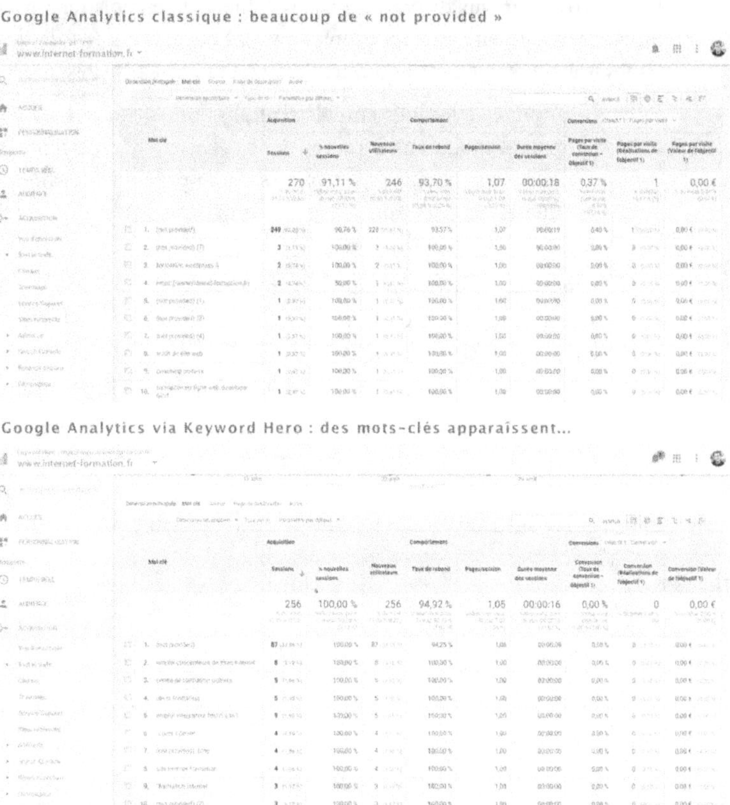

Tout au long de ce chapitre ont été présentées des méthodes plus limitées que cette dernière, car aucune n'a rendu de bons résultats. Il n'est pas certain qu'il soit possible de vraiment récupérer les not provided et il faut bien avouer que Google a dû prévoir le coup face aux petits malins que nous sommes. La méthode de couplage de données comme le fait Keyword Hero reste la plus satisfaisante et fournit au moins des tendances de mots-clés utilisés dans les recherches. C'est déjà un bon point de départ...

Malheureusement, nous ne pouvons pas faire mieux pour le moment, ni vous fournir de solution idéale pour contrer le drame causé par les not provided sur Bing et Google notamment. Il est nécessaire de continuer à chercher et de procéder à une veille sur ce sujet, en espérant qu'un miracle se produise à l'avenir...

Analyse de logs

Que sont les logs et où les trouver ?

Les logs (ou journaux de bord) sont des fichiers qui enregistrent la totalité des actions (appelées « hits ») effectuées sur les sites affectés à un serveur web. Souvent, il s'agit de fichiers quotidiens contenant l'ensemble des visites réalisées sur le serveur (donc, si vous avez plusieurs sites, il peut y avoir des logs pour chacun).

Retenez surtout que les logs enregistrent absolument toutes les données brutes et pas seulement les visites telles que nous l'entendons à l'accoutumée. En effet, un fichier journal sauvegarde tous les hits détectés, comme le téléchargement des ressources d'une page web (fichiers JavaScript, images, PDF). Cela signifie que, pour une seule visite, un log peut enregistrer jusqu'à des dizaines d'informations, tant les pages web sont riches en ressources diverses.

En général, vous pouvez trouver les fichiers de logs via l'interface de votre hébergeur web, ou directement sur votre serveur. Il faut ensuite télécharger chacun des fichiers de la période que vous souhaitez étudier (attention, les fichiers peuvent être très volumineux si vous avez beaucoup de visites par exemple), puis étudier les valeurs pour en apprendre plus sur la vie de vos pages web…

Les fichiers de journaux sont très complexes à lire. Ils reprennent en général plusieurs types d'informations juxtaposées au sein des fichiers de texte générés par le serveur (entre autres : URL de la page, adresse IP du client, date de visite, `user agent`). La capture suivante montre un exemple de log, afin que vous puissiez imaginer les difficultés de lecture de ce genre de fichiers.

Figure 4–62
Exemple d'un fichier de logs brut

```
66.249.88.12 - - [11/Jul/2017:01:29:21 +0200] "GET /fonts/raleway/raleway-medium-webfont.woff HTTP/1.0" 200 29520 "
https://www.internet-formation.fr/formation-reseaux-sociaux" "Mozilla/5.0 (iPhone; CPU iPhone OS 10_3_2 like Mac OS X) AppleWebKit/603.2.4 (KHTML,
like Gecko) Version/10.0 Mobile/14F89 Safari/602.1"
66.249.88.12 - - [11/Jul/2017:01:29:21 +0200] "GET /fonts/raleway/raleway-bold-webfont.woff HTTP/1.0" 200 29452 "
https://www.internet-formation.fr/formation-reseaux-sociaux" "Mozilla/5.0 (iPhone; CPU iPhone OS 10_3_2 like Mac OS X) AppleWebKit/603.2.4 (KHTML,
like Gecko) Version/10.0 Mobile/14F89 Safari/602.1"
66.102.6.196 - - [11/Jul/2017:01:29:21 +0200] "GET /img/arrow.png HTTP/1.0" 200 216 "https://www.internet-formation.fr/formation-reseaux-sociaux"
"Mozilla/5.0 (Linux; Android 7.0; SAMSUNG SM-G950U Build/NRD90M) AppleWebKit/537.36 (KHTML, like Gecko) SamsungBrowser/5.4 Chrome/51.0.2704.106 Mobile
Safari/537.36"
66.249.88.35 - - [11/Jul/2017:01:29:21 +0200] "GET /fonts/raleway/raleway-regular-webfont.woff HTTP/1.0" 200 29532 "
https://www.internet-formation.fr/formation-reseaux-sociaux" "Mozilla/5.0 (iPhone; CPU iPhone OS 10_3_2 like Mac OS X) AppleWebKit/603.2.4 (KHTML,
like Gecko) Version/10.0 Mobile/14F89 Safari/602.1"
66.249.88.12 - - [11/Jul/2017:01:29:21 +0200] "GET /fonts/font-awesome/fontawesome-webfont.woff?v=4.3.0 HTTP/1.0" 200 98024 "
https://www.internet-formation.fr/formation-reseaux-sociaux" "Mozilla/5.0 (iPhone; CPU iPhone OS 10_3_2 like Mac OS X) AppleWebKit/603.2.4 (KHTML,
like Gecko) Version/10.0 Mobile/14F89 Safari/602.1"
37.164.215.94 - - [11/Jul/2017:01:33:39 +0200] "GET / HTTP/1.0" 200 104752 "-" "Mozilla/5.0 (Linux; Android 5.1.1; Nexus 5 Build/LMY48B; wv)
AppleWebKit/537.36 (KHTML, like Gecko) Version/4.0 Chrome/43.0.2357.65 Mobile Safari/537.36"
66.249.66.1 - - [11/Jul/2017:01:34:39 +0200] "GET /formation-responsive-design-programme-de-formation-1-jour HTTP/1.0" 200 106481 "-" "Mozilla/5.0
(compatible; Googlebot/2.1; +https://www.google.com/bot.html)"
207.46.13.133 - - [11/Jul/2017:01:34:39 +0200] "GET / HTTP/1.0" 200 104752 "-" "Mozilla/5.0 (compatible; bingbot/2.0; +http://www.bing.com/bingbot.html)"
40.77.167.43 - - [11/Jul/2017:01:34:49 +0200] "GET /css-js/merged/scripts-merged-home.min.js HTTP/1.0" 200 264575 "-" "Mozilla/5.0 (compatible;
bingbot/2.0; +http://www.bing.com/bingbot.html)"
159.203.211.109 - - [11/Jul/2017:01:41:21 +0200] "GET / HTTP/1.0" 200 104752 "-" "Mozilla/5.0 (X11; Linux x86_64) AppleWebKit/537.36 (KHTML, like
Gecko) Chrome/44.0.2403.130 Safari/537.36"
159.203.211.109 - - [11/Jul/2017:01:41:23 +0200] "GET /img/header/polygone-1.png HTTP/1.0" 200 9394 "https://www.internet-formation.fr/" "Mozilla/5.0
(X11; Linux x86_64) AppleWebKit/537.36 (KHTML, like Gecko) Chrome/44.0.2403.130 Safari/537.36"
159.203.211.109 - - [11/Jul/2017:01:41:23 +0200] "GET /img/header/polygone-2.png HTTP/1.0" 200 8641 "https://www.internet-formation.fr/" "Mozilla/5.0
(X11; Linux x86_64) AppleWebKit/537.36 (KHTML, like Gecko) Chrome/44.0.2403.130 Safari/537.36"
159.203.211.109 - - [11/Jul/2017:01:41:23 +0200] "GET /img/header/accueil-2.jpg HTTP/1.0" 200 126012 "https://www.internet-formation.fr/" "Mozilla/5.0
(X11; Linux x86_64) AppleWebKit/537.36 (KHTML, like Gecko) Chrome/44.0.2403.130 Safari/537.36"
159.203.211.109 - - [11/Jul/2017:01:41:23 +0200] "GET /fonts/raleway/raleway-regular-webfont.woff HTTP/1.0" 200 29532 "
https://www.internet-formation.fr/" "Mozilla/5.0 (X11; Linux x86_64) AppleWebKit/537.36 (KHTML, like Gecko) Chrome/44.0.2403.130 Safari/537.36"
159.203.211.109 - - [11/Jul/2017:01:41:23 +0200] "GET /fonts/Muli/muli-light.woff2 HTTP/1.0" 200 19828 "https://www.internet-formation.fr/"
```

Intérêt et rôle de l'analyse de logs

L'analyse de logs peut presque être considérée comme une discipline tant elle n'est pas aisée à réaliser. Son objectif n'est pas de suivre uniquement les visites obtenues sur un site, comme nous pourrions l'imaginer, mais surtout d'analyser de nombreux facteurs SEO intéressants. Sans outil ou programme, il est quasiment impossible de procéder à une analyse approfondie et probante mais, une fois que vous avez pris la mesure de tout cela, vous pouvez vraiment dégager de vrais axes de développement.

Tout d'abord, l'analyse de logs permet bien entendu de repérer l'ensemble des visites reçues par un site, que ce soit par des utilisateurs humains ou par des robots (de moteurs de recherche ou non). Vous obtenez donc un aperçu complet et pur de toutes les visites et non une version tronquée comme peut le faire Analytics, malgré toutes les qualités intrinsèques de l'outil.

Le fait d'obtenir l'ensemble des informations autorise ensuite un traitement en profondeur qui offre de nouvelles perspectives. Par exemple, vous pouvez étudier quelles pages web sont indexées par Google ou encore croiser des données pour savoir quelle longueur de contenu favorise l'indexation de vos pages. Vous pouvez même aller plus loin et repérer des pages orphelines ou des pages qui n'ont jamais été vues par un moteur de recherche (peut-être à cause d'un blocage par `robots.txt`, ou tout simplement car la navigation bloque l'accès à certaines sections). Ce ne sont que des exemples pour que vous preniez en compte l'intérêt d'une telle analyse.

Sans vouloir faire de publicité, l'outil français OnCrawl est vraiment optimisé pour le SEO et offre rapidement des résultats probants (la capture d'écran suivante présente par exemple l'analyse croisée de la longueur des contenus qui favorisent l'indexation pour un site donné). D'autres outils ou programmes sont de qualité comme nous allons le voir par la suite. Quoi qu'il advienne, il est nécessaire de passer par ce genre de logiciel pour s'en sortir tant les fichiers de logs sont ardus à lire et ne permettent pas d'offrir une étude suffisante à l'unité. Il convient de coupler l'analyse de plusieurs jours ou semaines de fichiers pour obtenir des résultats satisfaisants.

Figure 4–63
Corrélation entre
l'indexation des pages
et la longueur des contenus
avec Oncrawl

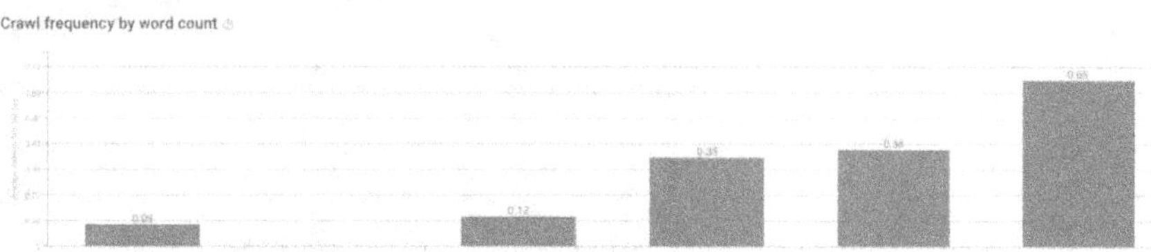

Faire de l'analyse de logs avec des programmes clé en main

Comme nous l'avons déjà évoqué, l'analyse de logs est une discipline complexe à appliquer tant les fichiers sont remplis de lignes peu lisibles au premier abord. Par conséquent, utiliser des programmes ou solutions pour accélérer la lecture de ces fichiers n'est pas négligeable en termes de temps de travail. Nous avons dressé une liste non exhaustive de logiciels qui arrivent à *parser* ou lire les fichiers logs, mais le plus simple reste d'opter pour des solutions comme OnCrawl ou Botify, qui ont déjà tout prévu dans ce domaine. L'avantage des programmes cités est qu'ils existent sur plusieurs supports ou dans plusieurs langages :

- Analog (https://goo.gl/TWTJbd) : logiciel répandu qui s'installe côté serveur (disponible chez plusieurs hébergeurs notamment) et qui facilite le traitement des fichiers journaux au travers de rapports plutôt complets ;
- Apache Log Viewer (https://goo.gl/SDpxZB) : logiciel qui facilite la lecture des fichiers logs en classant les données par type (date, URL, `user-agent`) ;
- GoAccess (https://goo.gl/HQGZww) : solution complète compatible avec de nombreux systèmes d'exploitation pour lire les logs et obtenir, entre autres, des statistiques de visites ou de crawl ;
- Monolog (https://goo.gl/THj4E7) : programme PHP basé sur Monolog (un gestionnaire de logs) qui fournit un affichage propre et lisible des fichiers journaux ;
- Log Parser en PHP (https://goo.gl/LJ67Uw) en Perl (https://goo.gl/RW5868) ou en Python (https://goo.gl/rPqLNd) : programme d'accès et de lecture des fichiers journaux bruts, sans mise en forme (le traitement reste donc à votre charge pour obtenir un affichage agréable).

En passant directement par des crawlers génériques, il est également possible de faire de l'analyse de logs avancée. En Python, Scrapy est un crawler extrêmement réputé et très rapide qui donne de multiples possibilités. L'outil Crowl (https://www.crowl.tech) s'appuie par exemple sur Scrapy pour proposer aux référenceurs d'extraire les liens, les ancres de liens ou les contenus d'un site, mais nous pourrions utiliser Scrapy (voire Crowl) pour lire des fichiers de journaux et exporter des données afin de faire des graphes et des analyses précises et complètes.

Il existe encore de nombreux outils pour procéder à l'analyse de logs par soi-même tout en gardant un certain contrôle sur ce que l'on souhaite obtenir comme résultat mais, souvent, il est nécessaire de passer par le code et des programmes génériques comme ceux présentés précédemment en Python, Perl et PHP notamment. L'idée est de gagner du temps pour procéder aux analyses, mais il faudra charger chaque fichier log un par un, lancer votre programme pour les lire, puis développer une interface pour afficher proprement les résultats. C'est assez chronophage, mais certaines informations qui en ressortent sont vraiment uniques…

Figure 4–64
Exemple de résultats obtenus
avec GoAccess après la lecture de logs

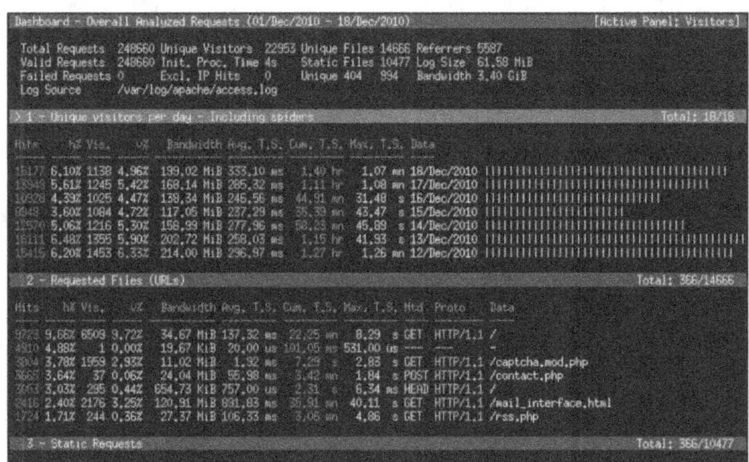

Obtenir des rapports par la programmation

Jusqu'à présent, nous avons vu comment obtenir les informations contenues dans les fichiers logs grâce à OnCrawl ou des solutions diverses clé en main. Nous n'entrerons pas dans les méandres de l'analyse de logs par le développement, mais nous allons au moins observer comment lire les fichiers bruts récupérés côté serveur. Ainsi, vous pourrez comprendre toute la complexité du programme qui va accomplir cette lourde tâche…

Dans un premier temps, il nous faut récupérer les informations des fichiers logs dans un tableau. Pour mener à bien cette mission, nous allons créer une fonction `readLog()` qui peut lire un fichier journal. Cette dernière retourne un tableau de toutes les données agrégées au sein du fichier `log`, à savoir la date de visite, l'adresse IP du visiteur, la page visitée et son poids, le type de requête, l'extension de la page visitée, le code erreur et enfin l'agent utilisateur relatif à la visite. Il faut procéder à un découpage fin qui sera peut-être différent selon votre hébergeur (ici, les logs viennent du Cpanel d'o2switch).

```php
function readLog(string $logFile = ""):array {
    if(file_exists($logFile)) {
        $fo = fopen($logFile, "r");
        $log = fread($fo, filesize($logFile));
        fclose($fo);

        // Découpage de chaque ligne du fichier log
        $log = explode("\n", trim($log));

        // Découpage de chaque portion du fichier log par type de données
        $logs = array();
        foreach($log as $key => $logLine) {
            // Adresse IP
            $logs[$key]['ipAddress'] = substr($logLine, 0, strpos($logLine, " -"));

            // Date
            preg_match("# \[(([^\]]+)\] #i", $logLine, $matches);
            $logs[$key]['date'] = $matches[1];

            // Page
            preg_match('#(GET|POST|PUT) (/[^ ]*|) #i', $logLine, $matches);
            $logs[$key]['page'] = $matches[2];

            // Type de requête
            $logs[$key]['requestType'] = $matches[1];

            // Type de fichiers (extension)
            $ext = (strpos($matches[2], ".") !== false) ? substr($matches[2],
                                            strpos($matches[2], ".")+1) : "";
            $ext = (strpos($ext, "?") !== false) ? substr($ext, 0, strpos($ext, "?")) : $ext;
            // Supprime les paramètres ? ...
            $ext = (strpos($ext, ".") !== false) ? substr($ext, strpos($ext, ".")) : $ext;
            // Supprime les min.ext...
            $logs[$key]['extension'] = $ext;

            // Code erreur
            preg_match("# ([0-9]{3,3}) #i", $logLine, $matches);
            $logs[$key]['errorCode'] = $matches[1];

            // Poids de la page
            preg_match('# ([0-9]+) "#i', $logLine, $matches);
            $logs[$key]['pageSize'] = $matches[1];

            // User-agent
            preg_match('#" "([^"]+)"$#i', $logLine, $matches);
            $logs[$key]['userAgent'] = $matches[1];
        }
        return $logs;
    } else {
        echo "<p>Le fichier log <em>".$logFile."</em> n'existe pas !</p>";
        return array();
    }
}
```

Les résultats peuvent ensuite être affichés comme bon vous semble. Il suffit de parcourir le tableau retourné par la fonction readLog() pour obtenir chaque information intéressante. Dans notre exemple, nous parcourons directement plusieurs fichiers logs que nous fusionnons avec array_merge() pour gagner du temps et pouvoir analyser des plages de fichiers d'un seul tenant. Nous affichons ensuite les résultats dans un tableau final en HTML.

```php
// Ouvrir des fichiers log
$logsFiles = array(
    "domaine-28/10/2017.com-ssl_log",
    "domaine-29/10/2017.com-ssl_log",
    "domaine-30/10/2017.com-ssl_log",
    "domaine-31/10/2017.com-ssl_log",
);

// Fusion des fichiers logs à analyser
$logs = array();
foreach($logsFiles as $logFile) {
    $logsMerge = readLog($logFile);
    $logs = array_merge($logs, $logsMerge);
}

// Comptage du nombre total de visites (crawler + visiteurs) pour un log (une journée en
général)
$nbVisits = count($logs);

// Affichage final personnalisable
echo '<h2>'.$nbVisits." internautes et robots ont visité le site web.</h2>";
echo '<table style="text-align:center; border-collapse:collapse; font-family:sans-serif">';
echo '<tr style="background:#222; color:#fff;">';
echo '<th style="width:10%; padding:.5em 0">Adresse IP</th>';
echo '<th style="width:12%; padding:.5em 0">Date</th>';
echo '<th style="width:7%; padding:.5em 0">Requête</th>';
echo '<th style="width:20%; padding:.5em 0">Page</th>';
echo '<th style="width:9%; padding:.5em 0">Type (extension)</th>';
echo '<th style="width:7%; padding:.5em 0">Poids de la page (octets)</th>';
echo '<th style="width:7%; padding:.5em 0">Code erreur</th>';
echo '<th style="width:28%; padding:.5em 0">User-agent</th>';
echo '</tr>';
foreach($logs as $logLine) {
    echo '<tr>';
    echo '<td style="padding:.5em 0">'.$logLine['ipAddress'].'</td>';
    echo '<td style="padding:.5em 0">'.$logLine['date'].'</td>';
    echo '<td style="padding:.5em 0">'.$logLine['requestType'].'</td>';
    echo '<td style="padding:.5em 0">'.$logLine['page'].'</td>';
    echo '<td style="padding:.5em 0">'.$logLine['extension'].'</td>';
    echo '<td style="padding:.5em 0">'.$logLine['pageSize'].'</td>';
    echo '<td style="padding:.5em 0">'.$logLine['errorCode'].'</td>';
    echo '<td style="padding:.5em 0">'.$logLine['userAgent'].'</td>';
    echo '</tr>';
}
echo '</table>';
```

Figure 4–65
Première lecture de fichiers logs avec PHP

1862 internautes et robots ont visité le site web.

Adresse IP	Date	Requête	Page	Type (extension)	Poids de la page (octets)	Code erreur	User-agent
35.195.110.121	31/Oct/2017:01:01:49 +0100	GET	/robots.txt	txt	225	302	Mozilla/5.0 (Windows NT 6.2; WOW64; rv:22.0) Gecko/20100101 Firefox/22.0
35.195.110.171	31/Oct/2017:01:01:49 +0100	GET	/404.php	php	100852	200	Mozilla/5.0 (Windows NT 6.2; WOW64; rv:22.0) Gecko/20100101 Firefox/22.0
73.238.104.128	31/Oct/2017:01:05:44 +0100	GET	/wp-login.php?&protect=1	php	225	302	Mozilla/5.0 (Windows NT 6.1; WOW64; rv:40.0) Gecko/20100101 Firefox/40.1
73.238.104.128	31/Oct/2017:01:03:44 +0100	GET	/404.php	php	100852	200	Mozilla/5.0 (Windows NT 6.1; WOW64; rv:40.0) Gecko/20100101 Firefox/40.1
73.238.104.128	31/Oct/2017:01:03:50 +0100	GET	/		105231	200	Mozilla/5.0 (Windows NT 6.1; WOW64; rv:40.0) Gecko/20100101 Firefox/40.1
5.48.99.233	31/Oct/2017:01:04:49 +0100	GET	/wp-login.php	php	225	302	Mozilla/5.0 (Windows NT 6.1; WOW64; rv:40.0) Gecko/20100101 Firefox/40.1
5.48.99.233	31/Oct/2017:01:04:49 +0120	GET	/404.php	php	100832	200	Mozilla/5.0 (Windows NT 6.1; WOW64; rv:40.0) Gecko/20100101 Firefox/40.1
5.48.99.233	31/Oct/2017:01:04:50 +0100	GET	/		105221	200	Mozilla/5.0 (Windows NT 6.1; WOW64; rv:40.0) Gecko/20100101 Firefox/40.1
184.107.136.82	31/Oct/2017:01:06:17 +0100	GET	/		105231	200	Mozilla/5.0 (Macintosh; Intel Mac OS X 10_8_0) AppleWebKit/534.30 (KHTML, like Gecko) Chrome/12.0.742.112 Safari/534.30
157.55.39.48	31/Oct/2017:01:08:03 +0100	GET	/particuliers/404.php	php	225	302	Mozilla/5.0 (compatible; bingbot/2.0; +http://www.bing.com/bingbot.htm)
157.55.39.48	31/Oct/2017:01:08:03 +0100	GET	/404.php	php	100852	200	Mozilla/5.0 (compatible; bingbot/2.0; +http://www.bing.com/bingbot.htm)
85.249.64.210	31/Oct/2017:01:09:22 +0100	GET	/formation-responsive-design-programme-de-formation-1.xxx		106454	200	Mozilla/5.0 (compatible; Googlebot/2.1; +http://www.google.com/bot.html)

Une fois les données récupérées et « parsées » (séparées selon leur type), nous pouvons enfin procéder à de l'analyse de logs, à savoir compiler les données pour en faire ressortir des tendances. En effet, notre tableau précédent est certes une première lecture, mais rien n'est trié ni filtré pour vraiment analyser le SEO d'un site. Par exemple, l'idée est déjà de séparer les internautes et mobinautes réels des crawlers et robots en tout genre. Pour ce faire, nous pouvons filtrer par rapport aux user-agent explicites, mais surtout grâce aux adresses IP de chaque moteur de recherche par exemple.

Pour vous donner une idée du travail qu'il reste à faire, voici des outils et listes d'IP pour certains moteurs. Ce sont plusieurs milliers d'adresses IP qu'il faut filtrer et dites-vous que tout n'est pas connu ni présent dans ces listes :

- Wikiscan (https://goo.gl/TJDzFR) est un excellent outil pour obtenir les plages IP des moteurs de recherche comme Qwant (https://goo.gl/bRKNzg), Google (https://goo.gl/cjL9ej) ou Yahoo! (https://goo.gl/2hXL7d).
- VPNDock (https://goo.gl/1JW7ni) fournit également quelques plages IP des principaux moteurs et robots du marché (mais c'est moins exhaustif).
- Verify Bingbot (https://goo.gl/tYTvvV) est un outil créé par Bing pour vérifier qu'une adresse IP appartient bien à BingBot ; c'est toujours intéressant et pratique à connaître.
- IPInfoDB (https://goo.gl/ohW6am) dresse des plages d'IP pour plusieurs moteurs de recherche.
- Positeo (https://goo.gl/Fmnk46) et LightOnSEO (https://goo.gl/aNFLmL) ont également dressé des listes d'IP pour Google si besoin.

Il ne s'agit que de quelques options pour trouver les adresses IP à filtrer mais, comme vous pouvez l'imaginer, il faudra sans cesse vérifier ces listes et les mettre à jour pour que les statistiques obtenues soient aussi justes que possible au moment d'afficher les résultats définitifs de l'analyse de logs.

Figure 4–66
Vérification d'une adresse IP de BingBot
avec l'outil de Microsoft

Notre programme n'est donc qu'une introduction à l'analyse de logs. Il faut ensuite distinguer les robots des visiteurs réels, créer des fonctions de tris selon les données que vous souhaiter faire ressortir. Par exemple, il faudrait programmer une fonction de tri par page pour voir le taux de crawl d'une page, ou encore trier par IP afin de compter le nombre de visiteurs uniques et non pas les visites différentes, etc. Tout le travail de l'analyse se ferait donc à partir des logs parsés par la fonction readLog().

Si vous souhaiter ordonner les résultats par un type de données particulier, il faut utiliser array_multisort(). Par exemple, pour classer par page, la fonction readLog() enregistre le nom de la ressource web dans la clé page. Pour afficher le tableau de la figure 4-65 classé par page, il faudrait donc ajouter le code suivant juste après la fusion des fichiers logs.

```php
// Trier le tableau selon les sous-clés
foreach($logs as $key => $row) {
    $logsSort[$key]  = $row['page'];
}
array_multisort($logsSort, SORT_ASC, $logs);
```

Il suffit de changer la clé page par une autre pour classer le tableau selon votre bon vouloir. Ce tri n'a pas été placé dans la fonction readLog() car vous pourriez très bien vouloir appliquer plusieurs tris distincts après avoir lu les fichiers journaux ; c'est pourquoi l'idéal est d'utiliser cette méthode au dernier moment, avant l'affichage des résultats.

Maintenant, il ne faudrait conserver que les visites des pages web et non de l'ensemble des ressources contenues dans les pages (fichiers CSS, images, JavaScript). Pour ce faire, vous pouvez utiliser la fonction array_filter() de cette manière :

```php
// Ne conserver que les pages et non toutes les ressources
function filterLogs($tab) {
    // Liste des extensions acceptées (à compléter si nécessaire)
    $extAccepted = array('php', 'html', 'xhtml', 'htm', 'pl', 'py', 'asp', 'aspx', 'rb', '');

    // Filtrage des extensions autorisées
    if(in_array($tab['extension'], $extAccepted)) {
        return $tab;
    }
}
$logs = array_filter($logs, "filterLogs");
```

Désormais, il ne nous reste que les pages visitées, ce qui devrait considérablement réduire le travail. À ce stade, nous arrêterons notre introduction de l'analyse de logs avec PHP, mais vous pouvez compléter ceci en filtrant les visiteurs par adresses IP, par exemple en séparant les crawlers des visiteurs comme nous l'avons évoqué précédemment, etc. Vous constatez qu'il reste encore pas mal de fonctionnalités à approfondir avant d'obtenir des résultats probants et qualitatifs. L'analyse de logs est une discipline complexe, mais très enrichissante en matière de SEO ; vous vous devez d'en faire par moment afin de mieux comprendre ce qui ne va pas au sein de vos sites web. C'est bien plus qu'un complément à Analytics, car beaucoup de données ne sont visibles qu'avec ces méthodes d'analyse ; alors ne négligez jamais les logs…

Analyse qualitative et ROI

Les outils proposés vous fournissent des statistiques sur différents aspects : le nombre de visiteurs, les pages consultées, la répartition géographique, les terminaux utilisés, le taux de rebond ainsi que le positionnement des pages sur des mots-clés spécifiques. Il s'agit ici d'une étude quantitative : vous avez des chiffres que vous devez interpréter. C'est ici que l'analyse qualitative intervient…

Avoir des chiffres est une chose mais les comprendre, les analyser et les exploiter pour en tirer profit en est une autre. Il n'existe aucun outil pour mener à bien ces études qualitatives, nous ne pouvons compter que sur nos compétences et notre expérience…

Vous devez absolument garder à l'esprit les objectifs que vous vous êtes fixés pour le site (KPI) et le choix du public cible tout au long de l'analyse, c'est le seul moyen de ne pas s'éparpiller ou croire que tout le travail fourni n'est pas efficace. Chaque action que nous menons a un but précis, nous ne pouvons pas demander plus que ce qu'il est possible d'obtenir…

Pour analyser les données, vous pouvez vous poser quelques questions intuitives. En voici quelques exemples.

- « Qui sont les visiteurs ? » Connaître sa cible permet de la satisfaire et de toujours lui proposer des produits/solutions en adéquation avec ses besoins et attentes.
- « Quelle langue parlent les visiteurs ? » Peut-être sont-ils plus anglophones que français alors que vous n'avez pas prévu un site multilingue initialement ?
- « Comment les internautes sont-ils arrivés sur le site ? » Peut-être est-ce directement grâce au référencement naturel ou aux liens sponsorisés ? Peut-être est-ce par bouche à oreille ? Peut-être est-ce par un média social ou par un blog ? Il faut mesurer l'impact du référencement naturel dans cette multitude de possibilités afin de calculer le pourcentage de réussite de la stratégie SEO.
- « Quel est le ratio entre les nouveaux visiteurs et le trafic connu ? » Selon l'objectif, le ratio ne doit pas être interprété de la même manière. Vous êtes peut-être plutôt dans une optique d'acquisition de nouveaux clients, auquel cas le nombre de nouveaux visiteurs doit être supérieur à celui des internautes déjà connus. Ou alors, vous préférez travailler la fidélisation, et dans ce cas, c'est plutôt le nombre de visiteurs connus qui doit être supérieur aux taux de nouvelles visites…
- « Quel terminal utilisent mes visiteurs pour consulter mon site ? » Imaginez que votre site n'est pas adapté à un usage sur support mobile, cela pourrait être très embêtant si la majorité des visites proviennent de ces terminaux.
- « Quelles pages sont les plus visitées ? » Ce sont ces pages qu'il va falloir utiliser pour insérer les messages les plus importants en fonction des objectifs, afin d'améliorer la visibilité des contenus voire la fidélité des lecteurs.
- « À quelle heure le site reçoit-il le plus de visites ? » Cette information est importante car elle vous permettra de faire vos actions de promotion dans les heures idéales pour toucher un maximum de personnes…
- « Combien de temps les visiteurs passent-ils sur le site ? » Si le temps passé sur le site est trop court ou que le taux de rebond est important, cela peut signifier que les visiteurs n'ont pas trouvé ce qu'ils cherchaient. Par conséquent, peut-être que les expressions clés que nous avons optimisées ne collent pas assez bien aux souhaits des internautes et à la réalité du marché ?

Nous n'allons pas entrer dans les méandres du webmarketing car cela est un autre métier et dépasse le cadre précis de notre propos. Néanmoins, il est intéressant au-delà du suivi de savoir répondre aux questions que nous avons présentées auparavant mais aussi de pouvoir analyser les chiffres avec intelligence et précision.

Dans un plan marketing, nous devons suivre plusieurs types de données pour maîtriser notre image de marque et la qualité de notre communication de A à Z :

- effectuer un suivi du référencement pour mesurer l'impact des efforts consentis ;
- mener un suivi le plus précis possible du positionnement pour évaluer les chances de visibilité ;
- vérifier les données internes du site ainsi que ses qualités intrinsèques (audit complet, nous en parlerons dans le prochain chapitre) en matière d'ergonomie, de code, de rédaction, etc. ;
- évaluer la notoriété et l'e-réputation des marques, des produits, des services, des outils ou encore des personnes qui gravitent autour de nos sites ;
- mesurer la fidélité et le niveau de satisfaction des visiteurs afin de leur donner sans cesse envie de revenir ;
- calculer si possible un retour sur investissement (ROI, *Return On Investment*), un retour sur engagement (ROE, *Return On Engagement*), un retour sur attention (ROA, *Return On Attention*) ou un retour sur objectifs (ROO, *Return On Objectives*) afin de mieux prendre conscience de notre travail.

Pour clôturer ce chapitre, nous allons justement évoquer ce dernier point en essayant de donner des méthodes de calcul des ROI, ROE, ROA et ROO. Il n'est pas toujours aisé de mesurer ces facteurs car nous manquons souvent de données suffisantes pour cela.

L'idéal est de s'appuyer sur les statistiques fournies par Google Analytics ou une autre solution du même type, voire de réaliser votre propre suivi stratégique en utilisant les URL referers. L'idée est de capter le pourcentage de visiteurs provenant de diverses sources, cela permet de déduire rapidement quelle part a joué le référencement naturel dans le trafic global du site web.

Les entreprises souhaitent généralement calculer leur retour sur investissement afin de savoir si les actions effectuées en SEO et l'argent dépensé pour ce travail en a valu la peine. Dans les faits, il s'agit du facteur le plus dur à mesurer car nous ne vendons pas tous des produits ou nous ne cherchons pas tous à produire directement de l'argent. Nous manquons donc de données et de précisions pour donner un ROI crédible et viable.

C'est là qu'interviennent les retours sur objectifs, sur attention ou encore sur engagement. Tous ces sigles parfois peu équivoques sont souvent plus en adéquation avec le travail fourni par les référenceurs. En effet, le ROI retourne une rentabilité dans un secteur qui ne permet pas toujours de le mesurer. En revanche, ces nouveaux modes de calcul vont permettre d'analyser l'impact réel du référencement naturel, même indépendamment du référencement payant.

Voici quelques définitions générales de ces termes dont le sens est parfois approchant.

- ROI : calcul du chiffre d'affaires total généré en fonction d'un budget initial dépensé pour les actions menées. Ce facteur doit déterminer les retombées économiques des actions SEO.
- ROO : méthode de calcul qui analyse les statistiques générales relatives au référencement pour mesurer le succès des actions menées en fonction des objectifs préalablement fixés. Par exemple, si l'objectif initial et principal est de gagner des visiteurs sur le site, il faut calculer le ratio entre le nombre moyen de lecteurs avant la campagne SEO et après avoir effectué le travail. Il est également possible d'ajouter une notion temporelle afin de mesurer l'efficacité des actions pour mener à bien les objectifs.

- ROE : calcul visant à mesurer l'impact et le rôle des gestionnaires de site dans la participation et la fidélisation des visiteurs mais aussi dans l'amélioration de la notoriété globale. Il s'agit davantage d'un facteur basé sur la qualité des contenus, des actions menées sur les plates-formes sociales ou encore des efforts fournis pour améliorer l'efficience et le confort sur les sites web. Ce n'est donc pas un facteur directement lié au SEO, mais sa finalité peut l'être en revanche… En d'autres termes, le ROE a un double rôle : savoir si les gestionnaires interagissent avec les visiteurs et font tout pour les satisfaire, mais aussi déterminer si les visiteurs partagent et effectuent un bouche à oreille positif à l'égard du site ou de l'entreprise.

- ROA : technique ayant pour objectif de calculer une estimation de la popularité d'un site ou d'une entreprise en fonction des actions effectuées par la communauté web et les visiteurs. Il s'agit de savoir si les actions menées avec le SEO ont permis aux visiteurs de tomber sur des contenus, des services ou des produits qui leur ont plu au point de partager et promouvoir le site (ou les actions relatives au site). Le ROA se différencie du ROE dans le sens où le calcul ne porte plus sur les gestionnaires du site mais sur les visiteurs. Nous devons déterminer la notoriété obtenue par l'entreprise grâce aux actions menées via le site web.

Ces différents facteurs montrent que la notion d'argent n'est pas toujours au centre des préoccupations. Il arrive fréquemment que l'argument des clients voulant référencer un site soit d'obtenir un maximum de visiteurs.

Certes, nous nous doutons bien que l'objectif final est d'améliorer la notoriété ou d'augmenter le nombre de ventes, de souscriptions à des formulaires ou de téléchargements de fichiers, etc., mais au fond, le but de le SEO est de booster le nombre de visiteurs.

Dire qu'un référencement est raté car le ROI est faible est en soi une forme d'antagonisme, sauf si le nombre de visiteurs uniques et de nouveaux visiteurs est resté stable malgré les efforts fournis. En effet, ce n'est pas parce que nous gagnons des centaines voire des milliers de visiteurs par mois grâce au référencement que nos ventes vont nécessairement exploser. C'est plutôt le travail consenti pour réaliser un site qualitatif, clair, efficient et ergonomique qui permet de convertir ces nouveaux visiteurs. Il est donc un peu sévère de mettre tout le poids d'un échec sur une campagne SEO…

Le retour sur objectifs est sûrement le facteur le plus efficace pour mesurer l'impact du référencement. De ce dernier découle le calcul des ROI, ROE et ROA qui permettent d'analyser la stratégie marketing complète et les retombées en termes d'économie, de notoriété et d'e-réputation.

Partant de ce constat, nous pouvons analyser toutes les données statistiques que nous avons obtenues lors de nos diverses phases de suivi et mesurer dans tous les sens l'impact du référencement naturel dans le plan marketing du site. Voici quelques exemples de formules pour calculer chacun de ces facteurs :

Le calcul du ROI suit une formule simple et directement liée à des notions économiques.

- ROI (en %) = (gains réalisés − coût de l'investissement) / coût de l'investissement.

Le ROO peut être calculé de plusieurs manières différentes en fonction des objectifs fixés initialement. L'avantage est de pouvoir multiplier les calculs pour savoir en quoi le SEO a été le plus efficace. Voici quelques exemples simples.

- ROO (en %) = nombre de visiteurs total (durée t) / nombre de visiteurs total (durée $t+1$).

- ROO (en %) = nombre de nouveaux visiteurs / nombre de visiteurs fidèles.

- ROO (en %) = nombre total de pages vues (durée t) / nombre total de pages visitées (durée $t+1$).

- ROO (en %) = nombre de téléchargements effectués après une visite issue d'un moteur de recherche (obtenu grâce à un tracking) / nombre total de téléchargements.

- ROO (en %) = nombre de formulaires souscrits après une visite issue d'un moteur de recherche (obtenu grâce à un tracking) / nombre total de souscriptions.
- ROO (en %) = nombre de ventes réalisées après une visite issue d'un moteur de recherche (obtenu grâce à un tracking) / nombre total de ventes.

Le ROE peut également être calculé de plusieurs façons différentes en fonction des actions menées.

- ROE (en %) = (nombre total de réponses et d'interactions des gestionnaires du site) / (nombre total de messages + commentaires + autres échanges).
- ROE (en %) = (nombre de J'aime + commentaires + partages + souscriptions…) / nombre de visiteurs actifs.

Enfin, le ROA est certainement la méthode de calcul la plus complexe à mesurer, sauf peut-être en s'appuyant sur des outils de mesure sociale comme Klout ou PeerIndex. Le ROA peut être lié à une question de temps écoulé pour obtenir satisfaction (visibilité, notoriété, etc.). Voici deux exemples de formules bien différentes pour déterminer ce type de facteur.

- ROA (en %) = temps écoulé × (nombre d'impressions + nombre de personnes atteintes + notoriété et retours obtenus).
- ROA (en %) = nombre de partages × (commentaires + J'aime + souscriptions (…) obtenus) / nombre de personnes touchées (ou nombre d'impressions).

Le paradoxe de toute campagne est parfois de calculer ce que les marketeurs appellent le RONI *(Return On Non Investment)*. En effet, il s'agit d'un critère qui vise à déterminer le risque de pertes envisageables si nous ne menons pas des actions SEO ou sociales sur la Toile. Le RONI sert surtout à montrer qu'il est préférable de dépenser quelques sommes pour améliorer sa visibilité et sa notoriété sur le Web plutôt que de passer inaperçu. En d'autres termes, le RONI démontre qu'il vaut mieux prévenir que guérir…

Maintenant que nous savons mener une analyse qualitative des données statistiques, il est intéressant de savoir comment auditer un site web pour le rendre meilleur et améliorer son référencement global. La suite au prochain chapitre…

5

L'audit SEO

L'audit SEO est un état des lieux d'un site qui permet d'analyser les critères importants pour favoriser un bon référencement et identifier les faiblesses du site ou les éventuels facteurs bloquants. L'audit contient des analyses et recommandations qui sont établies selon trois grands axes principaux : technique, contenu et popularité.

Figure 5–1
Trois axes principaux d'un audit SEO

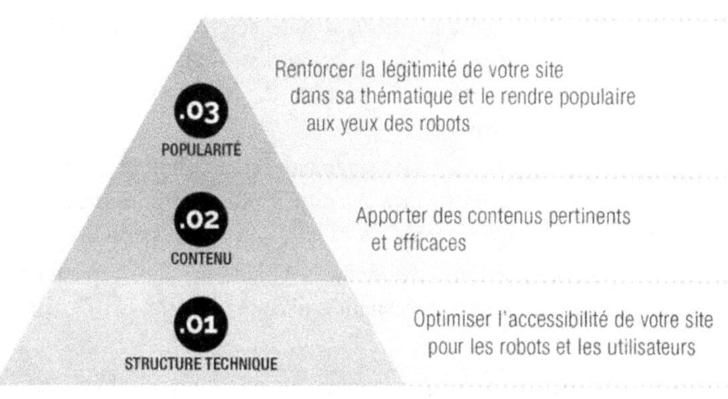

- **L'audit technique** va mettre en exergue les principaux facteurs bloquants pour la bonne prise en compte du site par les moteurs de recherche. L'objectif ici est de s'assurer du bon fonctionnement du site web et de sa bonne indexation dans les index des moteurs. On parle donc d'étudier tous les critères favorisant un bon crawl par les robots d'indexation ainsi que les quelques facteurs d'optimisation du positionnement.
- **L'audit du contenu** a comme objectif d'analyser les contenus d'un site et de trouver les optimisations possibles à effectuer afin d'améliorer la compréhension des contenus par ses deux cibles principales : les moteurs de recherche et les internautes.

- **L'audit de la popularité** analyse la popularité (notoriété et e-réputation) et l'autorité d'un site sur la Toile. Des solutions pour améliorer la notoriété seront envisagées.

Avant de voir quels facteurs il convient d'analyser, sachez qu'il existe des outils en ligne qui vous proposent des mini audits que nous présenterons dans la suite de ce chapitre. Il suffit d'insérer l'URL de votre choix et les outils lancent alors l'analyse d'une multitude de critères. Attention, certaines informations sont à prendre avec des pincettes. Il s'agit d'indicateurs parfois peu fiables, c'est plutôt l'idée générale qui doit être prise en compte. Dans tous les cas, rien ne vaut un audit fait à la main par un professionnel.

L'audit technique

Le nom de domaine

Le premier critère à analyser est le nom de domaine car il s'agit d'un facteur majeur, et pas uniquement en termes de SEO. En effet, le nom de domaine a un aspect marketing notable car sa longueur, sa facilité de mémorisation et surtout les mots qui le composent ont un rôle déterminant sur les prospects mais aussi pour les moteurs de recherche. Il convient de se poser quelques questions majeures.

- S'agit-il d'un EMD *(Exact Match Domain)* ou d'un PMD *(Partiel Match Domain)*. Peut-il avoir une conséquence néfaste sur le positionnement du site ?
- S'agit-il d'un ccTLD *(CountryCode Top Level Domain* : .fr, .ro, .be, .de…) ou d'un gTLD *(Generic Top Level Domain* : .com, .net, .info, .org…) ?

D'autres points sont aussi à surveiller sur un nom de domaine :
- le propriétaire *(registrar)* ;
- l'ancienneté (son âge à partir de sa date de création). En théorie, plus un nom de domaine est ancien, plus les moteurs de recherche lui accordent de l'importance. Plus le nom de domaine est jeune, plus il faut multiplier les efforts en matière de SEO afin d'être positionné de manière « stable » dans les moteurs de recherche ;
- le lieu d'hébergement. L'hébergement est-il cohérent avec le ccTLD ? Par exemple, un .fr doit être hébergé en France en théorie (bien qu'il puisse être intéressant dans certains cas d'avoir des adresses IP localisées à l'étranger). Seuls les gTLD sont neutres et n'impliquent pas de localisation particulière ;
- son historique. Le nom de domaine a-t-il été pénalisé auparavant ? La Google Search Console vousvous informe sur les éventuelles pénalités déclarées (spam, liens artificiels…) ainsi que les demandes de réexamens antérieures.

Faisons tout de même une remarque, il existe un mythe jamais vérifié qui prétend que la durée de « location » d'un domaine a un impact sur le positionnement. Par exemple, si vous achetez le domaine site.com pour trois ans, il sera mieux valorisé que s'il vous l'aviez commandé pour une seule année chez un *registrar*. En réalité, cela n'a jamais été prouvé et même Matt Cutts, le célèbre porte-parole non officiel de Google, a affirmé que la durée d'achat d'un nom de domaine n'avait aucun impact sur le positionnement.

En tout état de cause, cela semble relativement logique puisque techniquement, les moteurs ne sont pas des comptables qui passent leur temps à éplucher les fichiers clients des registrars. Certes, les dates d'expiration sont souvent accessibles mais des hébergeurs permettent de masquer ces données. Il arrive donc fréquemment qu'elles soient inaccessibles aux moteurs et il serait encore plus étonnant qu'une telle protection devienne un désavantage pour les propriétaires de site web en matière de positionnement…

Figure 5–2
Site avec données cachées
(dont la date d'expiration)

```
domain: internet-formation.fr
status: ACTIVE
hold: NO
holder-c: ANO00-FRNIC
admin-c: ANO00-FRNIC
tech-c: OVH5-FRNIC
zone-c: NFC1-FRNIC
nsl-id: NSL22817-FRNIC
registrar: OVH
anniversary: 19/05
created: 19/05/2009
last-update: 20/05/2009
source: FRNIC

ns-list: NSL22817-FRNIC
nserver: dns15.ovh.net
nserver: ns15.ovh.net
source: FRNIC

registrar: OVH
type: Isp Option 1
address: 2 Rue Kellermann
address: ROUBAIX
country: FR
phone: +33 8 99 70 17 61
fax-no: +33 3 20 20 09 58
e-mail: support@ovh.net
website: http://www.ovh.com
anonymous: NO
registered: 21/10/1999
source: FRNIC
```

Pour trouver les informations relatives à un nom de domaine, vous pouvez utiliser plusieurs sites web reconnus tels que whois.net pour trouver la date de création et d'expiration du nom de domaine, des renseignements sur le propriétaire et l'hébergeur du site, etc. La Wayback Machine du projet Internet Archive (source : http://goo.gl/yzcx3w) vous permettra quant à elle de suivre l'historique d'un site web et de visualiser l'état du site depuis ses origines, lorsque les données sont disponibles.

Notez également que vous pouvez effectuer des captures de votre site lors de votre visite afin d'en conserver une trace…

Se méfier des Whois anonymes ?

Certains référenceurs pensent qu'un Whois anonyme peut parfois renvoyer un mauvais signal aux moteurs de recherche car c'est un signe d'une volonté de « cacher » des informations, généralement pour des sites *spammy*. Optez pour un Whois transparent si vous craignez un impact négatif (source : http://goo.gl/Q3D74g). Toutefois, sachez que cela n'a jamais été vérifié ni confirmé de la part des divers moteurs de recherche. Il s'agit encore d'une inconnue autour de laquelle le débat reste ouvert…

Résultat whois pour miss-seo-girl.com

```
Domain Name: miss-seo-girl.com
Registry Domain ID: 1724075652_DOMAIN_COM-VRSN
Registrar WHOIS Server: whois.gandi.net
Registrar URL: http://www.gandi.net
Updated Date: 2014-03-10T11:35:08Z
Creation Date: 2012-05-31T06:39:58Z
Registrar Registration Expiration Date: 2015-05-31T06:39:58Z
Registrar: GANDI SAS
Registrar IANA ID: 81
Registrar Abuse Contact Email: abuse@support.gandi.net
Registrar Abuse Contact Phone: +33.170377661
Reseller:
Domain Status: clientTransferProhibited
Domain Status:
Domain Status:
Domain Status:
Domain Status:
Registry Registrant ID:
Registrant Name: Alexandra Martin
Registrant Organization:
Registrant Street: Gandi, 63-65 boulevard Massena
Registrant City: (Gandi) Paris
Registrant State/Province:
Registrant Postal Code: (Gandi) 75013
Registrant Country: (Gandi) FR
Registrant Phone: (Gandi) +33.170377666
Registrant Phone Ext:
Registrant Fax: (Gandi) +33.143730576
Registrant Fax Ext:
Registrant Email: 40d275927f662edbf3f59e69d3567a3a-1504080@contact.gandi.net
Registry Admin ID:
Admin Name: Alexandra Martin
```

Le fichier robots.txt

Un fichier `robots.txt` doit idéalement être présent sur tous les sites web. S'il n'est pas obligatoire, son rôle est tel qu'il serait étonnant qu'un site optimisé ne possède pas ce fichier si important. Il est destiné aux robots des moteurs et a pour objectif de leur interdire d'indexer certaines pages inutiles ou confidentielles ainsi que des fichiers de notre choix (par exemple, les images, les fichiers PDF...).

Il faut contrôler sa présence mais aussi son exactitude. Comme le fichier `robots.txt` porte toujours le même nom et doit toujours être placé à la racine du site, il suffit de taper dans la barre d'adresse /robots.txt après le nom de domaine pour voir s'il est présent ou pas (par exemple, www.miss-seo-girl.com/robots.txt).

Il convient de vérifier que les pages inutiles sont interdites au crawl et à l'indexation : pages dupliquées, pages sans contenu, pages de résultats de recherche sur le site, pages de connexion à la partie « administration », parties relatives au backoffice (souvent un dossier complet).

Assurez-vous également que l'URL du fichier `sitemap.xml` est bien indiquée car elle permet à tous les moteurs compatibles avec le protocole de mieux crawler votre site. Pour rappel, la ligne ressemble à ceci :

```
Sitemap: https://www.miss-seo-girl.com/sitemap.xml
```

Vérifiez surtout que vous n'interdisez pas l'indexation totale de votre site (avec la règle `disallow: /`) et que le fichier `robots.txt` ne comporte aucune erreur car cela bloquerait l'indexation complète du site. Cela s'explique car le fichier `robots.txt` est l'un des tous premiers fichiers lus par les crawlers et une erreur bloque alors la lecture de tout ce qui suit comme l'a indiqué Eric Kuan sur le forum d'entraide de Google (source : http://goo.gl/9khUhR).

> **Le fichier robots.txt n'est pas toujours lu**
>
> Google nous a indiqué que le fichier `robots.txt` ne devait pas être généré de façon automatique car il n'est pas lu à chaque passage des robots. Cela sous-entend que le `robots.txt` est crawlé seulement de temps en temps. C'est une raison de plus pour en prendre soin, car une erreur pourrait mettre plus de temps à être résolue et réparée par Google (source : http://goo.gl/YVLbBi).

Contrôlez que le fichier `robots.txt` renvoie un code d'erreur 200 (ce qui signifie qu'il n'existe aucune erreur) afin de ne pas bloquer la lecture des robots d'indexation. Notez surtout qu'il est important de ne pas bloquer les ressources utiles à Googlebot comme les feuilles de styles CSS, les scripts JavaScript (notamment pour le crawl de l'Ajax) ou les ressources HTTPS.

Il est possible de contrôler le fichier `robots.txt` avec *L'outil de test du fichier robots.txt* (https://bit.ly/2xK1TvH). Ainsi, vous pourrez détecter des erreurs. Néanmoins, l'outil ne faisant que mettre en avant les erreurs « techniques » au sein du fichier et non les blocages du crawl, il vous faudra aussi testez le crawl avec l'inspection d'URL de la Google Search Console ou avec le rapport *Couverture*. Cela vous indiquera si des ressources sont injustement bloquées et surtout pour quelles raisons.

Figure 5–4
Test du fichier robots.txt
dans l'outil de Google

Le fichier sitemap.xml

L'existence du ou des fichiers `sitemap.xml` est essentielle tant l'indexation prend une autre mesure lorsqu'il(s) existe(nt). Veillez à ce que toutes vos URL importantes soient présentes. N'oubliez pas de soumettre votre fichier via la Google Search Console et Bing Webmaster Center, par exemple, et assurez-vous de sa mise à jour régulière. Parallèlement, ajoutez bien l'URL du ou des fichiers Sitemap dans le fichier `robots.txt` comme nous l'avons indiqué auparavant.

Vous prémâchez ainsi le travail des crawlers. N'oubliez pas que même si le fichier n'a pas une importance directe sur le référencement d'un site web, il demeure primordial pour accélérer le processus d'indexation, faciliter le crawl et fournir à Google des informations sur le site : fréquence des mises à jour des pages, date de dernière modification de chacune d'elles, priorité relative au goût du webmaster...

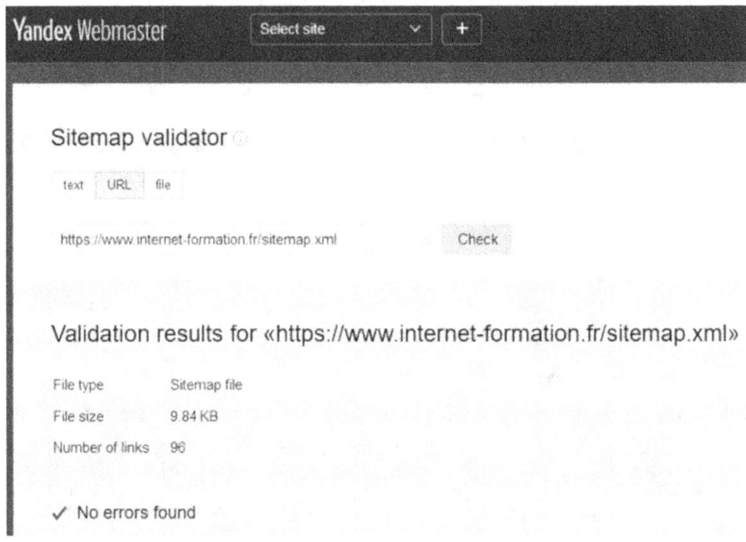

Trois outils permettent de vérifier que vos fichiers Sitemap respectent les règles :

- https://www.xml-sitemaps.com/validate-xml-sitemap.html ;
- https://www.websiteplanet.com/fr/webtools/sitemap-validator/ ;
- https://webmaster.yandex.com/tools/sitemap/?tab=url.

La qualité du code source

De nombreux points sont à aborder lorsque nous vérifions la qualité des codes sources d'un site.

- Vérifiez si votre code est bien valide W3C (HTML et CSS) via le site http://validator.w3.org pour le code HTML ou avec http://jigsaw.w3.org/css-validator/ pour le CSS.

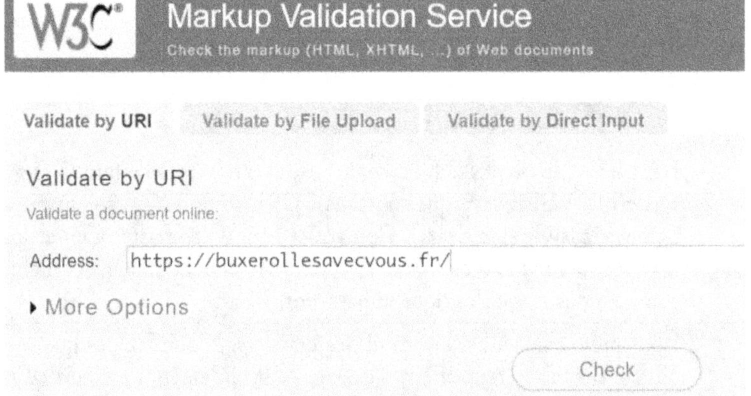

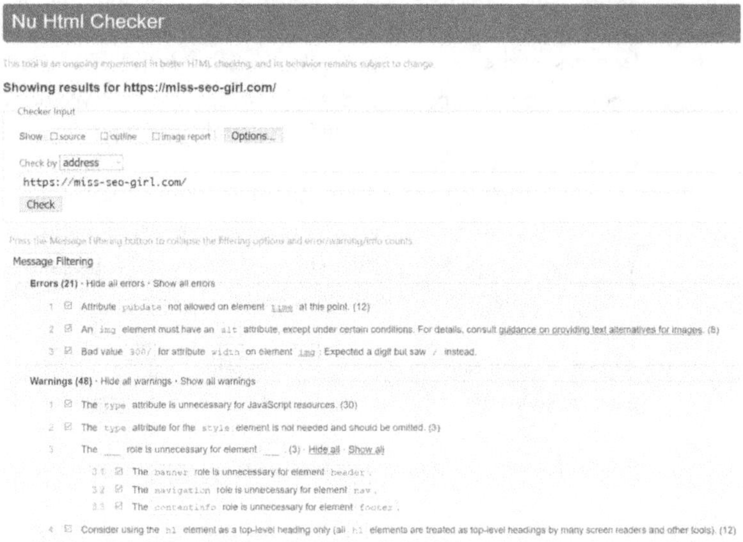

Figure 5–7
Des erreurs ont été trouvées et devront
être corrigées pour améliorer le site web.

Figure 5–8
Exemple de résolutions pour
des erreurs de CSS

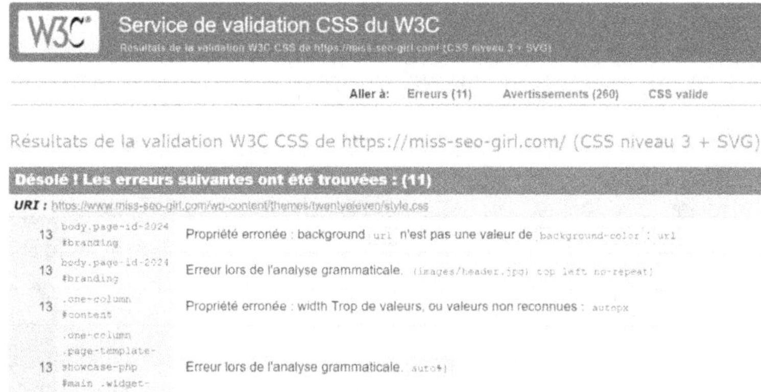

- Vérifiez l'encodage des caractères. Ce critère est important pour assurer un bon affichage partout dans le monde et sur tous les navigateurs (de préférence, optez pour l'UTF-8 car il contient tous les caractères mondiaux dont les kanjis asiatiques et surtout parce que la plupart des outils internationaux tels que les webmails ou les plug-ins sont basés sur cet encodage en Unicode).

Vérifier l'encodage des caractères

Pour contrôler l'encodage, dans le code source, cherchez la balise `<meta charset="UTF-8"/>` en HTML 5 ou `<meta content="text/html; charset=UTF-8" http-equiv="content-type"/>` en xHTML (ou HTML 4). Sinon, sachez qu'il peut être indiqué uniquement à l'aide d'un fichier `.htaccess` ou via une fonction PHP. Il convient de vérifier les en-têtes HTTP dans ce cas…

- Vérifiez que les balises `<title>` (longueur, optimisation, nombre d'occurrences des mots-clés…) et les métadonnées (balises meta `description` voire `keywords`) sont remplies, soignées et différentes sur toutes les pages du site.

- Vérifiez éventuellement que des balises `meta robots` (avec des valeurs telles que `noindex, nofollow` ou `noindex, follow`) sont bien utilisées, notamment si un fichier `robots.txt` vient à manquer. En revanche, sachez que les valeurs `index, follow` sont tout bonnement inutiles et peuvent même avoir un impact un peu négatif sur le site (surcharge de la page, augmentation du temps de lecture par les robots et les serveurs, ligne supplémentaire qui va repousser un peu plus les contenus vers le bas du code…).

- Vérifiez que votre fichier CSS est appelé dans votre code source et que votre style CSS n'est pas présent directement dans le code (autour de balises `<style>`...`</style>`), cela diminue les performances de chargement.

- Attention car beaucoup d'extensions présentes dans des CMS tels que WordPress rentrent dynamiquement du style en « dur » dans le code. Il convient idéalement d'avoir le moins possible de fichiers CSS mais surtout de nettoyer tous ces codes en les implantant dans le fichier CSS principal. Cela demande parfois un peu de temps et de technique mais le gain en performances est important et ne doit pas être négligé.

Figure 5–9
Implantation d'une feuille de styles CSS

```
<link href="style.css" rel="stylesheet" type="text/css" />
```

- Externalisez au maximum les codes en JavaScript comme pour le CSS. En effet, ces codes, souvent conséquents, ralentissent la lecture par les serveurs et les robots. Ils nuisent aussi à la lisibilité du code source et doivent être placés dans des fichiers externes appelés via les balises suivantes :

```
<script href="URL_script/fichier.js" type="application/JavaScript"> </script>
```

D'une manière générale, analysez votre code source pour vous assurez qu'il est propre et structuré, et que les robots n'auront aucun mal à le lire et à comprendre l'entièreté du code lors du crawl.

Beaucoup de spécialistes ne sont pas des techniciens dans l'âme et omettent les facteurs liés au code source mais ils représentent la base du référencement en réalité. N'oublions pas qu'avant de lire les contenus des pages web, les robots lisent tout d'abord des fichiers techniques (`robots.txt` et `.htaccess` notamment, voire `cache.manifest` parfois) et du code. Il faut donc les optimiser au maximum pour éviter des risques éventuels de sanctions ou de mauvaise interprétation du code.

En outre, retenons que tous les efforts fournis pour améliorer l'aspect technique des sites auront également un impact du côté des serveurs et donc pour le confort des utilisateurs, au-delà même du sérieux que cela peut dégager auprès des internautes expérimentés.

Enfin, un code propre assure une certaine stabilité sur les différents navigateurs. Il n'est pas rare de voir des sites bien codés qui n'ont pas besoin de CSS spécifiques pour Internet Explorer, par exemple, sans pour autant être mal affichés sur les anciens navigateurs…

Les URL

Pour améliorer la compréhension de vos URL par les moteurs de recherche, il est important de disposer d'adresses relativement simples, munies de quelques mots-clés, faciles à retenir, etc. Il n'est pas évident d'utiliser une adresse avec des dizaines de chiffres et lettres, par exemple, ou de mémoriser des URL infinies. Pour les utilisateurs, une adresse bien construite sera plus facilement enregistrée et attirera davantage l'attention le jour où elle se représentera devant eux. Ne négligez jamais l'expérience utilisateur, elle doit être constamment améliorée même si notre objectif est d'optimiser notre référencement.

Figure 5–10
Exact Match Domain quasi impossible à mémoriser

www.bureaudetude-renovation-maison-**bati2000**-construction-86.com/

Attention aussi aux caractères spéciaux, aux accents et aux identifiants de session qui nuisent à la bonne lecture, compréhension et indexation des adresses web. Les URL doivent être claires et représentatives des pages web visitées et concernées.

Dans certains cas, il convient de procéder à de la réécriture d'URL pour obtenir des URL propres et simples à retenir *(URL SEO Friendly)*. Nous avons vu auparavant que la technique n'est pas aisée et demande beaucoup d'efforts, donc il est recommandé de prendre en compte ce facteur dès la création du site et de chaque page. Un site qui est parti du mauvais pied aura bien du mal à rattraper son retard si la réécriture n'a pas été bien pensée voire si elle a été omise lors de l'élaboration du cahier des charges.

Compatibilité de votre site

Lors d'un audit technique, il faut impérativement vérifier la compatibilité des sites avec les divers navigateurs du marché (Chrome, Firefox, Internet Explorer en plusieurs versions, Safari, Opera voire Konqueror), avec plusieurs systèmes d'exploitation mais aussi sur différents terminaux (PC ou Mac, consoles de jeux connectées, mobiles et tablettes). Ces vérifications ne demandent pas nécessairement beaucoup de temps mais sont importantes.

Pour l'anecdote, il est arrivé plusieurs fois que des boutiques en ligne fonctionnent parfaitement sur Chrome et Firefox mais que des erreurs de code JavaScript bloquent totalement l'accès aux fiches produits et au panier de commande sur différentes versions d'Internet Explorer. Au-delà même de l'impact extrêmement négatif sur les internautes et sur les ventes, cela montre bien que le code peut s'avérer bloquant pour les crawlers…

Figure 5–11
Test du blog.internet-formation.fr sur un iPhone 3 au format paysage

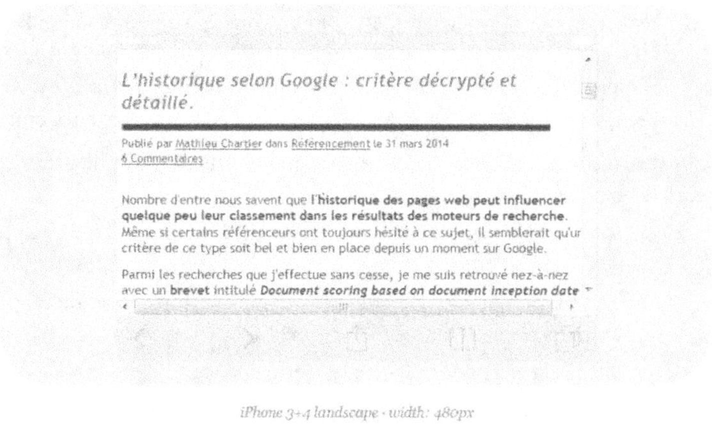

Quelques outils pratiques permettent de vérifier la compatibilité des sites web sur des plates-formes diverses :

- Browser Shots (source : http://browsershots.org/) pour tester votre site sous divers navigateurs (ou versions) ;
- IETester, Utilu IE Collection (source : http://goo.gl/3Ubj0A), NetRenderer (source : www.netrenderer.com) ou les outils de développement de Microsoft Edge pour vérifier la compatibilité d'un site sur plusieurs versions d'Internet Explorer ;
- Responsinator (source : www.responsinator.com), l'extension Mobilizer de Google Chrome ou les outils de développement des navigateurs pour vérifier le rendu sur les mobiles et les tablettes voire MobiReady (source : https://ready.mobi) pour analyser la qualité du site sur les supports mobiles.

Qualité mobile et design UX

Le mobile est au centre du débat qui concerne les moteurs de recherche depuis quelques années. Plus qu'un effet de mode, c'est réellement devenu un enjeu et il n'est plus possible de proposer des apps ou sites mobiles non optimisés pour les moteurs de recherche. Le courant du design UX va dans cette logique, car son objectif est de concentrer les efforts sur les utilisateurs (UX désignant *User eXperience*) et nous savons que les moteurs de recherche comme Google cherchent à évaluer et valoriser la qualité proposée aux visiteurs.

De ce fait, il est inévitable de penser à de nombreuses optimisations pour mesurer l'efficacité de votre site web sur mobile, que ce soit en termes de navigation (menus, boutons, liens et fonctionnalités avec les doigts ou un stylet) ou de performance (rapidité de chargement, mise en cache, fonctionnalités proposées). Si les sites web sont aujourd'hui en majorité adaptés aux supports mobiles, beaucoup d'entre eux ne sont pas réellement optimisés pour les utilisateurs. Cela fait froid dans le dos quand on sait les efforts consentis pour adapter les maquettes graphiques à tous les supports, mais cela ne suffit plus.

Rappelons que des moteurs comme Google ciblent essentiellement la vitesse et la sécurité comme des facteurs majeurs pour leur index Mobile First, sans oublier des critères de positionnement déjà existants bien entendu. L'enjeu des moteurs de recherche est de réduire le gaspillage de bande passante et d'accélérer les sites web sur mobile, tout simplement parce que de nombreux pays ne bénéficient pas de connexions mobiles rapides.

Nous avons vu dans le deuxième chapitre de cet ouvrage moult optimisations possibles, comme l'accélération du chargement du DOM et CSSOM, l'optimisation avancée des images, la réduction du nombre de requêtes pour le navigateur, etc. Nous avons également évoqué le projet AMP qui vise à booster considérablement les sites mobiles, ou encore les Progressive Web Apps qui constituent une nouvelle génération d'applications mobiles légères et facilement maintenables. C'est ce vers quoi vous devez vous tourner petit à petit, vers cette excellence de performance pour convenir à l'avenir des moteurs de recherche.

Lorsque vous auditez un site web mobile, vous devez donc utiliser conjointement plusieurs outils pour vérifier ses réelles performances :

- test ergonomique pour site mobile de Google (source : https://search.google.com/test/mobile-friendly) ou *Audit pages for mobile compatibility* de Yandex Webmaster ;
- TestMySite de Google pour mesurer les performances de rapidité du site, mais aussi le taux potentiel de visiteurs perdus (source : https://www.thinkwithgoogle.com/intl/fr-fr/feature/testmysite/) ;
- WebPageTest pour vérifier les performances du site mobile (source : https://www.webpagetest.org) ;
- PageSpeed Insights de Google (source : https://goo.gl/dzDDdF), GTMetrix (source : https://gtmetrix.com) ou équivalents comme Yslow (source : http://yslow.org) ;

- outils de développement pour des navigateurs comme Google Chrome ou Mozilla Firefox pour suivre les activités sur des connexions lentes notamment ;
- test d'expérience utilisateur (*eye tracking*, suivi des clics et des frappes sur l'écran, test de menus…) comme UsabilityHub (source : https://usabilityhub.com), UserTesting (source : https://www.usertesting.com), Applause Testing (source : https://www.applause.com), InVision App (source : https://www.invisionapp.com) ou encore ContentSquare (source : https://contentsquare.com/fr/) ;
- émulation de mobile comme BlueStack (source : https://www.bluestacks.com/fr/), Nox (https://fr.bignox.com), Memu (https://www.memuplay.com/fr/), GenyMotion (source : https://www.genymotion.com), Andy OS (source : https://www.andyroid.net), Moby.ready (source : https://ready.mobi) ou encore Xamarin pour Mac (source : https://www.xamarin.com).

N'hésitez pas à utiliser plusieurs outils pour de mêmes batteries de test car ils ont tous des qualités, mais aussi des limites. Il est préférable de comparer les performances d'un site avec plusieurs outils pour s'assurer de bons résultats. Et surtout, ne prenez pas toujours au pied de la lettre la note fournie par GT Metrix ou PageSpeed Insights par exemple ; c'est davantage l'ensemble des optimisations qui a de la valeur pour l'utilisateur, pas la note ultime de 100/100…

Les erreurs 404 et leur page dédiée

Il est conseillé d'avoir une page 404 optimisée pour le référencement (avec des liens vers d'autres pages), travaillée pour l'internaute (avec des indications pour ne pas abandonner sa visite et aux couleurs de votre entreprise. La page d'erreur classique a tout ce qu'il faut pour rebuter les visiteurs et faire perdre toute crédibilité à un site web.

Une page d'erreur personnalisée devient au contraire une vraie arme en matière de webmarketing dans laquelle des offres spécifiques peuvent être sporadiquement proposées ou des contenus uniques peuvent être intégrés.

Figure 5–12
Page 404 de Blue Fountain Media
et son jeu Pacman

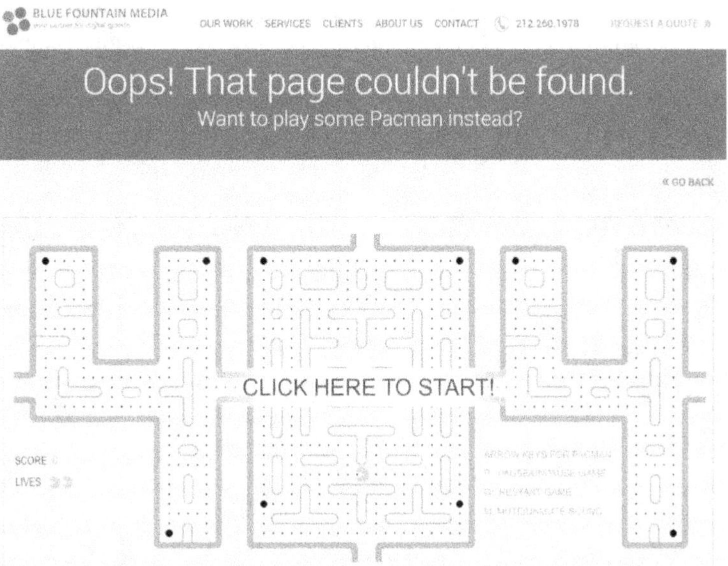

Les liens cassés ou mal remplis impliquent des erreurs 404. Elles sont très néfastes pour le référencement, envoient un mauvais signal aux moteurs et génèrent un inconfort dans la navigation des internautes voire une frustration dans l'expérience utilisateur. Vous pouvez et vous devez absolument toutes les réparer au risque de pénaliser votre notoriété et votre travail d'optimisation.

Pour savoir si votre site contient des pages d'erreurs 404, vous pouvez lancer un scan avec les logiciels gratuits Xenu (source : http://goo.gl/bHnhfl), BeamUsUp (source : http://bit.ly/2uGtk7J) et Linkexaminer (source : http://goo.gl/ah6zlX) ou analyser votre *linking* interne via la Google Search Console, le Bing Webmaster Center ou Yandex Webmaster.

Figure 5–13
Analyse des erreurs de crawl dans un site
avec la Google Search Console

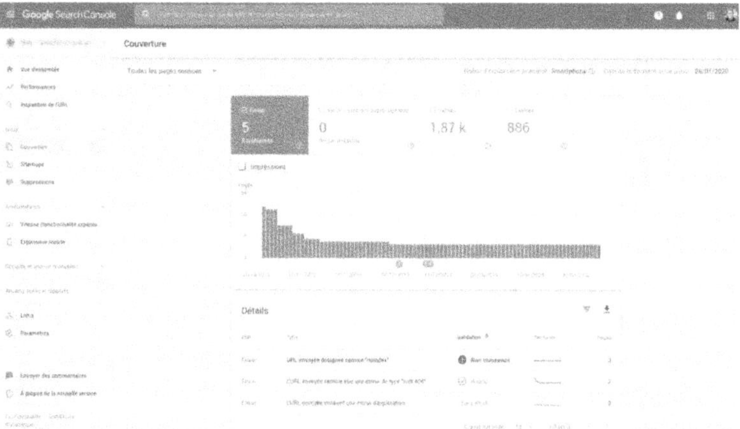

L'utilisation de Xenu n'est pas toujours aisée mais le suivi des liens cassés reste cependant assez simple. Le crawler n'étant pas parfait, il peut arriver que des liens rompus soient indiqués à tort, il convient donc de bien vérifier si les erreurs sont réellement effectives via les fenêtres dédiées à cet effet (elles permettent d'indiquer dans quelles pages les erreurs 404 ont été trouvées). Pour cela, cliquez droit sur une URL erronée et afficher les *URL properties* pour obtenir des informations complémentaires.

Figure 5–14
Erreurs trouvées et décrites avec Xenu

Figure 5–15
Suivi des URL contenant
des erreurs 404 potentielles

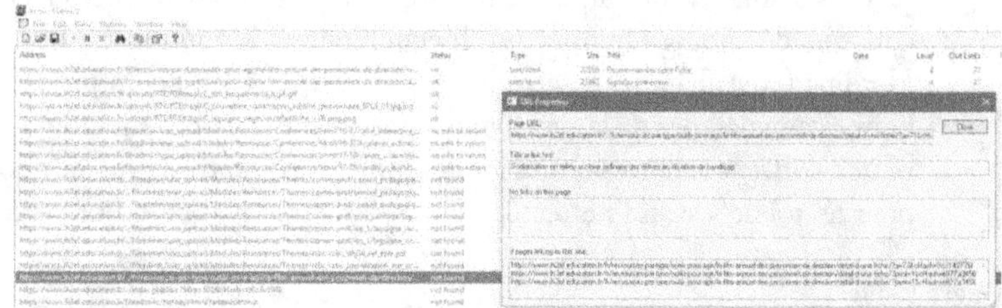

Dans le même esprit que Xenu, l'outil BeamUsUp, en plus de faire un audit de contenu plutôt qualitatif, permet de retourner le statut de connexion à une page. Veillez à bien configurer le crawler selon vos besoins (crawl des sous-domaines, du `robots.txt` ou non, etc.) puis cliquez sur les boutons *Show all URLs found* ou *Show all filtered URLs* pour obtenir des informations détaillées, ou directement sur le lien *Links.broken* comme le montre la capture suivante.

Figure 5–16
Suivi des statuts de connexion
à une page (404, 200, 500…)

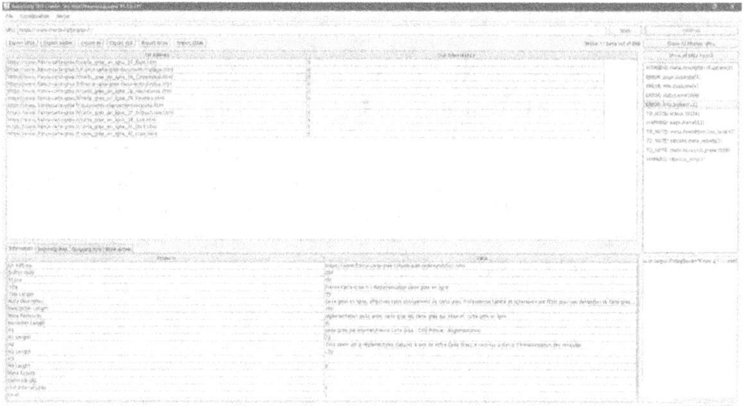

Hiérarchisation et structure interne

La structure d'un site web est très importante pour éviter aux internautes de se perdre et pour améliorer l'expérience utilisateur. Comme pour les visiteurs, les robots profitent également du soin apporté à la hiérarchisation interne des documents car l'ensemble permet d'améliorer l'indexation et la compréhension globale des sites. Il est primordial d'utiliser des intitulés de répertoires clairs et compréhensibles, de bien classer les documents et de disposer d'une structure optimisée pour l'utilisateur et SEO Friendly.

Pour se faire une idée d'une bonne structure, il faut analyser le nombre de clics nécessaires avant d'arriver à l'information recherchée. Si ce nombre est trop élevé, cela signifie que le niveau de profondeur est trop important, tandis qu'une architecture adaptée impliquera seulement deux ou trois clics pour arriver aux données. Globalement, les pages les plus importantes doivent être accessibles dès la page d'accueil, puis le site déroule des sous-menus en fonction des besoins. Pour les cas exceptionnels pour lesquels les sites web sont vastes et possèdent un haut niveau de profondeur, la présence d'un moteur de recherche interne s'impose pour contourner les petites lacunes de l'architecture interne. Toutefois, cela s'avère pratique pour les utilisateurs mais ne rendra pas service pour autant aux robots d'indexation. C'est pourquoi, la meilleure solution à envisager consiste à retravailler la structure interne.

Si vous souhaitez optimiser la hiérarchisation des documents et l'architecture interne, il faut penser aux concepts de siloing (architecture hiérarchique et ergonomique des contenus dans un site web) ou de Bot Herding (voir chapitre 2, section « Optimiser le Rank Sculpting et le Bot Herding ») mais aussi avoir une bonne connaissance de la typologie des accès sur la Toile. En effet, quel que soit le site web, plusieurs possibilités s'offrent à nous pour créer des structures internes plus ou moins qualitatives. La meilleure solution pour les robots est très nettement l'accès direct (le plus commun de nos jours).

Figure 5–17

Exemples de types d'accès et de structures internes pour des sites web

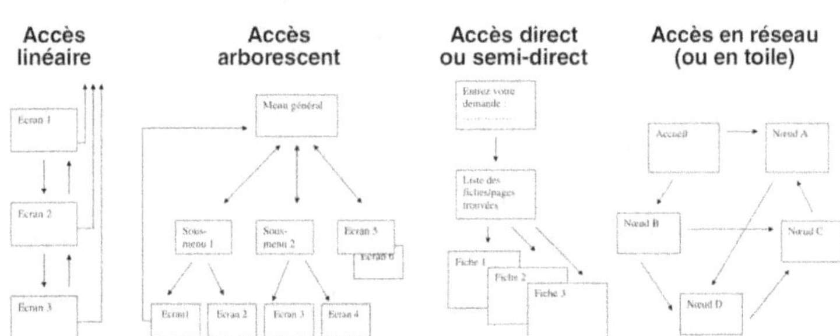

Attention à la tendance du smooth scrolling

La grande tendance est d'utiliser la technique du *smooth scrolling* pour réaliser des « pages infinies » dynamiques. Dans les faits, cela est représenté par des pages longues coupées en sous-parties accessibles par des liens, à la manière des ancres nommées en HTML, mais avec des effets JavaScript pour avoir un rendu plus actuel. En effet, il suffit de cliquer sur un lien pour être amené dans la zone spécifique de la page. Certes, c'est très pratique et très agréable pour l'utilisateur mais en matière de référencement, tous les mots-clés sont noyés et, surtout, une seule et, unique page est indexée et positionnée, cela peut donc s'avérer catastrophique.

Fil d'Ariane

Le fil d'Ariane permet de visualiser le fil conducteur qui a mené vers chaque page d'un site en présentant des listes de liens. Il améliore l'accessibilité, la navigation et le maillage interne de votre site et permet également à l'utilisateur de savoir à tout moment où il se trouve et comment il pourrait procéder pour remonter d'un ou plusieurs niveaux dans le site.

Le fil d'Ariane est une vraie arme pour l'indexation et le maillage interne mais si votre site est très peu profond, il peut en effet être omis, c'est d'ailleurs un cas courant. Idéalement, retenons qu'il est préférable d'utiliser ce type de procédé pour aider les visiteurs mais aussi pour améliorer considérablement le crawl au sein des pages web lues par les robots.

Figure 5–18

Exemple du fil d'Ariane du site www.service-public.fr

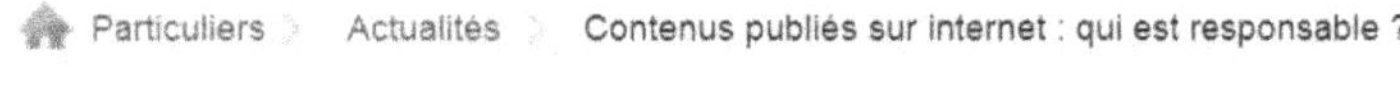

Publicité et pop-ups

Comme nous l'avons évoqué précédemment, les publicités ne sont pas interdites dans les sites web, loin de là, mais il faut veiller à tout prix à ce qu'elles ne soient pas placées en trop grand nombre au-dessus de la ligne de flottaison. Si vous avez besoin d'insérer des publicités dans des pages web, répartissez-les sur l'ensemble de l'espace disponible dans la page web afin d'éviter une sanction causée par Google Page Layout, par exemple.

Attention également aux publicités sous forme de pop-ups, qui nuisent fortement à la bonne expérience utilisateur. Google ne semble pas encore pénaliser ce type d'annonce mais cela ne saurait tarder si les abus continuent en ce sens.

Lors d'un audit SEO, nous devons analyser la présence massive ou réduite de publicités dans les pages, mais aussi les types de publicités employés afin de déterminer le degré de gêne imposé aux moteurs et aux usagers. En général, il est donc important de placer vos publicités et pop-ups avec modération et de façon stratégique.

Logo cliquable

Un des principaux critères mis en avant par la norme ISO 9241-11 en ergonomie est d'avoir un logo cliquable en toute circonstance. En effet, les visiteurs sont habitués à cliquer sur les logos pour revenir vers l'accueil, parfois même en parallèle d'un lien vers la première page d'ailleurs. Les grands ergonomes du Web tels que Scapin et Bastien ou encore Jakob Nielsen ont toujours été désireux de faciliter la navigation web en forçant les créateurs de site à opter pour les habitudes des utilisateurs et ils ont certainement raison.

Il faut savoir que Google ne lit qu'une seule fois un lien pointant vers une même page au sein des pages web. Dans ce cas, si vous possédez un lien vers la page d'accueil derrière le logo et un ou deux autres plus loin dans la page (dans un menu principal et un menu de bas de page, par exemple), c'est le premier qui sera pris en compte. Avouons que nous avons beaucoup plus de chances d'optimiser un lien dans un logo avec des mots-clés forts que le lien classique Accueil dont l'ancre a peu de valeur pour le SEO...

Techniquement, il existe plusieurs méthodes valides pour rendre cliquable un logo, chacun se fera son opinion sur celle qui lui semble la plus adéquate car les avis divergent.

- Mettre une image avec un attribut `alt` optimisé au sein d'un lien (avec parfois un `<h1>` également) comme ceci :

```
<a href="index.html"><img src="super-logo.png" alt="MOTS-CLÉS" /></a>
<h1><a href="index.html"><img src="super-logo.png" alt="MOTS-CLÉS" /></a></h1>
```

- Profiter d'un `<h1>` contenant un lien classique et passer l'image de fond en background via CSS. Cette technique est parfois critiquée mais s'avère pourtant tout aussi intéressante que la première, elle est juste un peu plus technique puisqu'il faut ajouter un `<span>` à l'intérieur du lien pour cacher le texte placé devant l'image :
  - HTML :

```
<h1><a href="index.html"><span>MOTS-CLÉS</span></a></h1>
```

  - CSS :

```
h1 a {
    background:url(super-logo.png) no-repeat;
    width:50px;
```

```
        height:50px;
        display:block;
    }
    h1 a span {
        display:none;
    }
```

Contrairement aux idées préconçues, le `display:none;` n'est pas un frein au référencement ici et n'empêche pas les robots de lire les mots-clés. Cette technique devient un problème quand des abus sont réalisés (trop de texte dissimulé), comme le prouve le brevet anti-spamdexing de Google (source : http://goo.gl/ghoMjz). Vous pouvez donc utiliser l'une ou l'autre des techniques selon vos préférences et vos aptitudes techniques, le plus important est de bien remplir le texte du logo ou l'attribut `alt` avec des mots-clés valorisants, au même titre que les balises `<title>` en quelque sorte.

Pour les personnes qui aiment les fonctions en tous genres, voici une courte fonction en PHP qui permet d'afficher dynamiquement le logo en image ou en texte, avec ou sans balise `<h1>`. Il suffit de remplir les quelques paramètres pour que la fonction ajoute automatiquement le code HTML.

```php
// addLogo('MOTS CLES', 'URL_ACCUEIL', array(true/false, 'URL_IMAGE'), true/false)
function addLogo($keywords = '', $url = '', $img = array(false, ''), $h1 = true) {
    // Ajout du logo en image ou en texte
    if($img[0] == true) {
        $logo = '<a href="'.$url.'"><img src="'.$img[1].'" alt="'.$keywords.'" /></a>';
    } else {
        $logo = '<a href="'.$url.'"><span>'.$keywords.'</span></a>';
    }
    // Ajoute automatiquement le <h1> si désiré
    if($h1 == true) {
        $logo = preg_replace('#('.$logo.')#iU', '<h1>$1</h1>', $logo);
    }
    // Retourne le résultat
    echo $logo;
}
// Exemple d'usage avec un lien textuel avec <h1>
addLogo('Mots-clés du titre', 'http://www.site.com');
```


Favicon

Un autre critère intéressant est l'icône de favori (souvent appelée « favicon »). Si elle n'influe pas directement sur le référencement, son impact est non négligeable pour l'expérience utilisateur mais aussi en termes d'image de marque et de crédibilité.

La favicon est une toute petite icône qui reprend généralement le visuel du logo du site, qui attire le regard des internautes et influence favorablement le taux de clics (car elle peut être affichée dans plusieurs endroits sur la Toile ou dans des outils).

La favicon peut prendre deux tailles différentes : 16 × 16 ou 32 × 32 pixels. Il peut s'agir d'une icône au sens propre (avec l'extension .ico) ou une petite image carrée dans un autre format. Il convient juste de veiller à modifier le type MIME indiqué dans la balise `<link />` qui permet de l'insérer.

Voici deux exemples de balises `<link />` spécifiques pour ajouter une favicon :

```
<link rel="shortcut icon" href="favicon.ico" type="image/x-icon" />
<link rel="shortcut icon" href="favicon.png" type="image/png" />
```

Prendre garde aux compatibilités

L'extension .ico est compatible sur tous les navigateurs, contrairement à l'extension .png, par exemple, qui ne fonctionne pas sur Internet Explorer.

Rich snippets

Les rich snippets (microdonnées, microformats ou RDF…) sont de plus en plus importants pour le SEO. Non pas que leur impact soit reconnu en matière de positionnement, leur avantage est d'ajouter de la sémantique dans les codes sources, d'améliorer l'accessibilité des sites web mais aussi d'ajouter parfois des indications dans les SERP afin d'être mieux repéré par les visiteurs. N'hésitez pas à les utiliser, Google vous remerciera en quelque sorte… Les rich snippets apportent plus de visibilité dans les SERP et donc éventuellement plus de trafic. Dans le pire des cas, c'est le taux de clics qui doit être affecté, ce n'est donc pas un mal. Nous avons détaillé ce point au chapitre 1 (voir sections « Maîtriser les rich snippets » et « Outils d'aide au balisage des extraits de code enrichis »), nous n'allons donc pas revenir dessus ici. Mais rappelez-vous que vous pouvez tester vos codes sémantiques via l'outil de test des données structurées (source : http://goo.gl/yUNdPM).

Figure 5–19
Test des rich snippets
avec l'outil dédié

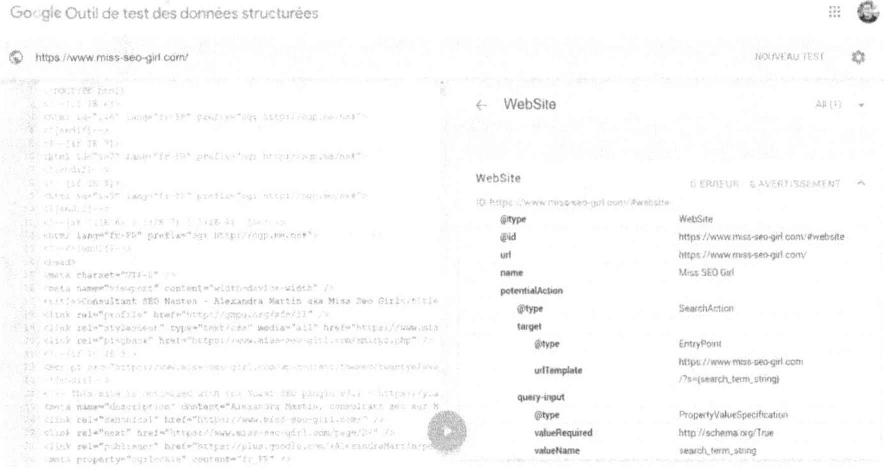

Hébergements et serveurs

Hébergement web

Le choix de l'hébergement est primordial, que ce soit pour le SEO comme pour la survie du site dans le temps. En effet, selon le projet, il convient d'adapter l'hébergement au trafic réel afin de ne pas avoir de problèmes de latence, de sécurité ou autres.

Par exemple, un serveur mutualisé de petite ou moyenne gamme supportera difficilement un projet e-commerce avec plusieurs milliers de visiteurs par jour. Dans ce cas, il vaudrait mieux opter pour un serveur dédié ou une solution haute disponibilité. En contrepartie, un site de présentation de quelques pages ne nécessite pas du tout l'usage d'un serveur dédié, bien plus coûteux, alors que le nombre de visiteurs reste relativement faible en général. Chaque site doit s'adapter à la réalité, il ne sert à rien d'avoir une machine de course pour un site de dix pages, mais si le trafic est important, des solutions plus puissantes conviendront mieux.

Sur le plan fonctionnel et technique, il ne fait aucun doute que les serveurs dédiés sont bien meilleurs, sans oublier les solutions *cloud* qui permettent d'améliorer encore certains chargements de fichiers. Un serveur dédié apporte souvent plus de sécurité, de souplesse (options paramétrables contrairement aux hébergements mutualisés) et de stabilité, mais ces avantages ont un prix donc il faut toujours peser le pour et le contre.

En termes de référencement, il est plutôt conseillé de se diriger vers des solutions dédiées car elles améliorent les performances et évitent les risques de mutualisation avec des sites de spammeurs. Cela ne signifie pas pour autant que des sites hébergés sur des serveurs mutualisés ne peuvent pas être bien référencés, cela représente tout de même la très large majorité du marché et les résultats sont aussi au rendez-vous…

Localisation du serveur

La localisation du serveur correspond au lieu où se trouve le data center qui accueille votre machine, c'est-à-dire la « salle des machines » qui regroupe tous les ordinateurs et serveurs distants. En fonction du public visé et de la portée du site, il est préférable de choisir un serveur situé dans le pays principal concerné.

Généralement, le choix de la bonne localisation améliore quelque peu la crédibilité du site vis-à-vis des visiteurs et la prise en compte par des moteurs de recherche locaux (google.fr, par exemple). Par conséquent, les résultats affichés dans les SERP sont liés au bon pays et permettent de toucher encore mieux le public cible.

Toutefois, il est parfois intéressant de jouer avec des adresses IP situées dans d'autres pays si l'extension du nom de domaine permet déjà de rattacher un site à un pays donné, la localisation du serveur a essentiellement un rôle pour les sites qui portent des extensions tels que les .com, .net, .org, .eu…

Emplacement du domaine

Sur les serveurs mutualisés, les sites web se comptent parfois par centaines voire par milliers et ils possèdent tous des adresses IP similaires (ou presque), ce qui signifie que sur une même machine, des sites valorisés ou de piètre qualité peuvent être confrontés. Indirectement, ce point risque peut-être d'amoindrir la confiance accordée par les moteurs de recherche.

Dans les faits, cela n'a jamais été vérifié et confirmé à 100 % par les diverses firmes, mais le doute est permis. Cependant, nous pouvons penser que les moteurs de recherche sont largement assez puissants pour distinguer des sites différents portant des adresses IP équivalentes sur des serveurs, notamment grâce aux noms de domaines attribués à chacun. Il est fort probable que les sites soient reconnus par leur nom de domaine et qu'en fonction de cela, les sites *spammy* soient sanctionnés lourdement sans que cela affecte les autres sites de l'hébergement mutualisé.

Si toutefois vous craignez des sanctions, optez pour un serveur dédié ou analysez les sites hébergés sur le même serveur que le vôtre. Pour ce faire, les outils suivants sont bien pratiques : ewhois.com, spyonweb.com ou Yougetsignal.com (source : http://goo.gl/IIf7CJ)...

Figure 5–20
Liste de sites hébergés
sur un même serveur

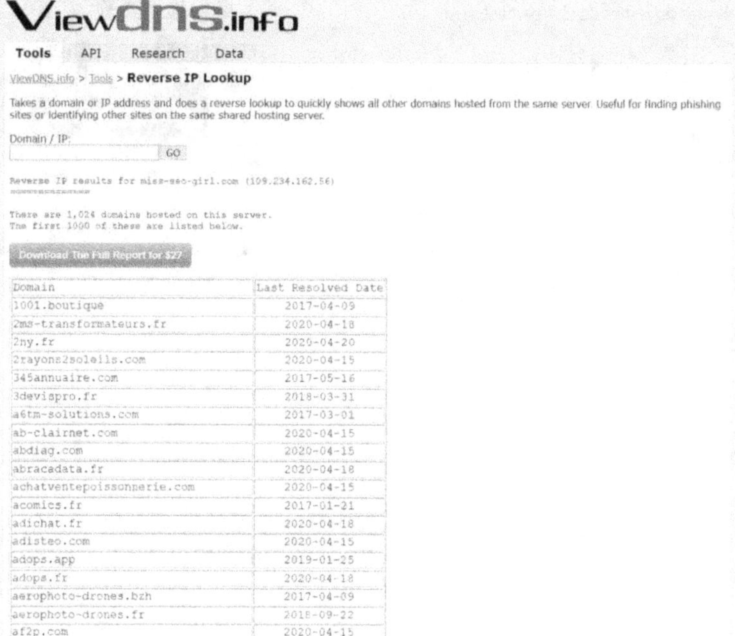

Temps de chargement du site
===

Le chargement du site correspond à la vitesse d'affichage des contenus des pages web. En général, plus un site est lent, plus l'internaute est susceptible de changer de site et de ne plus jamais revenir. Certaines études menées dans le domaine de l'e-commerce ont même tenté de démontrer que des sites trop lents pouvaient abaisser les ventes d'un tiers voire plus par seconde écoulée au chargement des pages, il convient donc d'être très vigilant sur ce point, au-delà même des aspects SEO.

De plus, les moteurs devront consacrer plus de temps pour lire, indexer et valoriser les sites web lents, ce qui n'est pas leur objectif premier. Il convient donc de minimiser au maximum ce temps de chargement pour les robots et surtout les internautes, notamment pour les personnes qui possèdent une connexion bas débit ou qui utilisent des terminaux mobiles connectés en Edge, par exemple.

Pour obtenir une estimation du temps de chargement des pages web, vous pouvez utiliser des outils en ligne tels que :

* Pingdom : http://goo.gl/9mwb23 ;
* GTmetrix : www.gtmetrix.com ;

- Neustar : http://goo.gl/sLW40M ;
- K6 (ex Load Impact) : k6.io ;
- Web Page Test : www.webpagetest.org ;
- Website Pulse : http://goo.gl/HkgZ3Z.

Vous pouvez aussi vous référer à l'outil PageSpeed Insights de Google (source : http://goo.gl/a5BZ75).

Figure 5–21
Mesure du temps de chargement
avec Pingdom

Gérer le sous-domaine www

Par défaut, un même site est généralement accessible à partir du domaine seul domaine.com et du sous-domaine www.domaine.com. Le problème de ce genre de pratique est que les moteurs peuvent considérer deux sites distincts si l'optimisation interne est mal adaptée. Il faut donc utiliser soit l'un ou soit l'autre et le faire comprendre aux moteurs de recherche.

Trois problèmes majeurs ressortent de ce doublon d'adresse.

- L'affichage aléatoire des URL avec ou sans www dans les résultats de recherche, ce qui n'est pas toujours un gage de sérieux et de confort pour les internautes. Il convient de faire des redirections 301 en conséquence pour indiquer aux robots quelle forme d'URL vous convient le mieux.
- Des doublons se multiplient et génèrent des contenus dupliqués sur le site (problème de DUST), notamment pour la page d'accueil comme le montrent ces exemples :
  - http://www.monsite.com et http://monsite.com ;
  - http://www.monsite.com/index.html ;
  - http://monsite.com/index.html.
- Division du ranking (PageRank, BrowseRank, etc.) pour les pages concernées à cause des doublons réalisés. Si des liens pointent vers les noms de domaines avec ou sans les www, cela impacte nécessairement la transmission du jus de liens.

Il existe aussi des hébergeurs qui ne mettent pas en place par défaut l'usage du sous-domaine avec www. Si cela n'est pas forcément un mal au premier abord, rappelez-vous que les internautes ont pris des habitudes depuis l'arrivée du Web et il est fortement recommandé en termes d'ergonomie et d'accessibilité de proposer l'accès au site par ce biais en plus de l'accès classique. Cela est très important, il faudra veiller à ne pas mélanger les URL comme nous l'avons indiqué précédemment. Pour contrer ces problématiques, l'usage de redirections permanentes (redirections 301) reste la meilleure solution et la plus simple à mettre en œuvre. Vous pouvez également utiliser la réécriture d'URL pour ce cas, elle s'avère même souvent plus intéressante pour favoriser le sous-domaine portant les www. Dans les deux cas, il suffit d'ajouter un fichier .htaccess contenant quelques lignes de code.

```
# Redirection permanente
RedirectPermanent / http://www.domaine.fr/

# Réécriture d'un domaine sans les www vers un site portant les www
Options +FollowSymlinks
RewriteEngine on
RewriteCond %{HTTP_HOST} ^domaine.fr$
RewriteRule ^(.*)http://www.domaine.fr/$1 [QSA,L,R=301]

# Réécriture d'un site portant les www vers un domaine sans les www
Options +FollowSymlinks
RewriteEngine on
RewriteCond %{HTTP_HOST} ^www.domaine.fr$
RewriteRule ^(.*)http://domaine.fr/$1 [QSA,L,R=301]
```

Si les fichiers .htaccess vous semblent complexes à utiliser, vous pouvez aussi opter pour une simple redirection 301 via un script en PHP placé dans la page d'accueil du site, comme ici :

```php
<?php
header("Status: 301 Moved Permanently", false, 301);
header("Location: http://www.domaine.fr");
exit();
?>
```

Audit de contenu

L'audit de contenu constitue la seconde partie majeure d'un audit SEO. Cette phase regroupe l'étude de l'ensemble des critères en rapport avec le contenu à forte valeur ajoutée. De nos jours, il est extrêmement difficile de positionner un site dénué de contenu ou possédant un contenu de faible qualité, il est important de proposer du texte riche et soigné dans la majorité des cas.

Par conséquent, si vous souhaitez plaire aux robots, apporter un minimum d'informations sur vos sites web et fidéliser votre communauté, il faut rédiger proprement, qualitativement et quantitativement en respectant les critères éditoriaux. Votre stratégie de rédaction doit être réfléchie à long terme et être adaptée pour chaque page de vos sites web, quel que soit le type de site réalisé (blog, e-commerce, site de présentation, outil en ligne…).

La balise <title>

La balise `<title>` demeure la plus importante en termes de contenu à optimiser. Elle fournit à la fois une description de la page web, des mots-clés aux moteurs de recherche mais incite aussi les internautes à cliquer sur votre lien dans les SERP. Comme nous l'avons déjà dit auparavant, il faut absolument travailler le contenu de cette balise page après page.

Dans cette étape de l'audit, notre rôle est de vérifier la présence de cette balise dans le `<head>`, et non de la balise `meta title` qui n'a aucun impact direct sur le positionnement (l'amalgame est souvent fait, il vaut mieux éviter de se tromper). Ensuite, il faut surveiller les rapports sémantiques entre les divers `<title>` et les pages concernées et enfin, veiller à ce que ces contenus soient assez optimisés pour améliorer le positionnement des pages. Ne négligez pas cette étape importante. Elle peut prendre du temps et demander parfois une veille concurrentielle voire une analyse des mots-clés utilisés dans les balises `<title>`.

La balise meta description

La balise `meta description` n'influe pas directement sur le positionnement d'un site web, mais elle est très importante pour les internautes car son contenu est affiché en dessous du lien proposé dans les résultats de recherche. La description sert donc en quelque sorte d'appât, elle doit correspondre à la thématique de la page et correspondre au contenu de la balise `<title>` de la page concernée, en étant plus détaillée bien entendu.

Argumentaire marketing ou commercial, la balise `meta description` doit inciter au clic, voire convertir le visiteur, mais également apporter une valeur ajoutée par rapport à la concurrence. Comme pour les titres de pages, l'audit SEO permet de vérifier leur présence et leur qualité d'optimisation en fonction des pages. N'omettons pas aussi de vérifier l'emplacement de la balise `meta description` dans le `<head>`. Elle est idéalement positionnée juste après les balises `<title>...</title>` et doit surtout être placée avant les balises `<script>...</script>` pour être validée à 100 % par le W3C.

L'utilisation des titres internes avec <hn> (<h1> à <h6>)

Les titres internes peuvent être créés en HTML sur six niveaux grâce aux balises `<h1>` à `<h6>`, souvent appelées `<hn>` par commodité. Elles organisent et hiérarchisent les contenus en titres, sous-titres...

Il est important d'avoir une bonne organisation dans les contenus proposés et ces balises sont parfaites pour cela. Ces indications permettent de faire comprendre aux internautes et aux moteurs de recherche la structure interne des contenus et d'améliorer l'expérience utilisateur en termes de lisibilité.

L'audit de contenu vise à vérifier plusieurs aspects liés aux balises `<hn>`.

* Les balises sont-elles présentes ou non dans les pages ?
* L'ordre hiérarchique des balises est-il respecté (`<h1>`, puis `<h2>`, puis `<h3>`...) ?
* Existe-t-il des omissions de balises de titres ? En effet, il ne serait pas intéressant de passer directement d'un `<h1>` à un `<h4>` par exemple, il faut respecter la logique sémantique.
* L'usage de ces balises peut-il être considéré comme du spam ? Par exemple, si une page concentre beaucoup trop de balises `<h1>`, les moteurs de recherche peuvent estimer qu'il s'agit de suroptimisation des contenus au point de sanctionner la page.

> **Nombre de balises <h1> autorisées en HTML 5**
>
> En HTML 5, le W3C autorise l'usage d'une balise <h1> pour chaque élément <article> présent dans une page, ce qui signifie que nombre de <h1> peuvent se retrouver au sein d'une même page. Google a appuyé le projet HTML 5 mais n'a pas encore confirmé une éventuelle tolérance dans ce cas, il faut donc rester vigilant jusqu'à nouvel ordre et se contenter d'un minimum de titres de premier niveau…

Sémantique et structure HTML

Étudier la sémantique et la structure HTML est primordial car les balises jouent un vrai rôle pour le positionnement comme nous venons de le voir. Il est important de bien vérifier si nos balises sont fermées, si elles respectent le type de document choisi ou encore si nous appliquons l'ordre logique du code. Par exemple, placer un <h1> après un <h4>, mettre une balise <p> au sein d'un titre de page et intégrer des balises block dans des balises inline, etc., sont autant de pratiques qui ne respectent pas la logique sémantique de l'HTML.

Nous allons étudier une fonction PHP qui permet d'analyser la structure interne des pages web afin de faire ressortir rapidement la hiérarchie sémantique et les balises HTML. Ainsi, nous pourrons rapidement vérifier si notre structure est correcte mais aussi si nos balises de structure sont fermées.

Il suffit de créer un fichier intitulé par exemple `hierarchie.php` dans lequel nous intégrons la fonction d'analyse suivante :

```php
<?php
// Fonction de vérification de la structure
// $titlemeta sert à afficher ou non les <title> et <meta> (true/false)
// $fermantes permet d'afficher ou non les balises fermantes (true/false)
function verifStructure($page, $tags, $titlemeta = true, $fermantes = true) {
// Ouverture du fichier en lecture seule
$ouverture = fopen($page,'r');

// Si l'ouverture fonctionne, on enregistre tout le contenu
if($ouverture) {
    while (!feof($ouverture)) {
        $texteTotal[] = fgets($ouverture);
    }
    $contenu = implode('', $texteTotal);

    // Fermeture du fichier
    fclose($ouverture);
}

// Conditionne l'affichage des balises fermantes ou non
if($fermantes == true) {
    $close = '[\/]?';
} else {
    $close = '';
}

// Analyse complète du contenu
preg_match_all("#(<".$close.".*>)#iU", $contenu, $tabTags);
```

```php
// On affiche les balises structurelles
foreach($tabTags[0] as $balise) {
    // Si nous voulons vérifier la présence des titres et meta
    if($titlemeta == true){
        if(preg_match("#<".$close."(title|meta)#iU", $balise)) {
            echo "<strong>".htmlspecialchars($balise)."</strong>";
            echo "<br/>\n";
        }
    }
    // Analyse les balises structurelles
    foreach($tags as $tag) {
        if(preg_match("#<".$close.$tag."#iU", $balise)) {
            if(preg_match("#<".$close."(p|h[1-6])#iU", $balise)) {
                echo '<div style="text-indent:1em; font-size:.9em">'.
                htmlspecialchars($balise)."</div>\n";
            } else {
                echo htmlspecialchars($balise);
                echo "<br/>\n";
            }
        }
    }
}
exit();
}
?>
```

Une fois le fichier créé, il suffit de lancer la fonction dans les fichiers que l'on souhaite analyser. Attention cependant, ces fichiers doivent porter l'extension PHP, la fonction ne pourra donc pas s'appliquer aux fichiers .html. Dans ce cas, il faudra renommer les fichiers HTML en `nom-fichier.php` afin d'effectuer le test.

Nous devons ajouter en début de fichier les lignes suivantes pour que cela fonctionne, en sachant que la liste des balises analysées et les paramètres peuvent être modifiés.

```php
<?php
// Inclusion de la fonction
include_once('hierarchie.php');
// Liste des balises structurelles à lire (xHTML et HTML 5 ici)
$tags = array('div', 'p', 'h1', 'h2', 'h3', 'h4', 'h5', 'h6', 'header', 'footer',
'aside', 'nav', 'section', 'article');
// Lancement de la fonction
verifStructure(basename(__FILE__), $tags, true, true);
?>
```

La fonction `verifStructure()` prend quatre paramètres dont deux optionnels :

- le premier argument est le fichier à lire par la fonction, il suffit d'écrire `basename(__FILE__)` pour que la fonction lise le fichier en cours de lecture ;
- le deuxième paramètre correspond à un tableau de données PHP qui comprend toutes les balises PHP que nous souhaitons analyser. Dans notre exemple, toutes les balises de structure HTML sont vérifiées, nous ne devrions donc pas avoir à modifier les données ;

- le troisième argument est un booléen qui permet de vérifier la présence des balises `<title>` et `<meta/>` (valeur `true`) ou non (valeur `false`) ;

- la dernière option est également un booléen qui permet d'afficher les balises fermantes (`true`) ou non (`false`).

Une fois le paramétrage effectué, il faut lancer la page à tester. Le résultat sera un affichage spécifique de la structure sémantique et technique de la page web (figure suivante).

Figure 5–22
Arborescence structurelle HTML
avec la fonction verifStructure()

```
<meta http-equiv="Content-Type" content="text/html; charset=utf-8">
<title>
</title>
<header>
  <h1>
  </h1>
  <h2>
  </h2>
</header>
<nav>
  <h2>
  </h2>
</nav>
<aside>
  <p>
  </p>
</aside>
<section>
<article>
  <h2>
  </h2>
  <p>
  </p>
</article>
<article>
  <h2>
  </h2>
  <p>
  </p>
</article>
<section>
<footer>
  <p>
  </p>
</footer>
```

Vérifier la structure HTML et le CSS

Il est important de bien vérifier la structure HTML, mais n'oubliez pas de vérifier aussi l'ergonomie mobile (comme indiqué dans la Google Search Console). Ce critère SEO datant du 21 avril 2015 n'est pas à exclure ; il convient de vérifier que les pages web sont bien structurées et fonctionnelles sur les supports mobiles également…

Il existe une autre alternative pour afficher la structure HTML des titres notamment, mais il faut passer par le module Web Developer pour Mozilla Firefox ou Google Chrome. Rendez-vous dans l'onglet *Infos* et cliquez sur *Plan du document* (ou *View document outline* en anglais) pour afficher en partie la structure hiérarchique en HTML. C'est moins complet que le programme présenté précédemment, mais plus simple d'accès si vous voulez gagner du temps.

Les contenus textuels

Les articles ou autres contenus apportent généralement la valeur ajoutée dans un site et constituent le point fondamental pour plaire aux internautes, fidéliser des visiteurs et augmenter son taux de conversion (ventes, contacts, inscriptions…).

Il convient donc de toujours se remettre en question pour améliorer au maximum les contenus internes qui attirent les visiteurs en quête d'informations. Vos articles doivent être soignés, structurés, de qualité et apporter une réelle valeur ajoutée pour l'internaute.

Gunning Fog Index (source : http://gunning-fog-index.com) est une mesure qui va vous permettre d'avoir une idée de la qualité, de la lisibilité et de la compréhension des contenus. Lors de la rédaction, nous n'employons pas les mêmes termes s'il s'agit d'un public d'adolescents, d'adultes ou de personnes spécialisées. Le service fournit un indice pour vous orienter dans la rédaction web afin que les textes s'approchent au plus près des attentes de votre cible.

L'indice Gunning Fog, issu du nom de son inventeur Robert Gunning, est un calcul mathématique qui correspond au nombre d'années de scolarité nécessaires pour réussir à lire et à comprendre un texte donné sans difficulté. De facto, un résultat élevé signifie qu'il s'agit d'un texte difficile pour un certain public, il faudra donc veiller à coller au maximum à votre cible.

La formule mathématique peut se décrypter ainsi : additionner le pourcentage des mots de plus de trois syllabes et le nombre moyen de mots par phrase, puis multiplier ce résultat par l'indice 0.4.

Figure 5–23
Formule de l'indice Gunning Fog

$$0.4 \left[\left(\frac{\text{words}}{\text{sentences}} \right) + 100 \left(\frac{\text{complex words}}{\text{words}} \right) \right]$$

La figure suivante montre comment interpréter les scores.

Figure 5–24
Table de l'indice Gunning Fog
Source : Sébastien Billard

GUNNING FOG	TYPE D'ÉCRIT
8-9	Littérature junior et ado, Paris Match, Elle
10-11	Télérama, Libération
14-15	Marcel Proust, Le Monde Diplomatique, L'Express
16-17	Rapports parlementaires
17-18	Article universitaire d'Olivier Ertzscheid
22 et plus	Directives européennes

À titre d'exemple, un hebdomadaire en kiosque est généralement d'un indice de 10-11 alors que les ouvrages de littérature ont un indice 14-15, et les ouvrages professionnels, universitaires ou textes légaux ont des indices entre 16 et 22, voire plus.

Figure 5–25
Indice Gunning Fog
de www.miss-seo-girl.com

Il faut idéalement écrire un minimum de signes par page pour que les textes aient un impact fort en matière de SEO mais aussi utiliser un vocable compréhensible à l'image de l'indice Gunning Fog. L'audit permet de tout analyser et de vérifier la qualité des contenus, (longueur et optimisation en rapport avec le thème traité).

Le Gunning Fog Index n'est pas le seul facteur qui peut être analysé pour mesurer la lisibilité d'un texte et sa compréhension par les publics cibles. Il est conseillé aussi de regarder les index SMOG (pour *Simplified Measure of Gobbledygook*), Coleman-Liau ou encore Flesch-Kincaid (le plus connu). D'autres méthodes permettent également d'obtenir de bonnes valeurs comme le graphique d'estimation Raygor, le framework Lexile, la formule « Easy Listining » (ELF), etc. L'idéal est de coupler plusieurs analyses de ces algorithmes aussi divers que variés pour mesurer la complexité des mots employés dans un texte (l'analyse se faisant généralement sur la longueur des mots, le nombre de phonèmes ou syllabes, la variété du vocabulaire…).

Il convient de récupérer les tables d'indexation de chaque unité de mesure pour savoir à quel niveau correspond le score obtenu après calcul. Par exemple, la figure suivante montre la table de l'index Flesch-Kincaid.

Des outils comme JoesWebTools (http://bit.ly/2RYBL6f), TextAlyzer (http://textalyser.net) ou Scolarius (http://bit.ly/38SQR4h, parfait pour les textes en français) permettent d'analyser plusieurs valeurs de lisibilité à la fois, grâce à différents algorithmes. C'est donc la méthode recommandée pour obtenir un résultat probant d'un seul tenant.

Figure 5–26
Formule de calcul et table
d'index Flesch-Kincaid

$$0.39 \left(\frac{\text{mots totaux}}{\text{phrases totales}} \right) + 11.8 \left(\frac{\text{syllabes totales}}{\text{mots totaux}} \right) - 15.59$$

Score	Niveau de lecture / Lisibilité	Niveau scolaire
100.00–90.00	Très facile à lire	Cours de primaire
90.0–80.0	Facile à lire	6ᵉ
80.0–70.0	Plutôt facile à lire	5ᵉ
70.0–60.0	Simple à lire	4ᵉ et 3ᵉ
60.0–50.0	Plutôt difficile à lire	Seconde à Terminale
50.0–30.0	Difficile à lire	Université ou Grande École
30.0–0.0	Très difficile à lire	Diplôme universitaire ou recherche

Figure 5–27
Test de plusieurs index de lisibilité
des contenus

Readability Tests

This tool does readability test on the input text and gives you various metrics:

- The Flesch-Kincaid reading ease score
- The Flesch-Kincaid grade level
- The Gunning Fog score
- The Coleman-Liau index
- The SMOG index
- The automated readability index

1. Enter the text

Text: Le compte Google SearchLiaison officiel a publié sur Twitter un communiqué pour expliquer les retours clients à propos du changement d\'interface de Google sur ordinateur. Si tout n\'est pas à jeter, les internautes ont beaucoup échangé au sujet de l\'icône présente dans les SERP, tout comme des choix de couleur qui rendent l\'ensemble plutôt terne. Google a entendu les remarques et se lancent dès à présent dans des phases d\'expérimentations pour mieux placer la favicon, etc.

Test for readability

2. Readability tests scores

The Flesch-Kincaid reading ease score is **42.8** (0 to 100, higher is best)

The Flesch-Kincaid grade level is **12.1th grade**

The Gunning Fog index is **14.2** (average is 12, lower is best)

The Coleman-Liau index is **13.6**

The SMOG index is **10.5**

The automated readability index is **11.8**

Choix et utilisation des mots-clés

L'audit lexical permet de faire ressortir un ensemble de mots et expressions clés liés à votre activité et qui sont saisis par les internautes sur les moteurs de recherche.

Les mots-clés doivent être utilisés au niveau des titres et descriptions de pages mais également au niveau de la structure sémantique (balises `<h1>`, `<h2>`, `<h3>`...) et du contenu (balises `<strong>`, attributs `alt`...).

Enfin, l'analyse textuelle doit aussi vérifier la densité des mots-clés dans les pages. Non pas que ce facteur ait un rôle pour le positionnement, l'objectif est ici de vérifier si des mots sont trop utilisés dans les pages au point de risquer des sanctions (ou d'être ignorés comme sur Google parfois en cas de spamdexing).

Longue traîne

La longue traîne *(Long Tail)* qualifie l'ensemble des mots et expressions clés qui sont recherchés en proportion réduite mais dont la somme des recherches peut dépasser celles des mots et expressions clés les plus recherchés.

En référencement, il ne faut pas se limiter à une liste précise de mots-clés mais proposer aussi ceux qui sont au cœur de l'activité principale et qui semblent pourtant secondaires. Le positionnement sur des mots génériques doit être utilisé avec parcimonie et ne peut pas suffire pour obtenir de bons résultats, notamment face à la concurrence montante des dernières années.

L'investissement n'est pas le même sur des mots-clés génériques que sur ceux de seconde classe, il est souvent plus intéressant de mixer les deux types de termes clés pour obtenir des résultats satisfaisants. L'audit de contenu doit justement mettre en exergue l'usage réfléchi et optimisé de la longue traîne (au contraire d'une longue traîne non travaillée et présente par défaut dans les pages).

Contenu dupliqué

S'il existe une chose que Google n'aime absolument pas, ce sont bien les contenus dupliqués, aussi bien dans les pages internes d'un site en doublon que plusieurs sites web différents composés de contenus plagiés. On parle alors de contenu dupliqué interne *(on site)* et externe *(off site)*.

Cela est d'autant plus vrai puisqu'en 2011, Google a mis en place le filtre Panda pour lutter contre ces contenus dupliqués et/ou de mauvaise qualité. Il est d'ailleurs actuellement greffé au processus d'indexation du moteur, toutes les pages visitées par les robots sont donc soumises au test anti-plagiat d'une certane manière.

Pour rappel, il convient d'utiliser avec maîtrise les attributs `rel="canonical"` (ou `rel="prev"` et `rel="suiv"`), des redirections via un fichier `.htaccess` ou des techniques de déréférencement (balises `meta robots`, fichier `robots.txt`...) pour contrer ce type de problèmes au maximum.

Pour vérifier le contenu dupliqué off site (ou le plagiat en d'autres termes), vous pouvez utiliser des outils tels que :

- Copyscape (source : http://goo.gl/6u1FPD) ;
- Plagiarism Checker (source : http://goo.gl/Ni3Wxp) ;
- Positeo, l'outil d'analyse de Dustball (source : http://goo.gl/WlSQHl) ;
- Plagium (source : http://www.plagium.com) ;
- KillDC de Linkomatic (source : http://goo.gl/oxEZz8).

Vous pouvez aussi tout simplement copier une phrase de votre contenu et la rechercher via les moteurs de recherche.

Prendre garde au spinning, aux parseurs et scrapeurs…

Attention aux contenus syndiqués ou générés par des processus considérés comme du Black Hat SEO. Nous pouvons notamment mentionner le *content spinning* (ou *spin*) dont les contenus sont souvent remplis de fautes d'orthographe et de grammaire, mais aussi la génération automatique des contenus à l'aide de parseurs PHP et XML.

Figure 5–28
Vérification des contenus plagiés
avec l'outil Plagium

Les contenus des médias

Pour illustrer vos articles, vous allez souvent faire appel à des médias (images, vidéos, fichiers PDF…). Soignez ces médias avec des titres, des descriptions uniques et intéressantes pour les moteurs de recherche et les internautes. Les légendes et textes alternatifs (attribut `alt` des images) ainsi que les contenus environnants ont un intérêt dans votre site.

Depuis HTML 5, il existe les balises `<figure>…</figure>` et `<figcaption>…</figcaption>` qui permettent d'encadrer un média dans le code et de lui ajouter une légende textuelle en plus du texte de remplacement. Ces balises ne sont pas compatibles sur les anciens navigateurs mais il existe des polyfills pour régler ce problème, en sachant que dans le pire des cas, la légende est affichée comme du texte classique s'il existe une incompatibilité. Si rien ne confirme encore que ces balises jouent un rôle en matière de référencement, nous pouvons penser que cela sera peut-être le cas un jour. Mais surtout, elles permettent d'ajouter un vrai contenu en relation avec les médias affichés et d'améliorer l'expérience et l'efficience pour les visiteurs.

Voici comment intégrer les nouvelles balises dans le code :

```
<figure>
    <img src="URL_IMAGE" alt="Logo SEO"/>
    <figcaption>Logo SEO</figcaption>
</figure>
```

Prenez garde aux poids des fichiers multimédias. S'ils sont trop lourds, cela influencera négativement le temps de chargement des pages et pourra rebuter les robots et les visiteurs. L'audit doit donc permettre de répondre à toutes ces interrogations facilement. Des outils tels que Firebug ou Web Developper sur Firefox, par exemple, permettent d'analyser rapidement le poids des fichiers multimédias, au même titre que les outils déjà présentés précédemment tels que GTMetrix et Google PageSpeed Insights.

Figure 5–29
Rendu des légendes HTML 5 alignées
par défaut

Fig.1 - Logo SEO.

La fréquence de mise à jour

Lorsque l'on administre un site web, la fréquence de mise à jour des contenus est très importante. En effet, les robots d'indexation passent plus souvent en fonction du nombre de mises à jour effectuées sur le site.

Cela influence également le FreshRank mis en place dès 2010 chez Google (source : http://goo.gl/swi1LJ). Cet algorithme souvent méconnu a pourtant un rôle à jouer dans les sites web. En effet, il permet de déterminer un score de fraîcheur des contenus au fur et à mesure des passages du robot selon plusieurs facteurs :

- le degré de mise à jour des contenus ;
- l'étude des requêtes les plus fréquemment tapées qui permettent de trouver les pages web (plus une page répond à des requêtes différentes, plus elle est considérée comme une page d'actualité pour Google) ;
- le nombre de liens entrants obtenus par les pages et leur fréquence d'apparition ;
- l'analyse des mises à jour des ancres pointant vers les pages ;
- la mesure du trafic obtenu par une page (si une page voit son trafic se réduire de plus en plus, cela est signe d'obsolescence et le score du FreshRank sera dévalué) ;
- l'étude des liens favoris *(bookmarks)* afin de déterminer le niveau d'intérêt des pages.

D'autres critères moins importants sont également mesurés pour le FreshRank et montrent à quel point un site mis à jour fréquemment peut avoir un réel impact sur le positionnement. Qui plus est, une bonne fréquence de mise à jour d'un site améliore considérablement son activité, sa vie et influence par conséquent sa notoriété, son trafic et sa crédibilité sur la durée.

Le maillage interne

Internet est le résultat de millions de pages s'interconnectant entre elles grâce aux liens. Votre site possède lui aussi un environnement de liens spécifique, il faut donc optimiser son maillage interne et sa stratégie de linking afin d'optimiser sa présence sur le Web. Les points suivants sont importants à analyser lors d'un audit SEO :

- maillage interne du site : il s'agit ici de connecter plusieurs pages entre elles grâce aux liens hypertextes. Au fur et à mesure que vous créez des liens pour envoyer vers une autre page de votre site, le maillage interne commence à se développer. Il est primordial de l'optimiser pour les robots d'indexation mais également pour les utilisateurs qui visitent et naviguent dans le site. Les pages les plus importantes de votre site (les plus stratégiques pour votre activité) doivent bénéficier d'un maximum de liens internes pour être encore plus valorisées auprès des moteurs de recherche ;
- nombre de liens par page : si vous avez trop de liens dans des pages, il se peut que les moteurs de recherche réduisent leur valeur ou les considèrent tout simplement comme du spam. Il faut donc limiter et minimiser le nombre de liens par page et vérifier leur pertinence ;

- gestion des `follow`/`nofollow` : il n'existe pas de ratio parfait, il convient juste d'avoir un profil de liens entrants qui semble naturel avec un mélange des deux types de liens hypertextes. Dans le maillage interne, les `nofollow` se font de plus en plus rares au sein des sites web en toute logique puisque Google a précisé qu'ils devaient essentiellement être utilisés dans le cas des liens pointant vers des pages d'administration et de connexion ou dans les commentaires de blogs, par exemple. Si trop de `nofollow` sont présents en interne, il faudra se poser la question de leur pertinence réelle… ;
- maîtrise des ancres de liens : ne répétez pas trop les mots-clés dans les ancres, essayez de diversifier vos ancres afin de créer un profil naturel de liens ;
- nombre de liens externes : lorsque vous mettez en place des liens externes pointant vers d'autres sites, il faut vous assurer de leur bonne qualité, utilité et quantité. En effet, un trop-plein de liens externes dilue le jus de liens assigné à la page cible et la popularité que vous lui transmettez. De plus, ceci peut être assimilé à du spam de liens si vos liens sont de faible qualité et trop nombreux.

Attention donc à vos contenus, ils doivent être bien rédigés, structurés et illustrés ! Prenez garde de ne pas suroptimiser en voulant trop bien faire (*keyword stuffing* par exemple) et pensez à l'essentiel : écrivez pour les internautes, pensez à apporter de la valeur ajoutée et à utiliser toutes les techniques d'optimisation de contenu avec modération.

Audit de popularité

Terminons notre audit SEO avec l'analyse de la popularité. Par « popularité », on entend aussi bien l'étude des backlinks (profil des liens) que la visibilité et la notoriété d'un site (e-réputation) ou d'une personne *(personal branding)* sur les réseaux sociaux.

Analyse des backlinks

Les backlinks correspondent à tous les liens entrants en provenance de divers sites. Chaque lien est considéré comme un « vote » pour les moteurs de recherche comme nous l'avons évoqué auparavant.

Plus une page reçoit de backlinks de qualité, plus elle est considérée comme populaire dans les résultats de recherche (notamment Google et Bing qui utilisent ce type de procédé). La difficulté est de qualifier ce qu'est un « bon lien », notamment depuis la mise à jour Google Penguin qui, rappelons-le, détecte et sanctionne les liens de mauvaise qualité, les réseaux de liens ou toute autre technique de manipulation du moteur (paidlinks, acquisition massive et rapide de liens…).

Il faut désormais privilégier la qualité des liens à leur quantité pour ne pas être pénalisé, voire mis sur la liste noire pour cause de spam.

Gardez en tête qu'un bon netlinking se construit sur le long terme et que cette popularité n'a de sens que si le profil des liens est naturel et assez réaliste. En effet, quel est l'intérêt de multiplier les liens entrants s'ils sont tous de piètre qualité ? Si aucun internaute ne nous trouve, cela signifie que tout ce travail n'est effectué qu'à des fins de référencement, mais un bon PageRank ne suffit pas si les contenus ne sont pas travaillés par exemple. Il faut donc avant tout penser aux utilisateurs (ou tout du moins au trafic que l'on veut gagner) et obtenir des liens valorisants à la fois pour le référencement et pour augmenter le nombre de visiteurs du site.

L'audit de liens permet de dessiner un profil de liens, afin de savoir si vous êtes « naturel » aux yeux des moteurs de recherche. Pour ce faire, il faut analyser plusieurs critères.

- Les sources des liens entrants :
  - Les backlinks proviennent-ils de sites de qualité ?
  - Combien de domaines différents ont mis en place des liens pointant vers votre site ?
- Les pages affectées par des liens entrants : le plus souvent il s'agit de la page d'accueil, mais une bonne stratégie de netlinking consiste à obtenir des liens vers les pages profondes les plus intéressantes afin d'optimiser tout le site et pas uniquement la première page…
- Le type de lien utilisé (texte, image…) : si vous pouvez choisir, évitez les liens en Flash, JavaScript ou passant des redirections. Il faut essentiellement obtenir des liens en dur (en HTML, cela se traduit par les classiques balises `<a href="URL">ANCRE</a>`).
- L'emplacement des liens dans la page : pour rappel, il faut veiller à ce que les liens soient placés dans des zones favorables à la propagation du jus de liens. Souvent, les échanges de liens se font par le biais d'une page Liens ou Partenaires, ce qui a peu d'impact et de valeur en réalité. Dans d'autres cas, les liens sont positionnés dans le pied de page (le cas le plus fréquent) mais idéalement, c'est dans les contenus que les liens apportent le plus de valeur au site ciblé (en prenant garde de ne pas tomber dans des sites proposant de faux communiqués de presse qui font croire que les liens ont plus de valeur en étant inséré dans des articles sans valeur ajoutée…).

Figure 5–30
Analyse Moz de l'autorité d'un site
et des domaines proposant des backlinks

Figure 5–31
Analyse des pages les plus ciblées
par des backlinks

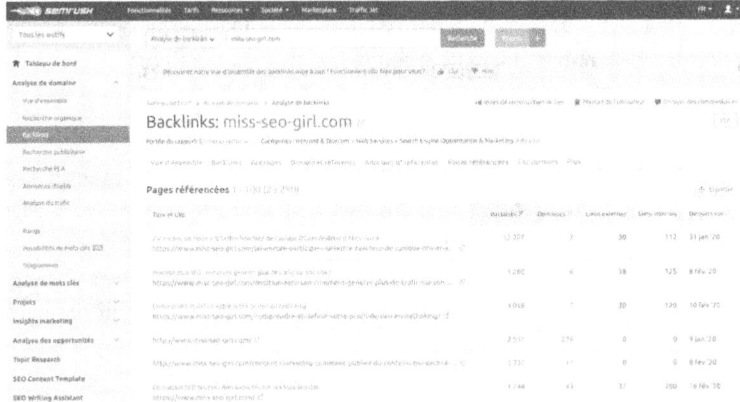

- L'ancre des liens : attention aux ancres trop similaires et très optimisées, elles ne sont pas toujours un gage de réussite et peuvent même entraîner des pénalités par Google Penguin, par exemple. Avoir plusieurs ancres différenciées bien réparties dans la masse globale des backlinks assure de bien meilleurs résultats.

Figure 5–32
Analyse des ancres de liens pour
un site web avec l'outil SEMrush

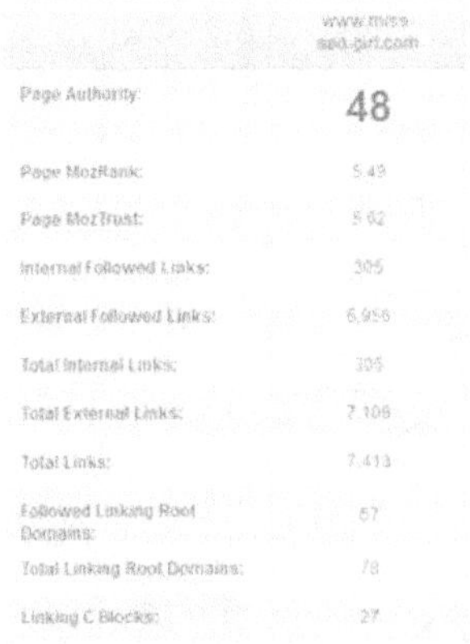

Figure 5–33
Analyse du profil de liens pour un site

- Le ratio contenus/liens : attention à ne pas avoir une page remplie de liens, le contenu textuel doit prévaloir afin que la page ne soit pas considérée comme du spam. Si toutefois vous possédez de vastes pages remplies de liens, sachez que Google pourra tous les lire normalement. En effet, il fut un temps durant lequel Google ne pouvait lire que cent liens par page, cette ère est désormais révolue…
- Le ratio `follow`/`nofollow` : nous avons évoqué ce point lors de l'audit de contenu mais vous pouvez l'étudier ici lors de l'analyse complète du profil de liens pour déterminer la popularité d'un site. Comme mentionné précédemment, il n'existe pas de ratio idéal mais considèrent généralement les spécialistes qu'il faut 25 % à 30 % de backlinks en `nofollow` et le reste en liens entrants classiques afin d'envoyer un signal positif et de confiance aux moteurs de recherche.

Plusieurs outils gratuits ou payants existent pour étudier le profil de liens d'un site :

- Open Site Explorer : http://www.opensiteexplorer.org ;
- Ahrefs : https://ahrefs.com ;
- Majestic SEO : https://fr.majesticseo.com ;
- Ranks : https://www.ranks.fr ;
- Link Research Tools : https://www.linkresearchtools.com ;
- Explorer de Cognitive SEO : https://cognitiveseo.com/site-explorer/ ;
- Backlink Watch : http://www.backlinkwatch.com ;
- Advanced Web Ranking : https://www.advancedwebranking.com ;
- SEMrush : https://fr.semrush.com.

> **Fluctuation de valeur pour le netlinking**
>
> Matt Cutts a évoqué dans une vidéo publiée le 5 mai 2014 sur YouTube (source : http://goo.gl/vsYaJC) la probabilité que les liens entrants et le PageRank perdent encore de l'importance dans les mois et années à venir car ce système datant des origines de Google est trop souvent une cause de spam. D'autres procédés tels que l'AuthorRank ou encore les analyses sémantiques (analyse approfondie des contenus et recherches conversationnelles captées par Google Hummingbird notamment) permettraient de faire la balance avec ce système, sans pour autant supprimer son rôle et son intérêt à 100 %.

Les réseaux sociaux

Les réseaux sociaux sont très importants pour toute stratégie de visibilité sur le Web, au-delà même des aspects de référencement pur. Ils constituent une vraie arme pour favoriser et améliorer la notoriété d'une marque, d'une société ou d'une personne en ligne.

L'usage des médias sociaux prend toute sa place dans une stratégie webmarketing et un plan de communication, la notoriété et la popularité engrangées grâce à une bonne gestion des communautés peut impacter nombre de facteurs (nombre de liens entrants, trafic, crédibilité, taux de clics, taux de rebond…).

En termes de SEO, les moteurs de recherche prennent en compte les signaux sociaux grâce à certaines interconnexions entre membres (AuthorRank de Google et Bing) ou par le biais de liens entrants (PageRank/BrowseRank). Au minimum, il convient de créer des comptes sur les principaux réseaux sociaux tels que Google+, Twitter, Facebook, LinkedIn, Viadeo, YouTube voire sur des seconds réseaux de grande qualité comme Instagram (pour l'échanges de photos et vidéos), FlickR, Foursquare (géolocalisation) ou encore Pinterest…

Le marché des réseaux sociaux est en constante mutation mais certains outils profitent des tendances. Nous sommes actuellement dans une phase de réseaux sociaux proposant des options de confidentialité avancée par exemple, donc il est peut-être intéressant de se pencher sur certains d'entre eux. De manière générale, il faut choisir les plus intéressants pour votre domaine d'activité sachant qu'il existe plus de 600 réseaux sociaux rien qu'en France. Nous avons donc l'embarras du choix et même si tous ne sont pas excellents, beaucoup peuvent permettre d'aider à améliorer notre visibilité, notre notoriété et notre référencement.

Quoi qu'il en soit, retenons que depuis quelques années et pour l'avenir plus ou moins proche, nous devrons être *social friendly*… Il convient donc de s'inscrire et de jouer le jeu des communautés sur les plates-formes qui vous conviennent. Certes, il s'agit d'un travail parfois fastidieux et long, au même titre que celui du référencement, mais les résultats portent généralement leurs fruits après plusieurs mois d'efforts. Même si cela peut paraître difficile et coûteux en temps (et en argent parfois), le retour sur investissement est très souvent au rendez-vous. Il faut juste s'armer de patience et comprendre petit à petit comment mieux maîtriser les réseaux sociaux.

Lors d'un audit de popularité, nous devons nous efforcer de suivre au maximum les tendances qui concernent notre site ou notre nom (en cas de personal branding). Quelques outils permettent d'évaluer globalement la notoriété d'une personne :

- Brandwatch : https://www.brandwatch.com ;
- CircleCount : http://www.circlecount.com ;
- Followerwonk : https://followerwonk.com ;
- GroupHigh : https://www.grouphigh.com ;
- How Sociable : http://www.howsociable.com ;
- InflueNex : https://www.influenex.com ;
- Klear : http://klear.com .

Figure 5–34
Suivi de l'e-réputation avec Klear

- Klout : http://klout.com ;
- Kred : https://www.home.kred ;
- Radarly de Linkfluence : https://radarly.linkfluence.com ;
- Skorr : https://skorr.social ;
- Social Bakers : http://www.socialbakers.com ;

- Swat : https://swat.io/en/ ;
- Tweeple Search : https://tweeplesearch.com (voir figure 5-35) ;
- Youscan : https://youscan.io.

Figure 5–35
Recherche d'influenceurs sur Twitter
avec Tweeple Search

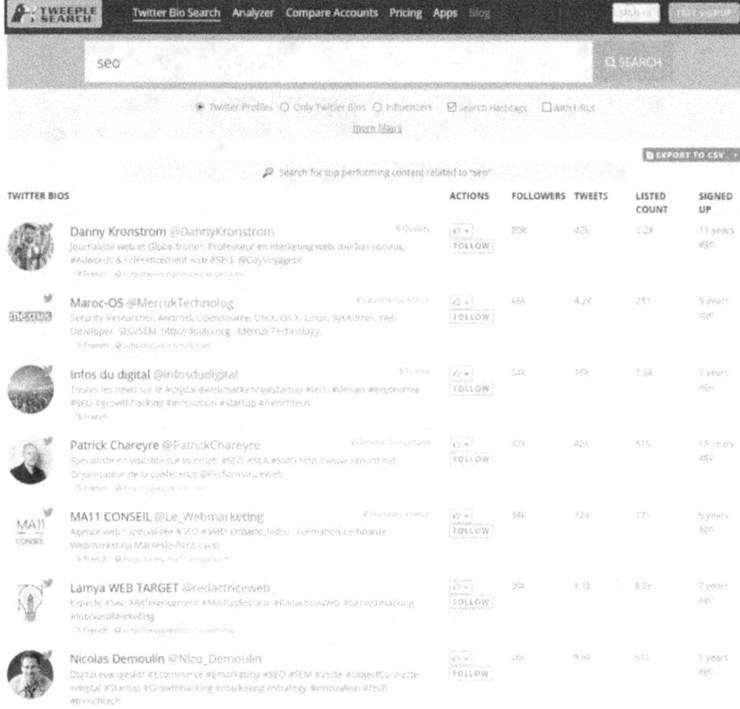

Une autre technique peut s'avérer intéressante pour mesurer la notoriété et l'e-réputation d'un site. Elle consiste à utiliser des outils d'alertes en créant quelques alertes simples sur votre nom, le nom de domaine du site, l'intitulé des produits, la marque ou encore la raison sociale de l'entreprise.

Ainsi, les systèmes d'alertes permettent de suivre en temps réel les mentions qui sont faites de toute votre activité sur la Toile. Il suffira de compiler les données reçues sur plusieurs jours ou plusieurs semaines pour mesurer votre impact ou votre notoriété sur le Web. Il existe une multitude d'outils d'alertes pratiques – gratuits et payants – pour effectuer un suivi efficace, en voici quelques-uns :

- Google Alertes : http://www.google.fr/alerts ;
- Alerti : https://fr.alerti.com ;
- ContentGems : https://contentgems.com ;
- GigaAlert : http://www.gigaalert.com ;
- TalkWalker : https://www.talkwalker.com/fr/alerts ;
- InfoMinder : http://www.infominder.com ;
- Mention : https://mention.com/fr/ ;
- Tailwind (pour Pinterest et Instagram) : https://www.tailwindapp.com ;

- Social Searcher : https://www.social-searcher.com ;
- Twilert (pour Twitter) : https://www.twilert.com.

Figure 5–36
Paramétrage des alertes avec Google Alertes

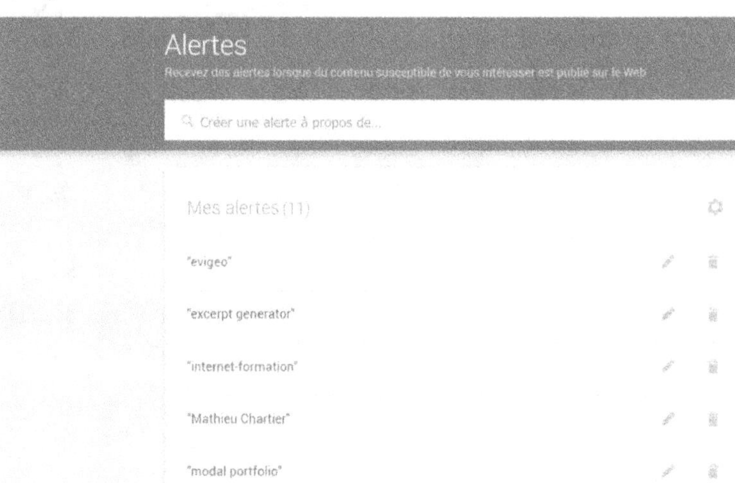

Enfin, le dernier point à vérifier absolument dans le cadre d'un audit SEO est la mise en place de l'Authorship pour Bing via Klout (voire pour Google via les microdonnées) afin que l'AuthorRank puisse être pris en compte et que le site profite des actions menées sur les réseaux sociaux. Vous savez tout ce qu'il vous reste à faire désormais alors retenez l'essentiel : be social !

Techniques avancées et outils d'audit

Le suivi de l'indexation et du positionnement ne peuvent pas suffire pour faire du bon travail, il est souvent préférable de disposer d'outils de qualité pour vérifier si nos pages sont bien optimisées ou si elles ont des chances d'obtenir de bons résultats dans les SERP.

Nous allons donc nous pencher sur des outils clés en main ou des codes PHP pour scruter les pages web à la volée et vérifier si nos principales optimisations sont de qualité.

De bons outils sur le marché

Avant d'étudier comment analyser notre contenu par le code ou via un robot personnalisé, nous pouvons citer quelques outils qui permettent d'analyser facilement le contenu des pages web.

Ils présentent souvent l'avantage d'être plus rapides que le code PHP, par exemple, mais ont l'inconvénient d'être souvent payants ou de ne pas faire ressortir toutes les données que nous souhaitons suivre dans les pages web.

Voici quelques exemples d'outils en ligne gratuits et/ou payants :

* Screaming Frog SEO : http://www.screamingfrog.co.uk/seo-spider/
* SEO Chat : http://tools.seochat.com ;
* SEO Grader : http://grader.rezoactif.com ;
* DareBoost : https://www.dareboost.com/fr/ ;
* WooRank : http://www.woorank.com/fr ;
* SiteAnalyzer : http://www.site-analyzer.com/fr ;
* SEOh : http://www.seoh.fr/audit-seo ;
* SEO Mastering : http://www.seomastering.com ;
* SEORCH : https://seorch.eu ;
* InfoWebmaster : http://www.infowebmaster.fr/outils/ ;
* Yakaferci : http://www.yakaferci.com ;
* SERPed : http://serped.net/fr/ ;
* SEO PowerSuite : http://www.seopowersuite.fr ;
* Advanced Web Ranking : http://www.advancedwebranking.com ;
* Varvy : https://varvy.com ;
* SeeUrank : http://www.yooda.com/produits/soft/.

Nous allons présenter quelques outils succinctement pour se faire une idée des possibilités intéressantes en matière d'audit SEO.

Commençons tout d'abord par l'audit web et SEO proposé par les outils de développement de Google Chrome, bien pratiques pour débuter.

Outils de développement de Google Chrome (avec Lighthouse)

Google Chrome offre depuis plusieurs mois la possibilité d'auditer un site web directement dans le dernier onglet des outils de développement du navigateur. Le 5 février 2018, Google est allé encore plus loin en ajoutant la possibilité de réaliser un petit audit SEO au sein du même outil (source : https://goo.gl/pxgVGB). Si les outils de développement ne vous conviennent pas, vous pouvez également utiliser l'extension Lighthouse de Google Chrome pour réaliser des audits web avec le navigateur.

Quoi qu'il en soit, Chrome offre des résultats plutôt intéressants, qui montrent notamment de bonnes pratiques à respecter, un audit des performances des pages web testées (très utile pour l'analyse du PageSpeed par exemple), mais également une analyse strictement SEO pour aider les webmasters à corriger de potentielles erreurs. Cet outil gratuit est bien pratique et facilement utilisable, il serait dommage de s'en priver…

Figure 5–37
Audit complet avec Lighthouse
et les outils de développement de Chrome

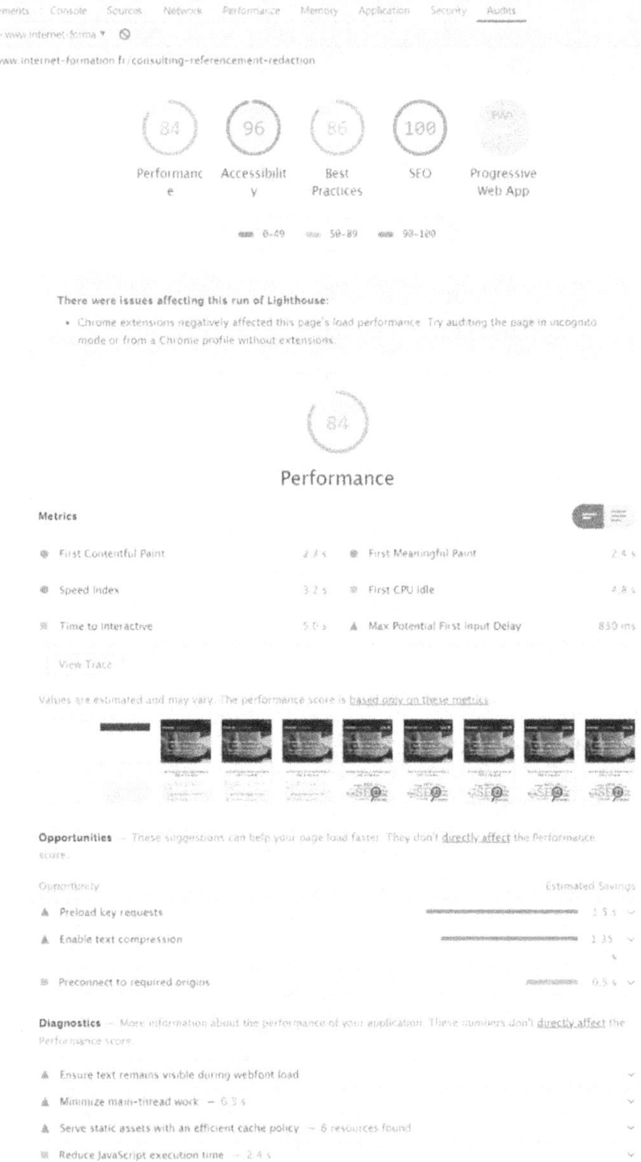

Screaming Frog

Screaming Frog (source : https://www.screamingfrog.co.uk/seo-spider/) est un logiciel performant et compatible avec Windows, Linux Ubuntu et macOS. Il parcourt rapidement un site complet et affiche nombre d'informations sur les contenus utiles pour le suivi SEO.

Il s'agit d'un crawler dont l'objectif est de parcourir l'ensemble des pages d'un site à tester, puis d'en faire ressortir une forme d'audit général. Nous pouvons notamment observer le suivi des titres (title et balises <h1>, <h2>…), des métadonnées, des codes erreurs (pages 404, 500…), des images et d'autres nombreuses informations intéressantes.

> **Version premium VS version gratuite**
>
> La version gratuite ne permet de crawler que jusqu'à 500 pages maximum, ce qui peut être amplement suffisant pour les sites vitrines ou pour les petits blogs notamment. La version payante offre en revanche plus de possibilités et il s'agit là d'un des meilleurs crawlers du marché tant les possibilités sont nombreuses.

Une fois le logiciel téléchargé et installé, il est possible de paramétrer en profondeur le système de crawl de l'outil grâce au menu *Configuration*. Par défaut, les options sont plutôt efficaces mais dans certains cas, vous devrez affiner le paramétrage pour obtenir de meilleurs résultats.

Il suffit ensuite de saisir l'URL à analyser dans le champ prévu à cet effet, puis d'attendre le traitement. Le résultat est très intéressant car le logiciel fournit une grande quantité d'informations :

* balise <title> et métadonnées pour chaque page ;
* code HTTP (200 si aucune erreur n'est rencontrée) ;
* listes des titres internes (balises <h1> à <h6>) par page ;
* vérification de la présence de la balise meta robots ou refresh ;
* nombre de liens internes et externes ;
* nombre de mots par page ;
* poids de la page.

C'est un logiciel très performant et intuitif, nous pouvons donc très rapidement obtenir ce que nous cherchons. L'analyse des données se fait alors très rapidement, il ne nous reste plus qu'à adapter nos contenus ou réparer les erreurs rencontrées pour optimiser le référencement naturel.

Figure 5–38
Suivi des données internes
avec Screaming Frog

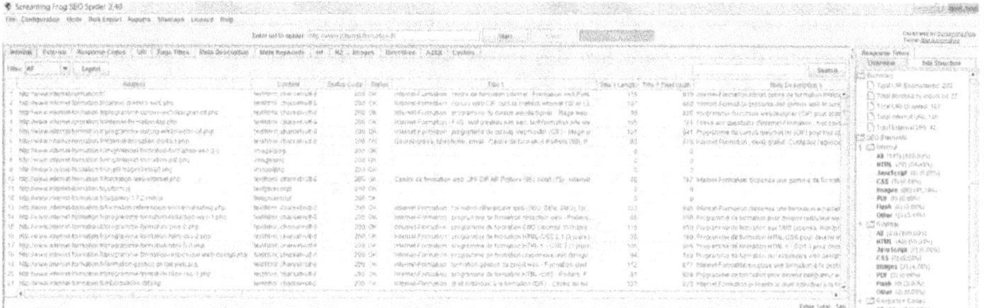

SEORCH

SEORCH (https://seorch.eu) est un outil d'audit gratuit très complet qui permet d'obtenir une vision globale des qualités d'une page web. Il ne s'agit pas d'un crawler au sens propre car son analyse se déroule page par page. Il convient donc d'entrer manuellement les URL à tester, contrairement à Screaming Frog.

L'outil en ligne permet d'analyser à la fois les contenus (title, méta, titres internes, textes…), le netlinking (via les données de SEOkicks notamment), le social, les microdonnées et quelques critères techniques également (canonical, erreurs W3C, pages d'erreur, etc.). C'est plutôt complet et détaillé, l'audit est simple à lire et s'utilise via l'ajout d'une URL, tout simplement.

Figure 5–39
Audit SEO complet avec SEORCH

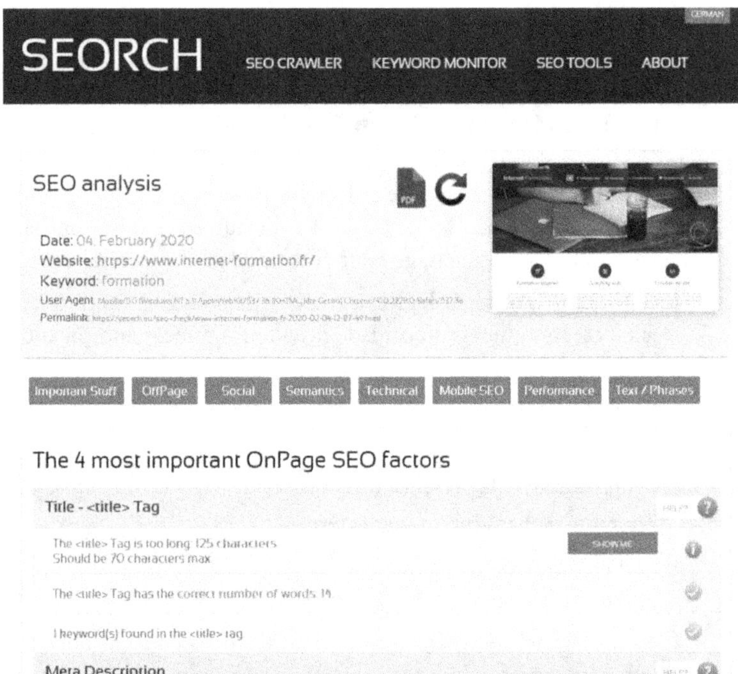

SEO Chat

SEO Chat (source : https://seochat.io/tools/) est un ensemble de services en ligne gratuits qui permettent de contrôler les données internes des pages web, les codes sources, mais aussi le Pagespeed (Lighthouse) ou l'autorité du domaine.

Tous les outils ne donnent pas des résultats toujours probants mais globalement, il faut bien admettre que SEO Chat apporte des réponses sur de nombreux aspects touchant au référencement naturel.

Figure 5–40
Liste des services SEO de SEO Chat

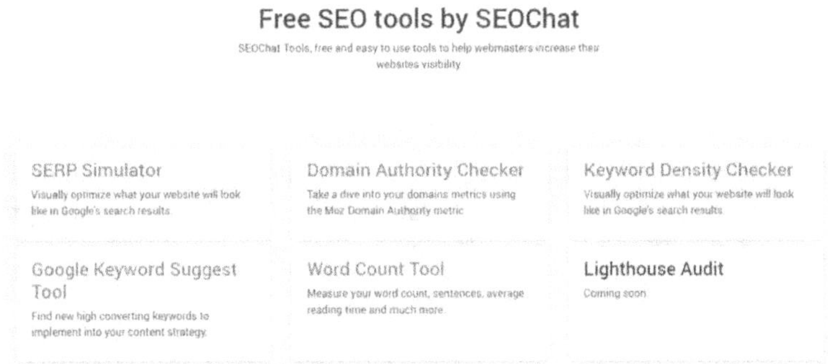

DareBoost

DareBoost est un outil pour réaliser un audit complet d'un site web (source : https://www.dareboost.com/fr/). Il contrôle une centaine de facteurs différents : des critères d'accessibilité, de compatibilité, de qualité, de référencement, de performance et même de sécurité.

L'avantage de l'outil est qu'il détecte rapidement les facteurs bloquants et ceux à optimiser. Des recommandations sont fournies avec des explications claires et des solutions pour chaque problème. C'est un outil vraiment intéressant en somme.

Figure 5–41
Audit de site web avec DareBoost

Yakaferci

Yakaferci (source : https://www.yakaferci.com) est un outil gratuit qui permet d'analyser très vite les contenus des pages web et de voir rapidement si les optimisations que nous avons effectuées sont de bonne facture.

L'outil peut nous faire gagner pas mal de temps dans notre processus d'audit SEO tant il analyse de facteurs. En voici la liste :

- analyse des balises `<title>` et des métadonnées ;
- analyse des titres internes `<h1>` à `<h6>` ;
- analyse des liens internes et externes, avec PageRank associé ;
- détection des pages d'erreurs ;
- étude des contenus et de la densité des mots-clés ;
- indicateurs de performance ;
- analyse du code source et du réseau ;
- analyse des en-têtes HTTP ;

- vérification des fichiers `sitemap.xml` ;
- vérification du fichier `robots.txt`.

Pour l'utiliser, il suffit d'entrer une adresse web (page par page pour certaines fonctionnalités) et de suivre les indications fournies.

Figure 5–42
Analyse des contenus avec Yakaferci

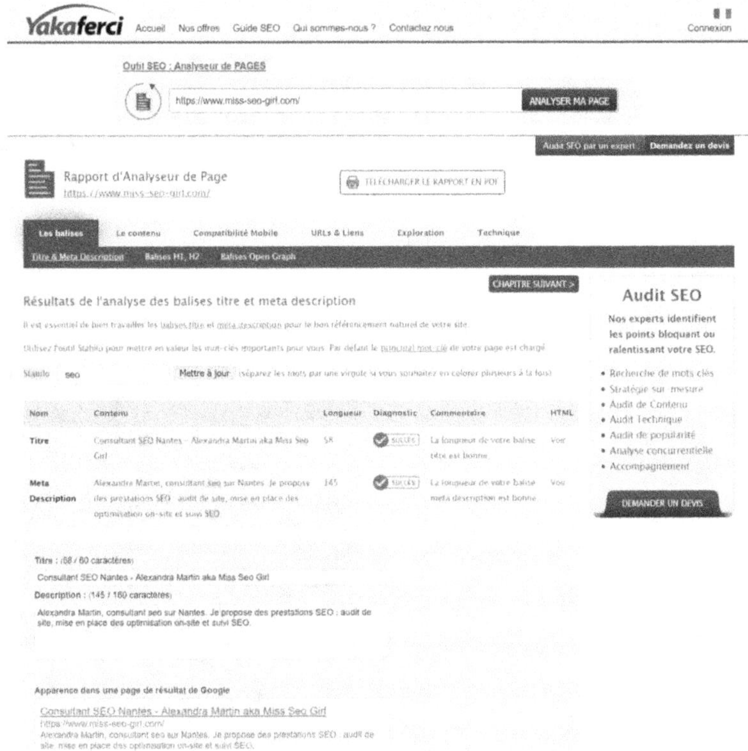

Varvy

Varvy (varvy.com) se positionne comme une alternative directe à SEORCH voire Yakaferci, en proposant l'audit complet et détaillé de chaque page d'un site gratuitement. Varvy n'est pas non plus un crawler car il propose une analyse fine page page, il vous faudra donc copier manuellement l'URL des pages que vous souhaitez tester.

La particularité de Varvy est d'être spécifiquement axé sur l'analyse technique d'un site, regardant parfois certains critères d'accessibilité et de sécurité en plus. L'outil ne fait pas un audit détaillé des contenus, contrairement à ses concurrents, mais est très bien présenté et sa lecture en est simplifiée.

En quelques secondes, Varvy affiche les erreurs relatives au PageSpeed, à l'ergonomie mobile, au crawl de GoogleBot ou encore aux Sitemaps XML. Ce ne sont que des exemples car Varvy fournit de nombreuses autres analyses, ce qui permet de vérifier si tout est bien réglé dans la page web testée en un seul coup d'œil.

Figure 5–43
Audit technique avec Varvy

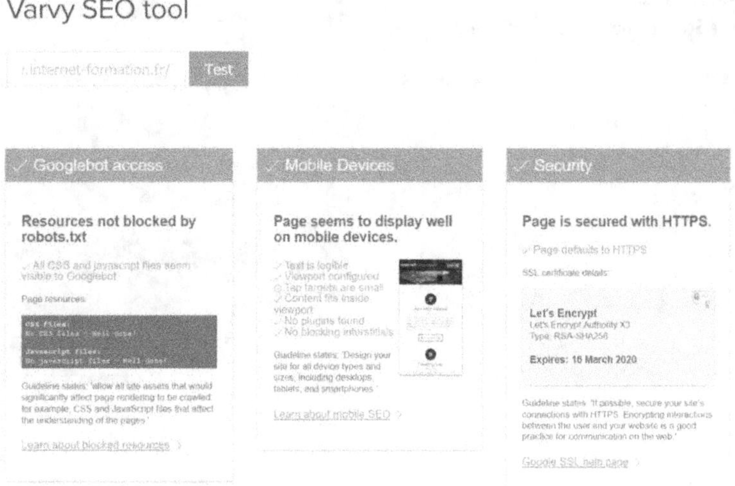

Attention au « 100 % Compliance »

Comme pour chaque outil, il faut veiller à ne pas toujours tomber dans l'excès ou la peur de ne pas tout corriger. Certains facteurs ne sont pas forcément nécessaires pour réussir votre SEO et s'il reste quelques points problématiques après un audit, n'en tirez pas automatiquement des conclusions hatives ou négatives. Atteindre les 100 % de réussite à un audit ne garantit aucunement que le SEO est bien optimisé et surtout qu'il fonctionnera dans les moteurs de recherche…

Les outils pour webmasters

Parmi les outils d'analyse, nous retrouvons les Webmasters Tools fournis par les moteurs de recherche qui peuvent nous être d'une grande utilité pour obtenir des données intéressantes sur les contenus et les recherches des internautes. La Google Search Console permet tout d'abord de vérifier les erreurs d'indexation, et donc de déceler si des pages posent des problèmes ou si des liens morts persistent, par exemple. On peut également vérifier si les URL d'un site sont *mobile friendly*, si les pages n'ont pas de problèmes de sécurité, si certains rich snippets s'affichent bien et sans erreur, etc.

Enfin, le menu *Couverture* permet quant à lui de suivre l'état de l'indexation comme nous l'avons vu précédemment et le menu *Performances* autorise le suivi des mots-clés tapés par les internautes pour accéder à un site. En somme, de nombreux outils pratiques pour suivre l'évolution d'un site.

Bing et Yandex proposent aussi des services équivalents dans leur interface pour webmasters. L'outil le plus efficace pour vérifier certaines erreurs (par exemple sur les titres et les métadonnées) est certainement l'audit SEO fourni par Bing depuis juin 2020, appelé Site Scan. Il permet de rapidement mettre en exergue les points à rectifier au sein des pages web. Le validateur de balisage de Bing est également intéressant pour analyser la qualité des extraits de code enrichis. N'hésitez pas à tester les services de Bing qui s'avèrent souvent tout aussi efficaces que les outils proposés dans la Google Search Console.

Figure 5–44
Site Scan, un outil d'audit SEO par Bing

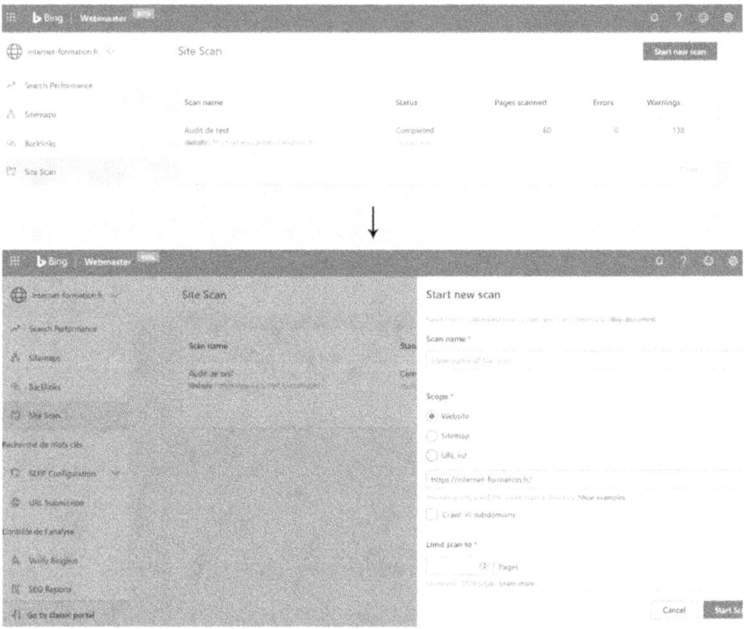

Suivre les données avec PHP

Tous les outils que nous venons de présenter permettent de récolter rapidement et efficacement de nombreuses informations. Cependant, il est souvent fastidieux de devoir utiliser de multiples services et logiciels pour obtenir certaines données. Qui plus est, il n'est pas toujours aisé de traiter ces informations car elles toutes sont fournies dans le désordre et ne sont pas toujours récupérables dans des bases de données ou des fichiers.

Pour ceux qui préfèrent gérer eux-mêmes leurs informations, il est toujours possible de coder ses propres services afin de parcourir les pages web et recueillir les données qui sont pertinentes pour le suivi SEO. Il ne s'agit que d'exemples de code et tous peuvent être modifiés, réadaptés et même améliorés. L'idée est surtout de présenter diverses solutions pour suivre et crawler nos sites web.

S'il ne fallait en choisir qu'un…

Comme pour une multitude de codes de l'ouvrage, le choix du langage PHP s'est fait par commodité avec le Web. Il est plus fréquent et commun de programmer avec ce langage plutôt qu'en Python, Java, VBScript ou encore C#, bien que tous aient leurs propres avantages et intérêts. Toutefois, des outils similaires peuvent être réadaptés dans ces langages en se basant sur les systèmes présentés par la suite, pour plus de performances dans certains cas…

Surveiller les balises <title> et les métadonnées

Vérifier la présence et la longueur des balises

Nous savons qu'il est important de vérifier l'existence des balises `<title>` dans les pages web voire les métadonnées si vous souhaitez aller plus loin dans l'optimisation. De nombreux outils permettent de vérifier page après page les caractéristiques des pages web mais cela s'avère parfois fastidieux.

Nous allons créer un fichier PHP avec une fonction et un paramétrage par défaut afin de répondre à ces quelques questions pour les sites web statiques.

- Existe-t-il un titre ou non pour la page ? Si oui, quel est-il et quelle est sa longueur ?
- Existe-t-il une description de page ? Si oui, quelle est-elle et quelle est sa longueur ?
- Existe-t-il des métadonnées `keywords` ? Si oui, quels sont-elles et combien en dénombre-t-on ?

La fonction va créer un fichier HTML (au nom de notre choix) pour tenir une sorte de journal des informations avec un code couleur simple : le vert détermine les critères considérés comme optimisés et le rouge va indiquer les points à retravailler.

Par défaut, la fonction vérifie l'existence des balises `<title>` et des métadonnées `description` et `keywords`. Si elles existent, elle les notifie et fournit des indications entre parenthèses :

- nombre de signes du titre sur les 70 caractères visibles sur Google (65 sur Bing) ;
- nombre de signes de la description sur les 320 caractères conseillés (les descriptions n'ont pas de longueur fixes mais les plus larges comptent environ 320 caractères, d'où ce choix) ;
- nombre de mots-clés contenus dans les balises `meta keywords` (aucune limite imposée mais attention au bourrage de mots-clés).

Nous allons créer un fichier intitulé `titremeta.php` dans lequel nous allons définir et lancer une fonction de crawl des pages web statiques (la méthode ne peut pas fonctionner si les données proviennent d'un traitement PHP via une base de données, par exemple, il faudrait modifier la fonction en conséquence). L'objectif est d'avoir un rendu global et rapide de toutes les balises sans avoir à travailler page par page.

Nous devons tout d'abord placer des paramètres, un peu comme pour le générateur de Sitemaps que nous avons étudié auparavant. Suivez les étapes suivantes dans l'ordre pour composer le fichier.

Paramétrage initial

```php
// Dossier initial pour lancer la fonction
//('.' par défaut pour la racine, '.NOM-DOSSIER' pour commencer dans un dossier)
$cheminBase = '.';

// URL de base à afficher dans le fichier Sitemap (sans barre oblique à la fin)
$URLSource = 'http://'.$_SERVER['HTTP_HOST'];

// Nom à donner au fichier journal
$fichierSitemap = 'titlemeta.html';

// Liste des extensions à crawler
$extensionsOK = array('php', "asp", "aspx", "py", "xhtml", "phtml", "php3");
$dossiersOK = array();
```

```php
$fichiersIgnores = array('404.php', '403.php', '500.php', 'footer.php');
// On exclut automatiquement le fichier du script
array_push($fichiersIgnores, basename(__FILE__));
Ouverture du fichier et ajout des bases HTML
// Ouverture du fichier
$crawler = fopen($fichierSitemap,"w");

// On ajoute le doctype et les balises utiles
fputs($crawler, "<!DOCTYPE html>\n");
fputs($crawler, '<meta charset="utf-8"/>'."\n");
fputs($crawler, "<head>\n");
fputs($crawler, "<style type='text/css'>\n");
fputs($crawler, ".green{color:green}\n");
fputs($crawler, ".red{color:red}\n");
fputs($crawler, "</style>\n");
fputs($crawler, "</head>\n");
fputs($crawler, "<body>\n");
```

Ajout de la fonction de traitement

```php
function crawlFichier($chemin = '.', $urlBase = '', $extensionsOK = array(),
$fichiersIgnores = array(), $dossiersOK = array()) {
// On ouvre le répertoire
$repertoire = opendir($chemin);

// Formatage du résultat
$result = '';

// On fait une boucle pour lister tous les dossiers et fichiers
while($fichier = readdir($repertoire)) {
    // On récupère l'extension des fichiers listés
    $extensions= strtolower(pathinfo($fichier,PATHINFO_EXTENSION));

    // On exclut les répertoires './' et '../' inutiles
    if($fichier != '.' && $fichier != '..' && is_dir($chemin.'/'.$fichier) &&
    in_array($fichier,$dossiersOK)) {
        // On encode les fichiers en UTF-8 si ce n'est pas le cas
        if(mb_detect_encoding($fichier) != 'UTF-8') {
        $fichier = utf8_encode($fichier);
        }
        // On lance la fonction récursive jusqu'à la fin du crawl
        CrawlFichier($chemin.'/'.$fichier, $urlBase, $extensionsOK, $fichiersIgnores,
        $dossiersOK);
    } elseif(in_array($extensions,$extensionsOK) && !in_array($fichier,$fichiersIgnores)) {
        // Gestion des fichiers
        $ouverture = fopen($fichier,'r');
        $contenu = file_get_contents($fichier);

        // Affichage du nom du fichier ciblé
        $result.= "<b>Fichier : ".$fichier."</b><br/>\n";
```

```php
// Extraction du contenu des balises <title>
preg_match("#<title>(.*)</title>#iU", $contenu, $tab);
if(!empty($tab[1])) {
    $title = $tab[1];
    $longueurTitle = strlen($title);

    // Formatage de l'affichage
    $result.= "<b>Title : </b>".$title." ";
    if($longueurTitle < 71) {
        $result.= "<span class='green'>(".$longueurTitle." signes sur 70 visibles)
        </span>";
    } else {
        $result.= "<span class='red'>(".$longueurTitle." signes sur 70 visibles)
        </span>";
    }
    $result.="<br/>\n";
} else {
    $result.= "<span class='red'>Titre manquant !</span><br/>\n";
}

// Extraction du contenu des balises meta
$metas = get_meta_tags($fichier);
if(isset($metas['description'])) {
    $description = $metas['description'];
    longueurDesc = strlen($description);

    // Formatage de l'affichage
    $result.= "<b>Description : </b>".$description." ";
    if($longueurDesc < 321 && $longueurDesc > 0) {
        $result.= "<span class='green'>(".$longueurDesc." signes sur 320 maximum
        conseillés)</span>";
    } else {
        if($longueurDesc == 0) {
            $result.= "<span class='red'>(Champ vide !)</span>";
        } else {
            $result.= "<span class='red'>(".$longueurDesc." signes sur 320 maximum
            conseillés)</span>";
        }
    }
} else {
    $result.= "<span class='red'>Description manquante !</span>";
}
$result.= "<br/>\n";

// Extraction des mots-clés
if(isset($metas['keywords'])) {
    $keywords = $metas['keywords'];
    $cleanWords = preg_replace("#(, |,| )#iU", " ", $keywords);
    $tabWords = explode(" ",$keywords);
    $nbWords = count($tabWords, 1);
    $result.= "<b>Keywords : </b>".$keywords." ";
```

```php
            if($nbWords != 0) {
                $result.= "<span class='green'>(".$nbWords." mots-clés)</span>";
            }
        } else {
            $result.= "<span class='red'>Aucun mot-clé !</span>";
        }
        $result.= "<br/><br/>\n";
        fclose($ouverture); // Fermeture du fichier ouvert
    }
}
global $crawler;
fputs($crawler, $result);
echo $result;
}
```

Lancement de la fonction de crawl

```php
// CrawlFichier() avec 5 paramètres utiles :
// 1 -> chemin d'origine
// 2 -> URL de base
// 3 -> tableau des extensions à prendre en compte
// 4 -> tableau des fichiers à ignorer
// 5 -> tableau des dossiers à crawler
CrawlFichier($cheminBase, $URLSource, $extensionsOK, $fichiersIgnores, $dossiersOK);
Fin du code HTML à appliquer
fputs($crawler, "</body>\n");
fputs($crawler, "</html>");
```

Une fois le fichier créé avec tous ces codes, il suffit de le placer à la racine de notre site, que ce soit en ligne ou sur un serveur local (tel que WampServer ou EasyPHP), puis de le lancer. Une fois la tâche réalisée, la fenêtre du navigateur va afficher un aperçu rapide et un fichier de journal va être créé dans le dossier correspondant avec les codes couleurs.

Figure 5–45
Fichier journal d'analyse
des titres et métadonnées

Fichier : activites.php
Title : Mathieu Chartier - Taekwondo - Loisirs, passions - Poitiers (86) (64 signes sur 70 visibles)
Description : Passions et loisirs de Mathieu Chartier, ceinture noire de Taekwondo à Poitiers (86) et auteur du Guide du référencement web (éd. First). (141 signes sur 200 maximum conseillés)
Keywords : mathieu chartier, mathieu, chartier, internet-formation, evigeo, formation, formateur, webmaster, intégrateur, web, internet, référencement, auteur, écrivain, rédacteur, activités, sport, taekwondo, arbitre, tennis, musique, batterie (23 mots clés)

Fichier : competences-mathieu-chartier.php
Title : Mathieu Chartier - Compétences et points forts - Formateur web Poitiers (86), Poitou-Charentes (95 signes sur 70 visibles)
Description : Liste des compétences et points forts de Mathieu Chartier dans le monde du Web et de l'Internet. Formateur web et webmaster à Poitiers (86) depuis 2009. (154 signes sur 200 maximum conseillés)
Keywords : mathieu chartier, mathieu, chartier, internet-formation, evigeo, formation, formateur, webmaster, intégrateur, web, internet, référencement, compétences, connaissances, expérience, stage, communication, webmarketing, webdesign, html, php, python, seo, smo, réseaux sociaux, auteur, écrivain, rédacteur (30 mots clés)

Fichier : contact.php
Title : Mathieu Chartier - coordonnées, sites web, réseaux sociaux - Poitiers (86) (76 signes sur 70 visibles)
Description : Coordonnées et liens utiles (réseaux sociaux, sites web, blog...) proposés par Mathieu Chartier, auteur du Guide du référencement web (éd. First) - Poitiers (86), Poitou-Charentes, France (193 signes sur 200 maximum conseillés)
Keywords : mathieu chartier, mathieu, chartier, internet-formation, evigeo, formation, formateur, webmaster, intégrateur, web, internet, référencement, first, éditions, guide du référencement web, réseaux sociaux, cv, curriculum vitae, contact, coordonnées, recrutement, expériences, diplômes, expérience, diplome, master, information, communication, webmarketing, webdesign, loisirs, passion, loisir, hobbies, auteur, écrivain, rédacteur (43 mots clés)

Ainsi, nous pouvons en un seul coup d'œil vérifier l'existence ou non des balises ainsi que leur longueur et capacité d'optimisation. Toutefois, la fonction ne comptabilise pas le nombre d'occurrences des mots, c'est pourquoi nous allons créer trois autres fonctions associées.

Un code pour les sites statiques

Le programme ne fonctionne que sur des balises entrées statiquement dans les fichiers. Si nous voulons un système équivalent pour récupérer des données dynamiques, il faudra modifier la fonction de crawl soit en accédant à une base de données, soit en améliorant le système de lecture des fichiers.

L'autre solution serait d'utiliser un crawler PHP pour lire à la volée le contenu des pages. Vous trouverez des robots qui vous aideront à effectuer ce travail dans la fin de cette partie.

Comptabiliser le nombre d'occurrences des mots-clés

Il peut être intéressant de savoir quels mots-clés sont les plus répétés au sein des balises `<title>` et dans les métadonnées afin d'avoir une perception rapide du travail d'optimisation déjà effectué ou à réaliser. Nous allons créer un fichier que nous pouvons appeler `titlemetacount.php` dans lequel seront insérées trois fonctions PHP utilisées en cascade :

- une fonction de découpage des chaînes de caractères, c'est-à-dire pour distinguer les mots-clés du titre et des métadonnées ;
- une fonction d'affichage des résultats sous forme de tableau (qui peut être totalement modifiée selon vos envies) ;
- une fonction de traitement des données qui utilisent les deux codes précédents. C'est cette fonction que nous utiliserons en appel pour faire fonctionner le système.

La fonction nous permet de faire ressortir quatre tableaux, bien que nous pourrions l'agrémenter pour aller bien plus loin et analyser la totalité des contenus des pages si nous le voulions. Nous obtenons :

- un tableau pour les mots-clés de la balise `<title>` ;
- un tableau pour les termes de la description ;
- un tableau pour les termes placés dans la balise `meta keywords` ;
- un tableau combiné qui résume le nombre total d'occurrences dans ces trois balises HTML.

Figure 5–46
Aperçu des tableaux récapitulatifs du nombre d'occurrences des mots-clés

Titre		Description		Keywords		Total	
Mots clés	Occurences	Mots clés	Occurences	Mots clés	Occurences	Mots clés	Occurences
poitiers	2	web	2	mathieu	2	mathieu	5
86	1	chartier	2	web	2	chartier	5
webmaster	1	mathieu	2	référencement	2	web	5
web	1	guide	1	chartier	2	référencement	3
chartier	1	éd	1	master	1	poitiers	3
formateur	1	référencement	1	information	1	webmaster	3
mathieu	1	first	1	communication	1	formateur	3
		poitiers	1	diplome	1	first	2
		poitou-charentes	1	expérience	1	auteur	2
		86	1	expériences	1	guide	2
		auteur	1	diplômes	1	curriculum	2

Comme pour le système précédent, nous allons procéder par étape en copiant successivement les fonctions suivantes dans le fichier final pour obtenir un code fonctionnel.

Fonction de découpage des mots-clés

```php
function cutStr($chaine = '', $stopwords = array(), $ordre = array("VALUE", "DESC"),
$codage = 'UTF-8') {
// Liste de caractères à tolérer
$chars = "ÀÁÂÃÄÅàáâãäåÒÓÔÕÖØòóôõöøÈÉÊËèéêëÇçÌÍÎÏìíîïÙÚÛÜùúûüÿÑñ0123456789";

// Découpage des mots
$chaine = mb_strtolower($chaine, $codage);
$tabClean = str_word_count($chaine, 1, $chars);

// Nettoyage des caractères inutiles
foreach($tabClean as $key => $value) {
    // Liste de caractères spéciaux
    $deleteValue = array("-","(",")","[","]","{","}","_");
    // Exclusion des stopwords éventuels
    if(in_array($value, $stopwords)) {
        $value = '';
    }
    // Exclusion des caractères spéciaux
    if(in_array($value, $deleteValue)) {
        $value = '';
    }
    // Suppression des clés gênantes
    if(empty($value)) {
        unset($tabClean[$key]);
    }
}

// On compte le nombre d'occurrences
$nbValues = array_count_values($tabClean);

// Ordre d'affichage des données
if($ordre[0] == "VALUE" || $ordre[0] == "value") {
    if($ordre[1] == "ASC") {
        asort($nbValues);
    } else {
        arsort($nbValues);
    }
}
if($ordre[0] == "KEY" || $ordre[0] == "key") {
    if($ordre[1] == "ASC") {
        ksort($nbValues);
    } else {
        krsort($nbValues);
    }
}
    return $nbValues;
}
```

La fonction `cutStr()` peut prendre quatre paramètres utiles :

* le texte à découper (obligatoire) ;
* un tableau contenant des *stop words* à exclure, c'est-à-dire tous les caractères ou mots courts inutiles que nous ne voulons pas compter (les articles, les conjonctions de coordination…) ;
* un tableau à deux paramètres pour ordonnancer les résultats dans les tableaux avec `array(parametre1, parametre2)` :
  – le premier paramètre est `"VALUE"` (classer par occurrence) ou `"KEY"` (trier par mot) ;
  – le second paramètre est `"ASC"` (tri ascendant) ou `"DESC"` (tri descendant) ;
* un encodage particulier des caractères si nécessaire (UTF-8 par défaut) pour éviter des problèmes avec les accents mal encodés et donc les mots mal découpés.

Les paramètres seront à régler dans la fonction générale du système pour que tout corresponde à vos attentes.

Fonction d'affichage des tableaux

```php
function displayTable($tab, $titre = '') {
$result = "<table style='background:#ccc; width:23%; margin-right:2%; float:left;'>\n";
if(!empty($titre)) {
$result.= "<caption style='color:#eee; background:#666;
padding:.5em;'><b>".$titre."</b></caption>\n";
}
$result.= "<tr style='color:#000; background:#ccc'>\n";
$result.= "<th style='padding:.2em .5em;'>Mots clés</th>\n";
$result.= "<th style='padding:.2em .5em;'>Occurences</th>\n";
$result.= "</tr>\n";
foreach($tab as $key => $value) {
    $result.= "<tr style='color:#444; background:#ddd;'>\n";
    $result.= "<td align='right' style='padding:.2em .5em;'>".$key."</td>\n";
    if($value > 1) {
        $result.= "<td align='center' style='padding:.2em .5em; color:green;'>".$value."
        </td>\n";
    } else {
        $result.= "<td align='center' style='padding:.2em .5em;'>".$value."</td>\n";
    }
    $result.= "</tr>\n";
}
$result.= "</table>\n";
return $result;
}
```

Cette fonction peut totalement être personnalisée selon l'affichage que vous désirez. Ici, elle génère plusieurs tableaux en fonction des données présentées afin de voir rapidement le nombre d'occurrences par type de balise. Elle prend deux paramètres :

* un tableau PHP de mots ou d'expressions (dès que la découpe est effectuée dans notre système) ;
* un titre pour le tableau correspondant.

Fonction générale du système

```php
function TitleMetaCount($page = '', $stopwords = array()) {
// Ouverture du fichier en lecture seule
$ouverture = fopen($page,'r');
$contenu = file_get_contents($page);
fclose($ouverture);

// Formatage du résultat
$result = '';

// Extraction du contenu des balises <title> et des métadonnées
$strTotal = ''; // Chaîne complète

// Titre
preg_match("#<title>(.*)</title>#iU", $contenu, $tab);
if(!empty($tab[1])) {
    $title = $tab[1];
    $cut = cutStr($title, $stopwords);
    $result .= displayTable($cut, 'Titre');
    // Ajout du titre à la chaîne complète
    $strTotal .= $title;
}
// Métadonnées
$metas = get_meta_tags($page);
if(isset($metas['description'])) {
    $description = $metas['description'];
    $cut = cutStr($description, $stopwords);
    $result .= displayTable($cut, 'Description');
    // Ajout de la description à la chaîne complète
    $strTotal .= " ".$description;
}
if(isset($metas['keywords'])) {
    $keywords = $metas['keywords'];
    $cut = cutStr($keywords, $stopwords);
    $result .= displayTable($cut, 'Keywords');
    // Ajout des mots-clés à la chaîne complète
    $strTotal .= " ".$keywords;
}

// Tableau total
$cutTotal = cutStr($strTotal, $stopwords);
$result .= displayTable($cutTotal, 'Total');
$result .= "<p style='clear:both'></p><br/>\n";

return $result;
// exit(); // optionnel
}
```

Il s'agit de la fonction principale que nous lancerons pour activer le système de comptage du nombre d'occurrences. Cette dernière peut être personnalisée si besoin sur plusieurs aspects :

- paramétrage des fonctions `cutStr()` et `displayTable()` selon nos envies ;
- ajout ou non de fonction de comptage supplémentaire (par exemple, nous pourrions ajouter des codes pour compter le nombre d'occurrences dans les balises `<h1>` à `<h6>`...) ;
- personnalisation de l'affichage du résultat ;
- la fonction `TitleMetaCount()` peut prendre deux paramètres :
  - la page à analyser (obligatoire) ;
  - un tableau des stop words qui sera renvoyé automatiquement vers la fonction `cutStr()`.

Une fois le fichier final créé, il suffit de l'inclure et de lancer la fonction en haut des pages que nous souhaitons analyser avec le code suivant, par exemple :

Lancement et usage du système de comptabilisation

```php
<?php
// Inclusion de la fonction
include_once('titlemetacount.php');
// Lancement de la fonction
$stopwords = array('le', 'la', 'les', 'un', 'une', 'des', 'de', 'du', 'mais',
'ou', 'et', 'donc', 'or', 'ni', 'car', 'se', 'en');
echo TitleMetaCount(basename(__FILE__), $stopwords);
?>
```

Coupler analyse et comptage des mots-clés par le code

Le défaut du système précédent est que le calcul du nombre d'occurrences se fait fichier par fichier. Nous allons donc le coupler à la première fonction (`crawlFichier()`) pour appliquer le comptage dynamiquement en fonction du crawl des fichiers. En réalité, c'est extrêmement simple à réaliser puisqu'il suffit d'ajouter seulement quelques lignes de code dans la fonction `crawlFichier()` pour rendre le système fonctionnel. Tout d'abord, nous devons inclure les fonctions de comptage dans le fichier de crawl (que nous avions appelé `titremeta.php`) avec la ligne suivante placée en haut du fichier :

```php
include_once('titlemetacount.php');
```

Ensuite, nous devons aller vers la fin de la fonction `crawlFichier()`, avant la commande `fclose($ouverture);`, et ajouter ceci :

```php
$stopwords = array('le', 'la', 'les', 'un', 'une', 'des', 'de', 'du', 'mais',
'ou', 'et', 'donc', 'or', 'ni', 'car', 'se', 'en');
$result.= TitleMetaCount($fichier, $stopwords);
```

Optimiser les performances du programme

Idéalement, il faut placer le tableau des stop words avant la boucle `WHILE` pour éviter des redondances inutiles, donc n'hésitez pas à le faire.

Une fois ces modifications effectuées, il suffit de lancer le fichier `titlemeta.php` via la barre d'adresse du navigateur pour lancer le programme complet et obtenir une analyse approfondie des mots-clés sur les balises de la section <head>.

Figure 5–47
Analyse complète des mots-clés pour chaque page

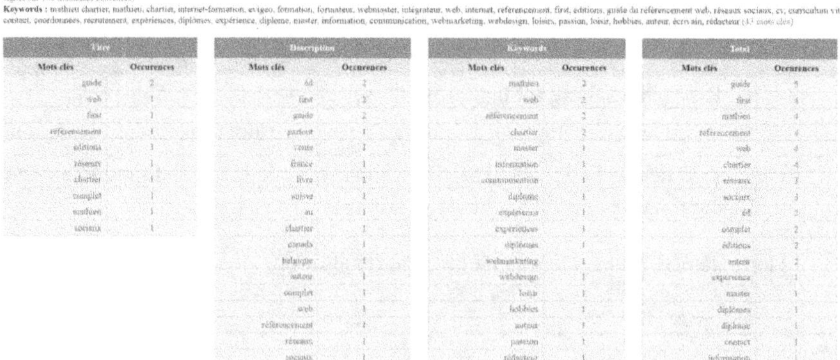

Fichier : livre-mathieu-chartier.php
Title : Mathieu Chartier - Guide complet des réseaux sociaux et Guide du référencement Web - First editions (101 signes sur 70 visibles)
Description : Présentation du Guide du référencement Web (éd. First), du Guide complet des réseaux sociaux (éd. First) et de son auteur Mathieu Chartier. Livre en vente partout en France, en Belgique, en Suisse et au Canada. (216 signes sur 160 maximum conseillés)
Keywords : mathieu chartier, mathieu, chartier, internet-formation, evigeo, formation, formateur, webmaster, intégrateur, web, internet, referencement, first, editions, guide du référencement web, réseaux sociaux, cv, curriculum vitae, contact, coordonnees, recrutement, expériences, diplômes, expérience, diplome, master, information, communication, webmarketing, webdesign, loisirs, passion, loisir, hobbies, auteur, écrivain, rédacteur (37 mots clés)

Titre		Description		Keywords		Total	
Mots clés	Occurences	Mots clés	Occurences	Mots clés	Occurences	Mots clés	Occurences
guide	2	éd	2	mathieu	2	guide	5
web	1	first	2	web	2	first	4
first	1	guide	2	référencement	2	mathieu	4
référencement	1	partout	1	chartier	2	référencement	4
editions	1	vente	1	master	1	web	4
réseaux	1	france	1	internation	1	chartier	4
chartier	1	livre	1	communication	1	réseaux	3
complet	1	suivra	1	diplome	1	sociaux	3
mathieu	1	au	1	experience	1	éd	2
sociaux	1	chartier	1	experiences	1	complet	2
		canada	1	diplomes	1	editions	2
		belgique	1	webmarketing	1	intern	2
		auteur	1	webdesign	1	experience	1
		complet	1	loisir	1	master	1
		web	1	hobbies	1	diplomes	1
		référencement	1	auteur	1	diplome	1
		réseaux	1	passion	1	contact	1
		sociaux	1	rédacteur	1	information	1

Possibilité d'extension du système

Le système pourrait être amélioré pour compter également des expressions clés, mais la fonction de découpage `cutStr()` n'est pas prévue pour cela ici. Il faudrait donc l'améliorer pour obtenir un rendu encore plus puissant et créer un système équivalent à ce que nous pouvons trouver sur des outils tels que celui proposé sur le site alyze.info.

Développer son propre robot en PHP

Intérêt d'un robot personnalisé

Depuis le début de cet ouvrage, une multitude de fonctions a été présentée pour contrôler, vérifier ou générer des données à partir d'une adresse web simple ou d'un site complet. Toutefois, nous n'avons jamais eu affaire à un robot d'indexation dans les règles de l'art, le problème étant lié en général à la quantité de ressources utiles pour faire fonctionner ce type de système.

En effet, les méthodes que nous utilisons depuis le début de notre propos sont plutôt rapides et permettent d'obtenir des résultats convaincants pour la plupart des usages. Néanmoins, elles présentent toutes le même inconvénient : il est impossible de crawler des sites externes aisément et donc de procéder à une extraction complète de données comme le ferait un moteur de recherche.

L'avantage des robots d'indexation est qu'ils récupèrent à la volée les liens présents dans les pages web, puis crawlent incessamment en passant de pages en pages tout en listant les liens présents et en récupérant des informations intéressantes. Le principal atout des robots est de pouvoir se connecter à n'importe quel site et de récupérer n'importe quel type d'information pertinente à nos yeux, c'est donc le meilleur moyen pour effectuer un suivi complet.

Nous allons donc étudier le fonctionnement de robots en PHP, afin de proposer des solutions alternatives. Cela signifie que les codes crawlant des sites statiques présentés dans ce livre peuvent être réadaptés avec ces robots (nous pensons notamment aux générateurs de Sitemaps XML ou aux programmes publiés au début de cette sous-partie). Votre objectif est de trouver la solution adéquate la plus efficace ; c'est pourquoi nous avions fait le choix de proposer au moins deux types de méthodes tout au long de votre lecture : soit le crawl au sein des répertoires d'un site, soit le crawl avec un robot spécifique.

Méthode de développement

Il n'existe pas de méthodes idéales pour créer des robots sur la Toile. Certains développeurs optent pour des systèmes programmés en Java, en C# ou encore en Python quand d'autres préfèrent le classique PHP. Quel que soit le langage, sachez qu'il est surtout question ici de ressources de serveur ou encore de mémoire RAM, tant les crawlers imposent de longs traitements ; il convient donc de ne pas tester ce type d'outils directement sur des sites d'envergure (avant d'être sûr de leur bon fonctionnement) si vous souhaitez développer votre propre système.

Comme nous optons pour PHP dans cet ouvrage, nous conserverons notre ligne directrice. Cependant, sachez qu'en termes d'efficacité, les crawlers en Python et Java sont généralement plus rapides car ils bénéficient de plusieurs threads (traitements en parallèle) et profitent à la fois de la toute puissance des serveurs et de très bons moteurs de calcul. Heureusement, PHP 7 a été officialisé dès novembre 2015 et offre des performances bien supérieures à ses versions passées, ce qui contribue fortement aux plutôt bonnes performances des crawlers que nous allons développer ensemble.

Si PHP ne vous convient pas, voici quelques excellentes ressources pour Python et Java afin que vous ayez le choix. Côté Python, le plus réputé et efficace est Scrapy (source : https://scrapy.org), mais il existe également le très bon MouCrawler (source : https://goo.gl/TDR7Ro). Java est bien fourni avec jARVEST (source : https://goo.gl/vVd98e), jSpider (source : https://goo.gl/CAo2wM) ou encore Web Harvest (source : https://goo.gl/ohUrJD). Si toutefois ces langages vous freinent, vous pouvez aussi opter pour des technologies comme l'excellent Apache Nutch (source : https://goo.gl/VRC3sj), Heretrix (source : https://goo.gl/C2h7hi) ou le logiciel Visual Scraper (source : https://goo.gl/9ew9i7). Vous devriez trouver votre bonheur…

Avant de vous lancer dans le développement d'un tel projet, il faut d'abord prendre en compte de nombreux paramètres dans l'élaboration d'un spider. Si vous utilisez des langages comme Python ou Java, vous devez penser au multithreading afin de gagner en performance. En PHP, le multithread n'est pas natif, donc vous pouvez opter pour des appels en Ajax ou le recours à des API reconnues par PHP comme *pthread* (source : https://goo.gl/AiHLkG). Quoi qu'il en soit, l'objectif est d'optimiser les performances et de multiplier le nombre de requêtes lancées en même temps.

Dans nos robots, nous n'irons pas jusqu'à ces performances extrêmes, mais nous nous devons de réfléchir aux meilleures performances possibles sur un seul thread. Un peu comme pour la vitesse de chargement des pages web que nous avons étudiées dans le deuxième chapitre, il convient de limiter le nombre de traitements (requêtes) autant que possible afin de limiter les pertes de performance. Tout repose donc sur le nombre de variables que nous allons créer, mais surtout sur la façon dont nous allons gérer les boucles.

Deux choix s'offrent à nous : opter pour un moteur récursif ou dérécursifié. L'avantage de la récursivité est de proposer une fonction qui s'appelle elle-même (le parfait exemple de la récursivité est la suite de Fibonacci) jusqu'à ce qu'une fin logique soit atteinte (la fin du crawl par exemple). En revanche, les programmes récursifs sont généralement plus gourmands en ressources car ils occupent une pile (un thread) tant qu'une action n'est pas terminée. En d'autres termes, si vous lancez une boucle pour parcourir tous les liens d'une page, et ainsi de suite jusqu'à la fin du crawl de l'ensemble des pages d'un domaine, la « pile » est occupée pendant tout ce temps et consomme de l'énergie. Vous devez donc attendre la fin complète du traitement pour obtenir votre résultat. Opter pour un crawler non récursif peut donc être une bonne alternative qui allègera le nombre de ressources serveur utiles, mais cela demande beaucoup plus de réflexion dans l'approche du développement.

Le développement d'un robot rend la présence de boucles obligatoire, au moins pour récupérer l'ensemble des liens présents dans une page visitée. Par conséquent, les différences entre un même robot en récursif ou non sont infimes et se ressentent peu en termes de performance. Nous vous présenterons les deux techniques, mais retenez que seules quelques secondes pourront les distinguer pour de lourds traitements.

Maintenant que nous partons sur des bases saines, voici ce que va offrir le crawler PHP par défaut :

* Proposer un crawl récupérable. En d'autres termes, le crawler peut effectuer un premier lancement indépendemment d'autres lancements successifs. Il est donc possible de crawler x liens, puis de repartir de ce travail préalable pour crawler de nouveaux liens et ainsi de suite.

* Déterminer une limite de crawl. Ainsi, si vous souhaitez visiter uniquement cinq liens internes afin de ne pas être trop gourmand en ressources, il est possible de lui mettre un « stop » pour que le programme s'arrête automatiquement. Si toutefois vous voulez effectuer le crawl complet d'un site, alors cela sera également possible ; le programme s'arrêtera à la fin de la visite de l'ensemble des liens internes trouvés.

* Limiter les extensions d'URL autorisées. Par défaut, nos URL peuvent être en .html, .py, .php… et même en / (répertoire ou nom de domaine) ou sans extension (après une réécriture d'URL notamment, on retire souvent les extensions). Il est possible de n'autoriser le crawl que de certaines extensions.

* Retourner un tableau complet de l'ensemble des liens trouvés, classés par typologie. Il s'agit d'un tableau multidimensionnel contenant quatre tableaux intitulés visited_links (liste des liens crawlés), unvisited_links (liste des liens pas encore crawlés), internal_links (ensemble des liens internes trouvés) et external_links (ensemble des liens externes trouvés). Le robot n'a pas pour vocation de compter le nombre de liens par page visitée, mais de lister l'ensemble des liens externes, internes, etc.

* D'autres fonctions complémentaires enregistrent les résultats dans des fichiers CSV et les lisent. Cela permet notamment de procéder à une partie du crawl à un moment, puis de repartir des fichiers CSV existants plus tard. Cela facilite la gestion comme nous pourrions le faire avec une base de données également (ce qui serait peut-être plus efficace, mais plus lent en termes de ressources du serveur).

Un robot reste un robot et son objectif est toujours le même. Le programme parcourt une première URL, recense l'ensemble des URL contenues dans cette page, puis les classe (ici dans le tableau multidimensionnel selon le type de liens). Ensuite, il prend une deuxième URL dans ces listes de liens puis refait le même travail, et ainsi de suite. Dans le cas d'un GoogleBot par exemple, le crawler est bien plus puissant et permet de distinguer les liens en nofollow des autres liens, etc. Toutefois, gardez bien à l'esprit que chaque traitement que l'on impose au robot lors du crawl ralentit l'ensemble des traitements (ce que Google appelle le crawl budget, comme nous l'avons vu dans le premier chapitre de ce livre).

Pour des raisons évidentes de gestion des ressources, le script est muni de plusieurs « stops », c'est-à-dire de codes pour freiner ou arrêter le processus au moment désiré. En effet, il convient de mettre quelques garde-fous afin de ne pas faire planter le script trop facilement, notamment pour des sites volumineux. La fonction utilise donc un paramètre $profondeur qui définit le nombre d'URL à crawler. Vous pouvez également ajouter la fonction set_time_limit() en tout début de programme pour définir le temps d'exécution maximal autorisé pour le script ; cela sera utile si vous avez des milliers d'URL à visiter par exemple.

Améliorer le robot PHP pour plus de performances

Le programme qui va suivre est loin d'être parfait. Dans tous les cas de figure, il pourrait encore être optimisé davantage ou subir une refonte pour lui donner plus de possibilités. Libre à vous de vous imprégner du code et de mettre la main à la pâte pour extraire les liens externes ou ajouter dynamiquement les liens dans une base de données...

Pour les possesseurs des anciennes versions de cet ouvrage, retenez tout de même que les deux versions proposées ici (un robot récursif et le même en non récursif) sont plus rapides que l'ancien crawler fourni et proposent en outre de bien meilleurs résultats (avant, le crawler ne dressait qu'une liste des liens internes et non un tableau multidimensionnel comme maintenant). Ici, il faut compter environ une URL crawlée par seconde, contre plus du double avec l'ancienne version.

Code PHP du spider interne

Maintenant que vous connaissez le principe et le système général de développement du robot, voici les codes commentés pour les versions récursive et non récursive du programme. Ensuite, les méthodes d'enregistrement et de lecture des données dans des fichiers CSV seront présentées, ainsi que les méthodes pour utiliser le robot.

Crawler récursif

```php
function crawler(string $url, int $profondeur = 3, array $links = array(),
  array $extsOK = array("/", "", "php", "htm", "html", "xhtml", "phtml", "dhtml", "asp", "aspx",
  "py", "jsp", "shtml")) : array {
  // URL de base
  $protocol = parse_url($url, PHP_URL_SCHEME)."://";
  $host = parse_url($url, PHP_URL_HOST);

  // Tableaux des liens crawlés, internes et externes => obligatoirement static !
  static $visited_links = array();
  static $unvisited_links = array();
  static $internal_links = array();
  static $external_links = array();

  // Détermine l'URL à crawler au départ (utile si on lance plusieurs fois la fonction crawler)
  if(!empty($links)) {
    $crawled_link = current($links['unvisited_links']);

    // Récupération des données déjà existantes
    $visited_links = (!empty($links['visited_links'])) ? $links['visited_links'] : array();
    $unvisited_links = (!empty($links['unvisited_links'])) ? $links['unvisited_links'] : array();
    $internal_links = (!empty($links['internal_links'])) ? $links['internal_links'] : array();
    $external_links = (!empty($links['external_links'])) ? $links['external_links'] : array();
  } else {
    $crawled_link = $url; // Lien par défaut (si un seul usage de la fonction)
  }

  // Tableau statique de l'ensemble des liens
  static $links = array();

  // Si le lien a déjà été crawlé, on passe notre tour
  if(!isset($links['visited_links']) || !in_array($crawled_link, $links['visited_links'])) {
    // Création de DomDocument()
    libxml_use_internal_errors(true);
```

```php
$dom = new DOMDocument();

// Chargement de l'URL testée au départ
if(@$dom->loadHTMLFile($crawled_link)) {
  // Récupération des liens
  $anchors = $dom->getElementsByTagName('a');
  foreach($anchors as $element) {
    // Lecture des HREF des liens <a>
    $href = $element->getAttribute('href');

    // Vérifie que ce n'est pas un lien vide, mort ou une ancre nommée
    if($href == "#" || $href == "") {
      continue;
    }

    // Si l'URL est sans protocole, ajout d'HTTP au début
    if(strpos($href, '//') === 0) {
      $href = "http:".ltrim($href);
    }

    // Si l'URL est relative, ajout de l'hôte au début
    if(strpos($href, 'http') !== 0) {
      $href = $protocol.$host.'/'.ltrim($href, '/');
    }

    // Si l'URL trouvée n'est pas une autre forme du domaine (avec ou sans barre oblique)
    if($url == $href || $url == $href."/") {
      $internal_links[] = $url; // Ajoute l'URL dans la liste
      continue;
    }

    // Seuls les nouveaux liens sont ajoutés dans les tableaux
    if((isset($links['internal_links']) && in_array($href, $links['internal_links'])) ||
      (isset($links['external_links']) && in_array($href, $links['external_links']))) {
      continue;
    }

    // Teste si l'URL est interne ou externe
    // if(!preg_match("#".$host."#i", $href)) {
    if(strstr($href, $host) == false) {
      $external_links[] = $href;
    } else {
      $internal_links[] = $href;

      // Crée la liste des liens à crawler (pas PDF, etc.)
      $ext = pathinfo($href, PATHINFO_EXTENSION);
      if(in_array($ext, $extsOK)) {
        $unvisited_links[] = $href;
      }
    }
  }
}
```

```php
    // Liste des liens déjà crawlés
    $visited_links[] = $crawled_link;

    // Liste des liens valides non crawlés et dédoublonnage
    $unvisited_links = array_diff($unvisited_links, $visited_links);
    $unvisited_links = array_unique($unvisited_links);

    // Dédoublonnage et enregistrement dans un tableau
    $links = array(
      'visited_links' => $visited_links,
      'unvisited_links' => $unvisited_links,
      'internal_links' => array_unique($internal_links),
      'external_links' => array_unique($external_links)
    );

    // On décrémente le niveau de profondeur de crawl
    $profondeur--;
  }

  // On relance le crawl de manière récursive (s'il y a plus d'un tour)
  if($profondeur > 0) {
    crawler(next($unvisited_links), $profondeur, $links, $extsOK);
  }

  return $links; // Retourne le tableau final
}
```

Ensuite, collez la fonction d'extraction non récursive. Elle retourne un tableau à deux indices. L'indice `[0]` correspond aux nouveaux liens récupérés dans la phase de crawl et l'indice `[1]` liste les pages déjà visitées et crawlées.

Crawler non récursif (alternative)

```php
/* Partie du crawl non récursive */
// URL de départ (avec la barre oblique "/" finale)
define('BASE_URL', 'https://www.site.fr/');

// Nombre de liens à visiter
$nb = 5;

// Tableaux des liens internes et externes
static $crawl = array();
static $visited_links = array();
static $unvisited_links = array();
static $internal_links = array();
static $external_links = array();

// URL de base
$protocol = parse_url(BASE_URL, PHP_URL_SCHEME)."://";
$host = parse_url(BASE_URL, PHP_URL_HOST);
```

```php
// Extensions autorisées pour le crawl
$extsOK = array("/", "", "php", "htm", "html", "xhtml", "phtml", "dhtml", "asp", "aspx",
                "py", "jsp", "shtml");

// Lancement du crawl
do {
  // Détermine l'URL à crawler au départ (utile si on lance plusieurs fois la fonction crawler)
  if(!empty($crawl)) {
    $crawled_link = current($crawl['unvisited_links']);

    // Récupération des données déjà existantes
    $visited_links = (!empty($crawl['visited_links'])) ? $crawl['visited_links'] : array();
    $unvisited_links = (!empty($crawl['unvisited_links'])) ? $crawl['unvisited_links'] : array();
    $internal_links = (!empty($crawl['internal_links'])) ? $crawl['internal_links'] : array();
    $external_links = (!empty($crawl['external_links'])) ? $crawl['external_links'] : array();
  } else {
    $crawled_link = BASE_URL; // Lien par défaut (si un seul usage de la fonction)
  }

  // Création de DomDocument()
  libxml_use_internal_errors(true);
  $dom = new DOMDocument();

  // Chargement de l'URL testée au départ
  if($dom->loadHTMLFile($crawled_link)) {
    // Récupération des liens
    $anchors = $dom->getElementsByTagName('a');
    foreach($anchors as $element) {
      // Lecture des HREF des liens <a>
      $href = $element->getAttribute('href');

      // Vérifie que ce n'est pas un lien vide ou mort
      if($href == "#" || $href == "") {
        continue;
      }

      // Si l'URL est sans protocole, ajout d'HTTP au début
      if(strpos($href, '//') === 0) {
        $href = 'http:'.ltrim($href);
      }

      // Si l'URL est relative, ajout de l'hôte au début
      if(strpos($href, 'http') !== 0) {
        $href = $protocol.$host.'/'.ltrim($href, '/');
      }

      // Si l'URL trouvée n'est pas une autre forme du domaine (avec ou sans barre oblique)
      if($url == $href || $url == $href."/") {
        $internal_links[] = BASE_URL;
        continue;
      }
```

```php
    // Seuls les nouveaux liens sont ajoutés au tableau
    if((isset($links['internal_links']) && in_array($href, $links['internal_links'])) ||
       (isset($links['external_links']) && in_array($href, $links['external_links']))) {
      continue;
    }

    // Teste si l'URL est interne ou externe
    if(strstr($href, $host) !== 0) {
      $external_links[] = $href;
    } else {
      $internal_links[] = $href;

      // Crée la liste des liens à crawler (pas PDF, etc.)
      $ext = pathinfo($href, PATHINFO_EXTENSION);
      if(in_array($ext, $extsOK)) {
        $unvisited_links[] = $href;
      }
    }
  }
}

// Liste des liens déjà crawlés
$visited_links[] = $crawled_link;

// Liste des liens valides non crawlés et dédoublonnage
$unvisited_links = array_diff($unvisited_links, $visited_links);
$unvisited_links = array_unique($unvisited_links);

// Dédoublonnage et enregistrement dans un tableau
$crawl = array(
  'visited_links' => $visited_links,
  'unvisited_links' => $unvisited_links,
  'internal_links' => array_unique($internal_links),
  'external_links' => array_unique($external_links)
);

// Décrémentation automatique du niveau de liens à crawler
$nb--;
} while($nb > 0); // Crawl limité à un nombre de pages
```

Il existe peu d'écart de performance entre les deux versions du robot sur des sites de moyenne envergure. La différence peut éventuellement se ressentir sur des centaines d'URL à crawler. Vous pouvez retrouver tous les codes via le lien de téléchargement présenté au début du livre, et si vous avez bien fait les choses, vous devriez obtenir un résultat comme dans la capture suivante après le lancement d'un crawl (ici, seulement 5 URL crawlées).

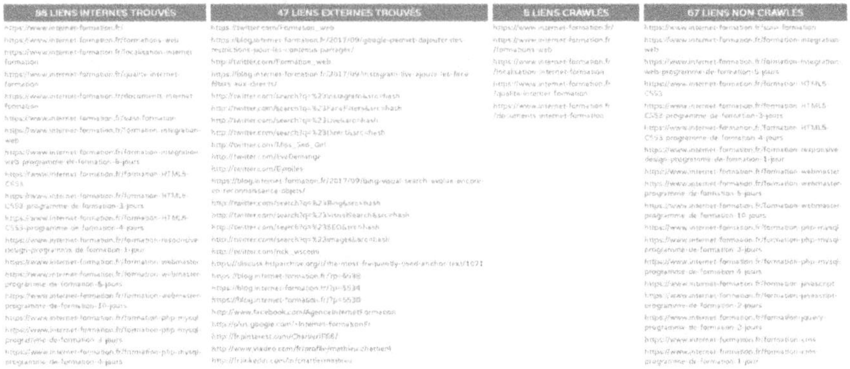

Figure 5–48
Résultat d'un crawl avec
la liste des URL visitées,
connues (internes et externes)
et encore non crawlées

Enregistrement et lecture des données dans des fichiers CSV

```php
function saveInCSV(array $URL_list = array(), string $domain = 'www',
                   string $logs_directory = '') {
    // Création d'un répertoire si désiré et si inexistant
    if(!empty($logs_directory) && !is_dir($logs_directory)) {
        mkdir($logs_directory, 0705);
    }


    // Ajoute la barre oblique à la fin en cas d'oubli
    if(!empty($logs_directory) && is_dir($logs_directory)
        && mb_substr($logs_directory, -1) != "/") {
        $logs_directory.= "/";
    }
    // Création et remplissage du fichier CSV
    foreach($URL_list as $type => $links) {
        if (filter_var($domain, FILTER_VALIDATE_URL)) {
            $file_name = $logs_directory.$type.'-'.parse_url($domain, PHP_URL_HOST).'.csv';
        } else {
            $file_name = $logs_directory.$type.'-'.$domain.'.csv';
        }
        $file = fopen($file_name, 'w+');

        foreach($links as $url_link) {
            fputcsv($file, array($url_link), ";");
        }
    }


    // Fermeture du fichier
    fclose($file);
}
```

La fonction `saveInCSV()` précédente récupère le tableau multidimensionnel issu d'un crawl (quelle que soit la
version du robot utilisé) et enregistre les données de chaque sous-tableau dans des fichiers CSV distincts.
Le deuxième paramètre correspond au nom à donner aux fichiers (qui seront préfixés automatiquement par
type de donnée) et le dernier paramètre le nom d'un dossier pour l'enregistrement (seulement si nécessaire).

A contrario, la fonction suivante, `readInCSV()`, a pour objectif de lire les listes de fichiers CSV pour recréer un tableau multidimensionnel de crawl. Ainsi, cette fonction vous permettra de reprendre un crawl plus tard si vous le désirez, ou tout simplement de traiter les données ultérieurement via PHP.

```php
function readInCSV(array $CSV_files = array(), string $logs_directory = '') : array {
    if(!empty($CSV_files)) {
        // Ajoute la barre oblique à la fin du nom de répertoire en cas d'oubli
        if(is_dir($logs_directory) && mb_substr($logs_directory, -1) != "/") {
            $logs_directory.= "/";
        }

        // Ouvre les fichiers CSV
        $links_list = array(); // Liste des liens lus
        foreach($CSV_files as $type => $CSV_file) {
            // Lit chaque fichier CSV demandé
            $csvFile = file($logs_directory.$CSV_file);

            // Parcourt le fichier CSV ligne par ligne
            $csv = array_map('str_getcsv', $csvFile);

            // Enregistre chaque ligne du CSV dans un tableau propre
            foreach($csv as $url) {
                $links_list[$type][] = $url[0];
            }
        }

        return $links_list;
    }
}
```

Programme modulaire pour enregistrer les données

Ces fonctions peuvent être remplacées par des équivalents afin de recueillir les liens dans une base de données, par exemple pour les traiter plus facilement par la suite. Ici, le fonctionnement s'assimile plutôt à une gestion en NoSQL, même s'il s'agit de fichiers CSV que l'on peut traiter avec des tableurs comme Microsoft Excel.

Utilisation d'un crawler PHP

À ce niveau, vous devriez avoir un fichier contenant un crawler (récursif ou non) et les deux fonctions `saveInCSV()` et `readInCSV()`. Dans le cas du robot récursif, nous avons davantage de possibilités par défaut, ce qui le rend plus manipulable et intéressant sans avoir à retoucher le programme. Tout d'abord, vous pouvez lancer un crawl de deux manières, comme ceci :

```php
// URL d'origine à crawler (avec la barre oblique finale obligatoire)
define('BASE_URL', 'https://www.site.fr/');

// Méthode 1 : lancement avec un stop défini (ici 5 liens crawlés)
$crawl = crawler(BASE_URL, 5);
```

```php
// Méthode 2 : lancement presque non récursif dans une boucle externe
$crawl = array();
$nb = 5; // Si on veut bloquer le crawl à 5 liens internes
do {
    $crawl = crawler(BASE_URL, 1, $crawl); // Le stop doit être défini à 1 !
    $nb--;
} while($nb > 0);
```

Maintenant, si vous voulez enregistrer les données du crawl effectué, il faut utiliser la fonction `saveInCSV()`. Une fois encore, deux méthodes s'offrent à vous :

```php
// URL d'origine à crawler (avec la barre oblique finale obligatoire)
define('BASE_URL', 'https://www.site.fr/');

// Méthode 1 : enregistrement après le crawl total
$crawl = crawler(BASE_URL, 5);
saveInCSV($crawl, BASE_URL); // Enregistrement des données dans un CSV

// Méthode 2 : enregistrement progressif à chaque URL crawlée
$crawl = array();
$nb = 5; // Si on veut bloquer le crawl à 5 liens internes
do {
    $crawl = crawler(BASE_URL, 1, $crawl); // Le stop doit être défini à 1 !
    saveInCSV($crawl, BASE_URL); // Enregistrement des données dans un CSV
    $nb--;
} while($nb > 0);
```

Enfin, tout l'intérêt de ce robot est de pouvoir effectuer des crawls indépendants afin de ne pas tout faire en continu en consommant beaucoup de ressources. L'idéal est donc de mener un crawl de quelques dizaines de pages (ou plus), puis de reprendre le travail plus tard à partir d'un autre crawl ou de fichiers CSV déjà remplis. Pour ce faire, il faut ajouter un tableau multidimensionnel existant en troisième paramètre de la fonction `crawl()` :

```php
// URL d'origine à crawler (avec la barre oblique finale obligatoire)
define('BASE_URL', 'https://www.site.fr/');

// 1er lancement du crawler : 5 liens visités
$premierCrawl = crawler(BASE_URL, 5);

// 2e lancement du crawler (tableau récupéré du 1er crawl) : visite des 5 liens suivants
$crawl = crawler(BASE_URL, 5, $premierCrawl);
```

L'intérêt est d'utiliser les fonctions d'enregistrement et de lecture des CSV pour stocker localement les données de crawl. Ainsi, il est aisé de reprendre un second crawl plus tard. Une fois n'est pas coutume, voici deux méthodes pour arriver à vos fins :

```php
// URL d'origine à crawler (avec la barre oblique finale obligatoire)
define('BASE_URL', 'https://www.site.fr/');
```

```php
// MÉTHODE 1
    // 1er lancement du crawl puis enregistrement
    $crawl = crawler(BASE_URL, 5);
    saveInCSV($crawl, BASE_URL); // Enregistrement des données dans un CSV

// Lecture des CSV existants
    $CSV_files = array(
        "visited_links" => "visited_links-www.site.fr.csv",
        "unvisited_links" => "unvisited_links-www.site.fr.csv",
        "internal_links" => "internal_links-www.site.fr.csv",
        "external_links" => "external_links-www.site.fr.csv",
    );
    $readCSV = readInCSV($CSV_files);

    // 2e lancement du crawl à partir des fichiers CSV lus
    $crawl = crawler(BASE_URL, 5, $readCSV);

    // MÉTHODE 2
    // 1er lancement de crawl pour une URL puis enregistrement
    $crawl = crawler(BASE_URL, 1);
    saveInCSV($crawl, BASE_URL);

    // 2e lancement de crawl URL par URL
    do {
        // Lecture des fichiers CSV
        $CSV_files = array(
            "visited_links" => "visited_links-www.site.fr.csv",
            "unvisited_links" => "unvisited_links-www.site.fr.csv",
            "internal_links" => "internal_links-www.site.fr.csv",
            "external_links" => "external_links-www.site.fr.csv",
        );
        $readCSV = readInCSV($CSV_files);

        // Lancement du crawl URL par URL puis enregistrement (mise à jour des CSV)
        $crawl = crawler(BASE_URL, 1, $readCSV);
        saveInCSV($crawl, BASE_URL);
} while($nb > 0);
```

Le crawler non récursif est déjà fonctionnel. Vous pouvez juste modifier un peu son comportement pour utiliser les fonctions d'enregistrement et de lecture des CSV. Sinon, seule l'ultime ligne du robot peut avoir une incidence sur le code. Pour rappel, voici les deux possibilités qui vous sont permises par défaut à la fin de la boucle do { … } while() :

```php
// Fin à copier si vous souhaitez un crawl total d'un site
} while(count($crawl['unvisited_links']) > 0); // Crawl total d'un site

// Fin à utiliser si vous utilisez la variable $nb et juste un crawl de n pages
} while($nb > 0); // Crawl limité à un nombre de pages
```

Ces fins de boucle sont également utilisables si vous optez pour la méthode n°2 de crawler récursif. Ainsi, vous pouvez parcourir l'ensemble des liens internes d'un site jusqu'à la fin, sans avoir à préciser de « stop ». Vous devriez être désormais incollable à propos du fonctionnement de base d'un robot d'indexation, bien que ceux des moteurs de recherche soient beaucoup plus performants et approfondis bien entendu.

Détecter les liens morts et les redirections

Les versions des crawlers que nous avons présentées sont intéressantes car elles agrègent déjà tous les types de liens (à l'exception des liens en `follow`, `nofollow`). Ainsi, avec les tableaux de données récupérées, nous savons notamment quels sont les liens internes et externes, sans avoir à fournir d'efforts supplémentaires.

Toutefois, tout l'intérêt d'un robot est d'aller récupérer des données dans les pages. C'est ce que nous allons tenter de réaliser par la suite afin de réaliser un suivi ou un audit de site web. Deux solutions se présentent :

* modifier le programme utilisé pour récupérer les données à la volée ;
* réaliser une analyse des pages après un ou plusieurs crawls, par exemple en s'appuyant sur les fichiers CSV précédemment créés.

Les deux méthodes sont intéressantes et présentent chacune des avantages. La première permet de tout faire d'un seul tenant sans avoir à revisiter les pages, mais ralentit de fait le crawler original. Il s'agit néanmoins de la solution la plus efficace pour agréger certaines données comme les code d'erreurs ou de redirections. La seconde solution est intéressante car elle permet d'effectuer un traitement ultérieur à partir de listes d'URL déjà établies (dans des fichiers CSV par exemple). Cependant, cela impose une réouverture de chaque URL interne et donc un second crawl en quelque sorte, uniquement pour traiter les données.

Vous l'aurez compris, quelle que soit l'option choisie, le traitement d'origine va être allongé et plus lent. Il convient donc d'opter pour la solution qui vous semble la plus adéquate pour vos besoins. Tout est donc une question de calcul et de gestion et vous seul saurez pour quelle variante opter.

Nous vous présenterons en fin de section une version du crawler récursif revue entièrement pour récupérer plusieurs des informations présentées ici : statuts HTTP, `<title>`, métadonnées (`description`, `keywords` et `robots`), etc. Au préalable, voici une petite fonction détachée du crawler qui récupère les codes d'erreurs ou de redirections à partir de listes d'URL (ici à partir des CSV générés par le crawler).

Vous pouvez soit passer par la classe `DomDocument` de PHP comme nous l'avons utilisée pour les robots, soit opter pour les fonctions de cURL qui s'avèrent parfois tout aussi efficace, voire plus. Tout d'abord, voici la version avec `DomDocument` qui retourne des codes tels que « HTTP/1.1 200 OK » pour une page sans erreur (code 200) :

```php
function getStatusHttp(array $links = array(), $fired = false) {
    if(!empty($links)) {
        // Tableau des statuts HTTP
        $status = array();

        // On parcourt chaque lien
        foreach($links as $link) {
            if(($fired !== false && $fired > 0) xor $fired === false) {
                // Création de DomDocument()
                libxml_use_internal_errors(true);
```

```
                    $dom = new DOMDocument();

                    // Chargement de l'URL testée au départ
                    if(@$dom->loadHTMLFile($link)) {
                        $status[] = array(
                            "url" => $link,
                            "status" => @$http_response_header[0]
                        );
                    }
                }

                if($fired !== false) {
                    $fired--; // Incrémente le "stop"
                }
            }

        return $status;
        }
    }
```

Sinon, vous pouvez utiliser cette variante avec cURL, souvent plus rapide et efficace pour les statuts HTTP, mais qui ne retourne que le code (200 sans erreur, 301 pour une redirection, etc.) :

```
function getStatusHttpCurl(array $links = array(), $fired = false) {
    if(!empty($links)) {
        // Tableau des statuts HTTP
        $status = array();

        // On parcourt chaque lien
        foreach($links as $link) {
            if(($fired !== false && $fired > 0) xor $fired === false) {
                // Récupération des données avec cURL
                $curl = curl_init($link);
                curl_setopt($curl, CURLOPT_RETURNTRANSFER, true);
                curl_setopt($curl, CURLOPT_FOLLOWLOCATION, true);
                curl_setopt($curl, CURLOPT_SSL_VERIFYPEER, false);
                curl_setopt($curl, CURLOPT_SSL_VERIFYHOST, false);
                curl_setopt($curl, CURLOPT_FAILONERROR, true);

                // Récupération du contenu
                $contenu = curl_exec($curl);

                // Récupération des données
                $codeHTTP = curl_getinfo($curl, CURLINFO_HTTP_CODE);

                curl_close($curl); // Fermeture de cURL

                // Chargement de l'URL testée au départ
                $status[] = array(
                    "url" => $link,
                    "status" => $codeHTTP
```

```
            );
        }

        if($fired !== false) {
            $fired--; // Incrémente le "stop"
        }
    }

    return $status;
    }
}
```

Ensuite, utilisez une de ces fonctions avec les listes d'URL que nous avons générées via un crawler ; vous obtiendrez un tableau avec les URL et les codes d'erreurs ou de redirections correspondants. Voici deux méthodes pour procéder à ce suivi :

```
// Tableau des liens (ici, seul « internal_links » nous intéresse
$CSV_files = array(
    "internal_links" => "internal_links-www.internet-formation.fr.csv",
);
$readCSV = readInCSV($CSV_files);

// Méthode 1 : avec DomDocument
$status = getStatusHttp($readCSV['internal_links'], 5);
// supprimer « 5 » pour faire un crawl complet des URL internes

// Méthode 2 : avec cURL
$status = getStatusHttpCurl($readCSV['internal_links'], 5);
// supprimer « 5 » pour faire un crawl complet des URL internes
```

Vous devriez obtenir les informations nécessaires (présentées dans un tableau dans la figure suivante) pour détecter les pages d'erreurs ou les redirections automatiques. Retenez qu'avec ces méthodes externes au crawler initial, le temps d'exécution peut être assez long pour obtenir uniquement des statuts HTTP...

Figure 5–49
Exemple d'audit des erreurs HTTP,
des pages 404, des redirections, etc.

URL	STATUS HTTP
https://www.mathieu-chartier.com/livre-mathieu-chartier.php	HTTP/1.1 200 OK
https://www.mathieu-chartier.com/competences-mathieu-chartier.php	HTTP/1.1 200 OK
https://www.mathieu-chartier.com/experience-mathieu-chartier.php	HTTP/1.1 200 OK
https://www.mathieu-chartier.com/activites.php	HTTP/1.1 200 OK
https://www.mathieu-chartier.com/livres-mathieu-chartier.php	HTTP/1.1 404 Not Found
https://www.mathieu-chartier.com/contacts.php	HTTP/1.1 404 Not Found

Récupérer des contenus de pages web

Vous pouvez encore repartir des listes d'URL existantes pour récupérer des données intéressantes à auditer (titres, métadonnées). Pour ce faire, vous pouvez créer une fonction externe avec cURL, DomDocument voire `file_get_contents()`, ou tout simplement utiliser le crawler complet présenté à la fin de cette section.

Voici un exemple de récupération des données avec DomDocument et une fonction spécifique. Vous pouvez tout à fait réaliser une fonction alternative avec d'autres méthodes ; il ne s'agit que d'un exemple. Les résultats obtenus forment un tableau contenant le titre et les métadonnées de chaque page crawlée mais, comme pour la sous-partie précédente, n'oubliez pas que ce traitement peut se révéler assez long pour des dizaines d'URL…

```php
// Tableau des liens (ici, seul « internal_links » nous intéresse
$CSV_files = array(
    "internal_links" => "internal_links-www.internet-formation.fr.csv",
);
$readCSV = readInCSV($CSV_files);

// Tableau $dataSeo contenant les titres, métadonnées et statuts HTTP d'un seul tenant
$dataSeo = getDataSeo($readCSV['internal_links'], 5);
// supprimer « 5 » pour faire un crawl complet des URL internes


// Fonction de récupération des données avec DomDocument
function getDataSeo(array $links = array(), $fired = false) {
    if(!empty($links)) {
        // Tableau des statuts HTTP
        $datas = array();

        // On parcourt chaque lien
        foreach($links as $link) {
            if(($fired !== false && $fired > 0) xor $fired === false) {
                // Création de DomDocument()
                libxml_use_internal_errors(true);
                $dom = new DOMDocument();

                // Chargement de l'URL testée au départ
                if(@$dom->loadHTMLFile($link)) {
                    // Récupération des données intéressantes
                    // Titre (<title>)
                    $title = $dom->getElementsByTagName('title');

                    // Métadonnées
                    $metadatas = $dom->getElementsByTagName('meta');
                    foreach($metadatas as $meta) {
                        // On récupère les meta "name" intéressantes en SEO
                        $name = $meta->getAttribute('name');

                        // On vérifie si des valeurs existent
                        if($name == 'description') {
                            $description = $meta->getAttribute('content');
                            $metas['description'] = $description;
                        } elseif($name == 'keywords') {
                            $keywords = $meta->getAttribute('content');
                            $metas['keywords'] = $keywords;
                        } elseif($name == 'robots') {
```

```php
                            $robots = $meta->getAttribute('content');
                            $metas['robots'] = $robots;
                        }
                    }

                    // Enregistrement des données dans un tableau
                    $datas[] = array(
                        'url' => $link,
                        'title' => $title->item(0)->nodeValue,
                        'metas' => $metas,
                        'status' => @$http_response_header[0],
                    );
                }
            }

            if($fired !== false) {
                $fired--; // Incrémente le "stop"
            }
        }

        return $datas;
    }
}
```

Vérifier les attributs alt des images

Auditer un site web pour le référencement implique de vérifier les balises ou attributs importants. Avec les solutions présentées précédemment, vous pouvez facilement adapter les fonctions pour récupérer tous les titres internes (<h1> à <h6>), les expressions en <strong>, etc. Ainsi, il est assez aisé d'agréger la totalité des données utiles au SEO via un crawler. Nous terminerons juste notre tour d'horizon par la récupération des attributs alt des images.

Nous repartons exactement sur les mêmes bases que la fonction getDataSeo() sauf que nous l'adaptons pour récupérer un tableau de données URL par URL avec l'ensemble des sources et textes alternatifs des images. N'oubliez pas que l'attribut alt des images est obligatoire pour avoir un code valide ; il ne devrait donc jamais manquer lorsque vous auditez une page…

```php
// Tableau des liens (ici, seul « internal_links » nous intéresse
$CSV_files = array(
    "internal_links" => "internal_links-www.internet-formation.fr.csv",
);
$readCSV = readInCSV($CSV_files);

// Tableau $imageAlt contenant chaque src et alt de l'ensemble des images, pour chaque URL
$imageAlt = getImageAlt($readCSV['internal_links'], 5);
// supprimer « 5 » pour faire un crawl complet des URL internes

// Fonction de récupération des src et alt d'images avec DomDocument
function getImageAlt(array $links = array(), $fired = false) {
    if(!empty($links)) {
        // Tableau des statuts HTTP
```

```php
        $datas = array();

        // On parcourt chaque lien
        foreach($links as $link) {
            if((($fired !== false && $fired > 0) xor $fired === false) {
                // Création de DomDocument()
                libxml_use_internal_errors(true);
                $dom = new DOMDocument();

                // Chargement de l'URL testée au départ
                if(@$dom->loadHTMLFile($link)) {
                    // Récupération de l'ensemble des images
                    $images = $dom->getElementsByTagName('img');

                    // Parcourt les images
                    $image = array();
                    foreach($images as $img) {
                        // On récupère les attributs src et alt des images
                        $src = @$img->getAttribute('src');
                        $alt = @$img->getAttribute('alt');

                        $image[] = array(
                            'src' => $src,
                            'alt' => $alt
                        );
                    }
                }

                // Enregistrement des données dans un tableau
                $datas[] = array(
                    'url' => $link,
                    'images' => $image,
                );
            }

            if($fired !== false) {
                $fired--; // Incrémente le "stop"
            }
        }

        return $datas;
    }
}
```

Crawler complet avec récupération des données

Si vous préférez récupérer l'ensemble des données directement lors du crawl d'un site, la meilleure solution est de modifier le robot originel pour que ce dernier agrège les informations à la volée. Cela a le mérite de procéder à tous les traitements d'un seul tenant, mais aussi de vous faciliter la tâche pour auditer un site web. Toutefois, retenez que les traitements peuvent prendre presque le double de temps sur des volumes conséquents d'URL à crawler (des dizaines, centaines voire milliers de pages à visiter), ce qui peut s'avérer non négligeable.

Nous n'avons modifié que le crawler récursif pour vous présenter cette alternative, mais vous pouvez bien entendu en faire de même avec le crawler itératif si nécessaire. Le robot récupère les codes d'erreurs, les `<title>`, les `meta` (`description`, `keywords` et `robots`), les images (`src` et `alt`), mais aussi l'ensemble des titres internes `<hn>`. Vous pourriez très bien ajouter du code pour agréger les `<strong>` et les balises canoniques par exemple.

```php
// Fonction récursive pour le crawler
function crawler(string $url, int $profondeur = 3, array $links = array(),
                 array $extsOK = array("/", "", "php", "htm", "html", "xhtml", "phtml", "dhtml",
                                       "asp", "aspx", "py", "jsp", "shtml")) : array {
    // URL de base
    $protocol = parse_url($url, PHP_URL_SCHEME)."://";
    $host = parse_url($url, PHP_URL_HOST);

    // Tableaux des liens crawlés, internes et externes => obligatoirement static !
    static $visited_links = array();
    static $unvisited_links = array();
    static $internal_links = array();
    static $external_links = array();
    static $datas = array();

    // Détermine l'URL à crawler au départ (utile si on lance plusieurs fois la fonction crawler)
    if(!empty($links)) {
        $crawled_link = current($links['unvisited_links']);

        // Récupération des données existantes
        $visited_links = (!empty($links['visited_links'])) ? $links['visited_links'] : array();
        $unvisited_links = (!empty($links['unvisited_links'])) ? $links['unvisited_links'] : array();
        $internal_links = (!empty($links['internal_links'])) ? $links['internal_links'] : array();
        $external_links = (!empty($links['external_links'])) ? $links['external_links'] : array();
        $datas = (!empty($links['datas'])) ? $links['datas'] : array();
    } else {
        $crawled_link = $url; // Lien par défaut (si un seul usage de la fonction)
    }

    // Tableau statique de l'ensemble des liens
    static $links = array();

    // Si le lien a déjà été crawlé, on passe notre tour
    if(!isset($links['visited_links']) || !in_array($crawled_link, $links['visited_links'])) {
        // Création de DomDocument()
        libxml_use_internal_errors(true);
        $dom = new DOMDocument();

        // Chargement de l'URL testée au départ
        if(@$dom->loadHTMLFile($crawled_link)) {
            // Récupération des liens
            $anchors = $dom->getElementsByTagName('a');

            foreach($anchors as $element) {
                // Lecture des HREF des liens <a>
                $href = $element->getAttribute('href');
```

```php
        // Vérifie que ce n'est pas un lien vide, mort ou une ancre nommée
        if($href == "#" || $href == "") {
            continue;
        }

        // Si l'URL est sans protocole, ajout d'HTTP au début
        if(strpos($href, '//') === 0) {
            $href = "http:".ltrim($href);
        }

        // Si l'URL est relative, ajout de l'hôte au début
        if(strpos($href, 'http') !== 0) {
            $href = $protocol.$host.'/'.ltrim($href, '/');
        }

        // Si l'URL trouvée n'est pas une autre forme du domaine
        // (avec ou sans barre oblique)
        if($url == $href || $url == $href."/") {
            $internal_links[] = $url; // Ajoute l'URL dans la liste
            continue;
        }

        // Seuls les nouveaux liens sont ajoutés dans les tableaux
        if((isset($links['internal_links']) && in_array($href, $links['internal_links']))
          || (isset($links['external_links']) && in_array($href, $links['external_links']))) {
            continue;
        }

        // Teste si l'URL est interne ou externe
        // if(!preg_match("#".$host."#i", $href)) {
        if(strstr($href, $host) == false) {
            $external_links[] = $href;
        } else {
            $internal_links[] = $href;

            // Crée la liste des liens à crawler (pas PDF, etc.)
            $ext = pathinfo($href, PATHINFO_EXTENSION);
            if(in_array($ext, $extsOK)) {
                $unvisited_links[] = $href;
            }
        }
    }
}

// Récupération des données intéressantes
// Titre (<title>)
$title = $dom->getElementsByTagName('title');

// Métadonnées
$metadatas = $dom->getElementsByTagName('meta');
foreach($metadatas as $meta) {
    // On récupère les meta "name" intéressantes en SEO
    $name = $meta->getAttribute('name');
```

```php
            // On vérifie si des valeurs existent
            if($name == 'description') {
                $metas['description'] = $meta->getAttribute('content');
            } elseif($name == 'keywords') {
                $metas['keywords'] = $meta->getAttribute('content');
            } elseif($name == 'robots') {
                $metas['robots'] = $meta->getAttribute('content');
            } else {
                $metas['description'] = "";
                $metas['keywords'] = "";
                $metas['robots'] = "";
            }
        }

        // Images (src et alt)
        $images = $dom->getElementsByTagName('img');
        $image = array();
        foreach($images as $img) {
            // On récupère les attributs src et alt des images
            $src = @$img->getAttribute('src');
            $alt = @$img->getAttribute('alt');

            $image[] = array(
                'src' => $src,
                'alt' => $alt
            );
        }

        // Titres internes (<h1> à <h6>)
        $internalTitles = array();
        for($i = 1; $i < 7; $i++) {
            $titleHn = $dom->getElementsByTagName('h'.$i);
            foreach($titleHn as $hn) {
                $internalTitles['h'.$i][] = $hn->nodeValue;
            }
        }

        // Enregistrement des données dans un tableau
        $datas[] = array(
            'url' => $crawled_link,
            'title' => $title->item(0)->nodeValue,
            'metas' => $metas,
            'hn' => $internalTitles,
            'images' => $image,
            'status' => @$http_response_header[0],
        );
    }

    // Liste des liens déjà crawlés
    $visited_links[] = $crawled_link;

    // Liste des liens valides non crawlés et dédoublonnage
    $unvisited_links = array_diff($unvisited_links, $visited_links);
```

```php
        $unvisited_links = array_unique($unvisited_links);

        // Dédoublonnage et enregistrement dans un tableau
        $links = array(
            'visited_links' => $visited_links,
            'unvisited_links' => $unvisited_links,
            'internal_links' => array_unique($internal_links),
            'external_links' => array_unique($external_links),
            'datas' => $datas
        );

        // On décrémente le niveau de profondeur de crawl
        $profondeur--;
    }

    // On relance le crawl de manière récursive (s'il y a plus d'un tour)
    if($profondeur > 0) {
        crawler(next($unvisited_links), $profondeur, $links, $extsOK);
    }

    return $links; // Retourne le tableau final
}
```

Le crawler fonctionne parfaitement ainsi mais, si vous souhaitez profiter de la totalité de ses possibilités, il convient de modifier les fonctions de gestion des fichiers CSV. Pour plus de simplicité, les données agrégées lors des crawls sont enregistrées dans un tableau portant la clé datas. Ce dernier est converti en JSON pour devenir une chaîne de caractères, ce qui facilite son décodage lors de la lecture des CSV avec la fonction readCSV() (pour continuer un crawl ultérieurement). Cela signifie qu'il est malheureusement impossible d'utiliser les données dans un tableur pour filtrer les résultats, etc.

Voici les fonctions saveInCSV() et readInCSV() revues et corrigées. Elles s'utilisent exactement comme nous l'avons étudié précédemment ; il convient juste d'ajouter le nom du fichier datas en CSV dans le tableau utile pour readInCSV(). Ainsi, vous pouvez arrêter un crawl après un nombre d'URL désiré, puis le reprendre avec l'ensemble des données intéressantes (pas uniquement les informations sur les liens désormais).

```php
// Fonction d'enregistrement des liens dans un fichier CSV
function saveInCSV(array $URL_list = array(), string $domain = 'www',
                  string $logs_directory = '') {
    // Création d'un répertoire si désiré et si inexistant
    if(!empty($logs_directory) && !is_dir($logs_directory)) {
        mkdir($logs_directory, 0705);
    }

    // Ajoute la barre oblique à la fin en cas d'oubli
    if(!empty($logs_directory) && is_dir($logs_directory)
        && mb_substr($logs_directory, -1) != "/") {
        $logs_directory.= "/";
    }
```

```php
        // Création et remplissage du fichier CSV
    foreach($URL_list as $type => $links) {
        if(filter_var($domain, FILTER_VALIDATE_URL)) {
            $file_name = $logs_directory.$type.'-'.parse_url($domain, PHP_URL_HOST).'.csv';
        } else {
            $file_name = $logs_directory.$type.'-'.$domain.'.csv';
        }
        $file = fopen($file_name, 'w+');

        // S'il s'agit des tableaux de liens classiques, on ajoute la liste au CSV
        if(count($links) == count($links, COUNT_RECURSIVE)) {
            foreach($links as $url_link) {
                // Ajout dans le fichier CSV
                fputcsv($file, array($url_link), ";");
            }
        } else { // S'il s'agit des tableaux des données récupérées
            foreach($links as $datas) {
                // On doit sérialiser les données pour gagner en performance
                $dataCsv = json_encode($datas);
                // Ajout dans le fichier CSV
                fputcsv($file, array($dataCsv), ";");
            }
        }
    }

    // Fermeture du fichier
    fclose($file);
}

// Fonction de lecture des fichiers CSV contenant des URL
function readInCSV(array $CSV_files = array(), string $logs_directory = '',
                $datasType = "datas") : array {
    if(!empty($CSV_files)) {
        // Ajoute la barre oblique à la fin du nom de répertoire en cas d'oubli
        if(is_dir($logs_directory) && mb_substr($logs_directory, -1) != "/") {
            $logs_directory.= "/";
        }

        $links_list = array();

        // Ouvre les fichiers CSV
        foreach($CSV_files as $type => $CSV_file) {
            $csv = array();

            // Lit chaque fichier CSV demandé
            $csvFile = file($logs_directory.$CSV_file);

            // Parcourt le fichier CSV ligne par ligne
            $csv = array_map('str_getcsv', $csvFile);

            // Enregistre chaque ligne du CSV dans un tableau propre
            foreach($csv as $key => $datas) {
```

```php
        if($type != "datas") {
            $links_list[$type][] = $datas[0];
        } else {
            foreach($datas as $dataTab) {
                $links_list[$type][] = json_decode($dataTab, true);
            }
        }
    }
}

    return $links_list;
    }
}
```

Avec ces nouvelles versions, vous avez vraiment la possibilité d'afficher beaucoup d'informations intéressantes, mais il n'est pas simple de tout contrôler d'un bloc. Voici une capture d'écran montrant un tableau de résultats tel qu'il est conçu automatiquement par le crawler récursif complet.

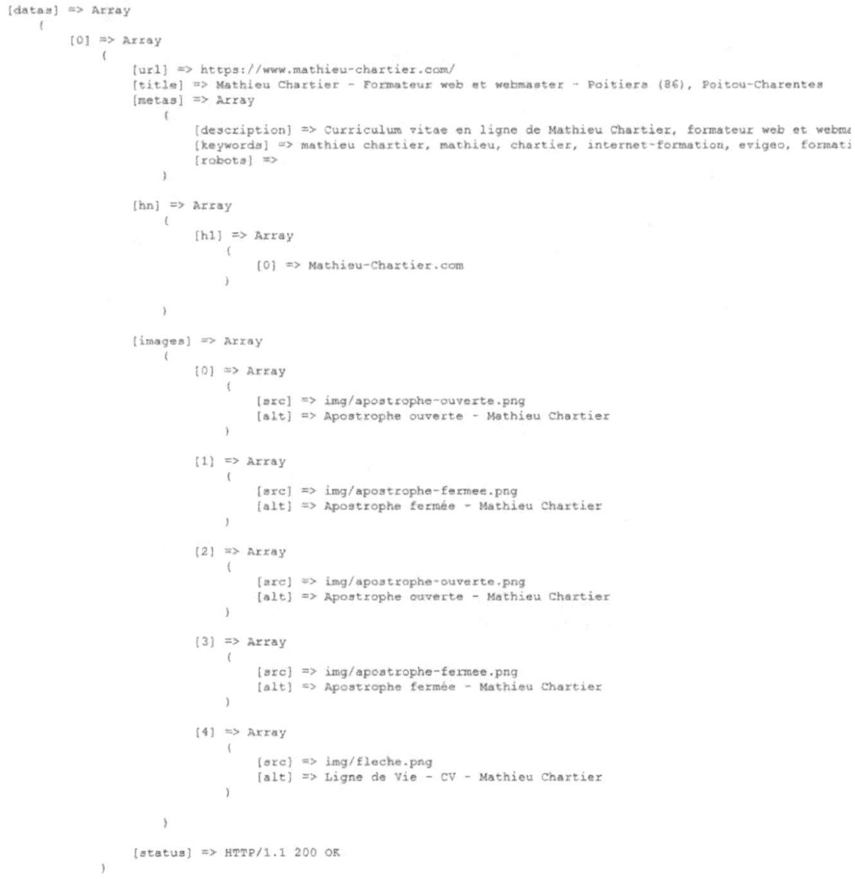

Figure 5–50
Exemple d'un tableau de données générées par le crawler complet

```
[datas] => Array
    (
        [0] => Array
            (
                [url] => https://www.mathieu-chartier.com/
                [title] => Mathieu Chartier - Formateur web et webmaster - Poitiers (86), Poitou-Charentes
                [metas] => Array
                    (
                        [description] => Curriculum vitae en ligne de Mathieu Chartier, formateur web et webma
                        [keywords] => mathieu chartier, mathieu, chartier, internet-formation, evigeo, formati
                        [robots] =>
                    )

                [hn] => Array
                    (
                        [h1] => Array
                            (
                                [0] => Mathieu-Chartier.com
                            )

                    )

                [images] => Array
                    (
                        [0] => Array
                            (
                                [src] => img/apostrophe-ouverte.png
                                [alt] => Apostrophe ouverte - Mathieu Chartier
                            )

                        [1] => Array
                            (
                                [src] => img/apostrophe-fermee.png
                                [alt] => Apostrophe fermée - Mathieu Chartier
                            )

                        [2] => Array
                            (
                                [src] => img/apostrophe-ouverte.png
                                [alt] => Apostrophe ouverte - Mathieu Chartier
                            )

                        [3] => Array
                            (
                                [src] => img/apostrophe-fermee.png
                                [alt] => Apostrophe fermée - Mathieu Chartier
                            )

                        [4] => Array
                            (
                                [src] => img/fleche.png
                                [alt] => Ligne de Vie - CV - Mathieu Chartier
                            )

                    )

                [status] => HTTP/1.1 200 OK
            )
```

Pour chaque URL visitée, le robot liste les informations désirées dans un tableau multidimensionnel. Toutefois, il serait bon de pouvoir traiter directement les données dans un tableur, bien plus simple à utiliser pour filtrer des résultats. Nous vous proposons donc une seconde fonction d'enregistrement en CSV, `saveDatasInCSV()`, qui peut être utilisée en parallèle de la fonction `saveInCSV()` classique.

La fonction `saveDatasInCSV()` est bien plus complexe que l'autre version déjà développée. Elle impose un traitement à part pour aligner tous les éléments comme il se doit. Nous vous épargnons les complications relatives à cette fonction ; retenez surtout qu'elle ajoute un suffixe au nom du fichier CSV afin de ne pas écraser un fichier d'enregistrement qui serait généré avec `saveInCSV()`. Voici donc, pour conclure cette partie, le code de la fonction suivi d'une capture d'écran montrant un exemple de résultat.

```php
// Fonction d'enregistrement des données agrégées dans un fichier CSV
function saveDatasInCSV(array $tabDatas = array(), string $domain = 'www',
  string $logs_directory = '', string $type = 'datas', string $suffix = "-read") {
    // Création d'un répertoire si désiré et si inexistant
    if(!empty($logs_directory) && !is_dir($logs_directory)) {
        mkdir($logs_directory, 0705);
    }

    // Ajoute la barre oblique à la fin en cas d'oubli
    if(!empty($logs_directory) && is_dir($logs_directory)
      && mb_substr($logs_directory, -1) != "/") {
        $logs_directory.= "/";
    }

    // Création et remplissage du fichier CSV
    if(filter_var($domain, FILTER_VALIDATE_URL)) {
        $file_name = $logs_directory.$type.$suffix.'-'.parse_url($domain,
                                                 PHP_URL_HOST).'.csv';
    } else {
        $file_name = $logs_directory.$type.$suffix.'-'.$domain.'.csv';
    }
    $file = fopen($file_name, 'w+');

    // Ligne importante (UTF-8 avec BOM)
    fputs($file, "\xEF\xBB\xBF");

    foreach($tabDatas[$type] as $datas) {
        // Récupère le nombre maximum de lignes à créer dans le CSV (selon les données)
        $result = array();
        foreach($datas as $k => $tab) {
            if(is_array($tab)) {
                $result[$k] = count($tab);
                if($k != "images") {
                    foreach($tab as $key => $subtab) {
                        if(is_array($subtab)) {
                            $result[$key] = count($subtab);
                        }
                    }
                }
            }
```

```php
        }

        // On crée un CSV ligne par ligne
        for($i = 0; $i < max($result); $i++) {
            $dataCsv = array();

            // Ajout des données
            $dataCsv[] = $datas['url']; // URL
            $dataCsv[] = $datas['title']; // Title
            foreach($datas['metas'] as $meta) { // Métadonnées
                $dataCsv[] = $meta;
            }
            $dataCsv[] = $datas['status']; // Statut HTTP

            // Titres internes : ligne par ligne
            $titleType = array("h1", "h2", "h3", "h4", "h5", "h6");
            foreach($titleType as $title) {
                if(isset($datas['hn'][$title])) {
                    if(array_key_exists($i, $datas['hn'][$title])) {
                        $dataCsv[] = $datas['hn'][$title][$i];
                    } else {
                        $dataCsv[] = "";
                    }
                } else {
                    $dataCsv[] = "";
                }
            }

            // Une seule image par ligne
            if(array_key_exists($i, $datas['images'])) {
                $dataCsv[] = $datas['images'][$i]['src']; // Source d'une image
                $dataCsv[] = $datas['images'][$i]['alt']; // Alt d'une image
            }

            // Ajout dans le fichier CSV
            fputcsv($file, $dataCsv, ";");
        }
    }

    // Fermeture du fichier
    fclose($file);
}
```

Check-list de l'audit SEO

Voici une petite liste récapitulative pour vous aider à mener à bien un audit SEO. Bien évidemment, tous les critères ne sont pas présentés dans ces grilles d'analyse et vous pouvez en ajouter autant que vous le désirez, selon le site que vous devez analyser et les objectifs que vous vous fixez au préalable. En règle générale, les principaux facteurs exposés dans cet exemple reviennent pour tous les audits de référencement mais, parfois,

Figure 5–51
Exemple d'enregistrement
des données internes complètes
dans un fichier CSV spécifique

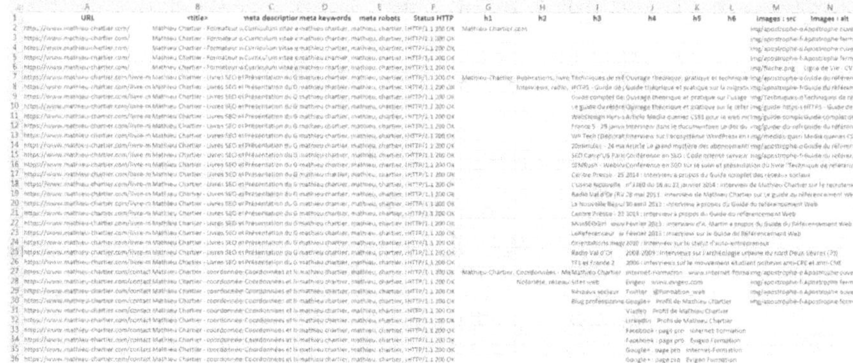

ils sont encore plus fournis, encore plus techniques afin d'aller chercher d'autres spécificités. De même, les coefficients et notes accordées sont à réévaluer en fonction du contexte de l'audit.

Audit rédactionnel et ergonomique

CRITÈRES	NOTE	COEFFICIENT	COMMENTAIRE
Menus efficients et cohérents		3	
Menus de navigation accessibles sur toutes les pages		1	
Retour à l'accueil sur toutes les pages		1	
Pertinence des intitulés des menus et sous-rubriques (navigation intuitive)		2	
Rubriques classées par sémantique (siloing et Bot Herding)		1	
Présence d'un fil d'Ariane optimisé		1	
Présence d'un plan de site ou d'une page d'aide (accessibilité)		1	
Contenu cohérent et pertinent avec les cibles et la thématique		3	
Pages monothématiques (pour éviter de noyer les mots-clés)		2	
Qualité des contenus (orthographe, grammaire, valeur ajoutée…)		1	
Variation du vocabulaire et des vecteurs sémantiques (cocon…)		2	
Régularité et fréquence des mises à jour de contenus		3	
Présence d'un blog ou d'une section Actualités		1	
Pertinence et fréquence de répétition des mots-clés principaux		2	
Pertinence de la longue traîne		3	
Longueur de texte suffisante (ou nombre de textes suffisant)		2	
Présence d'autres types de fichiers multimédias (vidéo, audio, PDF…)		1	
Ratio textes / illustrations / médias		1	
Cohérence entre les médias, les visuels et les textes		1	
Lisibilité et attractivité de l'ensemble		1	
Balises `<title>` uniques relatives aux contenus de chaque page		3	
Balises `<title>` de moins de 70 caractères (maximum conseillé)		2	

CRITÈRES	NOTE	COEFFICIENT	COMMENTAIRE
Balises `meta description` optimisées		3	
Hiérarchisation optimisée avec les balises de titres `<hn>` (`<h1>` à `<h6>`)		3	
Liens internes cohérents avec le contenu		2	
Images : présence d'attributs `alt` optimisés		3	
Images : poids et taille optimisés pour les tailles d'écran et d'affichage		2	
Images : présence d'une favicon		1	
Médias : présence de textes alternatifs (balises video, audio…)		1	
Nom de domaine simple et facilement mémorisable		1	
Nom de domaine court et URL optimisés		1	
Présence de contenus bloquants (Flash…) ou d'iframes non optimisés		1	
Présence de contenus dupliqués internes ou DUST		2	
Présence de contenus dupliqués externes (plagiat, vol de contenus…)		2	
Présence d'un bourrage de mots-clés (keyword stuffing)		2	
Présence de techniques de suroptimisation (spamdexing)		2	
Présence de trop de publicités au-dessus la ligne de flottaison		1	

Audit technique

CRITÈRES	NOTE	COEFFICIENT	COMMENTAIRE
Qualité globale du nom de domaine		2	
Présence d'HTTPS (redirection, HSTS…)		2	
Fonctionnement du site avec et sans les www (ou redirection)		1	
`Robots.txt` optimisé et non bloquant		3	
Présence de métadonnées `robots`		1	
Sitemap XML (ou index)		3	
Sitemap XML inclus dans le `robots.txt`		1	
Réécriture d'URL active et fonctionnelle		2	

CRITÈRES	NOTE	COEFFICIENT	COMMENTAIRE
URL friendly (sans « ? » ou « & », ID de sessions…)		1	
Présence d'URL canoniques (`hreflang`, `canonical`…)		2	
Bon usage des réponses HTTP (200, 301, 404, 500…)		1	
Temps réponse serveur < 1 s (WebSitePulse par exemple)		1	
Bon encodage utilisé (UTF-8 ou ISO 8859-1 en France)		1	
Qualité du code source, comptabilité et validité W3C		1	
Efficacité du temps de chargement des pages (GTMetrix, Pingdom…)		1	
Présence d'erreurs 404 (crawl avec Xenu, par exemple)		1	
Page d'erreur 404 personnalisée et redirigée		1	
Redirections 301 (noms de domaines, pages miroirs, doublons…)		1	
Présence de redirections multiples pour une même page		1	
Poids des fichiers multimédias et web (images, vidéos, PDF, pages web…)		2	
Compatibilité sur les différents navigateurs du marché (mobiles et fixes)		2	
Niveau de compression des ressources JavaScript et HTML		2	
CSS : feuilles de styles combinées		1	
CSS : code compressé		2	
CSS : feuilles de styles internalisées ou externalisées		1	
CSS : présence de `@import`		1	
Mise en place de rich snippets (RDFa, micro-données, microformat…)		2	
Présence de beaucoup de codes Ajax		1	
Exact match domain		1	
Ancienneté du nom de domaine		1	
WHOIS anonyme		1	

CRITÈRES	NOTE	COEFFICIENT	COMMENTAIRE
Poids de l'historique du nom de domaine (way-back machine)		1	
Compatibilité sur les différents supports mobiles (site adaptatif ou mobile, AMP…)		3	
Applications mobiles : App Indexing mis en place		1	
Progressive Web Apps : shell d'application prévu et bien conçu		1	
Progressive Web Apps : services workers bien mis en œuvre		1	
AMP HTML : code source validé dans sa totalité		1	
AMP HTML : balises canoniques et URL fonctionnelles		1	
Note moyenne du PageSpeed		3	
Vitesse et qualité du chargement du site adaptatif ou mobile		2	
DOM et CSSOM chargés en moins de 3 s		2	
Nombre total de requêtes différentes vers des ressources (JS, CSS…)		1	
Navigation aisée et adaptée au support		1	
Images optimisées (tailles, `srcset`, `data-URI`…)		1	
Nombre de scripts JavaScript		1	
Présence de technologies limitantes (Flash, Silverlight, Full JavaScript…)		1	

Audit de popularité : netlinking, réseaux sociaux et SEO local

CRITÈRES	NOTE	COEFFICIENT	COMMENTAIRE
Nombre total de liens entrants (backlinks)		3	
Nombre total de domaines référents		3	
Ratio liens externes / internes		1	
Valeurs de PageRank / BrowseRank		1	
Variation des ancres de liens		2	
Ratio `follow` / `nofollow`		1	
Qualité des liens (TrustFlow, Citation Flow, Topical Trust Flow)		2	
Ancienneté des liens externes		1	

CRITÈRES	NOTE	COEFFICIENT	COMMENTAIRE
Profil évolutif des liens externes		1	
Liens présents sur toutes les pages (sitewide) ou non		1	
Nombre de liens par page		2	
Pertinence et qualité d'optimisation des liens internes (ancres, nombre…)		2	
Présence d'une pénalité manuelle anti-net-linking		1	
Présence de boutons de partage sur les principaux réseaux sociaux		3	
Présence sociale (pages ou profils Facebook, Twitter, Google+…)		3	
Notoriété globale sur les réseaux sociaux (note Klout, retours…)		2	
Possibilité de déposer des commentaires, avis et notes		1	
Possibilité de s'inscrire à une newsletter		1	
Possibilité de tchater ou échanger avec le site web (ChatBot…)		1	
Fréquence des commentaires déposés par les internautes/mobinautes		1	
Taux de réponse de l'entreprise ou des community managers		2	
Maîtrise et usage des flux de syndication (RSS)		1	
Existence d'une fiche Google My Business bien remplie		3	
Nombre et qualité des avis de la fiche My Business		1	
Présence locale sur d'autres supports (TripAdvisor, Yelp, Airbnb…)		1	
Présence de mots-clés localisés dans les contenus		2	
Ajout d'un code de suivi Google Analytics ou équivalent (Xiti, Piwik…)		2	
E-commerce : suivi des conversions et des objectifs		1	

Résumons globalement tous ces facteurs à analyser grâce à une infographie complète réalisée par le site www.pole-position-seo.com.

Figure 5–52
Résumé graphique de tous
les critères utiles pour réaliser
un audit SEO de qualit

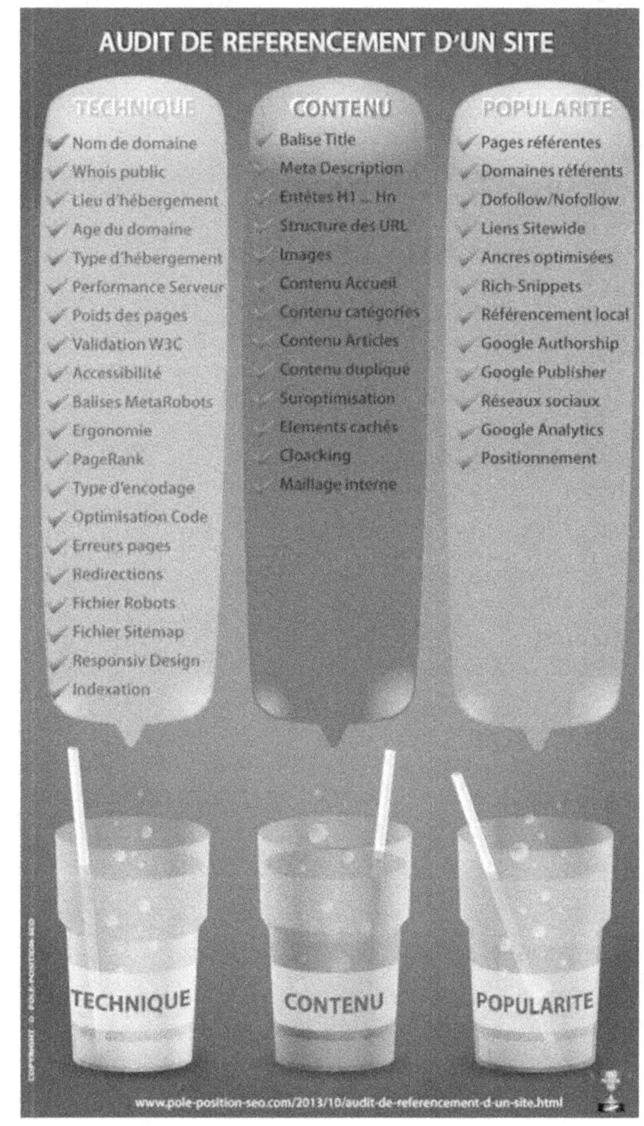

ANNEXE

Sources de veille SEO

Vous trouverez dans cette webographie une liste non exhaustive d'outils et de logiciels relatifs au référencement et aux spécialités attenantes afin d'optimiser au mieux vos sites web.

Ressources techniques

- AlsaCreations : https://www.alsacreations.com
- ASP.net : https://www.asp.net
- Mozilla Developer : https://developer.mozilla.org/fr/docs/Web
- Developpez.com : https://www.developpez.com
- Manuel PHP : https://www.php.net/manual/fr
- Microsoft Visual Studio : https://docs.microsoft.com/fr-fr/
- Open Classrooms : https://fr.openclassrooms.com
- Python : https://webpy.org
- W3Schools : https://www.w3schools.com

Interfaces pour les webmasters

- Baidu (en chinois) : https://ziyuan.baidu.com/?castk=LTE%3D
- Bing : https://www.bing.com/toolbox/webmaster
- Google : https://www.google.com/webmasters/tools
- Yandex : https://webmaster.yandex.com

Documentation et blogs officiels des moteurs de recherche

Les sources officielles font souvent office de référence à la fois pour rester dans les guidelines mais aussi pour apprendre parfois quelques subtilités propres aux différents moteurs.

* Ask.com : https://blog.ask.com
* Baidu Beat : http://ir.baidu.com/company-overview/
* Bing Blogs : https://blogs.bing.com/webmaster
* Exalead : https://blog.exalead.fr
* Google Official Blog : https://googleblog.blogspot.fr
* Google Webmaster : https://webmasters.googleblog.com/
* Qwant – Le blog : https://blog.qwant.com
* Yandex (en russe) : https://yandex.com/blog/all

Antipénalités, réexamen et vie privée

Voici des outils pour lutter contre le spam et protéger sa vie privée, ou pour réaliser des demandes de réexamen en cas de pénalités.

* Demande de réexamen sur Google : http://goo.gl/Fcwr57
* Désavouer les liens sur Bing : http://goo.gl/jb8M7G
* Désavouer des liens sur Google : http://goo.gl/FkIgAH
* Droit à l'oubli sur Google : http://goo.gl/k896dx
* EWhois : http://www.ewhois.com
* Panguin Tool : http://www.panguintool.com
* Serpomètre de Ranks.fr : http://www.ranks.fr/fr/serpometre
* Spam Report de Google : http://goo.gl/1CMib4
* Spy On Web : http://spyonweb.com
* Support Bing : https://support.discoverbing.com
* Support Google : http://goo.gl/8mvCMz
* You Get Signal : http://goo.gl/CxLY1K

Soumission manuelle aux moteurs de recherche

Si vous souhaitez soumettre vos sites web aux différents moteurs de recherche, voici les adresses dont vous avez besoin…

* Baidu : http://zhanzhang.baidu.com/sitesubmit/index
* Bing : http://www.bing.com/toolbox/submit-site-url
* Exalead : http://www.exalead.com/search/web/submit

- Google : https://www.google.com/webmasters/tools/submit-url
- Voila/Orange : http://referencement.ke.voila.fr
- Yandex : http://webmaster.yandex.com/addurl.xml
- Yahoo! : http://search.yahoo.com/info/submit.html

Sources généralistes sur le référencement

Voici une liste de ressources utiles ou de référence pour suivre l'actualité de la discipline.

- 1ère Position : https://www.1ere-position.fr/blog/
- Abondance : https://www.abondance.com
- Anthedesign : https://www.anthedesign.fr/actualite/
- ArobaseNet : https://www.arobasenet.com
- AxeNet : https://blog.axe-net.fr
- Blog Internet-Formation : https://blog.internet-formation.fr
- Bruce Clay : https://www.bruceclay.com/blog
- Frères Peyronnet : https://freres.peyronnet.eu/blog/
- LePtitDigital : https://www.leptidigital.fr/
- Miss SEO Girl : https://www.miss-seo-girl.com
- Moz : https://moz.com/blog
- Oncrawl (blog) : https://fr.oncrawl.com/blog-oncrawl/
- Search Engine Land : https://searchengineland.com
- Search Engine Watch : https://www.searchenginewatch.com
- Secrets2Moteurs : https://www.secrets2moteurs.com
- SEMrush Blogs : https://fr.semrush.com/blog/
- SEO Camp : https://www.seo-camp.org
- Seolius : https://www.seolius.university/dossiers
- SeoMix : https://www.seomix.fr
- WebRankInfo : https://www.webrankinfo.com
- Yooda : https://blog.yooda.com

Baromètres, études chiffrées et statistiques

Si votre objectif est d'être incollable sur les chiffres concernant la SEO, ces sites sont faits pour vous.

- AT Internet : http://www.atinternet.fr/ressources/ressources
- comScore : http://www.comscore.com
- Hitwise d'Experian : http://www.experian.com/hitwise
- Journal du Net : http://www.journaldunet.com/web-tech

- Live Internet : http://www.liveinternet.ru/stat/ru/searches.html
- Médiamétrie : http://www.mediametrie.fr/internet
- Miratech : http://miratech.fr
- RankRanger : https://www.rankranger.com/mobile-serp-features
- Searchmetrics : http://www.searchmetrics.com
- StatCounter Global Stats : http://gs.statcounter.com
- Tiobe : http://goo.gl/fP5p4X

Simulateurs de robots d'indexation

Si vous souhaitez voir votre site comme un robot, testez l'un des outils suivants :

- Internet-Formation : http://goo.gl/SBMnjS
- IWebTool : http://goo.gl/Z2Obqw
- SEO Chat : http://goo.gl/n5Yrwr
- Small SEO Tools : http://goo.gl/vy5ovG
- ToTheWeb : http://goo.gl/xI5IR3
- WebConfs : http://goo.gl/vy5ovG
- Webmaster Toolkit : http://goo.gl/Bas3C9
- YatooWeb : http://goo.gl/5ulSVh

Outils d'obtention, d'analyse et de suivi des liens

L'analyse du profil de liens est primordiale pour faire évoluer le PageRank de Google, le BrowseRank de Bing, le LinkRank de Qwant et tant d'autres, tout en évitant des pénalités ou la présence de liens morts. Ces outils sont indispensables pour obtenir des domaines ou liens puissants, mais surtout pour suivre le netlinking (backlinks)…

- Advanced Web Ranking : https://www.advancedwebranking.com
- Ahrefs : https://ahrefs.com
- Backlink Watch : http://www.backlinkwatch.com
- CognitiveSEO Site Explorer : https://cognitiveseo.com/site-explorer/
- Explorer : https://cognitiveseo.com/site-explorer/
- Link Examiner : http://goo.gl/wjTf9o
- Majestic SEO : https://www.majestic.com
- Moz Site Explorer : https://moz.com/link-explorer
- PBN premium : https://www.pbnpremium.com
- SEObserver : https://www.seobserver.com
- SEO Diver : https://de.seodiver.com

- SEOkicks : https://www.seokicks.de
- SEO Profiler : https://www.seoprofiler.com
- Serposcope de Serphacker : https://serposcope.serphacker.com/fr/
- Soumettre : https://soumettre.fr
- W3C Link Checker : https://validator.w3.org/checklink
- Webmeup (SEO Powersuite) : https://webmeup.com

Outils de recherche de mots-clés

La recherche de mots-clés est la première étape dans la mise en place d'un bon référencement, ces services en ligne et logiciels sont idéaux pour trouver les perles rares.

- 1.fr : http://1.fr
- Answer The Public : https://answerthepublic.com
- Cocon SE : http://cocon.se
- Keyword Country : http://www.keywordcountry.com
- Keyword Discovery : http://goo.gl/2Rvq6Z
- Keyword GG : https://www.keywords.gg/fr
- Keyword Planner : http://www.google.com/sktool/
- Keyword Spy : http://www.keywordspy.com
- Keyword Suggest : http://goo.gl/JusV5n
- KwFinder : https://kwfinder.com
- Search Combination Tool : http://goo.gl/7XJ9ss
- SeCockpit : http://www.secockpit.fr
- Self SEO : http://www.selfseo.com
- SEO Hero Tech : http://www.seo-hero.tech
- SEO Quantum : https://www.seoquantum.com
- Suggest Machine : http://suggestmachine.com
- UberSuggest : https://ubersuggest.io
- Wordtracker : https://freekeywords.wordtracker.com
- Wordze : http://www.wordze.com
- YourTextGuru : https://yourtext.guru

Outils d'analyse des contenus et des mots-clés

Dans la lignée des outils présentés précédemment, ces quelques adresses vous dirigeront vers des services d'analyse approfondie des contenus dans les pages web, ce qui s'avère souvent indispensable.

- Alyze : http://alyze.info
- Beamusup (crawler) : https://beamusup.com
- Integrity (macOS) : http://peacockmedia.co.uk/integrity
- NetPeak Spider : https://netpeaksoftware.com/spider
- Outiref : http://www.outiref.com
- QuickSprout : https://www.quicksprout.com
- Screaming Frog (crawler) : http://www.screamingfrog.co.uk/seo-spider
- SEORCH : https://seorch.eu
- SEOBility TF/IDF Tool : https://www.seobility.net/en/tf-idf-keyword-tool/
- Textalyzer : http://textalyser.net
- Varvy : https://varvy.com
- Voyant Tools : https://voyant-tools.org
- Xenu (crawler) : http://home.snafu.de/tilman/xenulink.html
- Yakaferci : http://www.yakaferci.com
- Yooda Match Density : http://goo.gl/n0ydxP

Outils d'analyse de la lisibilité des textes

De nombreux outils permettent de mesurer la lisibilité d'un texte en fonction de son public cible afin de mieux adapter les contenus pour les lecteurs.

- Copywritely : https://copywritely.com/readability-checker/
- Lexicool Textalyser : https://www.lexicool.com/text_analyzer.asp
- JoesWebTools : https://www.joeswebtools.com/text/readability-tests/
- JuicyStudio : https://juicystudio.com/services/readability.php
- Readability Formulas : https://readabilityformulas.com
- Readable : https://readable.com
- Scolarius : https://www.scolarius.com
- TextAlyzer :https://textalyser.net
- Translated Lacs : https://labs.translated.net/lisibilite-texte/
- WebFX : https://www.webfx.com/tools/read-able/
- WordCounter : https://wordcounter.net

Générateurs de données structurées

Ces quelques outils pourront vous aider à réaliser le balisage sémantique en JSON-LD afin que les données structurées soient utilisées par Google et les autres moteurs de recherche compatibles avec Schema.org.

* Business Type generator : http://microdatagenerator.com/generator.html
* Hallanalysis : https://hallanalysis.com/json-ld-generator/
* James Flynn Generator : https://www.jamesdflynn.com/json-ld-schema-generator/
* Outil de test des données structurées de Google : https://search.google.com/structured-data/testing-tool/
* SchemaApp : https://www.schemaapp.com/tools/jsonld-schema-generator/
* TechnicalSEO : https://technicalseo.com/seo-tools/schema-markup-generator/
* Web Code Tools : https://webcode.tools/json-ld-generator

Audit SEO, aide et suivi

Voici une liste d'outils de qualité à utiliser pour surveiller le référencement et suivre l'état du positionnement.

* Agent Web Ranking : http://www.agentwebranking.fr
* Allorank : http://www.allorank.com
* Botify : https://www.botify.com
* Content King : https://www.contentking.fr
* CrawlTrack : http://www.crawltrack.fr
* Crowl : https://www.crowl.tech
* DareBoost : https://www.dareboost.com/fr/home
* Gamma SEO Tools : http://www.gammaseotools.com
* Grader : http://grader.rezoactif.com
* Gunning Fox Index : http://gunning-fog-index.com
* LittleWarden : https://littlewarden.com
* Machinools : https://machinools.com
* Mangools : https://mangools.com
* Monitorank : https://www.monitorank.com/fr/
* Myposeo : https://www.myposeo.com
* Netstorming : http://www.netstorming.fr
* Not Provided Kit : http://notprovidedkit.com
* Optimiz.Me : http://optimiz.me
* OnCrawl : http://fr.oncrawl.com
* Positeo : http://www.positeo.com/check-position
* Pro Rank Tracker : https://proranktracker.com
* RankActive : https://rankactive.com

- Ranks.fr : http://www.ranks.fr
- Rank Tracker : http://www.link-assistant.com/rank-tracker
- Ranxplorer : https://ranxplorer.com
- SeeUrank : http://www.yooda.com/produits/soft
- SEMrush : http://www.semrush.com
- SEO Administrator : http://goo.gl/aXoVnw
- Seobility : https://www.seobility.net
- SEO Chat : http://tools.seochat.com
- SEOh : http://www.seoh.fr/audit-seo
- SeoMioche : http://www.seomioche.com
- SEOHero Ninja : https://seo-hero.ninja
- SEOscope : http://www.seoscope.fr
- SEO SiteCheckup : https://toolbox.seositecheckup.com
- SEO Soft : http://goo.gl/XNn2Ds
- SERanking : https://seranking.com/fr/
- SERPed : http://serped.net/fr/
- SiteAnalyzer : http://www.site-analyzer.com/fr
- SpyWords : http://www.spywords.com
- Track-Flow : http://www.cybercite.fr/track-flow.html
- WebRankChecker : http://www.webrankchecker.com
- Woorank : http://www.woorank.com

Outils antiplagiat et duplicate content

Il est primordial de surveiller constamment l'existence de contenus dupliqués ou de problème de DUST afin d'éviter des sanctions mais aussi pour se protéger du droit d'auteur. Cette liste d'outils sera votre meilleure arme pour lutter contre les fraudes.

- Copyscape : http://www.copyscape.com
- DustBall : http://www.dustball.com/cs/plagiarism.checker
- KillDC : http://killdc.linkomatic.org
- KillDuplicate : https://www.killduplicate.com/fr
- NoPlagiat : http://www.noplagiat.com
- Plagiarism Checker : http://www.plagiarismchecker.com/url
- Plagiarism Detector : http://www.plagiarism-detector.com
- Plagium : http://www.plagium.com
- PlagScan : http://www.plagscan.com/fr
- PlagSpotter : http://www.plagspotter.com

- Plagtracker : http://www.plagtracker.com
- Positeo : http://www.positeo.com/check-duplicate-content

Analyse du PageSpeed et de la vitesse de chargement

Ces services en ligne peuvent vous aider à étudier et optimiser la vitesse de chargement de vos pages web ainsi que les critères des PageSpeed et YSlow.

- GTMetrix : https://gtmetrix.com
- IMN Page Speed Tool : https://www.internetmarketingninjas.com/pagespeed/
- K6 : https://k6.io
- PageSpeed Insights : http://goo.gl/adG6eE
- Pingdom : https://tools.pingdom.com
- SiteSpeed : https://www.sitespeed.io
- SiteTimer : http://www.octagate.com/service/SiteTimer
- Small SEO Tools : http://goo.gl/S3dq1X
- Web Page Analyzer : http://goo.gl/it34KN
- WebPageTest : https://www.webpagetest.org
- WebSite Pulse : http://www.websitepulse.com
- Yslow : http://yslow.org

Réseaux sociaux

Une boîte à outils pour les réseaux sociaux, de la simple analyse de mots-clés au suivi de la notoriété.

- BrandWatch : https://www.brandwatch.com
- Buzzsumo : https://buzzsumo.com
- How Sociable : https://www.howsociable.com
- Klear : https://klear.com
- Kred : https://www.home.kred
- Reech : https://www.reech.com/fr/
- Skorr : https://skorr.social/
- Social Bakers : https://www.socialbakers.com
- SumAll : https://sumall.com
- Tweeple Search : https://tweeplesearch.com

Index

.htaccess 13, 74, 164, 176, 178, 185, 487
<h1> à <h6> 116, 488
<meta> 114, 371, 488, 513
<strong> 117, 353
<title> 113, 353, 488, 513

A

Accelerated Mobile Pages 243, 255
affiliation 366
Ajax 224, 274, 336
algorithmes de compression 204
algorithmes de pertinence 111
AMP HTML 121, 243, 251
analyse de logs 456
ancre de lien 118, 498
Answer box 92, 96
Apache 122, 165, 166, 169
API 29, 54
    Bing URL Submission 54
    Google Search Console 57
App Indexing 120
App Store Optimization 257
Ask 40, 79, 410
ASP 11, 179, 185, 187, 189
ASP.Net 11, 187
asynchrone 222
attribut alt 117
attribut rel 72
audit 467, 504
AuthorRank 504
Authorship 504

B

backlinks 365, 428, 498
BackRub 1
Baidu 9, 38, 376, 410

Baidu Webmaster Platform 41
BERT 94, 131, 132, 133, 134, 135
Bing 4, 38, 79, 108, 119, 326, 365, 376
Bing Actualités 108
Bing Catapult 7, 25, 26, 134
Bing Pubhub 108
Bing Snapshot 7
Bing Toolbox 40, 83, 349, 374, 392, 511
Bingbot 32, 76, 392
Black Hat SEO 2, 304, 349, 496
Bot Herding 35, 273, 274, 275, 383, 480
BrowseRank 7, 122, 125, 267, 268, 331, 363
budget d'exploration 32

C

C# 11, 195, 523
cache 166, 195, 375, 401, 474
ChatBots 29
cloaking 171, 321, 353, 368
CMS 45, 104, 114, 177, 361, 474
cocon sémantique 271
code source 472
codes d'erreurs 173, 193, 477
Coleman Liau 493
commande 383
compression Gzip 167, 194
content spinning 364
cookies 341
crawl 34, 75, 347, 405, 453
crawl budget 32
Crawl Demand 33
Crawl Rate 33
crawl-delay 79
crawler 24
cURL 378, 523

D

data center 484
Data-URI 213
design UX 476
désindexation 71, 74, 185
doctype 15, 42
données structurées 90
Drupal 12, 103, 171
Dublin Core 88
duplicate content 359, 495
DUST 101, 104, 274, 359, 361, 470

E

e-commerce 85, 275
Edge Chromium 28
EMD 177, 311, 316, 367, 468
en-tête HTTP 102, 378
e-réputation 498
ergonomie mobile 120, 237
Evergreen 26
Exalead 38
extraits de code enrichis 91

F

Facebook 501
favicon 38, 482
featured snippet 32, 93, 95
Feedfetcher 76
fil d'Ariane 35, 480
Flash 334
Flesch-Kincaid 493
flux RSS et Atom 35
formulaires 332
frames 329
freins au référencement 329
fréquence de passage 400, 453, 497
Freshness 118
FreshRank 118, 400, 497

G

générateur de contenus 364
géolocalisation 294
GeoRSS 44
Google 1, 38, 119, 169, 309, 345, 365, 376
Google Actualités 106

Google Analytics 3, 319, 432, 439, 446, 464
Google Caffeine 5, 25, 310, 400
Google Cloud Platform 58
Google Fred 326
Google Maps 292
Google MayDay 5, 25, 310
Google mobile 239
Google My Business 292, 299
Google Panda 177, 310, 311, 343
Google Penguin 118, 313, 343, 365, 498
Google Phantom 312
Google Publisher Center 106
Google Search Console 70, 83, 239, 349, 374, 390,
    417, 511
Google Tag Manager 434
Google+ 3, 292, 501
Googlebot 32, 76, 239
Guetzli 205
Gunning Fog Index 492

H

hashtags 35
hébergement 484
historique 1, 468
hotlinking 210
hreflang 105
HSTS 263
HTML 11, 14, 16, 86, 117, 163, 175, 224, 331, 499
HTTPS 123, 259
Hummingbird 6, 94

I

IIS 11, 122, 187, 194
index Mobile First 28, 239, 476
indexation 23, 24, 176, 344, 371, 467
    méthode 35
intelligence artificielle 29, 129
iOS 237
IP 186, 196, 446, 484
ISO-8859-1 15, 43, 164, 166

J

Java 11, 523
JavaScript 11, 16, 163, 249, 274, 330, 336, 353, 474
John Mueller 344

Joomla 171, 179, 207, 361
jQuery 11, 17, 224, 249, 337, 353
JSON 55
JSON-LD 89

K

keyword stuffing 352, 498
Klout 466, 502
KML 44
Knowledge Graph 7, 32
KPI 439, 463

L

landing page 451
langage naturel 29
linkbaiting 283
LinkedIn 501
lisibilité des contenus 492
liste noire 346
longue traîne 112, 310, 495

M

machine learning 29, 129
Magento 171
maillage interne 497
Matt Cutts 154, 316, 318, 344, 373, 468
meta robots 72
MFA 318
microdonnées 86, 90
Microsoft 4, 11, 28, 122, 187, 188, 195
Minty Fresh Indexing 5
mobile 28, 163, 239, 476, 485
Mobile First 28, 94
mobile-friendly 239, 241
mobilegeddon 120, 239
Monsoon 30
moteurs de recherche 5
Mozjpeg 205
multilangues 105
multimédia 117
MySQL 46

N

negative SEO 367
netlinking 121, 265, 273, 280, 313, 345, 497, 498

nofollow 71, 273, 353, 365, 431, 474, 498
nom de domaine 316, 468
not provided 448
nuages de tags 35

O

Onebox 92

P

Page Layout 318, 481
PageRank 71, 112, 121, 265, 331, 345, 363, 498
PageRank Sculpting 273
pages satellites 358
PageSpeed 122, 153, 166, 185, 194, 223, 224, 486
paid linking 365, 368
PayDay Loan 320
PDF 33, 38
PeerIndex 466
personal branding 498
PHP 11, 18, 46, 55, 102, 163, 178, 378, 420, 504
Pingo 206
piratage 323
plagiat 359, 495
plan du site 35
polices de caractères 220
polyfills 340
popularité 468, 501
position 0 92
positionnement 407, 448
    méthodologie 112
Prestashop 171
Private Blogs Network (PBN) 327, 364, 367
Progressive Web Apps 121, 245
publicités 481
PubSubHubbub 36, 362
pushState 339
Python 11, 179, 523

Q

Quality Update 312, 364
query string 178
Qwant 40

R

Rank Sculpting 480

RankBrain 6, 94, 119, 129
RDFa 88
recherche
  actualités 106, 108
  prédictive 131
  sémantique 326
  vocale 94
redirections 35, 163, 171, 174, 188, 499
  spammy 321
referers 403, 409, 420, 436, 453
registrar 468
réseaux de sites 367
réseaux sociaux 501
responsive web design 247
rich snippets 36, 84, 91, 366, 483, 511
ROA 464
robots 24, 34, 40, 76, 330, 336, 343, 372, 400, 471
  en PHP 522
robots.txt 36, 74, 81, 164, 175, 470
  création 75
ROE 464
ROI 464, 465
ROO 464

S

sanctions 344, 349
sandbox 345
Schema.org 86
script asynchrone 223
sécurité 123
sémantique 89, 489
SEO 309
  local 291
SERP 37, 111, 113, 241, 309, 407, 448
serveur 403, 484
sessions 341
siloing 270, 480
simulateurs de robots 373
Sitemap 38, 101, 383, 471
  actualités 44
  conception 42
  générateurs 45, 54
  image 44
  index 41, 395

  méthode de création 39
  mobile 43
  soumission 40, 70, 80
  vidéo 44
sitemap 61
  sitemap index 61
sites multilingues 449
sous-domaine 487
spam 349, 468, 497
spamdexing 350, 495
spin 364
sprites CSS 211
SSL 260
StaticRank 7, 122, 125, 267
stop words 113
stratégie SEO 23

T

TensorFlow 130
tracking 441
truePNG 206
TrustRank 122, 267
Twitter 336, 501

U

URL 35, 104, 341, 376, 420, 474
  canonique 101, 340
  nettoyage 179, 189
  réécriture 164, 177, 183, 187, 191, 487
user-agent 26, 76, 163
UTF-8 164, 185, 473

V

variables _utm 440
VB.Net 195
VBScript 189, 195
viewport 240, 241, 247
vitesse de chargement 485

W

W3C 86, 472
web apps 257
web.config 187, 189, 191, 196
webfonts 220
webspam 344

WebSub 36, 362
Windows 164, 187
WOFF 220
WordPress 12, 103, 171, 179, 207, 361, 474
workflow 296

X

XML 38, 43, 394
X-Robots-Tag 81

Y

Yahoo! 4, 122

Yandex 38, 119, 241, 328, 365, 376, 410
   AGS 328
    Minoussink 328
Yandex Korolev 131
Yandex Matrixnet 131
Yandex Palekh 131
Yandex TIC 269
Yandex Webmaster Tools 41, 84, 374, 392, 511

Z

zopfliPNG 206

Dépôt légal : décembre 2020

Imprimé en Allemagne par BoD

Merci d'avoir choisi ce livre Eyrolles. Nous espérons que sa lecture vous a été utile et vous aidera pour mener à bien vos projets.

Nous serions ravis de rester en contact avec vous et de pouvoir vous proposer d'autres idées de livres à découvrir, des nouveautés, des conseils ou des événements avec nos auteurs.

Intéressé(e) ? Inscrivez-vous à notre lettre d'information.

Pour cela, rendez-vous à l'adresse go.eyrolles.com/newsletter ou flashez ce QR code (votre adresse électronique sera à l'usage unique des éditions Eyrolles pour vous envoyer les informations demandées) :

Vous êtes présent(e) sur les réseaux sociaux ? Rejoignez-nous pour suivre d'encore plus près nos actualités :

 Eyrolles Web Dev et Web Design

Merci pour votre confiance.
L'équipe Eyrolles

www.ingramcontent.com/pod-product-compliance
Lightning Source LLC
LaVergne TN
LVHW060113060726
842526LV00010B/2740